CATALOGUE

MÉTHODIQUE

DE LA

BIBLIOTHÈQUE COMMUNALE

DE LA

VILLE D'AMIENS.

HISTOIRE DES RELIGIONS.

AMIENS.
TYPOGRAPHIE DE CARON ET LAMBERT,

IMPRIMEURS-LIBRAIRES.

1862.

CATALOGUE

MÉTHODIQUE

DE LA

BIBLIOTHÈQUE COMMUNALE

DE LA

VILLE D'AMIENS.

HISTOIRE DES RELIGIONS.

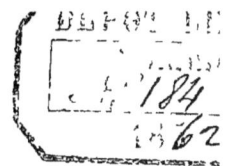

CATALOGUE

MÉTHODIQUE

DE LA

BIBLIOTHÈQUE COMMUNALE

DE LA

VILLE D'AMIENS.

HISTOIRE DES RELIGIONS.

AMIENS.

TYPOGRAPHIE DE CARON ET LAMBERT,

IMPRIMEURS-LIBRAIRES.

1862.

A Monsieur le Maire de la Ville d'Amiens,

Monsieur le Maire,

J'ai l'honneur de vous présenter un nouveau volume du *Catalogue de la Bibliothèque communale*, le septième depuis celui des manuscrits que j'ai publié en 1843.

Ce sixième volume des imprimés comprend l'Histoire des Religions.

Je n'ai point suivi, comme je l'ai déjà dit, d'ordre méthodique dans cette publication. J'ai consulté les besoins des lecteurs qui fréquentent l'établissement qui a été confié à ma garde, et me suis occupé tout d'abord de satisfaire aux exigences du plus grand nombre.

Il me reste, pour avoir terminé ma tâche, à publier les catalogues des ouvrages relatifs à la Législation, à la Bibliographie, à la Polygraphie et à la Théologie. Les trois premières parties sont les moins nombreuses, celles qu'il importe à mon avis de faire connaître le plus tôt ; la Théologie qui est la plus considérable et la plus riche, exigera plusieurs volumes.

J'ai cru devoir continuer dans ce sixième ce que j'avais fait pour les premiers, l'indication par des renvois des ouvrages que nous ne possédons point isolés, mais que renferment des collections ou des recueils d'œuvres complètes que le lecteur ne pense point toujours à consulter ou dont il ignore la composition. J'ai également rappelé les titres de quelques ouvrages mentionnés dans d'autres sections et qui auraient pu aussi bien trouver place dans celle-ci. J'ai été cependant aussi sobre que possible de ces renvois, pour ne pas augmenter trop ce volume et ménager les ressources dont je puis disposer pour les suivants.

J'ai apporté le plus grand soin dans la correction des épreuves, et j'ai collationné tous les titres. J'ai laissé plus d'une faute assurément, que je prie le lecteur de corriger ; mais il voudra bien ne point considérer comme des négligences des noms d'auteurs différemment orthographiés et que j'ai dû conserver tels que je les trouvais, non plus qu'un grand nombre d'autres anomalies qu'il remarquera dans le cours de ce volume.

Vous avez désiré, M. le Maire, la plus grande activité dans ce travail que vous voulez voir se compléter. J'ai voulu répondre à votre désir.

Les bibliothèques qui ne sont point facilement accessibles, perdent en effet beaucoup de leur utilité, et veiller à leur conservation, n'est point les garder avec une sollicitude ombrageuse et les dérober aux travailleurs.

Les catalogues publiés peuvent seuls présenter aux hommes d'études l'état exact des richesses littéraires, scientifiques et artistiques qu'ils ont à leur disposition ; ils sont en même temps pour l'administration un inventaire qui en assure la conservation et protége sa responsabilité. En permettant d'apprécier le degré d'utilité de l'établissement, ils donnent aussi la facilité de le compléter, de l'enrichir, par des acquisitions véritablement utiles, qui répondent aux besoins de l'époque, aux intérêts de la localité, et d'accroître enfin l'activité intellectuelle en étendant convenablement les moyens d'instruction.

J'ai la confiance que vous voudrez bien approuver la manière dont j'ai accompli cette longue et laborieuse besogne, et je recevrai avec la plus vive satisfaction, et comme une récompense, l'ordre que vous me donnerez de continuer cette publication.

Mon travail est prêt, et je puis livrer à l'imprimeur celle des parties qui restent à publier que vous jugerez devoir paraître la première.

Veuillez agréer, Monsieur le Maire, l'assurance de mon plus entier dévouement.

J. GARNIER,
Conservateur de la Bibliothèque.

Bibliothèque d'Amiens, le 7 août 1862.

CATALOGUE

DE LA
BIBLIOTHÈQUE COMMUNALE
D'AMIENS.

HISTOIRE DES RELIGIONS.

INTRODUCTION. — ORIGINE, HISTOIRE ET CRITIQUE
DES DIFFÉRENTS CULTES.

---

1. — Dictionnaire historique des cultes religieux établis dans le monde depuis son origine jusqu'à présent. Par M. (J. F.) Delacroix. Nouv. édit.
Paris. 1775-1776. Vincent. 3 vol. in-8. Fig.

2. — Dictionnaire des superstitions, erreurs, préjugés et traditions populaires, où sont exposées les croyances superstitieuses des temps anciens et modernes, répandues surtout dans les populations agricoles, pastorales et maritimes, touchant les esprits de l'air, de la terre et des eaux, les possessions diaboliques, le monde des fées et celui des sorciers, les pressentiments, les songes, les visions et les apparitions, etc., etc. — Par M. A. de Chesnel.
Paris. 1856. Migne. 1 vol. gr. in-8.

**—Omnium gentium mores, leges et ritus, à J. Boemo Aubano.
   Voyez : Histoire n° 4718 et 4719.

3.—Les religions du monde, ou démonstration de toutes les religions et hérésies de l'Asie, Afrique, Amérique, et de l'Europe, depuis le commencement du monde jusqu'à présent. Escrites par le S* Alexandre Ross. Et traduit par *Thomas* La Grue.
   Amsterdam. 1666. Jean Schipper. 1 vol. in-4°. Fig.

4.—Même ouvrage.
   Amsterdam. 1669. J. Schipper. 3 vol. in-12. Fig.

5.—*Gerardi Joannis* Vossii de theologia gentili, et physiologia Christiana; sive de origine ac progressu idolatriæ; deque naturæ mirandis, quibus homo adducitur ad Deum, libri ix. Ed. nov.
   Amsterdami. 1668. J. Blaeu. 2 vol. in-fol.

   On trouve à la suite :

—*R. Mosis* Maimonidæ de idolatria liber, cum interpretatione latina, et notis, *Dionysii* Vossii.
   Amsterdami. 1668. J. Blaeu. in-fol.

6.—L'histoire des religions de tous les royaumes du monde, rev. corr., augm. Par le S* Jovet.
   Paris. 1710. P. Du Mesnil. 4 vol. in-12.

7.—Histoire critique des dogmes et des cultes, bons et mauvais, qui ont été dans l'Eglise depuis Adam jusqu'à Jésus-Christ, où l'on trouve l'origine de toutes les idolatries de l'ancien paganisme, expliquées par rapport à celles des Juifs, par M* Jurieu.
   Amsterdam. 1704. L'Honoré et C°. 1 vol. in-4°.

   On trouve à la suite :

—Supplément à l'histoire critique des dogmes et des cultes, etc. ou dissertation par lettres de M. Cuper, sur quelques passages du livre de M* Jurieu.
   Amsterdam. 1705 L'Honoré et C°. in-4°.

⁎⁎— Explication de divers monumens singuliers, qui ont rapport à la religion des plus anciens peuples. — Par le R. P. D. Martin.

Voyez : Histoire n° 4726.

8. — Cérémonies et coutumes religieuses de tous les peuples du monde, représentées par des figures dessinées de la main de *Bernard* Picart, et autres ; avec une explication historique, et quelques dissertations curieuses. (Par J. F. Bernard, Bruzen de la Martinière, Banier et Le Mascrier.)

Amsterdam. 1723. 1743. J.-F. Bernard. 8 en 7 v. in-fol.

9. — Superstitions anciennes et modernes ; préjugés vulgaires qui ont induit les peuples à des usages et à des pratiques contraires à la religion. Avec des figures qui représentent ces pratiques. (Par J. F. Bernard.)

Amsterdam. 1733. Bernard. 2 en 1 vol. in-fol.

10. — Histoire des religions et des mœurs de tous les peuples du monde ; avec 600 gravures, représentant toutes les cérémonies et coutumes religieuses, dessinées et gravées par le célèbre B. Picart. Publiées en Hollande, par J. F. Bernard. 2ᵉ édit.

Paris. 1816-1819. Belin. 6 vol. in-4°.

11. — Histoire des différens peuples du monde, contenant leurs cérémonies civiles et religieuses, avec l'origine et l'établissement des religions ; leurs sectes et superstitions ; les mœurs et usages de chaque nation, etc. Nouv. édit.

Paris. 1773. Costard. 6 vol. in-8°.

12. — Les conformitez des ceremonies modernes avec les anciennes. Où il est prouvé par des autoritez incontestables que les Ceremonies de l'Eglise Romaine sont empruntées des Payens. (Par *Pierre* Mussard.)

Leyde. 1667. Sambix. 1 vol. in-12.

13. — Parallèle des religions, par le R. Père Brunet. (Avec un Supplément contenant la géographie sacrée, etc. (Par le P. *Jos. Rom.* Joly.)
> **Paris. 1792. Bossange, Masson et Besson. 4 en 6 v. in-4º.**

14. — La contagion sacrée, ou histoire naturelle de la superstition. Ouvrage traduit de l'anglais, avec des notes relatives aux circonstances. Ire partie. Nouv. édit. (Composé par le baron d'Holbach.)
> **Paris. An V. Lemaire. 1 vol. in-8º.**
> Le faux titre porte : *Bibliothèque philosophique. Tome Ier*.

** — L'antiquité dévoilée par ses usages, par N. A. Boulanger.
> Voyez : Œuvres de Boulanger.

15. — Origine de tous les cultes ou religion universelle. Par Dupuis.
> **Paris. An III. Agasse. 7 vol. in-8º. et Atl. in 4º.**

16. — Même ouvrage. Nouvelle édition, revue, corrigée, enrichie d'un *nouvel atlas astronomique* composé de 24 planches, gravées d'après des monumens authentiques, par M. Couché fils; et de la *gravure du zodiaque de Denderah*. Avec une notice biographique sur la vie et les écrits de Dupuïs, par M. *P. R.* Auguis.
> **Paris. 1822. Babeuf. 7 vol. in-8º. et Atlas in-4º.**

17. — Abrégé de l'origine de tous les cultes; par Dupuis.
> **Paris. An VI. Agasse. 1 vol. in-8º.**

18. — Même ouvrage. Nouv. édit.
> **Paris. 1821. Ledoux. 1 vol. in-8º.**

19. — Résumé de l'histoire des traditions morales et religieuses, chez les diverses peuples; par M. de S. (*E.-P.* de Senancourt.)
> **Paris. 1825. Lecointe et Durey. 1 vol. in-18.**

20. — De la religion considérée dans sa source, ses formes et ses développements. Par M. *Benjamin* Constant.
> **Paris. 1830-1831. Pichon et Didier. 5 vol. in-8º.**

21.—Du progrès religieux, par *P. V. *Glade.
   Paris. 1838. Delaunay. 3 vol. in-8°.

**—Histoire des transformations religieuses et morales des peuples; par *J. F. A. A.* Boulland.
   Paris. 1839. Debecourt, 3 vol. in-8°.
   Voyez : *Histoire.* N° 528.

22.—Les religions et leur interprétation chrétienne, par *Th. Prosper* Le Blanc.
   Paris. 1852-1853. Leroux et Jouby. 3 vol. in-8°.

PREMIÈRE DIVISION.

RELIGIONS DE L'ANTIQUITÉ PAYENNE.

a. — *Dictionnaires.* — *Traités généraux.*

Voyez : *Histoire.* N°s 803, 1030-1032, 4729-4731 et suiv.

23.—Dictionnaire de mythologie, pour l'intelligence des poètes, de l'histoire fabuleuse, des monumens historiques, des bas-reliefs, des tableaux, etc. (Par l'*Abbé* de Claustre.
   Paris. 1745. Briasson. 3 vol. in-12.

**—Antiquités, mythologie, diplomatique et chronologie.
   Voyez : *Encyclopédie méthodique.*

24.—Dictionnaire de la fable, ou mythologie grecque, latine, égyptienne, celtique, persane, syriaque, indienne, chinoise, mahométane, etc. Par *Fr.* Noel. 3° éd.
   Paris. 1810. Le Normant. 2 vol. in-8°.

**—Biographie universelle, ancienne et moderne. Partie mythologique, ou histoire, par ordre alphabétique, des personnages des temps héroïques et des divinités grecques, italiques, égyptiennes, hindoues, japonaises, scandinaves, celtes, mexicaines, etc. (Par *V.* Parisot.)
   Paris. 1832-33. Michaud. 3 vol. in-8°.
   Voyez : *Biographie universelle.*

*"— Consultez aussi : Histoire, vi^e division, n°s 4378 et suiv.

25. — Mythologie pittoresque, ou histoire méthodique universelle des faux dieux de tous les peuples anciens et modernes. Présentant un exposé des croyances fabuleuses de la plupart des nations, indiquant les noms, l'origine, la puissance, le temple, le culte et les fêtes de leurs diverses divinités; le tout rangé dans un ordre entièrement neuf, par *J.* ODOLANT-DESNOS.
    Paris. 1836. Lavigne. 1 vol. gr. in-8°. Fig.

b. — *Religion des Grecs et des Romains.*

*"— HESIODI opera.
    Voyez: *Belles Lettres*, 1064 et suiv.

26. — De la théogonie d'Hésiode. Dissertation de philosophie ancienne, par *J. D.* GUIGNIAUT.
    Paris. 1835. Rignoux. 1. vol. in-8°.

27. — APOLLODORI *Atheniensis* bibliotheces, sive de Deorum origine, tàm græcè, quàm latinè, luculentis pariter, ac doctis annotationibus illustrati, et nunc primum in lucem editi libri tres. *Benedicto* ÆGIO interprete. Quibus demum additus est *Scipionis* TETTI de Apollodoris commentarius.
    Romæ. 1555. Ant. Bladi. 1. vol. in-8°.

28. — Les trois livres de la bibliothèque d'APOLLODORE, ou de l'origine des Dieus. Traduicts de l'exemplaire grec par *Jean* PASSERAT.
    Paris. 1605. Jean Gesselin. 1. vol. in-12.

29 — *F. P.* FULGENTII Mythologiarum libri tres, in quibus enarrat quid omnes insigniores veterum fabulæ significent.... Adjunximus græcum autorem PALAEPHATUM

de fabulis supra fidem confictis. *Philippo* Phasianino interprete.

Basileæ. 1536. Henricus Petrus. 1. vol. in-8º.

30. — *C. Julii* Hygini fabularum liber, ad omnium poetarum lectionem mirè necessarius, et nunc denuò excusus. Ejusdem Poeticon Astronomicon libri quatuor. Quibus accesserunt similis argumenti, Palaephati de fabulosis narrationibus, liber I. — *F.* Fulgentii *Placiadis* Mythologiarum libri III. — Ejusdem de vocum antiquarum interpretatione, lib. I. — Phurnuti de natura Deorum, sive poeticarum fabularum allegoriis, speculatis (*Jodoco* Velareo interprete). — Albrici philosophi de Deorum imaginibus liber. — Arati Φαινομένων fragmentum, *Germanico* Caesare interprete. — Ejusdem Phænomena græcè, cum interpretatione latina. — Procli de sphæra libellus, græcè et latinè, (*Thoma* Linacro interprete.

Basileæ. 1549. J. Hervagius. 1 vol. in-fol.

31. — *C. Julii* Hygini fabularum liber, ad omnium poetarum lectionem mirè necessarius, et nunc denuò excusus. Ejusdem Poeticon Astronomicon libri quatuor. Quibus accesserunt similis argumenti, Palæphati de fabulosis narrationibus liber I. — *F.* Fulgentii Mythologiarum libri III. — Ejusdem de vocum antiquarum interpretatione liber I. — Phornuti de natura Deorum, sive poeticarum fabularum allegoriis, speculatio. — Albrici philosophi de deorum imaginibus liber. — Arati Φαινομένων fragmentum, *Germanico* Cæsare interprete. — Ejusdem phænomena græcè, cum interpretatione latina. — Procli de sphæra libellus, græcè et latinè. — Apollodori Biblioth. sive de Deorum origine. — *Lilii G.* Gyraldi de Musis syntagma.

Parisiis. 1578. J. Parant. 1 vol. in-8º.

32. — Le imagini dei Dei de gli Antichi, nelle quali si contengono gl'idoli, riti, ceremonie, et altre cose apparteneuti alla religione de gli Antichi, racolte dal sig. *Vincenzo* CARTARI.
   Lione. 1581. Michele. 1. vol. in-8°. Fig.

33. — Les images des dieux des anciens, contenans les idoles, coustumes, ceremonies et autres choses appartenans à la religion des payens. Recueillies premièrement et exposées en italien par le Seigneur *Vincent* CARTARI, et maintenant traduites en françois et augm. par *Antoine* DU VERDIER, seigneur DE VAUPRIVAS.
   Lyon. 1581. Michel. 1 vol. in-4°. Fig.

34. — La sagesse mystérieuse des anciens, ombragée du voile des fables. Par M⁰ *François* BACON. Nouv. édit. De la traduction de *J.* BAUDOIN.
   Paris. 1641. M. Bobin. 1 vol. in-12.

35. — *Natalis* COMITIS mythologiæ, sive explicationis fabularum, libri decem : in quibus omnia propè naturalis et moralis philosophiæ dogmata contenta fuisse demonstratur. — Ejusdem libri IIII de venatione. — Addita Mythologia Musarum, à *Geofredo* LINOCERIO uno libello comprehensa.
   Francoforti. 1596. A. Wecheli heredes. 1 vol. in-8°.

36. — *Natalis* COMITIS mythologiæ, sive explicationis fabularum, libri decem. — Accessit *G.* LINOCERII Musarum mythologia, et Anonymi observationum in totam de Diis gentium narrationem libellus. — Adjunctæ sunt insuper novissimæ huic, post germanicam et gallicam, editioni elegantissimæ Deorum imagines, et eruditissimæ Mythologiæ M. *Antonii* TRITONII.
   Patavii. 1637. Frambotti. 1 vol. in-4°.

37. — *Natalis* COMITIS mythologiæ, sive explicationis fabularum, libri decem. — Ejusdem libri IV de venatione. —

Accessit G. Linocerii Musarum Mythologia, et Anonymi observationum in totam de Diis gentium narrationem, libellus.
>> Genevæ. 1651. P. Chouet. 1 vol. in-8º.

38. — La Mythologie, c'est-à-dire explication des fables, traduite du latin de *Noël* LECOMTE, par *Jean* DE MONTLYARD.
>> Lyon. 1600. Erélon. 1 vol. in-4º.
>> *Le titre manque.*

39. — La vérité des fables, ou l'histoire des dieux de l'antiquité. (Par DESMARESTS DE SAINT-SORLIN.)
>> Paris. 1648. Henry Le Gras. 1 vol. in-8º.

40. — Histoire fabuleuse et généalogique des dieux et des héros de l'antiquité payenne, ou nouvelle histoire poétique. (Par *Jacques* VALLIER, Sr DE LA MARTINIÈRE.)
>> Paris. 1670. Cottin. 1 vol. in-12.

41. — L'histoire poëtique, pour l'intelligence des poëtes et des auteurs anciens. Par le P. P. GAUTRUCHE.
>> Amsterdam. 1712. Vᵉ Paul Marret. 1 vol. in-12.

42. — Nouvelle histoire poétique du Père GAUTRUCHE. Nouv. édit. corr. et augm. par l'*Abbé* DE B. (BELLEGARDE.)
>> Paris. 1725. Legras. 1 vol. in-12.

43. — Dialogues où les fables les plus curieuses de l'antiquité sont expliquées d'une manière fort agréable. Par le Sieur DE LA TREILLE.
>> Paris. 1670. Guill. de Luyne. 1 vol. in-12.

44. — Méthode pour apprendre l'histoire des faux dieux de l'antiquité, ou le Panthéon mytique. Composé en latin par le Père POMEY, et traduit en françois par M. TENAND.
>> Paris. 1715. Le Clerc. 1 vol. in-12.

45. — Même ouvrage. Nouv. édit.
>> La Haye. 1732. Swart. 2 vol. in-12.

46. — Appendix de diis et heroïbus poëticis, ou abrégé de l'histoire poétique. Par le R. P. *Joseph* Jouvency.
    Paris. 1733. Barbou. 1 vol. in-16.

47. — La mythologie et les fables expliquées par l'histoire; par M. l'*Abbé* Banier.
    Paris. 1738-1740. Briasson. 8 vol. in-12.

48. — Connoissance de la mythologie, par demandes et par réponses. (Par le *P.* Rigord.)
    Paris. 1743. Simon. 1 vol. in-18.

49. — Connoissance de la mythologie, par demandes et par réponses, augmentée des traits d'histoire qui ont servi de fondement à tout le système de la Fable. (Par *P. A.* Alletz.) 6ᵉ édit.
    Paris. 1768. Vᵉ Savoye. 1 vol. in-12.

50. — Même ouvrage. 7ᵉ édit.
    Paris. 1774. Vᵉ Savoye. 1 vol. in-12.

51. — Lettres à Emilie, sur la mythologie. Par *C. A.* Demoustier.
    Paris. 1801. A. A, Renouard. 3 vol. in-8°. Fig.

52. — Même ouvrage. Nouv. édit.
    Paris. 1818. Th. Dabo. 6 en 3 vol. in-18. Fig.

53. — Elémens de mythologie, à l'usage des jeunes gens et des jeunes demoiselles; par *A. L.* Delaroche.
    Paris. 1816. Pelafol. 2 vol. in-12. Fig.

54. — Histoire poétique, tirée des meilleurs poëtes et littérateurs français; suivie d'un dictionnaire de la fable, par M. Delacroix. 10ᵉ édit. rev. par *J. F.* Nouel.
    Paris. 1822. Samson fils. 1 vol. in-18.

55. — Abrégé de la mythologie, à l'usage des pensionnats dirigés par les Religieuses des Sacrés-Cœurs de Jésus et de Marie, dites de Louvencourt.
    Amiens. 1847. Duval et Herment. 1 vol. in-18.

56. — Parallèle des traditions mythologiques avec les récits bibliques, par l'*Abbé J.* Corblet.
Beauvais. 1845. Moisand. Pièce in-4º.

57. — Histoire du ciel, où l'on recherche l'origine de l'idolatrie, et les méprises de la philosophie, sur la formation, et sur les influences des corps célestes. 5ᵉ édit. (Par l'*Abbé A. N.* Pluche.)
La Haye. 1742. J. Neaulme. 2 vol. in-12. Fig.

58. — L'origine des dieux du paganisme; et le sens des fables découvert par une explication suivie des poésies d'Hésiode. Par M. Bergier.
Paris. 1767. Humblot. 2 vol. in-12.

**—Mythologie. — Religion des anciens peuples, par *Nic.* Fréret.
Voyez : *Œuvres de* Fréret.

59. — Mémoires pour servir à l'histoire de la religion secrète des anciens peuples; ou recherches historiques et critiques sur les mystères du Paganisme, par M. le Baron de Sainte-Croix.
Paris. 1784. Nyon l'aîné. 1 vol. in-8º

60. — Recherches historiques et critiques sur les mystères du Paganisme, par M. le Baron de Sainte-Croix. 2ᵉ édit., rev. et corr. par M. le Baron Sylvestre de Sacy.
Paris. 1817. De Bure fr. 2 vol. in-8º.

61. — Des cultes qui ont précédé et amené l'idolatrie ou l'adoration des figures humaines. Par *J. A.* Dulaure.
Paris. 1805. Fournier. 1 vol. in-8º.

62. — Histoire abrégée des différens cultes. Par *J. A.* Dulaure. 2ᵉ édit.
Paris. 1825. Guillaume. 2 vol. in-8º.

**— Le tome I contient : Des cultes qui ont précédé et amené l'idolatrie ou l'adoration des figures humaines; le tome II : Des divinités génératrices chez les anciens et les modernes.

63. — L'Antiquité dévoilée au moyen de la Genèse; 4ᵉ édit., augmentée de la chronologie de la Genèse, et de la théogonie d'Hésiode expliquée par la Genèse; accompagnées de deux gravures représentant les hémisphères célestes, austral et boréal. Par *Charles-Robert* Gosselin.
    Paris. 1817. Egron. 1 vol. in-8°.

64. — Histoire de la destruction du Paganisme en occident. Par *A.* Beugnot.
    Paris. 1835. Firm. Didot frères. 2 vol. in-8°.

65. — Du polythéisme romain, considéré dans ses rapports avec la philosophie grecque et la religion chrétienne; ouvrage posthume de *Benjamin* Constant; précédé d'une introduction de M. *J.* Matter.
    Paris. 1833. Béchet aîné. 2 vol. in-8°.

66. — Religions de l'antiquité, considérées principalement dans leurs formes symboliques et mythologiques; ouvrage traduit de l'allemand du Dʳ *Frédéric* Creuzer, refondu en partie, complété et développé par *J. D.* Guigniaut.
    Paris. 1825-51. Rignoux et Didot. 4 en 10 vol. in-8°.

67. — Histoire des religions de la Grèce antique depuis leur origine jusqu'à leur complète constitution; par *L. F. Alfred* Maury.
    Paris. 1857-59. Lagrange. 3 vol. in-8°

68. — Sacrorum, sacrificiorumque gentilium brevis et accurata descriptio, universæ superstitionis ethnicæ ritus ceremoniasque complectens; à *Jo. Guilielmo* Stuckio.
    Tiguri 1598. Wolphius. 1 vol. in-fol

69. — *Petri* Berthaldi liber singularis de ara.
    Nannetis. 1636 P. Doriou. 1 vol. in-8°.

**— Éclaircissement sur les sacrifices, par le comte de Maistre.
    Voyez : Œuvres du comte de Maistre. VI.

**—Fêtes et courtisanes de la Grèce, par *P. J. B. P.* Chaussard.
Paris. 1821. 4 vol. In-8°.
Voyez : Histoire n° 4729.

**—Discours de la religion des anciens Romains. Par *G.* Du Choul.
Lyon. 1567. G. Roville. 1 vol. in-4°
Voyez : Histoire n° 4734.
Voyez aussi les numéros suivants.

70.—Recherches sur la nature du culte de Bacchus en Grèce, et sur l'origine de la diversité de ses rites. Par *J. F.* Gail.
Paris. 1821. Treuttel et Wurtz. 1 vol. in-8°.

71.—Jupiter. Recherches sur ce dieu, sur son culte, et sur les monumens qui le représentent. Ouvrage précédé d'un essai sur l'esprit de la religion grecque. Par *T. B.* Eméric-David.
Paris. 1833. Imp. royale. 2 vol. in-8°. Fig.

72.—Vulcain. Recherches sur ce dieu, sur son culte et sur les principaux monuments qui le représentent; par *T. B.* Eméric-David.
Paris. 1838. Imp. royale. 1 vol, in-8°. Fig.

73.—Neptune. Recherches sur ce dieu, sur son culte, et sur les principaux monuments qui le représentent; par *T. B.* Eméric-David.
Paris. 1839. Imp. royale. 1 vol. in-8°. Fig.

74.—Recherches sur le culte, les symboles, les attributs et les monuments figurés de Vénus, en Orient et en Occident; par M. *Félix* Lajard.
Paris. 1837. Bourgeois-Maze. 1 vol. in-4° et At. in-fol.

75.—Quid Vestæ cultus in institutis veterum privatis publicisque valuerit? Thesim proponebat Facultati litterarum Parisiensi Fustel de Coulanges.
Ambianis. 1858. T. Jeunet. 1 vol in-8°.

76. — Essai sur le feu sacré et sur les vestales. (Par Dubois-Fontanelle.)

Amsterdam et Paris. 1768. Le Jay. 1 vol. in-8°.

—Σιβυλλιακῶν χρησμῶν λόγοι ὀκτω Sybillinorum oraculorum libri octo.

Vide : *Belles-Lettres.* N°s 1099 et seq. *Sciences et Arts.* N° 2534.

77. — Des Sybilles célébrées tant par l'antiquité payenne que par les saincts Pères, discours traittant des noms et du nombre des Sybilles, de leurs conditions, de la forme et matière de leurs vers, etc. Par *David* Blondel.

Charenton. 1649. Perier. 1 vol. in-4°.

78. — Dissertation sur les oracles des sybilles, par le R. P. J. Crasset.

Paris. 1678. Michallet. 1 vol. in-12.

79. — Histoire des oracles. Par M. de Fontenelle. Nouv. édit.

Paris. 1707. M. Brunet. 1 vol. in-12.

80. — Réponse à l'histoire des oracles, de M. de Fontenelle. Dans laquelle on réfute le systéme de M. Van-Dale, sur les auteurs des oracles du Paganisme, sur la cause et le temps de leur silence; et l'on établit le sentiment des Pères de l'Église sur le même sujet. (Par *J. F.* Balthus.) 2ᵉ édit.

Strasbourg. 1708-09. Doulssecker. 2 vol. in-8°.

Le second volume a pour titre :

—Suite de la réponse à l'histoire des oracles, dans laquelle on réfute les objections insérées dans le xiii. tome de la Bibliotèque choisie, et dans l'article ii. de la République des lettres, du mois de juin 1707; et où l'on établit sur de nouvelles preuves le sentiment des SS. Pères touchant les oracles du Paganisme.

Strasbourg. 1708. Doulssecker.

**—Iamblicus de mysteriis Ægyptiorum, Chaldæorum, Assyriorum. — Proclus de sacrificio et magia. — Porphyrius de divinis, atque dæmonibus. — Psellus de dæmonibus.
Vide.: *Sciences et arts,* n° 81.

---

c. — *Religion des Egyptiens.*

**—Voyez : *Histoire* nos 765 et suiv. et aussi vne division, archéologie.

81. —Lettres à Monsieur H... (Hérinch) sur l'origine des anciens Dieux ou rois d'Égypte. Qui expliquent ce qui a donné lieu aux Fables des Dieux de l'antiquité. (Par l'abbé *Dom.* Révérend).
Paris. 1712. Vᵉ Ribou 1 vol. in-8°

82. —Lettres à Monsieur H*** sur les premiers dieux ou rois d'Égypte.
Paris. 1733. Vᵉ Ribou. 1 vol. in-8°.

83. —*Pauli Ernesti* Iablonski Pantheon Ægyptiorum, sive de diis eorum commentarius, cum prolegomenis de religione et theologia Ægyptiorum.
Francofurti. 1750-52. Kleyb. 3 en 2 vol. in-8.

84. —Panthéon égyptien, collection des personnages mythologiques de l'ancienne Égypte, d'après les monuments ; avec un texte explicatif par M. *J. F.* Champollion le jeune, et les figures d'après les dessins de M. *L. J. J.* Dubois.
Paris. F. Didot. 1825. in-4°. liv. 1 à 15. Inachevé.

---

d. — *Religion des Germains et des Gaulois.*

---

85. —*Elix* Schedii de DIs Germanis, sive veteri Germanorum, Gallorum, Britannorum, Vandalorum religione syngrammata quatuor.
Amsterodami. 1648. L. Elzeverius. 1 vol. in-8°.

86. — Pusterus, vetus Germanorum idolum, quod publicæ eruditorum censuræ subjiciet *J. Ph. Ch.* Staubius.
   Giessæ. 1716. Mullerus. 1 vol. in-4°. Fig.

** — Mémoire sur les Druides, par Duclos.
   Voyez : *Œuvres* de Duclos.

** — La religion des Gaulois tirée des plus pures sources de l'antiquité. Par le R. P. Dom. Martin, relig. bénéd.
   Paris. 1727. Saugrain. 2 vol. in-8°. Pl.
   Voyez : *Histoire*. N° 2384.

** — Monumens celtiques ou recherches sur le culte des pierres, etc. Par M. Cambry.
   Paris. 1805. Johanneau. 1 vol. in-8°. Pl.
   Voyez : *Histoire*. N° 2392.

** — Le réveil de Chyndonax. Par J. Guenebauld.
   Dijon, 1621. Guyot, 1 vol. in-4°.
   Voyez : *Histoire*. N° 4768.

e. — *Religion des peuples de l'Orient.*

** — Relation nouvelle du Levant, ou traités de la religion, du gouvernement et des coutumes des Perses, etc.
   Voyez : *Histoire*. N° 4035.

87. — Histoire de la religion des Banians, contenant leurs loix, leur liturgie, leurs tribus, leurs coûtumes et leurs ceremonies, tant anciennes que modernes; recueillie de leurs Bramanes, et tirée du livre de leur loy qu'ils appellent *Shaster*. Avec un traité de la religion des anciens Persans ou Parsis, extrait d'un autre livre écrit en persan, intitulé *Zundavastavu*. Traduit de l'anglois de *Henry* Lord (Par *F.* Briot.)
   Paris. 1667. R. de Ninville. 1 vol. in-12.

88. — *Johannis* Seldeni de DIs Syris syntagma 11. Adversaria nempè de numinibus commentitiis in *Vetere*

Instrumento memoratis. Accedunt quæ sunt reliqua Syrorum. Prisca porro Arabum, Egyptiorum, Persarum, Afrorum, Europæorum item theologia subindè illustratur.

Londini. 1617. Stansbeius. 1 vol. in-8º.

89. — La porte ouverte, pour parvenir à la connoissance du paganisme caché. Ou la vraye représentation de la vie, des mœurs, de la religion, et du service divin des Bramines, qui demeurent sur les costes de Chormandel, et aux pays circonvoisins. Par le sieur *Abraham* ROGER. Avec des remarques des noms et des choses les plus importantes. Traduite en françois par le Sieur *Thomas* LA GRUE.

Amsterdam. 1670. Jean Schipper. 1 vol. in-4º. Fig.

90. — Mithriaca ou les mithriaques. — Mémoire académique sur le culte solaire de Mithra par *Joseph* DE HAMMER, publié par *J.* SPENCER SMITH.

Caen et Paris. 1833. 1 vol. in-8º et atlas in-4º

91. — Introduction à l'étude du culte public et des mystères de Mithra en Orient et en Occident; par M. *Félix* LAJARD.

Paris. 1847. Gide. 1 vol. in-4º et Atlas in-fol. Inach.

92. — Du surnom de Cautopates donné à Mithra sur une inscription nouvellement découverte à Friedberg, par M. DE RING.

Paris. 1853. Techener. Pièce in-8º.

**— Pour la religion des Chinois, consultez :
Mémoires concernant l'histoire, les sciences, les arts, les mœurs et les usages des Chinois; par les missionnaires de Pékin.

Paris. 1776-1791. 15 vol. in-8º.

**— Consultez pour les diverses religions du paganisme, les Mémoires de l'Académie des inscriptions et belles-lettres, *passim*.

DEUXIÈME DIVISION.

HISTOIRE DU JUDAISME.

**—Voyez : *Histoire des Juifs.* N⁰ˢ 716 et suivants.

93. — De ecclesia ante legem, libri tres : in quibus indicatur quis à mundi principio usque ad Moysen fuerit ordo ecclesiæ, quæ facta, quæ templa, quæ sacrificia, qui ministri, quive ritus et ceremoniæ. Auctore *Jacobo* Boulduc.
   Parisiis. 1626. Landry. 1 vol. in-8º.

94. — De ecclesia ante legem libri tres. 2ª edit. Authore P. *Jacobo* Boulduc.
   Parisiis. 1630. J. Cottereau. 1 vol. in-4º.
   A la suite :
   — De ecclesia post legem liber analogicus. In quo ostenditur quanta sit similitudo inter legem naturalem et legem evangelicam. Additur expositio epistolæ B. Judæ apostoli, in quâ similia secundæ B. Petri verba pariter expanduntur. Authore *J.* Boulduc.
   Parisiis. 1630. Cottereau. in-4º.

95. — *Joh.* Cloppenburgii sacrificiorum patriarchalium schola sacra. In qua examinatur sacrificiorum antiquitas, usus, et antiquatio.
   Lugd. Batav. 1637. Off. Elseviriorum. 1 vol. in-16.

96. — Le temple de Salomon, ou briefve description de la grandeur, magnificence et richesses d'iceluy : ensemble un meslange historique, traittant de la maison, revenus, richesses indicibles, et despence ordinaire et extraordinaire de David et de Salomon. Par le R. P. *F. Claude* de Gayan.
   Lyon. 1623. Morillon. 1 vol. in-8º.

97. — *Fr.* Le Roy Templum Sapientiæ, sive dissertatio mystagogica in qua de Templo Sapientiæ, partim historico seu litterali, partim mystico ac spirituali, sensu disseritur; illudque nominatim disquiritur, fueritne templum Salomonicum supremæ Dei sapientiæ, speciali titulo, ac vero nomine dedicatum.
Insulis. 1664. De Rache. 1 vol. in-fol.

98. — Traité historique de l'ancienne Pâque des Juifs. Où l'on examine à fond la question célèbre si J.-C. N.-S. fit cette Pâque la veille de sa mort; et ce que l'on en a crû. Avec de nouvelles Preuves des deux Prisons de S. Jean-Batiste. Par le R. P. *Bernard* Lamy.
Rouen. Paris. 1693. Pralard. 1 vol. in-12.

99. — Suite du Traité historique de l'ancienne Pâque des Juifs. (Par le R. P. *B.* Lamy.)
Rouen. Paris. 1693-98. Pralard. 1 vol. in-12.

Cet ouvrage se compose des dissertations suivantes :

** — Reflexions sur le nouveau sisteme de R. P. Hardouin touchant la derniere Pâque de J. C. N. S.
Rouen. Paris. 1693. Pralard.

** — Reflexions sur quelques dissertations de l'auteur de l'Analyse de l'évangile, et sur un livre intitulé Apologie de M. Arnaud, et du R. P. Bouhours.
Paris. 1694. Pralard.

** — Réponse du R. P. Lamy à la lettre de M. de Tillemont, sur la derniere Pasque de Nostre Seigneur.
Paris. 1694. Pralard.

** — Reflexions sur le systeme de M. Louis de Leon, touchant la derniere Pâque de Jesus-Christ nôtre Seigneur. Nouvellement proposé par le R. P. Daniel. Avec les Preuves des deux Prisons de S. Jean-Batiste, mises en ordre géométrique. (Par le R. P. Lamy.)
Rouen. Paris. 1695. Pralard.

** — Réflexions sur la lettre d'un docteur de Sorbonne, à un docteur de la même maison : et sur l'Histoire evangelique du R. P. Pezron.
Rouen. Paris. 1696. Pralard.

** — Lettres au R. P. D. G. B. benedictin de la congregation de S. Maur, au sujet de ses reflexions sur le système du P. Lamy.
Paris. 1698. Pralard.

** — Lettre du P. Lamy au R. P. F. P. D. L. O. dans laquelle il éclaircit quelques points de sa Nouvelle Harmonie, ou concorde des quatre Evangélistes.

100. — Réflexions sur le nouveau systeme du R. P. Lamy, touchant la dernière Pâque de Jésus-Christ nôtre Seigneur. Par le R. P. *D. G. B.* (*Guillaume* Bessin.)
Rouen. 1697. Fr. Vaultier. 1 vol. in-12.

101. — Réflexions sur le culte des anciens Hébreux, dans ses rapports avec les autres cultes de l'antiquité ; pour servir d'introduction au Lévitique et à plusieurs chapitres des nombres. Par *S.* Munk.
Paris. 1833. Th. Barrois. 1 vol. in-8º.

TROISIÈME DIVISION.

HISTOIRE DE L'ÉGLISE CHRÉTIENNE.

INTRODUCTION. — CHRONOLOGIE. — CHOROGRAPHIE.

102. — Réflexions sur les règles et sur l'usage de la critique, touchant l'histoire de l'Eglise. Avec des notes historiques, chronologiques, et critiques. Par le R. P. Honoré de Sainte-Marie. (*Blaise* Vanzelles.)
Paris. 1713-1720. 3 vol. in-8º.

Ces trois volumes ont les titres suivants :

** — Réflexions sur les règles et sur l'usage de la critique, touchant l'histoire de l'Église ; les ouvrages des Pères ; les Actes des anciens Martyrs ; les Vies des Saints ; et sur la méthode qu'un écrivain a donnée pour faire une version de la Bible plus exacte, que tout ce qui a paru jusqu'à présent.
Paris. 1713. Cl. Jombert. 1 vol. in-4º.

** — Réflexions sur les règles et sur l'usage de la critique. Où l'on traite des différentes méthodes pour démêler les véritables traditions des fausses. Et où l'on examine plusieurs pieuses créances sur la vie de Jésus-Christ, depuis sa conception jusqu'à sa mort.
 Paris. 1717. J. de Nully. 1 vol. In-4º.

** — Réflexions sur les règles et sur l'usage de la critique. Où l'on examine l'épôque de la mort de Jésus-Christ; quelques usages du samedy Saint et du tems paschal; les anciennes liturgies; les langues dont on s'est servi dans les saints mystères; les reliques de J.-C. et des saints; et quelques monumens profanes, où il est parlé de J.-C. On y a joint une Dissertation sur l'inscription de la Sainte face de Montreüil.
 Paris. 1720. André Molin. 1 vol. In-4º.

103. — Chronographia christianæ Ecclesiæ, in qua dilucide patrum et doctorum præcipuorum ordo, cum omnium hæresum origine, et multiplici innovatione ceremoniarum, decretorum, et rituum in Ecclesià, per imperatores, principes, concilia, aut pontifices romanos, à Christi nativitate ad nostra tempora usque ostenditur : ad S. Patrum et omnium bonorum authorum lectionem, rerumque ecclesiasticarum et civilium cognitionem utilis et necessaria. Principio industria ac labore *Heinrichi* Pantaleonis concinnata : nunc verò ab eodem diligentissimè revisa, etc.
 Basileæ. 1561. Nicolaus Brylingerus. 1 vol. in-fol.

 A la suite :

— Chronologia secundum Græcorum rationem temporibus expositis, autore Nicephoro : conversa in sermonem latinum de græco, et explicata à *Ioachimo* Camerario, nuncque primùm edita. — Addita est Narratio ejusdem Camerarii de Synodo Nicæna, nunc denuò edita. — Accessit et nova enumeratio OEcumenicarum Synodorum, etc.
 Basileæ. 1551. Joan. Oporinus. in-fol.

104. — Compendium temporum et historiarum ecclesiasticarum ab ascensione Christi usque ad nostra tem-

pora, ex sacratis et probatis ecclesiasticis scriptoribus desumptum. Authore fratre *Johanne* Rioche.

Parisiis. 1576. Guil. Julianus. 1 vol. in-8º.

105.—Table chronographique de l'estat du christianisme, depuis la naissance de Jesus-Christ, jusques à l'année mdcxii. Par *Jacques* Gaultier.

Lyon. 1613. J. Roussin. 1 vol. in-fol.

106.—P. *Jacobi* Gaulteri Tabula chronographica status ecclesiæ catholicæ à Christo nato ad annum mdcxiv.

Coloniæ. 1616. Petrus Henningius. 1 vol. in-fol.

107.—Table chronographique de l'estat du christianisme, depuis la naissance de Jesus-Christ, jusques à l'année mdclxxii. Par *Jacques* Gaultier. Rev. pour la 7e fois et augmentée de douze démonstrations évidentes, qui preuvent la vérité de la Foy catholique contre les impostures de Calvin; par *J. Pierre* Gaultier.

Lyon. 1673. L. Arnaud et P. Borde. 1 vol. in-fol.

108.—Tablettes chronologiques, contenant avec ordre l'état de l'Eglise en Orient et en Occident; les Conciles généraux et particuliers; les auteurs ecclésiastiques; les schismes, hérésies, et opinions qui ont esté condamnées. Pour servir de plan à ceux qui lisent l'histoire sacrée. Par *G.* Marcel. Nouv. édit.

Paris. 1709. Esprit Billiot. 1 vol. in-8º.

109.—Histoire générale de tous les siècles de la nouvelle loy, laquelle enseigne ce qui est arrivé de plus notable dans l'Eglise et dans le monde, tous les jours de l'année, depuis la naissance de Jésus-Christ, jusqu'à présent. Composée par le R. P. *F. David* L'Enfant. 2º édit., rev., aug.

Paris. 1684. Rafflé et Pepie. 6 vol. in-12.

110.—Notitia episcopatuum orbis christiani; in quâ christianæ religionis amplitudo elucet. Libri V. *Aubertus* Miræus publicabat.
  Antuerpiæ. 1613. Off. Plantiniana. 1 vol. in-8°.

111.—Geographia ecclesiastica, in qua provinciæ metropoles, episcopatus, sive urbes titulo episcopali illustres, alphabeti serie digestæ leguntur : et de ecclesiarum maximè illustrium originibus, progressibus, ac vicissitudinibus breviter disseritur. *Auberto* Miræo auctore.
  Lugduni. 1620. Pillehotte. 1 vol. in-12.

112.—Notice des diocèses de l'Eglise universelle. Avec un sommaire de tous les Conciles tant généraux que provinciaux, rapportez à leurs provinces et diocèses. Plus une entière et particulière Notice des Bénéfices de la France estans à la nomination ou collation du Roy, avec les taxes de Rome. Par M. I. T. A. P. (*Jean* Tournet.)
  Paris. 1625. Aliot. 1 vol. in-8°.

113.—La saincte chorographie ou description des lieux où réside l'Eglise chrestienne par tout l'univers. Par *P*. Geslin.
  Amsterdam. 1641. L. Elzevier. 1 vol. in-16.

114.—Geographiæ episcopalis breviarium, expeditissima methodo in capita duodecim digestum, cum aliquot appendicibus ad Franco-Galliam spectantibus. Auctore *Philippo* Labbe.
  Parisiis. 1661. Henault. 1 vol. in-16.

115.—Metropolitanarum urbium historia civilis et ecclesiastica. Tomus primus, in quo Romanæ sedis dignitas, et Imperatorum ac Regum, maximè Francorum, in eam merita explicantur. Autore *Pet. Jos.* Cantelio.
  Parisiis. 1684. Michallet. 1 vol. in-4°.

116.—Tables géographiques et chronologiques de tous les archeveschez et eveschez de l'univers, où l'on voit dans un abregé méthodique et succinct, l'état ancien et présent, tant de l'Eglise latine que de l'Eglise grèque, et des autres communions de la Chrétienté ; la situation et distribution de toutes les provinces ecclesiastiques, les noms des archevêchez et evêchez, leurs erections, unions, translations, supressions, prérogatives, revenus, etc. Par M. l'abbé DE COMMANVILLE.
  Rouen. 1700. Maurry. 1 vol. in-8º.

CHAPITRE PREMIER.

HISTOIRE GÉNÉRALE

PAR DES ÉCRIVAINS CATHOLIQUES.

117.—Ἐκκλησιαστικῆς ἱστορίας ΕΥΣΕΒΙΟΥ τοῦ ΠΑΜΦΙΛΟΥ ἐπισκόπου Καισαρείας τῆς Παλαιστίνης Βιβλία ί. — Τοῦ αὐτοῦ εἰς τὸν βίον τοῦ μακαρίου Κωνσταντίνου Βασιλέως λόγοι έ. — ΣΩΚΡΑΤΟΥΣ σχολαστικοῦ Βιβλία ζ'. — ΘΕΟΔΩΡΙΤΟΥ ἐπισκόπου Κύρου Βιβλία έ. — Ἐκλογῶν ἀπὸ τῆς ἐκκλησιαστικῆς ἱστορίας ΘΕΟΔΟΡΟΥ ἀναγνώστου Βιβλία β'. — Ἑρμείου ΣΩΖΟΜΕΝΟΥ Σαλαμινίου Βιβλία θ'. — ΕΥΑΓΡΙΟΥ σχολαστικοῦ ἐκκλησιαστικῆς ἱστορίας Βιβλία ς'. — Ecclesiasticæ historiæ EUSEBII PAMPHILI libri x. — Ejusdem de vita Constantini imperatoris lib. v. — SOCRATIS lib. VII. — THEODORITI episcopi Cyrensis lib. v. — Collectaneorum ex historia ecclesiastica THEODORI Lectoris lib. II. — *Hermii* SOZOMENI lib. IX. — EVAGRII libri VI.
  Lut. Paris. 1544. R. Stephanus. 1 vol. in-fol.

118. — Οἱ τῆς ἐκκλησιαστικῆς ἱστορίας συγγραφεῖς ἑλληνικοί. — Historiæ ecclesiasticæ scriptores græci, nempe, EUSEBII, cognomento PAMPHILI, historiæ ecclesiasticæ, lib. x. — Ejusdem de vita Constantini Magni, lib. IIII. — CONSTANTINI Magni Oratio ad sanctorum cœtum. — Ejusdem EUSEBII oratio in laudem Constantini Magni, ad trigesimum illius imperii annum, ex Bibliotheca Palatina nunc primùm græcè in lucem missa. — SOCRATIS Scholastici Constantinopolitani historiæ Eccl. lib. VII. — THEODORITI Cyrensis episcopi, lib. v. — THEODORI Lectoris collectaneorum lib. II. — *Hermiæ* SOZOMENI Salaminii lib. IX. — EVAGRII Scholastici Epiphanensis lib. VI. — Græco latinè nunc primùm editi, ex interpretatione *Johannis* CHRISTOPHORSONI, et recognitione *Suffridi* PETRI; unà cum variis lectionibus et additionibus codicum, quibus hic interpres usus est, suis locis insertis : aliis item variis lectionibus ex doctissimorum nostræ ætatis virorum exemplaribus, *Josephi Scaligeri, Iacobi Cujacii, Iacobi Bongarsii*, et *Iani Gruteri*, ... fideliter relatis, etc.

Coloniæ Allobrogum. 1612. P. de la Rovière. 1 vol. in-fol.

119. — Autores historiæ ecclesiasticæ. — EUSEBII PAMPHILI Cæsariensis episcopi libri novem, RUFFINO interprete. — RUFFINI presbiteri Aquileiensis, libri duo. — Item ex THEODORITO episcopo Cyrensi, SOZOMENO, et SOCRATE Constantinopolitano libri duodecim, versi ab EPIPHANIO Scholastico, adbreviati per CASSIDIODORUM Senatorem : unde illis tripartitæ historiæ vocabulum. Omnia recognita ad antiqua exemplaria latina, per *Beatum* RHENANUM. — His accesserunt: NICEPHORI ecclesiastica historia, incerto interprete. VICTORIS episcopi libri III de persecutione Vandalica. THEODORITI libri v, nuper ab *Ioachimo* CAMERARIO latinitate donati. — Accesserunt

recentius anni à Christo nato cuilibet historiæ, ac sacræ scripturæ et Josephi quotationes cum fœliciori indice et veriori.

Parisiis. 1541. Galeotus Pratensis. 1 vol. in-fol.

120. — Ecclesiasticæ historiæ autores. — Eusebii Pamphili Cæsariæ Palæstinæ episcopi historiæ ecclesiasticæ lib. x. *Vuolfgango* Musculo interprete. — Ruffini presbyteri Aquileiensis historiæ ecclesiasticæ lib. ii. — Eusebii Pamphili de vita Constantini, Musculo interprete, lib. v. — Socratis Scholastici Constantinopolitani, eodem interprete, lib. vii. — Theodoriti episcopi Cyri, *Ioachimo* Camerario interprete, lib. v. — *Hermii* Sozomeni Salaminii, Musculo interprete, lib. ix. — Theodori Lectoris collectaneorum historiæ ecclesiast. eodem interprete, lib. ii. — Evagrii Scholastici, eodem interprete, lib. vi. — Dorothei, episcopi Tyri Synopsis, Apostolorum ac Prophetarum vitas complectens, eodem interprete, nunc primum in lucem ædita. — Index memorabilium rerum sub finem additus est.

Basileæ. 1557. Froben. 1 vol. in-fol.

121. — Eusebii Pamphili, Ruffini, Socratis, Theodoriti, Sozomeni, Theodori, Evagrii, et Dorothei ecclesiastica historia, sex propè seculorum res gestas complectens : latinè jam olim à doctissimis viris partim scripta, partim è græco à clarissimis viris, *Vuolfgango* Musculo, *Ioachimo* Camerario et *Johanne* Christophersono, eleganter conversa : et nunc ex fide Græcorum codicum, sic ut novum opus videri possit, per *Joan. Jacobum* Grynæum locis obscuris innumeris illustrata, dubiis explicata, mutilis restituta : chronographia insuper *Abrahami* Bucholceri, ad annum epochæ christianæ 1598 et lectionis sacræ historiæ luculenta

methodo exornata. Cum continuatione in præsentem annum MDCXI, et indicibus.

Basileæ. 1611. Sebastianus Henricpetri. 1 vol. in-fol.

122.—Historiæ ecclesiasticæ scriptores græci, nempe : Eusebius, cognomento Pamphilus, Cæsareæ Palæstinæ episcopus. — Socrates Scholasticus, Constantinopolitanus. — Theodoritus, Cyrenensis episcopus. — *Hermias* Sozomenus.—Evagrius Scholasticus, Epiphanensis.—*Johanne* Christophorsono interprete, translati. A *Suffrido* Petro ex parte quadam translati, variisque temporum ac rerum annotationibus illustrati. Hac demum editione novissima ac postrema explicationibus eorum locorum quibus hæretici nostri temporis ad hæreses opinionesque suas confirmandas et stabiliendas abutuntur, aucti et recogniti prodierunt, opera et studio R. D. *Severini* Binii.

Coloniæ Agrippinæ. 1612. Arn. Quentelius. 1 vol. in-fol.

123.—ΕΥΣΕΒΙΟΥ τοῦ ΠΑΜΦΙΛΟΥ ἐκκλησιαστικὴ ἱστορία.—Eusebii Pamphili ecclesiasticæ historiæ libri decem. Ejusdem de vita Imp. Constantini, libri IV. Quibus subjicitur Oratio Constantini ad sanctos, et Panegyricus Eusebii. *Henricus* Valesius græcum textum collatis IV. MSS. codicibus emendavit, latinè vertit, et adnotationibus illustravit.

Parisiis. 1659. Antonius Vitré. 1 vol. in-fol.

124.—Historia ecclesiastica Eusebii Pamphili, Socratis Scholastici, *Hermiæ* Sozomeni, Theodoriti, episcopi Cyri, et Evagrii Scholastici, ab *Henrico* Valesio in linguam latinam conversa, excerptis è Philostorgio, et Theodoro Lectore locupletata, et variis in eos Auctores observationibus, dissertationibusque illustrata.

Parisiis. 1677. Petrus Le Petit. 1 vol. in-fol.

125. — Eusebii Pamphili historia ecclesiastica, è græco in latinum translata à Rufino, presbytero.
Mantuæ. 1479. J. Schallus. 1 vol. in-fol.
Voir le Repertorium bibliographicum de Hain, n° 6711.

On trouve à la suite :

Eusebius de evangelica præparatione à *Georgio* Trapezuntio è græco in latinum traductus.
Venetiis. 1497. Bern. Benalius. in-fol.

126. — Ecclesiastica historia divi Eusebii a Rufino translata, et ecclesiastica historia gentis Anglorum venerabilis Bede ; cum utrarumque historiarum per singulos libros recollecta capitulorum annotatione.
Argentinæ. 1500. in-4°.
**Voir : Hain, Repertorium bibliographicum, n° 6714.

127. — L'histoire ecclesiastique (d'Eusèbe Pamphyle) translatée de latin en françois par Messire *Claude* de Seyssel.
Paris. s d. J. Ruelle. 1 vol. in-8°.

128. — Même ouvrage.
Paris. 1532. Geofroy Tory. 1 vol. in-fol.

129. — Histoire de l'Eglise, écrite par Eusèbe, évêque de Cesarée, Socrate, Sozomène, Theodoret, Evagre, Philostorge et Theodore; traduite par M. Cousin.
Paris. 1675-76. Damien-Foucault. 4 vol. in-4°.

130. — Les dix livres de la memoire des choses chrestiennes, tirez de l'histoire ecclesiastique d'Eusèbe, Evesque de Cesarée et de Ruffin P. d'Aquilée, le tout abbrégé par Haymo, Evesque de Halberstat : et traduit en nostre langue françoise, par feu M. *Claude* Despence. Mis en lumière par M. *Guy* Gaussart.
Paris. 1573. G. Chaudière. 1 vol. in-8°.

131. — ΣΩΚΡΑΤΟΥΣ σχολαστικοῦ καὶ Ερμείου ΣΟΖΟΜΕΝΟΥ ἐκκλεσιαστικὴ ἱστορία. — Socratis Scholastici et *Hermiæ*

Sozomeni historia ecclesiastica. *Henricus* Valesius græcum textum collatis mss. codicibus emendavit, latinè vertit, et annotationibus illustravit. — Adjecta est ad calcem disputatio Archelai Episcopi adversus Manichæum.

Parisiis. 1668. Antonius Vitré. 1 vol. in-fol.

132. — ΘΕΟΔΩΡΙΤΟΥ ἐπισκόπου Κύρου καὶ ΕΥΑΓΡΙΟΥ σχολαστικοῦ ἐκκλησιαστικὴ ἱστορία. Ἐκλογαὶ ἀπὸ τῶν ἱστοριῶν ΦΙΛΟΣΤΟΡΓΙΟΥ καὶ ΘΕΟΔΩΡΟΥ. — Theodoriti episcopi Cyri et Evagrii Scholastici historia ecclesiastica. Item excerpta ex historiis Philostorgii et Theodori Lectoris. *Henricus* Valesius græca ex mss. codicibus emendavit, latinè vertit, et annotationibus illustravit.

Parisiis. 1673. Petrus Le Petit. 1 vol. in-fol.

133. — ΝΙΚΗΦΟΡΟΥ ΚΑΛΛΙΣΤΟΥ τοῦ Ξανθοπούλου ἐκκλησιαστικῆς ἱστορίας βιβλία ιη. — Nicephori Callisti, filii Xanthopuli, ecclesiasticæ historiæ libri xviii; in duos tomos distincti, ac græcè nunc primùm editi. Adjecta est latina interpretatio *Joannis* Langi, à R. P. *Frotone* Ducæo cum græcis collata et recognita.

Lutetiæ Paris. 1630. Seb. et Gab. Cramoisy. 2 vol. in-fol.

134. — Nicephori Callisti Xanthopuli, scriptoris verè catholici, ecclesiasticæ historiæ libri decem et octo : sacratiss. Rom. Regis Ferdinandi liberalitate, opera verò ac studio doctiss. viri *Joannis* Langi, è græco in latinum sermonem translati, nuncque primùm in lucem editi.

Basileæ. 1553. F. Oporinus. 1 vol. in-fol.

135. — L'histoire ecclesiastique de Nicefore, fils de Calliste Xantouplois, autheur grec, traduite nouvellement du latin en françois : par deux Docteurs en la faculté de Theologie à Paris (*Denys* Hangart et *J.* Gillot.)

Paris. 1586. Guill. de la Noue. 1 vol. in-fol.

On trouve à la suite :

—L'histoire ecclesiastique nommée tripartite, divisée en douze livres : contenant les nobles et illustres faicts tant des hommes que des femmes de la primitive Eglise, fideles en Iesus Christ, depuis le temps de Constantin le Grand, jusques au temps de Théodose le jeune. De nouveau corrigée et mise en meilleur françois qu'auparavant, par deux Docteurs en la faculté de Theologie à Paris (*Denys* HANGART et *J.* GILLOT.)

Paris. 1586. Guill. de la Noue. in-fol.

136.—Chronologia tripartita ex beato NICEPHORO, episcopo Constantinopolitano, in latinum olim conversa per ANASTASIUM sedis Apostolicæ bibliothecarium, et ante aliquot annos, per *Ioach.* CAMERARIUM, nunc verò ad fidem Anastasiani exemplarii emendata et notis illustrata per *Ant.* CONTIUM. Cui præpositum est utriusque Ecclesiæ kalendarium latinum et græcum.

Parisiis. 1573. Ægidius Gorbinus. 1 vol. in-8°.

137.—*B.* SULPICII SEVERI, quæ exstant, opera; à *Victore* GISELINO ex editionum et vetustorum exemplarium collatione emendata, ejusdemque notis illustrata. — Vita Sulp. Severi, et temporum ratio accuratè digesta eodem V. GISELINO auctore. — Scholia in sacram historiam ex *Petri* GALESINII notationibus excepta.

Antuerpiæ. 1574 Christ. Plantinus. 1 vol. in-8°.

138.—SULPICII SEVERI opera omnia, cum lectissimis commentariis, accurante *Georgio* HORNIO. 2ª ed.

Lugduni Batav. 1654. Fr. Hackius. 1 vol. in-8°.

139.—SULPICII SEVERI opera omnia quæ exstant.

Amstelodami. 1656. Off. Elzeviriana. 1 vol. in-12.

140.—SULPICII SEVERI quæ exstant opera omnia, in duos tomos distributa; quorum prior continet antehac edita cum notis *Joannis* Vorstii, alter epistolas antea cum reliquis operibus nondum editas ex recensione et cum notis *Joannis* Clerici.

Lipsiæ. 1709. Thomas Fritsch. 2 en 1 vol. in-8°.

141. — *B.* Sulpicii Severi sacræ historiæ libri ii. In eosdem *Caroli* Sigonii Commentarius. Ejusdem de temporibus Hebræorum catalogus. Nunc à mendis quibus Bononiensis editio scatebat, vindicati.

Hanoviæ. 1602. Ant. et Paul. Egenolphi. 1 vol. in-8°.

142. — Histoire sacrée de Sulpice Sévère. De la traduction de L. Giry.

Rouen. Paris. 1659. Aug. Courbé. 1 vol. in-12.

143. — Orderici Vitalis historiæ ecclesiasticæ libri tredecim ; ex veteris codicis Uticensis collatione emendavit, et suas animadversiones adjecit *August.* Le Prevost.

Parisiis. 1838-1840. J. Renouard. 3 vol. in-8°.

144. — Annales ecclesiastici, auctore *Cæsare* Baronio.

Antuerpiæ. 1597-1629. Off. Plantiniana. 12 vol. in-fol.

145. — Annales ecclesiastici auctore *Cæsare* Baronio. Edit. noviss. ab ipsomet antè obitum aucta et recognita.

Colon. Agrippinæ. 1609. Gymnicus. 12 en 6. v. in-fol.

146. — Annales ecclesiastici, auctore *Cæsare* Baronio, tomis duodecim distincti. Editio novissima.

Antuerpiæ. 1612-1642. Off. Plantiniana, 12 v. in-fol.

147. — Annalium ecclesiasticorum post illust. et reverend. D. D. Cæsarem Baronium ; tomus xiii ... xx rerum in orbe christiano ab anno Dom. 1698 usque ad annum D. 1565. gestarum narrationem complectens, auctore R. P. *Fr. Abrahamo* Bzovio.

Coloniæ Agrippinæ. 1616-40. Boetzerus. 8 en 4 vol. in-fol.

148. — Annales ecclesiastici ab anno MCXCVIII, ubi Card. Baronius desinit, auctore *Odorico* Raynaldo.
> Romæ. 1646-1663. Mascardus. 8 vol. in-fol.

149. — Historiæ ecclesiasticæ ex Baronii Annalibus, aliorumque viror. illust. ecclesiasticis historicisque monumentis, tomi II. Auctore R. P. *Fr. Abrahamo* Bzovio.
> Coloniæ Agripp. 1617. Boetzerus. 2 en 1 vol. in-fol.

150. — Annali ecclesiastici tratti da quelli del Cardinal Baronio per *Odorico* Rinaldi.
> Romæ. 1641-1643. Mascardi. 2 vol. in-4º.

151. — Annales ecclesiastici ex tomis octo ad unum pluribus auctum redacti, auctore *Odorico* Raynaldo.
> Romæ. 1667. Varesius. 1 vol. in-fol.

152. — Annales ecclesiastici ex XII tomis Cæsaris Baronii in epitomen redacti. Editio postrema, prioribus longè accuratior. Opera *Henrici* Spondani.
> Lutetiæ Paris. 1639. De la Noue. 2 vol. in-fol.

153. — Idem opus : unà cum vita ejusdem Emin. Cardinalis, ac nonnullis posthumis lucubrationibus ad Annales pertinentibus, necnon et notis, ac brevi Auctuario, usque ad annum 1622. Edit. postrema.
> Lugduni. 1686. Anissonii, Posuel et Rigaud. 2 vol in-fol.

154. — Annalium Baronii continuatio, ab anno MCXCVII quo is desiit, ad finem MDCXL, per *Henricum* Spondanum.
> Lutetiæ Paris. 1641. De la Noue. 3 vol. in-fol.

155. — Idem opus, ad finem MDCXLVI.
> Lugduni. 1678. Anissonii et Posuel. 2 vol. in-fol.

156. — L'abrégé des Annales ecclésiastiques de Baronius. Fait par Messire *Henri* de Sponde. Mis en françois par *Pierre* Coppin.
> Paris. 1655. Jacques d'Allin. 4 en 2 vol. in-fol.

157. — Continuation des annales ecclésiastiques du Cardinal Baronius. Composées en latin par M° *Henri* DE SPONDE, jusques en l'année 1640. Divisées en trois tomes. Mises en françois par *Pierre* COPPIN, et par lui continuées jusqu'à présent (1654).

Paris. 1654. Jacques d'Allin. 3 vol. in-fol.

158. — Quelques propositions recueillies de l'Epitome des Annales ecclesiastics du Rev. Cardinal Baronius, faite par M. Henri Sponde. Et Arrests des Parlements de Paris, Thoulouse, et Rouen; et Edicts des Roys d'Espagne, qui condamnent semblables propositions, et ceux qui les publient.

S. n. n. l. 1613. 1 vol. in-4º.

159. — *Isaaci* CASAUBONI de rebus sacris et ecclesiasticis exercitationes XVI ad. Cardinalis Baronii prolegomena in Annales et primam eorum partem, de D. N. Jesus-Christi nativitate, vita, passione, assumptione. Cum prolegomenis auctoris in quibus de Baronianis Annalibus candidè disputatur.

Genevæ. 1655. A. et S. de Tournes. 1 vol. in-4º.

160. — Examinis perpetui in Annales Cæs. Baronii, centuriæ III à *Joh. Henrico* OTTIO.

Tiguri. 1676. David Gessner. 3 en 2 vol. in-4º.

161. — Critica historico-chronologica in Annales ecclesiasticos Em. et Rev. Cæsaris Card. Baronii, Ill. et Rev. Henrici Spondani, ejus epitomatoris, ordine servato : in qua rerum narratio defenditur, illustratur, suppletur, etc. Auctore R. P. *Antonio* PAGI.

Lutetiæ Parisiorum. 1689. Ed. Martin. 1 vol in-fol.

162. — Critica historico-chronologica in universos Annales ecclesiasticos Em. et Rev. Cæsaris Cardinalis Baronii, in qua rerum narratio defenditur, illustratur, suppletur.

Auctore R. P. *Antonio* PAGI: opus posthumum. Accedunt catalogi decem veterum summorum Pontificum hactenus inediti. Studio et curâ R. P. *Francisci* PAGI.

Antuerpiæ. 1705. Sumptibus societatis. 4 vol. in-fol. Port.

163.—Idem opus. Editio novissima accuratior, ab ipsomet auctoris nepote plurimis in locis emendata, cui accessit Dissertatio Hypatica, seu de Consulibus Cæsareis.

Antuerpiæ. 1727. de Tournes. 4 vol. in-fol.

164.—Epitome Annalium ecclesiasticorum Cæsaris Baronii, ab *Joanne Gabriele* BISCIOLA confecta, et ejusdem auctoris concessione nunc primum in lucem edita.

Lugduni. 1604. Pillehotte. 2 en 1 vol. in-4°.

165.—Les Annales ecclesiastiques du très-docte et illustrissime Cardinal Cæsar Baronius; reduites en deux volumes et en langue françoise. Par *Claude* DURAND, *Jos.* DE LA PLANCHE, et *Artus* THOMAS sieur D'EMBRY.

Paris. 1616. Sam. Thiboult. 4 vol. in-fol.

166.—Abbrégé des Annales ecclesiastiques du Père César Baronius, qui contient l'espace de cent ans, depuis la naissance du Seigneur, jusques à la mort de Nerva, et succession de Trajan. Faict en italien par F. *François* PANIGAROLE; et traduict d'italien en françois par Messire *Philippes* DE PELLEVÉ.

Paris. 1627. Ch. Hulpeau. 1 vol. in-4°.

167.—Annales ecclesiastici Cæsaris Baronii S. R. E. Card. à *Ludovico* AURELIO *Perusino* in totidem libellos brevissimè redacti, in quot magna volumina opus ab autore digestum est. Accessit Baronii supplementum chronologicum ad Christi annum 1665.

Parisiis. 1665-66. Variquet et Fosset. 3 vol. in-12.

168.—Les Annales ecclesiastiques de César Baronius, réduites en autant de livres fort succincts, que l'autheur

en avoit fait de tomes prolixes, par le R. Père Aurèle. Traduites en françois. Par M^rc *Ch.* Chaulmer.
>Paris. 1664. L'Autheur. 6 vol. in-12.

169.—Manuale ecclesiasticum historicum, à Christo nato ad A. D. mdcxlvi. Authore R. P. F. N. Le Febvre.
>Rupellæ. 1646. Tussanus de Gouy. 1 vol. in-8°.

170.—Florus christianus, hoc est totius historiæ ecclesiasticæ Epitome à Christo genito ad nostra tempora. Authore R. P. *Augustino* Riboti. 2ª edit.
>Parisiis. 1674. G. Josse. 1 vol. in-12.

171.—Selecta historiæ ecclesiasticæ veteris Testamenti capita et in loca ejusdem insignia, dissertationes historicæ, chronologicæ, criticæ. Autore R. P. F. *Natali* Alexandro.
>Parisiis. 1688-89. A. Dezallier. 6 vol. in-8°.

172.—Selecta historiæ ecclesiasticæ capita, et in loca ejusdem insignia dissertationes historicæ, chronologicæ, criticæ. Authore R. P. F. *Natali* Alexandro.
>Parisiis. 1686-89. Ant. Dezallier. 26 vol. in-12.

173.—R. P. *Natalis* Alexandri historia ecclesiastica veteris novique testamenti, ab orbe condito ad annum post Christum natum millesimum sexcentesimum ; et in loca ejusdem insignia dissertationes historicæ, chronologicæ, criticæ, dogmaticæ. In octo divisa tomos.
>Parisiis. 1714. Antonius Dezallier. 8 en 7 vol. in-fol.

174.—*Joannis Laurentii* Berti Breviarium historiæ ecclesiasticæ. Editio uti Venetis ita et Germanis tertia. Ab auctore ipso recognita, pluribus in locis emendata, et, præter Isagogen ad sacram geographiam, quæ in ceteris desideratur, nunc primum viii indicibus chronologicis ad calcem appositis locupletata.
>Augustæ Vindelicorum. 1768. Matt. Rieger. 2 vol. in-8°.

175. — Annales de l'Eglise catholique, apostolique et romaine, mariées avec l'histoire de France en seize siècles, ou centeines d'années, par l'histoire générale des royaumes et seigneuries du monde, des papes, empereurs, roys, sainctz personnages, hérétiques, Turcs, et de leurs faictz d'an en an. Par *Claude* Villette.
Paris. 1616. R. Fouet. 1 vol. in-4°.

176. — Histoire de l'Eglise, par Messire *Antoine* Godeau. Nouvelle édit.
Paris. 1663. Thomas Jolly. 2 vol. in-fol.

177. — Même ouvrage, 4ᵉ édit.
Paris. 1672-78. Th. Jolly. 5 en 3 vol. in-fol. Port.

178. — Même ouvrage. Dernière édit.
Lyon. 1697. M. David et P. Emery. 6 vol. in-12.

179. — Abbrégé de l'histoire sainte, divisée en quatre parties. Par le sieur Du Verdier.
Paris. 1664. J. Guignard. 4 vol. in-12.

180. — Méthode facile pour apprendre l'histoire de l'Eglise, divisée en deux parties; la première depuis Adam jusqu'à Jésus-Christ; la seconde depuis Jésus-Christ jusqu'aux Apostres S. Pierre et S. Paul. Par M. D. G., prieur de Courcelles. (*Simon* Gueullette.)
Paris. 1693-98. De Launay. 3 en 4 vol. in-12.

181. — Abrégé de l'histoire de l'Eglise, où l'on voit ce qui est arrivé de plus mémorable depuis la création du monde jusqu'à présent. Par un ecclésiastique.
Lyon. 1695. Barbier. 4 vol. in-12.

182. — L'histoire sainte, avec l'explication des points controversez de la religion. Par le P. *P.* Gautruche. 14ᵉ édit.
Paris. 1697-98. Nic. Le Gras. 4 vol. in-12.

183. — Histoire de l'Eglise. Par M. l'abbé DE CHOISY.
Paris. 1703-1723. Coignard. 11 vol. in-4º.

184. — Histoire de l'Eglise en abrégé, par demandes et par réponses, depuis le commencement du monde jusqu'à présent. 2ᵉ édition. (Par *L. E.* DU PIN.)
Paris. 1714. Vincent. 4 vol. in-12.

185. — Histoire de l'Eglise en abrégé, depuis le commencement du monde jusqu'à présent. Par Mʳᵉ *Louis-Ellies* DU PIN ; 3ᵉ édition.
Paris. 1719. J. Vincent. 4 vol. in-12.

186. — Histoire ecclésiastique par M. FLEURY. (Avec la continuation depuis l'an 1401 jusqu'en 1595 (tom. XXI à XXXVI.) par *J. C.* FABRE.)
Paris. 1720-38. Mariette et C. 36 en 38 vol. in-12. Port.

187. — Histoire ecclésiastique, par M. FLEURY. Nouv. édit. Avec la continuation de FABRE, et la table de RONDET.
Avignon. 1777. Libraires associés. 25 vol. in-4º.

188. — Observations sur l'histoire ecclesiastique de Monsieur l'abbé Fleury, etc., adressées à nostre S. P. le Pape Benoist XIII, et à nos Seigneurs les Évêques. (Par le P. HONORÉ DE SAINTE MARIE (*Blaise* VANZELLES.)
Malines. 1729. Vander Elst. 1 vol. in-8º.

189. — Lettres d'Eusèbe Philalèthe à M. François Morenas sur son prétendu Abrégé de l'Histoire ecclésiastique, dans lesquelles on réfute les fables ridicules, les erreurs grossières, les monstrueux principes, et les horribles calomnies avancées par cet auteur, en faveur des Jésuites, contre les disciples de saint Augustin, etc. (Par Dom *Ch.* CLÉMENCET.)
Liège. 1755. Ph. Gramme. 1 vol. in-12.

190. — Discours sur l'histoire ecclésiastique, par M. l'abbé FLEURY. Nouv. édit. augmentée des Discours sur la

poésie des Hébreux, l'Ecriture sainte, la prédication, les libertés de l'Eglise gallicane. On y a joint le Discours sur le renouvellement des études ecclésiastiques depuis le xiv⁰ siècle, par M. l'abbé GOUJET.

<small>Paris. 1763. Hérissant. 1 vol. in-12.</small>

191. — Justification des discours et de l'histoire ecclésiastique de M. l'abbé Fleuri, contre les reproches et les calomnies de quelques Religieux flamans : principalement au sujet de la doctrine du Clergé de France et de plusieurs abus introduits dans l'Eglise. Seconde édit. (Par OSMONT DU SELLIER.)

<small>Nancy. 1737.-38. Jo. Nicolai. 2 vol. in-12.</small>

<small>On trouve à la suite :</small>

— Lettre d'un laïc d'Aux... à Monsieur B...., laïc. Au sujet de l'article 70 des Mémoires de Trévoux pour le mois de Juillet 1755.

<small>S. n. n. l. 1736. in-12.</small>

192. — Abrégé de l'histoire ecclésiastique, contenant les évènemens considérables de chaque siècle avec des réflexions. (Par l'abbé *Bon*. RACINE, tomes XIV et XV par l'abbé TROIA D'ASSIGNY). Nouv. édit.

<small>Cologne. 1752-62. La Compagnie. 15 vol. in-12.</small>

193. — Même ouvrage. Nouvelle édition augmentée de quelques notes et supplémens (par *L. E.* RONDET.)

<small>Cologne. 1762-1767. La Compagnie. 13 vol. in-4⁰.</small>

194. — Discours sur l'histoire universelle de l'Eglise depuis l'origine du monde jusqu'à nos jours ; et sur chacun des XVII siècles depuis Jésus-Christ ; avec une Histoire abrégée de l'Arianisme et du Pélagianisme ; par M. l'abbé RACINE. (Revu par *L. E.* RONDET.)

<small>Cologne. 1759. La Compagnie. 2 vol. in-12.</small>

195. — Abrégé chronologique de l'histoire ecclésiastique contenant l'histoire des Eglises d'Orient et d'Occident; les Conciles généraux et particuliers; les Auteurs ecclésiastiques; les schismes, les hérésies, les institutions des Ordres monastiques, etc. (Par *Ph.* Macquer et l'abbé *J. A. T.* Dinouart.) Nouv. édit., rev., corr.
Paris. 1768. Hérissant. 3 vol. in-8º.

196. — Elémens de l'histoire ecclésiastique, renfermant en abrégé ce qui s'est passé de plus intéressant dans l'Eglise, depuis sa naissance jusqu'à l'année 1778. Par l'auteur du nouveau Dictionnaire des hommes illustres. (*L. M.* Chaudon.)
Caen. 1782. Le Roy. 1 vol. in-12.

197. — Histoire abrégée de la religion avant la venue de J.-C. Où l'on expose les Promesses que Dieu a faites d'un Rédempteur, les Figures qui l'ont représenté, les Prophéties qui l'ont annoncé et la suite des Evènements temporels qui lui ont préparé les voies; où l'on démontre l'antiquité et la divinité de la Religion chrétienne. Par l'Auteur de la Doctrine chrétienne. (Par l'abbé *Ch. Fr.* Lhomond.) (1).
Paris. 1791. Onfroy. 1 vol. in-12.

198. — Histoire abrégée de l'Eglise, où l'on expose ses combats et ses victoires dans les tems de persécutions, d'hérésies et de scandales, et où l'on montre que sa conservation est une œuvre divine, ainsi que son établissement. Pour servir de suite à l'Histoire de la Bible; par l'Auteur de la Doctrine chrétienne. (Par l'abbé *Ch. Fr.* Lhomond.)
Paris. 1787. Berton. 1 vol. in-12.

---

(1) Lhomond (*Charles-François*) né à Chaulnes, le 26 octobre 1727, est mort à Sceaux (Seine), le 31 décembre 1794.

199.—Précis philosophique de l'histoire de l'Eglise, depuis la naissance de Jésus-Christ jusqu'à nos jours, suivi d'autorités justificatives, et d'une liste des principaux écrivains ecclésiastiques de tous les siècles ; par *Emilien* LAVIGNE.

Paris. 1826. Ponthieu. 1 vol. in-8º.

200.—Histoire générale de l'Eglise, depuis la prédication des Apôtres jusqu'au pontificat de Grégoire XVI ; ouvrage rédigé à l'usage des seminaires et du clergé, propre à faciliter l'étude de la théologie et de la discipline ecclésiastique, et renfermant, par ordre chronologique, l'histoire des Eglises d'Orient et d'Occident, les souverains pontifes, les conciles généraux et particuliers, les schismes et les hérésies, les institutions d'ordres religieux, les auteurs ecclésiastiques, etc.; publication dont le fonds, empruntée à BÉRAULT BERCASTEL, est enrichie d'extraits des meilleurs écrivains.

Paris. 1835-1836. Rue Cassette. 12 vol. in-8º.

201.—Histoire philosophique, politique et critique du christianisme et des églises chrétiennes, depuis Jésus jusqu'au XIXᵉ siècle, par DE POTTER.

Paris. 1836-1837. Leclaire et Cᵉ. 8 vol. in-8º.

202.—Histoire universelle de l'Eglise catholique, par l'abbé ROHRBACHER.

Paris. 1842-1849. Gaume frères. 29 vol. in-8º.

CHAPITRE II.

HISTOIRE GÉNÉRALE

PAR DES ÉCRIVAINS PROTESTANTS.

203.—Historia ecclesiastica, integram Ecclesiæ christianæ conditionem, indè à Christo ex Virgine nato, juxta seculorum seriem, exponens : jam olim per studiosos ac pios aliquot viros, in urbe Magdeburgicâ, et alibi, ex vetustissimis et optimis historicis, patribus, et aliis scriptoribus, diligenter congesta ; nunc denuò per M. *Ludovicum* Lucium recensita.

Basileæ. 1624. Typis L. Regis. 3 vol. in-fol.

Cet ouvrage plus connu sous le nom de : *Centuriatores Magdeburgici*, a pour auteur principal *Mathias* Flach (Flaccus seu Flacius Illyricus) célèbre théologien protestant.

204.—*Guilielmi* Eysengreinei centenarii xvi continentes descriptionem rerum memorabilium, in orthodoxa et apostolica Christi ecclesia gestarum, pontifices romanos, concilia, conversiones regionum, religiones, etc. Adversus novam historiam ecclesiasticam, quam Matthias Flacius et ejus collegæ Magdenburgici, contra Verum Dei cultum, verasque ecclesiæ catholicæ ceræmonias, ... nuper ædiderunt.

Ingolstadii. 1566. Al. et Sam. Weissenhornii. 1 v. in-fol.

205.—Historia sacra et ecclesiastica ordine chronologico ex optimis scriptoribus compendiosè digesta, ab anno mundi ad annum Christi mcxxv. In qua ad pacem Ecclesiæ christianæ viam aperire pio conatur affectu *Timannus* Gesselius.

Trajecti ad Rhenum. 1659. G. à Zijll. 2 vol. in-4°.

206. — *Samuelis* Basnagii Annales politico-ecclesiastici annorum dcxlv à Cæsare Augusto ad Phocam usque. In quibus res Imperii Ecclesiæque observatu digniores subjiciuntur oculis, erroresque evelluntur Baronio.
　　Roterodami. 1706. Regnerus Leers. 3 vol. in-fol.

207. — *Jo. Laurentii* Moshemii institutiones historiæ christianæ majores. Sæculum primum.
　　Helmstadii. 1739. Frid. Weygand. 1 vol. in-4°.

208. — *Jo. Laurentii* Moshemii institutionum historiæ ecclesiasticæ antiquæ et recentioris libri quatuor ex ipsis fontibus insigniter emendati, plurimis accessionibus locupletati, variis observationibus illustrati.
　　Helmstadii. 1755. Frid. Weygand. 1 vol. in-4°.

209. — *Friderici* Spanhemii brevis introductio ad historiam sacram utriusque Testamenti, ac præcipuè christianam, ad annum mdxviii inchoatâ jam reformatione.
　　Lugd. Batav. 1694. J. Verbessel. 1 vol. in-4°. Port.

210. — The historie of the church since the dayes of our Saviour Jesus Christ, untill this present age. Collected out of sundry authors both ancient and modern, by Master *Patrick* Symson.
　　London. 1624. Bellamie. 1 vol. in-4°.

211. — Recueil de l'histoire de l'Eglise, depuis le baptesme de nostre Seigneur Jesus Christ, jusques à ce temps. Par *Nicolas* Vignier.
　　Leyden. 1600 Chr. de Raphelengien. 1 vol. in-fol.

212. — Histoire du Papisme, ou abrégé de l'histoire de l'Eglise romaine, depuis sa naissance jusqu'à Innocent XI Pape. (Traduit du latin de *H.* Heidegger par Aubert de Versé.)
　　Amsterdam. 1685. H. Wetstein. 2 vol. in 16.

213.—Histoire de l'Eglise et de l'Empire, depuis la naissance de Jésus-Christ, jusqu'à la fin du x⁰ siècle. Par *Jean* Le Sueur. Nouv. édit.

    Amsterdam. 1730. Pierre Mortier. 8 en 7 vol. in-4°.

214.—Histoire de l'Eglise et du monde, pour servir de continuation à l'Histoire de l'Eglise et de l'Empire, de M. Le Sueur. Avec quelques courtes dissertations et réflexions critiques. Par *Benedict* Pictet.

    Amsterdam. 1732. P. Mortier. 3 vol. in-4°.

215.—Abrégé de l'histoire ecclésiastique. Par M. Formey.

    Amsterdam. 1763. Schneider. 2 vol. in-12.

CHAPITRE III.

HISTOIRE DE L'ÉGLISE

LIMITÉE A CERTAINES ÉPOQUES.

216.—Antiquitas Ecclesiæ dissertationibus, monimentis ac notis illustrata, opera et studio *Emanuelis a* Schelstrate.

    Romæ. 1692-97. Typis Congregationis. 2 vol. in-fol.

217.—*Bonifacii* Symonetae de christiane fidei et Romanorum Pontificum persecutionibus opus pene divinum et inestimabile.

    Basileæ. 1509. N. Kefler. 1 vol in-fol.

218.—Abdiæ de historia certaminis apostolici, libri decem, Julio Africano interprete. — B. Matthiæ apostoli, Marci, Clementis, Cypriani et Apollinaris vitæ ex

scriniis primitivæ Ecclesiæ notariorum depromptæ.
— Vita B. Martini Sabariensis a Severo Sulpitio conscripta. Quæ nunquam hactenus excussa prodeunt.
— S. Marcialis discipuli domini vita ab Aureliano quem idem sibi episcopum Lemovicensem substituit, descripta. — S. Martini fidei confessio : brevibus scholiis à F. *Thoma* Beauxamis illustrata.

Parisiis. 1566. Guillart et Th. Belot. 1 vol. in-8º.

On trouve à la suite :

—Areopagitica seu opuscula quædam nusquam hactenus excusa, Divi Chludovvici Pii Rom. Imper. semper Augusti, ac verè christianiss. Gallorum Regis, etc. Et D. Hildivvini vetusti, ac doctiss. annis abhinc plus minùs octingentis Cœnobii sanctiss. Dionysii, et sociorum martyr. abbatis, de rebus gestis ac scriptis B. Macarii Ionici Dionysii Areopagitæ, prius quidem Athenien. Ecclesiæ archiepiscopi; deinde autem primi Gallorum apostoli. Cum *Matthæi* Galeni præfatione, etc.

Coloniæ 1563. M. Cholinus. in-8º.

219. — L'histoire apostolique d'Abdias, tournée d'hébrieu en grec par Eutrope, puis en latin par Jule Africain, et nouvellement traduitte en nostre vulgaire.

Paris. 1564. Vᵉ Guillard. 1 vol. in-8º.

220. — Historiæ ecclesiasticæ centuriæ quinque, ab Augusti nativitate, ad imperatorem Valentinianum III. Auctore *Iacobo* Cappello.

Sedani. 1622. Joan. Jannon 1 vol. in-4º.

221. — Histoire de la délivrance de l'Eglise chrestienne par l'empereur Constantin : et de la grandeur et souveraineté temporelle donnée à l'Eglise romaine par les Roys de France. Composée par. *Jean* Morin.

Paris. 1630. Moreau. 1 vol. in-fol.

222.—Historiæ Theodorici de Niem, qua res suo tempore, cùm in imperio, aliisque regnis, sub Carolo IIII et subsequentibus duobus imperatoribus, tùm in Ecclesia, durante perniciosissimo schismate inter Urbanum VI et Clemente antipapam, eorumque successores, gestæ uberrimè exponuntur, libri IIII : quorum tres anteà quidem excusi fuere, quartus autem (*Nemus Unionis* inscriptus), nunc primùm in lucem profertur. — Hisce *Joannis* Marii Belgae, liber de xxIIII schismatis in Ecclesia, et Conciliorum gallicanæ Ecclesiæ præstantia et utilitate, nunc primùm è gallico in latinum conversus (à *Simone* Schardio.)
Basileæ. 1566. Thomas Guarinus. 1 vol. in-fol.

223.—*Joannis Laurentii* Berti historia ecclesiastica sive dissertationes historicæ.
Augustæ Vindelicorum. 1761. Math. Rieger. 4 v. in-12.

224.—Histoire des persecutions de l'Eglise chrestienne et catholique, faisant un emple discours des merveilleux combatz qu'elle a soustenuz, estant oppressée et affligée soubz la tyrannie de plusieurs Empereurs Romains, commençant à nostre Sauveur Jesus Christ, et à ses Apostres, et quelle a esté la constance de leurs successeurs en icelle. Par feu *Pierre* Boistuau, surnommé Launay.
Paris. 1572. Norment. 1 vol. in-8º.

225.—Mémoires pour servir à l'histoire ecclésiastique des six premiers siècles, justifiez par les citations des auteurs originaux. Avec une chronologie, où l'on fait un abrégé de l'histoire ecclésiastique et profane, et des notes pour éclaircir les difficultez des faits et de la chronologie. Par M. Lenain de Tillemont. 2ᵉ édit.
Paris. 1693-1712. Robustel. 16 vol. in-4º.

226. — Eclaircissemens sur la doctrine, et sur l'histoire ecclésiastique des deux premiers siècles. (Par *P.* Faydit.)
Mastricht. 1695. Vanderplatt. 1 vol. in-8º.

227. — Parallelle abrégé de l'histoire du peuple d'Israel et de l'histoire de l'Eglise. (Par l'abbé *Fr.* Joubert.)
S. n. n. l. 1723. 1 vol. in-12.

228. — Histoire de l'établissement du christianisme, tirée des seuls auteurs juifs et payens, où l'on trouve une preuve solide de la vérité de cette religion. Par M. Bullet.
Paris. 1764. Humblot. 1 vol. in-4º.

229. — Histoire de l'établissement et de la direction de l'Eglise chrétienne par les Apôtres, traduite de l'allemand du Dr Néander, par *Ferdinand* Fontanès.
Paris. 1836. Cherbuliez. 2 vol. in-8º.

230. — La vérité persécutée par l'erreur; ou recueil de divers ouvrages des Saints Pères sur les grandes persécutions des huit premiers siècles de l'Eglise, pour prémunir les fidèles contre la séduction et la violence des novateurs. (Par dom *Ch. Fr.* Toustain.)
La Haye. 1733. Van Lom. 2 vol. in-12.

231. — Anecdotes ecclésiastiques, contenant la police et la discipline de l'Eglise chrétienne, depuis son établissement jusqu'au xiᵉ siècle; les intrigues des Evêques de Rome, et leurs usurpations sur le temporel des souverains. Tirées de l'Histoire du royaume de Naples, de Giannone, brûlée à Rome en 1726, (par *J.* Vernet.)
Amsterdam. 1753. Catuffe. 1 vol. in-8º.

232. — Histoire catholique de nostre temps, touchant l'estat de la Religion chrestienne, par *F. Simon* Fontaine. Enrichie de plusieurs choses notables, depuis l'an 1546 jusqu'en l'an 1550.
Paris. 1562. Cl. Fremy. 1 vol. in-8º.

On trouve à la suite :

—Response à quelque apologie que les heretiques ces jours passés ont mis en avant sous ce tiltre : Apologie ou défense des bons Chrestiens contre les ennemis de l'Eglise Catholique. Auteur Antoine de Monchi, surnommé Demochares.

Paris 1560. Cl. Fremy. in-8º.

233.—Mémoires de l'Eglise, contenant ce qui s'y passe tous les jours de plus considérable dans toutes les parties du monde. Par M. l'abbé DE LA ROQUE. Tome Ier.

Paris. 1690. Guignard. 1 vol. in-4º.

254.—Histoire ecclésiastique du dix-septième siècle. (Par *Louis-Ellies* DU PIN.)

Paris. 1714. Pralard. 4 vol. in-8º.

255.—Mémoires chronologiques et dogmatiques, pour servir à l'Histoire ecclésiastique depuis 1600 jusqu'en 1716, avec des réflexions et des remarques critiques. (Par le P. *H. R.* D'AVRIGNY et le P. *J. Ph.* LALLEMANT.)

1739. 4 vol. in-12.

256.—Mémoires pour servir à l'histoire ecclésiastique pendant le dix-huitième siècle, par M. PICOT. 3º édition, considérablement augmentée d'après les manuscrits de l'auteur, et d'autres notes supplémentaires.

Paris. 1853-1857. Ad. Le Clere. 7 vol. in-8º.

237.—Des progrès de la révolution et de la guerre contre l'Eglise. Par l'abbé *F.* DE LA MENNAIS.

Paris. 1829. Belin Mandar. 1 vol. in-8º.

238.—Histoire de la nouvelle hérésie du XIXº siècle, ou réfutation complète des ouvrages de l'abbé de la Mennais ; par M. *N. S.* GUILLON.

Paris. 1835. Méquignon et Cº. 3 vol. in-8º.

CHAPITRE IV.

MÉLANGES ET DISSERTATIONS.

239. — *Joannis* DE LAUNOY varia opuscula.
Lutetiæ Paris. 1649-1662. E. Martinus. 6 vol. in-8°.

Cette collection contient les dissertations suivantes :

— Varia de duobus Dionysiis Atheniensi et Parisiensi opuscula, quorum fronti J. SIRMONDI dissertatio de eadem materia præfigitur. Ubi ex occasione multa ad Gallicanæ ecclesiæ originem spectantia tractantur. Accessit de veteribus basilicis Parisiensibus disquisitio.
Parisiis. 1660. E. Martinus.

— Varia de commentitio Lazari et Maximini, Magdalenæ et Marthæ in Provinciam appulsu opuscula. Quibus tractatus accedit de cura Ecclesiæ pro Sanctis et Sanctorum reliquiis ac sacris officiis ab omni falsitate vindicandis.
Parisiis. 1660. E. Martinus.

— De vera notione plenarii apud Augustinum Concilii in causa Rebaptizantium dissertatio. 2ª edit.
Parisiis. 1661. E. Martinus.

— De recta Nicæni canonis VI et prout à Rufino explicatur, intelligentia dissertatio. 2ª edit.
Parisiis. 1662. E. Martinus.

— De vera causa secessûs Brunonis in eremum dissertatio : seu defensa Rom. breviarii correctio circa historiam S. Brunonis. 3ª edit.
Lutet. Paris. 1662. E. Martinus.

— Dissertatio duplex : una, de veteri ciborum delectu in jejuniis Christianorum, et maximè in Quadragesima; altera, qua pauperibus dandum esse potiùs, quam Ecclesiis, probatur ex doctrina Patrum.
Parisiis. 1640. E. Martinus.

— Dissertationes tres, quarum una Gregorii Turonensis de septem Episcoporum adventu in Galliam; altera Sulpicii Severi de primis Galliæ martyribus locus defenditur : et in utraque diversarum Galliæ Ecclesiarum origines tractantur; tertia, quid de Cenomannorum antistitis epocha sentiendum sit, explicatur.
Lutet. Paris. 1651. E. Martinus.

—De Simonis Stochii viso, de sabbatinæ bullæ privilegio, et de scapularis Carmelitarum sodalitate dissertationes V. Editio secunda : in qua posthabitis trium Carmelitarum, Joannis Cheronii, Thomæ Aquinatis, et Philiberti Fesaij criminationibus, omnis ad reliquas illorum tergiversationes aditus intercluditur, et rerum veritas stabilitur.

Lutet. Paris. 1653. Edm. Martinus.

—Dissertatio de vero auctore illius professionis fidei, quæ Pelagio, Hieronymo, et Augustino tribui vulgò solet.

Lutet. Paris. 1651. E. Martinus.

—De varia Aristotelis in Academia Parisiensi fortuna, extraneis hinc indè adornata præsidiis, liber.

Lutet. Paris. 1653. E. Martinus.

—De Victorino episcopo et martyre dissertatio.

Parisiis. 1653. E. Martinus.

—Inquisitio in privilegia Præmonstratensis ordinis.

Lutet. Paris, 1658. E. Martinus.

—Capituli Laudunensis Ecclesiæ jus apertum in monasterio Præmonstratensium diœcesis.

Parisiis. 1659. E. Martinus.

—Inquisitio in chartam immunitatis, quam Beatus Germanus Parisiorum Episcopus suburbano monasterio dedisse fertur.

Lutet. Paris. 1657. E. Martinus.

—Inquisitio in privilegium quod Gregorius Papa primus monasterio S. Medardi (Suessionensi) dedisse fertur.

Lutet. Paris. 1657. E. Martinus.

—Judicium de Hadr. Valesii disceptatione quæ de Basilicis inscribitur.

Lutet. Paris. 1658. E. Martinus.

—Assertatio inquisitionis in chartam immunitatis, quam beatus Germanus Parisiorum episcopus suburbano monasterio dedisse fertur.

Lutet. Paris. 1658. E. Martinus.

240.—*Joannis* Launoii epistolarum partes octo.

Parisiis. 1673. Edm. Martinus. 8 vol. in-8º.

241.—*Rodolphi* Hospiniani *Tigurini* opera omnia in septem tomos distributa, quorum I. de templis,—II. de festis, — III. et IV. Historiæ sacramentariæ pars prior et posterior, — V. Concordia discors, — VI. de Monachis, — VII. Historia Jesuitica. Editio nova. Præfixa est vita ejusdem, per *J. H.* HEIDEGGERUM.

Genevæ. 1678-1681. De Tournes. 5 vol. in-fol.

242. —Dissertatio isagogica in Selecta historiæ ecclesiasticæ capita, sive in dissertationes historicas, chronologicas, criticas, dogmaticas, R. F. Natalis Alexandri. Opera *Eliæ* VEIELII.

Ulmæ. 1700. 1 vol. in-8º.

243. —*Jo. Laur.* MOSHEMII Dissertationum ad historiam ecclesiasticam pertinentium volumina duo. 2ª ed.

Altonaviæ et Flensburgi. 1743. Korte. 2 vol. in-8º.

244. —*Pauli Ernesti* IABLONSKI opuscula, quibus lingua et antiquitas Ægyptiorum, difficilia librorum sacrorum loca et historiæ ecclesiasticæ capita illustrantur; magnam partem nunc primum in lucem protracta, vel ab ipso auctore emendata ac locupletata. Edidit atque animadversiones adjecit *Jon. Guil.* TE WATER.

Lugduni Batav. 1804-1813. Luchtmans. 4 vol. in-8º.

245. —Les mœurs des Chrestiens. Par M. l'abbé FLEURY.

Paris. 1712. Emery. 1 vol. in-12.

246. —Recherches sur la constitution et les formes de l'Église chrétienne. Par M. *A.* BOST.

Genève. 1835. Guers. 1 vol. in-8º.

247. —Antiquæ lectionis tomus I, 11, in quo antiqua monumenta, nunquam edita. — Omnia nunc primum è manuscriptis edita, et notis illustrata, ab *Henrico* CANISIO *Noviomago*. Accessit Menologium Græcorum.

Ingolstadii. 1601. Typ. Ederiana. 2 vol. in-4º.

248. —*Samuelis* PETITI Variarum lectionum libri IIII. In quibus Ecclesiæ utriusque fœderis ritus moresque an-

tiqui, sacri item ejusdem atque ecclesiastici scriptores illustrantur, explicantur, emendantur.
Parisiis. 1633. C. Morellus. 1 vol. in-4º.

249. — *Leonis* Allatii de Symeonum scriptis diatriba, Simeonis Metaphrastæ laudatio, auctore *Michaele* Psello : sanctæ Mariæ planctus, ipso Metaphraste auctore; ejusdem aliquot, epistolæ *Leone* Allatio ipso interprete. Originum rerumque Constantinopolitanarum manipulus, variis auctoribus. F. *Franciscus* Combefis ex vetustis mss. codd. eruit, ac notis illustravit.
Parisiis. 1664. S. Piget. 1 vol. in-4º.

250. — Veterum aliquot scriptorum qui in Galliæ bibliothecis, maximè Benedictinorum latuerant, spicilegium. Prodeunt nunc primùm in lucem operâ et studio *D. Lucæ* Dacherii.
Parisiis. 1665-1677. Savreux. 13 vol. in-4º.

251. — Spicilegium sive collectio aliquot scriptorum qui in Galliæ bibliothecis delituerant : olim editum operâ et studio *D. Lucæ* d'Achery. Nova edit. ad fidem mss. codicum, quorum varias lectiones v. c. *Stephanus* Baluze ac R. P. *D. Edmundus* Martene colligerunt, expurgata, per *Lud. Fr. Joseph* de la Barre.
Parisiis. 1723. Montalant. 3 vol. in-fol.

252. — Veterum analectorum tomi iv. Operâ et studio *Johannis* Mabillon.
Lutetiæ. 1675-85. L. Billaine et Martin. 4 vol. in-8º.

253. — *Stephani* Baluzii miscellaneorum libri vii, hoc est collectio veterum monumentorum quæ hactenus latuerant in variis codicibus ac bibliothecis.
Parisiis. 1678-1715. Muguet. 7 vol. in-8º.

254. — Veterum scriptorum et monumentorum moralium, historicorum, dogmaticorum, ad res ecclesiasticas,

monasticas, et politicas illustrandas, collectio nova. Tomus I. Operâ et studio Dom. *Edmundi* Martene.

Parisiis. 1700. P. de Bats. 1 vol. in-4º.

255.—Thesaurus novus anecdotorum. Prodit nunc primùm studio et operâ Domni *Edmundi* Martene et Domni *Ursini* Durand.

Lutetiæ. 1717. Delaulne. 5 vol. in-fol.

256.—Veterum scriptorum et monumentorum historicorum, dogmaticorum, moralium; amplissima collectio. Prodiit nunc primùm studio et operâ Domni *Edmundi* Martene et Domni *Ursini* Durand.

Parisiis. 1724-1733. Montalant. 9 vol. in-fol.

CHAPITRE V.

HISTOIRES SPÉCIALES A CERTAINS PAYS.

1. HISTOIRE DE L'ÉGLISE EN ITALIE.

257.—Italia sacra, sive de Episcopis Italiæ, et insularum adjacentium, rebusque ab iis præclare gestis, deducta serie ad nostram usque ætatem. Opus singulare provinciis XX distinctum. Authore D. *Ferdin.* Ughello.

Romæ. 1644-1662. Bern. Tanus. 8 vol. in-fol. Fig.

258.—De Lateranensibus parietinis ab Illustris. et Rever. Domino D. Francisco Card. Barberino restitutis dissertatio historica *Nicolai* Alemanni.

Romæ. 1625. Zannetti. 1 vol. in-4º. Fig.

259.—Antichita è pregi della chiesa Guastallese ragionamento storico-critico, del Padre *Ireneo* Affo.

Parma. 1774. Stamperia reale. 1 vol. in-4º.

2. HISTOIRE DE L'ÉGLISE EN FRANCE.

a. — *Géographie et statitisque ecclésiastique.*

260.—Notitia Episcopatuum Galliæ quâ Francia est, ad Antistites et Clerum Regni, Lutetiæ congregatos. *Papirii* Massoni operâ.

Parisiis. 1606. D. Douceur. 1 vol. in-8º.

261.—Archiepiscoporum et Episcoporum Galliæ chronologica historia, qua ordo eorumdem à temporibus Apostolorum incœptus, ad nostra usque, per traducem succedentium servatus, ostenditur. Auctore *Joanne* Chenu.

Parisiis. 1621. N. Buon. 1 vol. in-4º.

262.—Gallia Christiana, in qua regni Franciæ ditionumque vicinarum Diœceses et in iis Præsules describuntur. Curâ et labore *Claudii* Roberti.

Lutetiæ. 1626. Seb. Cramoisy. 1 vol. in-fol.

263.—Gallia christiana, qua series omnium archiepiscoporum, episcoporum et abbatum Franciæ, vicinarumque ditionum, ab origine Ecclesiarum, ad nostra tempora per quatuor tomos deducitur. Opus fratrum gemellorum *Scævolæ* et *Ludovici* Sammarthanorum auctum, et primò in lucem editum à *Petro*

Abelio et *Nicholao* SAMMARTHANIS, Sc. filiis, Lud. nepotibus.

Lutetiæ. 1656. Jean Guignard. 4 vol. in-fol.

264.—Gallia christiana, in provincias ecclesiasticas distributa; in qua series et historia archiepiscoporum, episcoporum, et abbatum Franciæ vicinarumque ditionum ab origine ecclesiarum ad nostra tempora deducitur, et probatur ex authenticis instrumentis ad calcem appositis. Operâ et studio Domni *Dyonisii* SAMMARTHANI (et aliorum monachorum congregationis S. Mauri ordinis S. Benedicti).

Lutetiæ Paris. 1715-1785. J.-B. Coignard. 13 vol. in-fol.

265.—Pouillié general de France, contenant tous les benefices reguliers et seculiers des Archeveschez et Eveschez du Royaume. Avec aussi les abbayes, prieurés, doyennés, chapitres, cures, chapelles, maladeries et hospitaux desdits dioceses, commanderies, leurs dépendances, patrons et collateurs. Le tout selon les mémoires pris sur les originaux desdits diocèses et registres du Clergé de France, ainsi qu'ils ont esté ordonnez en l'Assemblée de Mante, l'an 1641, et de ceux des amortissemens faits par commandement du Roy. (Bordeaux. — Bourges. — Lyon. — Paris. — Rheims. — Rouen. — Sens. — Tours.)

Paris. 1648. G. Alliot. 8 vol. in-4º.

266.—Pouillié royal, contenant les benefices appartenans à la nomination ou collation du Roy. A sçavoir les archeveschez, eveschez, abbayes, prieurez, saintes chapelles, dignitez de chapitres, canonicats, prébendes, cures, chapelles, vicairies, selon l'ordre alphabétique des diocèses. Avec les annates qui se payent en la cour de Rome et le revenu d'iceux. — Ensemble les maladeries, hospitaux et maisons Dieu, tant de fondation royalle que commune, et appartenantes au grand aumosnier, aux ordinaires des lieux, abbez, prieurs ou autres particuliers. (Par le P. *Philippe* LABBE.)

Paris. 1648. Alliot. 1 vol. in-4°.

267.—La clef du grand Pouillé de France ; composée du dénombrement des archevéchez, evéchez et abbaies : plus de la liste des prieuréz, saintes chapelles, dignitez de chapitres, canonicats ou prebendes, et autres benefices de ce Royaume, dependans de la nomination ou collation du Roy; avec les annates qui se payent en Cour de Rome, et le revenu de chacun ; ensemble des catalogues des convents, monastères et maisons de tous les ordres religieux, et des congrégations et missions. Le tout tiré des titres originaux. Ces catalogues precedez de deux Traitez ou Tables, qui leur servent de préface; l'un des provinces et métropoles ecclesiastiques de toute la chrétienté, en latin et en françois, comme elles étoient au sixieme siecle ; l'autre, de tous les ordres et congregations religieuses, avec l'origine de chacun. Par *J.* DOUJAT.

Le second volume a pour titre :

—Suitte de la clef du grand Pouillié des benefices de France. Les abbayes, l'année de leur fondation, le nom des fondateurs, et la situation. — Par le R. P. *A.* LUBIN. Ensemble un Traitté de taxes anciene et nouvelle, qui se payent en Cour de Rome, extrait du registre de la Chambre apostolique.

Paris. 1671. Gilles Alliot. 2 vol. in-12.

268.—Recueil general de tous les benefices et commanderies de France, et de ses dépendances, par ordre alphabetique. Avec leurs noms latins, françois, leurs revenus, leurs qualitez, leurs dioceses, et le lieu où ils sont situés. Ceux qui possedent les archevêchez et evêchez, leur éloignement de Paris; et combien les bulles et celles des abbayes sont taxées de florins en Cour de Rome. Par *Jacques* LE PELLETIER.

 Paris. 1690. L'auteur. 1 vol. in-12.

269. — Recueil historique, chronologique, et topographique, des archevêchez, evêchez, abbayes et prieurez de France, tant d'hommes, que de filles, de nomination et collation royale. Le tout distribué par diocèses, par ordre alphabétique, et enrichi de dix-huit cartes géographiques, avec les armes des archevêques. Par Dom BEAUNIER.

 Paris. 1726. Mesnier. 2 vol. in-4º.

270. — La France chretienne divisée en archevêchez et evêchez, et les armes des Archevêques, Evêques, Generaux des Ordres et Grands Prieurs de France vivans en 1691. Par *Jacques* CHEVILLARD. — Addition à la France chretienne ou succession chronologique des Archevesques et Evesques de France depuis le commencement de l'année 1691.

 Paris. 1691-98. L'autheur. 1 feuille in-fol.

— Les noms, qualités, armes, blazons de leurs Eminances M^{rs} les Grands Maistres de l'ordre de saint Jean de Jerusalem dits de Malthe depuis leur origine jusques à present. Par *Jacques* CHEVILLARD.

 Paris. 1697. L'auteur. 1 feuille in-fol.

271. — Catalogue alphabétique des archevêques, evêques, abbez et prieurs qui possedent des bénéfices dépendans du Roy, leurs revenus, la taxe de Rome, et la date de leur nomination. (Par *Jean-Dagobert* ANTOINE.)

 Paris. 1728. D'Houry. 1 vol. in-8º.

272. — Etat présent de la France ecclésiastique, contenant le Catalogue des archevêques, evêques, abbez, et prieurs nommez par le Roy, la date de leur nomination, le nombre et le revenu des bénéfices qu'ils possèdent, dependans de Sa Majesté, etc. (Par *Jean-Dag.* ANTOINE.)
   Paris. 1736. Quillau. 1 vol. in-12.

273. — La France ecclésiastique, ou état présent du Clergé séculier et régulier, des Ordres religieux militaires, et des Universités. — Avec la collation des dignités et des canonicats de toutes les églises cathédrales du Royaume. (Par *H. Gab.* DUCHESNE.)
   Paris. 1764. Desprez. 1 vol. in-12.

274. — La France ecclésiastique, pour l'année 1788 ; contenant la Cour de Rome, les archevêques et évêques du royaume, leurs vicaires-généraux, leurs officiaux ; les dignités et chanoines des églises cathédrales, les abbayes commandataires et régulières, les prieurés d'hommes et de filles à la nomination royale, le Clergé de Paris et celui de la Cour. (Par DUCHESNE.) 13e édit.
   Paris. 1787. L'auteur. 1 vol. in-12.

275. — Le Clergé de France, ou Tableau historique et chronologique des archevêques, évêques, abbés, abbesses, et chefs des Chapitres principaux du Royaume, depuis la fondation de l'Église jusqu'à nos jours ; par M. l'abbé *Hugues* DU TEMS.
   Paris. 1774. Delalain. 4 vol. in-8º.

   **— Liste des Archevêques et Evêques de France, par M. *Jules* MARION.
      Voyez: *Annuaire de la Soc. de l'Histoire de France*, 1845-46.

   **— Topographie ecclésiastique de la France pendant le moyen-âge, et dans les temps modernes jusques 1790. Par M. Jules DESNOYERS.
      Voyez: *Ibid.* 1853-1859-1861. — Histoire. Nº 2358.

b. — *Histoire générale de l'Église de France.*

276. — Ecclesiæ Gallicanæ historiarum liber primus. A primo Jesu Christi in Galliis evangelio, ad datam à Constantino Imperatore Ecclesiæ pacem, Christi nati annum cccvi deductus. (Auctore *Francisco* Bosquet.)
   Parisiis. 1633. Joan. Camusat. 1 vol. in-8º.

277. — Annales ecclesiastici Francorum. Auctore *Carolo* Le Cointe.
   Parisiis 1665-1683. Typog. regia. 8 vol. in-fol.

278. — Histoire de l'Église gallicane, dédiée à nos seigneurs du Clergé, par le P. *Jacques* Longueval; continuée (par les PP. *Cl.* Fontenay, *P.* Brumoy, *Fr.* Berthier.)
   Paris. 1730. Vᶜ Simon. 18 vol. in-4º.

279. — Histoire de l'Église de France, composée sur les documents originaux et authentiques, par l'abbé Guettée.
   Paris. 1857. L'auteur (Dubuisson et Cº). 12 vol. in-8º.

** — Voyez pour les histoires locales : *Histoire des Provinces et des Villes.* — Hist Nᵒˢ 3188 à 3998.

c. — *Histoire par époques.*

280. — Sancti *Georgii Florentini* Gregorii, Episcopi Turonensis, opera omnia, necnon Fredegarii Scholastici Epitome et Chronicum cum suis continuatoribus et aliis antiquis monumentis. Ad mss. codd. et veteres edit. collata, etc. operâ et studio Domni *Th.* Ruinart.
   Luteciæ-Par. 1699. Muguet. 1 vol. in-fol.

** *J.* Launoii Dissertationes tres. Voyez nº 239.

281. — Réfutation des trois dissertations de M° Jean de Launoy, contre les missions apostoliques dans les Gaules au premier siècle. Par Dom *Jean* BONDONNET.
   Paris. 1653. Jean Piot. 1 vol. in-4°.

282. — Défense de l'ancienne tradition des Eglises de France, sur la mission des premiers prédicateurs évangéliques dans les Gaules, du temps des Apostres ou de leurs disciples immédiats : et de l'usage des écrits des SS. Sevère, Sulpice et Grégoire de Tours; et de l'abus qu'on en a fait en cette matière et en d'autres pareilles. Par *R. O.* (*René* OUVRARD.)
   Paris. 1678. Roulland. 1 vol. in-12.

283. — L'origine des Eglises de France, prouvée par la succession de ses évêques. Avec la vie de saint Austremoine, premier apôtre et primat des Aquitaines. (Par *Jean* DUFRAISSE.)
   Paris. 1688. Michallet. 1 vol. in-8°.

284. — Eclaircissements sur le martyre de la légion Thébéenne, et sur l'époque de la persécution des Gaules, sous Dioclétien et Maximien. Par *P.* DE RIVAZ.
   Paris 1779. C. Pierre Berton. 1 vol. in-8°.

   " — *Joannis* LAUNOII judicium de Hard. Valesii disceptatione, quæ de Basilicis inscribitur. Voyez N° 289.

285. — *Hadriani* VALESII disceptationis de basilicis defensio adversus Joh. Launoii de ea judicium. Ejusdem de vetustioribus Luteciæ basilicis liber.
   Parisiis. 1660. J. Du Puis. 1 vol. in-8°.

   On trouve à la suite :

   — Carmen panegyricum de laudibus Berengarii Aug. et Adalberonis, episcopi Laudunensis, ad Rotbertum regem Francorum carmen. Ab *Hadriano* VALESIO è veteribus codicibus eruta ac notis illustrata.
   Parisiis. 1663. J. Du Puis. in-8°.

286. — Ecclesiæ Gallicanæ in schismate status. Ex actis publicis. — Estat de l'Eglise gallicane durant le schisme. Extraict des registres et actes publiques. (Par *Pierre* PITHOU.)
    Paris. 1594. Mamert Patisson. 1 vol. in-8º.

287. — La réalité du projet de Bourg-Fontaine, démontrée par l'exécution. (Par le P. SAUVAGE.)
    Paris. 1755. Vᵉ Dupuy. 2 vol. in-12.

288. — La vérité et l'innocence victorieuses de l'erreur et de la calomnie. Lettres à un ami sur la réalité du projet de Bourg-Fontaine. (Par Dom. *Ch.* CLEMENCET.)
    Cologne. 1758 Le Sincère, à la Vérité. 2 vol. in-12.

289. — Journal de M. DE SAINT-AMOUR, de ce qui s'est passé à Rome dans l'affaire des cinq propositions.
    S. n. n. l. 1662. 1 vol. in-fol.

290. — Mémorial historique de ce qui s'est passé depuis l'année 1647 jusques à l'an 1653, touchant les cinq propositions, tant à Paris qu'à Rome. (Par Dom *Gab.* GERBERON.)
    Cologne. 1676. Marteau. 1 vol. in-12.

291. — Recueil de pièces publiées en l'affaire des Evêques d'Alet, de Pamiés, de Beauvais et d'Angers, qui ont été poursuivis pour avoir distingué le fait du droit dans leurs mandemens. Sur la signature du Formulaire envoyé par le Pape Alexandre VII. (Par *Ant.* ARNAULD et l'abbé DE LALUN.)
    Cologne. 1669. Schoute. 1 vol. in-8º.

292. — Recueil historique des bulles et constitutions, brefs, décrets et autres actes, concernans les erreurs de ces deux derniers siècles tant dans les matières de la foy que dans celles des mœurs, depuis le saint concile

de Trente, jusqu'à notre tems. (Par le P. Mich. Tellier.)

Mons. 1697. Migeot. 1 vol. in-8º.

293. — Histoire du formulaire qu'on a fait signer en France, et de la paix que le Pape Clément IX a rendue à cette Eglise, en 1668. (Attribuée au P. Quesnel, à A. Arnauld, et aussi à Dom Gerberon.)

Imprimé en cette année 1 vol, in-12.

A la suite :

— Solutions de divers problèmes très-importans pour la paix de l'Eglise. Tiré du Problème ecclesiastique proposé depuis peu contre M. l'Archevêque de Paris. Avec le plaidoïer de M. l'avocat général et l'arrest du Parlement, etc. (Par le P. Quesnel.)

Cologne. 1699. P. Marteau.

— Lettre d'un theologien à un de ses amis à l'occasion du Problême ecclesiastique adressé à Mr. l'abbé Boileau.

Anvers. 1700. Henry van Rhyn.

294. — Mémoires historiques sur le formulaire.

La Haye. 1756. Néaulme. 2 vol. in-12.

295. — Histoire abrégée de la paix de l'Eglise. (Par Sainte-Marthe.)

Mons. Amsterdam. 1698. Marteau. 1 vol. in-12.

— Histoire du Formulaire, etc., nº 298.

Imprimé en 1698. 1 vol. in-12.

296. — Histoire des cinq propositions de Jansenius. (Par *Hilaire* Dumas.)

Liège. 1700. Moumal. 2 vol. in-12.

297. — La Paix de Clément IX, ou démonstration des deux faussetés capitales avancées dans l'Histoire des v

Propositions contre la foi des disciples de S. Augustin et la sincérité des quatre Evêques; avec l'Histoire de leur accommodement, et plusieurs pièces justificatives et historiques. (Par le P. P. Quesnel.)

Chamberri. 1700. Giraux. 1 vol. in-12.

298. — Relation de ce qui s'est passé dans l'affaire de la paix de l'Eglise sous le Pape Clément IX, avec les lettres, actes, mémoires et autres pièces qui y ont rapport. (Par le P. P. Quesnel et *Alex*. Varet.)

S. n. n. l. 1706. 2 vol. in-12.

299. — Mémoires du Père Timothée de La Flèche, capucin, depuis évêque de Bérite; contenant plusieurs Anecdoctes historiques du Pontificat de Clément XI et de la fin du règne de Louis XIV.

S. n. n. l. n. d.   1 vol. in-12.

300. — Nouvelles ecclésiastiques, depuis l'arrivée de la Constitution en France (1713), jusqu'au 23 février 1728, que lesdites Nouvelles ecclesiastiques ont commencé d'être imprimées (Publiées par l'abbé *Ph*. Boucher.)

1 vol. in-4°. Les parties marquantes sont copiées à la main.

On y a joint :

— Pontificum, Conciliorum, sanctorum Patrum et illustrium Scriptorum elogia : quibus doctrina et auctoritas S. Augustini de gratia, potissimum, libero arbitrio et prædestinatione; approbatur et commendatur; opposita censuris; quibus eadem authoritas et doctrina, a modernis quibusdam scriptoribus sugillatur ac improbatur.

S. n. n. l. n. d. in-4°

301. — Nouvelles ecclésiastiques, ou mémoires pour servir à l'Histoire ecclésiastique, depuis l'arrivée en France de la Constitution *Unigenitus* (1728 à 1786). (Par les

abbés Boucher, Berger, de la Roche, Troya, Guidy, Rondet, Larriére et de Saint-Mars.)

S. n. n. l. 19 vol. in-4°.

302. — Table raisonnée et alphabétique des Nouvelles ecclésiastiques, depuis 1728 jusqu'en 1760 inclusivement.

S. n. n. l. 1767. 2 vol. in-4°.

303. — Necrologe des plus célèbres Défenseurs et Confesseurs de la vérité du dix-septième siècle, contenant les principales circonstances de la vie et de la mort des personnes de l'un et de l'autre sexe, qui ont été recommandables par leur piété, leur science, etc., et surtout par les persécutions qu'elles ont essuyées au sujet du Formulaire, et de la part des Jésuites. On y trouvera ce qui concerne Port-Royal. (Par l'abbé *Réné* Cerveau.)

S. n. n. l. 1761. 1 vol. in-12.

304. — Nécrologe des plus célèbres Confesseurs et Défenseurs de la vérité du dix-huitième siècle; contenant les principales circonstances de la vie et de la mort des Amis de la vérité de l'un et de l'autre sexe, et surtout des persécutions qu'ils ont souffertes au sujet du Formulaire et de la Bulle *Unigenitus*, et de la part des Jésuites. (Par l'abbé *René* Cerveau.)

S. n. n. l. 1760. 2 vol. in-12.

305. — Supplément au Nécrologe des plus célèbres Défenseurs et Confesseurs de la vérité des dix-septième et dix-huitième siècles; contenant le Calendrier des Amis de de la vérité; la suite de Port-Royal; les Sujets omis, et ceux qui sont morts depuis 1759, etc.

S. n. n. l. 1763. 1 vol. in-12. Port.

306. — Nécrologe des plus célèbres Défenseurs et Confesseurs de la vérité, des dix-septième et dix-huitième siècles. (Par l'abbé *René* Cerveau.)

S. n. n. l. 1760-1778. 7 vol. in-12

**Les 4 premiers volumes de cet ouvrage sont les mêmes que les 4 précédents. Le titre seul a été changé pour un autre décoré de médailles.

Le 5e volume a pour titre :
Recueil de pièces importantes sur les affaires de l'Eglise des dix-septième et dix-huitième siècles.

S. n. n. l. 1764.

Le 6e : Suite du Nécrologe des plus célèbres défenseurs des amis de la vérité du dix-huitième siècle, depuis 1760 jusqu'en 1767.

S. n. n. l. 1767.

Le 7e : Suite, etc., depuis 1767 jusqu'en 1778.

S. n. n. l. 1778.

307. — Relation de l'origine, du progrès, et de la condamnation du Quiétisme répandu en France, avec plusieurs Anecdotes curieuses. (Par l'abbé Phelipeaux.)

S .n. n. l. 1732. 2 vol. in-12.

308. — Traité historique, contenant le jugement d'un protestant, sur la Théologie mystique, sur le Quiétisme, et sur les déméléz de l'Evêque de Meaux avec l'Archevêque de Cambray, jusqu'à la Bulle d'Innocent XII, et l'Assemblée provinciale de Paris, du 15 de mai 1699 inclusivement. Avec le Problème ecclésiastique contre l'Archevêque de Paris. (Par *P.* Jurieu.) 2e édit.

S. n. n. l. 1700. 1 vol. in-12.

309. — Histoire du Cas de conscience signé par quarante Docteurs de Sorbonne; contenant les brefs du Pape, les ordonnances épiscopales, censures, lettres et autres pièces pour et contre ce cas, avec des réflexions sur plusieurs ordonnances. (Par *Jean* Louail et Made-

moiselle DE JONCOUX ; revue par le P. QUESNEL, *Nic.* PETIT-PIED, et *J.* FOUILLOU.)

Nancy, 1705-1711. Nicolai. 8 vol. in-12.

310. — Histoire du livre des Réflexions morales sur le Nouveau Testament, et de la Constitution *Unigenitus.* (Par *Jean* LOUAIL et *J.-B.* CADRY.)

Amsterdam. 1723-39. Potgieter. 19 vol. in-12.

311. — Même ouvrage.

Amsterdam. 1726. Potgieter. 4 en 6 vol. in-4°.

312. — Anecdotes ou Mémoires secrets sur la Constitution *Unigenitus.* (Par *J.-Fr.* BOURGOING DE VILLEFORE.)

Trevoux. 1744. La Société. 3 vol. in-12.

313. — Supplément aux Anecdotes ou Mémoires secrets sur la Constitution *Unigenitus.*

En France. 1734. 1 vol. in-12.

A la suite :

Essai de critique sur la Réfutation des Anecdotes, par M° *Pierre François* LAFITEAU.

S. n. n l. n. d.

— Les lettres de M. l'abbé BOCHART à M. l'Evêque de Clermont, son oncle, et au R. P. Le Tellier, avec les Remarques sur les deux lettres.

S. n. n. l. 1711.

314. — Refutation des Anecdotes, adressée à leur auteur par Messire *Pierre François* LAFITEAU.

Aix. 1734. David. 2 en 1 vol. in-8°.

315. — Le calendrier ecclésiastique pour l'année MDCCXXXIV, avec un Abrégé chronologique des principaux événemens qui ont précédé et suivi la Constitution *Unigenitus,* et les 101 Propositions du P. Quesnel, mises en parallèle avec l'Ecriture et la tradition.

Utrecht. 1734. La Compagnie. 1 vol. in-12.

316. — Appelans célèbres, ou Abrégé de la Vie des personnes

les plus recommandables entre ceux qui ont pris part à l'appel interjetté contre la Bulle *Unigenitus*. (Par *Pierre* BARRAL.) Avec un Discours sur l'appel. (Par *L. E.* RONDET.)
 S. n. n. l. 1753 1 vol. in-12.

517. — OEuvres posthumes de M. l'abbé RACINE.
 Avignon. 1759. 1 vol. in-12.

518. — Recueil des lettres de Messire *Charles - Joachim* COLBERT, évesque de Montpellier.
 Cologne. 1740. La Compagnie. 1 vol. in-4º.

519. — Les OEuvres de Messire *Charles-Joachim* COLBERT, évesque de Montpellier.
 Cologne. 1743. La Compagnie. 3 vol. in-4º. Port.

520. — La Vie et les Lettres de Messire *Jean* SOANEN, évêque de Senez.
 Cologne. 1750. La Compagnie. 2 vol. in-4º. Port.

521. — Journal de M. l'abbé DORSANNE, contenant tout ce qui s'est passé à Rome et en France, dans l'affaire de la Constitution *Unigenitus,* etc.
 Rome. 1753. La Société. 2 vol. in-4º.

522. — Journal de M. l'abbé DORSANNE.
 Rome. 1753. La Société. 6 vol. in-12.

523. — Histoire du Clergé, pendant la Révolution française; par M. l'abbé BARRUEL.
 Londres. 1800. Baylis. 2 en 1 vol. in-12.

524. — Réflexions sur l'état de l'Eglise en France pendant le dix-huitième siècle, et sur sa situation actuelle; suivies de Mélanges religieux et philosophiques. Par M. l'abbé *F.* DE LA MENNAIS.
 Paris. 1819. Tournachon et Seguin. 1 vol. in-8º.

525. — Même ouvrage. 3º édit.
 Paris. 1821. Méquignon. 1 vol. in-8º

d. — *Actes et Mémoires de l'Eglise de France.*

---

326. — Des remonstrances, edicts, reglements, arrests, contracts, departements et autres, choses concernant les affaires du Clergé de France.... (jusques au 15 mai 1625.) Par Maistre *Pierre* PEYRISSAC.
Paris. 1625. A. Estienne. 3 en 4 vol. in-8º.

327. — Mémoires des Affaires du Clergé de France, concertées et deliberées ez premiers Estats de Blois 1576. Et depuis ez Assemblées generales dudict Clergé, tenues par permission du Roy, tant en la ville de Melun, qu'en l'Abbaye S. Germain des Prez lez Paris, es années 1579, 80, 85 et 86. Le tout dressé en forme de journal, par Mᵉ *Guillaume* DE TAIX.
Paris. 1625. 1 vol. in-4º.

328. — Recueil general des Affaires du Clergé de France.
Paris. 1636. A. Vitré. 4 en 5 vol. in-4º.

329. — Actes, Tiltres et Mémoires, concernant les Affaires du Clergé de France. Recueillis, mis en ordre, et imprimez par commandement de l'Assemblée generale, tenue à Paris és années 1645 et 1646. (Par ODESPUNC DE LA MESCHINIÈRE.)
Paris. 1646. A. Vitré. 3 vol. in-fol.

330. — Recueil des Actes, Titres et Mémoires, concernant les Affaires du Clergé de France, augmenté d'un grand nombre de Pièces, et mis en nouvel ordre. Le tout divisé en neuf parties, par *Jean* LE GENTIL.
Paris. 1675. Léonard. 6 vol. in-fol.

331. — Recueil en abrégé des Actes, Titres, et Mémoires concernant les Affaires du Clergé de France, contenus

en six grands tomes selon l'édition dernière, et réduits en ce seul volume, par M⁰ *Thomas* Regnoult. Ensemble la Relation des délibérations du Clergé de France sur les Constitutions de nos Saints Pères les Papes Innocent X et Alexandre VII.
 Paris. 1677. Josse. 1 vol. in-4⁰.

332. — Abrégé des Actes, Titres et Mémoires concernant les Affaires du Clergé de France, et tout ce qui s'est fait contre les hérétiques depuis le règne de S. Louis jusques à présent. Par M. Borjon.
 Paris. 1680. Léonard. 1 vol. in-4⁰.

333. — Recueil des Actes, Titres et Mémoires concernant les Affaires du Clergé de France, augmenté d'un grand nombre de Pièces et d'Observations sur la discipline présente de l'Eglise. Divisé en xii tomes, et mis en nouvel ordre, suivant la délibération de l'Assemblée générale du Clergé du 29 août 1705. (Par MM. Le Merre père et fils.)
 Paris. 1716-1750. Muguet. 12 vol. in-fol.

334. — Recueil des Actes, Titres et Mémoires concernant les Affaires du Clergé de France, etc. Contenant les Cahiers présentés, et les Remontrances et Harangues faites aux Rois et aux Reines par le Clergé de France, tant aux États généraux qu'aux Assemblées générales et particulières du Clergé, etc.
 Paris. 1740. Simon. 1 vol. in-fol.

335. — Abrégé du Recueil des Actes, Titres et Mémoires concernant les affaires du Clergé de France, ou Table raisonnée en forme de Précis des matières contenues dans ce recueil. (Par Du Saulzet.)
 Paris. 1752. G. Desprez. 1 vol. in-fol.

336. — 2ᵉ édit. (Revue et publiée par Rigoley de Juvigny.)
 Paris. 1764. G. Desprez 1 vol. in-fol.

337. — Recueil des actes.... Abrégé du Recueil.... 2ᵉ édit.
  Paris. 1768-1771. G. Desprez. 14 vol. in-4°.
  <small>Ce recueil comprend les deux ouvrages précédents.</small>

338. — Collection des Procès-Verbaux des Assemblées générales du Clergé de France, depuis l'an 1560, jusqu'à présent, rédigés par ordre de matières, et réduits à ce qu'ils ont d'essentiel ; ouvrage composé sous la direction de M. l'Evêque de Mâcon, autorisé par les Assemblées de 1762, 65, 68, 70, 72, 75, et imprimé par ordre du Clergé. (Publié par *Ant.* DURANTHON.)
  Paris. 1767-1778. G. Desprez. 8 en 9 vol. in-fol.

339. — Précis par ordre alphabétique ou table raisonnée des matières contenues dans la nouvelle collection des procès-verbaux des Assemblées générales et particulières du Clergé de France. Ouvrage autorisé par les Assemblées de 1770, 1772 et 1775, et imprimé par ordre du Clergé.
  Paris. 1780. G. Desprez. 1 vol. in-fol.

340. — Actes, Tiltres et Mémoires concernant les affaires du Clergé de France, contenant ce qui a esté fait depuis l'Assemblée générale du Clergé, tenue à Paris és années 1645 et 1646. Avec ce qui s'est aussi fait ou obtenu pendant l'Assemblée générale, tenue en l'an 1650 et 1651.
  Paris. 1652. Vitré. 1 vol. in-4°.

341. — Procez verbal de l'Assemblée generale du Clergé de France, tenue à Paris au convent des Augustins, en l'année 1645. Les Sʳˢ D'HUGUES et TALON, secretaires.
  Paris. 1645. A. Vitré. 1 vol. in-fol.

342. — Procez verbal.... és années 1655 et 1656. MM. les abbés DE VILLARS et DE CARBON, secretaires.
  Paris. 1655. A. Vitré. 1 vol. in-fol.

343. — Procez verbal de l'Assemblée generale du Clergé de France, commencée à Pontoise au convent des Cordeliers, et continuée à Paris au convent des Augustins, és années 1660 et 1661. M. l'abbé Thoreau, secretaire.

Paris. 1660. A. Vitré. 1 vol. in-fol.

344. — Procez verbal.... és années 1665 et 1666. MM. les abbez de Faget et Longuet, secretaires.

Paris. 1666. A. Vitré. 1 vol. in-fol.

345. — Procez verbal de l'Assemblée generale du Clergé de France, tenue à S.-Germain en Laye, au Chasteau neuf, en l'année 1675. MM. les abbez de la Hoguette et de Suze, secretaires.

Paris. 1678. F. Leonard. 1 vol. in-fol.

346. — Procez verbal de l'Assemblée generale du Clergé de France, tenue à Paris au couvent des Grands Augustins, en 1681 et 1682. Agens généraux : MM. l'abbé J. Desmarets, l'abbé *Armand* Bazin de Bezons.

1 vol. in-fol. Sans titre.

347. — Procez verbal de l'Assemblée generale du Clergé de France, tenue à S.-Germain en Laye, au Chasteau neuf, en l'année 1685. MM. les abbez de Besons et Hennequin, secretaires.

Paris. 1690. F. Leonard. 1 vol. in-fol.

348. — Procez verbal.... en l'année 1690. M. l'abbé Phelypeaux, secretaire.

Paris. 1693. Muguet. 1 vol. in-fol.

349. — Procez verbal.... en l'année 1700. M. l'abbé Desmarets, secretaire.

Paris. 1703. Muguet. 1 vol. in-fol.

350. — Procez verbal de l'Assemblée generale du Clergé de France, tenue extraordinairement à Paris, au con-

vent des Augustins, en l'année 1701. M. l'abbé DE COSNAC, secretaire.

Paris. 1702. Muguet. 1 vol. in-fol.

Dans le même volume :

—Procez verbal... 1702. M. l'abbé DE COSNAC, secrétaire.

Paris; 1702. Muguet. 1 vol. in-fol.

351.—Procez verbal de l'Assemblée générale du Clergé de France, tenue à Paris au convent des Grands Augustins en l'année 1705. MM. les abbez DE PHELYPEAUX ancien agent, et DE ROQUETTE, secrétaires.

Paris. 1706. Muguet. 1 vol. in-fol.

A la suite :

—Procez verbal.... en l'année 1707. M. l'abbé DE POUDENX, agent et secrétaire.

Paris. 1707. Muguet. 1 vol. in-fol.

352.—Procez verbal.... 1710. M. l'abbé TURGOT, secrétaire.

Paris. 1711. Muguet. 1 vol. in-fol.

Dans le même volume :

—Procez verbal de l'Assemblée générale extraordinaire...en l'année 1711. M. l'abbé DU CAMBOUT, agent et secrétaire.

Paris. 1712. V. Muguet. 1 vol in-fol.

353.—Procez verbal de l'Assemblée des Cardinaux, Archevêques et Évêques, tenue à Paris, dans l'Archevêché, en l'année 1713 et 1714. M. l'abbé DE BROGLIE, secrét.

Paris. 1714. Muguet. 1 vol. in-4º.

354.—Procez verbal de l'Assemblée générale du Clergé de France.... en l'année 1715. MM. DE BROGLIE, DESVAUX DE SERNAY et DE MACHECO DE PRÉMEAUX, secrétaires.

Paris. 1723. Simon. 1 vol. in-fol.

— 72 —

355. — Procez verbal.... en l'année 1723. M. l'abbé DE BRANCAS, secrétaire.

Paris. 1724. Simon. 1 vol. in-fol.

356. — Procez verbal.... en l'année 1725. M. DE MACHECO DE PRÉMEAUX et DE CAULET, secrétaires.

Paris. 1726. Simon. 1 vol. in-fol.

357. — Procez verbal de l'Assemblée générale du Clergé de France, tenue extraordinairement... en l'année 1726. M. l'abbé DE MAUGIRON, secrétaire.

Paris. 1727. Simon. 1 vol. in-fol.

358. — Procez verbal de l'Assemblée générale du Clergé de France, tenue à Paris.... en l'année 1730. M. l'abbé DE VALRAS, secrétaire.

Paris. 1730. Simon. 1 vol. in-fol.

359. — Procez verbal.... en l'année 1734. M. l'abbé DE COSSÉ DE BRISSAC, secrétaire.

Paris. 1734. Simon. 1 vol. in-fol.

360. — Procez verbal.... en l'année 1735. M. l'abbé DE CHABANNES, secrétaire.

Paris. 1735. Simon. 1 vol. in-fol.

361. — Procez verbal.... en l'année 1740. M. l'abbé DU VIVIER DE LANSAC, secrétaire.

Paris. 1741. Simon. 1 vol. in-fol.

362. — Procez verbal.... en l'année 1742. M. l'abbé FOGASSES DE LA BASTIE, secrétaire.

Paris. 1742. Simon. 1 vol. in-fol.

363. — Procez verbal.... en l'année 1745. M. l'abbé CHAPT DE RASTIGNAC, secrétaire.

Paris. 1745. Simon 1 vol. in-fol.

364. — Procès verbal de l'Assemblée générale extraordinaire... en l'année 1747. M. l'abbé DE BRETEUIL, secrét.
Paris. 1747. G. Desprez. 1 vol. in-fol.

365. — Procès verbal de l'Assemblée générale extraordinaire... en l'année 1748. M. l'abbé DE NICOLAY, secrét.
Paris. 1748. G. Desprez. 1 vol. in-fol.

366. — Procès verbal de l'Assemblée générale du Clergé de France... en l'année 1755. M. l'abbé DE CORIOLIS, secr.
Paris. 1764. G. Desprez. 1 vol. in-fol.

367. — Procès verbal de l'Assemblée générale extraordinaire... en l'année 1758. M. l'abbé DE JUMILHAC, secrét.
Paris. 1765. G. Desprez. 1 vol. in-fol.

368. — Procès verbal de l'Assemblée générale du Clergé de France... en l'année 1760. M. l'abbé DE JUMILHAC, secrét.
Paris. 1766. G. Desprez. 1 vol. in-fol.

369. — Procès verbal de l'Assemblée générale extraordinaire... en l'année 1762. M. l'abbé DE BROGLIE, secrét.
Paris. 1768. G. Desprez. 1 vol. in-fol.

370. — Procès verbal de l'Assemblée générale du Clergé de France... en l'année 1765, et continuée en l'année 1766. M. l'abbé DE BAUSSET, secrétaire.
Paris. 1773 G. Desprez. 1 vol. in-fol

371. — Procès verbal... 1770. M. l'abbé DE CICÉ, secrétaire.
Paris. 1776. G Desprez. 1 vol. in-fol.

372. — Procès verbal de l'Assemblée générale extraordinaire.... en l'année 1772. M. l'abbé DE VOGÜÉ, secrét.
Paris. 1775. G. Desprez. 1 vol. in-fol.

373. — Procès verbal de l'Assemblée générale..... en l'année 1775. M. l'abbé DU LAU, secrétaire.
Paris. 1777. G. Desprez. 1 vol in-fol.

374. — Procès verbal.... en l'année 1780. M. l'abbé DE LA ROCHEFOUCAULD, secrétaire.
Paris. 1782. G. Desprez. 1 vol. in-fol.

375. — Procès verbal de l'Assemblée générale extraordinaire.... 1782. M. l'abbé DE BOISGELIN, secrétaire.
Paris. 1782. G. Desprez. 1 vol. in-fol.

376. — Actes de l'Assemblée generale du Clergé de France de MDCLXXXII, et de celle de MDCLXXXV, concernant la Religion.
Paris. 1686. Léonard. 1 vol. in-12.

377. — Actes de l'Assemblée générale du Clergé de France sur la Religion, extraits du Procès-verbal de ladite Assemblée, tenue à Paris,... en 1765.
Paris. 1765. Desprez. 1 vol. in-12.

A la suite :

— Requête d'un grand nombre de Fidèles adressée à Mgr l'Archevêque de Reims, président de l'Assemblée générale du Clergé, qui se tient actuellement à Paris, pour être par lui communiquée à tous les Prélats de ladite Assemblée, au sujet des *Actes* qu'elle a fait imprimer.
En France 1765. in-12.

— Plaintes légitimes ou réclamations contre les Actes de l'Assemblée du Clergé de France, tenue à Paris dans l'année 1765.

378. — Rapport de Messieurs les anciens Agens generaux du Clergé de France, fait dans l'Assemblée generale tenue à Paris au convent des Grands Augustins, en l'année MDCCV. Avec les pièces justificatives.
Paris. 1710. Fr. Muguet. 1 vol. in-fol. Tome II.

379. — Rapport de Messieurs les anciens Agens, contenant les principales affaires du Clergé qui se sont passées

depuis l'Assemblée de 1710 jusqu'à celle de 1715. Fait par M. l'abbé DU CAMBOUT, dans l'Assemblée générale du Clergé, tenue à Paris en l'année 1715.

Paris. 1725. Simon. 1 vol. in-fol.

380. —Rapport de l'Agence, contenant les principales affaires du Clergé qui se sont passées depuis l'année 1720 jusqu'en l'année 1725. Fait par M. l'abbé DE BRANCAS, dans l'Assemblée générale du Clergé, tenue à Paris en l'année 1725. Avec les Pièces justificatives.

Paris. 1726. Simon. 1 vol. in-fol.

381. —Rapport de l'Agence..., depuis l'année 1725 jusqu'en l'année 1730. Fait par M. l'abbé DE MAUGIRON et par M. l'abbé DE VALRAS.

Paris. 1731. Simon. 1 vol. in-fol.

382. —Rapport de Messieurs les anciens Agens, contenant les principales affaires du Clergé qui se sont passées depuis l'Assemblée de 1730 jusqu'en celle de 1735. Fait par M. l'abbé DE COSSÉ DE BRISSAC.

Paris. 1736. Simon. 1 vol. in-fol.

383. —Rapport de MM. les anciens Agens... depuis l'Assemblée de 1735 jusqu'en celle de 1740. Fait par M. l'abbé FOUCQUET et par M. l'abbé DU VIVIER DE LANSAC.

Paris. 1741. Simon. 1 vol. in-fol.

384. —Rapport.... depuis l'Assemblée de 1740 jusques en celle de 1745. Fait par M. l'abbé DE RASTIGNAC et par M. l'abbé DE LA BASTIE.

Paris. 1745. Simon. 1 vol. in-fol.

385. —Rapport de l'Agence.... depuis l'année 1750, jusqu'en l'année 1755. Fait par M. l'abbé DE CASTRIES et par M. l'abbé DE CORIOLIS.

Paris. 1765. Desprez. 1 vol. in-fol.

— 76 —

386. — Rapport de l'Agence.... depuis l'année 1755, jusqu'en l'année 1760. Fait par M. l'abbé DE JUMILHAC DE CUBJAC et par M. l'abbé DE CRILLON.

Paris. 1767. G. Desprez. 1 vol. in-fol.

387. — Rapport de l'Agence..., depuis l'année 1760, jusqu'en l'année 1765. Par M. l'abbé DE BROGLIE.

Paris. 1773. Desprez. 1 vol. in-fol.

388. — Rapport de l'Agence..., depuis l'année 1765, jusqu'en l'année 1770. Par M. l'abbé DE LA LUZERNE et M. l'abbé DE CICÉ.

Paris. 1774. G. Desprez. 1 vol. in-fol.

389. — Rapport de l'Agence..., depuis l'année 1775, jusqu'en l'année 1780. Par M. l'abbé DE LA ROCHEFOUCAULD et M. l'abbé de JARENTE.

Paris. 1785. G. Desprez. 1 vol. in-fol.

390. — Rapport de l'Agence...., depuis 1780 jusqu'en 1785. Par M. l'abbé DE PÉRIGORD et M. l'abbé DE BOISGELIN.

Paris 1788. A. Didot. 1 vol. in-fol.

391. — Précis des Rapports de l'Agence du Clergé de France, par ordre de matières, ou extraits raisonnés desdits rapports, concernant les principales Affaires du Clergé, qui se sont passées depuis l'année 1660, jusqu'en l'année 1780. Avec une Table alphabétique des matières. Ouvrage autorisé par l'Assemblée de 1775, et imprimé par ordre du Roy.

Paris. 1786. Guill. Desprez. 1 vol. in-fol.

392. — Collection des pièces imprimées par ordre du Concile national de France.

Paris. An de J.-Ch. 1797. (An V.) Libr. chrét. 1 vol. in-8°.

Ce volume contient les ouvrages suivants :

1. — Lettre circulaire des Evêques réunis à Paris, aux Évêques métropolitains de France. — 22 juin 1797.

2. — Lettre des Évêques et Prêtres assemblés à Paris en Concile national, à leurs frères les Évêques et Prêtres résidens en France. — 15 août 1797.

3. — L'Église de France, assemblée en Concile national, à N. T. S. P. le Pape Pie VI. — 25 août 1797. (En latin et en françois.)

4. — Instruction du Concile national sur le Serment décrété le 19 fructidor an v. (Par Lecoz, évêque de Rennes).

5. — Décret de pacification proclamé par le Concile national de France, dans l'église métropolitaine de Paris, le 24 septembre 1797.

6. — Lettre synodale du Concile national de France, aux Pasteurs et aux Fidèles, sur les moyens de rétablir la paix religieuse.

7. — Seconde Lettre synodique...., sur divers abus qui se sont introduits dans quelques paroisses.

8. — Actions de grâces pour la paix signée à Udine, le 26 vend. an vi.

9. — Rapport concernant la religion dans les Colonies du Nouveau-Monde, fait au Concile national par un de ses membres.

10. — Compte-Rendu par le citoyen Grégoire, au Concile national, des travaux des Évêques réunis à Paris.

11. — Lettre synodique du Concile national de France, aux pères et mères et à tous ceux qui sont chargés de l'éducation de la jeunesse. — 5 novembre 1797.

12. — 4e Lettre synodique du Concile national de France, aux Pasteurs et aux Fidèles, pour leur annoncer la fin de sa session.

13. — L'Église gallicane, assemblée en Concile national à Paris, à SS. le Pape Pie VI. — 12 novembre 1797.

14. — Décrets du Concile national de France, proclamés le 5 nov. 1797.

15. —   id.   id.   sur les Élections.

16. — Journal du Concile national de France, tenu à Paris, et commençant le 15 août 1797. N° 1 à 22.

e. — *Rapports de l'Église avec l'État.*

393.—De la Puissance roialle sur la police de l'Eglise. (Par *Jacques* BOUTREUX, Sieur D'ESTIAU.)

Paris. 1625. Durand. 1 vol. in-8º.

Cet ouvrage, composé au sujet d'un procès entre M. l'Evêque d'Angers et son Chapitre à l'occasion d'une procession que faisaient les chanoines, est suivi de 3 pièces sur ce débat :

—Plainte apologétique, pour Mgr l'Evèque d'Angers, contre certain livret anonime intitulé : Défense du Chapitre de l'Église d'Angers. Par M. *Claude* MENARD.

Angers. 1025.

—Défense du Chapitre de l'Église d'Angers, contre les calomnies publiées par divers libelles et faux bruits, sur le subjet de la Procession du Sacre.

Paris. 1624.

—Examen du cayer de l'Evesque d'Angers. Pour le grand archidiacre de l'Église d'Angers, concernant les appellations comme d'abus.

1624.

394.—Traité de l'autorité des Rois, touchant l'administration de l'Eglise. Par M. TALON (LE VAYER DE BOUTIGNY). Avec quelques pièces qui ont du raport à la matière.

Amsterdam. 1700. D. Pain 1 vol. in-8º.

395.—Même ouvrage.

Amsterdam. (Rouen). 1700. D. Pain. 1 vol. in-12.

396.—Dissertation sur le droit des Souverains, touchant l'administration de l'Eglise. Revue et corrigée. (Par DELPECH DE MERINVILLE.)

Avignon. 1750. Alex. Girard. 1 vol. in-12.

Cet ouvrage est le même que le précédent, modifié et abrégé quelque peu.

397.—Principes sur l'essence, la distinction, et les limites des deux puissances, spirituelle et temporelle. Ouvrage posthume du Père DE LA BORDE.

S. n. n. l. 1753. 1 vol. in-12.

On trouve à la suite :

—Recueil de Pièces dans lesquelles sont établies la distinction, l'étendue et les bornes des deux puissances ecclésiastique et temporelle, conformément à la doctrine enseignée dans les IV articles de la Déclaration de l'Assemblée générale du Clergé de France de 1682.

—Tradition des faits qui manifestent le sistême d'indépendance que les Evêques ont opposé dans les différens siècles aux principes invariables de la justice souveraine du Roi sur tous ses sujets indistinctement; et la nécessité de laisser agir les juges séculiers contre leurs entreprises, pour maintenir l'observation des lois, et la tranquillité publique. (2° édit.) (Par l'abbé *H. Ph.* CHAUVELIN?)

398.—Le véritable usage de l'autorité séculière dans les matières qui concernent la Religion. Par M. l'Év. D. P. (LE FRANC DE POMPIGNAN, évêque du Puy.)

Avignon. 1753. Fr. Girard. 1 vol. in-12.

— Réponse à un écrit intitulé : *Le véritable usage*, etc.

399.—De l'autorité du Clergé et du pouvoir du magistrat politique, sur l'exercice des fonctions du ministère ecclésiastique. Par M**, avocat au Parlement. (*François* RICHER.)

Amsterdam. 1766. Arkstée et Merkus. 2 vol. in-12.

400.—Même ouvrage.

Amsterdam 1767. Arkstée et Merkus. 2 vol. in-12.

401.—De l'autorité des deux Puissances. (Par l'abbé PEY.)

Strasbourg. 1781. Lemarié. 3 vol in-8°.

402. — De la Religion considérée dans ses rapports avec l'ordre politique et civil, par l'abbé *F*. DE LA MENNAIS.
    Paris. 1826. Lachevardière. 1 vol. in-8º.

** — Les quatre Concordats, suivis de considérations sur le gouvernement de l'Église en général, et sur l'Église de France en particulier, depuis 1815. Par M. DE PRADT.
    Paris. 1828. Pichon et Didier. 4 vol. in-8º.
    Voyez : *Œuvres de* M. DE PRADT. *Sciences et Arts*, Nº 1143.

403. — Traictez des droicts et libertez de l'Eglise gallicane. (Par *Jacques* GILLOT.)
    Paris. 1609. Olivier de Varennes. 1 vol. in-4º.

404. — De la Puissance du Pape, et des libertés de l'Eglise gallicane : par *Marc* DE VULSON.
    Genève. 1635. De Tournes. 1 vol. in-4º.

405. — Traitez des droits et libertez de l'Eglise gallicane. (Publiés par *Pierre* DU PUY.)
    S. n. n. l. 1639. 2 vol. in-fol.

406. — Même ouvrage.
    S. n. n. l. 1651. 2 en 1 vol in-fol.

407. — Preuves des libertez de l'Eglise gallicane. 2ᵉ édit. rev. et augm.
    Paris. 1651. Seb. et Gab. Cramoisy. 2 vol. in-fol.
  ** — Cet ouvrage est le même que les deux précédents.

408. — OEuvres postumes, excellens et curieux, de M. *Guy* COQUILLE, Sieur DE ROMENAY, nouvellement recouvrez et mis en lumière. Ensemble trois autres petits ouvrages de divers autheurs.
    Paris. 1760. Guillemot. 1 vol. in-4º.

409. — Commentaire sur le traité des libertez de l'Eglise gallicane de Maistre *Pierre* PITHOU. Ensemble trois autres Traitez : I. De l'origine, et du progrès des interdicts ecclesiastiques. — II. Des informations de vie et

mœurs des nommez aux Eveschez par le Roy. — III. Histoire de l'origine de la Pragmatique Sanction, faite par le Roy Charles VII, l'an 1439, et des Concordats faits l'an 1515. (Par *Pierre* Du Puy.)

Paris. 1652. Seb. et Gab. Cramoisy. 1 vol. in-4º.

410. — Même ouvrage. Nouv. édit. (Publié par l'abbé Lenglet du Fresnoy.)

Paris. 1715. Musier. 2 vol. in-4º.

411. — Responsio historico-theologica ad Cleri gallicani de Potestate ecclesiastica declarationem, ex summorum Pontificum documentis, decretis, ac gestis excerpta per quemdam S. Theologiæ professorem. (*Nicolaum* Du Bois.)

Coloniæ Agrippinæ. 1683. J. Kinckius. 1 vol. in-8º.

412. — Vindiciæ doctrinæ Majorum Scholæ Parisiensis, seu constans et perpetua Scholæ Parisiensis doctrina de authoritate et infallibilitate Ecclesiæ in rebus fidei et morum. Contra defensores Monarchiæ universalis et absolutæ Curiæ Romanæ. Authore *Edm.* Richerio.

Coloniæ. 1683. B. ab Egmont. 2 vol. in-4º.

413. — Tractatus de libertatibus Ecclesiæ gallicanæ, continens amplam discussionem Declarationis factæ ab Illust. Archiepiscopis, et Episcopis, Parisiis mandato regio congregatis, anno MDCLXXXII. Autore M. C. S. Theol. doctore. (*Antonio* Charlas.)

Leodii. 1684. M. Hovius. 1 vol. in-4º.

414. — L'Esprit de Gerson. (Par *Eustache* Le Noble.)

S. n. n. l. 1691. 1 vol. in-8º.

415. — Le bouclier de la France, ou les sentimens de Gerson et des Canonistes, touchant les diférens des Roys de France avec les Papes. (Par Le Noble.)

Cologne. 1692. Sambix. 1 vol. in-8º.

416. — L'Esprit de Gerson, ou Instructions catholiques, touchant le Saint Siége. (Par LE NOBLE.)
Londres. 1710. 1 vol. in-12.
Ces trois ouvrages sont les mêmes, sous des titres différents.

417. — L'Esprit d'Yve de Chartres dans la conduite de son diocèse : et dans les Cours de France et de Rome. (Par *Ant.* VARILLAS.)
Paris. 1701. Anisson. 1 vol. in-12.

418. — Traité de la Puissance ecclésiastique et temporelle. (Par *Louis-Ellies* DU PIN.)
S. n. n. l. 1707. 1 vol. in-8°.

419. — Du renversement des libertez de l'Eglise gallicane, dans l'affaire de la Constitution *Unigenitus*. Nouv. édit. (Par *Nicolas* LE GROS.)
S. n. n. l. 1717. 2 vol. in-12.

420. — Defensio Declarationis celeberrimæ, quam de Potestate Ecclesiastica sanxit Clerus gallicanus XIX martii MDCLXXXII. Ab Illust. ac Rev. *Jacobo Benigno* BOSSUET. Nunc primum in lucem edita.
Luxemburgi. 1730 And. Chevalier. 2 vol. in-4°.

421. — Defensio Declarationis conventûs Cleri gallicani an. 1682 de Ecclesiasticà potestate. Autore Illust. ac Rev. D. *Jacobo Benigno* BOSSUET.
Amstelodami. 1745. Societas. 2 vol. in-4°

422. — Défense de la Déclaration de l'Assemblée du Clergé de France de 1682, touchant la Puissance ecclésiastique, par M° *Benigne* BOSSUET. Traduite en françois, avec des notes (par *Ch. Fr.* LEROY.)
Amsterdam. 1745. La Compagnie. 3 vol. in 4°.
On y a joint :
— Justification des Réflexions sur le Nouveau Testament, imprimées de l'autorité de Mgr. l'Evêque comte de

Châlons, et approuvées par Mgr. le cardinal de Noailles, arch. de Paris; composée en 1699 contre le *Probléme ecclésiastique*, etc. Par feu M. *J. B.* Bossuet.
Amsterdam. 1745. La Compagnie. in-4º.

423.—Neuvième Discours de M. l'abbé Fleury. Sur les libertez de l'Eglise gallicane.

—Dixième Discours de M. l'abbé Fleury. Sur le renouvellement des études, et principalement des études ecclésiastiques, depuis le XIVe siècle.

—Dernier discours sur la Prédication. Par M. l'abbé Fleury.
S. n. n. l. n. d. 1 vol. in-12.

424.—Mémoire sur les libertés de l'Eglise gallicane. (Par l'abbé *Etienne* Mignot.)
Amsterdam. 1755. Arkstée et Merkus. 1 vol. in-12.

425.—Maximes et libertez gallicanes, rassemblées et mises en ordre, avec leurs preuves. — Mémoire sur les libertez de l'Eglise gallicane, trouvé parmi les papiers d'un grand Prince. (Par l'abbé *P. J.* Sepher).— Discours de M. l'abbé Fleury sur les libertez gallicanes.
La Haye. 1755. 1 vol. in-12.

426.—Exposition de la doctrine de l'Eglise gallicane, par rapport aux prétentions de la Cour de Rome. (Par M. du Marsais.)
Genève. 1757. Les frères Kramer. 3 en 1 vol. in-12.

427.—Traité de l'Autorité ecclésiastique et de la Puissance temporelle, conformément à la Déclaration du Clergé de France en 1682 ; à l'édit de Louis XIV, même année; et à l'arrêt du Conseil d'Etat du Roi en 1766. Ouvrage de M. Dupin, rev. et augm. par M. l'abbé Dinouart.
Paris. 1768. Desaint. 3 vol. in-12.

** —De l'Église gallicane, dans son rapport avec le souverain Pontife; par le Cte DE MAISTRE.

Voyez : *Œuvres du Cte* DE MAISTRE.

** —Pour ce qui concerne la Pragmatique-Sanction, les Concordats, les Indults et la Régale, voyez : *Le Droit canonique de France*.

428. —Recueil de pièces.
9 vol. in-8°, contenant :

TOME Ier.

1. — Réflexions impartiales d'un jurisconsulte sur la Propriété du Clergé.
    Paris. 1789. Knapen. in-8°.

2. — La Réforme du Clergé à proposer aux États-Généraux. Par l'abbé BROTTIER.
    1789. in-8°.

3. — Quelle doit être l'influence de l'Assemblée nationale en France sur les matières ecclésiastiques et religieuses ? Par M. l'Évêque de Nancy, (*A. L. H.* DE LA FARE.) député de Lorraine.
    Paris. 1790. Méquignon. in-8°.

4. — Décret rendu les 25, 26 et 29 juin 1790, sanctionné par le Roi, le 7 juillet suivant, sur la vente des domaines nationaux aux particuliers ; précédé du Rapport fait à l'Assemblée nationale, par M. DE LA ROCHEFOUCAULD.
    Paris. 1790. Imp. nationale. in-8°.

5. — Instruction pastorale de Mgr. l'Évêque d'Amiens (*Louis-Charles* DE MACHAULT.)
    Paris. 1790. Crapart. in-8°.

6. — Lettre (1. 2. 3.) au Révérend Père La Lande, prêtre de l'Oratoire, sur son Apologie de la Constitution civile du Clergé.
    Paris. 1791. Guerbart. in-8°.

7. — Exposition des Principes sur la Constitution civile du Clergé.
    Paris. 1791. Guerbart. in-8°.

8. — Serment civique. Lettre à M....
    26 Novembre 1790. in-8°.

9. — Mon apologie. (Par l'abbé FRANÇOIS.)
    (D'un prêtre qui n'a pas prêté serment.)

10. — Opinion de M. l'abbé MAURY, député de Picardie, sur la Constitution civile du Clergé, prononcée dans l'Assemblée nationale, le samedi 27 nov. 1790. 5e édit.
    Paris. 1790. L'Ami du Roi. in-8°.

Tome II.

1. — Instruction pastorale de M. l'Evêque de Soissons, sur l'autorité spirituelle de l'Eglise. (*Jos. Cl.* DE BOURDEILLES.) 20 déc. 1790.

2. — Discours de M. DE VANDEUVRE, maire de Caen; et la démission de M. DE VAUVILLIERS, administrateur de la municipalité de Paris. (Sur la dénonciation de la Lettre pastorale de M. l'Evêque de Bayeux.) 21 décembre 1790.

3. — Contre-nouvelle adressée au bon peuple.
   Décembre. 1790. in-8°.

4. — Examen de l'instruction de l'Assemblée nationale sur la Constitution du Clergé. (Par M. l'abbé FRANÇOIS.)
   Décembre. 1790. in-8°.

5. — Première Conversation de M. Silvain, bourgeois de Paris, et M. Bon-sens, frère des écoles chrétiennes, à l'occasion du serment sur la constitution civile du Clergé.
   — Seconde conversation de M. Silvain, avec son curé.

6. — Monsieur Josse et maître Pierre. Sur le refus qu'ont fait la plupart des ecclésiastiques, de prêter le serment, et sur le schisme qui doit s'en suivre.

7. — Examen pacifique du Serment exigé par la Constitution.

8. — Recueil de quelques canons, dont la connoissance est nécessaire à tous les pasteurs, et utile même aux simples fidèles.

9. — Introduction à l'Instruction pastorale, décrétée par l'Assemblée nationale. Nouv. édit.
   Paris. 1790. Dufresne. in-8°.

10. — Même pièce. 2ᵉ édit.
    Paris. 1791. Dufresne. in-12.

11. — Instruction et exhortation aux vrais catholiques. Sur l'Eglise.
    Paris. (Décembre 1790.) Crapart. in-8°.

12. — Réflexions d'un citoyen, sur l'adresse envoyée à MM. les Curés d'Amiens, de la part du Département de la Somme, pour être lue au prône de la messe paroissiale.

13. — Opinion de M. le curé de Banneville-la-Campagne (BLONDEL), sur le dire de M. le curé de Vaucelles, de Caen, intitulé : *Motifs pressants de prêter le serment.*
    Caen. 1791. Manoury. in-8°.

14. — Lettre des Professeurs de cinquième et de sixième de l'Université de Paris, à M. Loménie, ci-devant cardinal et archevêque de Sens. (Signée METHODIUS, président, SUPIN, secrétaire.)
    Paris. (1790.) Imprimerie des frères Son, Sa, Ses, Leur, Leurs.

15. — Les Principes de la Foi sur le gouvernement de l'Eglise, en opposition avec la Constitution civile du Clergé ; ou Réfutation du développement de l'opinion de M. Camus. Par un Docteur en Théologie de la Faculté de Paris. (L'abbé Bérardier.) 5ᵉ édit.

Paris. 1791. L'Ami du Roi. in-8°.

16. — Apologie du Clergé de France, ou Commentaire raisonné, sur l'Instruction pastorale de l'Assemblée nationale, concernant l'organisation civile du Clergé. (Par l'abbé Blandin.) 2ᵉ édit.

Paris. 1791. Crapart. in-8°.

Tome III.

1. — Catéchisme nouveau et raisonné, à l'usage de tous les catholiques français.

En France. 2ᵉ année de la Persécution. in-8°.

2. — Traduction fidèle et littérale du Bref du Pape, à Monseigneur l'Archevêque de Sens (23 fév. 1791.) (latin et français).

Paris. 1791. Bureau de l'Ami du Roi. in-8°.

3. — Problème intéressant proposé à M. l'Evêque de Lydda. (Par Blondel.)

Paris. 1791. L'Ami du Roi. in-8°.

4. — Lettre de M. le curé de Banneville-la-Campagne (Blondel), auteur du Petit Catéchisme. En réponse à celle du Directoire du départ. du Calvados, sur la loi du Serment, en date du 11 fév. Nouv. édit.

Rouen. 1791. in-8°.

5. — Lettre d'adieu d'un Curé de Paris, à ses paroissiens. (10 mars 1791.)

Paris. 1791. Laurens. in-8°.

6. — Entretien d'un citoyen (l'abbé Hermès) avec un théologien, sur le Bref du Pape Pie VI aux évêques de l'Assemblée nation. de France.

Paris. 1791. Crapart. in-12.

7. — Instruction donnée par M. l'Evêque de Langres (C. G. de la Luzerne) aux curés, vicaires et autres ecclésiastiques de son diocèse, qui n'ont pas prêté le Serment ordonné par l'Assemblée nationale. — Avec l'adoption qu'en a fait M. l'Evêque de Clermont, pour son diocèse. (*Avec les noms des Prélats qui l'ont adoptée depuis. MS.*)

Paris. 1791. Guerbart. in-8°.

8. — Lettre de M. l'Evêque de Troyes (*C. M. J.* de Barral), à MM. les Electeurs du département de l'Aube.

1791. in-8°.

9. — Bref du Pape Pie VI, à S. E. M. le Cardinal de la Rochefoucault, M. l'Archevêque d'Aix, et les autres Archevêques et Evêques de

l'Assemblée nationale de France, au sujet de la Constitution civile du Clergé, décrétée par l'Assemblée nationale (lat. fr.).

Paris. 1791. L'Ami du Roi. in-8°.

10. — Réponse des Evêques constitutionnellement élus, au Pape Pie VI. 2ᵉ édit.

Paris. 1791. Crapart. in-8°.

11. — Traité du Schisme, par le P. LONGUEVAL, auteur de l'Histoire de l'Eglise gallicane. Nouv. édit. conforme à l'original.

Bruxelles. 1718. 8· T'Serltevens. Réimprimé en avril 1791. in-8°.

TOME IV.

1. — L'erreur reconnue, ou profession de foi d'un citoyen de Paris, sur la constitution civile du Clergé, suivie d'une réponse authentique d'un prêtre catholique romain, élu à la cure de Wariers en Flandre, à MM. les électeurs du district de Douay. — Extraite de l'Ami du Roi, de M. l'abbé Royou, N° 358.

2. — Exhortation aux vrais catholiques, pour le saint jour de Pâques.

Paris. 1791. Crapart. in-8°.

3. — Bref du Pape à tous les Cardinaux, Archevêques, Evêques, au Clergé et au peuple de France (lat. fr.). 2ᵉ édit. (13 avril 1791.)

Rome. 1791. in-8°.

3 bis. — Même pièce. Nouvelle traduction faite sur l'original. Nouvelle édition, augmentée d'une nouvelle lettre de notre saint père le Pape, aux Archevêques de France (lat. fr.).

Paris. 1791. Crapart. in-8°.

4. — Bref du Pape à l'Archevêque d'Avignon, aux Evêques de Carpentras, Cavaillon et Vaison; au Clergé, au peuple d'Avignon, et du comtat Venaissin. Donné à Rome, le 23 avril 1791.

Paris. 1791. Crapart. in-8°.

5. — Lettre à M. Gobel, évêque titulaire de Lydda, et intrus de Paris.

Paris. 20 avril 1791. Crapart. in-8°.

6. — Suite du Catéchisme de l'Intrus. (Mai 1791.)

7. — Le Guide du Catholique pendant le schisme, ou les Adieux d'un Curé déplacé à ses paroissiens. (Mai 1791.)

8. — Lettre des Evêques, députés à l'Assemblée nationale, en réponse au Bref du Pape, en date du 10 mars 1791. (3 mai.)

Paris. 1791. Guerbart. in-8°.

9. — Les Soirées du village. 2ᵉ édit. (1791.)

10. — Antidote contre le Schisme, ou le Pensez-y bien des catholiques français. Ouvrage où l'on répond aux diverses objections qu'on fait le plus communément dans la classe du Peuple, en faveur des Prêtres qui ont prêté le serment, et des intrus qui ont remplacé ceux qui l'avaient refusé. Par un Docteur de Sorbonne (l'abbé P. G. LABICHE DE REIGNEFORT.)

> France. 1791. 2e année de la Persécution.

11. — Différence des deux Religions (la catholique et la constitutionnelle).

> Paris. 1791. Laurens. in-8°.

12. — Les Préjugés légitimes contre l'Eglise constitutionnelle. Par l'auteur du Catéchisme nouveau et raisonné, et des Intrus jugés au tribunal de la Religion. (Par l'abbé *Aug.* BARRUEL.)

> Paris. 1791. Pichard.

13. — Testament d'une bonne mère, ou ses derniers avis à ses enfans, sur la situation présente de l'Eglise.

> S. l. n. n. (1791).

14. — Pétition des Parroissiens de Saint-Sulpice à l'Assemblée nationale.

15. — Lettre du R. P. POIRET, prêtre de l'Oratoire.

16. — Lettre à M. Desbois de Rochefort, évêque constitutionnel du département de la Somme ; sur sa Lettre pastorale au Clergé et aux Fidèles de son diocèse.

17. — Examen de la Lettre pastorale de M. Desbois de Rochefort, ci-devant curé de Saint-André-des-Arts, et évêque constitutionnel du département de la Somme. Par un Paroissien de Saint-André-des-Arts.

> Paris. 1791. Crapart. in-8°.

18. — Défense de mon apologie, contre M. Henri Grégoire. 2e édit.

> Paris. 1791. Crapart. in-8°.

TOME V.

1. — Antidote contre le schisme. 2e édit.

> En France. la 2e année de la Persécution. Crapart. in-8°.

2. — Entretien d'une mère avec ses filles, sur les circonstances présentes.

> Paris. 1791. Crapart. in-8°.

3. — Rapprochemens de la Lettre des evêques soi-disant constitutionnels, au Pape Pie VI avec les Lettres de Luther à Léon X ; extrait du Parallèle des révolutions. Par *M. N. S.* GUILLON. 2e édit.

> Paris. 1791. Crapart.

4. — Lettre d'un Curé remplacé, à ses fidèles Paroissiens. (mai 1791.)

5. — Instruction pastorale et Ordonnance de M. l'Evêque de Châlons-sur-Marne (*Jules* DE CLERMONT TONNERRE). (28 mai 1791.)
   Paris. 1791. Girouard. in-8°.

6. — Bref du Pape à tous les Cardinaux, Archevêques, Evêques, au Clergé et au peuple de France. (fr. lat.)
   Paris. 1791. Bureau de l'Ami du Roi. in-8°.

7. — Conclusion du Bref de Rome, ou les nouveaux élus convaincus de schisme. Conduite que doivent tenir les Catholiques à l'égard des Apôtres schismatiques du nouveau Testament.
   Florence. 1791. in-8°.

8. — L'erreur reconnue. Tome IV. 1.

9. — Lettre Ire et IIe à M. Charrier de la Roche, député de Lyon, à l'Assemblée nationale, auteur des questions sur les affaires présentes de l'Eglise de France, avec des réponses propres à tranquilliser les consciences. (Par l'abbé A. GUILLON.)
   Paris. 1791. Dufrene. in-8°.

10. — Point de démission. — Encore un mot du Serment.
    Paris. 1791. Crapart. in-8°.

11. — Lettre pastorale de M. l'Evêque de Blois. (*Alex.-Amédée* DE LAUZIERES DE THÉMINES, 25 juin 1791. Chambéry.)
    Paris. 1791. Guerbart. in-8°.

TOME VI.

1. — Réponse au défi du sieur Diot, évêque constitutionnel de Reims.
   Juin. 1791. in-8°.

2. — Observations d'un catholique sur l'Instruction pastorale de M. Lamourette, en date du 16 juillet 1791.
   Paris. 1791. Guerbart. in-8°.

3. — L'abbé Fauchet peint par lui-même, et ses crimes dévoilés. Par M. l'abbé DE VALMERON. (*P. Fr. Théoph.* JARRY.)
   Jersey. 1791. in-8°.

4. — Réponse à la Lettre de M. Renaut, se disant curé de Saint-Sépulchre de Cambrai, député à l'Assemblée nationale. (1er août 1791.)
   Paris. 1791. Crapart. in-8°.

5. — Nouveaux Motifs de confiance, et nouvelles Règles de conduite pour le temps présent; ouvrage indispensable aux âmes pieuses et particulièrement à celles qui ont lu le *Premier Motif de confiance*. Suivis

de l'Adresse aux Vierges et Religieuses chrétiennes de France, corrigée et augmentée. (Par l'abbé POTTIER.)

Paris. 1791. in-8°.

6. — Instruction pastorale de M. l'Evêque de Boulogne (*Jean-Armand* DE ROQUELAURE), sur l'Obligation de s'attacher aux pasteurs légitimes. 3e édit.

Paris. 1791. Guerbart. in-8°.

7. — Déclaration de M. l'Archevêque d'Embrun. (*P. Louis* DE LEYSSIN.) (10 août 1791.)

Paris. 1791. Guerbart. in-8°.

8. — Vie de l'abbé Fauchet, par M. l'abbé DE VALMERON (JARRY).

Paris. 1791.

9. — Instructio jussu sanctissimi domini nostri Pii Papæ VI, exarata super quibusdam quæstionibus à Galliarum episcopis propositis.

Romæ. 1791. in-8°.

10. — Instruction dressée par ordre de Notre Très-Saint-Père, le Pape Pie VI, sur quelques questions proposées par les Evêques de France.

Paris. 1791. Guerbart. in-8°.

11. — Même pièce. 2e édition. (lat. fr.)

Paris. 1791. Guerbart. in-8°.

12. — Abrégé chronologique pour servir à l'histoire de l'Eglise gallicane, pendant la tenue de l'Assemblée nationale.

Paris. 1791. Crapart. in-8°.

13. — La Religion victorieuse dans ses ministres, malgré les efforts de l'impiété et le relâchement des mœurs. Moyens de persévérance. A. M. l'abbé Barruel. (oct. 1791.)

14. — Contraste entre un Quaker et l'abbé Fauchet. Par M. VALMFRON.

1792. An 3e de la Persécution.

15. — Réponse à un Chanoine, sur le serment civique. (16 nov. 1791.)

Paris. 1791. Guerbart. in-8°.

16. — Adresse des Prêtres non assermentés de la ville de Paris. Au Roi. (19 nov. 1791.)

Paris. 1791. Guerbart. in-8°.

17. — Avis abrégé sur le Serment. (20 nov. 1791.)

Paris. 1791. Laillet. in-8°.

Tome VII.

1. — Epître catholique. M. N. S. GUILLON, prêtre, à M. M.... Sur le nouveau Serment. (20 nov. 1791.)
   Paris. 1791. Crapart. in-8°.

2. — Lettre à M. l'abbé Royou, en Réponse à son opinion sur le nouveau Serment exigé de tous les Ecclésiastiques. (20 nov. 1791.)
   Paris. 1791. Crapart. in-8°.

3. — Adresse du Clergé catholique de la ville de Cambray, à la Municipalité de la même ville. (22 nov. 1791.)

4. — Développement du second serment appelé civique, décrété le 16 et le 29 novembre 1791. (Par BARRUEL.)
   Paris. 1791. Crapart. in-8°.

5. — Réflexions sur le Décret rendu en novembre 1791, qui prescrit un serment individuel à tous les prêtres du culte catholique. Par M. DE LA GALISSONNIÈRE. Du 30 novembre 1791.
   Paris. 1791. Pichard. in-8°.

6. — Adresse à M. l'abbé Charrier. Sur sa démission de l'évêché de la Seine-Inférieure, et sur les deux écrits qu'il vient de donner au public à ce sujet.
   Paris. 1791. Marchands de nouveautés.

7. — Lettre au Roi, par un des Aumôniers de Sa Majesté.
   Paris. 1791. Crapart. in-8°.

8. — Examen impartial et raisonné du Serment civique.
   Paris. 1791. Crapart. in-8°.

9. — Question. Le Serment offert par M. l'évêque de Clermont, sous la réserve de tout ce qui tient à l'ordre spirituel, est-il le même que le serment civique pur et simple; et aujourd'hui, que la constitution civile du Clergé ne fait point partie de la constitution que le Roi a acceptée, ne peut-on pas faire le serment purement et simplement?

10. — Extrait des Brefs du Pape Pie VI, sur la Constitution du Clergé. A l'usage des simples fidèles.
    Paris. 1791. Crapart. in-8°.

11. — Instruction et exhortation. Tome II. 10.

12. — Lettre d'un Vicaire de Paris à Ch.-Alex. de Moy, ou Réflexions sur sa brochure intitulée: de l'Accord de la Religion avec les Cultes.
    Paris. 1791. Crapart. in-8°.

13. — Lettres de M. Charrier de la Roche, sur les motifs de sa démission; suivies de la Réponse de M. Lecorney, curé constitutionnel de Saint-François-du-Havre, à MM. du Conseil épiscopal, au sujet de son mariage. Réflexions. (nov. 1791.)

14. — Aux Français, par les Curés et les Vicaires non assermentés, au sujet du décret du 17 nov. 1791.

Paris. 1791. Guerbart. in-8°.

15. — Observations sur le serment prescrit aux ecclésiastiques, et sur le décret qui l'ordonne. Par M. l'archevêque d'Aix. (J. B. de Boisgelin de Cicé.)

Paris. 1791. Guerbart.

16. — Compte-rendu au Roi, de la discussion, des motifs, de la teneur et des conséquences du Décret de l'Assemblée législative du mois de novembre 1791, concernant les prêtres non assermentés, considéré sous les rapports de la religion, de la constitution et de la politique. 2e édit. corrigée.

Paris. 1791. Laillet. in-8°.

17. — Déclaration civique et religieuse des Prêtres non-assermentés, à tous les Français.

Paris. 1791. Laillet. in-8°.

18. — Conversation sur le nouveau Serment prescrit aux Ecclésiastiques, entre Claude Fauchet, Evêque du Calvados et Député, le Révérend Père Chabot, ex-Capucin, et Député; et un Prêtre réfractaire.

Paris. 1791. Marchands de nouveautés. in-8°.

19. — Point de sanction, ou deux mots, sur le nouveau Serment imposé aux Ecclésiastiques, par le décret du 17 et du 29 novembre 1791.

Paris. 1791. Guerbart. in-8°.

20. — Ne vous y trompez pas; ou Réflexions sur le nouveau serment exigé par le décret du 16 novembre 1791, de tous les ecclésiastiques non assermentés.

Paris. 1791. Crapart in-8°.

21. — Réflexions qui démontrent l'injustice du nouveau serment de la liberté et de l'égalité.

22. — Cas de conscience à consulter et consultation sur le nouveau Serment prétendu civique, décrété le 17 novembre 1791.

Paris. 1791. Guerbart.

23. — Réflexions sommaires sur le Décret du mois de novembre 1791. Concernant les Ecclésiastiques non-assermentés.

Paris. 1791. Guerbart. in-8°.

24. — Mandement de M. l'Evêque de Boulogne (*Jean-René* Asseline) pour le Carême. (Ypres, 3 janvier 1792.)

<small>Paris. 1792. Guerbart. in-8°.</small>

25. — Mandement de M. l'Archevêque de Lyon (*Yves-Alex.* de Marbeuf), primat des Gaules, pour le Carême de 1792. (Resves, 24 janv. 1792.)

<small>Liège. 1792. Tutot. Paris. Lallemand. in-8°.</small>

26. — La légitimité du serment civique justifiée d'erreur.

<small>Paris. 1791. Leclerc. in-8°.</small>

27. — Déclaration de M. l'Evêque d'Amiens (*Louis-Charles* de Machault,) au sujet du Serment civique.

Tome VIII.

1. — Exhortation aux vrais catholiques, pour passer saintement le Carême, et se disposer à la Pâque (Par Maynaud de Pancemont.)

<small>Paris. 1792. Crapart. in-8°.</small>

2. — Lettre d'un ancien Elève du collége de Juilly, à son ami, sur le rapport fait à l'Assemblée nationale, touchant l'Oratoire et les autres Congrégations séculières. (21 février 1792.)

3. — Lettre d'un Curé à ses fidèles Paroissiens, écrite de Paris, le 9 mars 1792; suivie de la Réponse à la critique.

<small>Paris. 1792. Lallemand. in-8°.</small>

4. — Bref du Pape Pie VI, contenant les pouvoirs accordés aux Evêques et aux Administrateurs des diocèses du Royaume de France.

<small>Rome. Paris. 1792. Senneville. in-8°.</small>

5. — Nouvelles lettres de notre très S. P. le Pape Pie VI, portant, d'itératives, monitions, particulièrement, aux Evêques consécrateurs ou assistants; aux faux Evêques consacrés et intrus, et à leurs Vicaires; aux Evêques qui ont prêté le Serment civique; aux Curés intrus; aux Vicaires, et à tous les autres Prêtres, délégués par les Evêques intrus; dans le royaume de France; avec assignation de soixante jours, pour la seconde monition, et de soixante autres jours pour la troisième (lat. fr.).

<small>Rome. 1792. Chambre apostolique. in-8°.</small>

6. — Lettre pastorale et Ordonnance de M. l'évêque de Boulogne, pour la publication et l'exécution des Lettres monitoriales de N. S. P. le Pape Pie VI, en date du 19 mars 1792.

<small>Paris. 1792. Guerbart. in-8°.</small>

7. — Mandement de M. l'archevêque de Lyon (*Y. Al.* de Marbeuf.), primat des Gaules, pour la publication du Bref de N. S. P. le Pape

Pie VI, en date du 19 mars 1792, portant d'itératives et dernières monitions canoniques. (1er mai 1792.)

Paris. 1792. Lallemand. in-8°.

8. — Mandement et Ordonnance de M. l'évêque de Soissons (H. J. C. DE BOURDEILLES.), pour la publication du Bref monitorial de N. S. P. le Pape, du 19 mars 1792.

Paris. 1792. Crapart. in-8°.

9. — S. D. N. Pii Papæ sexti novæ litteræ, quibus ampliantur facultates archiepiscopis et episcopis, ac diœcesium administratoribus regni Galliarum. 13 junii 1792.

Paris. 1792. Crapart.

10. — L'incompétence du Pouvoir civil dans les choses spirituelles, ou Réfutation des faux principes des dix-huit évêques constitutionnels signataires de l'Accord. Par un docteur en Théologie de la Faculté de Paris. (L'abbé DIECHE).

Paris. 1792. Crapart. in-8°.

11. — Lettre synodale de NICOLAS, Patriarche de Constantinople, à l'empereur Alexis Comnène, sur le pouvoir des empereurs, relativement à l'Erection des Métropoles ecclésiastiques; traduite du grec, par M. l'abbé DE CHAPT DE RASTIGNAC. Avec des notes, des observations et la Réfutation de quelques erreurs capitales soutenues dans l'écrit intitulé : *Accord des vrais principes de l'Eglise, de la morale et de la raison*, et signé de dix-huit évêques constitutionnels. 2e édit., suivie des Pièces authentiques sur l'érection de Mohilow en archevêché, publiées par M. l'abbé BOSSARD.

Paris. 1792. Crapart. in-8°.

12. — Lettre d'un vicaire de Paris. Tome VII. n° 11.

13. — Dialogue sur les affaires du temps, entre Ariste, Cléante et Eugène, ou Histoire des variations de l'abbé Lamourette.

Paris. 1792. in-8°.

14. — Avis d'un Philantrope à MM. les Aristocrates, ou Anecdote constitutionnelle. (Par DELAUNAY, prêtre.)

Paris. 1792. Lallemand. in-8°.

15. — Dialogue allégorique, entre un pasteur et sa brebis, suivi des Soliloques du Berger fugitif.

Paris. 1792. Guerbart. in-8°.

TOME IX.

1. — Gros Jean qui remontre à son Curé, et les doutes d'un Villageois, résolus par son pasteur; suivis du parallèle de la persécution de

Julien l'Apostat, avec la persécution de l'Eglise de France, des années 362, 363, et 1790, 1791, 1792. 2ᵉ édit.

Paris. 1792. Lallemand.

2. — Lettre de consolation d'un Curé éloigné de sa paroisse, à son troupeau.

Paris. 1792. Crapart. in-8°.

3. — Instruction sur les devoirs du Ministère ecclésiastique, dans l'état actuel de l'Eglise de France. Par M. l'Archevêque d'Aix.

Paris. 1792. Guerbart. in-8°.

4. — Apologie du veto apposé par le Roi, au décret des 16 et 29 novembre 1791, sur le Serment exigé des prêtres.

Paris. 1792. Crapart. in-8°.

5. — Histoire des intrusions les plus mémorables; tirées des Livres Saints, de l'Histoire ecclésiastique de M. Fleury, et de la vie des Saints et Martyrs, traduite de l'anglois. Par le Rédacteur des Principes de Bossuet et Fenélon. (Par l'abbé Y. M. DE QUERBEUF.)

Paris. 1792. Lallemand. in-8°.

6. — Le Schisme démontré, ou les nouveaux Schismatiques.

Paris. 1792. Lallemand. in-8°.

7. — Lettre à Monsieur Desbois de Rochefort. Tome, v. n° 16.

8. — Résumé de tout ce qui a été dit de plus fort contre le serment nouveau. Par un auteur désintéressé.

S. n. n. l. n. d. in-8°.

9. — Lettre d'un bon Pasteur, adressée à l'Auteur du Journal ecclésiastique, sur la conduite de Clergé, dans les circonstances présentes.

Paris. 1792. Guerbart. in-8°.

10. — Eulogies paschales adressées aux Catholiques de France par un Prêtre de leur communion, qui leur a déjà adressé des Étrennes spirituelles. (Par l'abbé BUÉE.)

Paris. 1792. Crapart. in-8°.

11. — Exhortations aux vrais catholiques. Tom. VIII. 1.

12. — Histoire de la conversion d'une Dame parisienne, écrite par elle-même. 3ᵉ édit. (Par *Camille* JORDAN.)

Paris. 1792. Lallemand. in-8°.

13. — Lettre d'un missionnaire apostolique, curé dans le Levant, à Monseigneur l'Archevêque de Paris, touchant l'état présent de la religion parmi les Grecs.

Paris. 1792. Crapart. in-8°.

14. — Le Chrétien raisonnable, ou l'homme conduit à la foi catholique par la raison, au milieu de toutes les erreurs du jour. Par un Docteur de Sorbonne. (Par Dudemaine.)
Paris. 1792. Crapart. in-8°.

g. — *Détails de l'histoire de l'Eglise de France.*

429. — De sacrarum electionum jure et necessitate ad Ecclesiæ Gallicanæ redintegrationem. Auctore *G.* Genebrardo.
Parisiis. 1593. Seb. Nivellius. 1 vol. in-12.

430. — Les plaintes de l'Eglise gallicane. Au Roy. Pour les concussions qu'elle souffre, de ceux qui s'employent à la levée des deniers des decimes.
Paris. 1625. Pièce in-8°.

431. — Optati Galli de cavendo Schismate. Ad Illust[os] ac Reverend[os] Ecclesiæ Gallicanæ Primates, Archiepiscopos, Episcopos. Liber parænéticus (*Caroli* Hersent.)
S. n. n. l. 1640. 1 vol. in-4°.

Dans le volume :

— Apotrepticus adversus inanem Optati Galli de cavendo Schismate.... Parænéticum.
S. n. n. l. 1640. 1 vol. in-4°.

— *Nicolai* Rigaltii dissertatio censoria super editione Libelli parænétici de cavendo Schismate.
Lutetiæ. 1640. Mat. Du Puis. in-4°.

— *Michaelis* Rabardei Optatus Gallus. N° 432.

— Censure du libelle scandaleux, intitulé, *Optati Galli, de cavendo Schismate*, par Nosseigneurs les Illustr. et Rev. l'Archevesque, et les Evesques de la province de Paris.
Paris. 1640. Targa. in-4°.

432. — *Michaelis* Rabardei Optatus Gallus de cavendo schismate, etc. benigna manu sectus.

Parisiis. 1641. Camusat. 1 vol. in-4º.

433. — De consensu hierarchiæ et monarchiæ ; adversus Parænticum Optati Galli Schismatum fictoris libri sex. Lucubratio *Isaacii* Haberti.

Parisiis. 1640. Pet. Blaise. 1 vol in-4º.

434. — De l'union de l'Eglise avec l'Estat. Ouvrage composé en latin contre le livre d'*Optatus Gallus*, par Monsieur Habert. Mis en françois par *Louis* Giry.

Paris. 1641. Louis Blaise. 1 vol. in-8º.

435. — Inconveniens d'Estat procedans du Jansenisme. Avec la refutation du Mars François de M. Jansenius. Par le Sr de Marandé.

Paris. 1654. Cramoisy. 1 vol. in-4º.

436. — Relation des délibérations du Clergé de France sur les Constitutions de nos SS. Pères les Papes Innocent X et Alexandre VII. Par lesquelles sont condamnées cinq propositions tirées du livre de Jansenius, intitulé *Augustinus*. Avec les brefs, etc. 2ᵉ édit.

Paris. 1677. Josse. 1 vol. in-4º.

437. — Considérations sur les affaires de l'Eglise, qui doivent estre proposées dans la prochaine Assemblée générale du Clergé de France : adressées à un Evêque de cette Assemblée. (Par *Ant.* Arnauld.)

S. n. n. l. 1681. 1 vol. in-12.

438. — L'Eglise de France affligée. Où l'on voit d'un côté les entreprises de la Cour contre les libertez de l'Eglise; et de l'autre les duretez avec lesquelles on traite en ce Royaume les Evêques et les Prêtres, les Religieux et les Religieuses, et les autres personnes de

piété qui n'approuvent pas les entreprises de la Cour ni la doctrine des Jésuites. Par *François* POITEVIN (Dom *Gab.* GERBERON.)

Cologne. 1688. P. Le Vray. 1 vol. in-12.

A la suite :

— Déclaration ou soumission du R. P. *Michel-Ange* TAMBOURIN, Général de la Compagnie de Jésus, et des Jésuites assemblés à Rome l'an 1711, aux décrets du Pape Clément XI qui condamnent les Cérémonies chinoises....

S. n. n. l. 1712. in-12.

— L'Athéisme découvert, par le R. P. Hardouin, jésuite, dans les Ecrits de tous les Pères de l'Eglise et des Philosophes modernes.

S. n. n. l. 1715.

439. — Gallicana Ecclesia divexata. (Autore *Francisco* POITEVIN, alias Dom. GERBERON.)

Coloniæ. 1690. Leero. 1 vol. in-12.

A la suite :

— Augustiana circa materiam quinque propositionum expositio olim Alexandro VII, nunc denuò S. P. Alexandro VIII oblata; simulque eorum quæ ad eam publicandam impulerunt, brevis narratio.

S. n. n. l. 1690.

440. — Mémoires importans pour servir à l'Histoire de la Faculté de Douay.

S. n n. l. 1695. 1 vol. in-4°.

— Suite des Memoires importans pour servir à l'Histoire de la Faculté de Douay; contenant une Lettre aux Docteurs en Théologie de l'Université de Douay sur leur Censure du 4 juin 1696 contre la première Partie de ces Mémoires, etc., et un Avis à la même Faculté sur de pernicieuses erreurs, contre la parole de Dieu, qui se trouvent dans une thèse du 6 d'août 1696, soutenue au Seminaire du Roy. Avec quelques autres pièces.

1696. in-4°.

441. — Causa Quesnelliana sive motivum juris pro Procuratore Curiæ ecclesiasticæ Mechliniensis actore contra P. Paschasium Quesnel, citatum fugitivum. Cui dein accessit sententia ab Ill. ac Rev. D. Archiepiscopo Mechliniensi in Quesnellum lata.
Bruxellis. 1704. 1 vol. in-4º.

442. — Processus officii fiscalis Curiæ ecclesiasticæ Mechliniensis contra D. G. Gerberon, qui è Galliâ profugus sub veste laïca et nomine ficto Augustini Kergré in Belgio per plures annos latitaverat.
Bruxellis. 1704. Van de Velde. 1 vol. in-4º.

A la suite :

— Le Jansénisme dévoilé, lettre d'un Docteur de Sorbonne à un homme de qualité, sur le procez fait par Mgr. l'Archeveque de Malines à D. Gabriel Gerberon.
Louvain. 1704. Van de Velde. in-4º.

443. — Motif de droit du R. P. Quesnel, divisé en deux Parties : la Ire contenant les raisons qu'il a eues et qu'il a encore de suspecter et de récuser la personne et le tribunal de M. l'Arch. de Malines ; la IIe, où, sans le reconnoître pour juge, il répond sommairement aux faicts calomnieux avancés contre lui....
S. n. n. l. 1704. 1 vol. in-12. (Sans titre.)

Dans ce volume :

— Anatomie de la Sentence de M. l'Archevêque de Malines contre le P. Quesnel.
S. n. n. l. 1705. in-12.

444. — Idée générale du Libelle publié en latin sous ce titre : *Motif de droit pour le Procureur de la Cour ecclésiastique de Malines, Accusateur et Partie contre le P. Quesnel.* Où sont exposés les artifices et les calomnies de ce Libelle et les nullités de la Sentence

de M. l'Archevêque de Malines. Par le même P. Quesnel. Avec un Mémoire sur une ordonnance de M. l'Evêque d'Apt, insérée dans le Motif, etc.

S. n. n. l. 1705. 1 vol. in-12.

A la suite :

1° Anatomie de la sentence, etc.

2° Lettre du R. P. Quesnel au Roi, au sujet des calomnies répandues contre lui par les Jésuites et leurs adhérants. Avec une autre à un Archevêque, sur le même sujet.

Valenciennes. 1704. G. F. Henri. in-12.

3° Inscription en faux du P. Quesnel, contre plusieurs calomnies avancées contre lui par quelques écrivains de Louvain, et dans une prétendue Lettre publiée le 18 février 1719.

S. n. n. l. 1719. 1 vol. in-12.

4° Lettre du P. Quesnel à Nos Seigneurs les Cardinaux, Archevêques et Evêques de France, assemblés à Paris au sujet de la Constitution du 8 septembre 1713.

S. n. n. l. 18 Janvier 1714. in-12.

5° Seconde lettre du Père Quesnel au sujet de la Constitution, à un des Evêques de l'Assemblée, pour lui exposer les sentiments du Pape S. Grégoire le Grand, touchant ce que les Evêques doivent à la justice et à l'innocence.

S. n. n. l. 10 février 1714. in-12.

445. — Histoire de la sortie du Père Quesnel des prisons de l'archevêché de Malines.

S. n. n. l. 1718. 1 vol. in-12.

A la suite :

— Réponse du P. Quesnel, à quelques accusations faites contre lui par plusieurs de nos seigneurs les Evêques, avec l'Acte de son adhésion au double Appel de M. le Cardinal de Noailles, de la Constitution *Unigenitus*, et des Lettres *Pastoralis officii*, au Concile général.

Amsterdam. 1719. Potgieter. 1 vol. in-12.

446. — Relation des délibérations des Facultés de Théologie

de Paris et de Reims et des Assemblées de Sorbonne, au sujet de l'acceptation de la bulle *Unigenitus*.

9 volumes in-12, contenant :

TOME Ier.

— Relation des délibérations de la Faculté de Théologie de Paris, au sujet de l'acceptation de la Bulle *Unigenitus*. Avec une relation particulière des Assemblées de la Maison de Sorbonne, pour l'élection d'un professeur à la place de M. Witasse. (Par l'abbé DE LA MORLIÈRE.)
1714. in-12.

— Relation des Délibérations de la Faculté de Théologie de Reims, au sujet de l'acceptation de la Bulle *Unigenitus* du 8 sept. 1713.
1715. in-12.

TOME II.

— Nouvelle Relation en forme de Lettre de toutes les Assemblées de Sorbonne, sur le sujet de la Constitution *Unigenitus*, jusqu'à la fin de janvier 1716. Où l'on découvre toutes les intrigues du Sindic et de ceux de son parti. (Par M. WITASSE.) — Avec la Suite jusqu'à la fin de février.
1716. 2 vol. in-12.

TOME III.

— Supplément de la Nouvelle Relation de Sorbonne, contenant ce qui s'est passé au mois de mars 1716. Avec le Procès-verbal.
1716. 1 vol. in-12.

— Relation des délibérations de la Faculté de Théologie de Paris, au sujet du prétendu décret du v mars 1714.
1716. in-12.

TOME IV.

— Le témoignage de l'Université de Paris, au sujet de la Constitution *Unigenitus*: ou Recueil de plusieurs Écrits importans, au sujet des Assemblées de Sorbonne, sur la Bulle *Unigenitus*. Avec un Mémoire sur la publication et l'enregistrement de cette Bulle.
1716. in-12.

TOMES V et VI.

— Suite de la Relation des délibérations de la Faculté de Théologie de Paris, au sujet des Affaires qui ont rapport à la Constitution *Unigenitus*. Divisé en trois Parties.
1718. 3 en 2 vol. in-12.

TOME VII.

— Recueil des Pièces dont il est parlé dans la Suite de la Relation des délibérations de la Faculté de Théologie de Paris, en 1716, 1717 et

1718. Au sujet des affaires qui ont rapport à la Constitution *Unigenitus*.

1718. in-12.

TOMES VIII et IX.

* — Suite de la Relation des délibérations de la Faculté de Théologie de Paris, au sujet des affaires qui ont rapport à la Constitution *Unigenitus*. Divisé en deux tomes, contenant ce qui s'est passé depuis l'adhésion de la Faculté à l'Appel de M. le Card. de Noailles le 26 sept. 1718, jusqu'à la fin de l'année 1721. — Avec un Recueil des Pièces aussi partagé en deux tomes.

1722. 4 en 2 vol. in-12.

447. — Les Tocsins avec les Ecrits et les Arrêts publiés contre ces libelles violens et séditieux. Et un Recueil de Mandemens et autres Pièces qui ont rapport aux Ecrits précédents.

S. n. n. l. 1716. 1 vol. in-12.

A la suite :

1° Lettre de Mg. l'Evêque d'Apt (*Joseph-Ignace* FORESTA DE COLONGUE), à Mg. le Régent, et son Mandement contre la Sorbonne, ou plutost Nouveaux Tocsins adoptez par ce Prélat. On y a ajouté une Préface et des Réflexions critiques, pour en faire connoître le mérite. Avec un Appendix qui contient quelques autres Pièces et Anecdotes curieuses.

S. n. n. l. 1717. in-12.

2° Dénonciation à Monseigneur le Procureur général d'un libelle séditieux, injurieux aux Evêques de France, et à S. A. R. Mg. le duc d'Orléans, Régent du Roiaume, intitulé : *Mémoire pour le Corps des Evêques qui ont reçu la Constitution Unigenitus*.

S. n. n. l. n. d. in-12.

3° Lettre au Père Tellier, touchant un libelle séditieux, intitulé, Mémoire pour le Corps des Evêques qui ont reçu la Constitution *Unigenitus*, et auquel le public a donné le nom de Tocsin. Avec une addition....

S. n. n. l. 1716. in-12.

4° Réfutation de deux Mémoires séditieux, qui ont paru à la fin de février 1716, touchant l'acceptation de la Constitution *Unigenitus*.

S. n. n. l. n. d. in-12.

5° Défense du discours de M. de Gaufridy, avocat général du Parlement d'Aix, du 22 may dernier, des arrests des Parlemens de Paris, d'Aix, de Dijon, de Doüay et de la conduite de la Sorbonne, ou Réfutation de la Lettre du prétendu Abbé Provençal. Addressée aux RR. PP. Jésuites.

S. n. n. l. 1716. in-12.

448. — Les auteurs des Tocsins confondus, et les Appellans au Concile justifiez ; ou Réflexions critiques sur la *Réfutation* de la Lettre d'un Magistrat à M. l'Evêque d'Alet, et sur plusieurs autres Libelles séditieux, et schismatiques, que les Jésuites ont publié.

S. n. n. l. 1717. 1 vol. in-12.

449. — De la nécessité de l'appel des Eglises de France au futur Concile général, de la Constitution *Unigenitus*.

S. n. n. l. 1717. 1 vol. in-12.

450. — Divers écrits sur l'obligation des rétractions par rapport à la constitution *Unigenitus*, et sur l'impossibilité de l'acceptation, même avec des explications.

S. n. n. l. 1717. 1 vol. in-12.

451. — Nouveau mémoire sur les appels des jugemens ecclésiastiques, où l'on examine : I. La justice et la force des appels aux Conciles en général, et en particulier de celui qui a été interjetté de la Constitution *Unigenitus* par les quatre Evêques, ausquels se sont joints plusieurs autres Prélats, Facultez, Chapitres, Curez, Communautez, Ecclesiastiques, etc. II. La nécessité d'adhérer à cet appel, pour rétablir la paix et la tranquillité dans l'Eglise et dans le Royaume.

S. n. n. l 1717. 1 vol. in-12.

452. — Lettre d'un Ecclésiastique de Montpellier, au sujet de ce qui s'est passé entre M. l'Evêque de cette ville et plusieurs Prélats de l'Assemblée des Etats, qui s'y est tenue au mois de décembre 1723.

Amsterdam. 1724. Potgieter. 1 vol. in-12.

453. — Dissertation dans laquelle on démontre que la Bulle *Unigenitus* n'est ni loi de l'Eglise ni loi de l'Etat. (Par *Claude* Mey.)

S. n. n. l. 1752. 2 en 1 vol in-12.

454. — Apologie de M. l'abbé de Prades. (Par l'abbé Yvon et Diderot.)

Amsterdam. 1752. 1 vol. in-8º.

455. — Apologie des jugemens rendus en France contre le Schisme par les Tribunaux séculiers, dans laquelle on établit : 1º l'injustice et l'irrégularité des refus de Sacremens, de sépulture, et des autres peines qu'on prononce contre ceux qui ne se sont pas soumis à la Constitution *Unigenitus*. 2º la compétence des juges laïques pour s'opposer à tous ces actes de Schisme. (Par *Claude* Mey et Maultrot.) 3ᵉ édit.

S. n. n. l. 1753. 4 vol. in-12.

456. — Recueil des Arrests rendus dans tous les Parlemens et Conseils souverains du Royaume, au sujet de la Bulle *Unigenitus*, et de ses suites. Depuis 1714 jusqu'à l'accommodement de 1720 inclusivement.

S. n. n. l. 1753. 3 vol. in-12.

457. — Recueil de pièces.

1 vol. in-12, contenant :

1º Les très humbles remontrances du Parlement présentées au Roy, le 4 mars 1751.

S. n. n. l. 1751.

2º Lettre d'un Théologien (l'abbé *L. G.* Guéret) sur l'exaction des certificats de confession pour administrer le saint Viatique.

S. n. n. l. 1751.

3º Recueil de pièces concernant les affaires présentes du clergé de France, avec des remarques préliminaires sur chacune.

Londres. 1750.

4º Lettre de M. l'Archevêque de *** à un Conseiller d'Etat.

5° Lettre de M. l'abbé de S. P. à M. de M.

Londres. 1751.

6° Avis d'un Docteur de Sorbonne, au sujet de la déclaration du Roi, du 17 avril 1750, et de la Réponse du Clergé de France.

Berlin. 1751. La Compagnie.

458.—Recueil de pièces.

1 vol. in-12, contenant :

1° Les très-humbles remontrances du Parlement présentées au Roi le 15 avril 1752.

S. n. n. l. 1752.

2° Les très humbles remontrances du Parlement de Toulouse (du 17 juillet 1752).

3° Lettre aux Evêques qui ont écrit au Roi pour lui demander la cassation de l'arrêt du Parlement du 18 avril 1752.

4° Lettre d'un Théologien aux Evêques qui ont écrit au Roi pour se plaindre de l'arrêté du Parlement du 5 mai 1752.

5° Remontrances du Parlement au Roi, du 9 avril 1753.

6° Lettres (V) sur les remontrances du Parlement (du 9 avril 1753).

7° Lettre de Mgr. l'Evêque de *** à Mgr. l'Evêque D.... sur les remontrances du Parlement de Paris.

8° Très humbles remontrances du Parlement de Rouen (6 nov. 1753).

9° Très humbles remontrances du Parlement de Normandie au Roi, au sujet du procès du curé de Saint-Godard de Rouen, et autres pièces concernant la même affaire.

10° Lettre d'un homme du monde, au sujet des billets de confession et de la bulle *Unigenitus*. (Par l'abbé Bon.)

S. n. n. l. 1753.

459.—Mémoire sur le refus des Sacremens à la mort qu'on fait à ceux qui n'acceptent pas la Constitution, et une Addition concernant les billets de confession. (Par l'abbé *Gabriel-Nicolas* Maultrot.)

S. n. n. l. 1750. 1 vol. in-12.

Dans ce volume :

—Lettres adressées à MM. les Commissaires nommés par le Roi, pour délibérer sur l'affaire présente du

Parlement au sujet du refus des Sacremens. (Par *L. Ad.* Le Paige.)

S. n. n. l. 1752. 1 vol. in-12.

—Lettre à l'auteur des Lettres pacifiques. (Avec les supplémens et corrections à faire dans l'édition in-12 des Lettres pacifiques, prises de l'édition in-4°.)

S. n. n. l. n. d. in-12.

—Démonstration de la cause des divisions qui règnent en France. (Par *G. M.* Billard de Lorière.)

Avignon. 1754. in-12.

460.—Réflexions sur le refus que quelques Curés font des Sacremens aux fidèles de leur paroisse, qui ne reçoivent pas la Constitution *Unigenitus,* et sur l'exaction des billets de Confession dont ces Curés se servent pour couvrir l'injustice de ce refus; extraites de l'article XI du Mémoire de plusieurs chanoines, curés et autres ecclésiastiques du diocèse de Sens, au sujet de l'appel par eux interjetté du Nouveau Catéchisme du diocèse de Sens, et des Mandemens de M. l'Archevêque qui en ordonne l'usage. Nouv. édit.

S. n. n. l. 1752. 1 vol. in-12.

A la suite on trouve :

—Mémoire sur l'obligation dans laquelle sont les prêtres d'administrer les Sacremens dans les cas de nécessité résultans de refus injustes, et sur le droit qu'ont les juges séculiers de les y contraindre. (Par Dorigny.)

In-12. Sans titre.

461.—Réfutation des Lettres adressées à MM. les Commissaires nommés par le Roi, pour délibérer sur l'affaire présente du Parlement, au sujet du refus des Sacremens; ou des Lettres prétendues pacifiques.

(Avec la 1re et la 2e suite.) (Par Dom LA TASTE ou le P. PATOUILLET?)

S. n. n. l. 1753. 1 vol. in-12.

Dans ce volume :

—Lettres adressées à MM. les Commissaires...

—Lettre à l'auteur des Lettres pacifiques...

462.—Relation des refus de Sacremens sous lesquels les Religieuses du Monastère de S. Charles d'Orléans, gémissent depuis plus de 53 ans, et celles de l'Abbaye de S. Loup, depuis plus de 28. (Avec la suite.)

La Haye. 1756. Neaulme. 1 vol. in-12.

463.—Les très-humbles Remontrances du Parlement au Roi, du 9 avril 1753, ausquelles on a joint : 1° Tradition des faits. 2° Monumens ou Recueil d'ordonnances. 3° Capitulaires de nos Rois. 4° Collection des Arrests et Arrêtés du Parlement, et des discours de M. le Premier Président, depuis le 16 décembre 1752, jusqu'à l'exil des Enquêtes. 5° La déclaration du Roi, pour la translation de la grand'Chambre à Pontoise.

S. n. n. l. 1753. 1 vol. in-12.

464.—Recueil des Remontrances du Parlement, faites au Roi, le 4 mai 1751, le 15 avril 1752, le 9 avril 1753. —Tradition des faits. —Monumens de la sagesse de nos Rois. — Capitulaires. — Collection d'Arrêts et Arrêtés.—Lettres patentes, Déclarations et Discours, prononcés à la rentrée du Parlement, le 4 septembre 1754.

S. n. n. l. 1754. 1 vol. in-12.

465.—Lettres critiques et historiques, ou Examen d'un Libelle qui a pour titre : Tradition des faits qui manifestent le système d'indépendance que les Evêques ont opposé dans les différens siècles, aux principes de la justice souveraine du Roi, etc. 2ᵉ édit.

S. n. n. l. 1754. 1 vol. in-12.

466.—Observation sur le refus que fait le Chastelet de reconnoître la Chambre royale. (Par l'abbé CHAPMARTIN DE CHAUPY.)

En France. 1754. 1 vol. in-4º.

467.—Mémoires, au sujet d'un nouvel écrit contre le Parlement, intitulé : *Observations sur le refus que fait le Châtelet de reconnoître la Chambre royale*, etc. (Attribué à *Adr.* LE PAIGE et à Dom LA TASTE?)

S. n. n. l. n. d in-4º.

468.—Même ouvrage.

S. n. n. l. n. d. 1 vol. in-12.

A la suite :

—Lettre à un ami, où l'on réfute les cinq Lettres sur les remontrances au Parlement.

S. n. n. n. l. n. d. in-12.

469.—Discours sur l'origine des troubles présens de la France, dans lequel on expose les causes, les progrès et les effets de la bulle *Unigenitus ;* et où on traite de la nature de ce décret, et de la fausse apparence de son autorité.

S. n. n. l. 1754. 1 vol. in-12.

A la suite :

—Dissertation sur les règles des jugemens de l'Eglise et les caractères par lesquels on peut les reconnoître, ou sur la canonicité nécessaire au consentement du Corps des Pasteurs pour opérer un jugement de l'Eglise.

S. n. n. l. n. d. in-12.

470. — Recueil de pièces relatifs aux affaires de 1765.
   3 vol. in-12, contenant :

Tome Ier.

1º Lettre d'un Théologien à un Evêque député à la prochaine assemblée du Clergé.

2º Actes de l'Assemblée générale du Clergé de France sur la Religion, extraits du procès verbal de la dite Assemblée, tenue à Paris.... en 1765.
   Paris. 1765. Desprez.

3º Lettre circulaire de l'Assemblée-générale du Clergé de France aux Archevêques et Evêques du Royaume, en leur envoyant les Actes faits sur la Religion. (27 avril 1765).

4º Discours d'un de Messieurs des Enquestes au Parlement, Chambres assemblées, sur un imprimé ayant pour titre: *Actes....* et sur la *lettre circulaire....* (du 4 septembre 1765).

5º Arrest de la Cour du Parlement de Provence, du 30 octobre 1765.
   Aix. 1765. David.

6º Arrests des Parlemens de Bordeaux et d'Aix, qui font défense à tous Prêtres, Curés et autres Ecclésiastiques, en quelqu'ordre et dignité qu'ils soient constitués, et à tous Chapitres, Corps et Communautés, de faire usage, ni d'adhérer aux imprimés y mentionnés (Actes et Circulaires, nºs 2 et 3.) (Du 15 nov. 1765.)
   Aix. 1765. David.

7º Arrest de la cour du Parlement de Rouen. Du 23 nov. 1765.
   Rouen. 1765. Richard Lallemant.

8º Remontrances du Parlement au Roi, du 30 avril 1766.
   S. n. n. l. n. d. 1766.

Tome II.

1º Lettre de Mr. l'Evesque de.... à Mgr. l'Archevêque de Rheims, sur les Actes de l'Assemblée de 1765, envoyés à tous les Evêques du Royaume.

2º Plaintes légitimes ou réclamations contre les Actes de l'Assemblée générale du Clergé de France, tenue à Paris dans l'année 1765.

3º Requête d'un grand nombre de fidèles adressée à Mgr. l'Archevêque de Reims, président de l'Assemblée générale du Clergé.... au sujet des Actes qu'elle a fait imprimer.
   En France. 1765.

4º Observations sur les Actes de l'Assemblée du Clergé, de 1765.

5° Réflexions sur les efforts du Clergé pour empêcher l'exécution de la loi du silence au sujet de la bulle *Unigenitus*.

Tome III.

1° Lettre d'un philosophe à M. l'Archevêque de Rheims, en qualité de président de l'Assemblée générale du Clergé de France en 1765.

2° Supplément à diverses remarques faites sur les Actes de l'Assemblée du Clergé de 1765, ou Dissertations sur trois textes de l'Ecriture, qui s'y trouvent ou falsifiés, ou mal cités, ou mal appliqués, adressés à M. Le Corgne de Launay, rédacteur des Actes.

S. n. n. l. 1756.

3° L'autorité royale justifiée, contre les fausses accusations de l'Assemblée générale du Clergé de France en 1765.

4° I^e, IIe et IIIe lettre sur les droits du Roi, envers la personne des Ecclésiastiques, le temporel du Clergé, et sa vigilance sur la discipline de l'Eglise gallicane, adressée à un Evêque de l'Assemblée actuelle du Clergé de France.

S. n. n. l. 1755.

471.—Mémoire sur la nature et l'autorité des Assemblées du Clergé de France. (Par *Gab. Nic.* Maultrot.)

S. n. n. l. n. d. (Paris. 1777.) 1 vol. in-12.

472.—Réponse de M.*** à M. l'Evêque de…, sur cette question : Y a-t-il quelque remède aux maux de l'Eglise de France ? (Par le P. *Joseph* Massillon.)

S. n. n. l. 1778. 1 vol. in-12.

473.—Réforme générale du Clergé de France, tant séculier que régulier, conforme au véritable esprit de l'Evangile, ordonnée par les loix du Royaume, et sollicitée depuis longtems par tout bon citoyen.

Londres, 1786. Adamson. 1 vol. in-12

474.—Le témoignage de la raison et de la foi, contre la constitution civile du Clergé. (Par *J. Fr.* Vauvilliers.)

Paris. 1791. Ve Desaint. 1 vol. in-8°.

475.—Même ouvrage, 5e édit.

Paris. 1792. Ve Desaint. 1 vol. in-8°.

476. — Les vrais principes de l'Eglise, de la morale et de la raison, sur la constitution civile du Clergé, renversés par les faux évêques des départemens, membres de l'Assemblée nationale, prétendue constituante. (Par J, Fr. Vauvilliers.)

Paris. 1791. Dufrene. 1 vol. in-8°.

477. — Dénonciation aux François catholiques, des moyens employés par l'Assemblée nationale, pour détruire en France, la religion catholique. Par *Henri-Alexandre* Audainel. (De Launay, comte d'Entraigues.)

Londres. Edward. Paris. 1791. L'auteur. 1 vol in-8°.

478. — Même ouvrage. 4ᵉ édition, cor. et aug. par un ami de l'auteur; suivie de la lettre de M. le comte d'Entraigues à M. le Cardinal de Lomenie, et terminée par : Point d'accommodement.

Paris. s. d. Chez les principaux libraires 1 vol. in-8°

Ces deux pièces ont pour titre :

— *Henri-Alexandre* Audainel (comte d'Entraigues) à Etienne-Charles de Lomenie, archevêque de Sens.

Orléans. 1791. in-8°.

— Point d'accomodement; par *H. A.* Audainel. 5ᵉ édit., rev. et aug. par l'auteur, et notamment du nouveau Plan d'accommodement que devoit proposer l'abbé Louis, ambassadeur des Jacobinistes, Feuillantistes et autres, à LL. MM. l'Empereur et le Roi de Prusse.

Paris. 1791. in-8°

479. — Parallèle des révolutions, par *Marie-Nicolas-Sylvestre* Guillon. 5ᵉ édit., rev., corr., augm.

Paris. 1792. Crapart. 1 vol. in-8°.

480. — L'autorité de l'Eglise et de ses Ministres, défendue contre l'ouvrage de M. Larrière, intitulé : Suite du pré-

servatif contre le schisme, ou nouveau développement des principes qui y sont établis. (Par MAULTROT.)
Paris. 1792. Dufresne. 1 vol. in-8º.

481. — Accord des vrais principes de l'Eglise, de la morale et de la raison, sur la constitution civile du Clergé de France, par les évêques des départemens, membres de l'Assemblée nationale constituante. 3ᵉ édit., rev. et corrig. (Par *Joachim* LE BRETON?)
Paris. 1792. Desenne. 1 vol. in-8º.

482. — L'Eglise constitutionnelle confondue par elle-même. Ouvrage dans lequel on réfute, 1º L'accord des vrais principes de l'Eglise, par les dix-huit evêques constitutionnels, membres de l'assemblée constituante; ensemble un écrit du sieur Ollitrault, directeur du Séminaire de Quimper, imprimé aux frais du départ., et répandu avec profusion dans toute la Bretagne. 2º L'Instruction ou Catéchisme sur la constitution civile du Clergé, par MM. Mainguy, et Lanjuinais. 3º la Lettre pastorale de l'Evêque du départ. du Tarn. Enfin, les principales objections répandues dans tous les autres ouvrages constitutionnels. Par une société de Théologiens. (L'abbé BERARDIER et l'abbé BLANDIN.)
Paris. 1792. Crapart. 1 vol. in-8º.

483. — Variétés.
1 vol. in-8º, contenant :

1. — Le Remue-Ménage du Paradis, ou la Députation du Vatican; Relation fidèle de ce qui vient de se passer tout récemment au séjour des Cieux. Orné d'une gravure en taille-douce.
1789. A la Ménagerie des Cieux. De l'Imprimerie du Cochon de Saint Antoine.

2. — Le Clergé dévoilé, pour être présenté aux Etats-Généraux; par un citoyen patriote.
1789.

3. — Grand'Messe votive, qui doit être célébrée à l'ouverture des Etats-Généraux, par l'aumônier du Tiers; où l'on trouvera bien des

choses édifiantes et curieuses, propres à ranimer la dévotion et la confiance des bons citoyens, telles que le nouveau *Confiteor* du Clergé, et celui de la Noblesse ; l'Epitre du patriotisme, la Prose du jour de la fête des Etats-Généraux, le nouveau *Credo*, les deux *Evangiles* selon la raison ; et mille autres traits édifiants. Par le P. *François-Etienne-Alexis-Auguste* d'Orgibet.

1789.

4. — Messe nationale parisienne. Par M. *Richard* du Pin, commandant en second des Volontaires de la Bastille.

Paris. S. d. Garnery et Volland.

5. — Mandement et Instruction pastorale de Messire le Prieur de Saint-Léger ; portant permission de manger du jambon, des volailles, gibiers et autres viandes cuites, pendant le *Saint Tems Pascal.*

Sarlat. 1789. Fr. Robin.

6. — Les Sept Péchés capitaux, ou Exemples tirés de l'Etat ecclésiastique, occupant actuellement le Clergé de France. Par un ex-ci-devant soi-disant J...., et copié littéralement par un homme qui s'amuse de tout.

Paris. 1789. Chez le Prieur de l'Abbaye Saint-Germain-des-Prés, et chez le Suisse du Nonce du Pape.

7. — Procès du Clergé, de la Noblesse et du Ministère de France. Octobre 1789. Par M. de B....

8. — Arlequin réformateur dans la cuisine des Moines, ou Plan pour réprimer la Gloutonnerie monacale, au profit de la nation épuisée par les brigandages des harpies financières : dédié à Mgr. de Brienne, ex-principal ministre ; par l'auteur de la Lanterne magique de la France.

Rome. 1789.

9. — Dialogue entre l'Archevêque de Paris et le Vicaire de huit sols.

1789.

10. — Le Pasteur égaré.

1789.

11. — Lettre de M. le Cardinal de Loménie au Souverain Pontife, et à M. de Montmorin.

Paris. (1791). Froullé.

12. — Observations modérées, sur le décret du 27 novembre, relativement au Serment civique exigé des ecclésiastiques, par un des membres de la Société des Amis de la Constitution, à Caen.

Caen. S. d. Chalopin.

8

13. — Le Septième Commandement de l'Eglise.

14. — Adresse des jeunes Religieux dominicains du Collége général de Saint-Jacques, à l'Assemblée nationale.
Paris. S. d. Ve Dessaint.

15. — Vie privée de l'abbé Maury, écrite sur des mémoires fournis par lui-même, pour joindre à son *Petit Carême*.

16. — Les Adieux de l'abbé Maury à ses huit cents fermes.
Paris. S. d. Tremblay.

17. — L'infernal Roi des Enfers, ou les Amours de l'abbé Maury avec Proserpine.

18. — Réponse de M. l'abbé MAUGER, curé d'Isneauville, à l'auteur de la Lettre anonyme insérée dans l'Abeille, N° 35, page 525.

19. — Aux soldats non jureurs de l'Eglise, par un soldat bon jureur de l'Etat.
Dieppe. S. d. Seule imprimerie.

20. — Lettre du Roi, et Mandement de Monseig. l'Evêque de Tréguier.
Morlaix. 1789. Guyon.

21. — Réflexions consolantes, adressées à Messieurs les Ecclésiastiques.
Paris. S. d. Granger.

22. — Observations sur la déclaration ou protestation de la minorité sur le décret concernant la religion.
Paris. S. d. Cuchet.

23. — Résolution d'un cas de conscience pour le Clergé.
Rouen. S. d. Ferrand.

24. — Petit Catéchisme à l'usage de M. le Curé de S. Pierre de Caen. Par M. le Curé de Banneville-la-Campagne (BLONDEL).

25. — Discours et Serment prononcés par M. POTTIER, supérieur du Grand-Séminaire, en l'église métropolitaine de Rouen, le dimanche 16 janvier 1791, en présence du Conseil général de la Commune.
Rouen. 1791. Seyer et Behourt.

26. — La Calotte renversée par les assignats, ou la défaite de l'abbé Mauri, par M. de Mirabeau.
Paris. S. d. Postillon.

27. — Avis de Jean-Gilles Boniface, dignitaire de la cathédrale de Sotteville, au docteur Trépoi, président d'une assemblée d'électeurs près ledit lieu.

28. — Proclamation de la garde nationale et des habitants de Bolbec; contre le Curé de la même ville, sur un refus de célébrer la messe le jour de Saint Louis, le 25 août.

29. — Extraits du Discours prononcé à l'Assemblée nationale, par M. GOUTTES, curé, à l'expiration de la présidence; et d'une brochure intitulée : Le décret de l'Assemblée nationale, sur les Biens du Clergé, considéré dans ses rapports avec la nature et les lois de l'institution ecclésiastique ; par M. l'abbé L....

30. — Crime d'intrusion.

31. — Testament de mort et déclarations faites par Cagliostro, de la secte des *Illuminés*, et se disant chef de la Loge Egyptienne ; condamné à Rome, le 7 avril 1791, à une prison perpétuelle, comme perturbateur du repos public. Traduit de l'italien.
Paris. 1791.

32. — Relation véritable et remarquable du grand Voyage du Pape en Enfer.
Paris. S. d. Fiévée.

33. — Relation véritable et remarquable du grand Voyage du Pape en Paradis.
Paris. S. d. Fiévée.

34. — Bref du Pape à tous les Cardinaux, Archevêques, Evêques, au Clergé et au peuple de France.
Rome. 1791.

35. — Grand Réquisitoire de la brûlure du Pape et de son Bref.
Paris. S. d. Les Associés.

— La Bibliothèque possède une collection considérable de Pièces relatives à la Constitution *Unigenitus*, dont plusieurs auraient pu trouver place dans ce chapitre, mais nous avons cru devoir les conserver dans la théologie, parce que la question théologique y est toujours plus particulièrement discutée.

3. — HISTOIRE DE L'ÉGLISE EN ALLEMAGNE.

484. — Histoire ecclésiastique d'Allemagne, contenant l'érection, le progrez et l'état ancien et moderne de ses Archevechez et Evechez.
Brusselle. 1724. Fr. Foppens. 2 vol. in-12.

485. — Epistola *Michaelis* Baii de statuum inferioris Germaniæ unione cum iis, qui præter omnium hactenus hæreticorum morem, se desertores Romanæ catholicæ religionis vocant : et de juramento, quod eorum jussu à clero et monachis exigitur. 2ª edit.
Lovanii. 1579. Tiletanus Pièce in-8°.

486. — Sacrarium Agrippinæ hoc est designatio ecclesiarum Coloniensium : præcipuarum reliquiarum ; quarundam itidem antiquitatum memorabilium, una cum peregrinatione quam vocant Romana, coronidis loco adjuncta ; hinc inde partim ex pervetustis monimentis, partim relatione virorum fide digniss. à F. *Erhardo* Winheim collecta.
Coloniæ. 1607. B. Gualtherus. 1 vol. in-8°.

— Peregrinatio quam vocant Romana : sive, Visitatio vii capitalium eccclesiarum Coloniensium, ex urbe mutuata. Collectore F. *Erhardo* Winheim.
Coloniæ. 1607. Bern. Gualtherus. in-8°.

487. — M. Adami Historia ecclesiastica, continens Religionis propagatæ gesta, quæ à temporibus Karoli Magni, usque ad Henricum IIII acciderunt, in Ecclesia non tam Hamburgensi quàm Bremensi, vicinisque locis septentrionalibus. — Ejusdem auctoris libellus de situ Daniæ, et reliquarum quæ trans Daniam sunt regionum natura : deque gentium istarum istis temporibus, moribus religionibusque ; nunc primùm editus. Cura ac labore *Erpoldi* Lindenbruch.
Lugduni Batav. 1595. Off. Plantiniana. 1 vol. in-4°.

On trouve à la suite :

— Historia archiepiscoporum Bremensium, à tempore Karoli Magni usque ad Karolum IIII, id est, à Willehado omnium Archiepiscoporum Bremensium primo, usque ad Gothafredum XXXII ab incerto auctore deducta, et nunc primum in lucem edita. Studio et operâ *Erpoldi* Lindenbruch.

Lugduni Batav. 1595. Off. Plantiniana. in-4°.

488. — *Alberti* Krantzii Ecclesiastica Historia, sive Metropolis. De primis Christianæ religionis in Saxonia initiis, deque ejus episcopis, et horum vita, moribus, studiis et factis... Denuò edita cum præfatione *Joan.* Wolfii.

Francofurti. 1590. Heredes A. Wecheli. 1 vol. in-fol.

Dans le même volume :

— *Alberti* Krantzii Saxonia. De Saxonicæ gentis vetusta origine, longinquis expeditionibus susceptis, et bellis domi pro libertate diu fortiterque gestis. Denuò edita. Cum præfatione *D. Nicolai* Cisneri.

Francofurti ad Mænum. 1580. Wechelus. in-fol.

489. — Metropolis Salisburgensis, continens primordia Christianæ religionis per Boiariam et loca quædam vicina ; catalogum videlicet et ordinariam successionem archiepiscoporum Salisburgensium, et coepiscoporum, Frisingensium, Ratisponensium, Pataviensium, ac Brixinensium, simulque fundationes et erectiones monasteriorum et ecclesiarum collegiatarum, summa fide et diligentia collecta à *Wiguleo* Hund a Sultzenmos.

Ingolstadii. 1582. David Sartorius. 1 vol. in-fol.

490. — Metropolis Salisburgensis, etc. Accesserunt præter diplomata summor. PP., Impp., Regum, Principum, etc. historiæ insuper continuationem ; notæ *Christophori* Gewoldi.

Monachii. 1620. J. Hertsroy. 3 en 1 vol. in-fol.

491. — Διατριβαι de primis Veteris Frisiæ Apostolis, sive Dissertationes, quibus eorum anni, actus, res, personæ, loca, tempora in eorumdem actis occurrentia,

discutiuntur, illustrantur, erroresque ab aliena manu illapsi refelluntur. Auth. *F. Willibrordo* Bosschaerts.

Mechliniæ. 1650. Rob. Jaye. 1 vol. in-4°.

492.—De Laureaco, veteri admodumque celebri olim in Norico civitate, et de Patavio Germanico : ac utriusque loci Archiepiscopis ac Episcopis omnibus, libri duo. *Gaspare* Bruschio autore.

Basileæ. 1553. Oporinus. 1 vol. in-8°.

493.—Der weitberüehmbten Kayserlichen freyen, und dess H. Ro. Reichs Statt Augspurg in Schwaben kurtze Kirchen Chronik, sampt dem Leben und Wunderzeichen der Heyligen welche daselbsten gelebt in funff underschidliche Bucher abgetheilt. Durch R. P. F. *Carolum* Stengelium. (Courte chronique de la célébre Eglise impériale, libre, de la ville du Saint Empire romain, d'Augsbourg en Souabe, avec la vie et les miracles des saints qui y ont vécu, divisé en 5 livres. Par le R. P. F. *Charles* Stengel.)

Augsbourg. 1620. Vᵃ Cara Mangin. 1 vol in-fol.

494.—Basilica SS. Udalrici et Afræ Augustæ Vindelicorum historicè descripta atque æneis figuris illustrata. Cum brevi chronico ejusdem ab anno C. 46 usque ad nostra tempora. Auctore R. P. F. *Bernardo* Hertfelder.

Aug. Vindelicorum. 1627. And. Apergerus 1 v. in-f°. Fig.

495.—Annalium ecclesiasticorum regni Hungariæ ab anno 795 ad 1060, à *Melchiore* Inchofer.

Romæ. 1644. L Grignani. 1 vol. in-fol. Sans titre.

4. — EN BELGIQUE ET EN HOLLANDE.

496. — Tableaux sacrez de la Gaule Belgique, pourtraits au modele du Pontifical Romain, selon l'ordre et suite des Papes, et de tous les Evesques des Pays-bas. Avec les Saincts qui sont honnorés en tous leurs Dioceses. Et la Bibliotheque des Docteurs, Theologiens, Canonistes, Scholastiques, et autres escrivains celebres, anciens et modernes de ces pays. Par M. *G.* Gazet.
Arras. 1610. De la Rivière. 1 vol. in-8º.

497. — L'Histoire ecclesiastique du Pays-bas, contenant l'ordre et suite de tous les Evesques et Archevesques de chacun diocese, avec un riche recueil de leurs faicts plus illustres. Ensemble un Catalogue des Saincts, qui y sont specialement honnorez. Les fondations des eglises, abbayes, prieurez, monasteres, colleges, et autres lieux pieux; avec une description des epitaphes et armoiries qui s'y retrouvent. Un ample recit des histoires miraculeuses y advenues... Plus la succession des comtes d'Arthois, et les choses memorables arrivées de leur temps. Par feu d'heureuse mémoire M. *Guillaume* Gazet.
Valenciennes 1614. J. Vervliet. 1 vol. in-4º.

498. — Notitia ecclesiarum Belgii in qua, tabulis donationum piarum longa annorum serie digestis, sacra et politica Germaniæ inferioris vicinarumque provinciarum historia, explosis fabulis, recensetur et illustratur: studio *Auberti* Miræi.
Antuerpiæ. 1630. Joan. Cnobbarus. 1 vol. in-4º.

499. — Codex donationum piarum, in quo testamenta, codicilli, litteræ fundationum, donationum, immu-

nitatum, privilegiorum, et alia piæ liberalitatis monumenta, à Pontificibus, Imperatoribus, Regibus, Ducibus ac Comitibus, in favorem Ecclesiarum, præsertim Belgicarum, edita continentur. *Aubertus* MIRÆUS eruebat et notis illustrabat.

Bruxellis. 1624. Joan. Merbecius. 1 vol. in-4º.

Dans ce volume :

—Donationum Belgicarum libri II, in quibus Ecclesiarum et Principatuum Belgii origines, incrementa, mutationes, et alia cùm sacræ tùm politicæ antiquitatis monumenta, ex ipsis tabularum publicarum fontibus hausta, proponuntur, notisque illustrantur; studio *Auberti* MIRÆI.

Antuerpiæ. 1629. Cnobbarus. in-4º.

500. — *Arnoldi* RAISSI Belgica christiana; sive Synopsis successionum et gestorum episcoporum Belgicæ provinciæ.

Duaci. 1634. Barth. Bardou. 1 vol. in-4º.

501. — Batavia sacra, sive res gestæ apostolicorum virorum qui fidem Bataviæ primi intulerunt. (Auctore *H. Fr.* VAN HEUSSEN.)

Bruxellis. 1714. Foppens. 1 vol. in-fol. Fig. Sans titre.

502. — Catalogus omnium Antistitum Tungarorum, Trajectensium, ac Leodiorum, et rerum domi, bellique gestarum compendium, per *Joannem* PLACENTIUM.

Antuerpiæ. 1525. Guill. Vorsterman. 1 vol. in-8º.

503. — Qui gesta Pontificum Tungrensium, Trajectensium, et Leodiensium scripserunt, auctores præcipui, ad seriem rerum et temporum collocati, ac in tomos distincti, nunc primùm studio ac industriâ R. D. *Joannis* CHAPEAVILLI typis excusi, et annotationibus illustrati. Accessit venerabilis P. *Ægidii* BUCHERII de

primis Tungrorum seu Leodiensium episcopis historica disputatio, itemque chronologia posteriorum.
Leodii. 1612-1616. Christ. Ouwerx. 3 vol. in-4°.

504. — Historia sacra, prophana, necnon politica, tribus tomis comprehensa, in qua non solùm reperiuntur gesta Pontificum Tungrensium, Trajectensium, et Leodiensium; verùm etiam Pontificum Romanorum, atque Imperatorum, et Regum Franciæ usque ad Ludovicum XIII, Galliæ ac Navarræ regem christianissimum. Nunc primùm studio et industriâ R. D. *Joannis* CHAPEAVILLI in lucem edita.... Accessit ven. P. *Ægidii* BUCHERII chronologia.
Augustæ Eburonum. 1618. G. Le Sage. 3 vol. in-4°.

505. — *Bartholomæi* FISEN Sancta Legia, Romanæ ecclesiæ filia, sive historia ecclesiæ Leodiensis.
Leodii. 1642. Joan. Tournay. 1 vol. in-fol.

506. — Chronicon *Johannis* DE BEKA continens res gestas Episcoporum sedis Ultrajectinæ, et Comitum Hollandiæ à Christo nato usque ad annum 1345, expletum porro appendice, deducta ad annum Christi 1574. Auctore *Suffrido* PETRI. *Bernardus* FURMERIUS, recensuit et notis illustravit.
Franequeræ. 1611. Rombertus Doyema. 1 v. in-4°.

507 — Histoire abrégée de l'Eglise métropolitaine d'Utrecht, principalement depuis la révolution arrivée dans les VII Provinces-Unies des Pays-Bas sous Philippe II jusqu'à présent. (Par l'abbé DU PAC DE BELLEGARDE.)
Utrecht. 1765. Van der Weyde. 1 vol. in-12.

508. — La foy et l'innocence du Clergé de Hollande, défendues contre un libelle diffamatoire intitulé, Mémoire touchant le progrès du jansénisme en Hollande. Par M. DUBOIS.
Delft. 1700. H. Van Rhyn 1 vol. in-12.

A la suite :

—Avis sincères aux Catholiques des Provinces-Unies, sur le décret de l'Inquisition de Rome contre M. l'Archevêque de Sebaste. Avec plusieurs pièces qui ont rapport à son affaire. (Par le P. *Pasquier* Quesnel.)

S. n. n. l. 1704. 1 vol. in-12.

509.—Causa Coddæana sive collectio scriptionum quibus Petri Coddæi, Archiepiscopi Sebasteni, fides orthodoxa, vivendi disciplina, regendi ratio, juridictio et potestas ordinaria in ecclesia Batava Romano-catholica contra obtrectatorum calumnias adseruntur.

Antwerpiæ, 1705. Societas. 1 vol. in-8°.

510.—Divers abus et nullités du Décret de Rome du 4 octobre 1707, au sujet des affaires de l'Eglise catholique des Provinces-Unies. (Par le P. *Pasquier* Quesnel.)

S. n. n. l. 1708. 1 vol. in-12.

511.—Justification du droit des Chapitres de l'Eglise catholique des Provinces-Unies dans le gouvernement de cette Eglise. Avec une addition sur l'injustice de la déposition de feu M. l'Archevêque de Sebaste. Ouvrage posthume du R. P. *Pasquier* Quesnel.

S. n. n. l. 1720. 1 vol. in-12. Portr.

512.—Défense de la Justice, et de la Souveraineté du Roi, de la Sentence du souverain Conseil de Brabant, et du Droit des Ecclésiastiques, dans la cause de M. Guillaume Van de Nesse, pasteur de Sainte-Catherine de Bruxelles, contre M. l'Archevêque de Malines. (Par le P. *Pasquier* Quesnel.)

S. n. n. l. 1708. 1 vol. in-4°.

513.—L'Etat présent de la Faculté de Théologie de Louvain, où l'on traite de la conduite de quelques-uns de ses

théologiens, et de leurs sentimens contre la souveraineté et la sûreté des Rois et contre les IV articles du Clergé de France. En trois Lettres. Avec plusieurs pièces curieuses sur ces matières.
Trevoux. 1701. Ganeau. 1 vol. in-12.

514.—Le Père Désirant : ou Histoire de la Fourberie de Louvain. (Par *Nic.* PETIT-PIED.)
S. n. n. l. 1710. 1 vol. in-12.

515.—Lettre de M. *Clément* WATERLOOP, curé de Carvin-Epinoy, à M. de Coninck, curé de S. Jacques de Tournay, et vice-gérent de l'Officialité, où il se justifie contre la sentence rendue par le dit vice-gérent, sur le refus de publier la Constitution *Unigenitus*. Avec une autre lettre du même curé à Mgr. l'Evêque de Tournay : et un Mémoire où l'on examine s'il est permis à des Curez ou autres de publier, en quelque manière que ce soit, la ditte constitution.
S. n. n. l. 1715. 1 vol. in-12.

—Divers écrits sur l'affaire de M. le curé de Carvin-Epinoy. I. Examen de la sentence étendue de M. le Vice-gérent. II. Lettre sur la Réponse de M. le Promoteur. III. Lettre sur la désolation de la paroisse de Carvin. IV. Requête et quelques attestations des paroissiens de Carvin.
S. n. n. l. 1715 in-12.

516.—Histoire du nouveau Fanatisme prouvé par les faits, découvert dans le diocèze de Tournay, sous l'épiscopat de S. A. S. Mgr. le comte de Lewenstein, Prince du S. E. R. Evêque de Tournay, etc. Avec des réflexions.
Liège. 1724. 1 vol. in-8°.

517.—Causa Ecclesiæ Ultrajectinæ historice exposita, juridice confirmata, canonice promota.
Delphis 1724. H. Van Rhyn. 1 vol. in-4°.

Dans le même volume :

1º — Mémoire pour l'Eglise et le Clergé d'Utrecht, où l'on fait voir que depuis la naissance de la Réforme dans les Provinces-Unies, cette église n'a rien perdu de ses droits et de sa juridiction.
Utrecht. S. d. Th. Van den Eynde. In-4º.

2º — Témoignage des Evêques et Vicaires apostoliques qui ont gouverné l'Eglise d'Utrecht et de M. de Bussy, internonce à Bruxelles, en faveur de cette église.

3º — Second mémoire pour l'Eglise et le Clergé d'Utrecht, avec le manifeste de l'Archevêque d'Utrecht, et du Chapitre catholique romain de la même église.
Leyde. 1725. S. n.

4º — Omnibus per orbem catholicum Universitatibus, Decanus et Capitulum ecclesiæ metropolitanæ Ultrajectinæ romano-catholicæ. 21 aug. 1724.

5º — Epistola Capituli Ultrajectensis ad cathedralium ecclesiarum, præcipue per Germaniam, Decanos atque Canonicos.

6º — Epistola Capituli metropolitani Ultrajectini ad Ill. D. Jos. Spinelli, S. Catharine abbatem.

7º — Epistola laici.... in epistolam DD. Spinelli.

8º — Responsum ad epistolam sub nomine Ill. D. D. Jos. Spinelli Pontifici in Belgio internuntii 4 may 1724 evulgatam.
Amstelodami. 1724. Poigleter.

9º — Admonitio contra monitorem anonymum, Ecclesiæ Bataviæ juribus in festissimum.

10º — Lettre pastorale de Mgr. l'Archevêque d'Utrecht (*Corneille Jean.*) 30 décembre 1725.

11º — Remarques sur un prétendu bref contre l'Archevêque et le Clergé d'Utrecht, daté du 6 décembre 1725.

12º — Mandement de Mgr. l'Archevêque d'Utrect (*Corneille-Jean*) sur la légende du Pape Grégoire VII. 12 may 1730.

13º — *Z. B.* Van Espen responsio epistolaris occasione Dissertationis E. D. Damen. 4 junii 1725.

14º — De l'autorité de la bulle *in Cœna Domini* dans les Pays-bas, notamment en ce qui concerne l'appel au futur concile. 1719.

518. — Mémoires historiques sur l'affaire de la Bulle *Unigenitus*, dans les Pays-Bas Autrichiens ; principalement depuis son arrivée en 1713 jusqu'en 1730. (Par l'abbé *Gab*. Du Pac de Bellegarde.)

Bruxelles. 1755. 4 vol. in-12.

519. — Recueil de divers témoignages de plusieurs Cardinaux, Archevêques, Evêques, Universités, Facultés de Théologie ou de Droit, Docteurs, Dignités d'églises cathédrales et collégiales, Abbés, Chanoines, Curés, Supérieurs d'Ordres ou de Communautés, Magistrats, Jurisconsultes, et autres personnes célèbres, en faveur de la catholicité et de la légitimité des droits du Clergé, et des Chapitres, Archevêques et Evêques de l'Eglise catholique des Provinces-Unies, contre le Schisme introduit dans cette Eglise depuis le commencement de ce siècle, par les manœuvres des Jésuites et de leurs adhérens.

Utrecht. 1763. Van der Weyde. 2 vol. in-12.

520. — Histoire de l'Emigration des Religieuses supprimées dans les Pays-Bas, et conduites en France, par M. l'abbé de Saint-Sulpice, envoyé de Madame Louise de France et du Prince Evêque de Gand, pour la translation des Reliques de sainte Colette à Poligny en Franche-Comté. Par le P. Elie (*M. Max* Harel).

Bruxelles. Paris. 1784. Guillot. 1 vol. in-12.

5. — EN ANGLETERRE.

521. — Venerabilis Bede Ecclesiasticæ historiæ gentis Anglorum, libri v.

Lovanii. 1566. Wellæus. 1 vol. in-18.

522. — Historia Anglicana Ecclesiastica à primis gentis sus-

ceptæ fidei incunabulis ad nostra ferè tempora deducta, et in quindecim centurias distributa, auctore *Nicolao* Harpsfeldio. Adjecta brevi narratione de divortio Henrici VIII Regis ab uxore Catherina, et ab Ecclesia Catholica Romana discessione, scripta ab *Edmundo* Campiano. Nunc primum in lucem producta studio et opera R. P. *Richardi* Gibboni. — Historia Wicleffiana ejusdem auctoris.

Duaci 1622. Wyon. 1 vol. in-fol.

523. — Florum Historiæ ecclesiasticæ gentis Anglorum, libri septem. Collectore *Richardo* Smitheo. — His adjuncta est epistola ejusdem ad Jacobum regem de mutuis officiis inter summos Pontifices et M. Britanniæ Reges.

Parisiis. 1654. F. Leonard. 1 vol. in-fol.

524. — De Antiquitate Britannicæ Ecclesiæ, et nominatim de privilegiis ecclesiæ Cantuariensis, atque de archiepiscopis ejusdem LXX historia. (Auctoribus Arkworth et *J.* Jousselin. Edidit *Th.* Parker.)

Hanoviæ. 1605. Typis Wechelianis. 1 vol. in-fol.

525. — De Antiqua Ecclesiæ Britanniæ libertate ; atque de legitima ejusdem Ecclesiæ exemptione à Romano Patriarchatu diatribe, per aliquot theses diducta. Autore I. B. SS. Theologiæ professore.

Brugis. 1656. J. Coblerus. Pièce in-4º.

526. — Les Antiquités de l'Eglise anglo-saxonne, par le R. docteur *John* Lingard ; traduites de l'anglais, sur la 2ᵉ édit., par *A.* Cumberworth fils.

Paris. 1828. Carié de la Charie 1 vol. in-8º.

527. — De Præsulibus Angliæ commentarius : omnium episcoporum, necnon et cardinalium ejusdem gentis, nomina, tempora, seriem, atque actiones maximè

memorabiles ab ultima antiquitate repetita complexus. Per *Franciscum* Godwinum.

Londini. 1616. Off. Nortoniana. 1 vol. in-4º.

528. — Histoire monastique d'Irlande, où l'on voit toutes les Abbayes, Prieurez, Convens et autres Communautez régulières qu'il y a eu dans ce royaume, le temps et les titres de leur fondation, le nom et la qualité des fondateurs; les villes, bourgs, comtez et provinces où elles étoient situées, les différens ordres réguliers dont elles dépendoient, les circonstances les plus remarquables de leur établissement et de leur suppression, avec quantité de remarques historiques et critiques. (Par *L. Aug.* Alemand.)

Paris. 1690. Lucas. 1 vol. in-12.

529. — Concertatio Ecclesiæ catholicæ in Anglia adversus Calvinopapistas et Puritanos sub Elisabetha Regina quorundam hominum doctrina et sanctitate illustrium renovata. Ac nunc denuò centum et eo amplius martyrum, sexcentorumque insignium virorum rebus gestis... aucta. (Ab *Joanne* Aquepontano.)

Augustæ Trevivorum. 1589. H. Bock. 1 vol. in-4º.

530. — Histoire de la persécution présente des Catholiques en Angleterre, enrichie de plusieurs réflexions morales, politiques et chrestiennes, tant sur ce qui concerne leur guerre civile, que la religion. Divisée en trois livres. Par le Sieur de Marsys.

S. n n. l. 1646. 1 vol. in-4º.

A la suite :

— La mort glorieuse de plusieurs prestres anglois seculiers et religieux, qui ont souffert le martyre en Angleterre pour le deffense de la Foy, en cette dernière persécution. Par le Sieur de Marsys.

Paris. 1646. Blaizot. in-4'.

— 128 —

531. — De Processu martyriali quorundam fidei pugilum in Hibernia, pro complimento sacrorum analectorum. Collectore et relatore T. N. Philadelpho.
    Coloniæ. 1619. H Rolinus. 1 vol. in-8º.

532. — Veterum Epistolarum Hibernicarum sylloge; quæ partim ab Hibernis, partim ad Hibernos, partim de Hibernis vel rebus Hibernicis sunt conscriptæ. *Jacobus* Usserius collegit et recensuit.
    Parisiis. 1665. L. Billaine. 1 vol. in-4'.

6 — DANS LES PAYS DU NORD DE L'EUROPE.

533. — Historia metropolitanæ Ecclesiæ Upsalen. in regnis Sueliæ et Gothiæ. A *Joanne* Magno collecta, opera *Olai* Magni, ejus fratris, in lucem edita.
    Romæ. 1560. Vinc. Luchini. 1 vol. in-fol.

534. — Annales Episcoporum Slesvicensium, unius, veræ, sanctæ, catholicæ et apostolicæ Ecclesiæ statum, quoad ejus originem, propagationem ac mutationem in regno Daniæ ac finitimis Slesvici ac Holsatiæ ducatibus, aliasque res quovis seculo in Ecclesia ac Politia admirandas vereque memorabiles illic gestas ac perpetratas, breviter ac dilucidè complectentes ac explicantes. Inserta simul brevi ac rotunda Regum Daniæ ac Ducum Slesvici ac Holsatiæ genealogia. Editi.... à *Joh. Adolpho* Cypræo.
    Coloniæ Agrippinæ. 1634. Hartger Woringen. 1 v. in-8º.

535. — *Antonii* Possevini Moscovia, et alia opera de statu hujus seculi, adversus catholicæ Ecclesiæ hostes.
    Coloniæ. 1587. Off. Birckmannica. 1 vol. in-fol.

536.—Essai historique et critique sur les dissentions des Eglises de Pologne. Par *Joseph* Bourdillon.
   Basle. 1767. 1 vol. in-8º.

7. — HISTOIRE DE L'ÉGLISE EN ORIENT.

537.—*Leonis* Allatii Σύμμικτα, sive opusculorum, græcorum et latinorum, vetustiorum ac retentiorum, libri duo. Edente, nonnullis additis, *Bartoldo* Nihusio.
   Coloniæ Agripp. 1653. Kalcovius. 1 vol. in-8º.

538.—Antiquitates Ecclesiæ orientalis, clarissimorum virorum Card. Barberini, *L.* Allatii, *Luc.* Holstenii, *Joh.* Morini, *Abr.* Ecchellensis, *Nic.* Peyrescii, *Pet.* à Valle, *Tho.* Comberi, *Joh.* Buxtorfii, *H.* Hottingeri, etc. dissertationibus epistolicis enucleatæ ; nunc ex ipsis autographis editæ. Quibus præfixa est Jo. Morini vita. (A R. P. *Ric.* Simone collecta.)
   Londini. 1682. G. Wells. 1 vol. in-8º.

** — *Georgius* Codinus de officiis magnæ ecclesiæ et aulæ Constantinopolitanæ. Adjunguntur recentiores Orientalium episcopatuum notitiæ.
   Voyez : Histoire, nº 1062.

** — Oriens christianus. Studio *Mich.* Lequien.
   Voyez : Histoire, nº 1066.

539.—*Leonis* Allatii de libris et rebus ecclesiasticis Græcorum, dissertationes et observationes variæ.
   Parisiis. 1646. Cramoisy. 1 vol. in-4º.

540.—*Leo* Allatius, de Templis Græcorum recentioribus, ad Joannem Morinum; de Narthece Ecclesiæ veteris, ad Gasparem de Simeonibus ; nec non de Græcorum hodiè quorundam opinationibus, ad Paullum Zacchiam.
   Coloniæ Agripp. 1645. Jodocus Kalcovius. 1 vol. in-8º.

541. — *Eustratii Johannidis* Zialowski brevis delineatio Ecclesiæ orientalis græcæ, nunquam antehac, nunc verò cum notis evulgata, à *Wolffgango* Gundlingio.
   Noribergæ. 1681. Knorzius. 1 vol. in-8º.

542. — De Græcæ Ecclesiæ hodierno statu epistola. Authore *Thoma* Smitho. Editio nova.
   Trajecti ad Rhenum. 1698. Halma. 1 v. in-8º.

543. — Histoire de l'estat présent de l'Eglise grecque et de l'Eglise arménienne. Par M. le chevalier Ricaut. Traduit de l'anglois, par M. de Rosemond.
   Middelbourg. 1692. Horthemels. 1 vol. in-12.

544. — La Turquie crétienne, sous la puissante protection de Louis le Grand, protecteur unique du cristianisme en Orient. Contenant l'état present des Nations et des Eglises grecque, arménienne et maronite, dans l'empire Otoman. Par M. De la Croix.
   Paris. 1695. Hérissant. 1 vol. in-12.

545. — Eutychii *Ægyptii,* Patriarchæ orthodoxorum Alexandrini, Ecclesiæ suæ origines. Ex ejusdem Arabico nunc primùm typis edidit ac versione et commentario auxit *Joannes* Seldenus.
   Londini. 1642. Bishopus. 1 vol. in-4º.

546. — Histoire de l'Eglise d'Alexandrie, fondée par S. Marc, que nous appelons celle des Jacobites-Coptes d'Egypte. Ecrite au Caire même, en 1672 et 1673. Par le P. *J. M.* Vansleb.
   Paris. 1677. Clousier et Promé. 1 vol. in-12.

547. — Historia Patriarcharum Alexandrinorum Jacobitarum à D. Marco usque ad finem sæculi XIII. Accedit Epitome historiæ muhamedanæ ad illustrandas res Ægyptiacas. (Collegit *Eus.* Renaudot.)
   Parisiis. 1713. Fournier. 1 vol. in-4º.
   Ce volume est incomplet au commencement et à la fin.

548.—Histoire critique de la créance et des coûtumes des Nations du Levant, publiée par le Sr de Moni. (*Richard* Simon.)

Francfort. 1684. Arnaud. 1 vol. in-12.

8. — HISTOIRE DE L'ÉGLISE CHRÉTIENNE EN ASIE, EN AFRIQUE ET EN AMÉRIQUE.

549.—Ecclesia Africana sub primate Carthaginiensi per D. *Emanuelem* a Schelstrate.

Coloniæ. Parisiis. 1679. F. Leonard. 1 vol. in-4º

550.—Histoire orientale des grans progres de l'Eglise cath. apos. et rom. en la reduction des anciens Chrestiens, dits de S. Thomas, de plusieurs autres Schismatiques et Heretiques à l'union de la vraye Eglise. Conversion encor des Mahometans, Mores et Payens. Par les bons devoirs du Rme et Illust. Sr Don Alexis de Meneses, Primat en tout l'Orient. Composée en langue portugaise par le R. P. F. *Antoine* Govea, et puis mise en espagnol par venerable P. F. *François* Munoz, et tournée en françois par F. *Jean-Baptiste* de Glen.

Anvers. 1609. Verdussen. 1 vol. in-8º.

Dans le même volume :

—La messe des anciens Chrestiens dicts de S. Thomas, en l'Evesché d'Angamal, és Indes Orientales; repurgée des erreurs et blasphemes du Nestoriasme, par l'Illust. et Rev. Sr Don Alexis de Meneses,... archevesque de Goa... traduite de verbo ad verbum du syriaque ou surien en langue latine. Y premise une Remonstrance catholique aux peuples du Pays-bas,

des fruits et utilité de la precedente histoire, et de la messe subsequente : par *F. Jean Baptiste* DE GLEN.
Anvers. 1609. Hier. Verdussen. in-8º.

551. —Histoire du Christianisme des Indes; par M. LA CROZE.
La Haye. 1724. Vaillant et Prevost. 1 vol. in-12.

552. —Même ouvrage.
La Haye. 1758. La Compagnie. 2 vol. in-12.

553. —Histoire du Christianisme d'Ethiopie, et d'Arménie; par M. *Maturin* VEYSSIÈRE LA CROZE.
La Haye. 1739. Vº Levier et Pº Paupie. 1 vol. in-12.

554. —*Jo. Laurentii* MOSHEMI historia Tartarorum ecclesiastica. Adjecta est Tartariæ Asiaticæ secundum recentiores geographos in mappa delineatio.
Helmstadii. 1741. Weygand. 1 vol. in-4º.

555. —Histoire ecclésiastique des isles et royaume du Japon, recueillie par le P. *François* SOLIER.
Paris. 1627-1628. Seb. Cramoisy. 2 vol. in-4º. Fig.

556. —Histoire de l'Eglise du Japon. Par le R. P. CRASSET. 2ᵉ édit.
Paris. 1715. Montalant. 2 vol. in-4º. Fig.

557. —Histoire des Martyrs du Japon, depuis l'an MDCXII jusques à MDCXX, composée en latin par le R. P. *Nicolas* TRIGAUT, et traduite en françois par le P. *Pierre* MORIN.
Paris. 1624. Cramoisy. 1 vol. in-4º. Fig.

9. — MISSIONS EN DIFFÉRENTES PARTIES DU MONDE.

558. —Mémoires et Instructions chrestiennes, sur le sujet des Missions étrangères, et particulièrement de celles qui se font en Turquie, et autres pays de Levant.
Paris. 1644. P. de Bresche. 1 vol. in-8º.

559. — Instructiones ad munera apostolica ritè obeunda perutiles Missionibus Chinæ, Tunchini, Cochinchinæ, atque Siami accommodatæ, à missionariis S. Congregationis de propaganda Fide, Juthiæ Regia Siami congregatis anno Domini 1665, concinnatæ...

Romæ. 1669. A. à Kronenfeld. 1 vol. in-8º.

560. — Constitutiones apostolicæ, brevia, decreta, etc. pro missionibus Sinarum, Tunquini, etc. ad usum RR. DD. Episcoporum, Sacerdotumque à summis Pontificibus, ab Eminentissimis DD. Cardinalibus S. Congregationis de propaganda Fide respective in Orientem missorum. Juxta exemplar Romæ.

Parisiis. 1676. Car. Angot. 1 vol. in-12.

561. — Estat des missions de Grèce présenté à nosseigneurs les Archevesques, Evesques, et Députez du Clergé de France, en l'année 1695. (Par le P. *T. Ch.* Fleuriau.)

Paris. 1695. Ant. Lambin et Sim. Bernard. 1 vol. in-12.

562. — Voyages d'un Missionnaire de la Compagnie de Jésus, en Turquie, en Perse, en Arménie, en Arabie, et en Barbarie. (Par le P. *Jacques* Villotte.)

Paris. 1730. Jacques Vincent. 1 vol. in-12.

563. — *Emanuelis* Acostæ Historia rerum à Societate Jesu in Oriente gestarum, ad annum usque à Deipara Virgine MDLXVIII, recognita, et latinitate donata. Accessere de Japonicis rebus Epistolarum libri IIII, item recogniti, et in latinum ex Hispanico sermone conversi, et recentium de rebus Indicis epistolarum liber usque ad annum 1570. (Auctore *P. J. P.* Maffeio.)

Parisiis. 1572. Mich. Sonnius. 1 vol. in-8º.

564. — Epistolæ indicæ de stupendis et præclaris rebus, quas divina bonitas in India, et variis insulis per Societa-

tem nominis Jesu operari dignata est, in tam copiosa gentium ad fidem conversione.

Lovanii. 1566. Rutgerus Velpius. 1 vol. in-8°.

Dans le même volume :

—De Societatis Jesu origine, libellus. Authore D. *Jacobo* Payva, contra Kemnicij cujusdam petulantem audaciam.

Lovanii. 1566. R. Velpius. in-8°.

—Societatis Jesu defensio adversus obtrectatores, ex testimonio, et literis Pii Quarti Pontificis Maximi.

S. n. n. l. n. d. (1565). in-8°.

565.—De rebus Japonicis, Indicis, et Pervanis epistolæ recentiores, à *Joanne* Hayo, in librum unum coacervatæ.

Antuerpiæ. 1605. Martinus Nutius. 1 vol. in-8°.

566.—Lettres édifiantes et curieuses, écrites des Missions étrangères. Nouv. édit. (publiée par l'abbé Querbeuf.)

Paris. 1780-1783. Merigot. 26 vol. in-12. Fig.

567.—Nouveaux Mémoires des Missions de la Compagnie de Jésus, dans le Levant. Nouv. édit. (Publiée par le P. Roger.)

Paris. 1753-1755. Guerin. 9 vol. in-12.

568.—De Christiana expeditione apud Sinas suscepta ab Societate Jesu, ex P. *Matthæi* Ricii commentariis libri v. In quibus Sinensis regni mores, leges atque instituta et novæ illius ecclesiæ difficillima primordia accurate et summa fide describuntur. Auctore P. *Nic.* Trigautio.

Augustæ Vindelic. 1615. Chr. Mangius. 1 vol. in-4°.

569.—Histoire de l'expedition chrestienne au royaume de la Chine, entreprinse par les Pères de la Compagnie de Jésus, comprise en cinq livres, èsquels est traicté fort exactement et fidelement des mœurs, loix, et coustumes du pays, et des commencemens très-difficiles de l'Eglise naissante en ce Royaume. Tirée des Mémoires du R. P. *Matthieu* Ricci, par le R. P. *Nicolas* Trigault, et nouvellement traduite en françois par le S. D. F. de Riquebourg-Trigault.

Lille. 1617. P. de Rache. 1 vol. in-4º.

570. — Histoire de l'expedition chrestienne en la Chine, entreprise par les Pères de la Compagnie de Jésus. Tirée des Commentaires du Père *Mathieu* Riccius, et divisée en 5 livres. Ausquels les mœurs, loix, et coustumes du Royaume de la Chine, et les commencements très-difficiles de la nouvelle Eglise d'iceluy sont exactement et fidèlement descrits. Par le P. *Nicolas* Trigault. Traduit de latin en françois par T. C. D. A.

Paris. 1618. Pierre le Mur. 1 vol. in-8º.

571. — Recueil des plus fraisches lettres escrittes des Indes Orientales, par ceux de la Compagnie du nom de Jésus, qui y font residence, et envoiées l'an 1568, 69 et 70 à ceux de ladicte Compagnie en Europe, sur la grande conversion des infidèles à Jésuschrist. Traduites d'italien en françois.

Paris. 1571. Michel Sonnius. 1 vol. in-8º.

A la suite :

— Lettres du Jappon, Peru, et Brasil, envoiées au R. P. general de la Societé de Jesus, par ceux de ladicte Société qui s'employent en ces regions, à la conversion des Gentils. (Par *Louis* Fonseca.)

Paris. 1578. Th. Brumen.

— Nouveaux advis de l'amplification du Christianisme es pays et royaulmes du Jappon, envoyés au R. P. general de la Compagnie du nom de Jesus par le père *François* Cabral.

Paris. 1579. Th. Brumens.

—Lettres du Jappon, de l'an MDLXXX, envoyées par les prestres de la Compagnie de Jesus, vacans à la conversion des infidèles audit lieu. Coppie d'une lettre du père *Louis* Froès, escrite aux pères et frères de la Compagnie de Jésus du 6 juing 1577.

Paris. 1580. Th. Brumen.

—Nouveaux advis des Indes Orientales et Jappon, concernans la conversion des Gentils, avec un miraculeux martyre advenu à Maroc, ville d'Aphricque et Barbarie.

Paris. 1581. Thomas Brumen.

—Nouveaux advis de l'estat du Christianisme es pays et royaulmes des Indes Orientales et Jappon, envoyés au R. P. general de la Compagnie du nom de Jesus.

Paris. 1582. Th. Brumen.

572.—Lettres nouvelles du Jappon, touchant l'advancement de la Chrestienté en ces pays là, de l'an 1579 jusques à l'an 1581. (Par *Fr.* Carrion et *F.* Cabral.)

Paris 1584. Th. Brumen. 1 vol. in-8°.

573.—Relation des Pères *Loys* Froès et *Nicolas* Pimenta, de la Compagnie de Jesus, au R. P. Claude Aquaviva, General de la mesme Compagnie, concernant l'accroissement de la foy chrestienne au Jappon et autres contrées de Indes Orientales és années 1596 et 1599. Traduittes du latin imprimé à Rome.

Lyon. 1602. J. Pillehotte. 1 vol. in-8°.

Dans ce volume :

—Lettres du Père *Nicolas* Pimante. Au R. P. Cl. Aquaviva. Datées de Goa le 24 decembre 1599. Traduittes du latin imprimé à Rome.

Lyon. 1602. Pillehotte. in-8°.

574.—Lettres annales des royaumes du Japon, et de la Chine, des années 1606 et 1607. Escrites par les Pères *Jean* Rodriguez et *Matthieu* Ricci, au R. P. Claude Aquaviva. Traduittes de l'italien.

Paris. 1610. Cl. Chappelet. 1 vol. in-12.

575.—Lettres annuelles du Jappon pour les années MDCIX et MDCX, envoyées au R. P. Claude Aquaviva, en langue italienne par le R. P. *Jean-Rodriquez* Girano, et traduites en françois par P. R. S. D. P.

Lille. 1615. Pierre de Rache. 1 vol. in-18.

576.—Litteræ Japonicæ annorum MDCIX et X ad R. P. Claudium Aquavivam, à R. P. Provinciali ejusdem in Japone Soc. missæ. Ex italicis latinæ factæ ab *And.* Schotto.

Antuerpiæ. 1615. Pet. et Joan. Belleri. 1 vol. in-8º.

A la suite :

—Litteræ Societatis Jesu è regno Sinarum ad R. P. Claudium Aquavivam annorum MDCX et MDCXI. A R. P. *Nicolao* Trigautio.

Antuerpiæ. 1615. Pet. et Joan. Belleri. in-8º.

577.—Histoire de ce qui s'est passé ès royaumes du Japon, et de la Chine. Tirée des Lettres escrites ès années 1621 et 1622. Addressée au R. P. Mutio Vitelleschi, General de la Compagnie de Jesus. Traduite de l'italien en françois, par un Père de la mesme Compagnie. (*Jean-Baptiste* de Machault.)

Paris. 1622. Seb. Cramoisy 1 vol. in-8º.

578.—Histoire de ce qui s'est passé au royaume du Japon, ès années 1625, 1626, et 1627. Tirée des Lettres adressées au R. P. Mutio Viteleschi. Traduite d'italien en françois par un Père de la mesme Compagnie.

Paris. 1633. Seb. Cramoisy. 1 vol. in-8º.

579. — Relation de la persécution du Japon. Pour les années mil six cens vingt huict, ving-neuf, trente. Envoyée au R. P. Mutio Vitelleschi. Traduicte de l'italien imprimé à Rome, par un Père de la mesme Compagnie.

Paris. 1635. Seb. Cramoisy. 1 vol. in-8°.

580. — Relation de la nouvelle mission des Pères de la Compagnie de Jesus, au royaume de la Cochinchine. Traduite de l'italien du Père *Christofle* BORRI, qui fut un des premiers qui entrèrent en ce royaume. Par le Père *Antoine* DE LA CROIX.

Rennes. 1631. J. Hardy. 1 vol. in-8°.

581. — Histoire de la vie et de la glorieuse mort de cinq Pères de la Compagnie de Jesus, qui ont souffert dans le Japon, avec trois séculiers, en l'année 1643. Par le R. P. *Alexandre* DE RHODES.

Paris. 1653. Seb. et Gab. Cramoisy. 1 vol. in-8°. Pl.

582. — Relation de ce qui s'est passé depuis quelques années, iusques à l'an 1644, au Japon, à la Cochinchine, au Malabar, en l'isle de Ceilan, et en plusieurs autres isles et royaumes de l'Orient compris sous le nom de Provinces du Japon et du Malabar, de la Compagnie de Jesus. Divisée en deux parties, selon ces deux provinces. (1re Partie. Relation de la Province du Japon. Escrite en portugais par le P. *François* CARDIM. Traduitte et revue en françois. 2e Partie. Relation des missions de la Province de Malabar. Escrite en italien par le P. *François* BARRETTO, et puis traduite et corrigée en françois.

Paris. 1645-46. Math. et Jean Henault. 1 vol. in-8°.

583. — Relation des progrez de la foy au royaume de la Cochinchine ès années 1646 et 1647, envoiée au R. P.

General de la Compagnie de Jesus. Par le P. *Metelle* Saccano. (Traduit par le P. *J.* DE MACHAULT.)

Paris. 1653. Seb. et Gab. Cramoisy. 1 vol. in-8º.

584.—Relation de ce qui s'est passé dans les Indes-Orientales en ses trois provinces de Goa, de Malabar, du Japon, de la Chine, et autres païs nouvellement descouverts. Par les Pères de la Compagnie de Jésus. Presentée à la Sacrée Congrégation de la Propagation de la Foy, par le P. *Jean* MARACCI, procureur de la province de Goa, au mois d'avril 1649. (Trad. par *J.* DE MACHAULT.)

Paris. 1651. Seb. et Gab. Cramoisy. 1 vol. in-8º.

585.—Relation des progrez de la Foy au royaume de la Cochinchine vers les derniers quartiers du Levant, envoiée au R. P. general de la Compagnie de Jesus. Par le P. *Alex.* DE RHODES. (Trad. par *J.* DE MACHAULT.)

Paris. 1652. Seb. et Gab. Cramoisy. 1 vol. in-8º.

586.—Briefve relation de la notable conversion des personnes royales, et de l'estat de la religion chrestienne en la Chine, faicte par le très R. P. *Michel* BOYM, envoyé par la Cour de ce royaume là en qualité d'ambassadeur au S. Siège apostolique, et récitée par luy-mesme dans l'eglise de Smyrne, le 29 septembre de l'an 1652.

Paris. 1654. Seb. et Gab. Cramoisy. 1 vol. in-8º.

587.—Relation du voyage du P. *Joseph* TISSANIER, depuis la France, jusqu'au royaume de Tunquin. Avec ce qui s'est passé de plus mémorable dans cette Mission, durant les années 1658, 1659 et 1660.

Paris. 1663. Edm. Martin. 1 vol. in-8º.

A la suite :

—Lettre du R. P. *Jacques* LE FAURE au P. Procureur de

la Province de France et des missions d'Orient sur son arrivée à la Chine, et l'estat présent de ce royaume.

Paris. 1662. Edm. Martin. in-8°.

588.—Relation du voyage de Monseigneur l'Evesque de Beryte, vicaire apostolique du royaume de Cochinchine, par la Turquie, la Perse, les Indes, etc., et jusqu'au royaume de Siam, et autres lieux. Par M. DE BOURGES. 5e édition. (Année 1660.)

Paris. 1683. Angot. 1 vol. in-8°.

Dans ce volume :

—Relation abrégée des Missions et Voyages des Evesques françois envoyez aux royaumes de la Chine, Cochinchine, Tonquin, et Siam. Par Messire *François* PALLU, Evesque d'Heliopolis. (1665.)

Paris. 1682. Ch. Angot. in-8°.

—Relation des Missions des Evesques françois aux royaumes de Siam, de la Cochinchine, de Camboye et du Tonquin, etc. (1666-71.)

Paris. 1684. Ch. Angot. in-8°.

589.—Relation des Missions et des Voyages des Evésques Vicaires apostoliques, et de leurs Ecclesiastiques ès années 1672. 1673. 1674 et 1675.

Paris. 1680. Ch. Angot. 1 vol. in-8°.

A la suite :

—Relation...., ès années 1676 et 1677.

Paris. 1682. Ch. Angot. in-8°.

—Lettre de M. MAIGROT à M. de Metellopolis, Vicaire apostolique de Siam, sur le voyage et l'entrée de M. l'Evêque d'Heliopolis à la Chine.

Paris. 1685. Angot in-8°.

— Lettre de M. l'Evesque de Metellopolis.... dattée de Siam dans la prison des Brapins le 24 nov. 1689....

Paris. 1690. Angot. in-8º.

590. — L'état présent de l'Eglise de la Chine, et des autres roiaumes voisins.

Paris. 1670. Cramoisy. 1 vol. in-12.

591. — Recueil concernant le Culte des Chinois.

12 volumes in-12, contenant :

TOMES I ET II.

1. — Historia cultûs Sinensium, seu varia Scripta de cultibus Sinarum, inter Vicarios Apostolicos Gallos aliosque Missionarios, et Patres Societatis Jesu controversis, etc., etc.

Coloniæ. 1700.

2. — Expositio facti de controversiis sinensibus secundùm Patres Societatis Jesu adjuncta ad Relationem facti de iisdem....

TOMES III et IV.

1. — Mémoires (neuf) pour Rome, sur l'état de la Religion chrétienne dans la Chine.

1710.

2. — Questions proposées à la Sacrée Congrégation de la Propagande, sur les Cérémonies payennes que certains Missionnaires permettent aux Chretiens Malabares dans les Indes-Orientales. Par le R. P. *François* MARIE DE TOURS.

Liége. 1704. Schupper. in-12.

3. — Lettre de M. *Marin* LABBÉ, nommé par le Saint-Siége évêque de Tilopolis.... au Pape, sur le certificat de l'Empereur de la Chine, et sur la nécessité de condamner sans délai toutes les superstitions chinoises.

1702. in-12.

4. — Copie d'une Lettre de M. MAIGROT à M. Charmot, du 11 janvier 1699, reçue à Paris en août 1700; elle montre la fausseté de ce que le P. Le Comte a écrit touchant la religion ancienne des Chinois.

1700. in-12.

TOME V.

1. — Décret de N. S. P. le Pape CLÉMENT XI, sur la grande affaire de la Chine.

1709.

2. — Second Décret de nostre S. P. le Pape Clément XI sur l'affaire de la Chine. Du 25 septembre 1710. Qui confirme le premier décret de Sa Sainteté de 1704, et le Mandement de M. le-Cardinal de Tournon de 1707, et qui casse l'appel interjetté de ce mandement. Avec la déclaration que N. S. P. le Pape a faite du véritable sens de ses décrets...., le 11 oct. 1710.

Rome. 1710.

3. — Sanctissimi D. N. D. Clementis divinâ Providentiâ Papæ XI præceptum super omnimoda, absoluta, integra et inviolabili observatione eorum, quæ alias à Sanctitate sua in causa rituum seu ceremoniarum Sinensium decreta fuerunt.

Juxta exemplar impressum Romæ. 1715.

4. — Bref de N. S. P. le Pape, à M. l'Evêque de Cônon, vicaire apostolique de Fokien dans la Chine, qui lui a été apporté par M. le cardinal de Tournon.

5. — Lettre de Messieurs des Missions étrangères au Pape, sur le Décret de Sa Sainteté rendu en 1704 et publié en 1709, contre les idolatries et les superstitions chinoises.

1710.

6. — Sentiment d'un jurisconsulte envoyé à son amy, sur la contestation d'entre MM. les Missionnaires étrangers, et les PP. Jésuites, touchant les cérémonies chinoises.

1710. In-12.

7. — Lettre à Mgr. le duc du Mayne sur les cérémonies de la Chine. (Par le P. *L.* Lecomte.)

1700. In-12.

8. — Informationes Patrum Societatis Jesu, seu libellus supplex ad Sacram Congregationem Sancti Officii, oblatus à Patribús è Societate Jesu, deputatis ad informandum de controversiis Sinensibus.

Tome VI.

1. — Protestation des Jésuites, à l'occasion du dernier Décret sur les affaires de la Chine. Avec des réflexions sur la protestation de Messieurs des Missions étrangères.

S. l. n. d.

2. — Réponse de M^{rs} des Missions étrangères, à la Protestation et aux Réflexions des Jésuites. Incomplet. Voir tome xii.

Tome VII.

1. — Réponse de Messieurs des Missions étrangères à la Protestation et aux Réflexions des Jésuites. 2e édit., à la tête de laquelle on trouve

la Protestation de ces Messieurs contre trois Libelles publiez par ces Pères.

1711.

2. — II, III, IV, V, VI, VII⁰ lettre d'un Docteur de l'ordre de Saint Dominique sur l'Idolâtrie et les Supertitions de la Chine.

1700.

Tome VIII.

1. — Traité sur quelques points de la Religion des Chinois. Par le R. P. LONGOBARDI.

Paris. **1701**. Guérin. 1 vol. in-12.

2. — Traité sur quelques points importans de la Mission de la Chine. Par le R. P. *Antoine* DE SAINTE-MARIE. Traduit de l'espagnol.

Paris. **1701**. Guérin. in-12.

3. — La bonne foy des anciens Jésuites Missionnaires de la Chine, sur l'Idolâtrie des Chinois dans le culte qu'ils rendent à Confucius et aux Morts ; démontrée par des extraits fidèles des livres des R. P. Athanase Kirker, Nicolas Trigaut, Alexandre de Rhodes et autres, envoyés à un ami ; avec quelques réflexions sur les nouveaux sentiments des RR. PP. Jésuites.

1700. in-12.

4. — Relation de ce qui s'est passé à la Chine en 1697, 1698 et 1699, à l'occasion d'un établissement que M. l'abbé de Lyonne a fait à Nien-Tcheou, ville de la province de Tche-Kiang. (Par J. DE FONTENAY.)

Liége. **1700.** Moumal. in-12.

5. — Lettre de M. *Louis* DE CICÉ, nommé par le S. Siége à l'évêché de Sabula, etc., aux RR. PP. Jésuites sur les idolâtries et sur les superstitions de la Chine.

S. n. n. l. n. d. in-12. Fig.

6. — Lettre sur les progrez de la Religion en Chine à M. l'abbé DE....

S. n. n. l. n. d.

Tome IX.

1. — Journal historique des Assemblées tenues en Sorbonne, pour condamner les Mémoires de la Chine, etc. (Sept Lettres, avec la censure.) (Par le P. *J. Ph.* LALLEMANT (1).)

Bruxelles. **1700.** 1 vol. in-12.

2. — Censure de quelques Propositions des PP. Le Comte et le Gobien Jésuites, publiée sous le nom de la Faculté de Théologie de Paris. Réfutée par les écrits des Dominicains et des Franciscains missionnaires de la Chine les plus opposés aux Jésuites.

S. n. l. n. **1700**.

---

(1) LALLEMANT (*Jacques-Philippe*), né à Saint-Valery-sur-Somme, le 12 juillet 1660, mourut à Paris, le 19 avril 1748.

Tome X.

1. — Lettre d'un Docteur de l'ordre de S. Dominique (le P. *Noel* ALEXANDRE), sur les Cérémonies de la Chine, au R. P. Le Comte.

    Cologne. 1700. Corneille d'Egmond.

2. — II. Lettre d'un Docteur de l'Ordre de saint Dominique (le P. *Noel* ALEXANDRE), sur les Cérémonies de la Chine, au R. P. Dez.

3. — III. Lettre d'un Docteur.... (le P. *Noel* ALEXANDRE) au R. P. Le Comte, sur son système de l'ancienne religion de la Chine.

4. — IV. Lettre d'un Docteur.... (*Noel* ALEXANDRE) sur l'idolâtrie et les Superstitions de la Chine, au R. P. Dez.

    Cologne. 1700. C. d'Egmond.

5. — Lettres I, II, III, IV, V, VI, d'un Docteur, sur ce qui s'est passé dans les Assemblées de la Faculté de Théologie de Paris.

    Cologne. 1700.

Tome XI.

1. — Septième et dernière Lettre d'un Docteur touchant les Assemblées de la Faculté de Théologie de Paris, tenues en Sorbonne, sur les opinions des Jésuites touchant la Religion, les Cultes, et la morale des Chinois; ou réponse à la préface du prétendu journal desdites Assemblées.

    Liège. 1701. in-12.

2. — Lettre de M. *Marin* LABBÉ, etc. Tome IV.

3. — Lettre de M. *Louis* DE CICÉ, etc. Tome VIII.

4. — Réponse aux nouveaux Ecrits de MM. des Missions étrangères contre les Jésuites. Par une Lettre de Mgr. *Alvare* BENAVENTÉ, Evêque d'Ascalon, Vicaire apostolique de Kiamsi; par la conduite de Mgr. Ch. Maigrot, Evêque de Conon, Vic. apost. de Fokien; et par les attestations des Chrestiens de Fo-tcheou.

    1702. in-8°.

5. — La bonne foi des anciens Jésuites, etc. Tome VIII.

Tome XII.

1. — Continuatio historiæ cultus Sinensium, seu varia scripta de cultibus Sinarum, inter Vicarios apostolicos Gallos aliosque Missionarios et Patres Societatis Jesu controversis....

    Coloniæ. 1700.

2. — Lettre de MM. des Missions étrangères au Pape, sur les idolâtries et les superstitions chinoises.

3. — I, II, IIIe, lettre d'un Docteur de l'Ordre de S. Dominique. Tome X.

4. — Lettre à Messieurs du Séminaire des Missions étrangères, sur ce qu'ils accusent les Jésuites de ne s'être pas soumis sincèrement au nouveau décret touchant les affaires de la Chine.

5. — Réponse de Messieurs des Missions étrangères.... Tome VI.

6. — Sinarum quæsita proponenda in S. Congregatione S. Officii 1699.

592. — Apologie des Dominicains Missionnaires de la Chine; ou Réponse au Livre du P. Le Tellier, intitulé, *Défense des nouveaux Chrétiens;* et à l'Eclaircissement du P. Le Gobien, *sur les honneurs que les Chinois rendent à Confucius et aux morts.* Par un religieux Docteur et Professeur en théologie de l'Ordre de S. Dominique. (Le P. *Noel* ALEXANDRE.)
    Cologne. 1700. D'Egmond. 2 vol. in-12.

593. — Défense de la Censure de la Faculté de Théologie de Paris, du 18 oct. 1700, contre les Propositions des Livres intitulez : Nouveaux Mémoires sur l'état présent de la Chine. Histoire de l'Edit de l'Empereur de la Chine. Lettre des Cérémonies de la Chine. Par M^e. *Louis-Ellies* DU PIN.
    Paris. 1701. Pralard. 1 vol. in-12.

594. — Mémoires pour Rome sur l'Etat de la Religion chrétienne dans la Chine, avec le Décret de N. S. P. le Pape Clément XI sur l'affaire des Cultes chinois. Et le Mandement de M. le Cardinal de Tournon.
    S. n. n. l. 1709. 1 vol. in-12.

595. — Examen des Faussetez sur les Cultes chinois, avancées par le P. Jouvency dans l'Histoire de la Compagnie de Jésus. Traduit d'un écrit latin, composé par le R. P. MINORELLI. (*Charles* MAIGROT.)
    S. n. n. l. 1714. 1 vol. in-12.

596. — Anecdotes sur l'Etat de la Religion en Chine, ou Relation de M. le Cardinal de Tournon, écrite par lui-même. (Par M. l'abbé *Michel* VILLERMAULES.)
    Paris. 1733-42. La Société. 7 vol. in-12.

597.—Les Jesuites convaincus d'obstination à permettre l'idolâtrie dans la Chine. Lettres. (Par *J.-B.* Gaultier.)
S. n. n. l. **1744.** 1 vol. in-12.

A la suite :
1º Lettre au sujet de la Bulle de N. S. P. le Pape, du 12 sept. 1744, concernant les rits malabares.
1745. in-12.

2º Oraison funèbre de l'Em. Charles Thomas Maillard, Cardinal de Tournon, Légat apostolique dans la Chine.... Prononcée dans la chapelle du Pape le 27 nov. 1711, par M. *Charles* Majel.
1712. in-12.

3º Dissertation sur la source et l'origine de toutes les brouilleries qui affligent l'Eglise de France sur les matières théologiques qui la divisent; etc.
1745. in-12.

4º De la nature de la grâce, où l'on fait voir ce que c'est que la grâce de Jésus-Christ....
1739. in-12.

5º Mémoire où l'on examine si la Bulle de N. S. P. le Pape Clément XI, qui commence par ces mots, *Unigenitus Dei filius,* est acceptée dans l'Eglise d'un consentement vraiment unanime. Nouv. édit.
1745. in-12.

598.—Mémoires historiques présentés au Souverain Pontife Benoît XIV, sur les Missions des Indes Orientales, où l'on fait voir que les RR. PP. Capucins ont eu raison de se séparer de communion des RR. PP. Jésuites qui ont refusé de se soumettre au décret de M. le Card. de Tournon. Par le R. P. Norbert. (*Pierre* Parisot.)
Luques. 1745. Marescandoli. 4 vol. in-12.

599.—Lettres édifiantes et curieuses sur la Visite apostolique de M. de la Baume, Evesque d'Halicarnasse, à la Cochinchine en l'année 1740. Par M. Favre.
Venise. 1753. Barzotti. 3 vol. in-12.

Le 3º volume a pour titre :
**— Mémoires apologétiques, pour Messire *Pierre-François* Favre, appellant des Sentences de M. l'Evêque de Lausanne. Pour servir de suite aux Lettres édifiantes et curieuses.
Avignon. 1753.

600. — Lettres édifiantes et curieuses sur la Visite apostolique de M. de la Baume, Evêque d'Halicarnasse, à la Cochinchine en l'année 1740, où l'on voit, les voyages et les travaux de ce zélé prélat, la conduite des Missionnaires Jésuites et de quelques autres, etc. Pour servir de continuation aux Mémoires historiques du R. P. Norbert : par M. FAVRE.
Venise. 1766. Barzotti. 1 vol. in-4º.

601. — Lettres apologétiques du P. NORBERT, capucin (*Pierre* PARISOT), où il dévoile les calomnies que les PP. Jésuites ont répandu surtout en Italie et en France, dans un grand nombre de libelles contre sa personne et ses ouvrages, présentés à Benoît XIV.
Lucques. 1759. Ciufetti. 2 vol. in-8º.

602. — Extrait des nouvelles des missions des Indes-Orientales, reçues au Séminaire des Missions étrangères. Paris. Janvier 1784.
Paris. 1785. Guillot. Pièce in-12.

603. — Nouvelles des Missions orientales, reçues au Séminaire des Missions étrangères, à Paris, en 1785 et 1786. Seconde Partie.
Amsterdam. 1787. Paris. Hérissant. 1 vol. in-12.

604. — Lettre de M. l'abbé DE FLEURY, à Monseigneur l'Evêque de Metellopolis, Vicaire apostolique de Siam, avec un Mémoire sur les études auxquelles doivent s'appliquer les Missionnaires des Indes-Orientales.
S. n. n. l. 1789. Pièce in-12.

605. — Histoire de ce qui s'est passé en Ethiopie, Malabar, Brasil, et es Indes-Orientales. Tirée de Lettres escrites es années 1620 jusques à 1624, (par *Thomas* DE BARROS, *Jacinthe* PERERIA, *Gaspard* LOUYS, *Michel* BARAIIO, *Jérosme* MAIORICA, *Antoine* FERNANDEZ,

Antoine d'Andrade, *Jean* de Sylva.) Addressée au R. P. Mutio Vitelleschi, General de la Compagnie de Jesus. Traduite de l'italien en françois, par un Père (*Jean* Darde) de la mesme Compagnie.

Paris. 1628. Seb. Cramoisy. 1 vol. in-8°.

606. —Histoire de ce qui s'est passé au royaume d'Ethiopie ès années 1624, 1625 et 1626. Tirées des Lettres écrites et adressées au R. P. Mutio Vitelleschi (par le P. *Gaspar* Paez.) Traduite de l'italien en françois par un Père de la mesme Compagnie.

Paris. 1629. Seb. Cramoisy. 1 vol. in-8°.

A la suite :

—Histoire de ce qui s'est passé au Royaume de la Chine en l'année 1624. Tirée des Lettres écrites et adressées (par le P. *Vencislas* Pantaleon) au R. P. Vitelleschi.

Paris. Seb. Cramoisy.

—Histoire de ce qui s'est passé au Royaume du Tibet. Tirée des Lettres escriptes en l'année 1626. Adressée au R. P. Vitelleschi (par le P. *Antoine* d'Andrade.)

Paris. 1629. Seb. Cramoisy.

607. —Histoire de ce qui s'est passé es Royaumes d'Ethiopie, en l'année 1626, jusqu'au mois de mars 1627, et de la Chine, en l'année 1625, jusques en febvrier de 1626. Avec une briefve narration du voyage qui s'est fait au Royaume de Tunquim nouvellement descouvert. Tirées des Lettres adressées au R. Père General de la Compagnie de Jesus. Traduites de l'italien en françois par un Père de la mesme Compagnie.

Paris. 1629. Seb. Cramoisy. 1 vol. in-8°.

608. —Relation des insignes progrez de la Religion chrestienne, faits au Paraquai, province de l'Amerique meridionale, et dans les vastes regions de Guair et

d'Uruaig, nouvellement découvertes par les Pères de la Compagnie de Jesus, ès années 1626 et 1627. Envoyée au R. P. Mutio Vitelesci, par le R. P. *Nicolas* Duran. Et traduite de latin en françois, par un Père de la même Compagnie. (*Jacques* de Machaud.)

Paris. 1638. Seb. Cramoisy. 1 vol. in-8º.

609.—Relation des Missions des PP. de la Compagnie de Jesus dans les isles, et dans la terre ferme de l'Amérique méridionale. Avec une introduction à la langue des Galibis sauvages de la terre ferme de l'Amérique. Par le Père *Pierre* Pelleprat.

Paris. 1655. Seb. et Gab. Cramoisy. 1 vol. in-8º.

610.—Relation de ce qui s'est passé en la Nouvelle-France, (et dans le pays des Hurons), en l'année 1633...1672, envoyée au R. P. Provincial de la Compagnie en la province de France. (Par les PP. *Paul* Le Jeune, *Barthélemy* Vimont, *Paul* Ragueneau, *François* Le Mercier, *Hierosme* Lalemant, *Claude* d'Ablon.)

Paris. 1634. 1673. Seb. et Gab. Cramoisy. 34 vol. in-8º.

— Il manque à cette collection les relations des années 1659 et 1660.

611.—Relation des Missions de la Nouvelle-France, par M. l'Evêque de Quebec (*Jean* Delaval.)

Paris. 1688. Rob. Pepie. 1 vol. in-8º.

612.—Estat présent de l'Eglise et de la Colonie françoise dans la Nouvelle-France, par M. l'Evêque de Quebec.

Paris. 1688. Rob. Pepie. 1 vol. in-8º.

613.—Relation des Missions du Paraguai, traduite de l'italien de M. Muratori. (Par l'abbé de Lourmel.)

Paris. 1754. Bordelet. 1 vol. in-12.

614.—Histoire de la Mission des Peres Capucins en l'isle de Maragnan et terres circonvoisines, où il est traicté des singularitez admirables et des meurs merveilleuses des Indiens habitans de ce païs. Avec les missives et advis qui ont esté envoyez de nouveau. Par le R. P. Claude d'Abbeville (1).

Paris. 1614. Fr. Huby. 1 vol. in-8º.

615. —Mission de Cayenne et de la Guyane française. (Publiée par le P. *M. F.* de Montézon.)

Paris. 1857. Julien et Cᵉ. 1 vol. in-12. Cart.

616. —Histoire de la première Mission catholique au Vicariat de Mélanésie, par *C. M. Léopold* Verguet.

Carcassonne. 1854. Labau. 1 vol. in-8º. Fig.

CHAPITRE VI.

HISTOIRE DES RÉVOLUTIONS DANS LE CHRISTIANISME

OU HISTOIRE DES HÉRÉSIES, DES SCHISMES, DES ERREURS, ETC.

1. — HISTOIRE GÉNÉRALE.

617. —Catalogus hæreticorum omnium pene, qui ad hæc usque tempora passim literarum monumentis proditi sunt, illorum nomina, errores, et tempora quibus vixerunt ostendens ; quem *F. Bernardus* Lutzenburgus quinque libris conscripsit : in quo et de Lutero et de aliis nuper ortis hæreticis multa deprehendes. Edit. quarta, nunc ab ipso autore aucta.

Coloniæ. 1529. G. Hittorp. 1 vol. in-8º.

---

(1) Foullon (*Claude*) suivant M. Louandre, Foullon (*Firmin*) suivant M. Prarond, naquit à Abbeville ; il mourut en 1632.

618. — De vitis, sectis, et dogmatibus omnium hæreticorum qui ab orbe condito, ad nostra usque tempora, et veterum et recentium authorum monimentis proditi sunt, elenchus alphabeticus.... per *Gabr.* Prateolum.
    Coloniæ. 1583. G. Calenius. 1 vol. in-4º.

619. — Histoire des hérésies, ou l'on verra par ordre alphabétique, le nom et l'histoire des hérésiarques qui ont troublé l'Eglise, depuis la naissance de Jésus-Christ, jusqu'à présent, et les erreurs qu'ils y ont répandues. Avec un Traité qui résout plusieurs questions générales touchant l'hérésie, traduit du latin d'*Alphonse* de Castro. Par M. Hermant.
    Rouen. 1712. Besongne. 3 vol. in-12.

620. — Dictionnaire chronologique, historique, critique, sur l'origine de l'idolatrie, des sectes des Samaritains, des Juifs, des Hérésies, des Schismes, des Anti-papes, et de tous les principaux hérétiques et fanatiques qui ont causé quelque trouble dans l'Eglise. Par le R. P. Pinchinat.
    Paris. 1736. Pralard. 1 vol. in-4º.

621. — Mémoires pour servir à l'histoire des égaremens de l'esprit humain, par rapport à la religion chrétienne; ou Dictionnaire des hérésies, des erreurs et des schismes; précédé d'un Discours dans lequel on recherche quelle a été la religion primitive des hommes; les changemens qu'elle a soufferts jusqu'à la naissance du Christianisme; les causes générales, les liaisons et les effets des hérésies qui ont divisé les Chrétiens. (Par l'abbé *F. A. A.* Pluquet.)
    Paris. 1762. Nyon. 2 vol. in-8º.

622. — Dictionnaire des hérésies, des erreurs et des schismes,

ou Mémoires pour servir à l'histoire des égarements de l'esprit humain, par rapport à la religion chrétienne;... par Pluquet. Ouvrage augmenté de plus de 400 articles, par M. l'abbé *J. Jh.*Claris ; suivi : 1° d'un Dictionnaire nouveau des Jansénistes, par M. l'abbé... 2° de l'index des livres défendus par la Sacrée Congrégation de ce nom, depuis sa création jusqu'à nos jours ; 3° des propositions condamnées par l'Eglise depuis l'an 411 jusqu'à présent ; 4° de la liste complète des ouvrages condamnés par les tribunaux français, avec le texte des jugements et arrêts tirés du *Moniteur*. Publié par M. l'abbé Migne.

Paris. 1847-53. Migne. 2 vol. gr. in-8°.

623. — Histoire chronologicque du combat eucharisticque, entre l'heresie et la foy. Representée par la genealogie des sectes qui ont oppugné le S. Sacrement de l'Eucharistie... Par M. *André* Dusaussay.

Paris. 1617. Est. Perrin. 1 vol. in-8°.

624. — Traité des heresies, contenant les causes des heresies, les mœurs et artifices des anciens heretiques, et les déguisemens dont ils ont usé... Avec les antidotes et remèdes que l'Eglise a employez contre la contagion de l'heresie. Ensemble le dénombrement des heresies qui se sont élevées dans l'Eglise depuis le commencement de la publication de l'Evangile jusqu'au siècle présent. Par M° *Louis* Abelly.

Paris. 1661. Lambert. 1 vol. in-4°.

A la suite :

—La justice et la piété du Roy, dans le procedé que Sa Majesté a voulu tenir pour obliger à la souscription de la formule dressée par l'Assemblée générale du Clergé, et bannir par ce moyen de son royaume les restes de la secte du Jansenime. Par M. *Louys* ABELLY.

Paris. 1662. Lambert. in-4°.

625. — Tractatus chronolo-historicus, de præcipuis hæresibus, et hæresiarchis, SS. Patribus, et Ecclesiæ defensoribus, Conciliis, tam particularibus, quam generalibus : summis Romanis Pontificibus. Ab orbe redempto, ad hæc usque tempora per singula eorum sæcula digestus, in quo totius historiæ ecclesiasticæ epitome exhibetur... Authore *Jacobo* GILBERT.

Duaci. 1687. N. d'Assignies. 1 vol. in-8°.

626. — Les histoires du sieur MAIMBOURG.

Paris. 1686. Seb. Mabre-Cramoisy. 12 vol. in-4°.

Cet ouvrage contient :

1. — Histoire de l'Arianisme, depuis sa naissance jusqu'à sa fin; avec l'origine et le progrès de l'hérésie des Sociniens. 2 vol.
2. — Histoire de l'hérésie des Iconoclastes, et de la translation de l'Empire aux François. 1 vol.
3. — Histoire du schisme des Grecs. 1 vol.
4. — Histoire des Croisades pour la délivrance de la Terre Sainte. 2 vol.
5. — Histoire de la décadence de l'Empire après Charlemagne et des différends des Empereurs avec les Papes au sujet des investitures et de l'indépendance. 1 vol.
6. — Histoire du grand schisme d'Occident. 1 vol.
7. — Histoire du Luthéranisme. 1 vol.
8. — Histoire du Calvinisme. 1 vol.
9. — Histoire de la Ligue. 1 vol.
10. — Traité historique de l'établissement et des prérogatives de l'Eglise de Rome et de ses Evesques. 1 vol.

627. — Histoire des heresies et des heritiques qui ont troublé l'Eglise depuis la naissance de Jésus-Christ jusques à présent. (Par DE SAINTE-GARDE.)

Paris. 1697. Cl. Barbin. 1 vol. in-4°.

628. — Historia hæresiarcharum à Christo nato ad nostra usque tempora, in qua potissimum exhibentur nefaria dogmata, tum ex ipsorum libris excerpta, tum à SS. Patribus, et authoribus coætaneis aut aliis scriptoribus classicis, commemorata. Cui accessit series omnium propositionum à modernis Pontificibus damnatarum, unà cum eorumdem decretis. Authore R. P. *Anthonio* LE GRAND. Opus posthumum.
   Duaci. 1725. Derbaix. 1 vol. in-8º.

629. — Histoire des sectes religieuses qui sont nées, se sont modifiées, se sont éteintes dans les différentes contrées du globe, depuis le commencement du siècle dernier jusqu'à l'époque actuelle. Par M. GRÉGOIRE. Nouv. édit.
   Paris. 1828-1829. Baudouin. fr. 5 vol. in-8º.

2. — SCHISMES ANTÉRIEURS A LUTHER.

630. — Historia Manichæorum, de furiosæ et pestiferæ hujus sectæ origine et propagatione, doctoribus, discipulis, et propugnatoribus, eorumque actis et scriptis, vita et doctrina, flagitiis et erroribus, vanitate et inconstantia. Ex ecclesiasticis historiis et Patrum scriptis collecta, et libris tribus comprehensa. Per M. *Cyriacum* SPANGENBERG.
   Ursellis. 1578. Henricus. 1 vol. in-4º.

631. — Histoire critique de Manichée et du Manichéisme. (Où l'on trouve aussi l'histoire de Basilide, de Marcion, de Bardesanes, etc., et de leurs sentimens; et où l'on découvre l'origine de plusieurs cultes, cérémonies, etc., qui se sont introduits dans le Christianisme. (Par M. DE BEAUSOBRE.)
   Amsterdam. 1734-39. Bernard. 2 vol. in-4º.

632. — Histoire des mouvemens arrivez dans l'Eglise au sujet d'Origène et de sa doctrine. Par le P. *Louis* Doucin.
   Paris. 1700. Le Clerc. 1 vol. in-12.

633. — Historia Carthaginensis collationis sive disputationis de Ecclesia, olim habitæ inter Catholicos et Donatistas; ex rerum ecclesiasticarum commentariis *Fran.* Balduini.
   Parisiis. 1566. Claudius Fremy. 1 vol. in-8º.

634. — Histoire de l'Arianisme depuis sa naissance jusqu'à sa fin; avec l'origine et les progrès de l'héresie des Sociniens. Par M. Maimbourg. 4ᵉ édit.
   Paris. 1682. Seb. Mabre Cramoisy. 3 vol. in-12.

635. — Entretiens d'Eudoxe et d'Euchariste, sur l'histoire de l'Arianisme et l'histoire des Iconoclastes du P. Maimbourg. (Par *Jacques* Le Fevre.)
   Cologne. 1683. Marteau. 1 vol. in-12.

636. — De Photino hæretico, ejusque damnatione in quinque synodis facta,.... dissertatio. Auctore *Dion.* Petavio.
   (Parisiis. 1651. Cramoisy.) 1 vol. in-8º.

637. — *Gerardi Joannis* Vossii historiæ de controversiis, quas Pelagius ejusque reliquiæ moverunt, libri septem. 2ᵃ edit.
   Amstelodami. 1655. L. et D. Elzevirii. 1 vol. in-4º.

638. — Historia Pelagiana et dissertatio de Synodo V œcumenica in qua Origenis ac Theodori Mopsuesteni Pelagiani erroris auctorum justa damnatio exponitur, et Aquileiense schisma describitur. Additis vindiciis Augustinianis pro libris à S. doctore contra Pelagianos ac Semipelagianos scriptis. Auctore P. M. *Henrico* de Noris.
   Patavii. 1673. Frambotti. 1 vol. in-fol.

639. — Idem opus. Ed. noviss.
Parisiis. 1703. Musier. 1 vol. in-fol.

640. — Histoire du Pélagianisme. (Par le P. *L.* Patouillet.)
Avignon. 1763. 2 en 1 vol. in-12.

641. — Historia hæresis Monothelitarum, sanctæque in eam sextæ Synodi actorum, vindiciæ. — Diversorum item antiqua, ac medii ævi, tum historiæ sacræ, tum dogmatica, græca opuscula. Accedit *Manuelis* Palæologi in laudem defuncti Theodori fratris dicta Oratio, quâ pleraque Occidentis Græcorum Imperii tractantur, ac consurgentisque Osmanici : ut et duplici adjunctâ Deliberativâ Demetrii Cydonii. Operâ ac studio R. P. *Fr.* Combefis.
Parisiis. 1648. Bertier. 1 vol. in-fol.

642. — Celebris historia Monothelitarum atque Honorii controversia scrutiniis octo comprehensa. Opus posthumum *Joan. Bap.* Tamagnini (editum à *M.* Fouqueré).
Parisiis. 1678. L. Billaine. 1 vol. in-8°.

On trouve à la suite :

— Theodoti *Ancyrani*, adversus Nestorium, liber ; id est, ejus, ex Scripturâ et fide Concilii Nicæni confutatio. S. Germani patriarchæ Constantinopolitani in S. Mariæ dormitionem et translationem, oratio historica. Frater *Franciscus* Combefis latio reddidit, castigavit, notis illustravit.
Parisiis. 1675. A. Bertier. in-8°.

643. — Histoire de l'hérésie des Iconoclastes et de la translation de l'Empire aux François. Par le P. *Louis* Maimbourg. 2° édit.
Paris. 1675. Seb. Mabre Cramoisy. 2 vol. in-12.

644. — Histoire du schisme des Grecs. Par le P. *Louis* Maimbourg. 3° édit.
Paris. 1680. Seb. Mabre Cramoisy. 2 vol. in-12.

645. — Histoire du grand schisme d'Occident. Par le P. *Louis* MAIMBOURG. 2ᵉ édit.

Paris. 1679. Seb. Mabre Cramoisy. 2 vol. in-12.

3. — VAUDOIS, ALBIGEOIS, FLAGELLANTS.

646. — *Franciscus* DE ROYE ad Can. Ego Berengarius 41. De Consecrat. distinct. 2. Ubi vita, hæresis, et pœnitentia Berengarii, Andegavensis archidiaconi. Et ad Fl. Josephi locum de D. Jesu Christo.

Andegavi. 1656. Avril et Le Boullenger. 1 vol. in-4º.

647. — Histoire generale des Eglises evangeliques des Vallées de Piémont, ou Vaudoises. Divisée en deux livres. Par *Jean* LEGER.

Leyde. 1669. J. Le Carpentier. 1 vol. in-fol. Fig.

** — Voyez aussi : *Guerre des Albigeois*. Histoire nº 2420-2422.

648. — Historia Flagellantium. De recto et perverso flagrorum usu apud Christianos. (Auctore *Jacobo* BOILEAU.)

Parisiis. 1700. Anisson. 1 vol. in-12.

649. — Histoire des Flagellans, où l'on fait voir le bon et le mauvais usage des flagellations parmi les Chrétiens. Traduite du latin de M. l'abbé BOILEAU. (Par l'abbé *Fr.* GRANET.) 2ᵉ édit.

Amsterdam. 1732. Henry du Sauzet. 1 vol. in-12.

650. — Critique de l'histoire des Flagellans, et justification de l'usage des disciplines volontaires. Par M. *Jean-Baptiste* THIERS.

Paris. 1703. De Nully. 1 vol. in-12.

4. — WICLEFIANISME ET HUSSITISME.

651. —Histoire de l'hérésie de Viclef, Jean Hus et Jerôme de Prague. Avec celle des Guerres de Bohême qui en ont esté les suites. (Par *Antoine* VARILLAS.)
Lyon. 1682. J. Certe. 1 vol. in-12.

652. —Histoire du Wiclefianisme, ou de la doctrine de Wiclef, Jean Hus, et Jerôme de Prague. Avec celle des guerres de Bohême, qui en ont esté les suites. Dernière édit.
Lyon. 1682. Jean Certe. 1 vol. in-12.

653. —Bellum Hussiticum, quo M. Johannis Hussii vita, doctrinaque et mors comprehenditur, utque Bohemi, inprimis vero Joannes Zisca et Procopius Rasus vindicationem ipsius susceperint, luculenter exponitur. Omnia è gravibus scriptoribus, veteribus monimentis, atque mss. magno studio congesta, inque Germanorum gratiam, quæ necessariæ notitiæ sufficiant, ipsorum lingua in lucem edita à M. *Zacharia* THEOBALDO Juniore; nunc autem certis de causis latino sermone reddita (à *Jacobo* PONTANO.)
Francofurti. 1621. Dan. et Dav. Aubrii. 1 vol. in-fol.

654. —Actes des Martyrs deduits en sept livres, depuis le temps de Wiclef et de Hus, iusques à present. Contenans un Recueil de vraye histoire ecclesiastique, de ceux qui ont constamment enduré la mort és derniers temps, pour la verité du fils de Dieu. (Par *Jean* CRESPIN.)
Genève. 1564. Crespin. 1 vol. in-fol.

655. —Histoire des Martyrs persecutez et mis à mort pour la verité de l'Evangile, depuis le temps des Apostres jusques à l'an 1574. Comprinse en dix livres, conte-

nans Actes memorables du Seigneur en l'infirmité des siens : non seulement contre les efforts du monde, mais aussi contre diverses sortes d'assaux et heresies monstrueuses. Reveue et augmentée d'un tiers en ceste derniere edition. (Par *Jean* Crespin et *Simon* Goulart.)

Genève. 1582 ? 1 vol. in-fol.

5. — PROTESTANTISME.

656. —Mémoires de Luther écrits par lui-même, traduits et mis en ordre par M. Michelet, suivis d'un essai sur l'histoire de la religion, et des biographies de Wicleff, Jean Huss, Erasme, Mélanchton, Hutten et autres prédécesseurs et contemporains de Luther.

Paris. 1837. Hachette. 2 vol. in-8º.

657. —Commentaria *Joannis* Cochlæi, de actis et scriptis Martini Lutheri, Saxonis, chronographice, ex ordine ab anno Domini MDXVII usque ad annum MDXLVI inclusivè, fideliter conscripta.

Apud S. Victorem. 1549. Behem. 1 vol. in-fol.

658. —Histoire du Luthéranisme. Par le P. *Louis* Maimbourg. 2ᵉ édit.

Paris. 1680. Seb. Mabre Cramoisy. 2 vol. in-12.

659. —*Viti Ludovici* a Seckendorf Commentarius historicus et apologeticus de Lutheranismo, sive de reformatione religionis ductu D. Martini Lutheri in magna Germaniæ parte aliisque regionibus, et speciatim in Saxonia recepta et stabilita : in quo ex Ludovici Maimburgii Jesuitæ historia Lutheranismi anno MDCLXXX. Parisiis gallice edita libri tres ab anno 1517 ad annum

1546, latine versi exhibentur, corriguntur,.... supplentur; simul et aliorum quorundam scriptorum errores aut calumniæ examinantur. 2ᵃ edit.

Lipsiæ. 1694. Gleditsch. 2 vol. in-fol. Port.

660. — Discours en forme de dialogue, ou histoire tragique, en laquelle est nayvement depeinte et descrite la source, origine, cause et progrés des troubles, partialitez, et differens qui durent encores aujourd'huy, meuz par Luther, Calvin et leurs conjurez et partizans contre l'Eglise catholique. Traduit du latin du R. P. *Guillaume* LINDAN, en nostre langue françoise par M. *R.* BENOIST.

Paris. 1570. Guill. Chaudière. 1 vol. in-8º.

661. — L'Histoire de la naissance, progrez et decadence de l'heresie de ce siecle, divisée en huit livres. Par *Florimond* DE RÆMOND.

Paris. 1605. Delanoue. 1 vol. in-4º.

662. — Histoire generale du progrez et decadence de l'heresie moderne. Tome second à la suitte du premier de M. Florimond de Ræmond. Bref, tout ce qui s'est passé en l'Europe, au subject de l'heresie depuis soixante ans jusques à présent. Plus un traicté des Atheistes, Deistes, Illuminez d'Espagne, et nouveaux pretendus de la Croix-rosaire. (Par *Claude* MALINGRE.)

Paris. 1624-1629. Chevalier. 1 vol. in-4º.

On y a ajouté un grand nombre de portraits.

663. — Naissances, qualitez, mœurs et humeurs des heretiques de ce tems, leurs ruses à seduire, les violences par lesquelles ils ont estably l'heresie, et les estranges desolations qui s'en sont ensuivies. Par *Leonard* THEVENOT.

Paris. 1635. J. Martin. 1 vol. in-8º.

664. — Actes authentiques des églises reformées de France, Germanie, Grande-Bretaigne, Pologne, Hongrie, Païs-Bas, etc. Touchant la paix et charité fraternelle, que tous les serviteurs de Dieu doivent sainctement entretenir avec les Protestants... Par *David* BLONDEL.
    Amsterdam. 1655. J. Blaeu. 1 vol. in-4º.

665. — Histoire du Calvinisme, par M. MAIMBOURG. 3ᵉ edit.
    Paris. 1682. Seb. Mabre Cramoisy. 2 vol. in-12.

666. — Critique generale de l'Histoire du Calvinisme de M. Maimbourg. (Par *Pierre* BAYLE.) 2ᵉ edit.
    Villefranche. 1683. Le Blanc. 2 vol. in-12.

667. — Même ouvrage. 3ᵉ édit.
    Villefranche. 1684. Pierre Le Blanc. 2 vol. in-12.

668. — Nouvelles lettres de l'auteur de la Critique generale de l'Histoire du Calvinisme de M. Maimbourg. (Par *Pierre* BAYLE.)
    Villefranche. 1685. Le Blanc. 2 vol. in-12.

669. — Histoire du Calvinisme et celle du Papisme mises en parallèle : ou Apologie pour les Reformateurs, pour la Reformation, et pour les Reformez, divisée en quatre parties ; contre un libelle intitulé l'Histoire du Calvinisme par M. Maimbourg. (Par *Pierre* JURIEU.)
    Rotterdam. 1683. Leers. 2 vol. in-4º.

670. — Histoire des revolutions arrivées dans l'Europe en matière de Religion. Par Monsieur VARILLAS.
    Paris. 1686-1689. Barbin. 12 vol. in-12.

671. — Même ouvrage. 2ᵉ édit.
    Paris. 1689-90. Claude Barbin. 6 vol. in-12.

672. — Critique du neuvième livre de l'Histoire de M. Varillas, où il traite des révolutions arrivées en Angleterre

en matière de Religion. Traduite de l'anglois de M. Burnet.

Amsterdam. 1686. P^re Savouret. 1 vol. in-12.

673. — Reponse de Mr Varillas à la Critique de Mr Burnet, sur les deux premiers tomes de l'Histoire des Révolutions arrivées dans l'Europe en matière de Religion.

Paris. 1687. Claude Barbin. 1 vol. in-12.

674. — Histoire des variations des Eglises protestantes. Par Messire *Jacques-Benigne* Bossuet.

Paris. 1688. Seb. Mabre Cramoisy. 2 vol. in-4°.

675. — Même ouvrage.

Paris. 1740. Desprez. 2 vol. in-12.

A la suite :

— Avertissemens (six) aux Protestans sur les Lettres du Ministre Jurieu, contre l'Histoire des Variations. Par M. *J.-B.* Bossuet.

Paris. 1740. Desprez. 2 vol. in-12.

Ces deux volumes forment les tomes III et IV de l'ouvrage précédent.

676. — Défense de l'Histoire des variations contre la réponse de M. Basnage, ministre de Rotterdam. Par Messire *Jacques-Benigne* Bossuet.

Paris. 1727. Delusseux. 1 vol. in-12.

677. — Essai sur l'esprit et l'influence de la réformation de Luther. Par *Charles* Villers. 2e édit.

Paris. An XII (1804). Henrichs 1 vol. in-8°.

678. — De l'influence du Protestantisme sur la philosophie, les lettres et les arts, par M. l'abbé *J.* Corblet (1).

Arras. 1860. Rousseau-Leroy. Pièce in 8°

---

(1) Corblet (*Achille-Louis-Jules*), naquit à Roye le 16 juin 1819.

679. — Flores calvinistici decerpti ex vita Roberti Dudlei, comitis Lecestriæ in Anglia; Joannis Calvini, Thomæ Cranmeri, Joannis Knoxii, aliorumque protectorum et apostolorum sectæ Zwinglianæ et Calvinianæ in Anglia, Scotia, Gallia, Belgio et Germania. Per *Julium* Briegerum... collecti ex variis scriptoribus, tam latinis quam gallicis et italicis.
Neapoli. 1585. Zangarus. 1 vol. in-8°.

680. — Crudelitatis calvinianæ exempla duo recentissima ex Anglia. Quorum primum continet barbarum ac sævum Calvinianorum edictum recenter editum contra Catholicos; alterum verò, exhibet indignissimam mortem illustrissimi viri comitis Northumbriæ in castro Londinensi occisi mense julio hujus anni 1585.
S. n. n. l. 1585. 1 vol. in-8°.

681. — (*Rich.* Verstegan cognomine Rowland et J. Bochii) Theatrum crudelitatum hæreticorum nostri temporis. Editio altera, emendatior.
Antuerpiæ. 1604. Had. Hubertus. 1 vol. in-4°. Fig.

682. — L'Anti-martyrologe, ou verité manifestée contre les histoires des supposés martyrs de la Religion prétendue réformée, imprimées à Genève onze fois. Divisé en douze livres, monstrant la différence des vrais martyrs d'avec les faux, corporellement exécutez en divers lieux. Tous les articles controversés de nostre foy y estans expliqués selon les authoritez de l'Escriture saincte des anciens Pères. Ensemble l'impie doctrine des heretiques y refutée, pour la defense de l'Eglise catholique, apostolique et romaine. Par M. *Jacques* Severt.
Lyon. 1622. Simon Rigaud. 1 vol. in-4°.

683. — Conversions remarquables de quelques Protestans.

(M. Thayer, M. de Martineau, M. Alègre, Mlle Pitt, Me Wilson.)

Paris. 1789. Prévot et Crapart. 1 vol. in-12.

684. — La Conversion de Monsieur Jarrige, cy-devant Jésuite, Confesseur et Père spirituel de la Maison des Jesuites à la Rochelle, etc.

Charenton. 1648. Vendosme. 1 vol. in-8º.

A la suite :

—Declaration du sieur *Pierre* JARRIGE,... prononcée dans le temple de l'Eglise françoise de Leide, le 25 mars 1648.

Leide. 1648. J. Dupré. in-8°.

685. — Déclaration du S^r des Aresnes, lieutenant de la 1re colonnelle du regiment royal, contenant les motifs de sa conversion de la religion protestante, à la catholique, apostolique et romaine. — Adressée à Messieurs les Ministres anciens des Consistoires, et autres faisant profession de la R. P. R. dans le pays de Rouërgue.

Paris. 1664. Cramoisy. 1 vol. in-4º.

686. — Les motifs de la conversion du sieur de la Mothe, ministre, envoyez à Messieurs de la R. P. R.

Paris. 1665. F. Muguet. 1 vol. in-8º.

687. — Les motifs de la conversion du comte de Lorges Mongommery. Dressez principalement en faveur de la noblesse de la Religion Pretendue Reform. 2e edit.

Paris. 1670. Rolland. 1 vol. in-8°.

688. — Relation de la Conversion de M. *Jean* THAYER, autrefois ministre protestant à Boston, et converti à la Religion catholique, à Rome, le 25 mai 1783. Ecrite par lui-même.

Paris. 1788. 1 vol. in-12.

a. — Réforme en France.

689. — Histoire ecclesiastique des Eglises reformées au royaume de France, en laquelle est descrite au vray la renaissance et accroissement d'icelles depuis l'an MDXXI jusques en l'année MDLXIII; leur reiglement ou discipline, synodes, persecutions, tant generales que particulieres, noms et labeurs de ceux qui ont heureusement travaillé, villes et lieux où elles ont esté dressées, avec le discours des premiers troubles ou guerres civiles, desquelles la vraye cause est aussi declarée. (Par *Théodore* DE BÈZE.)
    Anvers. 1580. Jean Remy. 3 vol. in-8º.

690. — Origine, progressi, e ruina del Calvinismo nella Francia, ragguaglio istorico di D. *Casimiro* FRESCHOT.
    Parma. 1693. Alb. Pazzoni 1 vol. in-4º.

691. — La discipline des églises réformées de France. Ou l'ordre par lequel elles sont conduites et gouvernées. Par *I.* D'HUISSEAU. 2ᵉ édit.
    Bionne. 1675. Rousselet. 1 vol. in-12.

** — Histoire de France pendant les guerres de Religion, par *Charles* LACRETELLE.
    Voyez : *Histoire*. Nº 2447.

** — Résumé de l'histoire des guerres de Religion en France, par SAINT-MAURICE.
    Voyez : *Histoire*. Nº 2449.

692. — Recueil de pièces.
    1 vol in-8º.
    1. — L'ombre de Calvin aux Huguenots de France.
        1622. in-8º.
    2. — Le Bandeau des Ministres présenté au Roy, par le Sieur DE RACONIS.
        Lyon. 1620. Vaillot. in-8º.

3. — Les quatre Ministres de Charenton baillonnez par quatre propositions faites au sieur baron de l'Espicelière, de la Religion prétendue..... Ensemble la responce au livre intitulé : la Caballe des Jesuistes. (Signé I. R. P.)
Lyon. 1618. Yvrad. in-8°.

4. — Lettre de Messieurs de l'Assemblée de la Rochelle. Au Roy.
Lyon. 1621. Armand dit Alphonce. in-8°.

5. — Douze demandes d'un Catholique au Sieur De Croy, ministre de Boujan, ensuitte de la Conference verbale faite à Beziers entre le Pere Matthieu Gevolde jesuiste et ledit ministre, en la presence de Monseigneur le conte de la Voute, le 22 juin 1620.
Lyon. 1620. Pech. in-8°.

6. — L'anti-huguenot au duc de Rohan. Pour response à son Manifeste, ou Declaration.
Paris. 1627. in-8°.

7. — Histoire memorable de ceux de la religion pretendue reformée de S. Anthonin, Villemur, et autres places ; convertis à la foy catholique, apostolique et romaine....
Lyon. 1622. Cayne. in-8°.

8. — Briefve refutation des erreurs de nostre temps. Tirée des passages de la S. Escriture, par le R. P. *Pierre* Coton. Revue et corrig.
Lyon. 1642. Veuve Muguet. in-8°.

9. — Traicté et accord passé entre le Roy d'Angleterre, et les maires, et eschevins, pairs, bourgeois, et habitans de la ville de la Rochelle, par le moyen de leurs deputez. En l'année 1628.
Lyon. 1628. Armand dit Alphonce. in-8°.

10. — La Conversion de P. Marcha sieur de Pras, cy-devant ministre en Vivarais.... Lequel s'est rendu catholique dans l'abbaye S. Ouen le jour de Noel dernier en presence de sa Majesté.
Lyon. 1618. in-8°.

11. — La Sommation qui a esté faicte à Messieurs de la Religion pretendue Reformée à l'Assemblé de Ludum., le 15 avril 1620.
Lyon. 1620. in-8°.

12. — La Conversion de quatre Ministres du païs de Biard, deux de la ville de Paux, un de la ville de Nay, l'autre d'Ourtes : estans tous quatre ensemble, lesquels ont esté convertis à la foy, et religion catholique, apostolique et romaine. — Dedans la ville de Laitour, où Monseigneur l'archevêque d'Aoux fit l'office..., le 26 avril 1620.
Lyon. 1620. in-8°.

13. — Déclaration du Roy, par laquelle ceux de la Religion prétendue reformée assemblez à Loudun, sont déclarés criminels de leze-Majesté, a faute de se separer dans le temps porté par icelle. Verifiée en Parlement le 27 février 1620.
 Lyon. 1620. Ancelin. in-8°.

14. — Remonstrance à Messieurs de la Religion pretendue reformée. Sur les plaintes par eux faites à M. le Garde des Sceaux. Par L. R. P. A. D.
 Paris. 1620. in-8°.

15. — Demandes à faire par les Catholiques aux Ministres et Religionnaires, sans que ceux-cy y puissent satisfaire. Publiées par le P. F. Veron.
 Paris. 1634. Mesnais. in-8°.

16. — La Response faicte par le Roy aux Deputez des gens de la Religion pretendue Reformée.
 Lyon. 1620. Armand dit Alphonce. in-8°.

17. — Manifeste anglois. Adressé aux Reformez de France, sur les troubles et divisions de ce temps. Sur la copie imprimée à Londres par George Bichopt.
 S. p. n. l. 1622. in-8°.

18. — Response au Manifeste anglois. *Omne malum ab Aquilone.*
 Lyon. 1627. in-8°.

19. — La Description du trouble suscité à Genève, deccue et pipée par les siens, soubs l'apparence d'un faux et pretendu secours.
 Nismes. 1619. Du Gué. in-8°

20. — La fievre des Huguenots de France, par *Pierre* Bertheau.
 Lyon. 1628. Yvrad. in-8°.

21. — Trois arguments invincibles contre la doctrine des Ministres de la Religion pretendue reformée. A eux dressez par un Ministre qui les a quitez.
 1612. in-8°.

22. — La Harangue d'Alexandre le forgeron, prononcée au Conclave des Reformateurs.
 1614. in-8°.

23. — Edict du Roy, sur la paix qu'il a pleu à sa Majesté donner à ses subjets de la Religion pretendue reformée. Publié en Parlement le 6 avril 1626.
 Lyon. 1626. Jullieron et Larlot. in-8°.

24. — Déclaration des causes qui ont meu *Arnoul* Martin, jadis ministre entre les Calvinistes, d'embrasser la foy catholique.
 Paris. 1601. Le Blanc. in-8°.

25. — La Capilotade huguenote envoyée aux Rebelles de la Rochelle et Montabanistes.

  S. n. n. l. 1622. in-8°.

26. — La Declaration de Maistre *Jean* DUPERCHE, *Alençonnois,* nagueres ministre, et maintenant converty à la foy cathol. apost. et romaine.

  Lyon. 1618. Charvet. in-8°.

27. — Response à un gentilhomme, qui desire qu'on termine les differents de Religion. Par le R. P. *Leonard* PATORNAY.

  Lyon. 1619. Morillon. in-8°.

28. — Advertissement aux Princes, de la façon que se gouvernent les Peres Jesuites. Faict par un Religieux vuidé de passion. Traduict d'italien en françois.

  S. n. n. l. 1620. in-8°.

29. — L'Anti-Ministre, ou Apologie pour les R. Pères Jésuites. Dedié à Loys le Juste, Roy de France et de Navarre. Contre un advertissement aux Princes, de la façon que se gouvernent les Jesuites, fait par un Ministre, se disant Religieux vuidé de passion. (Par GUERSON.)

  Lyon. 1620. in-8°.

30. — Requeste adressée au Roy. Contre la procedure du sieur du Moulin Ministre, et publication de ses livres, faict contre la teneur de l'edict, par G. D. S. D. S.

  Lyon. 1619. in-8°.

31. — Adjournement personnel donné au Ministre Du Moulin. Pour respondre aux griefs produits par les Prelats de l'Eglise romaine, sur les impostures insérées en son livre de la vocation des Pasteurs....

  Lyon. 1619. in-8°.

32. — Coppie d'une Lettre de HENRY DE BOURBON prétendu Roy de Navarre à la Republicque des Bernoys, par laquelle il proteste qu'il veut vivre et mourir en la religion en laquelle il a esté instruict, qui est l'heresie : et que la declaration qu'il a faicte, par laquelle il jure et promet de maintenir la foy catholique, apostolique et romaine, n'est que par dissimulation et hypocrisie, pour contenir son armée en debvoir, et le cœur du peuple à sa devotion. Surprinse à Pontarly la Montagne à un courrier qui la portoit ausditz seigneurs de Berne.

  Lyon. 1589. in-8°.

33. — Arrest de la Cour de Parlement donné le 26 et exécuté le 27 juin 1614. Contre le livre imprimé à Cologne l'an présent intitulé *Francisci Suarez Granatensis è Societate Jesu Defensio fidei catholicæ et apostolicæ adversus Anglicanæ sectæ errores*, etc.

  Paris. 1614. Morel et Metayer. in-8°.

34. — L'Establissement de la Congregation de la Propagation de la Foy et des Missionnaires generaux des Prelats de France, pour conférer avec les Ministres, et prescher aux portes de leurs temples, et ès places publiques, par toutes les Provinces, de ceste Monarchie, au salut des devoyez, et pour le repos de l'Estat. Approuvé par N. S. P. le Pape, et les Prelats de ce Royaume. Representé de rechef au Roy en son Conseil. Par M. *François* VERON.

    Lyon. 1624. Armand dit Alphonce. in-8°.

35. — Songe de Maistre Guillaume, avec un Récit general de tout ce qui s'est passé dans Montauban.

    Lyon. 1623. De Chauny. in-8°.

693. — Les Actes des Ministres, et les moiens qu'ils ont tenus pour introduire leur doctrine et leurs presches au Royaume de France. Par *Adrian* BEHOTTE.

    Paris. 1621. D. Moreau. 1 vol. in-8°.

694. — L'Heresie suspecte à la Monarchie. Discours en forme de remonstrance à Messieurs de la Religion prétendue réformée. P. L. S. D. (Par le Sieur de) CROISILLES.

    Paris. 1624. Du Bray. 1 vol. in-8°.

695. — Apologie pour les Catholiques, contre les faussetés et les calomnies d'un livre intitulé : La politique du Clergé de France, etc. (Par *Ant.* ARNAULD.)

    Liège. 1681. Veuve Bronkart. 2 vol. in-12.

696. — Remarques sur le livre d'un Protestant, intitulé Considérations sur les Lettres circulaires de l'Assemblée du Clergé de France de l'année 1682. Avec un examen de trois endroits importans du livre de M. Burnet, sur le même sujet. (Par *J.-B.* D'ANTECOURT.)

    Paris. 1683. Dezallier. 1 vol. in-12.

697. — Réponse aux plaintes des Protestans contre les moyens que l'on employe en France pour les réunir à l'Eglise. Où l'on réfute les calomnies qui sont contenues dans le livre intitulé, La Politique du Clergé de France, etc. Par M. BRUEYS.

    Paris. 1686. S. Mabre Cramoisy. 1 vol. in-12.

698. — Reflexions politiques par lesquelles ont fait voir que la persecution des Reformez, est contre les veritables interêts de la France. (Par *Charles* Ancillon.)
Cologne. 1686. P. Marteau. 1 vol. in-12.

699. — Les justes raisons que les Protestans de France ont eues de se réunir à l'Eglise Romaine, sous le règne de Louis le Grand. Par M. Forestier.
Paris. 1687. Roulland. 1 vol. in-12.

700. — Réponse aux plaintes des Protestans touchant la prétendue persécution de France. (Par *F. Denis* de Sainte Marthe.)
Paris. 1688. Seneuse. 1 vol. in-12.

701. — Histoire des Edits de pacification et des moyens que les prétendus Reformez ont employé pour les obtenir. Contenant ce qui s'est passé de plus remarquable depuis la naissance du Calvinisme jusqu'à présent. Par le sieur Soulier.
Paris. 1682. Dezallier. 1 vol. in-8º.

702. — L'explication de l'édit de Nantes, de M. Bernard. Avec de nouvelles observations, et les nouveaux édits, déclarations et arrests, donnez jusqu'à présent, touchant la Religion prétendue Reformée. Par M. Soulier.
Paris. 1683. Dezallier. 1 vol. in-8º.

703. — Recueil de ce qui s'est fait en France de plus considérable, contre les Protestans, depuis la revocation de l'Edit de Nantes. Avec une Préface, pour justifier la conduite qu'on a tenue dans ce Royaume, pour porter les Pretendus Reformez à se réunir à l'Eglise. Par Mre *Jacques* Le Fevre.
Paris. 1686. F. Leonard. 1 vol. in-4º.

Dans ce volume :

—Nouveau Recueil de tout ce qui s'est fait pour et contre les Protestans, particulièrement en France. Où l'on voit l'establissement, le progrez, la décadence, et l'extinction de la R. P. R. dans ce Royaume. Par M° *Jacques* Le Fevre.

Paris. 1690. Leonard. in-4o.

704.—Eclaircissemens historiques sur les causes de la révocation de l'Edit de Nantes, et sur l'état des Protestants en France, depuis le commencement du règne de Louis XIV, jusqu'à nos jours. (Par *C. C.* de Rulhière.)

S. n. n. l. 1788. 1 vol. in-8°.

705.—Discours sur le saccagement des églises catholiques, par les Heretiques anciens, et nouveaux Calvinistes, en l'an mil cinq cens soixante deux. Plus de l'ancien naturel des François en la Religion chrestienne. Par *F. Claude* de Sainctes.

Paris. 1565. Fremy. 1 vol. in-8°.

Dans ce volume :

—*Joan. Jacobi* Rabus Aletheuticus. Pro veritatis ac anatomiæ Luthericæ defensione : adversus Porcos recentes Albimontios.

Coloniæ. 1569. A. Rostius. in-4°.

—Trace du ministère visible de l'Eglise catholique romaine, prouvée par l'ordre des Pasteurs et Pères, qui ont escrit et presché en icelle, aveque la Remarque des algarades, que l'heresie calvinesque luy a données en divers temps... Par M. *Arnauld* Sorbin.

Paris. 1568. G. Chaudiere. in-8°.

706.—Le fanatisme renouvellé, ou histoire des sacriléges, des incendies, des meurtres, et des autres attentats que les Calvinistes révoltez ont commis dans les Sevenes ; et des châtimens qu'on en a faits. Par le R. P. L'Ouvreleuil. 2° édit., revue, corrig. et aug. (d'une suite, qui contient tout ce qui est arrivé jusqu'au mois de février 1706.)

 Avignon. 1704-1706. Chastanier. 4 en 2 vol. in-12.

** — Histoire nouvelle abrégée de la revolte de Sevennes. (Par *Fr.* Duval.)
 Voyez : *Histoire*, n° 2809.

** — Histoire du soulevement des fanatiques des Sevennes, lequel a commencé en 1702 et a été entierement terminé en 1705. (Par *Fr.* Duval.)
 Voyez : *Histoire*, n° 2810.

707. — Histoire du fanatisme de notre tems. Par M. de Brueys.

 Utrecht. 1737. Le Febvre. 3 vol. in-12. Port.

708. — La Cabale chimerique, ou Refutation de l'histoire fabuleuse qu'on vient de publier malicieusement touchant un certain projet de paix, dans l'*Examen d'un libelle etc. intitulé, Avis important aux Refugiez sur leur prochain retour en France.* (Par *Pierre* Bayle.)

 Rotterdam. 1691. Leers. 1 vol. in-12.

709. — Mémoire politico-critique, où l'on examine s'il est de l'intérêt de l'Eglise et de l'Etat d'établir pour les Calvinistes du Royaume une nouvelle forme de se marier. Et où l'on réfute l'écrit qui a pour titre : *Mémoire théologique et politique sur les mariages clandestins des Protestants de France.* (Par l'abbé de Caveirac.)

 S. n. n. l. 1756. 1 vol. in-8°.

 On trouve à la suite :

— La voix du vrai patriote catholique, opposée à celle des faux patriotes tolérans. (Par l'abbé de Montégut.)

 S. n. n. l. 1756. in-8°.

710. — Apologie de Louis XIV et de son Conseil, sur la révocation de l'Edit de Nantes. Pour servir de réponse à la *Lettre d'un patriote sur la tolérance civile des Protestans de France*, etc. Avec une Dissertation sur la journée de la S. Barthelemy. (Par l'abbé DE CAVEIRAC.)

S. n. n. l. 1758. 1 vol. in-8°.

711. — Principes politiques sur le rappel des Protestans en France. Par M***. (TURMEAU DE LA MORANDIÈRE.)

Paris. 1764. Dessain. 2 en 1 vol. in-12.

712. — Mémoire sur le Mariage des Protestans, en 1785. (Par LAMOIGNON DE MALSHERBES.)

S. n. n. l. n. d. 1 vol. in-8°.

A la suite :

— Second mémoire sur le mariage des Protestants.

Londres. 1787. in-8°.

713. — Discours à lire au Conseil, en présence du Roi, par un ministre patriote, sur le projet d'accorder l'état civil aux Protestans. (Par l'abbé BONNAUD.)

S. n. n. l. 1787. 2 en 1 vol. in-8°.

** Tableau de l'état général du protestantisme en Europe et dans les missions protestantes. (Par COUSIN DE COURCHAMP.)

Voyez *les Nuits de Berlin : Belles-Lettres.*

---

b. — *Réforme en Allemagne.*

---

714. — *Joannis* SLEIDANI commentariorum de statu Religionis et Reipublicæ, Carolo Quinto Cæsare, libri XXVI. Unà cum Apologia ab ipso authore conscripta....

Argentorati. 1566. Th. Rihelius. 1 vol. in-8°.

715.—Idem opus. Editio nova.
Francofurti. 1610. Schonwetter. 1 vol. in-8º.

716.—Histoire de l'estat de la Religion, et Republique, sous l'Empereur Charles cinquième, par *Jean* SLEIDAN. (Traduit par *Robert* LE PRÉVOT.)
Strasbourg. 1558. 1 vol. in-8º.

A la suite :

—Trois livres des quatre Empires souverains, assavoir de Babylone, Perse, Grèce, Rome. Par *Jean* SLEIDAN.
Strasbourg 1558. in-8º.

—Sommaire de l'histoire de Jean Sleidan, disposé par tables.
Strasbourg. 1558. in-8º.

717.—Joannis Sleidani de statu Religionis et Reipublicæ continuatio ab anno videlicet supra MDLVI, ad nostra usque tempora,... collecta atque concinnata per *Mich. Casparum* LUNDORPIUM.
Francofurti. 1619. 1625. Hoffmannus. 3 vol. in-8º.

c. — *Réforme en Angleterre.*

718.—D. V. *Nicolai* SANDERI, de origine ac progressu Schismatis Anglicani, liber. Editus et auctus per *Edouardum* RISHTONUM.
Coloniæ Agrippinæ. 1585. 1 vol. in-8º.

719.—Vera et sincera historia Schismatis Anglicani, de ejus origine ac progressu : tribus libris fideliter conscripta, ab R. D. *Nicolao* SANDERO ; aucta per *Eduardum* RISHTONUM. Nunc postremùm Appendice ex R. P. *Petri* Ribadeneiræ libris, aucta et castigatius edita.

Coloniæ Agrippinæ. 1628. Petr. Henningius. 1 v. in-8º.

720.—Les trois Livres du Docteur *Nicolas* Sanders, contenants l'origine et progrez du Scisme d'Angleterre. Augmentez par *Edouart* Rishton, premièrement imprimez en latin, en Allemaigne, et depuis plus correctement à Rome.

(Ausbourg.) 1587. (Hans Mark.) 1 vol in-8º.

721.—Histoire du Schisme d'Angleterre de Sanderus. Traduite en françois par M. Maucroix. 2ᵉ édit.

Paris. 1678. A. Pralard. 1 vol. in-12.

A la suite :

—Tome second du Schisme d'Angleterre, ou les Vies des Cardinaux Polus (par Becatel) et Campege (par Sigonius); mises en françois par M. Maucroix.

Lyon. Paris. 1685. A. Pralard. in-12.

722.—Historia ecclesiastica des Scisma del Reyno de Inglaterra. Recogida de diversos y graves autores, por el Padre *Pedro* de Ribadeneyra.

Emberes. 1594. M. Nucio. 2 en 1 vol. in-16.

723.—Histoire de la Réformation de l'Eglise d'Angleterre. Traduite de l'anglois de M. Burnet, par M. de Rosemond.

Londres. 1683. Rich. Chiswel. 2 vol. in-4º.

724.—Même ouvrage. 4ᵉ édit.

Amsterdam. 1687. Wolfgang. 4 vol. in-12.

725.—Vindiciarum Catholicorum Hiberniæ authore *Philopatro* Irenæo (*Richardo* Belling) ad Alitophilum libri duo, quorum primus rerum in Hiberniâ gestarum ab anno 1641, ad annum 1649.... synopsim, secundus

libelli famosi in Catholicos Hiberniæ Proceres....
accuratam confutationem continet.

Parisiis. 1650. Camusat. 1 vol. in-12.

726.—Entretiens touchant l'entreprise du prince d'Orange sur l'Angleterre. Où l'on prouve que cette action fait porter aux Protestans les caractères d'Antichristianisme, que M. Jurieu a reprochez à l'Eglise Romaine. (Par *F. D.* DE SAINTE-MARTHE.)

Paris. 1689. A. Seneuze. 1 vol. in-12.

6. — ANABAPTISTES, TREMBLEURS, ETC.

727.—Histoire du fanatisme dans la Religion protestante, depuis son origine. Par le P. *François* CATROU. (Anabaptistes, Davidistes, Trembleurs.)

Paris. 1733. Cl. Simon. 3 vol. in-12.

728.—Histoire des Anabaptistes, contenant leur doctrine, les diverses opinions qui les divisent en plusieurs sectes, les troubles qu'ils ont causez, et enfin tout ce qui s'est passé de plus considérable à leur égard, depuis l'an 1521 jusques à présent.

Amsterdam. 1699. J. Desbordes. 1 vol. in-12. Fig.

729.—Histoire des Anabaptistes. Par le P. *François* CATROU.

Paris. 1706. Cellier. 1 vol. in-4º.

730.—Histoire du Socinianisme, divisée en deux parties. Où l'on voit son origine, et les progrès que les Sociniens ont faits dans différens royaumes de la Chrétienté. (Par *L. A.* GUICHARD.)

Paris. 1723. Barois. 1 vol. in-4º.

PRÉDESTINATIANISME.

731.—Historia Gotteschalci Prædestinatiani, et accurata controversiæ per eum revocatæ disputatio... Auctore R. P. *Ludovico* CELLOTIO.
   Parisiis. 1655. Cramoisy. 1 vol. in-fol.

732.—*Jacobi* SIRMONDI Historia Prædestinatiana, quibus initiis exorta, et per quos potissimum profligata Prædestinatorum hæresis olim fuerit, et oppressa.
   Parisiis. 1648. Cramoisy. 1 vol in-8°.

733.—Le Prédestinatianisme, ou les hérésies sur la prédestination et la réprobation, traité historique et théologique, où l'on expose la naissance, le progrès, les révolutions, les dogmes, et les sectes diverses des Prédestinatiens,... Par le R. P. *J. B.* DU CHESNE.
   Paris. 1724. Quillau. 1 vol. in-4°.

BAÏANISME.

734.—Histoire du Baïanisme ou de l'hérésie de Michel Baïus, avec des notes historiques, chronologiques, critiques, etc. Par le Pere *Jean-Baptiste* DU CHESNE.
   Douay. 1731. Willerval. 1 vol. in-4°.

735.—Dissertation sur les bulles contre Baïus, où l'on montre qu'elles ne sont pas reçues par l'Eglise. (Par l'abbé *Chr.* COUDRETTE et l'abbé *L. Fr.* BOURSIER.)
   Utrecht 1737. La Compagnie. 2 en 1 vol. in-8°.

JANSÉNISME.

736. — La naissance du Janssenisme découverte. Par le Sʳ de Preville (le P. *Fr.* Pinthereau.)
    Louvain. 1654. Vᵉ Gravius. 1 vol. in-4º.

   A la suite :

   — Le progrez du Janssenisme découvert. Par le Sʳ de Preville (Le P. *Fr.* Pinthereau.)
    Avignon. 1655. Thomas. in-4º.

737. — Relation du pays de Jansenie, où il est traitté des singularitez qui s'y trouvent, des coutumes, mœurs et religion de ses habitans. Par *Louys* Fontaines, sieur de Saint Marcel (le P. Zacharie, de Lizieux.)
    Paris. 1660. Thierry. 1 vol. in-8º. Cart.

738. — *Melchioris* Leydeckeri de historia Jansenismi libri vi, quibus de Cornelii Jansenii vita et morte, necnon de ipsius et sequacium dogmatibus disseritur.
    Trajecti ad Rhenum. 1695. Halma. 1 vol. in-8º. Port.

739. — Histoire abregée du Jansénisme, et remarques sur l'ordonnance de M. l'Archevêque de Paris. (Par Fouillou.)
    Cologne. 1697. Druckerus. 1 vol. in-8º.

740. — Histoire générale du Jansenisme, contenant ce qui s'est passé en France, en Espagne, en Italie, dans les Païs-Bas etc. au sujet du livre intitulé, *Augustinus Cornelii Jansenii*. Par M. l'abbé... (*Gab.* Gerberon.)
    Amsterdam. 1700. De Lorme. 3 vol. in-8º. Port.

741. — Exposition historique de toutes les hérésies et les erreurs que l'Eglise a condamnées sur les matières de la grâce et du libre arbitre.
    Paris. 1714. Pépie. 1 vol. in-12.

QUIÉTISME.

742.—Relation sur le Quiétisme. Par Messire *Jacques-Benigne* Bossuet.
   Paris. 1698. Anisson. 1 vol. in-8°.

CONGRÉGATION DE AUXILIIS.

743.—Abrégé de l'histoire de la Congrégation *de Auxiliis*, c'est-à-dire des secours de la grâce de Dieu, tenue sous les Papes Clément VIII et Paul V. (Par le P. *Pasq.* Quesnel.)
   Francfort. 1687. Arnaud. 1 vol. in-12.
   A la suite :
—Brevis enarratio actorum omnium, ad compendium redactorum, quæ circa controversiam de Auxiliis divinæ gratiæ sub Clemente PP. Octavo et coram ipso celebrata sunt : a R. P. *Gregorio Nunnio* Coronez elucubrata.
   Francofurti. 1687. Arnaud. 1 vol. in-12.

744.—Historiæ Congregationum de Auxiliis divinæ gratiæ, sub summis Pontificibus Clemente VIII et Paulo V libri quatuor. Quibus etiam datâ operâ confutantur recentiores hujus Historiæ depravatores,.... Autore *Augustino* Le Blanc. (*Jac. Hyac.* Serry.)
   Lovanii. 1700. Æg. Denique. 1 vol. in-fol.

745.—Addenda suis locis in historia Congregationum *de Auxiliis* sub summis Pontificibus Clemente VIII et Paulo V celebratarum, anno mdcc edita.
   Lovanii. 1701. Denique. 1 vol. in-fol.

746. —Historia Congregationum de Auxiliis divinæ gratiæ sub summis Pontificibus Clemente VIII et Paulo V, in quatuor libros distributa, et sub ascititio nomine *Augustini* LE BLANC, Lovanii primùm publicata: nunc autem magnâ rerum accessione aucta... Cui præterea accedit liber quintus superiorum librorum Apologeticus, adversus Theodori Eleutherii eodem de argumento Pseudo-Historiam. Autore et defensore F. *Jacobo Hyacintho* SERRY.

Antuerpiæ. 1709. Societas. 1 vol. in-fol.

747. —Acta omnia congregationum ac disputationum quæ coram SS. Clemente VIII et Paulo V summis Pontificibus sunt celebratæ in causâ et controversiâ illâ magnâ de Auxiliis divinæ gratiæ quas disputationes ego F. *Thomas* DE LEMOS eâdem gratiâ adjutus sustinui contra plures ex Societate.

Lovanii. 1702. Denique. 1 vol. in-fol. Port.

748. —Historiæ controversiarum de divinæ gratiæ Auxiliis sub summis Pontificibus Sixto V, Clemente VIII et Paulo V libri sex. Quibus demonstrantur ac refelluntur errores et imposturæ innumeræ, quæ in *Historia Congregationum de Auxiliis* edita sub nomine *Augustini Le Blanc* notatæ sunt; et refutantur *Acta omnia* earumdem Congregationum, quæ sub nomine Fr. *Thomæ de Lemos* prodierunt. Auctore *Theodoro* ELEUTHERIO. (*Livino* DE MEYER.)

Antuerpiæ. 1705. Jacobs. 1 vol. in-fol.

749. —Historiæ Congregationum de divinæ gratiæ Auxiliis sub summis Pontificibus Sexto V, Clemente VIII, Paulo V ab objectionibus R. P. Hyacinthi Serry vindicatæ libri tres. Accedunt dissertationes quatuor de mente Concilii Tridentini circa gratiam physicè præ-

determinantem, de mente S. Augustini, de genuinis Pelagianorum et Massiliensium erroribus : item Responsio ad F. Henricum à S. Ignatio, et alia quædam opuscula. Auctore P. *Livino* de Meyer.

Bruxellis. 1715. Claudinot. 1 vol. in-fol.

750.—Questions importantes à l'occasion de la nouvelle histoire des Congregations *de Auxiliis*. (Par le P. *Barth.* Germon.)

Liège. (1700). Streel. 1 vol. in-12.

A la suite :

—Lettre de M. l'abbé Le Blanc, auteur de l'histoire de la Congrégation de Auxiliis, pour servir de réponse à la Lettre du secrétaire de Liége, du 30 juin 1698. Où l'on trouve l'analyse de cette histoire publiée en latin dans un volume in-folio...

S. n. n. l. 1699. in-12.

—Autoris historiæ Congregationum de Auxiliis defensio adversus querelam Caroli Gasparis Metzenii, Academiæ Trevirensis syndici.

(Antuerpiæ. 1700.) in-12.

—Epistola Ill. ac Rev. *Gilberti* de Choyseul du Plessy-Praslain, Episcopi Tornacensis, ad Ex. ac Rev. D. D. Martinum Steyaert, de potestate ecclesiastica. Ed. nov.

Bruxellis. 1716. Fricx. in-12.

751.—L'Histoire des Congrégations *de Auxiliis*, justifiée contre l'auteur des *Questions importantes* etc. Par un Docteur en Théologie. (*J.-H.* Serry.)

Louvain. 1702. Nempe. 1 vol. in-12

752.—Errata de l'Histoire des Congrégations *de Auxiliis* composée par l'abbé Le Blanc, et condamnée par l'Inquisition générale d'Espagne. Avec une Réfutation de la Réponse au livre des *Questions importantes*. (Par le P. *Barth.* Germon.)

Liège. 1702. Streel. 1 vol. in-12.

753.—Le Correcteur corrigé, suite de la justification de l'Histoire de la Congrégation *de Auxiliis*, contre l'auteur du faux Errata de cet ouvrage, etc. Par un Docteur en Théologie. (*J.-H.* Serry.)

Liège. 1704. Bronkart. 1 vol. in-12.

CHAPITRE VII.

HISTOIRE DES INSTITUTIONS.

PREMIÈRE SECTION.

1. — HISTOIRE DES PAPES.

**— Diatriba præliminaris ad catalogos veteres Romanorum Pontificum, ex antiquis codicibus mss acceptos.

Vide : *Acta Sanctorum Aprilis.*

**—*Danielis* Papebrochii conatus chronico-historicus ad Catalogum Romanorum Pontificum, cum prævio ad eumdem apparatu *Godefridi* Henschenii atque *Petri* Possini, à S. Petro usque ad Paschalem II deductus.

Vide : *Propylæum ad Acta Sanctorum Maii.*

**— Anastasii *Bibliothecarii* Historia de vitis Romanorum Pontificum à B. Petro Apostolo ad Nicolaum I. Adjectis vitis Hadriani II et Stephani VI à Guilielmo *Bibliothecario* conscriptis.

Vide : *Rerum Italicarum Scriptores. III. Hist.* N° 1282.

** — Vitæ Romanorum Pontificum à S. Petro usque ad Innocentium VIII. Auctoribus Amalrico *Augerii*, Flodoardo *Remensi*, Pandulpho *Pisano*, aliisque scriptoribus. Accedunt epistolæ aliquot Pontificum in codice Carolino comprehensæ, per *Petrum* Lambecium exactæ.

Vide : *Ibid. III.* 2ᵃ pars.

754. — *B.* Platinæ *Cremonensis* de vita et moribus summorum Pontificum historia, cui aliorum omnium, qui post Platinam vixerunt ad hæc usque tempora, Pontificum res gestæ sunt additæ.—Ejusdem de falso et vero bono dialogi tres.—Contra amores I.— De vera nobilitate I. De optimo cive II.— Panegyricus ad Bessarionem.— Oratio ad Paulum II. Pon. Max.

Coloniæ. 1529. Euch. Cervicornus. 1 vol. in-fol.

755. —Historia *B.* Platinæ de vitis Pontificum Romanorum à N. Jesu Christo usque ad Paulum II Papam, longe quam antea emendatior, doctissimarumque annotationum *Onuphrii* Panvinii accessione nunc illustrior reddita. Cui etiam nunc accessit Supplementum Pontificum primum per eundem *Onuphrium* usque ad Pium II, et deindè per *Antonium* Cicarellam porrò ad Paulum V, qui hodiè Cath. Rom. Eccl. præsidet. Accesserunt nunc demum omnium Pontificum veræ effigies.

Coloniæ Agripp. 1611. G. Cholinus. 1 vol. in-4º. Fig.

756. —Historia *B.* Platinæ de vitis Pontificum Romanorum. .... Cui accessit.... Supplementum Pontificum, primum per *Onuphrium* usque ad Pium V, et deindè per *Antonium* Cicarellam porrò ad Urbanum VIII....

Coloniæ Agripp. 1626. P. Cholinus. 1 vol. in-4º. Port.

757.—*B.* Platinæ opus de vitis ac gestis Summorum Pontificum ad Sixtum IV, Pont. Max., deductum, fideliter à litera ad literam denuo impressum, secundum duo exemplaria, quorum unum fuit vivente adhuc auctore, anno mccccLxxix, alterum anno mdxxix. Accessit, præter B. Platinæ vitam, brevis quidem sed longè utilissimus, Romanorum Pontificum, Conciliorum sub illis celebratorum et Imperatorum catalogus.

S. n. n. l. 1664. 1 vol. in-12.

758. — PLATINA delle vite de' Pontefici tradotto di latino in lingua volgare, etc. Nelle quali si descrivono le vite di tutti i Pontefici, et sommariamente tutte le guerre, et altre cose notabili fatte nel mondo da Cristo insino al di d'oggi.

Vinegia. 1552. Bonelli. 1 vol. in-8º.

759. — Les vies, mœurs et actions de Papes de Rome. Ensemble les schismes et heresies, les Conciles œcumeniques, avec les affaires plus importantes, et les actions plus memorables des Empereurs et Princes chrestiens et infidèles, qui ont quelque dependance ou connexion avec le gouvernement de l'Eglise. Composées en latin par *Ba.* PLATINE. Avec la continuation d'ONUPHRE, CIGARELLA, CIACONIUS et autres autheurs modernes. Traduites en nostre langue... et continuées iusques à Innocent X, tenant à present le S. Siège. Par le sieur COULON.

Paris. 1751. Clouzier. 2 en 1 vol. in-4º.

760. — Epitome Pontificum Romanorum à S. Petro usque ad Paulum IIII gestorum (videlicet) electionisque singulorum, et Conclavium compendiaria narratio. Cardinalium item nomina, dignitatum tituli, insignia, legationes, patria et obitus. *Onuphrio* PANVINIO auth.

Venetiis. 1557. J. Strada. 1 vol. in-fol.

761. — *Papirii* MASSONI libri sex, de Episcopis Urbis, qui Romanam Ecclesiam rexerunt, rebusque gestis eorum.

Parisiis. 1586. Seb. Nivellius. 1 vol. in-4º.

762. — Le vite degl' Imperadori et Pontefici Romani, da Messer *Francesco* PETRARCHA, insino a' suoi tempi

composte. Dipoi, con diligenza et brevità, seguitate insino nell' anno MCCCCLXXVIII.

Fiorenza. 1625. Jacobo De Ripoli. 1 vol. in-4°.

763. — Les Vies des Evesques et Papes de Rome, depuis la dispersion des disciples de Jesus Christ, jusques au temps de Paul quatrième, qui à present règne tyranniquement en l'Eglise, prinses du grand Catalogue des escrivains d'Angleterre, de *Jehan* BALEUS. Nouvellement traduites de latin en françois

Genève. 1561. Conrad Badius. 1 vol. in-8°.

764. — Summorum urbis et orbis Pontificum series et gesta à *Jo. Fr.* BORDINO, ex Annalib. Card. Cæsaris Baronii deprompta.

Parisiis. 1604. A. Angelerius. 1 vol. in-4°.

765. — Histoire pontificale, ou plustost demonstration de la vraye Eglise, fondée par Jesus-Christ, et ses Apostres, contenante sommairement les faicts plus signalez advenus en icelle, et les plus preignantes marques de la vraye Eglise. Par *F. Jean-Baptiste* DE GLEN. Avec les pourtraicts des Papes, taillez par *Jean* DE GLEN.

Liège. 1606. Arnoult de Coerswarem. 1 vol. in-4°.

766. — Cronologia de' sommi Pontefici, che contiene le effigii, nomi, e patrie loro; in che anno, et giorno furono eletti; le lor vite... Cominciando da San Pietro, insino al Beatiss. Papa Paolo Quinto, hoggi vivente. Revista et espurgata dal R. P. M. *Gio Ant.* BRANDI.

Roma. 1608. G. Discepolo. 1 vol in-4°.

A la suite :

—Sommario delle vite de gl' Imperadori Romani, cavato dalle istorie antiche et moderne, con le loro effigie, retratte dalle medaglie, et anco i nomi de' Pontefici, che a quei tempi furono.

Roma. 1606. L. Zanetti. in-4°.

767. — Breviarium chronologicum Pontificum et Conciliorum omnium quæ à S. Petro ad hæc usque nostra tempora celebrata sunt. Omnia... studio ac labore Fr. *Francisci* Longi a Coriolano.
    Lugduni. 1623. L. Prost. 1 vol. in-fol. Fig.

768. — Vitæ et res gestæ Pontificum Romanorum et S. R. E. Cardinalium ab initio nascentis Ecclesiæ, usque ad Urbanum VIII, Pont. Max. Auctoribus M. *Alphonso* Ciaconio, *Francisco* Cabrera Morali, et *Andrea* Victorello. Iconibus Pontificum, horum, et Cardinalium insignibus, et plurimorum elogiis adjunctis. Alia plura Victorellus, et *Ferdinandus* Ughellus ex mss. præsertim monumentis addiderunt. *Hyeronimus* Alexander et alii Ciaconianum opus recensuerunt.
    Romæ. 1630. Typis Vaticanis. 1 vol. in-fol.

769. — Vitæ et res gestæ Pontificum Romanorum et S. R. E. Cardinalium ab initio nascentis Ecclesiæ usque ad Clementem IX O. M. *Alphonsi* Ciaconii et aliorum operâ descriptæ; cum uberrimis notis. Ab *Augustino* Oldoino recognitæ et ad quatuor tomos ingenti ubique rerum accessione productæ.
    Romæ. 1677. Ph. et Ant. de Rubeis. 4 vol. in-fol. Fig.

770. — Historia Pontificum Romanorum, contracta, et compendio perducta usque ad annum æræ christianæ mdcxxxii, a *Jacobo* Revio.
    Amstelodami. 1632. Joa. Janssonius. 1 vol. in-8º.

771. — Histoire des Papes et Souverains Chefs de l'Eglise, contenant les affaires plus memorables advenues sous l'authorité du Sainct Siège Apostolique, depuis S. Pierre premier Pontife Romain jusques à Paul V. Le tout fidellement recueilly de divers historiens, et de plusieurs tiltres, memoires, et chroniques non encore

imprimés. Par *André* DU CHESNE. Et augmentée en cette derniere edition jusques à present 1645.

Paris. 1645. J. Promé. 1 vol. in-fol.

772. — Histoire des Papes, etc., jusques à Innocent X aujourd'hui séant. Le tout fidellement recueilli... par feu M. DU CHESNE. Et depuis reveue, corrigée etc., par *François* DU CHESNE, son fils.

Paris. 1653. Nic. et Jean de La Coste. 2 vol. in-fol. Port.

773. — L'Histoire et la Vie des Papes. Où l'on voit ce qui s'est passé de plus remarquable dans l'Estat de l'Eglise sous chaque Pontife Romain. Depuis S. Pierre jusques à Alexandre VII, tenant à présent le S. Siège. Le tout fidellement recueilly des autheurs anciens et modernes. Par *Louis* COULON.

Paris. 1656. G. Clousier. 2 vol. in-12.

774. — La même... jusques à Clément X, tenant à present le S. Siège. Nouv. édit., augmentée de la vie des deux derniers Pontifes et de la Prophétie de S. Malachie. (Par *Louis* COULON.)

Lyon. 1672. Comba. 1 vol. in-12.

775. — Histoire des Papes, etc., jusques à Clément XI. Nouv. édition, augmentée de cent quarante quatre pages, de matières bien importantes, tirées des Conciles, et des auteurs ecclésiastiques. (Par *Louis* COULON.)

Lyon. 1703. Comba. 2 vol. in-12.

776. — Historia chronologica Pontificum Romanorum, R. P. *Francisci* CARRIÈRE, cum præsignatione futurorum ex S. Malachia. Huic ultimæ editioni accessit Continuatio ejusdem Historiæ chron. ab Alexandro VII usque ad Innocentium XII feliciter sedentem : Auctore Religioso ejusdem ordinis.

Lugduni. 1694. Thioly et Boudet. 1 vol. in-12.

— 188 —

777. — Méthode pour apprendre facilement l'histoire des Papes, contenant ce qui s'est passé de plus considérable dans l'Etat de l'Eglise sous chaque Pontife Romain, depuis S. Pierre jusques à Innocent XII, tenant à présent le S. Siège. Avec une table chronologique, par M. D. (*Simon* GUEULLETTE.) 2ᵉ edit., rev., aug.
    Paris. 1695. Jouvenel. 1 vol. in-12.

778. — Chronologia ecclesiastica la quale contiene le vite de' Pontefici da San Pietro sino al regnante Innocenzo XIII. Raccolte in diversi scrittori antichi, e moderni da *Vittorio* BALDINI.
    Bologna. 1723. Longhi. 1 vol. in-8°. Fig.

779. — Histoire des Papes, depuis S. Pierre jusqu'à Benoist XIII inclusivement. (Par *François* BRUYS.)
    La Haye. 1732-1734. Scheurleer. 5 vol. in-4°.

780. — Histoire abrégée des Papes, depuis Saint Pierre jusqu'à Clément XIV. Tirée des auteurs ecclésiastiques. (Par *P. Aug.* ALLETZ.)
    Amsterdam. Paris. 1776. Moutard. 2 vol. in-12.

781. — Résumé de l'Histoire des Papes, dédié aux mânes de Clément XIV, par *A.-J.-B.* BOUVET DE CRESSÉ.
    Paris. 1826. Langlois et Cᵉ. 1 vol. in-18.

782. — Histoire des souverains pontifes romains, par M. le chevalier ARTAUD DE MONTOR.
    Paris. 1847. F. Didot. 8 vol. in-8°.

783. — Histoire abrégée des quarante premiers evêques de Rome, depuis S. Pierre jusqu'à Zozime. Tirée de l'ouvrage anglois de M. BOWER.
    Londres. 1757 1 vol in-12.

784. — Remarques sur les Souverains Pontifes Romains qui ont tenu le Saint Siège, depuis Célestin II jusqu'à

maintenant, avec leurs armes blasonnées en taille-douce. Au sujet de la prophetie qui se voit sous le nom de S. Malachie. Par le P. F. *Michel* Gorgeu.

Abbeville. 1659. Laurens Maurry. 1 vol in-4º.

**—Historia Summorum Pontificum a Martino V ad Innocentium XI, per eorum numismata ab anno mccccxvii ad annum mdclxxviii. A R. P. *Claudio* du Molinet.

Lutetiæ. 1679. Lud. Blilaine. 2 vol. in-fol.

Voyez : *Histoire*. Nº 4921.

785.—Pontificum Romanorum qui è Gallia oriundi, in ea sederunt, historia ab anno Christi mcccv ad annum mcccxciv. Ex. mss. codibus nunc primùm edita, et notis illustrata. Operâ et studio *Francisci* Bosqueti.

Parisiis. 1632. Seb. Cramoisy. 1 vol. in-8º.

786.—Traité historique de l'établissemeut et des prérogatives de l'Eglise de Rome et de ses Evesques. Par M. Maimbourg.

Paris. 1685. S. Mabre. Cramoisy. 1 vol. in-4º.

787.—Même ouvrage. 2ᵉ édit.

Paris. 1685. S. Cramoisy. 1 vol. in-12.

788.—Considérations sur le Traité historique de l'establissement et des prérogatives de l'Eglise de Rome et de ses Evesques. Par M. Maimbourg. (Par l'abbé *Jacques* Boileau.)

Cologne. 1686. Marteau. 1 vol. in-12.

789.—Remarques d'un Théologien sur le Traité historique de l'établissement et des prérogatives de l'Eglise de Rome et de ses Evêques, composé par M. Maimbourg. (Par M. l'abbé *Jacques* Boileau.)

Cologne. 1688. Marteau. 1 vol. in-12.

790.—Ragguaglio del Dominio temporale del Papa, dove

si tratta esattamente del governo di Roma, e di tutto lo Stato ecclesiastico.
Parigi. 1676. G. de la Caille. 1 vol. in-18.

**—Il Nepotismo di Roma Da *Gregorio* Leti.
Voyez : *Histoire*. N°s 1322.—1323.—1324.

791.—Origine de la grandeur de la Cour de Rome, et de la nomination aux Evêchés et aux Abbaies de France. Par M. l'abbé de Vertot.
Lausanne. 1745. Mich. Bousquet. 1 vol. in-12.

792.—Essai historique et critique sur la suprématie temporelle du Pape et de l'Eglise. Par M. l'abbé Affre.
Amiens. 1829. Caron-Vitet. 1 vol. in-8º.

793.—Dissertation critique et historique sur le Pape Libère, dans laquelle on fait voir qu'il n'est jamais tombé. (Par *Pierre* Corgne.) 2e édit.
Paris. 1736. Delusseux. 1 vol. in-12.

794.—Histoire du pontificat de Saint Leon-le-Grand. Par M. Maimbourg.
Paris. 1687. C. Barbin. 2 vol. in-12.

**—Vie du Pape Grégoire-le-Grand ; légende française publiée pour la première fois par *Victor* Luzarche.
Tours. 1857. J. Bouserez. 1 vol. in-18.
Voyez : *Belles-Lettres; Poésie*.

795.—Histoire du pontificat de St Gregoire le Grand. Par M. Maimbourg.
Paris. 1686. C. Barbin. 2 vol. in-12.

796.—Histoire de S. Gregoire le Grand, Pape et Docteur de l'Eglise : tirée principalement de ses ouvrages. Par Dom *Denys* de Sainte-Marthe.
Rouen. 1697. Behourt. 1 vol. in-4º. Port.

797.—Clypeus fortium sive vindiciæ Honorii Papæ. Authore *Francisco* Marchesio.
Romæ 1680. Fel. Cæsaretti. 1 vol. in-4º.

798. — Examen exact et détaillé du fait d'Honorius. (Par le P. Merlin.)

S. n. n. l. 1738. 1 vol. in-12.

799. — Erreur populaire de la Papesse Jane, par *Florimond* de Ræmound.

Bourdeaus. 1594. Millanges. 1 vol. in-8º.

On trouve à la suite :

1º Response de R. T. à l'aucteur de l'Erreur populaire.
2º De la Couronne du Soldat, traduict du latin de *Q. Septim.* Tertullian. Par *Florimond* de Ræmound.
3º Aux Martyrs, traduict du latin de *Q. Septim.* Tertullian. Par *Florimond* de Ræmound.

Bourdeaus. 1594. Millanges.

800. — L'anti-Papesse, ou erreur populaire de la Papesse Jeanne. Par *Florimond* de Ræmond.

Cambray. 1613. J. de la Rivière. 1 vol. in-8º.

— A la suite, les mêmes pièces que dans le volume précédent, imprimées, comme le présent volume, à Cambray.

801. — De Joanna Papissa : sive famosæ quæstionis, an fœmina ulla inter Leonem IV et Benedictum III, Romanos Pontifices, media sederit ἀνάκρισισ. Auctore *Davide* Blondello.

Amstelædami. 1657. Joan. Blaeu. 1 vol. in-8º.

802. — Histoire de la Papesse Jeanne fidelement tirée de la dissertation latine de M. de Spanheim. (Par *Jacques* Lenfant.)

Cologne. 1695. 1 vol. in-12.

803. — Vita S. Leonis IX Papæ, Leucorum antea Episcopi. Wiberto Archidiacono coætaneo auctore.

Lutetiæ Parisiorum. 1615. Seb. Cramoisy. 1 vol. in-8º.

804. — Histoire du Pontificat d'Eugène III. Par Dom *Jean* Delannes.

Nancy. 1737. Pre Antoine. 1 vol. in-8º.

805.—Vita Beatissimi Patris, D. Petri Cælestini Quinti, Pontificis Maximi, ordinis Cælestinorum institutoris eximii, qui summo tandem Pontificatui renunciavit. Conscripta primùm à doctissimo theologo, Cardinale Cameracensi imprimis reverendo, Domino *Petro* ab Aliaco. Postremò autem locupletata et limatiori stylo donata à Religioso fratre *Dionysio* Fabro.

Parisiis. 1539. Fr. Stephanus. 1 vol. in-4º. Fig.

806.—La Vie du Pape Alexandre VI, et de son fils César Borgia, contenant les guerres de Charles VIII et Louis XII, rois de France, et les principales négociations et révolutions arrivées en Italie depuis l'année 1492 jusqu'en 1506. Avec les pièces originales qui ont rapport à l'ouvrage. Par *Alexandre* Gordon. Traduit de l'anglois.

Amsterdam. 1732. Mortier. Tome Ier. 1 vol. in-12.

** — Vies des Papes Alexandre VI et Léon X, par M. D. B. (Du Boulay.)
Londres. 1737. Harding. 1 vol. in-12.

Voyez : *Histoire du Droit public et ecclésiastique français.*

807.—La Vie de Leon dixième Pape. Ecrite en latin par *Paul* Jove, et traduite en françois par M. M. D. P. (*Michel* De Pure.)

Paris. 1675. Couterot. 1 vol. in-12.

808.—De vita et rebus gestis Pii V, Pont. Max. libri sex, auctore *Jo. Antonio* Gabutio.

Romæ. 1605. Zannetti. 1 vol. in-fol.

809.—La Vie du B. Pape Pie V, de l'ordre des FF. Prêcheurs, par le R. P. *Jean-Baptiste* Feuillet.

Paris. 1674. And. Cramoisy. 1 vol. in-8º.

810.—Vita di Sisto V, Pontefice Romano. Scritta dal signor *Geltio* Rogeri, all' instanza di Gregorio Leti.

Losanna. 1669. G. Grée. 1 vol. in-18.

811. — La Vie du Pape Sixte cinquième, traduite de l'italien de *Gregorio* Leti. (Par *L. A.* Le Pelletier.) Nouv. édit.
   Paris. 1714. M. David. 2 vol. in-12. Fig.

812. — Même ouvrage. Nouv. édit.
   Paris. 1758. Vᵉ Damonneville. 2 vol. in-12. Fig.

813. — Historia electionis Alexandri VII Papæ. Adjuncta sunt opuscula varia ejusdem argumenti, opera *Hermanni* Conringii.
   Helmestadii. 1657. Mullerus. 1 vol. in-4º.

814. — Le Syndicat du Pape Alexandre VII, avec son voyage en l'autre monde. Traduit de l'italien (de *G.* Leti.)
   S. n. n. l. 1669. 1 vol in-12.

815. — La Vie du Pape Clément XIV, (Ganganelli.) (Par *L. A.* de Caraccioli.)
   Paris. 1775. Vᵉ Desaint. 1 vol. in-12. Port.

816. — Même ouvrage. 4ᵉ édit.
   Paris. 1781. Vᵉ Desaint. 1 vol. in-12. Port.

   **— On y a joint l'Oraison funèbre de Clément XIV, par M. l'abbé *Simon* Matzell, traduite de l'allemand par M. de Fontallard.

817. — L'esprit du Pape Clément XIV, mis au jour par le R. P. B***, confesseur de ce souverain Pontife et dépositaire de tous ses secrets. Traduit de l'italien par l'abbé C.
   Amsterdam. 1775. Mat. Klootmann. 1 vol. in-12.

   **— Consultez, pour l'histoire générale et particulière des Papes, le 3ᵉ volume des *Rerum Italicarum scriptores* de Muratori, (Histoire nº 1282) lequel est tout entier consacré à ce sujet.
   Voyez aussi : *Histoire des Etats de l'Eglise*, nº 1811 et suivants.

— 194 —

2. — HISTOIRE DES CARDINAUX.

818. —Histoire generale des Cardinaux. (Par *Ant.* Aubery.)
   Paris. 1642-1649. Jost et Soly. 5 vol. in-4º.

819. —Eloges historiques des Cardinaux illustres, françois et estrangers mis en parallele, avec leurs pourtraits au naturel. Par le P. *Henri* Albi.
   Paris. 1644. Ant. De Cay. 1 vol. in-4º.

820. —Flores Historiæ Sacri Collegii S. R. E. Cardinalium, in qua res ab ipsis septem sæculorum decursu, piè, aut sanctè gestæ, ordine chronologico distinctæ, atque digestæ describuntur. Deducta illarum serie perpetua per Pontifices et creationes, à temporibus S. Leonis Papæ IX, sive ab anno Christi MXLIX quo ferè cœpit Cardinalitia dignitas,... usque ad postrema nostra tempora. Authore R. P. D. *Ludovico* Donio d'Attichy.
   Lutetiæ. 1660. Seb. Cramoisy. 3 en 2 vol. in-fol.

821. —Histoire des Cardinaux illustres, qui ont esté employez dans les affaires d'Estat. Contenant leurs vies heroïques, et les dignitez ausquelles leur conduite les a eslevez pendant leur vie. Nouv. edit. Augmentée des vies des Cardinaux de Berulle, de Richelieu, et de la Rochefaucaud. Par le Sr Du Verdier.
   Paris. 1653. Jean-Bap. Loyson. 1 vol. in-4º Portr.

822. —Gallia purpurata qua cum Summorum Pontificum, tum omnium Galliæ Cardinalium, qui hactenus vixere res præclare gestæ continentur; adjectæ sunt parmæ, et earundem descriptiones. Capita selecta ad Cardinalatum pertinentia. Epitome omnium Conciliorum Galliæ tam veterum, quàm recentiorum. Nomen-

clatura magnorum Franciæ Eleemosynariorum. Operâ et studio *Petri* Frizon.

Lutetiæ Paris. 1638. Simon Le Moine. 1 vol. in-fol.

823. — Il Cardinalismo di Santa Chiesa, diviso in trè parti. (Da *Gregorio* Leti.)

S. n. n. l. 1668. 3 vol. in-12.

** — Vie du Cardinal d'Amboise.

Voyez : *Histoire*. Nos 4596-4597.

824. — La Vie du Cardinal Bellarmin, de la Compagnie de Jésus. Composée en italien par le P. *Jacques* Fuligati. Et traduicte en françois par le R. P. *Pierre* Morin.

Paris 1625. Seb. Cramoisy. 1 vol. in-8º.

825. — La Vie du Cardinal Bellarmin, par le Père *Nicolas* Frizon.

Nancy. 1708. P. Barbier. 1 vol. in-4º. Port.

826. — La Vie du Cardinal de Berulle, instituteur et premier superieur general de la Congregation de l'Oratoire de Jesus Christ, nostre Seigneur. Par *Germain* Habert.

Paris. 1646. Seb. Huré. 1 vol. in-4º.

827. — De vita et rebus gestis Eminentiss. ac Reverendiss. D. Petri Berulli S. R. E. Cardinalis, Congregationis Oratorii Domini nostri J. C. in Gallia fundatoris, libri duo. Auctore R. P. D. *Ludovico* Donio d'Attichy.

Parisiis. 1649. Seb et Gab. Cramoisy. 1 vol. in-8º.

828. — La Vie du Cardinal de Berulle. (Par *L. A.* de Caraccioli.)

Paris. 1764. Nyon. 1 vol. in-12.

829. — S. Caroli Card. Borromæi, Archiepiscopi Mediolanensis, vita, miracula et nupera ejusdem canonizatio, juxta italicum compendium Rev. et Illust. D. *Francisci* Peniæ, latino stylo adumbrata per R. D. *Ernestum* Cholinum Wirthium. Accessit R. P. *Caroli* Tor-

nielli oratio in laudem S. Caroli Borromæi habita Romæ 4 nov. 1610.

Coloniæ Agripp. 1611. Kinckius. 1 vol. in-8°.

830. — Histoire de la vie, vertus, mort et miracles, de saint Charles Borromée, Cardinal Prestre du titre de sainte Praxede, Archevesque de Milan. Ecrite en italien par le docteur *Jean-Pierre* Giussano. Traduite en françois, par *Nicolas* de Soulfour.

Paris. 1615. F. Pomeray. 1 vol. in-4°.

831. — La Vie de Saint Charles Borromée, composée en italien par le docteur *Jean-Baptiste* Juissano, et traduite en françois par le R. P. *Edme* Cloyseault.

Lyon. 1685. Jean Certe. 1 vol. in-4°.

832. — La Vie de Saint Charles Borromée. Par Messire *Antoine* Godeau.

Paris. 1657. Aug. Courbé. 1 vol. in-8°.

833. — Même ouvrage. Nouv. édit.

Paris. 1748. Grangé. 2 vol. in-12. Port.

834. — La Vie et l'Esprit de Saint Charles Borromée. Par le R. Père *Antoine* Touron.

Paris. 1761. Butard. 3 vol. in-12.

835. — La Vie du Cardinal Jean-François Commendon, divisée en quatre livres. Ecrite en latin par *Antoine-Maria* Gratiani, et traduite en françois par M. Fléchier.

Paris. 1671. Seb. Mabre Cramoisy. 1 vol. in-4°.

836. — Même ouvrage. 3ᵉ édit.

Paris. 1702. Du Puis. 2 vol. in-12.

837. — Vie du Cardinal Du Perron, Archevêque de Sens, et Grand-Aumônier de France. Par M. de Burigny.

Paris. 1768. De Bure. 1 vol. in-12.

838.—De vita et rebus gestis Francisci de la Rochefoucauld S. R. E. Cardinalis libri tres. Auctore P. *Petro* Roverio.

  Parisiis. 1645. Seb. et Gab. Cramoisy. 1 vol. in-8°.

  A la suite :

—Laudatio funebris Francisci Cardinalis Rupifucaldii dicta in sacello Collegii Claromontani Societatis Jesu à P. *Nicolao* Nau.

  Parisiis. 1645. Seb. et Gab. Cramoisy. in-8°.

839.—Les vertus du vray prélat, représentées en la vie de Monseigneur l'Eminentissime Cardinal de la Rochefoucault. Par le P. *M. M.* de la Morinière.

  Paris. 1646. Seb. et Gab. Cramoisy. 1 vol. in-4°

  A la suite :

—Oraison funèbre pour Monseigneur l'Eminentissime Cardinal de la Rochefoucault, prononcée dans l'église de l'Abbaye de Saint-Vincent de Senlis au service solemnel fait par les Religieux d'icelle, Monsieur l'Evesque de Senlis y officiant, et les Corps de la ville y estant assemblez, le 4° de juin 1645. Par P. *M. M.* de la Morinière.

  Paris. 1646. Seb. et Gab. Cramoisy. in-4°.

**—Histoire du Cardinal Ximenès.
  Voyez : *Histoire*. N°s 1444-45-46.

**—Mémoires du Cardinal R. d'Este.
  Voyez : *Histoire*. N° 2742.

**—Histoire du Cardinal Alberoni.
  Voyez : *Histoire*. N°s 1461-1462.

**—Histoire du Cardinal de Richelieu.
  Voyez : *Histoire*. N°s 2666 et suiv., et 4603 à 4606.

**—Histoire du Cardinal Mazarin.
  Voyez : *Histoire*. N°s 2711-2712, et 4607-4608.

**—Mémoires du cardinal Dubois.
  Voyez : *Histoire*. N°s 2821-2822.

3. — HISTOIRE DES CONCLAVES.

840. —Traicté sommaire de l'Election des Papes. Par H. B. P. (*Hierosme* BIGNON, *Parisien*). Plus le plan du Conclave, et une Liste des Cardinaux qui s'y sont trouvez. De l'élection du Pape Leon XI et de son décès. 3° edit. Plus a esté adjoustée l'election de N. S. P. le Pape Paul V.
    Paris. 1605. D. Le Clerc. 1 vol. in-8°. Pl.

841. —Conclavi de' Pontefici Romani. Quali si sono potuti trovare fin à questo giorno.
    S. n. n. l. 1668. 1 vol. in-24.
    A la suite :
—Conclave fatto per la sede vacante d'Alessandro VII. Nel quale fù creato Pontefice il Cardinale Giulio Rospigliosi, detto Clemente IX. Con la relatione di quanto occorse dentro, e fuori del Conclave. Aggiuntovi un discorso sopra la rivolutione del Conclave causata dalle trame di M. Ravizza. Con un compendio della sua vita.
    S. n. n. l. 1669. in-24.

842. —Histoire des Conclaves depuis Clément V jusqu'à présent. (Par VANEL.)
    Paris. 1689. Cl. Barbin. 1 vol. in-4°.

843. —Description historique de la tenue du Conclave, et de toutes les cérémonies qui s'observent à Rome, depuis la mort du Pape, jusqu'à l'exaltation de son successeur. A laquelle on a ajouté la chronologie des Papes, successeurs de S. Pierre, jusqu'à Clément XIII. Avec les noms des Cardinaux qui composent aujourd'hui le Sacré Collége.
    Paris. 1769. Desprez. 1 vol. in-4°.

844. — Conclave du Pape Gregoire XIIII : dans lequel est discouru fort clairement de toutes les choses qui s'y sont passées en l'année MDXC. Traduit d'italien en françoys. Avec les lettres escrites à sa Sainteté, et au Collége de Messeigneurs les Cardinaux, tant par Messeigneurs les Princes du sang, et Noblesse de France, catholique, suyvans le Roy, que par Monseigneur de Luxembourg.
Chaalons. 1591. Cl. Guyot. 1 vol. in-8ᵇ.

845. — Conclave de Clement IX, ou Journal de ce qui s'est passé pendant le siege vaccant, et durant le Conclave, dans lequel fut éleu le Cardinal Jules Rospigliosi. Avec les maximes generales selon lesquelles se peuvent conduire les Cardinaux dans les Conclaves. Traduites d'un manuscrit trouvé dans le cabinet du Cardinal Farneze.
Paris. 1669. Ch. de Sercy. 1 vol. in-12.

846. — Relation du Conclave de MDCLXX. Par le sieur AMELOT DE LA HOUSSAIE.
Paris 1676. Fred. Leonard. 1 vol. in-12.

847. — L'idée du Conclave present de MDCLXXVI, ou le pronostique du Pape futur ; avec des Reflexions sur la cour de Rome, durant le siège vacant. Par un Abbé romain.
Amsterdam. 1676. Fr. Du Bois. 1 vol. in-12.

4. — HISTOIRE DE L'INQUISITION.

848. — Historia Inquisitionis P. PAULI (*Petri* SARPI) *Veneti*. Cui adjuncta est Confessio fidei, quam ex italicâ linguâ latinam fecit *Andreas* COLVIUS
Roterodami. 1651. Arn. Leers. 1 vol. in-12.

849. — *Philippi* a Limborch historia Inquisitionis. Cui subjungitur Liber sententiarum Inquisitionis Tholosanæ ab anno Christi mcccvii ad annum mcccxxiii.
   Amstelodami. 1692. Henr. Wetstenius. 1 vol. in-fol. Fig.

850. — Histoire de l'Inquisition et son origine. (Par l'abbé *Jacques* Marsollier.)
   Cologne. 1693. Pierre Marteau 1 vol. in-12.

851. — Histoire des Inquisitions religieuses d'Italie, d'Espagne et de Portugal, depuis leur origine jusqu'à la conquête de l'Espagne; par *Joseph* Lavallée.
   Paris. 1809. Capelle et Renand. 2 vol. in-8°. Pl.

852. — Histoire critique de l'Inquisition d'Espagne, depuis l'époque de son établissement par Ferdinand V jusqu'au règne de Ferdinand VII. Par *D. Jean-Antoine* Llorente. Traduite de l'espagnol, sur le manuscrit et sous les yeux de l'auteur, par *Alexis* Pellier. 2e édit.
   Paris. 1818. Treuttel et Wurtz. 4 vol. in-8°. Portr.

853. — Histoire abrégée de l'Inquisition d'Espagne. Par *Léonard* Gallois. 3e édit., précédée d'une Notice sur la vie et les écrits de Llorente, et augmentée d'une Lettre de M. Grégoire, ancien evêque de Blois, à Don Ramon-Joseph de Arce, grand inquisiteur général d'Espagne.
   Paris. 1824. Chasseriau. 1 vol. in-18. Portr.

854. — Même ouvrage. 4e édit.
   Paris. 1824. Peytieux. 1 vol. in-8°.

855. — Mémoires de Gaudence *de Lucques*, prisonnier de l'Inquisition (traduits de l'anglais de *Georges* Berkley ? par Miltz, revus par le chev. de Saint-Germain); augmentés de plusieurs cahiers qui avoient été perdus à la Douane de Marseille (par *J.-B.* Dupuy-Demportes),

enrichis de sçavantes remarques de M. Rhedi, et de figures en taille-douce.

Amsterdam. 1753. 4 en 2 vol. in-12. Fig.

DEUXIÈME SECTION.

HISTOIRE DES CONCILES.

856. — Dictionnaire universel et complet des Conciles tant généraux que particuliers, des principaux Synodes diocésains, et des autres assemblées ecclésiastiques les plus remarquables, composé sur les grandes collections de Conciles les plus estimées, et à l'aide des travaux de D. Ceillier, du P. Richard, des auteurs de l'histoire de l'Eglise gallicane, et des autres histoires de l'Eglise les plus célèbres, soit anciennes, soit modernes, soit françaises soit étrangères; rédigé par M. l'abbé P...; publié par M. l'abbé Migne.

Paris. 1846. Migne. 2 vol. gr. in-8°.

857. — Le Promptuaire des Conciles de Leglise Catholique, avec les Scismes et la difference diceulx; faict par *Jehan* Le Maire de Belges.

Lyon. 1532. Morin. 1 vol. in-8°. Fig.

858. — Histoire des Conciles. Par M. Hermant. Nouv. édit.

Rouen. 1704. Besongne. 4 vol. in-12.

859. — Même ouvrage. 4e édit.

Rouen. 1730. Besongne. 4 vol. in-12.

— A synopsis of Councels by *John* Prideaux.

Oxford. 1655. L. Lichfield. in-4°. Voyez: *Histoire*, n° 621.

860.—Antiquitas illustrata circa Concilia generalia et provincialia, decreta et gesta Pontificum, et præcipua totius Historiæ ecclesiasticæ capita, per *Emanuelem* A Schelstrate.
   Antuerpiæ. 1678. Parys. 1 vol. in-4°.

861.—Historia Conciliorum generalium, in quatuor libros distributa. Auctore Magistro *Edmundo* Richerio. Accessit huic editioni ejusdem Auctoris doctiss. liber qui inscribitur, Demonstratio libelli de ecclesiastica et politica potestate......
   Coloniæ. 1681-1683. Hetsingb. 2 vol. in-4°.

862.—Histoire des Conciles généraux, et Assemblées tenues en Orient et en Occident depuis le temps des Apôtres jusqu'au Concile de Trente ; avec des Dissertations par rapport aux mœurs de l'Eglise gallicane et du Royaume. Divisée en deux parties.
   Paris. 1699. Villery. 2 vol. in-12.

863.—Abrégé de l'histoire des huict premiers Conciles généraux.
   S. n. n. l. n. d. 1 vol. in-12.

864.—L'histoire en abrégé des quatre premiers Conciles generaux. (Par le P. *Félix* Buy.)
   Paris. 1676. Le Prest. 1 vol. in-12.

865.—*Joannis* Launoii de vera notione plenarii apud Augustinum Concilii in causa Rebaptizantium dissertatio. 2ª ed.
   Parisiis. 1661. E. Martinus. 1 vol. in-8°.
   A la suite :

—*Joannis* Launoii confirmatio dissertationis de vera plenarii apud Augustinum Concilii notione.
   Parisiis. 1667. E. Martinus. in-8°.

—Remarques sur la dissertation, ou l'on montre en quel temps, et pour quelles raisons l'Eglise universelle consentit à recevoir le Baptême des heretiques; et par ou l'on découvre ce qui a donné occasion aux auteurs, qui ont traité de cette matière, de s'estre égarez dans la recherche qu'ils ont faite du Concile plenier, qui termina suivant S. Augustin cette contestation. Par *J.* DE LAUNOY.

Paris. 1671. Vᵉ E. Martin. in-8º.

866.—Réponse aux Remarques de M. de Launoy, sur la dissertation du Concile plenier, dont a parlé S. Augustin en disputant contre les Donatistes. Par le sieur DAVID.

Paris. 1671. Billaine. 1 vol. in-8º.

867.—Examen de la Préface et de la Réponse de M. David, aux Remarques sur la Dissertation du Concile plenier, dont a parlé S. Augustin en disputant contre les Donatistes. Par *J.* DE LAUNOY.

Paris. 1672. Vᵉ E. Martin. 1 vol. in-8º.

868.—Histoire du Concile de Pise, et de ce qui s'est passé de plus mémorable depuis ce concile jusqu'au Concile de Constance. Par *Jaques* LENFANT.

Amsterdam. 1724. P. Humbert. 2 vol. in-4º. Port.

869.—Histoire du Concile de Constance, tirée principalement d'auteurs qui ont assisté au Concile. Par *Jaques* LENFANT.

Amsterdam. 1714. P. Humbert. 2 en 1 vol. in-4º. Port.

870.—Même ouvrage. Nouv. édit.

Amsterdam. 1727. Humbert. 2 vol. in-4º. Portr.

871.—Nouvelle histoire du Concile de Constance, où l'on fait voir combien la France a contribué à l'extinction du schisme. Avec plusieurs pièces qui n'ont point

encore paru, tirées des manuscrits des meilleures bibliothèques. Par M. Bourgeois du Chastenet.
Paris. 1718. Le Mercier. 1 vol. in-4º.

872. — Fasciculus rerum expetendarum ac fugiendarum. In quo primum continetur Concilium Basiliense : non illud, quod in magno Conciliorum volumine vulgo circumfertur, sed quod *Æneas* Sylvius (qui postea Pius II est appellatus) et eidem Concilio præsens interfuit, fideliter et eleganter conscripsit. Insunt præterea huic operi nobilissimo, summorum aliquot virorum epistolæ, libelli, tractatus et opuscula, numero (ni fallor) LXVI, in quibus admiranda quædam et obstupenda invenies. (Edidit *Orthuinus* Gratius.)
Coloniæ. 1535. 1 vol. in-fol.

873. — Histoire de la guerre des Hussites et du Concile de Basle. Par *Jacques* Lenfant.
Utrecht. 1731. Guill. Le Febvre. 2 vol. in-4º. Portr.

874. — Vera historia unionis non veræ inter Græcos et Latinos: sive Concilii Florentini exactissima narratio, græcè scripta per *Sylvestrum* Sguropulum. Transtulit in sermonem latinum, notasque adjecit *Robertus* Creyghton.
Hagæ Comitis. 1660. Adrian. Vlacq. 1 vol. in-fol.

875. — Historia del Concilio Tridentino di *Pietro* Soave Polano. (*Pietro* Sarpi.) 2ª edit.
Geneva. 1629. Aubert. 1 vol. in-4º.

876. — La misma. 4ª edit.
Geneva. 1660. P. Chouet. 1 vol. in-4º.

877. — *Petri* Suavis Polani (*Petri* Sarpi) historiæ Concilii Tridentini libri octo. Ex italicis summa fide et accuratione latini facti (ab *Adamo* Newton, M. Ant. de Dominis et *Guill.* Bedello.)
Augustæ Trinobantum. 1620. 1 vol. in-fol.

878.—Histoire du Concile de Trente, traduite de l'italien de *Pierre* Soave Polan. (Par *Jean* Diodati.)
   Troyes. 1627. Pierre du Ruau. 1 vol. in-4º.

879.—Même ouvrage. 2ᵉ édit.
   Troyes. 1655. Oudot. 1 vol. in-fol.

880.—Même ouvrage. 4ᵉ edit.
   Paris. 1665. G. de Luyne. 1 vol. in-fol.

881.—Histoire du Concile de Trente, de Fra *Paolo* Sarpi. Traduite par M. Amelot de la Houssaye. Avec des Remarques historiques, politiques et morales. 2ᵉ édit.
   Amsterdam. 1686. P. et J. Blaeu. 1 vol. in-4º.

882.—Même ouvrage. 3ᵉ édit.
   Amsterdam. 1699. P. et J. Blaeu etc. 1 vol. in-4º.

883.—Histoire du Concile de Trente, écrite en italien par Fra *Paolo* Sarpi ; et traduite de nouveau en françois, avec des Notes critiques, historiques et theologiques. Par *Pierre-François* Le Courayer.
   Amsterdam. 1751. Wetstein et Smith. 3 vol. in-4º. Port.

884.—Historia Concilii Tridentini Petri Suavis Polani ex autorismet assertionibus confutata à *Philippo* Quorlio ; nunc secundo edita per V. J. D. *Josephum* Crimibella, cum duobus posterioribus libris, qui desiderabantur.
   Panormi. 1661. Bossio. 1 vol. in-4º.

885.—Vera Concilii Tridentini historia, contra falsam Petri Suavis Polani narrationem, scripta et asserta à P. *Sfortia* Pallavicino. Primùm italico idiomate in lucem edita ; deinde ab ipso auctore aucta et recensita ; ac latinè reddita à P. *Joanne-Baptista* Giattino.
   Antuerpiæ. 1670. Moretus. 3 vol. in-4º.

886.—De tribus historicis Concilii Tridentini, auctore *Cæsare* Aquilinio. (*Scipione* Henrico.)
   Amstelodami. 1662. Weyerstraten. 1 vol. in-8º.

887. — Histoire de la réception du Concile de Trente dans les différens Etats catholiques; avec les pièces justificatives.... (Par l'abbé *Etienne* Mignot.)
Amsterdam. 1756. Arkstée et Merkus. 2 vol. in-12.

888. — Lettres et Mémoires de *François* de Vargas, de *Pierre* de Malvenda, et de quelques Evêques d'Espagne touchant le Concile de Trente. Traduits de l'espagnol, avec des remarques, par M. *Michel* Le Vassor.
Amsterdam. 1699. Brunel. 1 vol. in-8°.

889. — Critique de l'histoire du Concile de Trente de Fra-Paolo, des Lettres et des Mémoires de Vargas. (Par *Jean* Frain du Tremblay.)
Rouen. 1718. Behourt. 1 vol. in-4°.

890. — Abbregé de l'histoire du Concile de Trente. Avec un Discours contenant les reflexions historiques sur les Conciles, et particulièrement sur la conduite de celuy de Trente, pour prouver que les Protestans ne sont pas obligez à se soumettre à ce dernier Concile. Par *Pierre* Jurieu.
Genève 1682. Herman Widerhold. 2 vol. in-12.

891. — Instructions et missives des Roys très-chrestiens et de leurs Ambassadeurs. Et autres pièces concernant le Concile de Trente. Pris sur les originaux. (Par *Jacques* Gillot.)
Paris. 1613. 1 vol. in-4°.

892. — Même ouvrage. 4e edit., rev. et augm. d'un grand nombre d'actes et de lettres, tirez des Mémoires de M. D. (*Pierre* Du Puy, et publiez par *Jacques* Du Puy.)
Paris. 1654. S. et G. Cramoisy. 1 vol. in-4°.

893. — Maximes politiques du Pape Paul III, touchant ses démêlez avec l'Empereur Charles-Quint, au sujet du

Concile de Trente : tirées des Lettres Anecdotes de Dom *Hurtado* DE MENDOZA, son ambassadeur à Rome ; et publiées en espagnol et en françois par M. AYMON ; avec un Parallèle entre le même Pape et Clement XI, sur diverses matières du temps présent ; et des réflexions vives et libres, par M. DE GUEUDEVILLE.
La Haye. 1716. Scheurleer. 1 vol. in-12.

894. —Concilii Remensis, quod in causa Godefridi Ambianensis episcopi celebratum fertur, falsitas demonstrata. Auctore D. *Roberto* QUATREMARIO.
Parisiis. 1663. Billaine. 1 vol. in-8°.

895. —Dissertation critique et théologique sur le Concile de Rimini. (Par *Pierre* CORGNE.)
Paris. 1732. Delusseux. 1 vol. in-12.

A la suite :

— Traité de l'obéissance des Chrétiens aux puissances temporelles. (Par *D. A.* DE BRUEYS.)
Utrecht. 1735. C. Le Fevre. in-12.

896. —Journal historique du Concile d'Embrun. Par M..., bachelier en Sorbonne. (Le P. *Franç.* DE MONTAUZAN.)
S. n. n. l. 1727. 1 vol. in-12.

897. —Même ouvrage.
S. n. n. l. 1727. 2 en 1 vol. 12.

898. —Histoire du Concile d'Embrun. Mélanges.
2 vol. in-4°, contenant :

TOME Ier.

1. — Concilium provinciale Ebreduni habitum, ab Illust. Rev. D. D. *Petro* DE GUERIN DE TENCIN, Archiepiscopo Principe Ebredunensi... Anno Domini 1727, mensibus Augusto et Septembri.
Gratianopoli. 1728. Briasson.

2. — Lettre des Evêques qui ont assisté au Concile d'Embrun, au Roy. Au sujet de celle que quelques Evêques ont écrite à S. M. contre ce Concile.
Grenoble. 1728. P. Faure.

3. — Représentations justes et respectueuses à Nosseigneurs les Cardinaux, Archevêques et Evêques assemblez extraordinairement à Paris par les ordres du Roy, pour donner à Sa Majesté leur avis et jugement sur un écrit imprimé, qui a pour titre *Consultation* de MM. les Avocats du Parlement de Paris, au sujet du jugement rendu à Embrun contre M. l'Evêque de Senez.

4. — Histoire de la condamnation de M. l'Evêque de Senez par les Prélats assemblez à Ambrun. (Par *J.-B.* Cadry.)

   S. n. n. l. 1728. 1 vol. in-4°.

5. — Lettre à M. l'Archevêque d'Ambrun, où l'on fait voir l'inutilité des actes de son Concile pour justifier la conduite qu'ont tenue les Prélats assemblez à Ambrun pour la condamnation de M. l'Evêque de Senez. 1728.

6. — Relation de ce qui s'est passé dans le Concile provincial d'Embrun, au sujet de la condamnation des écrits de M. l'Evêque de Senez, et du jugement prononcé contre la personne de ce Prélat. Par M. l'abbé de Michel.

   Paris. 1728. Mazières et Garnier. in-4°.

7. — Decreta Concilii provincialis Ebredunensis, Ebreduni habiti ab Illust. et Rev. D. D. *Petro* de Guerin de Tencin... Anno Domini 1727, mensibus Augusto et Septembri.

   Gratianopoli. 1727. Faure. in-4°.

8. — Sentence rendue dans le prétendu Concile provincial d'Ambrun, contre Rev. Seig. Jean Soanen, Evesque de Senez. 1727.

9. — Mémoire sur le Concile d'Embrun, où l'on fait voir la justice du jugement rendu contre M. de Senez.

   Grenoble. 1728. Faure. in-4°.

10. — Lettre des Evêques qui ont assisté au Concile d'Ambrun au Roy, au sujet de celle que quelques Evêques ont écrite à S. M. contre ce Concile, telle quelle a couru manuscrite, avec des remarques. 1728.

11. — Réflexions adressées à Mgr. l'Evêque de Senez sur son instruction pastorale.

    Louvain. 1727. P. Chrétien.

12. — Ordonnance et instruction pastorale de Mgr. l'Evêque de Luçon (*M. C.* Roger de Rabutin de Bussy), portant condamnation d'un écrit imprimé qui a pour titre *Consultation* de Mrs les Avocats du Parlement de Paris, au sujet du jugement rendu à Embrun contre M. l'Evêque de Senez.

    Paris. 1728. Vᵉ Cousteller.

13. — Mandement de Mg. l'Archevêque prince d'Embrun, portant condamnation de l'écrit intitulé : *Consultation*, etc.
   Grenoble. 1728. Faure.

14. — Mandement de Mg. l'Evesque d'Evreux (*Jean* LE NORMANT), portant condamnation, etc.
   Paris. 1728. Mazières.

15. — Mandement de Mgr. l'Archevêque de Tours (*L. J.* DE CHAPT DE RASTIGNAC), portant...
   Tours. 1728. Masson.

16. — Mandement de Mgr. l'Evesque de Soissons (*Joseph* LANGUET)....
   Paris. 1728. Mazières.

17. — Mandement de Mg. l'Evesque de Boulogne (*Jean-Marie* HENRIAU)....
   Paris. 1728. V^c Mazières.

18. — I, II, III, IV et Ve Lettre d'un Avocat de province à M. Aubri, avocat au Parlement de Paris, au sujet de sa dernière consultation en faveur de M. de Senez.

19. — I, IIe Lettre de M. FAVIER, ancien avocat au Parlement de Paris, à Mgr. l'Archevêque d'Embrun, où il démontre principalement l'injustice du reproche de la confidence, et où il écarte sommairement les autres objections opposées au Concile d'Embrun. 1728.

20. — Copie de la Lettre du Roy, à M. l'Archevêque d'Embrun. 1727.

21. — Lettre de M. le comte de MAUREPAS, Secrétaire d'Etat, aux XII Evêques qui ont eu l'honneur d'écrire au Roy, au sujet du jugement rendu à Embrun contre M. l'Evêque de Senez. 1728.

22. — Lettre de M. l'Archev. d'Embrun à M. l'Evêque de Senez.
   Grenoble. 1728. Faure.

23. — Lettre d'un Ecclésiastique à M. l'abbé de la Mothe, grand-vicaire d'Arles, et théologien de M. l'Evêque d'Apt, dans le temps de la tenue du Concile d'Embrun. Réponse de M. l'abbé DE LA MOTHE.
   Paris. 1727. V^c Mazières et Garnier.

24. — Lettre de Mgr. l'Arch. d'Embrun à Mg. l'Ev. de Senez, communiquée aux Ecclésiastiques du diocèse d'Embrun pour leur instruction.
   Paris. 1729. Ve Mazières.

25. — L'écho des montagnes des environs d'Embrun. — Brevet de la primatie de la Louisiane accordée à M. l'Arch. d'Ambrun. (En vers.)

26. — Mandement de S. E. Mg. le Cardinal DE BISSY, Evêque de Meaux, portant condamnation d'un écrit qui a pour titre *Consultation*, etc.
   Paris. 1728. V^c Mazières.

27. — Lettres des Cardinaux, Archevesques et Evesques assemblez extraordinairement à Paris par les ordres du Roy, pour donner à S. M. leur avis et jugemens sur un écrit imprimé, qui a pour titre : *Consultation*....
   Paris. 1728. Ve Mazières.

28. — Arrest du Conseil d'Estat du Roy, rendu sur le vû de l'avis et jugement des Cardinaux, Archevêques et Evêques assemblez extraordinairement à Paris suivant les ordres de S. M. du 9 avril dernier. Par lequel le Roy ordonne la suppression de l'écrit qui a pour titre : *Consultation*....
   Paris. 1728. Imp. Royale.

TOME II.

1. — Instruction pastorale de Mgr. l'Evêque de Senez (*Jean* SOANEN), dans laquelle à l'occasion des bruits qui se sont répandus de sa mort, il rend son clergé et son peuple dépositaire de ses derniers sentimens sur les contestations qui agitent l'Eglise. 1726.

2. — Mandement et Instruction pastorale de Mgr. l'Evêque de Senez, au sujet du jubilé de l'année sainte. 1727.

3. — I, II, III, IV, V et VIe Acte que M. l'Evêque de Senez a fait signifier le 11, le 18, le 26 du mois d'août, le 9, le 10, le 11 septembre 1727, à M. l'Archevêque d'Embrun, et en sa personne à tous les Evêques du Concile.

4. — Acte de M. de Senez, dans lequel il s'explique sur les faussetez et sur les calomnies atroces répandues contre lui dans plusieurs libelles, et surtout dans celui qui a pour titre : *Observations faites par un Evêque du Concile d'Ambrun*, qu'on a répandus partout à profusion, et dont M. d'Ambrun en a envoyé quantités d'exemplaires à Rome. 21 sept. 1727.

5. — Réponse de Mgr. l'Evêque de Senez à la sentence portée contre lui par le Concile d'Ambrun. 21 sept. 1727.

6. — Lettre circulaire de Mgr. l'Evesque de Senez aux Evesques de France, au sujet du Concile d'Ambrun. 27 août 1727.

7. — I et IIe Lettre de Mg. l'Evêque de Senez au Roy, dans lesquelles il se plaint à Sa Majesté des injustices et des violences commises contre lui dans le Concile d'Ambrun. 25 août, 10 sept. 1727.

8. — Consultation des Avocats du Parlement de Paris pour la cause de M. l'Evêque de Senez. 1er juillet 1727.

9. — Consultation de MM. les Avocats du Parlement de Paris, au sujet du jugement rendu à Ambrun, contre M. l'Evesque de Senez. 30 oct. 1727.

10. — Lettre d'un ancien Docteur de Sorbonne à un de ses amis, sur la Consultation des Avocats, au sujet du Concile d'Embrun. 1728.

11. — Défense de la Consultation de MM. les Avocats du Parlement de Paris, en faveur de M. l'Evêque de Senez, contre l'ordonnance et instruction pastorale de M. l'Evêque de Luçon, avec des Remarques sur l'avis et jugement de MM. les Evêques assemblez au Louvre; et sur les Mandemens de M. le Card. de Bissy et de M. l'Arch. de Cambray au sujet de la même Consultation (Par J. Fouillou). 1729.

12. — Question nouvelle. A-t-on droit d'accuser Mrs les Avocats du Parlement de Paris, d'avoir passé leur pouvoir; et d'avoir traité des matières qui ne sont pas de leur compétence; dans leur célèbre *Consultation* sur le jugement rendu à Ambrun, contre M. de Senez?

13. — Lettre de Mgr. l'Evesque de Senez à Mg. l'Archevesque d'Embrun, au sujet d'une Lettre que lui a adressée ce Prélat, en datte du 4 janvier 1728, et qu'il a fait nouvellement imprimer dans le Recueil des pièces qu'il a fait mettre à la fin des Actes de son Concile. 16 nov. 1728.

14. — Extrait d'une Lettre de...... du 1er octobre 1727.

15. — Lettre de Mg. l'Evesque de Senez à un Chanoine de sa Cathédrale, son aumônier, dattée d'Ambrun le 23 sept. 1727.

16. — Lettre de Mg. l'Evesque de Senez à Mess. les Avocats du Parlement de Paris. 5 janv. 1728.

17. — Lettre de Mg. l'Evesque de Senez, aux Religieuses de Castellane. 10 décem. 1727.

18. — Lettre de Mg. l'Evesque de Senez à M. du Perray, doyen des Avocats du Parlement de Paris. 23 nov. 1727.

19. — Lettre de Mgr. l'Evesque de Castres (*Honoré* Quigueran de Beaujeu) au Roy, à l'occasion du jugement rendu à Embrun contre M. l'Evesque de Senez. 8 déc. 1727.

20. — Lettre circulaire de Mg. l'Evêque de Castres à plusieurs Evêques de France, au sujet du Concile d'Ambrun. 9 oct. 1727.

21. — Lettre de douze Evesques au Roy, pour la défense de M. l'Evêque de Senez, condamné par le saint Concile d'Ambrun. 28 oct. 1727.

22. — Extrait d'une Lettre de.... du 27 août 1727.

23. — Acte d'appel de Mgrs. les Evesques de Senez et de Montpellier, par lequel, renouvellant et confirmant l'appel par eux interjeté le 1er mars 1717 de la Constitution *Unigenitus*, ils portent leurs plaintes à N. S. P. le Pape, et au Concile général, des violemens de la paix de l'Eglise qui a été conclue en 1668.... 11 sept. 1727.

24. — Lettre des Cardinaux, Archevesques, et Evesques au Roy, au sujet du jugement rendu à Embrun contre M. de Senez. 28 oct. 1727.

25. — Questions diverses pour le Concile indiqué pour la province d'Ambrun. 1727.

26. — Cinquième question. Quelles seront les suites de la déposition ou de l'interdiction de M. l'Evêque de Senez en cas que le Concile d'Ambrun vienne à l'ordonner contre ce Prélat.

27. — Lettre de Mg. l'Evêque de Senez à Mgr. le Cardinal de Noailles, au sujet de celle que cette Eminence a écrite au Roy en sa faveur. —Aux 12 Evêques qui ont écrit au Roy en sa faveur. 27 mars 1728.

28. — Mémoire pour la cause de M. l'Evêque de Senez, et Recueil contenant un grand nombre de faits et de témoignages en faveur de la paix de Clément IX.

29. — Témoignage du Clergé de Paris, à l'occasion de la Lettre écrite à Sa Majesté par plusieurs Prélats, à la tête desquels se trouve S. E. M. le Cardinal de Noailles, au sujet du jugement rendu à Embrun contre M. l'Evêque de Senez. 1728.

30. — Extrait d'une Lettre de.... du 24 sept.

31. — Instruction pastorale de Mgr. l'Evesque de Montpellier (*Charles-Joachim* COLBERT DE CROISSY) au Clergé séculier et régulier, et aux fidèles de son diocèse : au sujet du jugement rendu à Ambrun contre M. l'Evêque de Senez. 1728.

32. — Lettre de Mg. l'Evêque de Senez au Roy, au sujet de la sentence prononcée contre luy par les Evêques assemblés à Embrun. 1729.

33. — Mandement de M. le vicaire-général de Mg. l'Evêque de Senez. (*Estienne* DE LA PORTE) 16 oct. 1727.

34. — Instruction pastorale de M. le Vicaire général de Mg. l'Evêque de Senez : dans lequel il établit l'injustice et la nullité de la sentence prononcée contre ce Prélat, par MM. les Evêques assemblez à Ambrun. Et prescrit au Clergé et au peuple du Diocèse, la conduite qu'ils doivent tenir dans les conjonctures présentes. 1727.

35. — Mandement de M. le Vicaire général de Mg. l'Evesque de Senez, portant permission de faire usage des œufs et laitages pendant le Caresme de cette année 1728, et révocation d'un fait avancé dans l'instruction pastorale du 1er nov. 1727, qui ne s'est pas trouvé conforme à la vérité. 6 janvier 1728.

36. — Lettre pastorale de M. le Vicaire général de Mg. l'Evêque de Senez, dans laquelle il donne au Clergé et aux Fidèles de son Diocèse un

Précis de l'Instruction pastorale de Mg. l'Evêque de Senez du 7 août 1727, sur l'autorité infaillible de l'Eglise et sur les caractères de ses jugements dogmatiques. 1 oct. 1728.

37. — Première et troisième Monition de M. le Vicaire général de Mgr. l'Evesque de Senez au sieur de Saléon. 19 janvier et 1er juillet 1728.

38. — Lettre circulaire des Religieuses de Castellane, aux Religieuses de la Visitation de Sainte-Marie. 2 déc. 1728.

39. — Instruction pastorale de Mg. l'Evêque de Senez sur l'autorité infaillible de l'Eglise et sur les caractères de ses jugements dogmatiques, ou par l'analyse de la foy et par les principes de la constitution de l'Eglise, on répond soit aux objections des prétendus Réformez, soit aux difficultez des défenseurs de la bulle *Unigenitus*. 1er août 1727.

**—Pour les Actes des Conciles, nous renvoyons à la Théologie.

CHAPITRE VIII.

HISTOIRE DES ORDRES RELIGIEUX.

INTRODUCTION. — TRAITÉS GÉNÉRAUX. — MÉLANGES.

899. — Originum monasticarum libri IV, in quibus Ordinum omnium Religiosorum initia ac progressus breviter describuntur. *Aubertus* Miræus publicabat. Quibus, eodem autore, dictarum Originum auctarium, seu liber quintus, et Oratio in laudem S. Thomæ Aquinatis accesserunt.

Coloniæ Agripp. 1620. Gualterus. 1 vol. in-8°.

900. — *Petri* Grisii de clericis regularibusvè utriusque sexus historia.

Parisiis. 1624. Sevestre. 1 vol. in-8°.

901. — Annales monastici, sive chronologia libris septemdecim totidemque seculis distincta : complectens omnium Ordinum monasticorum et militarium origines, progressus, icones, insignia variis typis expressa, personas illustres, eventus notabiles; congregationum, abbatiarum, prioratuum, conventuumque primariorum fundamina, à nativitate Domini, ad annum ejusdem MDCXXVII. Auctore R. P. F. *Prospero* STELLARTIO.

Duaci. 1627. Ger. Pinchon. 1 vol. in-4º.

902. — De florenti statu religiosorum, eorumque virtutibus præsertim S. Benedicti, S. Dominici et Francisci, Brunonis, Augustini, Carmelitani et aliorum, ad nostra usque tempora, per congeminatam vocem turturis, declarato, deducto et exhibito, per adm. Rev. *Fr. Dominicum* GRAVINA.

Francofurti. 1653. Schonwetter. 1 vol. in-4º.

**— *Rodolphi* HOSPINIANI de monachis, hoc est de origine et progressu monachatus et ordinum monasticorum, equitumque militarium tam sacrorum quàm secularium, omnium; libri sex

Genevæ. 1669. De Tournes. 1 vol. in-fol. — Vide Nº 241.

903. — Asceticωn sive originum rei monasticæ libri decem. Auctore *Antonio Dadino* ALTESERRA.

Parisiis. 1674. Lud. Billaine. 1 vol. in-4º.

904. — Histoire ou Antiquitez de l'état monastique et religieux, où l'on traite de l'institut de ceux qui ont fait anciennement profession de la vie religieuse dans le Christianisme; et de la conduite des personnes de l'un et de l'autre sexe, qui ont fait paroître quelques traits de la profession religieuse dans le Judaïsme et dans la Gentilité. (Par le P. *Claude* DELLE.)

Paris. 1698-1699. Pralard. 4 en 3 vol. in-12.

905. — Histoire des Ordres religieux et des Congrégations régulières et séculières de l'Eglise. Par M. Hermant.
Rouen. 1710. Besongne. 4 vol. in-12.

906. — Histoire des Ordres monastiques, religieux et militaires, et des Congrégations séculières de l'un et de l'autre sexe, qui ont esté establies jusqu'à présent; etc. (Par *Pierre* Hélyot et *Max.* Bullot.)
Paris. 1714-1719. Coignard. 8 vol. in-4º. Fig.

907. — Même ouvrage. Nouv. édit.
Paris. 1792. Louis. 8 vol. in-4º. Fig.

908. — Dictionnaire des Ordres religieux, ou Histoire des Ordres monastiques, religieux et militaires, et des Congrégations séculières de l'un et de l'autre sexe, qui ont été établis jusqu'à présent;... par le R. P. Hélyot. Mise par ordre alphabétique, corrigée et augmentée d'une Introduction, d'une Notice sur l'auteur, d'un grand nombre d'articles ou parties d'articles, de deux ouvrages, le premier intitulé : *De l'état religieux,* par l'abbé Bonnefoy de Bonyon et Bernard de Brindelles; le second : *Considérations sur les Ordres religieux, adressés aux Amis des Sciences,* par le baron *Augustin* Cauchy, etc.; enfin d'un Supplément où l'on trouve l'Histoire des Congrégations omises par Hélyot, et l'Histoire des Sociétés religieuses établies depuis que cet auteur a publié son ouvrage, par *Marie-Léandre* Badiche et par M. l'abbé Tochou.
Paris. 1847-1859. Migne. 4 vol. gr. in-8º.

909. — Ordres monastiques, histoire extraite de tous les auteurs qui ont conservé à la postérité ce qu'il y a de plus curieux dans chaque Ordre. (Par Musson.)
Berlin. 1751. 5 en 6 vol. in-12.

910. — Histoire de l'établissement des Moines mendiants;

où l'on traite de l'origine des Moines, de leur première ferveur, de leur relâchement, de leur décadence, de leurs diverses réformes jusqu'à S. Dominique et S. François ; des progrès rapides des deux Ordres que ces Saints établirent, du relâchement qu'ils occasionnèrent dans la discipline, et des troubles qu'ils ont causés dans l'Eglise et dans l'Etat. (Par POULLIN DE LUMINA.)

Avignon. 1767. Lib. assoc. 1 vol. in-12.

A la suite :

—Examen du libelle intitulé : *Histoire de l'établissement des Moines mendiants;* etc. (Par le P. *Ch. L.* RICHARD.)

Avignon. 1767. in-12.

911.—Basilicon philactirion, par lequel il se prouve apertement qu'il est necessaire, utile et honorable à l'Eglise catholique, qu'il y aye des Religieux, et iceux de divers ordres, distinguez par differens habits, regles et constitutions, comme il s'est veu de toute ancienneté ; et que ce n'est chose nouvelle quitter et abandonner le monde, pour faire vœu d'obeissance, chasteté et pauvreté. Par R. P. F. *Estienne* DE CYPRE, de la Royale maison DE LUSYGNAN.

Paris. 1585. Marc Orry. 1 vol. in-8º.

912.—Question politique, où l'on examine si les religieux rentés sont utiles ou nuisibles à l'Etat. Par D. B. G.

S. n. n. l. 1762. 1 vol. in-12.

913.—L'importance et l'étendue des obligations de la vie monastique, son utilité dans l'Eglise et dans l'Etat. Pour servir de préservatif aux Moines, et de réponse aux ennemis de l'Ordre monastique. (Par Dom DEFORIS.)

En France. 1768. 1 vol. in-12.

914. — Nécessité de conserver l'état religieux, prouvée par les avantages de la vie solitaire, par l'autorité des Pères et des Conciles, par les grands services que les Religieux ont toujours rendus à l'Eglise et à l'Etat, et par les ordonnances de nos Rois.

1 vol. in-12. Sans titre.

915. — Le Cœnobitophyle, ou Lettres d'un Religieux français à un laïc son ami, sur les préjugés publics contre l'état monastique. (Par Dom *Fr.* Rousseau.)

Au mont Cassin. Paris. 1768. Valleyre. 1 vol. in-12.

916. — Lettres (trois) d'un Religieux à son supérieur-général, sur la réforme des Communautés religieuses.

S. n. n. l. 1767-1768. 1 vol. in-12.

Dans ce volume :

— Observations sur les deux Lettres adressées à un Supérieur général par un Religieux de son ordre, à l'occasion de la Réforme des Réguliers.

Avignon. 1768. in-12.

917. — Idées réfléchies sur la Commission établie par arrêt du Conseil d'Etat du Roi, du 23 mai 1766, pour l'examen des Corps réguliers.

Amsterdam. 1768. 1 vol. in-12.

918. — Recueil.

1 vol. in-12, contenant :

1. — Cas de conscience sur la Commission établie pour réformer les Corps réguliers. On demande si Nosseigneurs les Archevêques commis à la réforme des Réguliers sont compétens pour cet œuvre, et si les Religieux sont obligés de leur obéir en tout ce qu'ils jugeront à propos d'ordonner à cet égard ? (Par Dom *Ch.* Clémencet.)

2. — Observations sur le Cas de conscience concernant la réforme des Religieux. (Par Chiniac de la Bastide.)

3. — Réflexions sur un Cas de conscience proposé et décidé par de soidisans théologiens et canonistes, au sujet de la Commission royale,

établie par arrêt du Conseil d'Etat, du 31 juillet 1766, en exécution de celui du 23 mai précédent, pour l'examen des Réguliers.
Londres. 1767.

4.— Jugement pacifique entre l'auteur du Cas de conscience, concernant la réforme des Religieux, et les auteurs des Réflexions et des Observations sur ce même Cas, etc. (Par *C.-L.* RICHARD.)
Avignon. 1768.

5.— Lettre à l'auteur du Cas de conscience, sur la Commission établie pour la réforme des Corps Réguliers. (Par *Ambr.* RIBALLIER.)
S. n. n. l. 1767.

6.— Mémoire à présenter à Messieurs les Commissaires préposés par le Roi, pour procéder à la réformation des Ordres religieux.
S. n. n. l. 1767.

919.—Idées d'un citoyen sur le projet de réunion des maisons religieuses, ou lettre à M. le duc de *** à ce sujet.
S. n. n. l. 1767. 1 vol. in-12.

920.—Dialogues sur l'utilité des moines rentés.
Paris. 1769. De Ladoué. 1 vol. in-12.

921.—Dialogues sur l'utilité des Moines rentés, par Dom *André-Joseph* ANSART.
Paris. 1769. De Ladoué. 1 vol. in-12.

A la suite :

—Dissertation dans laquelle on prouve que les Ordres religieux sont très-utiles à l'Eglise et à l'Etat. (Par le P. *Bernard* LAMBERT.)
S. n. n. l. n. d. (1778) 1 vol. in-12.

922.—Essai philosophique sur le Monachisme. Par M. L. (N. S. H. LINGUET.)
Paris. 1775. 1 vol. in-12.

923.—Dissertation sur l'exaction des dots.
Amsterdam. Paris. 1779. Vᵉ Mequignon. 1 vol. in-12.

924.—De l'Etat religieux. 1° Son esprit. 2° Son établissement et ses progrès. 3° Services qu'il a rendus à l'Eglise. 4° Services qu'il a rendus à la Société. 5° Son utilité actuelle. 6° Des biens des Religieux. 7° De la réforme des Ordres monastiques, etc. Par M. l'abbé de B. et M. l'abbé B. DE B. (l'abbé BERNARD et l'abbé BONNEFOY DE BONYON.)

Paris. 1784. Hérissant. 1 vol. in-12.

925. —Vues d'un solitaire patriote. (Par *Chr. L.* FÉROUX.)

La Haye. Paris. 1784. Clousier. 2 vol. in-12. Fig.

926. —A mes concitoyens, ou Réflexions patriotiques d'un Français, sur la sécularisation des Religieux, et l'extinction de la mendicité.

Genève. 1787. 1 vol. in-8°.

927. —Les Moines empruntez. Par M. *Pierre* JOSEPH (le P. *Joseph* DE HAITZE.)

S. n. n. l. 1698. 2 en 1 vol. in-12.

928. —Les Moines travestis. Par M. *Pierre* JOSEPH (le P. *Joseph* DE HAITZE.)

Cologne. 1698. Pierre Du Marteau. 2 vol. in-12.

929. —*Jannis* PHYSIOPHILI (*Ignacii* DE BORN) opuscula. Continent monachologiam; accusationem Physiophili; defensionem Physiophili; anatomiam monachi. Collegit, edidit et præfatus est P. *Aloysius* MARTIUS.

Aug. Vindelic. 1784. Sumptibus editoris. 1 v. in-8°. 3 pl.

930. —Fundamina et regulæ omnium Ordinum monasticorum et militarium; quibus, asceticæ religionis status à Christo institutus, ad quartum usque seculum producitur; et omnes Ordinum regulæ postmodum conscriptæ, promulgantur. Auctore R. P. F. *Prospero* STELLARTIO.

Duaci. 1626. Bellerus. 1 vol. in-4°.

931. —Synopsis veterum religiosorum rituum atque legum,

notis ad constitutiones Clericorum regularium comprehensa. Operâ et studio *Antonii* Caraccioli.

Parisiis. 1628. N. Buon. 1 vol. in-4º.

932. —Expositio in omnes ferme regulas sanctorum Basilii, Augustini, Benedicti, Francisci, ac aliorum Ordinum, præcipuè in regulam primitivam Carmelitarum. Auctore R. P. Thoma de Jesu. (*Didaco* Davila.)

Antuerpiæ. 1627. Wolsschatius. 1 vol. in-fol.

A la suite :

—Commentaria in cap. *Non dicatis* XII Q. I. c. *Monachi*, et c. *Cum ad monasterium*. De statu monachorum. In quibus de natura voti paupertatis, de proprietate abdicanda, de licentia superiorum prærequisita, de vita communi, ac denique de paupertate in communi, tam ex antiquorum Patrum quàm aliorum Doctorum sententia agitur. Auctore R. P. F. Thoma a Jesu.

Antuerpiæ. 1617. Wolsschatius. 1 vol. in-fol.

933. —Concordia regularum, auctore S. Benedicto, Anianæ Abbate. Nunc primum edita ex Bibliothecâ Floriacensis monasterii, notisque et observationibus illustrata. Auctore Fr. *Hugone* Menardo.

Parisiis. 1638. H. Drouart. 1 vol. in-4º.

934. —Codex regularum quas sancti Patres monachis, et virginibus sanctimonialibus servandas præscripsere, collectus olim à S. Benedicto Anianensi abbate. *Lucas* Holstenius.... auctum edidit.

Parisiis. 1663. Billaine. 1 vol. in-4º.

935. —Elenchus regularum monasticarum et constitutionum asceticarum. *Aubertus* Miræus publicabat.

Antuerpiæ. 1637. Jac. Mesius. Pièce in-8º.

936. —Codex regularum et constitutionum clericalium in quo forma institutionis Canonicorum et Sanctimonia-

lium canonicè viventium ; leges item scriptæ Fratrum vitæ communis , Theatinorum , Paulinorum seu Barnabitarum, Societatis Jesu, Clericorum Somascæ seu S. Maioli Papiensis, Boni Jesu , Oratorii, Oblatorum S. Ambrosii, Ministrantium infirmis , Clericorum Minorum, B. Mariæ, Scholarum piarum, Doctrinæ christianæ, et aliarum religiosarum familiarum in congregatione viventium, recitantur, notisque illustrantur, studio *Auberti* Miræi.

Antuerpiæ. 1638. Trognæsius. 2 en 1 vol. in-fol.

957. — Theologia regularis, hoc est in SS. Basilii, Augustini, Benedicti, Francisci, etc. regulas commentarii. Autore D. D. *Joanne* Caramuel Lobkowiz.

Francofurti. 1646. Th. Schonweter. 2 en 1 vol. in-4º.

958. — Constitutiones et exercitia spiritualia clericorum sæcularium in communi viventium approbata à sanctissimo domino nostro Innocentio Papa XI.

Leodii. 1684. G. Grison. 1 vol. in-8º.

959. — Vetus disciplina monastica, seu collectio Auctorum ordinis S. Benedicti maximam partem ineditorum , qui ante sexcentos ferè annos per Italiam, Galliam atque Germaniam de monastica disciplina tractarunt. Continet non modo monasticas , sed etiam ecclesiasticas ad historiam sacram pertinentes. Prodit nunc primum operâ et studio *** presbyteri et monachi benedictini. (D. *Marquard* Hergott.)

Parisiis. 1716. Osmont. 1 vol. in-4º. Portr.

** — De antiquis monachorum ritibus libri V, collecti studio D. *Ed.* Martene.
   Voyez : *Liturgie.*

940. — De participationibus seu litteris fraternitatis, quibus amici et benefactores à prælatis religionum admit-

tuntur ad communionem bonorum operum ordinum. Auctore V. P. F. *Antonio* RUTEO.

Montibus. 1637. Le Brun. 1 vol. in-8º.

941. — Antiquarium monasticum, in quo ex sanctis PP. Conciliis et probatissimis Scriptoribus traduntur enucleatè pleraque ad initium, progressum et observationes status religiosi pertinentia. Cum indice locupletissimo ex quo etiam Concionatores facilè cujusvis generis materiam ac exempla haurire possunt. Studio ac labore R. D. NEBRIDII *à Mündelheim.*

Viennæ Austriæ. 1650. Cosmerovius. 1 vol. in-fol.

942. — Mélanges pour l'Histoire des Ordres religieux.

1 volume in-folio, contenant :

1. — De antiqua ordinis S. Benedicti intra Gallias propagatione dissertatio. Auctore D. *Philippo* BASTIDE.

2. — Sommaire sur la provision, où l'on répond à la Requeste du 4 janvier, présentée par M. le Cardinal de Bouillon.... abbé commendataire de Cluny, et par ses adhérans. 1710.

3. — Réponse à la Requeste de M. le Cardinal de Bouillon, signifié le 6 février dernier. Par laquelle il prétend faire passer trois actes faits à la requisition des Définiteurs de l'Etroite Observance, pour falsifiez et fabriquez après coup. 1710.

4. — Factum pour les religieux, prieur et convent de l'abbaye de Villemagne-l'Argentière, ordre de S. Benoist, ressort du Parlement de Toulouse (Affaire Thomas de Thezan.) 1698.

5. — Factum pour Dom Benoist de Mouceaux-Dauxis, prieur du prieuré de N.-D. de Fontaine-Meslan, ordre de S. Benoist, contre Dame Marie de Petiteau. (Fief.)

6. — Suppositions avancées par Dom Estienne de Noyelle dans sa Requeste au Roy, sur laquelle il a obtenu arrest le 26 mars 1685, dans son plaidé inséré dans le Procès-verbal de M. de Nointel, intendant de Touraine, commencé le 24 may de la même année.

7. — Arrest du Conseil d'Estat du 12 mars 1695, en forme de Réglement. (Partage des biens de l'abbaye de Molesmes.)

8. — Factum pour Dom Julien Bourgonnière, prestre religieux de l'ordre de S. Benoist, pourvu de la cure de N.-D. de Vitré, et de S. Martin

son annexe ; appellant de sentence d'appointement rendue au Présidial de Rennes, le 3 oct. 1692.

9. — Factum pour Dom J.-B. Alphant, prestre et religieux profez de l'ordre de S. Benoist, pourvu du prieuré régulier de Simianne, contre Me Martin Gaultier, prétendant droit audit prieuré.

10. — Au Roy et à Nosseigneurs de son Conseil. Le supérieur général de la Congrégation de S^t.-Maur. (Chezal Benoist.)

11. — Extrait des Registres du Conseil d'Estat. (20 mars 1669. Evocation au Grand Conseil accordée au général des Prémontrés, pour toutes les causes concernant la discipline.)

12. — Arrest du Conseil d'Etat du Roy, du 27 oct. 1711. (Biens de l'Ordre de Malte.)

13. — Placet au Roy, par lequel l'Ordre de Malte a supplié Sa Majesté de déclarer les fermiers et ceux qui desservent les biens des commanderies de l'Ordre, exempts de tirer au sort pour servir dans la milice. Avec une Lettre de M. Voysin, secrétaire d'Etat, qui fait voir que S. M. a eu la bonté d'accorder... Fév. 1711.

14. — Arrest du Conseil d'Etat, du 28 nov. 1716, qui décharge de la capitation les chevaliers de Malthe...

15. — Arrest du Grand Conseil du Roy, qui déclare nulle et simulée une promesse faite par un commandeur, contre lequel le prétendu créancier n'avoit point fait de diligence de son vivant, conformément aux statuts de l'Ordre.... Du 31 mars 1717.

16. — Confirmation d'évocation pour l'Ordre de Malthe. 23 juin 1718.

17. — Extrait des Registres du Conseil d'Etat (touchant la capitation, dont l'Ordre de Malthe est exempt) 10 janvier 1719.

18. — Arrest notable du Grand Conseil, qui juge que l'hôpital de Beaulieu est de l'ordre de St Jean de Jérusalem, et doit jouir des priviléges dudit ordre. 10 janvier 1719.

19. — A. S. A. R. Mgr. le duc d'Orléans. Les chevaliers de la nation française qui composent à Malthe les trois langues. (Contre l'érection d'un tribunal de noblesse établi à Rome.)

20. — Au Roy. (Même objet.)

21. — Arrest notable du Grand Conseil du Roy, qui juge que les droits de l'Ordre de Malthe sont imprescriptibles, même par cent ans et plus. 29 janvier 1725.

22. — Arrest du Conseil d'Etat du Roy, qui déclare l'Ordre de Malthe et tous les biens qui lui appartiennent, exempts du droit de joyeux avènement ou de confirmation. Du 25 nov. 1727.

23. — Arrest notable du Grand Conseil, qui maintient l'ordre de Malte dans son privilége d'imprescriptibilité.... Du 16 mars 1754.

24. — Mémoire pour le curé de St-Jean-de-Latran, sur les imputations et la dénonciation du sieur Le Cesne de la Cretinière, ancien bailli de S.-Jean-de-Latran.
    Paris. 1750. Thiboust.

25. — Arrests du Conseil d'Estat du Roy, et Lettres patentes de S. M., portant que les Chanoines reguliers de la Congrégation de France pourvus de benefices, pourront estre revoquez par leur supérieur general du consentement des Evesques.... Du 6 déc. 1679.

26. — Bref de N. S. P. le Pape qui confirme les articles des Statuts generaux de la Congregation de France. *De acceptandis beneficiis....* 5 mai 1690.

27. — Factum pour les Chanoines reguliers, Prieur et Chapitre de l'abbaye royal de Livry, ordre de S. Augustin, contre les Religieux, Prieur et convent de l'abbaye de S. Denys. (Dixmes de Roissy.)

28. — Au Roy et à Nosseigneurs de son Conseil. (L'abbé de Ste Geneviève de Paris. Benefices.)

29. — Arrest du Conseil d'Etat, qui maintient l'Abbé de Ste Geneviève.... dans le droit de revoquer ses religieux beneficiers. 11 fév. 1688.

30. — Lettres patentes, pour obliger les religieux Premonstrez de quitter leurs bénéfices pour fautes par eux commises. 9 août 1700.

31. — Lettres patentes d'évocation générale au Grand Conseil, en faveur des chanoines réguliers de la Congrégation de France. 8 août 1718.
    Paris. 1726. Lemercier.

32. — Mémoire pour le Procureur général des Chanoines réguliers de la Congrégation de France. (Si les Religieux de Sainte Croix sont Chanoines réguliers.) 1723.

33. — Mémoire sur la Complainte, pour frère Jean-Bapt. Villet, chanoine régulier de la Congrégation de France, prieur titulaire du prieuré de S. Maixme; contre Fr. G. Le Cœur, religieux de l'ordre de Sainte Croix, prétendant droit par dévolut au même prieuré. 1724.
    Paris. 1724. Lambin.

34. — Factum avec inventaire des Pièces, pour l'Abbé de Ste Geneviève, Supérieur général de la Congrégation de France, contre quelques anciens Chanoines de la cathédrale d'Uzès.

35. — Factum avec inventaire des pièces, pour M. l'Evèque d'Uzès, contre quelques anciens Chanoines de la cathédrale d'Uzès.

36. — Instruction pour M. l'Evêque d'Uzès. (Appel comme d'abus.)

37. — Basilicæ S. Genovefæ decora emblematibus illustrata.
  Parisiis. 1661. S. Cramoisy. Fig.

38. — Requeste présentée au Roy par les Syndics généraux de l'ordre de S. Ruf, demandeurs en rapport des Lettres patentes du 3 juillet 1738.
  Paris. 1743. Prault.

39. — Déclaration du Roy, portant diverses descharges et exemptions en faveur des possesseurs et détenteurs des biens et immeubles alienez par gens de main-morte.... 12 fév. 1659.

40. — Ordonnance de Sa Majesté, portant injonction à tous les bénéficiers, marguilliers, eschevins, consuls, communautez... d'envoyer déclaration des biens par eux vendus... depuis l'an 1542.

41. — Sommaire du différend des parties, pour M. Dominique de la Terrade, prieur de S.-Benoist-d'Aizenay. (Conflit de juridiction.)

42. — Edit du Roy, pour l'affranchissement des droits seigneuriaux. (5 juin 1708.)

43. — Arrest du Conseil d'Estat du Roy, qui ordonne.... que les propriétaires des biens d'Eglise aliénez, vendus et échangez depuis mesme auparavant 1556, paieront le huitième denier.... (6 nov. 1677.)

44. — Extrait des registres du Conseil privé du Roy. (30 juin 1639. Affaires bénéficiales.)

45. — Déclaration du Roy, qui décharge les beneficiers, communautez ecclesiastiques, et autres gens de main-morte qui possèdent des bois dans l'étendue du Royaume, de toutes recherches, et des peines portées par l'ordonnance du mois d'aoust 1669.

46. — Arrest du Conseil d'Estat du Roy, du 5 nov. 1675, pour l'exécution de la déclaration de S. M. du mois de novembre 1675, donné pour le recouvrement du huitième denier du prix des biens aliénez par les ecclésiastiques depuis 1556, etc.

47. — Arrest.... qui ordonne que les abbez et prieurs sujets aux pensions de religieux lais, payeront incessamment au sieur de Pennautier, la somme de 150 livres pour l'année 1670. 27 août 1671.

48. — Arrest... qui ordonne que les Arrests de son dit Conseil des 24 janvier 1670 et 15 janv. 1671, seront exécutés. (Pensions des Religieux lays.) 26 sept. 1671.

49. — Généralité d'Amiens. Amortissemens, nouveaux acquets et francfiefs. Instruction générale.... en exécution de la déclaration du Roy du 9 mars 1700.

50. — Déclaration du Roy, pour le recouvrement des droits d'amortissement.... 9 mars 1700.

51. — Contract fait et passé entre le Roy et le Clergé de France le 2 juillet 1702, pour la renonciation à la faculté de rentrer en la possession des biens ecclésiastiques qui ont esté aliénez pour cause de subvention.

52. — Déclaration du Roy, qui amortit en faveur du Clergé tous les héritages.... dont les droits d'amortissement... ont été payez en exécution de la déclaration du 9 mars 1700. 16 juin 1705.

53. — Arrest du Parlement du 11 avril 1680. (Le couvent de N.-D. du Val-de-Grâce, contre l'Archevêque d'Auch.)

54. — Factum pour les Religieux du prieuré de S. J. Baptiste de Chasteau-Gontier, curez primitifs de l'église de S. J. Baptiste et de S. Jean-l'Evangéliste (contre le Vicaire desdites églises.) 1680.

55. — Factum pour les Religieux, grand Prieur et Convent de l'abbaye royale de S. Denys, en France. (Dixmes de Chaours. 1700.)

56. — Abbrégé des questions du procez qui est entre M. G. Paul de Maulevrier, abbé, chef et supérieur de l'ordre de Saint-Antoine, appelant de sentence donnée par Mg. le Cardinal Le Camus, nommé comme Evêque de Grenoble, commissaire apostolique, le 11 avril 1699.

57. — Mémoire servant de replique au factum du sieur de Lommoye, pour les Religieux, Prieur et Couvent de l'abaïe de N.-D. de Coulombs. (Fief.)

58. — Précis du Procez pour les Religieux de l'abbaye de Coulombs.

59. — Lettres patentes pour Madame l'Abbesse de Fontevraud. 9 décembre 1705. (Juridiction.)

60. — Factum concernant l'inscription de faux formée par M. de la Forest Darmaillé, contre le titre de 1276 produit par les Religieux du Prieuré conventuel de Craon. 1705.

61. — Mémoire pour le sieur Gaudin, contre Frère Nicolas Maurel. (Profession et translation.) 1715.

62. — Mémoire sur le délibéré pour Me A. G. Le Grand, doyen perpétuel de la confrairie de sainte Marie-Magdelaine pénitente.... établie par ses soins en l'église des RR. PP. Carmes-Billettes de Paris, contre les Administrateurs et Confrères de ladite Confrairie.

63. — Consultation. (Prieuré de Reuil, sécularité de M. l'abbé de Bissy.)

64. — Suite méthodique de l'usage de la Regale depuis Clovis premier Roy chrestien jusqu'à présent.

65. — Factum pour M⁰ Blaise Besse, curé de Vigeville en la Haute-Marche. (Dixmes.)

66. — Extrait des Registres du Conseil d'Estat. (Prieuré de S.-Avertin-du-Breuil. 14 fév. 1696.)

67. — Réponses aux prétendus griefs du sieur de Belebat. (Abbaye de Jumièges. Droits honorifiques.)

68. — Arrest du Parlement, qui maintient un gros décimateur ecclésiastique en possession des menues et vertes dîmes contre la prétention d'un curé ou vicaire perpétuel. 18 août 1705.

69. — Lettre du Roy pour la liquidation des droits de francs-fiefs. 3 août 1634.

70. — Mémoire pour M. le Cardinal de Noailles, Archevêque de Paris, contre MM. Cl. Nic. Des Rues et Fr. Avoye-Merlier, diacres. (Appel comme d'abus.)

943. — Mélanges pour servir à l'Histoire des Ordres religieux.

1 vol. in-4°, contenant :

1. — Arrest du Conseil d'Estat, le Roy y seant, sur les troubles et differends meus et excitez en l'Ordre de Fontevrault, suivant l'advis des Commissaires deputez par Sa Majesté, pour en cognoistre.

Paris. 1641. Vitray.

2. — Transaction entre Monseig. l'Archevesque de Paris, Mgr. le duc de Verneuil, abbé de S.-Germain-des-Prez, et les Religieux, Prieur et Convent de ladite abbaye, sur leurs procès et différens, pour raison de la juridiction spirituelle dans l'étendue du faux-bourg et territoire dudit S.-Germain-des-Prez. 20 sept. 1668.

3. — Defense de la Sentence rendue pour la réformation de l'Ordre de Cisteaux, par Mgr. l'Em. Cardinal de la Rochefoucault, protecteur dudit Ordre, et Commissaire apostolique pour la réformation d'iceluy. En vertu des brefs des Papes Grégoire XV et Urbain VIII, obtenus à l'instance du feu Roy Louis XIII, et authorisez de ses lettres patentes. Contre les appellations des anciens Religieux de Cisteaux.

Paris. 1643. Bessin.

4. — Examen du Chapitre general tenu en l'abbaye de Cisteaux le 16 may 1672. Pour servir au procez pendant au Grand Conseil. Entre les Abbez, Prieur, et Religieux, etc., et le R. Abbé de Cisteaux.

Paris. 1673. J. Langlois.

5. — Epistola ad Illustris. et Reverendis. utriusque Ordinis Ecclesiæ Gallicanæ patres, ad Comitia generalia anni MDCLX Parisiis congregatos. In qua fit discussio Privilegii illius quo quibusdam Monas-

teriis facultas per quemcumque voluerint Episcopum Ordines sacros recipiendi, concessa est.
Parisiis. 1660.

6. — Narré apologétique des Religieux Prestres et Profex Clercs du Convent de S. Mathurin de la ville de Paris, Ordre de la Sainte Trinité et Redemption des Captifs. De ce qu'ils ont fait pour restablir le réglement dans leur maison. 1651.

7. — Decreta Summorum Pontificum, contra quoscumque Religiosos, qui Fratrum Minorum Capuccinorum habitum, aut ei consimilem gestare quoquo modo præsumerent; maximè verò Urbani VIII, contra Patres Strictioris Observantiæ, tam eos qui in Italia, quàm eos qui in Gallia Recollecti nuncupantur. Item acta, pro eorumdem executione subsequuta.
Paris 1625. Giffart.

8. — Description de l'Abbaye de N.-Dame de la Trape, de l'Ordre de Cisteaux, diocèse de Sées, et de l'excellente manière de vie des abbé et religieux de cette sainte maison, tirée de la lettre d'un religieux Benedictin de la Congregation de Saint-Maur, à sa sœur religieuse. (Signé F. F. P. A.)
Rouen. 1670. Hérault.

9. — Breve apostolicum Innocentii Papæ XI, quo prohibetur monachis Congregationis Beatæ Mariæ Fuliensis Ordinis Cisterciensis, ne ad alios Ordines seu Congregationes sub quocumque prætextu transire præsumant. Lettres-patentes du Roy sur ce bref. 10 sept. 1686.

10. — Arrest du Conseil d'Estat, par lequel Mgr. l'Evesque d'Autun et ses successeurs sont maintenus en la possession de toute jurisdiction, et de tout droit de visite sur l'église abbatiale et collégiale de Sainte Marie-Magdeleine de Vezelay, sur l'abbé, les dignitez... et Peuple de la ville et Poté dudit Vezelay.

11. — Arrest du Parlement contre l'exemption du chapitre de Saint Aignan d'Orléans.
Paris. 1674. Edm. Martin.

12. — Récit abrégé des différens d'entre Monsieur l'Evesque d'Aleth, et quelques gentils-hommes de son diocèze.

13. — Raisons et moyens pour lesquels les Religieux du tiers Ordre de S. François de la province de France, prétendent la réunion de l'Hospice de Nazareth dans Paris, et du Convent de Mouy en Picardie, desmembrés, par arrest du Privé Conseil, de leur province au profit de celle de Normandie du mesme Ordre.

14. — Réglement du R. P. Général de l'Ordre de S. François, pour la Réformation de tous les Convens et Monastères du royaume de

France, qui sont sous sa jurisdiction. Avec l'arrest de la Cour de Parlement, portant homologation des réglemens.....

944. — Pièces pour l'Histoire des Ordres religieux.
   2 vol. in-4º, contenant :

   TOME Ier.

   1. — Summarium pro PP. Carmelitanis Distinctionis Franciæ in Provinciâ Turoniæ.
   2. — Mandatum R. P. generalis *Marii* VENTURINI, de convocandis RR. PP. ex-provincialibus, pro controversia de alternativis electionibus in Provinciâ Turonensi.
   3. — Defensio Provinciæ Turonensis Carmelitarum contra prætensam à nonnullis provinciæ ejusdem religiosis alternativam.
   4. — Le droict du P. Valentin, provincial, des définiteurs et autres supérieurs et religieux de la province des Carmes de Touraine, contre quelques-uns de leurs frères.
   5. — Factum pour les religieux Carmes de la Distinction de France dans la province de Touraine, contre les Religieux Carmes de la Distinction de Bretagne.
   6. — IV Proposition. L'alternative des provinciaux et des définiteurs n'a jamais été dans la Province des Carmes de Touraine.
   7. — Factum servant de response pour les religieux estudians du grand convent et collége des Carmes de la place Maubert à Paris.
   8. — Récit véritable de ce qui s'est passé touchant la Lettre de cachet adressée au Père Macaire, Carme déchaussé, pour sortir du couvent de Paris, et s'en aller en la Province de Lyon.
   9. — Fondation ou donation de la maison des Carmes de la place Maubert, faicte à leur Ordre par Philippe-le-Bel....
   10. — Sincera et compendiosa narratio controversiæ PP. Carmelitarum reformatorum Provinciæ Turoniæ.
   11. — Response au second Factum des Religieux conventuels du grand convent et collége des Carmes de la place Maubert... faite en faveur des estudians audit collége. 1654.
   12. — Extrait des Registres de la Cour de Parlement. (Excommunication. 18 août 1658.)
   13. — Extraits des Registres du Conseil d'Estat. (Carmes de Paris. 17 juillet. 28 août. 26 sept. 1658.)
   14. — Bref éclaircissement des difficultés meues touchant la visite et le gouvernement de l'Ordre des Religieuses Carmélites de la Reformation de Saincte Thérèse du royaume de France. Pour Response

à un cahier manuscrit intitulé : l'Establissement des Supérieurs de l'Ordre des Carmélites de la réforme de Sainte Thérèse en France. Imprimé le 17 août 1659.

15. — Circulaire pour la mort de la sœur Geneviève de S. Denys. 1688.

16. — Lettre sur la mort du R. P. François Giry.

17. — Arrest notable de la Cour de Parlement, qui renvoie à l'ordinaire des lieux, un Religieux Carme accusé de scandale commis hors du cloistre.... 1704.

18. — Lettres-patentes du Roi, concernans les Frères Mineurs de l'Ordre de la Vierge du Mont-Carmel, appellés Carmes déchaussés. 4 mai 1772.

19. — Arrest du Conseil d'Etat du Roi, du 15 fév. 1769. (Chapitres particuliers des Carmes déchaussés.)

20. — Du 24 fév. 1769. (Assemblée des Chapitres des Carmes.)

21. — Du 27 fév. 1778, qui fixe la tenue du Chapitre provincial des Carmes-déchaussés de Provence, au 15 juin, dans le couvent de Montpellier.

22. — Capitulum generale XLVI Ordinis Minimorum, in conventu Valentino sexto celebratum, anno R. S. 1697 die 18 maii.

23. — Requeste presentée à la Cour par Me Nic. Mazure, curé de S. Paul, le 9 avril 1641. Ordonnance et défenses de la Cour, et acte de signification et copie baillée aux Minimes. (Droits curiaux.)

24. — Arrêt de la Cour de Parlement portant omologation de l'avis des Commissaires ecclésiastiques et réguliers.... pour la réformation du grand convent des Pères Cordeliers de Paris. 22 avril 1670.

25. — Dernier factum contenant les deffences pour les Religieux pénitens du tiers Ordre de S. François du convent de Nazareth, étably à Paris. Contre A. J. Nourry de la Folleville. 1686.

26. — Extrait des Registres du Conseil d'Etat. (Subvention.) 18 fév. 1637.

27. — Extrait des Registres du Conseil privé du Roy. (4 juillet 1675. Droit de committimus.)

28. — Extrait des Registres du Conseil d'Etat. (Minimes de Nantes. 1 sept. 1693.)

29. — Arrest du Conseil d'Etat du Roi, du 24 février 1769. (Chapitres particuliers des provinces des Frères-Mineurs.)

30. — Enquête relative aux Religieuses du tiers Ordre de S. François de Toulouse. 1648.

31. — Procès-verbal de la visite faite par Mgr. L. H. de Gondrin, Archev. de Sens, de l'Oratoire du convent des Frères Capucins de la ville d'Estampes.

  Sens. 1672. Prussurot.

32. — Objet de l'affaire pendante au Parlement entre le R. P. Provincial des Frères Mineurs, dits Capucins, et les Pères et Frères lais dudit Ordre. 1762. (Elections.)

33. — Observations sommaires sur le Bref de N. S. P. le Pape Clément XIII, en date du 29 juillet 1761, portant suppression des discrets dans l'Ordre des Capucins de la province de Paris....

34. — A Nosseigneurs de Parlement. (Requête des Frères lais de l'Ordre des Capucins. 1762.)

  Paris. 1763. Brunet.

35. — Arrêt de la Cour de Parlement, rendu dans l'affaire des Capucins. Du 7 sept. 1764.

  Amiens. 1764. Ve Caron.

36. — Arrest donné à l'audience de la Grand' Chambre du Parlement de Paris, le 4 sept. 1653. (Troubles dans la province de Bourgogne, Ordre des Cordeliers.)

37. — Lettres du Roy. (Pour les droits des Pères Cordeliers aux places vagues attenans le convent de Paris. 3 mars 1655.)

38. — Factum pour Me J. Fr. Fouet, curé de Riom, contre les Cordeliers de cette ville. (Droits curiaux. 1696.)

39. — Mémoire pour Dame Denise-Elizabeth de Sallo, abbesse des Petites Cordelières. 1716.

40. — Mémoire signifié pour les RR. PP. Cordeliers du convent de Sens. (Scandale. 1717.)

41. — Factum contre les Cordeliers de Sens. Même objet.

42. — Arrest du Parlement, pour l'Abbesse des Cordelières du fauxbourg S. Germain de Paris. (Appel comme d'abus. 1717.)

43. — Arrest du Conseil d'Etat du Roi, du 24 fév. 1769. (Chapitres des Cordeliers.)

44. — Arrest du Conseil d'Estat, qui ordonne que les religieuses de l'Ordre de S. François, dites Urbanistes, mettront dans deux mois par devant les Commissaires nommés par Sa Majesté, les titres en vertu desquels elles prétendent s'attribuer le droit d'élire leurs abbesses. Du 18 décembre 1674.

  Paris. 1675. S. Mabre-Cramoisy.

45. — Arrest de la Cour de Parlement, du 7 juin 1765. (Chapitre provincial de 1764.)

46. — Arrest du Conseil d'Etat, du 10 mars 1769. (Chapitre des Capucins.)

47. — Arrest.... du 15 fév. 1769. (Chapitre des Récollets.)

48. — Lettre de la grande Prieure du convent de Fontevraud, escrite à toutes les maisons du mesme Ordre, sur la mort de Madame J. B. de Bourbon, Abbesse, chef....
   Paris. 1670. Josse.

49. — Arrests concernant la contestation entre M. l'Archev. d'Aix; et les Dames de Berulle, prieure et souprieure perpétuelle du Monastère royal de S. Barthelemi de ladite ville d'Aix, de l'Ordre de Saint Dominique.
   Paris. 1707. Huguier.

50. — Dissertatio de regimine Abbatiarum commendatarum Ordinis Præmonstratensis.

51. — Factum de la communauté des habitans de Naxie, contenant des Instructions touchant l'établissement d'un monastère en cette isle. Présenté aux RR. MM. Ursulines de France. 1636.

52. — Decreta par R. P. F. *Paulum* Luchinum, totius Ordinis Fratrum Eremitarum priorem generalem.... Edita... anno 1659.

53. — Bref de N. S. P. le Pape Urbain VIII, avec les lettres-patentes du Roy à Mgr. l'Em Card. de la Rochefoucault, pour la Réformation des Monastères de l'Ordre de la très-Sainte Trinité et Redemption des Captifs en France. Et autres Pièces sur ce sujet.
   Paris. 1638. Martin.

54. — Arrests donnez au Conseil du Roy, pour le réglement de la Compagnie de la Propagation de la foy. 3 oct. 1653.

55. — Explication dès intentions de la Congrégation de la Propagation de la Foy, sous le tiltre de l'Exaltation Saincte-Croix, establie en cette ville de Paris...

56. — Mémoire pour MM. les Archev. et Evesq., Intendans et Commissaires départis dans les provinces.... pour la désunion et l'employ des biens cy-devant réunis à l'Ordre de N.-D. de Montcarmel et de S. Lazare, en vertu de l'édit du mois de décembre 1672.

57. — Lettre circulaire des Dames Religieuses de la Visitation de Chaillot, sur les dernières années de la vie, circonstances, et les suites de la mort du feu Roy d'Angleterre Jacques II.
   Paris. 1702. Ch. Remy.

58. — Consultatio in negotio reformationis Monasterii S. Huberti in Ardenna, Leodiensis diœcesis, ordinis S. Benedicti. (Auctore *Claudio* D'ANLY.)
  Virduni. 1623. In-8°.

59. — Arrest du Grand Conseil, donné en faveur de M. Olivier de la Trau de la Terrade, grand-maistre et général de l'Ordre du S. Esprit, et archihospitalier de toute la Chrestienté, pour pourveoir par luy aux commanderies, hospitaux, leproseries, maladeries, aumosneries et autres bénéfices dépendans dudit Ordre.
  Paris. 1645.

60. — Edit du Roy, donné en faveur de l'Ordre de N.-D. du Mont-Carmel et de S. Lazare de Jérusalem. Du mois de décembre 1672.
  Paris. 1673. Cramoisy.

61. — Nouveau réglement sur le fait des tailles, pour l'année 1688.
  Paris. 1688. Coignard.

62. — Edit du Roy, portant désunion de l'Ordre de N.-D. de Mont Carmel et de S. Lazare, des maisons, droits, revenus, qui étoient possédez avant l'édit de déc. 1672, par les Ordres du S.-Esprit de Montpellier.... (Mars 1693.)
  Paris. 1693. Léonard.

63. — Déclaration du Roy, en interprétation de l'édit du mois de mars 1693, concernant la désunion des biens de l'Ordre de N.-D. de Montcarmel et de S.-Lazare... 15 avril 1693.
  Paris. 1693. Michallet.

64. — Arrest du Conseil d'Etat, portant prorogation de deux mois du delai pour la représentation des titres des prétendans droit aux maladeries et léproseries cy-devant unies à l'Ordre de S. Lazare. Du 2 sept. 1693.
  Paris. 1693. Léonard.

65. — Arrest... concernant les biens des maladreries.... désunis de l'Ordre de N.-D. du Montcarmel et de S. Lazare. 22 déc. 1693.

66. — Edit et déclarations du Roy, portant désunion des biens et revenus qui avoient esté unis à l'ordre de N.-D. de Montcarmel et de S. Lazare.... mars 1693.
  Paris. 1696. Muguet.

67. — Déclaration du Roy, portant réglement pour l'administration du gouvernement des hôpitaux, maladeries et léproseries de l'Ordre de N.-D. de Montcarmel et de S. Lazare, dans lesquels l'hospitalité a été establie ou restablie. 12 décembre 1698.
  Paris. 1698. Muguet.

68. — Arrest du Conseil d'Etat, qui ordonne qu'en payant par l'Ordre de Malthe la somme de 60,000 livres, tous les biens appartenans audit Ordre, seront déchargez de l'exécution de la déclaration du 14 oct. 1710, concernant la levée du dixième. Du 27 oct. 1711.

69. — Arrest du Grand Conseil, qui maintient les chevaliers de l'Ordre de S. Lazare dans l'exemption des dixmes sur les domaines de leurs commanderies. 26 fév. 1714.

70. — Mémoire pour le vénérable et commun trésor de l'Ordre de Malthe contre le sieur Cottin et consors. 1761.
   Paris. 1761. Hérissant.

71. — Lettres-patentes concernant les bois appartenans à l'Ordre de Malthe. 14 mai 1768.

72. — Lettres-patentes..., portant évocation en tant que de besoin à la Grand' Chambre du Parlement de Paris de toutes les affaires concernant les Ordres de S. Lazare et de S. Ruf. 12 août 1771.

73. — Lettres-patentes... sur le Bref du Pape. Portant secularisation et extinction de l'Ordre de S. Ruf, et union de ses biens à celui de S. Lazare. 24 août 1771.

74. — Arrest du Conseil d'Etat.... concernant la régie et administration des biens de l'Ordre de S. Ruf. Du 29 juillet 1774.

75. — Lettres-patentes d'évocation au Grand-Conseil, pour l'Ordre de Malthe. Du 24 avril 1775.

76. — Lettres-patentes, portant union de l'Ordre hospitalier de S. Antoine de Viennois, à l'Ordre hospitalier et militaire de S. Jean de Jérusalem. 30 mai 1777.

77. — Déclaration de la contribution patriotique de l'Ordre de Malte, pour ses biens et propriétés en France. 31 décembre 1789.

78. — Réflexions sommaires impartiales sur l'utilité de l'Ordre de S. Jean de Jérusalem, et sur les dangers de sa suppression en France. Par le Bailly DE FLACHSLANDEN.
   Paris. 1789. Gueffier.

79. — Mémoire pour l'Ordre de Malte. Par le bailli DE GUIRAN LA BRILLANNE.
   Paris. 1789. D'Houry et De Bure.

80. — Second Mémoire de l'Ordre de Malte, sur Propriété de ses biens.
   Paris. 1789. D'Houry et De Bure.

TOME II.

1. — Extrait des Registres du Conseil d'Estat. (Réglements pour les Célestins de France.) 15 nov. 1669.

2. — Factum pour les religieux Célestins, sur la Requête présentée au Roy le 26 nov. 1668.

3. — Précis pour les RR. PP. Célestins (contre l'Edit de 1768.)
    Paris. 1775. Demonville.

4. — Mémoire à consulter et Consultation pour les religieux Célestins, concernant la réforme de la Congrégation.
    Paris. 1774. Brunet.

5. — Arrest du Conseil d'Etat du Roy, concernant les religieux Célestins. Du 14 oct. 1769.
    Paris. 1769. Imprimerie Royale.

6. — Lettres-patentes du Roi, concernant l'Ordre des Célestins. 5 avril 1778.
    Paris. 1778. Simon.

7. — Arrêt du Conseil d'Etat du Roi, qui assigne le monastère de Marcoussis pour retraite, à ceux des religieux Célestins de son royaume qui voudront continuer de vivre dans une maison dudit Ordre. Du 4 juillet 1778.
    Paris. 1778. Imprimerie Royale.

8. — Brevet d'Henri IV, pour l'union de la ménse conventuelle de l'abbaye de Belle-Branche au collége de la Flèche, et celle de l'abbaye de la Bussière à l'abbaye de Cisteaux.

9. — Requeste présentée au Roy, par les abbez et religieux de l'estroite observance de l'Ordre de Cisteaux, au sujet d'un Bref subrepticement obtenu à Rome, par le R. abbé de Cisteaux, le 16 janvier 1662. Contre les sentences rendues pour la réforme dudit Ordre, par l'Em. Cardinal de la Rochefoucaud.
    Paris. 1662. Bessin.

10. — Réflexions sur la Lettre circulaire du R. abbé de Cisteaux, adressée à tous les abbez, abbesses, supérieurs et communautez de son Ordre.

11. — Requeste présentée au Roy, par les abbez, prieurs et religieux de l'estroite observance de l'Ordre de Cisteaux. (Appel comme d'abus.) 1673.
    Paris. 1673. Langlois.

12. — Arrest du Conseil d'Etat du Roi, concernant l'Ordre de Citeaux. 19 oct. 1771.

13. — Arrest.... qui ordonne l'exécution de la délibération prise par le Chapitre général de l'Ordre de Citeaux le 15 mai 1768.... Du 7 avril 1770. (Réforme des statuts.)
    Paris. 1770. Imprimerie royale.

14. — Requeste présentée au Roy par le R. abbé de la Trappe.
    Paris. 1673. Langlois.

15. — Relation des quatre derniers Chapitres généraux des religieux Camaldules de la Congrégation de France, avec les remontrances des appellans de cette mesme Congrégation juridiquement signifiées au dernier Chapitre général. 1739.

16. — Lettre des Chartreux retirez en Hollande, au R. P. Dom de Mongeffon, Prieur de la grande Chartreuse. 19 fév. 1728.

17. — Défense des Chartreux fugitifs, où l'on traite particulièrement de la fuite dans les persécutions à l'occasion de deux écrits, dont l'un a pour titre : *Lettre à Mgr. l'Evêque de ***, touchant la protestation des Chartreux;* et l'autre : *Réfutation de l'apologie des Chartreux.* (15 mars 1726.)

18. — Mémoire pour les Chartreux de Paris.

19. — Protestation des Chartreux opposans à la Bulle *Unigenitus*, qui ont pris le parti de la fuite. 1725.

20. — Apologie pour les Chartreux, que la persécution excitée contre eux au sujet de la Bulle *Unigenitus* a obligez de sortir de leurs monastères.
    Amsterdam. 1725. Poggieter.

21. — Lettre d'un Chartreux à un de ses amis, sur la mort de Dom Nicolas de Verson, en exil à Valprofonde en Bourgogne, où il est mort de misère, et privé des sacremens par ses supérieurs, pour n'avoir pas voulu révoquer son appel de la Constitution *Unigenitus*. 16 août 1723.

22. — Lettre au très R. P. abbé de la Trappe au sujet de l'acceptation de la Constitution *Unigenitus* qu'il a fait faire par sa Communauté.

23. — Lettre de Mg. l'Archevêque d'Utrecht, au sujet d'un écrit qui paroît imprimé depuis quelques mois, intitulé : *Mémoire sur l'état présent des réfugiez françois en Hollande, au sujet de la Religion.* 1728. 21 oct.

24. — Lettre de M. Petit-Pied... à un de ses Amis, qui lui avait demandé quelque éclaircissement sur deux écrits qui ont été imprimés à Paris sous le titre de *Mémoire sur l'état présent des Réfugiez en Hollande au sujet de la religion;* et le second : *Mémoire sur les projets des Jansenistes.* 19 janvier 1729.

25. — Mémoire sur l'état présent des Réfugiez françois en Hollande, au sujet de la Religion.
    Paris. 1728. Mazières et Garnier.

— 237 —

26. — Arrest du Grand Conseil du 8 mars 1703, contre Frère G. L. Jean, chanoine régulier de la Congrégation de France. (Affaire bénéficiale, prieuré-cure de Ste Geneviève de Dissay.)

27. — Lettres-patentes d'évocation générale au Grand Conseil, en faveur des Chanoines réguliers de la Congrégation de France. 8 août 1718.

28. — Instruction qui a pour objet d'établir que les Chanoines réguliers des maisons de la Congrégation de France ne doivent jamais renoncer aux cottes-mortes de leurs confrères, qui décèdent pourvus de prieurés-cures....

29. — Arrest du Grand Conseil, concernant l'apposition et la levée des scellez, après le décès des prieurs-curés réguliers de l'Ordre de S. Augustin, Congrégation de France.... Du 17 nov. 1718.

30. — Arrest.... concernant la visite des Maisons et Eglises des Chanoines réguliers de l'Ordre de S. Augustin de la Congrégation de France. 14 nov. 1718.

31. — Mémoire instructif pour l'exécution des Lettres-patentes d'évocation générale de tous les procez des Chanoines réguliers de la Congrégation de France, au Grand Conseil.

32. — Arrest notable du Grand Conseil, qui juge qu'un Prieur-curé, chanoine régulier de la Congrégation de France, ne peut résigner la cure dont il est pourvu, sans le consentement du supérieur général. Du 23 déc. 1733.

33. — Arrests du grand Conseil, qui jugent qu'un chanoine régulier de la Congrégation de France, ne peut accepter, ni prendre possession d'un bénéfice à charge d'âmes, sans avoir obtenu le consentement par écrit de son supérieur général.... Des 8 mars 1703 et 19 juin 1739.

Paris. 1739. Simon.

34. — Arrest.... par lequel il est ordonné qu'un chanoine régulier de la Congrégation de France ne peut être transféré d'un bénéfice dans un autre, sans le consentement par écrit du supérieur général de la Congrégation, Du 3 août 1739.

35. — Arrest.... du 20 sept. 1740. (Décrets des Chapitres généraux de la Congrégation de France, de 1694 et 1721.)

36. — Déclaration du Roi, qui enjoint aux Chanoines réguliers de la Congrégation de France, qui seront à l'avenir pourvus de bénéfices, de satisfaire aux formalités prescrites par l'édit du mois de nov. 1719, et par la déclaration du 1er fév. 1720. Du 25 avril 1752.

37. — Mémoire signifié par les Prieur et Chanoines réguliers de l'Abbaye royale de la Couronne, ordre de S. Augustin, Congrégation de France. (Moulin sis à Ailleville, sur la Né.)
Paris. 1764. Chenault.

38. — Mémoire pour les abbé de Sainte-Geneviève, et autres supérieurs majeurs, et le procureur général de la Congrégation de France. Sur leur demande en suppression des Mémoire imprimé et Requêtes du Frère Le Lièvre, comme injurieux...
Paris. 1764. Knapen.

39. — Arrest de la Cour de Parlement, dans la cause d'entre René Le Lièvre, et les Supérieurs de la Congrégation des Chanoines réguliers de France. Du 16 avril 1764.
Paris. 1764. Simon.

40. — Arrêt notable du Grand Conseil, qui juge qu'un prieur-curé, chanoine régulier de la Congrégation de France, ne peut résigner la cure dont il est pourvu, sans le consentement du Supérieur général. Du 13 mai 1769.
Paris. 1769. Pierres.

41. — Mémoire pour le Frère Papin, chanoine régulier de la Congrégation de France. (Prieuré-cure de Pompone.)
Paris. 1770. Ve Simon.

42. — Arrest du Conseil d'Etat du Roi, concernant la Congrégation de France. Du 2 juillet 1769.
Paris. 1769. Imprimerie Royale.

43. — Arrêt du Conseil d'Etat du Roi, par lequel Sa Majesté autorise les délibérations prises par le Chapitre général des chanoines réguliers de la Congrégation de France, les 2, 24 et 28 oct. 1769, pour l'acquittement des dettes de ladite Congrégation. 3 nov. 1769.

44. — Factum pour les Prestres et Clercs de la Congrégation séculière de la Doctrine chrestienne. (Etat et gouvernement de la Congrégation.)

45. — Mémoire à consulter et Consultation pour MM. Moulis et Deveze, ci-devant Pères de la Doctrine chrétienne. (Dispense de vœux.)

46. — Lettres-patentes du Roi, portant que les prêtres qui entreront à l'avenir dans la Congrégation de la Doctrine chrétienne, seront réputés capables de recueillir toutes successions directes ou collatérales. Du 28 juin 1778.
Paris. 1778. Simon.

47. — Etablissement, prérogatives et fonctions de la charge de Maistre ordinaire de l'Oratoire du Roy.

48. — Sentence de la Chambre du Domaine, du 21 mars 1711, contradictoire avec les Prestres de l'Oratoire de la rue S. Honoré, et du fauxbourg S. Michel, les Syndics de la Rochelle, de Chartres, de Meaux, de Soissons, Luçon, et Laon, mis en causes par lesdits Prestres de l'Oratoire.

49. — Mémoire dressé par les Députés de l'Oratoire exclus par les ordres du Roi de l'Assemblée générale de cette Congrégation tenue à Paris au mois de septembre 1729. Où l'on prouve la nullité des Assemblées générales de l'Oratoire depuis 1723.

50. — Arrest de la Cour de Parlement, rendu en faveur de Mgr. l'Archevesque de Paris. Contre l'Abbé et Religieux de l'Abbaye Sainte Geneviève du Mont. (Défense d'assister aux processions en habits pontificaux.)

  Paris. 1670. Muguet.

51. — Arrest de la Grande Chambre du Parlement de Paris, du 15 juillet 1679, qui maintient les Religieux de l'Abbaye de Melynais, chanoines réguliers de Sainte-Geneviève, dans la possession d'administrer les sacremens à leurs domestiques....

52. — Factum sommaire, pour les Pères Augustins de la province de France... Contre les Pères Augustins de la province de Bourges. (Couvent d'Amiens.)

53. — Consultation (pour les Frères de Mervie, Berger et Mitifeu, prêtres Augustins réformés.)

  Paris. 1762. Knapen.

54. — Arrest de la Cour du Parlement, qui infirme la sentence rendue en la Sénéchaussée de Moulins, contre les Frères de Mervie, Berger et Mitifeu... Du 3 déc. 1762.

55. — Mémoire pour les FF. de Mervie, Berger et Mitifeu...

  Paris. 1762. Knapen.

56. — Déclaration du Roi, concernant les bénéfices à charge d'âmes de l'Ordre de S. Augustin. Du 22 août 1770.

57. — Doutes d'un jeune théologien, touchant les observations impartiales sur le Bref de sécularisation de la Congrégation de S. Ruf.

§. I. CONGRÉGATIONS D'HOMMES.

1. — MOINES D'ORIENT.

945. — Essai de l'Histoire monastique d'Orient. Par *** de la Congrégation de saint Maur. (Dom *Louis* Bulteau.)
Paris. 1680. Louis Billaine. 1 vol. in-8°.

946. — Histoire de l'Ordre monastique, où l'on voit la naissance et le progrès de l'état religieux, la discipline des premiers Instituts, la fondation de quantités d'illustres Communautez, les vies et les maximes des Pères du Desert, et de plusieurs autres saints abbez ou simples conventuels; le tout tiré des plus pures sources de l'antiquité, et éclaircy par une table chronologique. Par *** de la Congrégation de S. Maur. (Dom *Louis* Bulteau.)
Paris. 1687. P. de Bats. 1 vol. in-12.

— Cet ouvrage est le même que le précédent, rajeuni par un autre titre.

2. — RÈGLE DE SAINT AUGUSTIN.

a. — *Ermites Augustins*.

947. — Constitutiones Ordinis FF. Eremitarum Sancti Augustini recognitæ, et in ampliorem formam, ac ordinem redactæ.
Romæ. 1686. Corbelletti. 1 vol. in-8°.

948. — Primas Augustinianæus sive prærogativa præcellentiæ Ordinis Eremit. S. Augustini. Ex autographo

R. P. Ægidii a Præsentatione. Digessit et auxit *P. N.* Plenevaulx.

Coloniæ Agrippinæ. 1627. Boetzeri hæredes. 1 v. in-8º.

949.—Orbis Augustinianus, sive Conventuum Ordinis Eremitarum Sancti Augustini chorographica et topographica descriptio. Authore R. P. *Augustino* Lubin.

Parisiis. 1672. Alliot. 1 vol. in-4º.

— Cet ouvrage est le tome III, avec un titre spécial, de la clef du Grand Pouillié des Bénéfices de cet auteur.

950.—Apologeticus tripartitus pro divo Augustino, triplici epistola.., in quo multæ quæstiones curiosæ de D. Augustino ejusque ordine solidè simul, et facetè solvuntur. Opera et studio Fratris Renati equitis Gallo-Belgici. (*Caroli* Moreau.)

S. n. n. l. 1645. 1 vol. in-8º.

951.—Quæstio quodlibetica de origine Eremitarum, Clericorum, ac Sanctimonialium Sancti Augustini decisa ex ipso S. Augustino, aliisque Sanctis Patribus ei coævis, per F. *Christianum* Lupum. In qua elucidantur varii antiqui ritus Ecclesiæ Africanæ, ac discutitur censura Lovaniensis operum S. Augustini.

Duaci. 1651. B. Bellerus. 1 vol. in-8º.

952.—Examen testamenti S. Augustini ad stabiliendam filiorum ejus primogenituram. Per R. P. *Petrum à* S. Trudone.

Lovanii. 1654. Nempæus. 1 vol. in-8º.

953.—Defense prompte de la vie monastique du grand S. Augustin, et qu'elle est de perfection. Ou Factum pour la cause de ses enfans heremitains, contre certain intimant, et autres opposans. Lenoir pour les intimez. Aux frais et par le soin du sieur de Dampierre.

Paris. 1634. Sim. Le Febvre. 1 vol. in-4º.

954. — Discours où l'on fait voir que S. Augustin a été moine. Prouvé par la doctrine des Pères, et principalement par celle de S. Augustin. (Par FERRAND.)
Paris. 1689. Lambin et Langronne. 1 vol. in-12.

955. — Elucidationes sacræ in quinque libros de imaginibus antiquorum Eremitarum. In quibus vita, res gestæ, et obitus eorundem compendiose describuntur et illustrantur, autore R. P. Fr. *Georgio* GARNEFELT. Accessit item vita S. Joann. Chysost. Patriarchæ Constantinop. historicis et chronologicis annotationibus per eundem illustrata.
Colon. Agrippinæ. 1621. Ant. Boetzerus. 1 vol. in-8º.

956. — Virorum illustrium ex Ordine Eremitarum D. Augustini elogia cum singulorum expressis ad vivum iconibus. Auctore F. *Cornelio* CURTIO.
Antuerpiæ. 1636. Cnobbarus. 1 vol. in-4º. Port.

957. — *F. Cornelii* CURTII S. Nicolaus Tolentinus aliique aliquot ejusdem ordinis Beati.
Antuerpiæ. 1637. Joan. Cnobbarus. 1 vol. in-12.

958. — Encomiasticon Augustinianum, in quo personæ Ord. Eremit. S. P. N. Augustini, sanctitate, prælatura, legationibus, scriptis, etc. præstantes enarrantur, authore R. P. F. *Philippo* ELSSIO.
Bruxellis. 1654. Fr. Vivienus. 1 vol. in-fol.

959. — Fœlix Augustinensium Communitatis Bituricensis, exordium ac progressus. In Provincia Franciæ, ab anno Domini 1594 ad 1620. Auctore R. P. *Christino* FRANCÆO.
Parisiis. 1620. R. Giffart. 1 vol. in-12.

960. — L'établissement du tiers Ordre de S. Augustin et la conduite assurée des fidèles qui y sont associez, par

la pratique des vertus les plus essentielles du Christianisme, pour parvenir saintement à une bonne mort. Par le R. P. B. S. D. des Augustins de la Province de S. Guillaume ou la Communauté de Bourges (*Bruno* Sauvé.)

Paris. 1684. De Laulne. 1 vol. in-12.

961.—Historiæ Pervanæ Ordinis Eremitarum S. P. Augustini libri octodecim. Auctore R. et Exim. P. M. *Ioachimo* Brulio.

Bruxellæ. 1651-52. Guil. Lesteenius. 2 en 1 vol. in-fol.

b. — *Chanoines réguliers.*

962.—La règle de S. Augustin, expliquée par le vénérable docteur Hugues de S. Victor. Traduction (par F. Charles de la Grange.)

Paris. 1691. Desprez. 1 vol. in-12.

963.—Optica Regularium seu commentarii in regulam S. P. N. Augustini Hipponensis episcopi, auctore R. D. *Servatio* de Lairuelz.

Coloniæ Agripp. 1614. C. Butgenius. 1 vol. in-8º.

964.—*B. M.* Humberti Expositio super regulam S. P. Augustini, recenter ex aliis scriptis ejusdem venerabilis viri, et ex veridica S. Thomæ Aquinatis doctrina aucta. Operâ P. F. *Vincentii* Willart.

Montibus. 1645-1646. Vaudræus. 2 vol. in-4º.

965.—La Règle de S. Augustin : traduction nouvelle, avec des réflexions morales. Par le R. P. *Thomas* Le Berger.

Liège. 1687. Henry Streel. 1 vol. in-8º.

966.—Figures des différents habits des Chanoines réguliers en ce siècle, avec un discours sur les habits anciens et modernes des Chanoines tant séculiers que réguliers, par le P. *C.* du Molinet.

Paris. 1666. S. Piget. 1 vol. in-4º.

967.—Canonicorum regularium Ordinis S. Augustini origines et progressus, per Italiam, Hispaniam, Galliam, Germaniam, Belgium, aliasque orbis christiani provincias. *Aubertus* Miræus publicabat.

Coloniæ Agripp. 1614. Bern. Gualtherus. 1 vol. in-8'.

968.—De Collegiis Canonicorum per Germaniam, Belgium, Galliam, Hispaniam, Italiam, aliasque orbis christiani provincias, liber singularis. *Aubertus* Miræus eruendo publicabat.

Coloniæ Agripp. 1615. Bern. Gualtherus. 1 vol. in-8º.

969.—Generalis totius Sacri Ordinis Clericorum Canonicorum historia tripartita. Cujus in prima parte de clericali Sanctissimi P. Augustini instituto, et habitu. In secunda de origine, procursuque totius Ordinis Canonicorum regularium. In tertia de Congr. Can. Salvatoris Lateranensis locupletissimè disseritur. *Gabriele* Pennotto autore.

Coloniæ. 1630. Grevenbruch. 1 vol. in-fol.

970.—Facula veritatis ad discutiendas tenebras errorum, circa naturam et differentiam status clericalis et monachalis, vitam et habitum S. P. Augustini Clericorum magni magistri et reformatoris. Confecta, accensa, prolata, et historia tripartita aliàs nuncupata per *Gabrielem* Pennottum.

Coloniæ Agrip. 1644. Joan. Henningius. 1 vol. in-fol.

** — Cet ouvrage est le même que le précédent ; le titre et les préfaces ont été seuls réimprimés ; la 2e et la 3e partie portent encore les titres de 1630.

971. — Elogium funebre RR. Patrum ac Fratrum Augustinianæ Parisiensis Provinciæ, qui ab ultimo provinciali Capitulo Montrobellæi celebrato anno 1691 ad Capitulum sequens Molinis habitum anno 1694 diem suum obierunt. Pronunciabat publicè in Augustiniano sanctæ Agnetis conventu Molinensi R. P. F. *Mathias* Villepreux.

Andegavi. 1694. Oliv. Avril. 1 vol. in-8°.

— Oratio funebris Reverendorum Patrum ac Fratrum Augustinianæ Parisiensis provinciæ, qui à superioribus Comitiis die 7 mensis maii anno Domini 1694 Molinis habitis, ad proximè habita Rupellæ mensis maii die 3 anni 1697 diem suum obierunt. Pronunciabat in templo Augustinianorum Rupellensium R. P. F. *Thomas* Poubeau.

Ambiani. 1697. Nic. Caron-Hubault. in-8°.

972. — Réflexions (douze) sur les Antiquitez des Chanoines réguliers. (Par *Claude* du Molinet.)

1673. 1 vol. in-4°. Sans titre.

---

c. — *Chanoines de la Congrégation de France.*

---

973. — Regula beati Augustini episcopi et Ecclesiæ doctoris.

Parisiis. 1638. Billaine. 1 vol. in-8°.

— Constitutiones Canonicorum regularium S. Augustini Congregationis Gallicanæ.

S. n. n. l. 1638.

— Regulæ Canonicorum regularium Congregationis Gallicanæ, de pastoribus animarum et beneficiatis.

Paris. 1662. Cl Cramoisy. in-8°.

—Regulæ Canonicorum regularium Congregationis Gallicanæ de studiis philosophiæ et theologiæ.
Parisiis. 1661. Cl. Cramoisy. in-8°.

974.—Regula Beati Augustini.....
Parisiis. 1676. Billaine. 1 vol. in-8º.

—Constitutiones canonicorum regularium....
S. n. n. l. 1676. in-8º.

—Regulæ.... de studiis....
Parisiis. 1676. Blaizot. 1 vol. in-8º.

975.—Constitutiones Canonicorum regularium Ordinis Sancti Augustini Congregationis Gallicanæ.
Lutetiæ Parisiorum. 1672. Pierres. 1 vol. in-8º.

976.—Regula Sancti Augustini et Constitutiones Fratrum Eremitarum reformatorum Ordinis Sancti Augustini Congregationis Galliarum, à summo Pontifice Clemente XIV approbatæ.
Parisiis. 1773. G. Simon. 1 vol. in-12.

977.—Décrets des Chapitres généraux des Chanoines réguliers de la Congrégation de France. Revus et confirmez par le Chapitre général, tenu en l'année 1694.
Paris. 1694. Simon Langlois. 1 vol. in-8º.

**—Orationes duæ : Una quæ pro eligendo Provinciali Provinciæ Parisinæ, Ordinis Sancti Augustini, die 14 maii anni 1718, in sacrâ æde Augustinianorum Andegavensium habita est : Altera quæ in commendationem ac laudem reverendorum Patrum Fratrumque carissimorum ejusdem Ordinis, qui a Comitiis provincialibus Castellione ad Ingerem mense maio anni 1721 habitis, ad sequentia Comitia Bituribigus celebrata mense maio anni 1724, diem suum obierunt, die 17 maii anni ejusdem fuit pronunciata....
Parisiis. 1725. Lamesle. 1 vol. in-8º.

Vide : *Belles-Lettres*. Nº 901.

978.—Lettres circulaires des Supérieurs généraux des Chanoines réguliers de la Congrégation de France.
Recueil factice. 1 vol. in-4º.

— Ces Lettres, datées de Ste Geneviève, sont signées C. Faure, Boulart, *Fr.* Blanchart, Sconin, Beurrier, Floriot, Morin et de Montenay. Quelques signatures sont autographes.

979. — Relation de ce qui s'est passé en la Congrégation des Chanoines réguliers de France durant les années 1666 à 1692.

Recueil factice. 1 vol. in-4°.

On y trouve joint quelques lettres circulaires des Supérieurs généraux, et onze lettres manuscrites des Pères *Ch.* Faure, Mognot et Boulart, au R. P. Aimery, prieur de S. Martin d'Amiens; et aussi les Pièces suivantes :

1. — Arrest de la Cour du Parlement de Normandie, portant injonction aux Chanoines réguliers d'assister au service divin, et defences aux religieux beneficiers de resigner leurs benefices sans y appeller le Supérieur du monastère qui leur a conféré. 21 nov. 1651.

2. — Arrest de la Cour du Parlement de Normandie, portant omologation des Bulles de N. S. P. le Pape Urbain VIII, lettres-patentes du Roy, sentences et réglements pour l'union des Monastères de l'Ordre des Chanoines réguliers de S. Augustin à la Congregation de France, rendus par feu M. de la Rochefoucault, commissaire apostolique pour la réformation de l'ordre. 1651.

3. — Mandement de Mgr. l'Archevesque de Paris, pour la procession de la châsse de Ste Geneviefve. Avec l'ordre et le chemin des processions.

Paris. 1652. Targa.

4. — Relation de ce qui s'est passé en la découverte, descente, et procession de la châsse de Sainte Geneviève, faite le 16 may 1709.

Paris. 1709. Coustelier.

980. — Relation de ce qui s'est passé dans la Congrégation des Chanoines réguliers de France, durant les années 1666 à 1692.

Recueil factice. 1 vol. in-4°.

— On y trouve, outre les relations, un grand nombre de Lettres circulaires des Supérieurs généraux Faure, Blanchart, Beurrier, Morin, Boulart, Floriot, de Montenay, du Molinet; les Instructions et Entretiens du P. Blanchart. Plusieurs de ces circulaires sont signées de leurs auteurs et figurent déjà dans les deux recueils précédents.

981. — Les Chanoines réguliers et les Bénédictins de la Province de Bourgogne, pour la préséance dans les Etats.

Recueil factice. 1 vol. in-4°, contenant :

1. — Ecrit pour les Chanoines réguliers de la Province de Bourgogne pour la préséance dans les Estats. Contre les moines des Ordres de Saint Benoist, et de Citeaux.
2. — Au Roy et à Nosseigneurs les Commissaires nommez par Sa Majesté pour examiner les affaires des Etats de la Province de Bourgogne. (Les religieux de la province de Bourgogne.)
3. — Réponse des Religieux Bénédictins de la Province de Bourgogne à un écrit des Chanoines réguliers de la même Province, touchant la préséance dans les Etats. (Par D. *Jean* Mabillon.)
4. — Précis de la défense des Religieux Bénédictins de la Province de Bourgogne : contre les Chanoines réguliers de la même Province, touchant la préséance dans les Etats.
5. — Réponse des Chanoines réguliers de la Province de Bourgogne à un écrit des Religieux Bénédictins de la même Province, touchant la préséance dans les Etats. (Par *J.-B.* d'Antecourt.)
6. — Exposition sommaire du droit des Chanoines réguliers de la Province de Bourgogne. Contre les Religieux Bénédictins de la même Province, touchant la préséance dans les Etats.
7. — Réplique des Religieux Bénédictins de la Province de Bourgogne au second écrit des Chanoines réguliers de la mesme Province.

d. — *Chanoines réguliers de la Congrégation de Prémontré.*

982. — Statuta candidi et canonici Ordinis Præmonstratensis renovata ac anno 1650, à Capitulo generali plenè resoluta, acceptata, et omnibus suis subditis ad strictè observandum imposita.

Parisiis. 1632. Seb. Cramoisy. 1 vol. in-8°.

983. — Statuta sacri et canonici Præmonstratensis Ordinis,

renovata jussu Regis Christianissimi, et auctoritate Capituli nationalis, anni 1770.

Parisiis. 1773. Simon. 1 vol. in-12.

984. —Religio Canonicorum Ordinis Præmonstratensis, sive tractatus candidi et canonici Ordinis Præmonstratensis institutum et excellentiam clarè et solidè exponens. Per R. D. F. *Corn. Polycarpum* DE HERTOGHE.

Antuerpiæ. 1663. Wolsschatius. 1 vol. in-8°.

985. —Bibliotheca Præmonstratensis Ordinis, omnibus religiosis, præsertim vero Sancti Augustini regulam profitentibus, utilis maximèque necessaria. Auctore Fratre *Joanne* LE PAIGE.

Parisiis. 1633. Adrian Taupinart. 2 en 1 vol. in-fol.

986. —Ordinis Præmonstratensis Chronicon, in quo Cœnobiorum istius instituti per orbem Christianum origines, viri item sanctitate scriptisque illustres fideliter recensentur. *Aubertus* MIRÆUS ex variis Scriptoribus contexuit.

Colon. Agripp. 1613. Bern. Gualterus. 1 vol. in-8°.

987. —Sacri et Canonici Ordinis Præmonstratensis Annales in duas partes divisi. (Auctore *C. L.* HUGO.)

Nanceii. 1734-1736. Cusson. 2 vol. in-fol.

988. —*Joannis* LAUNOII inquisitio in privilegia Præmonstratensis Ordinis.

Lutetiæ Parisiorum. 1658. Edm. Martinus. 1 vol. in-8°.

—Capituli Laudunensis Ecclesiæ jus apertum in monasteria Præmonstratensium diœcesis. Per *Joannem* LAUNOIUM.

Parisiis. 1659. E. Martinus. in-8°.

—Examen des Privilèges d'Alexandre V et quelques autres privilèges donnez par d'autres Papes, pour servir au jugement du procès, qui est entre Mgr. l'Evesque Duc de Laon, et les Prieur et Religieux de S. Martin de Laon. (Par *Jean* DE LAUNOY.)

—Supplément et correction du Factum pour les Religieux, Prieur et Couvent de l'Abbaye de S. Martin de Laon, ordre de Prémontré. Contre Messire César d'Estrées Evesque Duc de Laon, etc.

—*Joannis* LAUNOII censura responsionis, qua Fr. Norbertus Caillocius sese mendaciis atque erroribus novis irretivit.

Lut. Parisiorum. 1663. E. Martinus. in-8º.

989.—Responsio ad inquisitionem J. Launoii in privilegia Præmonstratensis Ordinis. Per R. P. F. *Norbertum* CAILLIEU.

Parisiis. 1661. Fred. Leonard. 1 vol. in-8º.

990.—Commentarius causarum firmitati Communitatis Norbertinæ antiqui rigoris adstipulantium scriptus à R. DD. *Joanne* MIDOTIO.

Mussiponti. 1633. Gasp. Bernard. 1 vol. in-4º.

991.—Critique de l'Histoire des Chanoines, ou apologie de l'état des Chanoines propriétaires depuis les premiers siècles de l'Eglise jusqu'au douzième. Avec une dissertation sur la canonicité de l'Ordre de Prémontré. (Par *Louis* HUGO.)

Luxembourg. 1700. Chevalier. 1 vol in-8.

992.—Natales Sanctorum candidissimi Ordinis Præmonstratensis. Publicabat R. P. F. *Joannes Chrysostomus* VANDER STERRE. — Accessit laudatio funebris Ill. ac Rev. Johannis Lohelii, ex eodem ordine nuper Archiepiscopi Pragensis.

Antuerpiæ. 1625. Ger. Wolsschatius. 1 vol. in-4º.

993. — Summaria chronologia insignis Ecclesiæ Parchensis, Ordinis Præmonstratensis, sitæ propè muros oppidi Lovaniensis, ex Archivo dictæ Ecclesiæ in ordinem redacta per F. L. D. P. S. T. L. (L. DE POPE.)
  Lovanii. 1662. Pet. Sassenus. 1 vol. in-4º.

994. — Pièces pour l'Histoire de l'Ordre de Prémontré.
  1 volume in-4º, contenant :

1. — La Vie apostolique du glorieux patriarche S. Norbert, fundateur de l'Ordre de Prémontré.
  S. n. n. l. n. d.

2. — Divi Gerlaci Sanctissimi Eremitæ vita, duobus libellis distincta, nunc primùm in lucem producta operâ et industriâ R. D. P. D. *Erasmi* GHOYÉE.
  Traiecti ad Mosam. 1600. J. Ghelius.

3. — Humilis et extorta informatio seu vera revelatio PP. Abbatibus Norbertinis evocatis. Pro Capitulo generali hoc anno 1657, 29 mensis aprilis Præmonstrati sessuris et sedentibus remonstrativa pro : et excessuum quibus R. D. Augustinus Le Scellier, abbas Præmonstratensis, eoque titulo generalis ejusdem Ordinis sui F. Leonardum Teveren ejusque conventum Knechtstedensem publicè turbando summè gravavit.
  Coloniæ. 1657. Arn. Kempens.

4. — Resolutio quæstionis, utrum monialium Præmonstratensium Administratores, qui vocantur Præpositi, sub nomine Abbatum seu Prælatorum regularium comprehendantur, et sint independentes Prælati, habentes in Moniales jurisdictionem immediati Ordinarii. Pro bono communi et informatione in eo puncto errantium et turbantium. Ex jure accuratè deducta per F. *Michaelem* AB HIMSELRATH, canonicum Knechtsedensem.
  Coloniæ. 1657. Arnoldus. Kempens.

5. — Priviléges de l'Ordre de Prémontré. Bulle d'Alexandre V de l'année 1409. — Lettres patentes et arrest d'enregistrement.
  Paris. 1730. Knapen.

6. — Lettre au R. P. abbé de l'Etanche, sur les priviléges de l'abbé de Cuissi. 1710.

7. — Déclaration de l'Estat et difficultés qui empeschent la réformation générale dans l'Ordre de Prémontré. Par un religieux de la Congrógation de Lorraine, dite de l'Antique rigueur du mesme Ordre de Prémontré.

8. — Sanctissimo Domino nostro D. Clementi IX, universalis Ecclesiæ Pontifici Maximo. (*A.* Le Scellier, abbas Præmonst. 1667.)

9. — Factum contenant plusieurs pièces autentiques, lesquelles avec la Consultation des plus célèbres Docteurs et Advocats de Paris, fait voir l'estat des affaires de la maison chef d'Ordre de Prémonstré.

10. — Consultation de Messieurs les Docteurs en Theologie, et Advocats célèbres. Mémoire pour le Conseil. 1667.

11. — Advis de Messieurs les Docteurs.

12. — Signification et déclaration d'Appel. Du 27 août 1668.

13. — Decretum Sacræ Congregationis, quo declaratur, per cessionem R. P. Augustini Le Scellier, nec vacasse, nec vacare potuisse Præmonstratensem Ecclesiam : sequutam electionem, nec validam esse, nec confirmabilem : atque adeó eumdem R. Patrem integrè restituendum esse.

14. — Factum pour F. J. B. Penillon, abbé d'Abbecour de l'Ordre de Prémonstré, et F. Michel Colbert, Général dudit Ordre. Contre Me P. du Fos, chanoine de la Sainte Chapelle de Paris et de S. Martin de Pecquigny. (Prieuré de S. Blaise.)

15. — Factum pour les Recteur, Doyens, Procureurs et supposts de l'Université de Paris, demandeurs. Et pour Frère Pierre Norbert Humblot prestre, chanoine de l'Ordre de Prémonstré, et prieur-curé de Vandières, aussi demandeur et complaignant. Contre F. Louis Germain, aussi chanoine régulier de Saint Augustin en l'abbaye de S. Jean des Vignes de Soissons, prétendant droit audit prieuré-cure de Vandières.

16. — A Nosseigneurs les Illustrissimes Cardinaux de la Roche-Foucaut et de Berulle. Mémoire des intérêts que l'Ordre de Prémonstré pourroit recevoir au jugement qui interviendra, tant des différends particuliers meuz entre M. l'abbé d'Ardaine, et partie de ses religieux, d'une part, et le prieur claustral, et aucuns religieux de ladite abbaye, d'autre, que d'une prétendue Congrégation souz le nom de S. Norbert....

17. — Factum pour les Religieux, prieur et convent de l'abbaye N.-D. d'Ardaine. Contre Me G. de Gallodé, abbé commandataire, et R. P. P. Gosset, abbé de Prémonstré.

18. — Factum pour Fr. Hugues Gallien religieux de Prémontré, et prieur de l'abbaye de N.-D. de Vermand, appellant comme d'abus. Contre le R. P. M. Colbert, abbé de Prémontré.

19. — Esclaircissement des deux réformes qui sont en l'Ordre de Prémonstré, et des difficultez qui s'y rencontrent.

20. — Extraict des Registres du Grand Conseil du Roy. 31 mars 1663.

21. — Lettres-patentes confirmatives des priviléges de l'Ordre de Prémonstré. 31 mars 1663.

22. — Dissertation sur le sujet de la démission faite par le R. P. Aug. Le Scellier, abbé et chef de l'Ordre de Prémontré, les 23 juin 1665 et 1er février 1666.

23. — Au Roy et à Nosseigneurs de son Conseil. (Michel Colbert, abbé de Prémontré.)

24. — Factum pour le R. P. Général de l'Ordre de Prémonstré. Contre son Vicaire en la Province de Lorraine.

25. — Lettre circulaire du Général de l'Ordre de Prémontré, à tous les Religieux de la communauté de l'antique rigueur du même Ordre. Pour servir de réponse au libelle intitulé Factum touchant le pouvoir du Rév. Général de l'Ordre de Prémontré....

26. — Second factum de la Congrégation de l'Etroite Observance de l'Ordre de Prémontré, pour le soustien du premier, et pour servir de réponse à la lettre circulaire du R. Général dudit Ordre, qui a pour titre, Lettre circulaire, etc.

27. — Articles proposez par les Religieux de Prémonstré pour la réunion de l'Ordre : Avec les responses faictes à iceux par les Religieux de la Congrégation, dite de l'ancienne rigueur dudit Ordre.

28. — Mémoire second, abbrégé instructif, pour faire voir que les séparations des Provinces prétendues faites par le R. Général de l'Ordre de Prémonstré en l'Estroite Observance dudit Ordre, ne sont aucunement soustenables.

29. — Mémoire troisième, abbrégé instructif, pour connoistre les nullitez de droict et de faict de l'interdit du Vicaire général de la Congrégation de l'Estroite Observance de l'Ordre de Prémonstré, par le R. Général dudit Ordre.

30. — Mémoire quatriesme, abbrégé instructif. Du pouvoir du R. Général de l'Ordre de Prémonstré, et de celui du Chapitre annuel, et du Vicaire général en la Congrégation de l'Estroite Observance dudit Ordre.

31. — Secondes réflexions, sur les réglemens proposez et demandez au R. Général de l'Ordre de Prémonstré par les Députez, pour maintenir les intérêts de la France et Normandie, contre la Lorraine dans l'assemblée tenue à Prémontré les 18 et 19 octobre 1673.

32. — Lettres patentes du Roy, qui confirment l'accord et transaction passée entre Messire Michel Colbert, abbé de Prémontré, Chef

et Général de tout l'Ordre; et le Révérend Père Nicolas Guinet, abbé de Sainte Marie Major du Pont-à-Mousson, son grand vicaire dans la communauté ou Congrégation de l'Estroite Observance dudit Ordre.

33. — Omologation de la transaction passée entre M. Mic. Colbert, abbé de Prémontré, et le R. P. Guinet, son vicaire général. 1674.

34. — S. Norbertus, Magdeburgensis Archiepiscopus, Canonici Ordinis Præmonstratensis patriarcha, Antuerpiensium Apostolus.

35. — Factum pour les abbé, religieux, prieur et convent de l'abbaye de Prémontré, demandeurs; contre Hubert Collas, prestre curé de la paroisse de Bieuxi, deffendeur.

36. — Actes d'opposition, appellation et récusation de la part des vicaire général, abbez, définiteurs, supérieurs, religieux et convents de la Congrégation de l'Estroite Observance de l'Ordre de Prémontré, contre certaines ordonnances du R. Général dudit Ordre.

37. — Sommaire du procez d'entre Gaspard de Tourreil, abbé commendataire de l'Abbaye de S. André lez Clermont en Auvergne, Ordre de Prémontré, et les religieux, prieur et convent de ladite Abbaye.

38. — Factum pour Fr. Adrian Gosset, prieur claustral de l'abbaye de Prémonstré, F. Claude Charlot, et F. Adr. Daumalle, religieux dudit Ordre, contre F. J. Le Page. (Appel comme d'abus.)

39. — Extraict des Registres du Conseil d'Estat. (Concernant l'abbaye de Silly.) 1632.

40. — Question jugée pour servir de réglement dans l'ordre de Prémontré. Avec les avis de deux avocats fameux du Parlement de Paris.

41. — Extrait des Registres du Conseil d'Estat. (Juridiction de l'Abbé Chef et Général de l'Ordre de Prémontré.) 14 mars 1672.

42. — Extrait des Registres du Conseil d'Estat. (Droit de visite.) 1672.

43. — F. Michel Colbert, abbé de Prémontré, aux abbez, prieurs et religieux de l'antique rigueur de l'Ordre de Prémontré. (Contre l'abbé de Ste Marie de Pont-à-Mousson.)

44. — Actes de la Conférence tenue en l'abbaye de Prémontré le 18 d'octobre 1673, entre les Abbez, Supérieurs et Religieux députez des provinces de France, Normandie et Lorraine, de la Communauté de l'Etroite Observance de l'Ordre de Prémontré.

45. — Mémoire pour l'abbé d'Abbecour, contre le sieur L. Mangeant.

46. — Sollicitation racourcie envers Messieurs les Commissaires nommez par le Roy, pour juger le différent qui est entre les Prémontrés réformez, complaignants, et M. l'Abbé de Prémontré, Général de l'Ordre, qui a fait le trouble.

47. — Responses faites à certaines inhibitions sous peine d'excommunication *ipso facto* de la part du Rev. Général de la Congrégation de l'étroite observance dudit Ordre et les Religieux d'icelle, pour servir de manifeste des nullités notoires de droit et de fait desdittes inhibitions et censures, et pour faire voir qu'on n'est pas obligé d'y déférer. (Par *Nicolas* Guinet.)

48. — Très humbles remontrances présentées par l'Abbé de Ste Marie du Pont-à-Mousson, vicaire général de la Congrégation de l'Estroite Observance de l'Ordre de Prémontré, pour l'establissement et le progrès de la reforme en quelques maisons de l'Ordre où elle pourroit estre facilement reçue. A Mgr. Rev. Michel Colbert, abbé de Prémontré, Chef et Général de l'Ordre. (Par *N.* Guinet.)

Nancy. 1672. Charles Charlot.

49. — Factum touchant le pouvoir du R. Général de l'Ordre de Prémonstré, sur la Congrégation de l'Estroicte Observance dudit Ordre, pour faire connoistre les nullitez des dispositions, changements, et institutions que Sa Rev. Paternité auroit faict depuis peu au préjudice du régime de ladite Congrégation.

50. — Manifeste des Abbé et Religieux de la Val-Dieu. Contre la prétention de Frère Denis Corsonnois. Pour faire voir que lesdicts abbé et religieux doibvent être maintenus au droict d'élection.

51. — Inventaire de production que mettent et baillent par devant vous, Nosseigneurs du Grand Conseil, les Religieux, Prieur et Convent de l'Abbaye de S. Martin de Laon, Ordre de Prémontré, demandeurs en complainte. Contre Messire César d'Estrées, Evesque duc de Laon, et Chapitre de l'église cathédrale.

52. — Factum pour les Religieux, Prieur et Convent de l'Abbaye de S. Martin de Laon, Ordre de Prémontré. Contre Mess. César d'Estrées, Evesque duc de Laon, etc.

53. — Responses à la correction du Factum des Religieux de Saint-Martin de-Laon. Contre M. l'Evesque de Laon.

54. — Responces à l'objection que la Bulle d'Alexandre V ne parle que du temporel.

55. — Arrests de la Cour de Parlement, donnez en réglement sur les droicts, charges et honneurs appartenans aux abbés commendataires en leurs abbayes. Ensemble sur les pouvoirs et devoirs des Abbez réguliers visiteurs d'icelles. (N. D. de Tenaille.)

Paris. 1632. N. Fouet.

56. — (Circulaire de F. Michel Colbert, Abbé de Prémontré et Général, contenant le procès verbal de ce qui se fit au couvent du S. Sacrement de Paris, lorsqu'il se présenta pour faire sa visite.) 26 juin 1688.

57. — Acta beati Lucæ decani primum Laudunensis, deindè primi Abbatis B. Mariæ Cuissiacensis, ex carthulario et manuscriptis ejusdem Cœnobii.

58. — Factum pour Fr. René de Pavie, religieux profez de l'Ordre de Prémonstré, en l'abbaye de S. Jean d'Amiens, contre F. Pierre de Metz, religieux profez de ladite abbaye. (Cure de S. Leu.)

59. — Arrest du Conseil d'Etat, rendu entre le sieur Faultrier, abbé commendataire de l'abbaye d'Ardène, et les Religieux de la même abbaye. 1692.

60. — Mémoire pour les Prieur et Religieux de l'abbaye de S. André de Clermont, contre le sieur Rodde de Chalaniat, et le marquis de Canillac.

Paris. 1738. Montalant.

61. — Arrest de la Cour de Parlement, du 19 décembre 1769. (Appel comme d'abus de l'émission des vœux faits dans l'Ordre de Prémontré par J. H. Quoinat.)

Paris. 1770. Simon.

62. — Lettres patentes concernant l'étroite observance de l'Ordre de Grammont. 3 mars 1770.

Paris. 1770. Simon.

e. — *Chanoines de Windesem.*

995. — Chronicon Canonicorum regularium ordinis S. Augustini Capituli Windesemensis, auctore *Joanne* Buschio. — Accedit chronicon Montis S. Agnetis, auctore Thoma a Kempis. Nunc primùm in lucem edita unà cum vindiciis Kempensibus *Heriberti* Rosweydi pro libro de Imitatione Christi.

Antuerpiæ. 1621. P. et J. Belleri. 1 vol. in-8º.

f. — *Chanoines de Saint Sauveur.*

996.—Regula et Constitutiones Canonicorum regularium Congregationis S. Salvatoris, Ordinis Sancti Augustini : denuo reformatæ, auctæ, etc.
Romæ. 1592. Paulus Bladus. 1 vol. in-4º.

g. — *Chanoines de Sainte Croix.*

997.—Regula S. Augustini episcopi et Constitutiones sacri Canonici Ordinis S. Crucis.
Coloniæ. 1660. Metternich. 1 vol. in-4º.

h. — *Frères de la Charité de Sainte Marie.*

998.—Constitutiones Fratrum Charitatis Beatæ Mariæ.
S. n. n. l. n. d. 1 vol. in-8º.

i. — *Chanoines du Saint Esprit.*

999.—De capite sacri Ordinis Sancti Spiritus dissertatio. In qua ortus, progressusque Ordinis totius, ac speciatim Romanæ Domus amplitudo, prærogativum jus, et æconomia disseruntur. Scribebat Fr. *Petrus* Saulnier.
Lugduni. 1649. G. Barbier. 1 vol. in-4º. Fig.

k. — *Frères de la Charité ou de Saint Jean de Dieu.*

1000.—Les Constitutions des Religieux de la Charité de l'ordre du B. Jean de Dieu, sous la règle de S. Augustin.
Paris. 1659. Fr. Muguet. 1 vol. in-12.

A la suite :
—Ordre des ceremonies et prières qui se font à la vesture et profession des Religieux novices de la Charité, de l'Ordre du Bien-heureux Jean de Dieu.
Paris. 1663. Fr. Muguet. in-12.

l. — *Ordre de la Merci.*

1001.—Histoire de la fondation de l'Ordre Nostre Dame de le Mercy pour la redemption des captifs. Par le R. P. Frère *Jean* Latomy.
Paris. 1618. Seb. Huré. 1 vol. in-8º.

m. — *Ordre de la Sainte Trinité.*

1002.—Regula Ordinis SS. Trinitatis, redemptionis captivorum. Ab Innocentio Papa III anno Domini 1198 et Honorio III anno 1247 approbata : Urbani Papæ IV jussu recognita : necnon Clementis Papæ IV authoritate confirmata, anno Domini 1267.... Unâ cum Rituali et Cæremoniali præfatæ Congregationis.
Parisiis. 1663. G. et P. Targa. 1 vol. in-12.

1003. — Recueil de mandements de Nosseigneurs les Evêques en faveur de la rédemption des captifs.

Tours. 1734. H. Gripon. 1 vol. in-12.

1004. — Mémoire instructif pour le sieur DELARUE, chanoine régulier de l'Ordre de la Sainte Trinité, rédemption des captifs, appellant comme d'abus. Et les sieurs Subtil, de Buire de Belair, Duval, Pety, Fromage, Ango et autres. Contre M. Pichault, général-grand-ministre du même ordre.

Paris. 1777. Machuel. 1 vol. in-8°.

3. — RÈGLE DE SAINT BENOIT.

a. — *Histoire générale.*

1005. — Regula Sanctissimi P. BENEDICTI.

Parisiis. 1681. Lud. Billaine. 1 vol. in-32.

A la suite :

— Exercices spirituels, tirez de la Règle du B. Père S. Benoist. En faveur de ceux qui désirent vivre selon l'esprit de la même Règle.

Paris. 1689. P. de Bast. in-32.

1006. — Regula beatissimi Patris BENEDICTI è latino in gallicum sermonem traducta. Per quendam R. D. *Guido* JUVENAL....

Parisiis. 1609. De Marnef. 1 vol. in-12.

1007. — La Règle du B. Pere Sainct BENOIST.

Paris. 1645. Seb. et G. Cramoisy. 1 vol. in-12.

1008. — Même ouvrage. Nouv. édit.

  Paris. 1687. P. de Bats. 1 vol. in-12.

  A la suite :

— Pratique de la Règle de S. Benoist. (Par Dom *Claude* Martin.) Nouv. édit.

  Paris. 1687. P. de Bats. in-12.

— Conduite pour la retraite du mois. (Par Dom *Claude* Martin.) 5ᵉ édit.

  Paris. 1687. P. de Bast. in-12.

1009. — Même ouvrage. Nouv. édit.

  Paris. 1704. Imbert de Bats. 1 vol. in-12.

  A la suite :

— Pratique... 5ᵉ édit.

  Paris. 1700. Imbert de Bast. in-12.

— Conduite... 5ᵉ édit.

  Paris. 1700. Imbert de Bast. in-12.

1010. — Expositio super regulam beatissimi patris Benedicti collecta per D. Card. *Joannem* DE TURRE CREMATA.

  Parisiis. 1491. Pet. Levet. 1 vol. in-4º.

1011. — In Regulam sanctissimi Patris nostri Benedicti Abbatis, totius occidentis Patriarchæ, commentarius. Auctore R. D. F. *Joanne* CRAESBEECK.

  Duaci. 1624. B. Bellerus. 1 vol. in-8º.

1012. — Commentaria in Regulam SS. P. Benedicti Monachorum omnium Patriarchæ. Aucthore R. P. Mag. *Fr. Ant.* PEREZ.

  Lugduni. 1625. L. Prost. 1 vol. in-4º.

1013. — In D. Benedicti Regulam commentarius historicus, scholasticus, moralis, judicialis, politicus. Auctore D. *Joanne* CARAMUEL LOBKOWITZ.

  Brugis. 1640. Breyghelius. 1 vol. in-fol.

1014. — S. Benedictus illustratus, sive disquisitionum monasticarum libri xii quibus S. P. Benedicti regula et religiosorum Rituum antiquitates variè dilucidantur. Auctore D. *Benedicto* HAEFTENO. — Præmittitur ejusdem ad vitam S. P. B. (Auctore GREGORIO Magno) Commentarius.
 Antuerpiæ. 1644. Bellerus. 1 vol. in-fol.

1015. — Commentarius in Regulam S. P. Benedicti litteralis, moralis, historicus, ex variis antiquorum Scriptorum commentationibus, Actis Sanctorum, monasteriorum ritibus, aliisque monumentis cum editis tum manuscriptis concinnatus. Operâ et studio D. *Edmundi* MARTENE.
 Parisiis. 1690. Muguet. 1 vol. in-4º.

1016. — La tres ample et vraye exposition de la Reigle monsieur Sainct Benoist : tres utile et necessaire a toutes gens de religion. Et speciallement a devotes sanctimonialles militantes soubz le statut et divine institution dicelluy Sainct Benoist qui est le resplandissant mirouer de la vie monastique :. et l'exemplaire de toute sainte et reguliere discipline. (Par *Thiebaud* ARTAULD, célestin.)
 Paris. 1486. P. Vidoue pour Simon Vostre. 1 vol. in-fol.

1017. — Explication familiere sur la Reigle de S. Benoist, faicte en forme de dialogue, en faveur des Religieux et Religieuses Benedictines, sous le nom du Maistre et du Disciple, etc. Par R. P. M. D. B. R. B.
 Paris. 1637. J. Billaine. 1 vol. in-4º.

1018. — Police reguliere tirée de la Reigle de S. Benoist. En laquelle est traitté de la vocation d'un chacun, de l'estude, de l'œuvre manuel, et de l'hospitalité des Religieux. Composée par R. P. Dom *Laurent* BENARD.
 Paris. 1619. R Giffart. 1 vol. in-8º.

1019. — Guide spirituelle tirée de la Reigle de Sainct Benoist pour le soulagement des âmes qui désirent vivre selon l'esprit de la mesme reigle. Par le R. P. D. *Philippe* François. 2ᵉ édit.

Paris. 1628. Vᵉ Chastellain. 1 vol. in-8º.

1020. — Commentaire sur la Règle de S. Benoist, où les sentimens et les maximes de ce Saint sont expliquées par la doctrine des Conciles, des SS. Pères, des plus illustres solitaires, et des principaux auteurs qui ont traité de la discipline monastique. Par Dom *Joseph* Mège.

Paris. 1687. Martin. 1 vol. in-4º.

1021. — La Règle de Saint Benoist nouvellement traduite, et expliquée selon son véritable esprit. Par l'Auteur des Devoirs de la vie monastique. (*A. J.* Le Bouthillier de Rancé.)

Paris. 1688. Muguet. 2 vol. in-4º. Fig.

1022. — Même ouvrage.

Paris. 1703. Vᵉ F. Muguet. 2 vol. in-12.

1023. — Méditations sur la Règle de S. Benoist, tirées du Commentaire de Monsieur l'Abbé de la Trappe sur la mesme Règle. (Par Dom *Pierre* Le Nain.)

Paris. 1696. Franç. Muguet. 1 vol. in-12.

1024. — Traduction et explication litérale et morale de la Règle de S. Benoist. (Par l'abbé du Tronchet.)

Rouen. 1714. Vaultier. 1 vol. in-4º.

1025. — Méditations sur la Règle de S. Benoist pour tous les jours de l'année. Par un Religieux Bénédictins de la Congrégation de saint Maur. (Dom *Robert* Morel.)

Paris. 1717. J. Vincent. 1 vol. in-8º.

1026. — Commentaire littéral, historique et moral, sur la Règle de Saint Benoît. Avec des remarques sur les différens Ordres religieux, qui suivent la Règle de S. Benoît. Par le R. P. D. *Augustin* Calmet.
Paris. 1734. Emery. 2 vol. in-4º.

1027. — Explication de la Règle de S. Benoist, adressée à un monastère où l'on suit la mitigation, en quoi elle consiste, et à quoi la règle oblige.
Paris. 1738. Pre Witte. 1 vol. in-12.

1028. — Examen philosophique de la Règle de Saint Benoist. (Par Dom. *J.-J.* Cajot.)
Avignon. 1767. La Compagnie. 1 vol. in-8º.

** — Dissertation sur l'hemine de vin et sur la livre de pain de S. Benoist. Par *Claude* Lancelot.
Paris. 1688. Des Prez. 1 vol. in-8º. Voyez : *Histoire*, nº 4816.

1029. — Origines Benedictinæ, sive illustrium cœnobiorum Ord. S. Benedicti, nigrorum monachorum, per Italiam, Hispaniam, Galliam, Germaniam, Poloniam, Belgium, Britanniam, aliasque provincias, exordia ac progressus. *Aubertus* Miræus eruendo publicabat.
Col. Agrip. 1614. Gualtherus. 1 vol. in-8º.

1030. — Genethliacon, sive principia Benedictini Ordinis. Authore Domno *Simpliciano* Gody.
Parisiis. 1635. P. de Bresche. 1 vol. in-12.

1031. — Chronicon generale Ordinis S. P. N. Benedicti à P. *Antonio* Yepes hispanicè conditum, R. P. *Thomas* Weiss lingua romana donavit auxitque.
Coloniæ. 1648-1650. C. Munich. 2 vol. in-fol.

1032. — Chroniques generales de l'Ordre de S. Benoist, Patriarche des Religieux. Où sont amplement descrites, tant sa vie que de ses disciples, et hommes illustres qui ont milité soubs sa saincte regle. Ensemble les fondations, succez et divers evenements des monasteres et congregations qui ont esté en diverses contrees du monde. Composees en espagnol par Dom *Anthoine* DE YEPES. Et traduictes en françois par Dom *Olivier* MATHIEU.

Paris. 1619. Langlois. 2 vol. in-4º.

1033. — Chroniques generales de l'Ordre de S. Benoist, composées en espagnol par le R. P. Dom *Anthoine* DE YEPES, et traduites en françois par le R. P. Dom *Martin* RETHELOIS.

Toul. 1664. Jean et Franç. Laurent. 6 en 5 vol. in-fol.
Le tome II manque.

1034. — Annales Benedictini quibus potiora Monachorum ejusdem Ordinis merita ad compendium referuntur. Authore R. P. F. *Gabriele* BUCELINO.

Aug. Vindelicorum. 1656. Prætorius. 1 vol. in-fol.

1035. — Annales Ordinis S. Benedicti Occidentalium Monachorum Patriarchæ. In quibus non modò res monasticæ, sed etiam ecclesiasticæ historiæ non minima pars continetur. Auctore Domno *Joh.* MABILLON (et *Edm.* MARTÈNE.)

Lutetiæ. 1703. 1739. Robustel et Rollin. 6 vol. in-fol.

** — Tomum VI. quem cum morte præventus D. Mabillonius imperfectum reliquisset, absolvit et variis additamentis ad tomos præcedentes exornavit Domnus *Edmundus* MARTENE.

1036. — Abrégé de l'Histoire de l'Ordre de S. Benoist, où il est parlé des Saints, des hommes illustres, de la fondation, et des principaux événemens des monastères. Le tout tiré des Actes des Saints, des chroniques, etc. Par *** de la Congrégation de saint Maur. (Dom *Louis* BULTEAU.)

Paris. 1684. Coignard. 2 vol. in-4º.

1037. — Les benedictions benedictines, où se remarquent plusieurs benedictions et graces, lesquelles Dieu a conferées au grand Patriarche des moines Sainct Benoist, et à son Ordre; et par iceluy aux nations de la terre. Avec un Traicté de l'excellence de sa regle : auquel est adjousté un Calendrier des SS. et Sainctes du mesme Ordre, pour tous les jours de l'année. Par F. Benoist de S. Jean.
Paris. 1629. Martin Durand. 1 vol. in-12.

1038. — Aquila Imperii Benedictina cujus ordinatissima pennarum serie monachorum Ordinis S. P. N. Benedicti de imperio universo amplissima et immortalia merita obiter, at distinctè, et graphicè adumbrantur. Auctore R. P. F. *Gabriele* Bucelino.
Venetiis. 1651. Juntæ et Hertz. 1 vol. in-4º.

1039. — Menologium Benedictinum Sanctorum, Beatorum atque Illustrium ejusdem Ordinis virorum elogiis illustratum. — Accessit huic operi Sacrarium sive Reliquiarium Benedictinum.... Operâ et studio R. P. F. *Gabrielis* Bucelini.
Veldkirchii. 1655. Henric. Bilius. 1 vol in-fol.

1040. — L'Année Benedictine, ou les Vies des Saints de l'Ordre de Saint Benoist, pour tous les jours de l'année. (Par la Mère *Jaqueline* Bouette de Blemur.)
Paris. 1667-1673. Billaine. 6 vol. in-4º.

1041. — Eloges de plusieurs personnes illustres en piété, de l'Ordre de S. Benoist, décédées en ces derniers siècles. (Par la Mère *Jaqueline* Bouette de Blemur.)
Paris. 1679. L. Billaine. 2 vol. in-4º.

1042. — Acta Sanctorum Ordinis S. Benedicti in sæculorum classes distributa. Colligere cœpit D. *Lucas* d'Achery;

D. *Joan.* Mabillon et D. *Theodoricus* Ruinart, illustraverunt, edideruntque cum indicibus necessariis.

Lutetiæ Paris. 1668-1701. 9 vol. in-fol.

1043.—Lyceum Benedictinum, seu de S. Alcuino, aliisque bonarum litterarum, ex Ordine Sancti Benedicti, professoribus publicis historia, authore R. P. *Matthæo* Weiss.

Parisiis. 1661. F. Leonard. 1 vol. in-12.

1044.—Chronicon antiquum sacri monasterii Cassinensis, olim à Leone, Cardinali et Episcopo Ostiensi conscriptum : nunc vero à R. P. D. *Matthæo* Laureto recognitum.... et auctum. Adjecta insuper, ab eodem auctore, brevi de monachatu S. Gregorii Magni, sub regula S. Benedicti, disputatione.

Neapoli. 1616. T. Longhi. 1 vol. in-4º.

1045.—Chronica sacri monasterii Casinensis, auctore Leone Cardinali episcopo Ostiensi, continuatore *Petro* Diacono, ejusdem cœnobii monachis, ex manuscriptis codicibus summa cura, et fide, quarta hac editione notis illustrata, primus evulgat D. *Angelus* de Nuce.— Præmittitur in vitam sanctissimi patriarchæ Benedicti spicilegium.

Lutetiæ. 1668. Billaine. 1 vol. in-fol.

1046.—Bullarium Casinense, seu constitutiones Summorum Pontificum, Imperatorum, Regum, Principum, et decreta Sacrarum Congregationum pro Congregatione Casinensi, etc. Ex ejusdem Congregationis archivis plerumque selecta per R. P. D. *Cornelium* Margarinum.

Venetiis. 1650. Ferretti. 2 vol. in-fol.

1047.—Chronologia Sanctorum et aliorum virorum illustrium, ac abbatum sacræ insulæ Lerinensis, à Domno *Vincentio* Barrali in unum compilata. Cum annotationibus ejusdem.
Lugduni. 1613. Rigaud. 1 vol. in-4°.

---

b. — *Célestins.*

1048.—Constitutiones Fratrum Celestinorum Provinciæ Franco-Gallicanæ.
Parisiis. 1670. Blaizot. 1 vol. in-12.

1049 —Histoire du Monastère et Convent des Pères Célestins de Paris, contenant ses antiquitez et priviléges; ensemble les tombeaux et épitaphes des Rois, des Ducs d'Orléans, et autres illustres personnes; avec le Testament de Louis Duc d'Orléans : composez par le P. *Louis* Beurrier.
Paris. 1634. V° Chevalier. 1 vol. in-4°. Sans titre.

1050.—V. P. F. *Nicolai* de le Ville, Atrebatis, prioris Celestinorum Heverlensium, Heverlea Celestina.
Lovanii. 1661. Cyp. Cœnesten. 1 vol. in-8°.

---

c. — *Chezal Benoît.*

Voyez : *Histoire.* N° 3239-3240.

1051.—Mémoire pour les Abbés, Prieurs et Religieux des Abbayes de S. Vincent du Mans, de Saint Martin de Sées, de Saint Sulpice de Bourges, de Saint Alire de Clermont, et de Saint Augustin de Limoges. (Par *Claude* Mey.)
Paris. 1764. Lambert. 1 vol. in-4°.

A la suite :

—Pièces et titres concernant les abbayes de Chezal-Benoît.

Paris. 1764. Lambert. 1 vol. in-4º.

—Réponse sommaire au Mémoire des brévetaires nommés aux abbayes de S. Sulpice de Bourges, etc. (Par *Cl.* MEY.)

Paris. 1764. Lambert. 1 vol. in-4'.

—Arrest de la Cour de Parlement, qui juge que les Abbayes de S. Vincent du Mans, S. Sulpice de Bourges, S. Martin de Séez, S. Allire de Clermont, et S. Augustin de Limoges, Ordre de S. Benoît, sont à la nomination du Roi, ainsi que les autres Prélatures de son Royaume; et qui, en conséquence, maintient MM. les nommés par le Roi auxdites Abbayes, dans la possession d'icelles. Du 1er sept. 1764.

Paris. 1764. Simon. 1 vol. in-4º.

—Lettres-patentes du Roi, concernant la disposition des revenus de l'abbaye de Chezal-Benoit; — de S. Vincent du Mans; — de Saint-Martin de Séez; — de Saint-Allire de Clermont; — de Saint-Sulpice de Bourges; — de S. Augustin de Limoges. Du 17 février 1765.

Paris. 1765. Simon. 1 vol. in-4º.

d. — *Cluny.*

1052.—Bibliotheca Cluniacensis, in qua SS. Patrum Abb. Clun. vitæ, miracula, scripta, statuta, privilegia, chronologiaque duplex, item Catalogus abbatiarum prioratuum, decanatuum, cellarum, et ecclesiarum à Clun. Cœnobio dependentium, unà cum chartis et diplomat. donationum earumdem. Omnia nunc primum ex ms. codd. collegerunt Domnus *Martinus* Marrier et *Andreas* Quercetanus, qui eadem disposuit, ac notis illustravit.

Lutetiæ Parisior. 1614. Robert Fouet. 1 vol. in-fol.

1053. — Mémoire pour servir à l'établissement de la jurisdiction des abbez généraux de Cluny, sur tout l'Ordre de Cluni. Avec le Recueil des titres et pièces justificatives de l'exercice de cette jurisdiction. (Par *Ant.* Le Vaillant.)

Paris. 1706. Vᵉ Louis Vaugon. 1 vol. in-fol.

e. — *Fontevrault.*

1054. — Raison de l'Institut de l'Ordre de Font-Evraud. Avec la descouverte de son Esprit. Par un religieux du mesme Ordre.

Paris. 1623. René Giffart. 1 vol. in-16.

1055. — Regula Ordinis Fontis-Ebraldi. La Reigle de l'Ordre de Font-Evrauld. Imprimée par l'ordonnance de très ill. et relig. princesse Madame J. B. de Bourbon, fille de France, abbesse chef et general dudit ordre.

Paris. 1642. Vitray. 1 vol. in-12.

1056. — Dissertationes in epistolam contra B. Robertum de Arbrissello, Ordinis Fontebraldensis fundatorem, et doctorem theologum Parisiensem, sceleratè confictam à Roscelino hæretico sub nomine Goffridi Vindocinensis abbatis : tomo autem decimo quinto

Magnæ Patrum Bibliothecæ inconsultè relatam, pag. 534, col. 2. (Ab *Joanne* DE LA MAINFERME.)

Salmurii. 1682. Fr. Ernou. 1 vol. in-8º.

1057. — Clypeus nascentis Fontebraldensis Ordinis contra priscos et novos ejus calumniatores. Nova editio, ea auctior atque emendatior, quæ anno 1682 prodiit sub titulo, *Dissertationes*, etc. (A *Joanne* DE LA MAINFERME.)

Salmurii. Parisiis. 1684-1688. Josse. 2 vol. in-8º.

1058. — Histoire de l'Ordre de Font-Evraud. (Par le P. *Honorat* NICQUET.)

Paris. 1642. Mich. Soly. 1 vol. in-4º.

---

f. — *Congrégation de Saint Maur.*

1059. — Regula S. P. BENEDICTI, et Constitutiones Congregationis Sancti Mauri.

Parisiis. 1770. Desprez. 1 vol. in-8º. Fig.

1060. — La Règle du B. Père S. BENOIST. Avec les déclarations sur icelles, par la Congrégation de Saint Maur. Par commandement du Chapitre général de ladite Congrégation.

S. n. n. l. 1701. 1 vol. in-8º.

1061. — Constitutiones pro directione regiminis Congregationis Santi Mauri, Ordinis Sancti Benedicti. Jussu et autor. Cap. gen. ejusdem Congregationis.

S. n. n. l. 1648. 1 vol. in-8º.

1062. — Idem opus.

S. n. n. l. 1735. 1 vol. in-8º.

1063. — Règles communes et particulières pour la Congrégation de Saint Maur.

(Paris.) 1663. 1 vol in-8º.

1064. — Même ouvrage. Nouvelle édition corrigée sur les constitutions, déclarations et réglemens des Chapitres généraux.

S. n. n. l. 1687. 1 vol. in 8º.

1065. — Regulæ Prælectorum et Scholarium Congreg. S. Mauri, Ordinis S. Benedicti, approbatæ à Capitulo generali.

S. n. n. l. 1681. Pièce in-12.

1066. — Idée d'un plan général, tendant à réformer les abus que le relâchement a introduit dans la Congrégation de S. Maur; présenté par un jeune Prieur d'icelle à tous les chefs et membres ; spécialement aux Supérieurs, Majeurs et Députés qui s'assembleront dans l'abbaye de Marmoutier lès Tours le jeudi de la quatrième semaine d'après Pâques, pour la célébration du Chapitre général de 1754.

S. n. n. l. n. d. 1 vol. in-12.

1067. — Matricula Monachorum professorum, — Fratrum conversorum professorum, — Commissorum stabilitorum, Congregationis S. Mauri in Gallia, ordinis Sancti Patris Benedicti, ab initio ejusdem Congregationis, usque ad annum 1669.

Parisiis. 1669. 3 parties en 1 vol. in-fol.

— Les dates des morts postérieures à cette époque sont écrites à la main jusqu'en 1733.

1068. — Vnion de l'abbaye de S. Denis en France à la Congrégation de S. Maur, Ordre de S. Benoist, et introduction de Religieux réformez de ladite Congrégation en ladite abbaye, par Mgr. l'Eminentissime

Card. de La Roche-Foucault, commissaire à ce député par nostre S. P. le Pape. Ensemble l'arrest donné par le Roy, en son conseil, confirmatif de tout ce qui a esté fait par ledit Sgr. Cardinal, et par MM. les Commissaires à ce députez par S. M.

Paris. 1633. Pierre de Bresche. Pièce in-8º.

1069. — Constitutiones Patrum Congregationis SS. Vitoni et Hydulphi, in duas partes divisæ. Quibus adjecta est devotissima induendi, ac ad professionem recipiendi novitii forma, sub regula SS. Patris Benedicti.

Tulli. 1626. Sim. Belgrand. 1 vol. in-8º.

1070. — La Règle de S. Benoist, avec les déclarations qui se gardent en la Congrégation de S. Vanne et S. Hidulphe.

Toul. 1679. Les Laurents. 1 vol. in-8º.

1071. — De Ordinis S. Benedicti Gallicana propagatione liber unicus. Auctore D. *Philippo* BASTIDE.

Autissiodori. 1683. Garnier. 1 vol. in-4º.

1072. — Origines Cœnobiorum Benedictinorum in Belgio : quibus antiquæ religionis ortus progressusque deducitur. Studio *Auberti* MIRÆI.

Antuerpiæ. 1606. Verdussius. 1 vol. in-8º.

A la suite :

— Elenchus historicorum Belgii, nondum typis editorum. *Aubertus* MIRÆUS eruendo publicabat.

Antuerpiæ. 1606. Verdussius. 1 vol. in-8°.

1073. — Apostolatus Benedictinorum in Anglia, sive disceptatio historica, de antiquitate Ordinis Congregationisque monachorum nigrorum S. Benedicti in regno Angliæ. Operâ et industriâ *Clemen*. Reyneri.

Duaci. 1626. Laurent Kellam. 1 vol. in-fol.

1074.—Chronicon insigne monasterii Hirsaugiensis, Ordinis S. Benedicti, per *Joannem* Tritehemium.

Basiliæ. 1559. Jac. Parcus. 1 vol. in-fol.

1075.—Annales Heremi Deiparæ Matris monasterii in Helvetia, Ordinis S. Benedicti, antiquitate, religione, frequentia, miraculis, toto orbe celeberrimi. Auctore R. P. F. *Christophoro* Hartmanno.

Friburgi Brisg. 1612. Typ. archiduc. 1 vol. in-fol. Fig.

1076.—Origines Murensis monasterii, in Helvetiis atque adeò Europâ universâ celeberrimi, Ordinis Sancti Benedicti. Seu acta fundationis, cum brevi chronico sæculi undecimi, quo major scriptorum penuria fuit. Nunc demum ex vetustissimo codice Murensi edita.

Spirembergi. 1618. Brucknausen. 1 vol. in-4º.

1077.—Mélanges pour servir à l'Histoire des Bénédictins.

5 vol. in-4º, contenant :

Tome Ier.

1. — Erectio Congregationis S. Mauri, Ordinis S. Benedicti. 1621.
2. — Confirmatio erectionis Congregationis S. Mauri, cum ampliatione gratiarum ab Urbano VIII, Pont. Max. xii. Kal. feb. mdcxxvii.
3. — Confirmatio.... xxi januarii mdcxxviii.
4. — Quærunt PP. Congregationis Sancti Mauri... (Utrum possint constitutiones novas condere.) (1635.)
5. — Consultatio doctorum Romanæ Curiæ circa bullas erectionis et confirmationis S. Mauri in Gallia. (Martio 1637.)
6. — Quæritur quid magis expediat Congregationi S. Mauri in Gallia, Ordinis S. Benedicti.
7. — Consultatio doctorum. — Nº 5. Nov. edit.

8. — Sommaire du gouvernement de la Congrégation du Mont-Cassin, de l'Ordre de Sainct-Benoist, tiré tant de ses propres constitutions que des bulles et brefs des Papes octroyez en sa faveur.

9. — Sommaire du régime de la Congrégation de S. Maur en France, Ordre de S. Benoist.

10. — Decretum S. Congregationis Regularium pro Congregatione S. Mauri. Romæ, 23 aug. 1647. — 22 nov. 1647.

11. — Lettres-patentes du Roy, pour l'érection de la Congrégation des Religieux réformez de l'Ordre de S. Benoist en France; et à présent appellée la Congregation de S. Maur. Août 1618.

12. — Consultation touchant la validité des Chapitres généraux, eslections des supérieurs et professions des novices, faites en la Congrégation de S. Benoist, durant l'union de Cluny et de S. Maur, et Résolution de MM. les Docteurs de Sorbonne, du 6 mai 1645.

13. — Sanctiss. D. N. Clementis PP. X constitutio, in qua Regularium privilegia quoad prædicationem Verbi Dei et Sacramenti Pœnitentiæ administrationem declarantur. Julio 1670.

14. — Breve apostolicum Clementis Papæ X, quo prohibetur monachis Congregationis S. Mauri, ne ad alios Ordines seu Congregationes sub quocumque prætextu transire præsumant. 19 sept. 1672.

15. — Mémoire sur la forme en laquelle doivent être expédiées les déclarations que les religieux, prieur et convent des monastères de la Congrégation de S. Maur fourniront pour satisfaire à la déclaration du Roy, qui ordonne la levée de nouveaux acquests et d'amortissemens. 1698.

16. — Breve apostolicum, quo prohibetur monachis Congregationis S. Mauri in Gallia, per annum Jubilæi sine licentia Superioris generalis Romam adire. 28 julii 1699.

17. — Mémoire à consulter à MM. les Avocats du Conseil de la Congrégation de S. Maur. 9 mai 1717.

18. — Edit du Roy, concernant les bénéfices possédez par les Religieux de plusieurs communautez. Donné à Paris, au mois de nov. 1719.
 Paris. 1719. Muguet.

19. — Déclaration du Roy, en interprétation de l'édit du mois de nov. 1719, concernant les bénéfices possédez par les Religieux des Congrégations réformées. Donné à Paris, le 1er fév. 1720.
 Paris. 1720. Muguet.

20. — Decreta Capituli generalis Congregationis S. Benedicti alias Cluniacensis et S. Mauri, Ordinis ejusdem S. Benedicti, an. Dom. 1642, 45, 48, 51, 54, 57, 60, 63, celebrati.

21. — Ex decretis Capitulorum generalium præcedentium, alia in declarationibus, alia in constitutionibus sunt posita, et alia adimpleta sunt, ita ut in postremum ex iis solùm quæ sequuntur, vim decretorum habeant.

22. — Réglemens faicts par le Chapitre général de 1645 à 1763. — Réglements nouveaux. — Réglements confirmés.

23. — Jugement de Nosseigneurs les Commissaires généraux du Conseil députés par le Roi, portant réglement pour les sept monastères de l'Estroite Observance de Cluny, situés en Franche-Comté, et celui de Thierbak en Alsace. Du 8 juin 1739.

24. — Précis des faits, des monumens et des autorités, qui intéressent le Chapitre général, que la Congrégation de S. Maur doit tenir dans l'abbaye de Marmoutier le 27 avril 1769.

Londres. 1769.

25. — Apologie pour l'Ordre de Cisteaux, contre un projet de sentence pour le restablissement de l'observance régulière.

Paris. 1635.

26. — Arrest du Grand Conseil, rendu en faveur de l'Estroite Observance de l'Ordre de Cisteaux. 13 sept. 1673.

27. — Traicté du droit d'élection de l'abbaye de Cluny.

28. — Mémoire pour justifier que la jurisdiction et administration de l'abbaye et de tout l'Ordre de Cluny, appartient, pendant la vacance du siége, aux pères, sénieurs et officiers de la voulte de Cluny, etc.

29. — Arrest du privé Conseil du Roy, portant réglement touchant les anciens Religieux des Ordres de S. Benoist, Cluny, Cisteaux et Prémonstré. 12 nov. 1641.

30. — Advis important aux Religieux de Cluny sur le gouvernement de l'Ordre.

31. — Circulaire pour la mort de Dom Grégoire Tarrisse.

32. — Bulles données par Nos SS. PP. les Papes Honoré III, Grégoire IX, Innocent IV, Alexandre IV, et Nicolas III, en faveur de quelques réguliers, pour le droit et privilége de percevoir les dixmes sur les terres nouvellement réduites en culture....

33. — Décision authentique faite en la Rotte de la cour de Rome, pour monstrer que les curez primitifs qui ont priviléges, peuvent prendre et percevoir dans leurs paroisses toutes les oblations et dixmes des terres novales, à l'exclusion de leurs vicaires perpétuels.

34. — Consultation touchant la validité des Chapitres généraux, eslections des supérieurs et profession des novices faites en la Congrégation de S. Benoist, durant l'union de Cluny et de S. Maur. 6 mai 1645.

35. — Factum pour M. l'Abbé, chef et supérieur général de Cluny, et les prieur, et convent de S. Estienne de Nevers. Contre M. l'Evêque de Nevers.

36. — Factum pour Dom P. Willaume, pricur des prieurez de S. Valentin de Ruffach, et S. Jacques de Veldbach, et Dom B. Schuvaller, prieur de S. Morand, Ordre de S. Benoist; avec Mg. le card. Mazarin, esleu abbé et général de l'Ordre de Cluny, et M. Fr. de Nesmond, abbé de Chésy. Contre les Recteurs des trois colléges de Jésuites de Selestat, Ensisheim et Fribourg en Brisgau.

37. — Factum sommaire pour Dom J. Cohyer, souprieur du prieuré conventuel de N.-D. du Charnier lez Sens, Ordre de Cluny.

38. — Lettres-patentes du Roy, confirmatives des priviléges de l'Ordre de Cluny et de l'évocation générale au Grand Conseil. 14 juin 1645.

39. — Concordat fait entre Mg. le card. de Richelieu, abbé, chef et général de tout l'Ordre de Cluny, et les Supérieurs dudit Ordre, pour l'union en un mesme corps de Cluny et de S. Maur. 9 fév. 1636.

40. — Arrest mémorable rendu au Conseil privé du Roy, entre Mg. le card. Mazarin, abbé et général de l'Ordre de Cluny, et M. Fr. de Nesmond, abbé de Chesy, intervenans, avec D. P. Vuillaume et D. B. Schuvaller, relig. Ben. Contre les Pères Jésuites d'Allemagne, pour trois prieurez, scituez en Alsace.

Paris. 1654.

41. — Arrest du Grand Conseil, rendu contre le prieur de S. Martin de Cressonsac, et le Vicaire perpétuel dudit lieu. (Dixmes et novales). 4 janvier 1659.

42. — Arrest notable du Grand Conseil, rendu entre les prieurs, abbés, et les curés, touchant les dixmes novalles. 4 mars 1651.

43. — Arrest du Grand Conseil, rendu entre le Curé ou Vicaire perpétuel de la paroisse de S. Valentin d'Artonnay, et les Abbé, religieux et convent de Molesmes. (Dixmes novalles.) 31 mars 1659.)

44. — Cas posé touchant l'union de la Congrégation de Chesalbenoist à la Congrégation de S. Benoist en France, dite de Cluny et de S. Maur. Et résolution de MM. les Docteurs de Sorbonne et de droict canon. (12 janv. 1644.)

45. — Arrest du Conseil d'Estat du Roy, pour la confirmation de l'union des abbayes et monastères de la Congrégation de Chesalbenoist à la Congrégation de S. Maur. 1 juillet 1645.

46. — Factum ou mémoire instructif touchant le différend d'entre Dom Jean Harel, supérieur general de la Congrégation de S. Maur, et Mad. l'Abbesse de Fontevrault.

47. — Arrest du grand Conseil du Roy, portant réglement général tant pour l'establissement de la communauté, réception, profession des novices, et discipline regulière, que pour les aumosnes... donné entre les sous-prieur, religieux et convent de l'abbaye de S. Jean de Montierneuf, et D. René Rousseau, abbé regulier....
        Paris. 1658. Bessin.

48. — Que le régime de S. Vanne ne peut être admis dans le sacré Ordre de Cluny, sans l'authorité du Pape, de l'Abbé et du Chapitre.

49. — Les preuves et inductions tirées des productions, et premièrement touchant l'invalidité et nullité des Chapitres prétendus de l'Observance de Cluny.

50. — Arrest notable de la cour de Parlement, portant réglemens entre les Prieurs, Curez primitifs de l'Ordre de S. Benoist, et les Vicaires perpétuels. 7 sept. 1654.

51. — Lettres-patentes du Roy, obtenues par Mg. le Card. d'Este, abbé et supérieur général de l'Ordre de Cluny, portant confirmation des priviléges dudit Ordre.... 18 juillet 1663.

52. — Arrest du Grand Conseil, par lequel le Prieur titulaire du prieuré de Rueil, en Brie, Ordre de Cluny, est condamné à recevoir les hostes.... du 28 sept. 1662.

53. — Arrest du Grand Conseil, du 2 juin 1667, rendu au profit de D. Fr. Barthaud, prieur claustral de l'abbaye de Lezat.

54. — Arrest de la Cour du Parlement, portant reglement pour la nomination des députez composans le bureau particulier du Clergé du diocèse de Reims. 15 decembre 1665.

55. — Arrest... portant reiglement general pour tous les Moulins bannaux de la France. 28 mars 1673.

56. — Arrest... qui adjuge aux Religieux, prieur claustral et convent du prieuré de Rueil en Brie, les menues dixmes de la paroisse de la Ferté Aucol. 31 mars 1665.

57. — Arrest du Conseil d'Estat, servant de réglement pour restablir la régularité dans un monastère de S. Benoist. 16 mars 1668.

58. — Arrest du Parlement de Paris, portant deffences aux bailly procureurs et praticiens de la ville de la Ferté Aucol, de prendre connoissance du droit de bannalité des moulins bannaux de la Ferté, appartenans aux religieux de Rueil. Du 30 oct. 1645.

59. — Lettres-patentes pour la confirmation des statuts, réglemens et priviléges accordez à la Congrégation et Ordre de Cluny. 1676.

60. — Mémoire pour montrer que M. le cardinal de Bouillon est incapable de la jurisdiction régulière.... (Par Sadourny.)
Paris. s. d. Bouillerot.

61. — Arrest du Grand Conseil, du 30 mars 1705, portant réglement entre les Religieux de l'Etroite Observance de Cluny et M. le card. de Bouillon, abbé commendataire....
Paris. 1705. De Bats.

62. — Mémoire pour régler les contestations qui sont survenues au dernier Chapitre général de l'Ordre de Cluny, entre Mg. le card. de Bouillon et les Religieux. (Par Duplessis.)

63. — Mémoire à consulter. 3e consultation sur l'état actuel de l'Etroite Observance de Cluny.

64. — Mémoire à consulter. 4e consultation....
Paris. 1784. Knapen.

Tome II.

1. — Arrest du privé Conseil du Roy, donné le 20 oct. 1645, par lequel il est ordonné à D. Faron de Challus et ses adhérans, de se retirer vers leurs supérieurs.

2. — Lettre escrite au R. P. D. Faron de Challus, par un de ses confrères.

3. — Arrest du Grand Conseil, portant réglement du droict de visite que peuvent prétendre MM. les Evesques dans les abbayes unies en Congrégation. 3 fév. 1648.

4. — Circulaire de D. *Joseph* Mege, annonçant que D. Robert Quatremaires a été choisi pour écrire l'histoire de la Congrégation de S. Benoit. 16 déc. 1671.

5. — Arrest du Grand Conseil du Roy, rendu au profit des Religieux de l'abbaye de Chaise-Dieu. 23 mars 1652.

6. — Lettre du Roy relative au prieuré de S. Martin-des-Champs. Du 2 déc. 1656.

7. — Lettre du Roy, du 25 avril 1658, relative à l'abbaye de Montmajour, diocèse d'Arles.

8. — Arrest du Parlement de Bretagne, par lequel les héritiers de M⁰ P. Bailly, abbé commendataire de S. Thierry au Mont-d'Or-lez-Reims, sont condamnez faire faire les réparations de ladite abbaye. 29 mai 1659.

9. — Arrest du Conseil privé du Roy, concernant l'abbaye de la Cousture du Mans. 15 juillet 1659.

10. — Arrest du Grand Conseil du Roy, pour la visite des prieurez de l'abbaye de N. D. de Molesme. 10 janvier 1660.

11. — Extrait de la confirmation des priviléges de l'abbaye de Marmoutier, par Sa Majesté, le 16 oct. 1587.

12. — Lettres-patentes du Roy, pour la visite des prieurez dependans de l'abbaye de Marmoutier lès Tours. 17 avril 1598.

13. — Arrest de la Cour de Parlement, pour les Religieux de la Congrégation de S. Maur, portant leur réintégrande et restablissement dans l'abbaye de la Cousture du Mans. 26 fév. 1661.

14. — Circulaire de D. B. AUDEBERT, touchant la réponse à faire aux intendants chargés de s'informer des biens et revenus des abbayes. 10 juillet 1664.

15. — Circulaire de D. Lucas d'Achery et D. Mabillon, relative à l'histoire des Saints de l'Ordre de S. B. (En latin.)

16. — Lettre du Roy, relative aux Religieuses du Val de Grâce. 22 déc. 1671.

17. — Lettre du Roy, relative à l'abbaye de S. Florent le Viel, de Saumur. 24 oct. 1675.

18. — Arrest du Conseil, relatif à l'abbaye de Fescamp. 15 avril 1674.

19. — Lettre du Roy, relative à l'abbaye de S. Denis. 10 mars 1693.

20. — Arrest du Parlement concernant le couvent de Rhedon. 16 mars 1674.

21. — Circulaire de Dom *Simon* Bougis, annonçant la mort de D. Vincent Marsolle. 12 sept. 1681.

22. — Extrait du Registre des délibérations des trésorier, chantre et chanoines de la Sainte-Chapelle, du 9 juin 1683.

23. — Transaction passée le 12 aoust 1684, entre les Abbé, Religieux Prieur et convent de S. Nicaise de Reims, et le Supérieur général de la Congr. de S. Maur.

24. — Arrest du Grand Conseil, rendu au profit des Abbé et Chanoines réguliers de l'abbaye de S. Jean-es-Vignes de Soissons. 31 déc. 1683.

25. — Circulaire de D. G. Louvel, annonçant la mort de D. B. Brachet. 18 janvier 1687.

26. — Arrest du Grand Conseil, au sujet du partage des réparations, dettes à payer, etc. pour les religieux.... de l'abb. de S. Sauveur d'Anchin, contre le card. d'Estrées, abbé commendataire. Du 30 sept. 1688.

27. — Arrest du Grand Conseil du 30 sept. 1692, servant de réglement entre les Abbez commendataires et les Religieux des abbayes, touchant les partages.

28. — Arrêt du Grand Conseil, qui juge que les brefs de pénitencerie de la Cour de Rome.... n'ont point lieu en France, pour le fore extérieur. 20 sept. 1694.

Paris. 1694. V° de Jolybois.

29. — Arrest de la Cour de Parlement, portant réglement pour les religieux de l'Ordre de S. Benoist, du 14 mai 1696 et 28 juin 1697.

30. — Mandement de Mg. l'Evêque de Bayeux (J. d'Angennes), portant condamnation de plusieurs propositions extraites des thèses soutenues par les Relig. Bén. de la Congr. de S. Maur. 5 mai 1607.

Caen. 1607. Poisson.

31. — Circulaire du Chapitre d'Amiens (décembre 1700), annonçant la mort du doyen Alex. Le Scellier de Riencourt, abbé de Forestmontier.

32. — Lettre à Son Altesse Royale Madame l'Abbesse de Chelles.

33. — Extrait du Registre des Actes capitulaires de l'abbaye du Mont S. Quentin lès Péronne, diocèse de Noyon. 3 oct. 1718.

34. — Rapport des Experts dans l'inscription en faux contre les abbé et religieux de l'abbaye de Marmoutiers-lès-Tours. 1720.

35. — Mémoire touchant la réponse que les Religieux doivent faire à Nosseigneurs les Evesques, s'ils veulent faire la visite de leurs églises.

36. — Lettres-patentes sur l'union de neuf prieurez à l'abbaye de Marmoutier, du mois de février 1724.

37. — Lettre sur la mort du T. R. Père D. Denys de Ste Marthe. 25 avril 1725. Par J. Castel.

38. — Lettre sur la mort de D. J.-B. Alaydon, Supérieur général de la Cong. de S. Maur. Par Fr. Delville. 1 oct. 1733.

39. — Questions proposées aux XIV capitulans du prétendu Chapitre général, tenu dans l'abbaye de Marmoutier en 1733.

40. — Très-humbles remontrances... V. 16.

41. — Lettres-patentes portant évocation générale au Grand Conseil de tous les procès de la Congrégation de S. Maur. Du 19 avril 1739.

42. — Lettre (de D. *Fr.* Delville), sur la mort de D. Cl. Dupré, Supérieur général. 1er mai 1737.

43. — Arrest de la Cour de Parlement, concernant les Associations, Congrégations et Confrairies. Du 18 avril 1760.

44. — Observations pour prouver les avantages de la maison de S. Fuscien sur celle de Breteuil. 1760.

45. — Lettre de Dom *** (Angely), à un religieux de l'abbaye royale de S. Denis.

46. — Copie d'une lettre d'un Religieux Bén. de la Cong. de S. Maur à ses supérieurs majeurs.

47. — Mémoire sur les supériorités dans la Congrégation de S. Maur.

48. — Observations sur une pièce à quatre colonnes, intitulée : Parallèle du régime actuel de la Congrégation de S. Maur, avec celui qui lui fut imposé à la fois par l'Eglise et par l'Etat. — Parallèle... — Lettre d'un Religieux Bénédictin sur les observations. (Par *Xovier* de Massannes.) 1764.

49. — Circulaire de D. *J.* Delrue, Supérieur général. Du 7 juin 1765. (Evocation au roi des Procès de la Congrégation.)

50. — Circulaire de D. *J.* Delrue (Désapprobation de la requête de quelques Relig. de S. Germain des Prés.) 3 juillet 1765.

51. — Requête au Roi. (Par quelques Religieux de S. Germain des Prés.)

52. — Apologie des Constitutions de la Congrégation de S. Maur.

53. — Mémoire sur les innovations proposées par les Religieux de l'abbaye de Saint-Germain-des-Prés.

54. — Circulaire de D. *Joseph* Delrue, Supérieur général, du 6 août 1765.

55. — Observation sur la Lettre circulaire du T. R. P. général, du 6 août 1765.

56. — Les que (A l'auteur d'un petit mémoire intitulé : *Observations générales...*)

57. — Lettre à Morenas (signés F. Kroustadius-Micrologus Saltinbanqus). 1 sept. 1765.

58. — Circulaire de D. Delrue. (Assemblée extraordinaire de la Congrégation.) 4 fév. 1766.

59. — Lettre de Dom M.... à Dom D... son ami. 12 avril 1766.

60. — Mémoire adressé aux R. P. de la Congrégation de S. Maur, députés au Chapitre général extraordinaire, le 24 avril 1766. Par plusieurs Religieux de la même Congrégation.

61. — Circulaire de D. Delrue. 15 mai 1769. (Réforme.)

62. — Circulaire de D. Delrue. 16 juillet 1766. (Convocation du Chapitre général.)

63. — Articles extraits du plan d'études présenté au Chapitre général tenu dans l'abbaye de Saint-Germain-des-Prés, le 28 sept. 1766.

64. — Arrest du Conseil d'Etat du Roi du 3 avril 1767. — Conventualité.

65. — Arrest.... du 6 avril 1767. (Etat des Religieux, revenu...)

66. — Circulaire de D. P. Fr. Boudier, sup. gén. 16 avril 1767. (Revenus.)

67. — .... du 26 juin 1767. (Liquidation des dettes.)

68. — .... du 17 janvier 1768. (Etudes.)

69. — Arrest du Conseil d'Etat. Du 16 sept. 1768. Pour l'acquit des dettes de la Congrégation de S. Maur.

70. — Arrest.... Pour la rédaction des constitutions de la Congrégation de S. Maur. Du 16 sept. 1768.

71. — Circulaire de D. Boudier. Du 28 sept. 1768. Envoi des 2 arrests ci-dessus.

72. — Arrest du Conseil d'Etat. Du 4 février 1769. (Suppression de l'ouvrage *Pensées théologiques*.)

73. — Lettre de M. de Saint-Florentin. Du 5 sep. 1769. (Sur le Chapitre général prêt à se tenir à Marmoutier.)

74. — Circulaire de D. Boudier. Du 17 fév. 1767 en envoyant la lettre précédente.

75. — Arrest du Conseil d'Etat concernant la Congrégation de S. Maur. Du 10 mars 1769.

76. — Circulaire de D. Boudier. Du 1er octobre 1769. (Approbation des constitutions.)

77. — Circulaire de D. *Léonard* Deschamp, visiteur. 29 mai 1770. (Admissions dans la Congrégation.)

78. — Arrest du Parlement du 6 sept. 1775. (Constestations portées au Parlement par Dom de Vienne.)

79. — Arrest du Grand Conseil. Du 28 juin 1776. (Abus de Bref ou Indult.)

80. — Arrest du Conseil d'Etat, concernant l'Assemblée prochaine du Chapitre général de la Congr. de S. Maur. Du 27 fév. 1778.

81. — Procès-verbal de la Diète de Normandie tenu en l'abbaye du Bec.

82. — Consultation sur les opérations de la diète tenue à l'abbaye du Bec....

83. — Arrest du Conseil d'Etat pour la convocation d'un Chapitre extraordinaire de la Congr. de S. Maur à Saint-Denis. Du 21 juin 1783.

84. — Arrest.... qui ordonne la suppression de quatre imprimés concernant la Congr. de S. Maur. Du 12 juillet 1783.

85. — Discours prononcé par Mgr. l'Archevêque de Narbonne (A. R. DE DILLON), l'un des commissaires du Roi, à l'ouverture du Chapitre général de la Congrégation de S. Maur, assemblée en l'abbaye royal de S. Denys, le 9 sept. 1786.

86. — Extrait du registre du Conseil d'Etat. Du 17 janvier 1784. (Abus des obédiences.)

87. — Mémoire et Consultation pour le régime actuel de la Congrégation de S. Maur, contre les appelans comme d'abus des élections faites au Chapitre de l'abbaye de S. Denys, en 1783.
   Paris. 1783. Demonville.

88. — Mémoire à consulter et consultation au sujet du Chapitre général de la Congrégation de S. Maur. 1783.
   Paris. 1783. Grangé.

89. — Mémoire à consulter et consultation au sujet du Chapitre général de la Congrégation de S. Maur, assemblé à S. Denis au mois de septembre 1783.

90. — Circulaire de Dom CHEVREUX, Supérieur général. Du 13 janv. 1787, concernant la diète de S. Denys.

TOME III.

1. — Mémoire pour M. l'Abbé général de l'Ordre de Citeaux, touchant sa séance aux Etats de Bourgogne. Contre M. l'Evêque d'Autun, et autres luy adhérans.

2. — Extrait des Registres du Conseil d'Etat (qui décharge les Abbez et Religieux de Corbie et de St Riquier, d'assignations contre eux faites). 26 février 1672.

3. — Mémoire aux Supérieurs. 1638.

4. — Au Rev. Père Prieur et Religieux Benedictins du monastère de...

(touchant la désunion de l'Ordre de Cluny et de la Congrégation.) (Signé *Grégoire* TARRISSE.) 1644.

5. — Second Mémoire pour M. l'Evêque de Soissons, contre les Dames Abbesse et Religieuses de l'abbaye royale du Val de Grâce et les RR. PP. Prieur et Religieux de saint Corneil de Compiègne. Pour servir de réplique au Mémoire desdits RR. PP. prieur et religieux Bénédictins.
Paris. 1726. V⁰ Mazières et J.-B. Garnier.

6. — Procès-verbal et déclaration d'appel comme d'abus interjetté par les députés exclus du Chapitre des Religieux de la Congrégation de S. Maur, tenu en l'abbaye de Mairmoutier les Tours, le 2 juillet 1733.

7. — A Nosseigneurs du Grand Conseil. (Les Religieux de la Congrégation de S. Vanne contre les Religieux de Cluny.)

8. — Mémoire pour Dom Joseph Delrue, Supérieur général de la Congrégation de S. Maur. Contre Dom Jean Faure, Dom Denis-Emmanuel-Marie Lymeirac, appellans comme d'abus. 1764.
Paris. 1764. Lambert.

9. — Requeste présentée au Roy par le Supérieur général, le Régime, et la plus nombreuse partie de la Congrégation de Saint-Maur. Contre l'entreprise de vingt-huit Religieux de l'abbaye de Saint-Germain-des-Prés. 23 juillet 1765.
Paris. 1765. Vallat la Chapelle.

10. — Défense du R. P. Dom Grégoire Tarisse, Supérieur général de la Congrégation de S. Maur. Contre les fausses imputations des Faronites renouvellées depuis peu dans quelques libelles.

11. — Réclamation des Religieux Bénédictins du monastère des Blancs-Manteaux. Contre la Requête des Religieux de Saint-Germain-des-Prés. 1765.

12. — Requête au Roi. (Abus dans la Réforme, rétablissement de la règle.) 1765.

TOME IV.

1. — Mémoire pour Dom P. Fr. Boudier, Supérieur général de la Congrégation de S. Maur, appelant comme d'abus, contre D. G. P. Duperray, religieux de ladite Congrégation. (Par COCHIN.)
Paris. 1768. Knapen.

2. — Mémoire à consulter et consultation pour les Religieux Bénédictins de l'abbaye royale de S. Germain-des-Prés. (Par COURTIN.)
Paris. 1769. Chenault.

3. — Mémoire à consulter et consultation pour les religieux Bénédictins du monastère des Blancs-Manteaux; en réponse au Mémoire de quelques religieux de l'abbaye de S. Germain-des-Prés.
   Paris. 1769. G. Desprez.

4. — Pour Dom Quenouault, contre Dom Cardon et consorts.

5. — Mémoire pour Dom Quenouault, prieur de l'abbaye de S. Germer, contre Dom Cardon, Dupont, Lavarenne et Thouroude, religieux de la même abbaye, appellans comme d'abus. (Par Carré.)
   Paris. 1772. Cellot.

6. — Extrait du Procès-verbal de Visite du monastère de S. Germer, commencé le 7 juillet 1771.
   Paris. 1772. Cellot.

7. — Question intéressante. Mémoire à consulter et consultation. (Pour Dom Cardon, Dupont, La Varenne et Thouroude, contre Dom Quenouault.)
   Paris. 1772. Simon.

8. — Mémoire à consulter et consultation pour deux abbés réguliers *in partibus*, de l'Ordre de S. Benoist. (Par Courtin.)
   Paris. 1770. Chenault.

9. — Précis pour Dom Précieux et Dom Poirier, abbés *in partibus*, contre Dom Boudier. (Par Courtin.)
   Paris. 1772. Chenault.

10. — Mémoire pour D. Bourdier, contre D. Précieux, Poirier et Martinon. (Par Carré.)
    Paris. 1772. Cellot.

11. — Observations de D. Précieux et de D. Poirier, sur le Mémoire de Dom Boudier. (Par Courtin.)
    Paris. 1772. Chenault.

12. — Mémoire pour D. Mancel et D. de Preignei, contre le sieur abbé Borde de Charmois. (Par Carré.)
    Paris. 1772. Cellot.

13. — Supplément à ce Mémoire. (Par Carré.)
    Paris. 1772. Cellot.

14. — Plaidoyer prononcé au Grand Conseil pour Dom Ansart, religieux Bénédictin, transféré dans l'Ordre de Malte en vertu d'un brevet du Pape, et intimé sur l'appel comme d'abus interjetté par Dom Gillot, supérieur général de la Congrégation de S. Maur. (Par Mille.)
    Paris. 1776. Simon.

15. — Consultation en faveur de Dom Ansart. (Par Mille.)
Paris. 1776. Simon.

16. — Conclusions prises par Dom Ansart, contre Dom Gillot. (Par Mille.)
Paris. 1776. Simon.

17. — Plaidoyer fait et prononcé au Grand Conseil pendant cinq audiences, par l'abbé *Joseph* Martin, ci-devant Bénédictin de la Congrégation de S. Maur; contre Dom René Gillot, appelant comme d'abus d'un bref de dispense ou indult de sécularisation accordé par N. S. P. le Pape, le 5 janvier 1772.
Paris. 1776. Pierres.

Tome V.

1. — Histoire des derniers Chapitres généraux de la Congrégation de S. Maur. Où l'on voit l'irrégularité de ces Assemblées, l'opposition de ce corps à la Bulle *Unigenitus*, et par quelles intrigues on est enfin parvenu à faire souscrire un décret favorable à cette Bulle dans le Chapitre de 1733. (Avec le Recueil des pièces.)
1736. s. n. n. l.

2. — Histoire des contestations arrivées entre les Jésuites et la Congrégation de S. Maur, au sujet de la nouvelle édition des ouvrages de S. Augustin, procurée par cette congrégation.

3. — Question canonique. Si le Pape peut supprimer un prieuré situé en Alsace, et dépendant d'une abbaye qui est en France, et l'unir à un collége, sans le consentement de l'abbé.

4. — Factum pour les prieur, religieux et convent de l'abbaye royale de la Tres Sainte Trinité de Fescamps.... contre Me Marin Bidault et M. Nic. Colbert, archev. de Rouen. (Cure de S. Denis d'Epreville.)

5. — (Circulaire annonçant la mort de Dom Grégoire Tarrisse, naguères supérieur général. Par F. *Calliste* Adam.) 1648.

6. — Circulaire concernant la mort de Dom Vincent Marsolle.

7. — Lettres-patentes du Roy, du 4 mai 1711, au sujet des bénéfices possédez par les religieux de la Congrégation de S. Maur.

8. — Première Lettre d'un Religieux Bénédictin de la Congrégation de S. Maur, à un de ses confrères, dans laquelle l'auteur démontre que les religieux de cette Congrégation célèbre ne peuvent.... accorder une obéissance provisionnelle à ceux qui, au nombre de quatorze seulement, ont présumé... de tenir eux seuls, au mois de juillet 1733, le Chapitre général....

9. — Lettre au très R. P. général. (Canonicité des Chapitres.) 13 mars 1733.

10. — Procès-verbal et déclaration. (Tome III. n° 6.)

11. — Remontrances adressées aux R. P. Supérieurs de la Congrégation de S. Maur assemblés pour la tenue du Chapitre général de 1733.

12. — Lettre d'un Religieux Bénédictin de l'Etroite Observance de l'Ordre de Cluni, à ses Supérieurs assemblés à une diette, au sujet de plusieurs décrets des Chapitres généraux de cet Ordre sur la bulle *Unigenitus*, et le formulaire d'Alexandre VII... (Par J.-B. CAUBERE.) 1737.

13. — Lettre d'un appellant aux Religieux Bénédictins de la Congrégation de S. Maur qui ont donné des marques publiques de leur opposition à la bulle *Unigenitus*.

14. — Lettre relative à la mort de Dom Hervé Ménard. 13 août 1735.

15. — Réponse à la Lettre du R. P. Sarazin, Visiteur de la Congrégation de Saint-Maur, dans la province de Bourgogne, sur le prétendu Chapitre général des quatorze.

Paris. 1735.

16. — Très humbles remontrances des Religieux Bénédictins de la Congrégation de Saint-Maur au Roy, avec un mémoire où après un exposé succinct de ce qui s'est passé dans le prétendu Chapitre général de la Congrégation de S. Maur tenu au mois de juillet 1733, dans l'abbaye de Marmoutiers les Tours, on en démontre l'irrégularité et la nullité, etc. 1734.

17. — Actes et protestations signifiés aux Religieux qui prétendent composer le Chapitre général de la Congrégation de S. Maur, par plusieurs Députés dudit Chapitre.

18. — Lettre des Bénédictins de la province de Bourgogne, Congrégation de S. Maur, au T. R. P. Dom Pierre Thibault, Supérieur général, et à quelques autres Supérieurs majeurs, qui sollicitent les Religieux qui leur sont soumis, à recevoir et accepter la Constitution *Unigenitus*. 1727.

19. — Lettre circulaire de Dom THIBAULT, Supérieur général de la Congrégation de S. Maur, à tous les Prieurs de ladite Congrégation. 1727.

20. — Réponse à une Lettre que le R. P. Thibault a écrite à un de ses Religieux, pour l'engager à accepter la bulle *Unigenitus*. 1727.

21. — Dénonciation des Lettres de Dom Vincent Thuillier, religieux Bénédictin de la Congrégation de S. Maur, contre l'appel de la bulle *Unigenitus*.

22. — Seconde lettre de Dom *Vincent* Thuillier à un de ses confrères, contre l'appel interjetté de la bulle *Unigenitus*. 3e édit.

Paris. 1729. Giffart.

23. — Conférences pour les Religieux de la Congrégation de S. Maur sur l'Ecriture Sainte.

24. — Arrest de la Cour du Parlement de Bretagne, qui fait défense, tant au R. Evêque de Dol, qu'à ses Grands-Vicaires, Officiaux, Promoteurs, et à tous autres prêtres qui pourroient être commis, de procéder contre les Prieur et Religieux de S. Jacut.... 1718.

25. — Arrest du Conseil d'Etat du Roy, qui condamne les prieur et Religieux de l'abbaye de Manglieu, à restituer entre les mains des sieurs Meny et Marchal, les sommes payées d'avance, sur le prix de leur bail.... 19 déc. 1749.

Paris. 1751. Imprimerie Royale.

26. — Lettres-patentes du Roy, concernant la disposition des revenus de l'abbaye de Chezal-Benoît. 17 fév. 1765.

Paris. 1765. Simon.

27. — Arrest du Conseil d'Etat du Roy. (Appel comme d'abus interjeté par quelques Religieux.) 27 juillet 1765.

28. — Arrest du Conseil d'Etat du Roy, qui ordonne qu'il sera convoqué un Chapitre général de la Congrégation de S. Maur, lequel s'assemblera en l'abbaye royale de S. Denys, le 24 avril 1766. Du 31 janv. 1766.

29. — Arrest... concernant la députation qui sera faite des Religieux de la Congrégation de S. Maur, au Chapitre général que Sa Majesté a ordonné être tenu en l'abbaye royale de S. Denys. Du 19 fév. 1766.

30. — Arrest... qui ordonne la séparation du Chapitre général et extraordinaire de la Congrégation de S. Maur, assemblé en l'abbaye royale de S. Denys, par ordre de Sa Majesté. Du 9 mai 1766.

31. — Arrest.... qui confirme les Bulles et Lettres-patentes d'érection de la Congrégation de S. Maur; et qui ordonne l'exécution provisoire de déclaration sur la règle, et des Constitutions de ladite Congrégation. Du 6 juillet 1766.

Paris. 1766. Imprimerie Royale.

32. — Extrait des Registres du Parlement, du 10 mars 1768. (Boudier, Supérieur général et Duperai, religieux. (Appel comme d'abus.)

Paris. 1766. Simon.

les pages 289 à 304
sont reliées entre
les pages 312 et 313

1149.—Les Fleurs du Carmel, cueillies du parterre, des Carmes déchaussez de France, presentées aux très-reverends Pères provinciaux, Prieurs, et leurs associez, de la Province de France, par le R. P. PIERRE DE LA MÈRE DE DIEU (*Abraham* BERTHIUS.)

Anvers. 1670. Marcelis Parys. 1 vol. in-4°.

1150.—Aureola de' Priori dell' Ordine de' Carmelitani Scalzi, commune anche à tutti i prelati, et predicatori, formata di pietre pretiose, cavate dalla fecondissima miniera dell' opre theologiche dell' angelico dottore S. Tomaso per il M. R. P. Fr. GIUSEPPE MARIA DI GIESU.

Torino. 1673. Zapatta. 1 vol. in-4°.

1151.—Necrologium Carmelitarum Discalceatorum Provinciæ Parisiensis; in quo reperitur nomen religionis et sæculi; nativitatis locus; ætas; professionis et obitûs dies et locus, omnium professorum et novitiorum hujusce Provinciæ; protoparentum qui ex Italia ad fundandam Provinciam advenêre, et Religiosorum alterius Provinciæ Parisiis decessorum. A monasteriorum fundatione in Galliis, ad annum 1718. Insuper Necrologia monialium Provinciæ Parisiensis in Lotharingia; Generalium Congregationis S. Eliæ, et Episcoporum Ordinis.

Parisiis. 1718. Coignard. 1 vol. in-12.

1152.—Necrologium Carmelitanum Theresianum Provinciæ Sanctissimæ Trinitatis in duas partes distributum.

(Continué à la main jusqu'en 1750.)

S. n. n. l. 1738. 1 vol. in-8°.

A la suite :

—Catalogus Carmelitanus Theresianus Provinciæ SS.

Trinitatis, vulgo Normanniæ, in duas partes distributus.

(Continué à la main jusqu'en 1747.)

S. n. n. l. 1739. in-8°.

1153. — Acta proposita à R. P. N. Ildefonso a Præsentatione, Præposito generali FF. Carm. discalce. Congregationis S. Eliæ, in Capitulo generali celebrato Romæ anno Domini 1740 et rejecta ab omni Capitulo.

Romæ. 1740. Rosati. 1 vol. in-8°. Sans titre.

1154. — L'adoption des enfans de la Vierge dans l'Ordre et la Confrairie de Nostre-Dame du Mont-Carmel. Composé par le R. P. Grégoire Nazienzene de S. Basile. (*Lambert* Borsone.)

Paris. 1641. Huré. 1 vol. in-8°.

1155. — Privilegiati Scapularis vindiciæ. Per Fratrem *Joannem* Cheron.

Burdigalæ. 1642. 1 vol. in-8°.

1156. — *Joannis* Launoii de Simonis Stochii viso, de Sabbatinæ Bullæ privilegio, et de Scapularis Carmelitarum sodalitate dissertationes V. Editio tertia. In qua posthabitis trium Carmelitarum, Joannis Cheronii, Thomæ Aquinatis, et Philiberti Fesaii criminationibus, omnis ad reliquas illorum tergiversationes aditus intercluditur, et rerum veritas stabilitur.

Lutetiæ. 1663. Edm. Martinus. 1 vol. in-8°.

1157. — Pro sodalitio Sacri Scapularis adversus duplicem dissertationem Joannis de Launoy dissertationes duæ apologeticæ. Authore R. P. F. Thoma Aquinate a S. Joseph. (*Christophoro* Pasturel.)

Tutellæ. 1648. I. Dalvy. 1 vol. in-8°.

1158.—Duplex privilegium Sacri Scapularis Ordinis et Confraternitatis Gloriosæ Virginis Mariæ de Monte Carmelo, seu Responsio ad D. Joan. de Launoy duplicem dissertationem,... Per R. F. *Philib.* Fezayum.
   Aquis-Sextiis. 1649. David. 1 vol. in-8º.

1159.—Scapulare partheno-carmeliticum illustratum et defensum. A R. P. *Theophilo* Raynaudo.
   Parisiis. 1654. A. Padelou. 1 vol. in-8º.

1160.—La veritable devotion du Sacré Scapulaire de Nostre Dame du Mont-Carmel. Par le R. P. Mathias de S. Jean. (*Jean* Eon.)
   Paris. 1656. D. Thierry. 1 vol. in-8º.

7. — ORDRE DE SAINT DOMINIQUE.

1161.—Regula B. Augustini Episcopi, et Constitutiones FF. et Sororum Ordinis Prædicatorum, cum declarationibus ex actis Capitulorum generalium : libro de instructione officialium ; tractatu de judiciis faciendis ; formulario principalium actuum ad officium prælatorum ejusdem ordinis pertinentium ; et regula FF. et Sororum de Pœnitentia B. Dominici. Accessit Epistola S. P. N. Dominici ad FF. Ordinis ; et speculum laudabilis conversationis Fratrum, ex S. Anton.
   Parisiis. 1625. Chappelet. 1 vol. in-8º.

1162.—Acta Capituli generalis Romæ, in conventu S. Mariæ super Minervam Ordinis Prædicatorum celebrati, in festo SS. Pentecostes, die 5 junii MDCL sub R. P. F. Joanne Baptista de Marinis, magistro generali totius Ordinis in eodem Capitulo electo.
   Parisiis. 1655. Sassier. 1 vol. in-4º.

1163.—Acta Capituli generalis Romæ, in conventu S. Mariæ super Minervam Ordinis Prædicatorum, celebrati in festo SS. Pentecostes die 25 maii 1670 sub Rev. P. Fr. Jo. Thoma de Rocaberti, Magistro generali ejusdem Ordinis, in prædicto Capitulo electo.

Romæ. 1671. Tinassius. 1 vol. in-4º.

1164.—La manière de se donner à Dieu dans le siècle, ou les regles du Tiers-Ordre de la Penitence de S. Dominique, traduites sur l'original de la bulle d'Innocent VII Pape, accompagnées d'explications sur chaques chapitres, et de quelques observations ensuite contenantes l'histoire de ce Tiers-Ordre. Par un Religieux Prestre des Freres Prescheurs.

Paris. 1680. Villette. 1 vol. in-12.

1165.—Mémoires sur la Canonicité de l'Institut de St Dominique; ou Examen de la question, sçavoir; si les FF. Prêcheurs ont été reçus dans l'Eglise en qualité de Chanoines-réguliers, et s'ils doivent encore être regardez comme tels? Contre certains écrits ou factums; dans lesquels cette qualité est contestée à ces Religieux. Par le R. P. *Pierre Dominique* Jacob.

Béziers. 1750. Barbut. 1 vol. in-8º.

1166.—Idée de l'Institut de Saint Dominique, ouvrage historique, dans lequel on voit quel est le caractère essentiel et distinctif des Dominicains, entre les divers autres corps du Clergé.

Avignon. 1767. 1 vol. in-12.

1167.—Mariæ Deiparæ in Ordinem Prædicatorum viscera materna. Exhibet F. *Hyacinthus* Choquetius.

Antuerpiæ. 1634. Cnobbaert. 1 vol. in-8º.

1168. — Candor lilii seu Ordo FF. Prædicatorum à calumniis et contumeliis Petri de Valle-Clausâ vindicatus. In ejus decem diatribas totidem reflexiones. Authore R. P. F. *Joanne* CASALAS.
Parisjis. 1664. De Launay. 1 vol. in-8º.

1169. — Libri quinque apologetici pro religione, utraque theologia, moribus, ac juribus Ordinis Prædicatorum. Adversus Th. Raynaudi tres, totidemque Petri de Alva libros, aliquot epistolas Joa. Launoii, expostulationes Carterii, aliosque. Authore R. P. *Vincentio* BARONIO.
Parisiis. 1666. Piget. 1 vol. in-8º.

1170. — La Vie du glorieux patriarche S. Dominique, fondateur et instituteur de l'Ordre des Frères Prêcheurs, et de ses premiers seize compagnons : avec la fondation de tous les Convens et Monastères de l'un et l'autre sexe, dans toutes les provinces du royaume de France, et dans les dix-sept du Pays-Bas. Par le R. P. *Jean* DE RECHAC, dit DE SAINTE-MARIE.
Paris. 1647. Seb. Huré. 1 vol. in-4º.

1171. — La Vie de S. Dominique de Guzman, fondateur de l'Ordre des Frères Prêcheurs, avec l'histoire abrégée de ses premiers disciples. Par le R. P. *A.* TOURON.
Paris. 1739. Gissey. 1 vol. in-4º.

1172. — Vitæ Sanctorum Patrum Ordinis Prædicatorum, jussu Reverendissimi ejusdem instituti generalis magistri, P. F. Seraphini Cavalli ex Surio selectæ, in suorum confratrum et subditorum commodum, exemplum, et usum. Operâ Rev. P. Fratris ANTONII *Senensis*. Cum indice.
Lovanii. 1575. Wellæus. 1 vol. in-8º.

1173. — Palma fidei S. Ordinis Prædicatorum. Descriptore F. *Petro* Malpæo.
    Antuerpiæ. 1635. Cnobbarus. 1 vol. in-8°.

1174. — Les Vies des Saincts et Sainctes, Bienheureux, et hommes illustres de l'Ordre sacré de S. Dominique. Mises en italien par le Rev. P. F. *Séraphin* Razzi, et traduites en françois par le R. P. F. *Jean* Blancone.
    Paris. 1615. Fr. Huby. 2 en 1 vol. in-4°.

1175. — Histoire des Saincts, Papes, Cardinaux, Patriarches, Archevesques, Evesques, Docteurs de toutes Facultez de l'Université de Paris, et autres hommes illustres, qui furent Supérieurs ou Religieux du Convent S. Jacques de l'Ordre des Frères Prescheurs à Paris. Par Fr. *Antoine* Mallet.
    Paris. 1634-1645. Jean Branchu. 2 en 1 vol. in-8°.

1176. — Les Vies et actions mémorables des Saints, Bien-heureux, et autres illustres personnages de l'Ordre des FF. Prècheurs. Par le R. P. *Jean* de Rechac dit Sainte Marie.
    Paris. 1650. S. Huré. 1 vol. in-4°.

1177. — Les Vies et actions mémorables des Saintes et Bienheureuses filles du Premier et Tiers-Ordre du glorieux Patriarche S. Dominique. Composées par le R. P. Jean de Sainte-Marie. (*Jean* de Rechac.)
    Paris. 1635-1636. S. Huré. 2 vol. in-4° Fig.

1178. — L'année dominicaine, ou les Vies des Saints, des Bienheureux, des Martyrs, et des autres personnes illustres ou recommandables par leur piété, de l'un et de l'autre sexe, de l'Ordre des FF. Prêcheurs, pour tous les jours de l'année, avec un Martyrologe. Recucillies par le R. P. *Jean-Baptiste* Feuillet; (Janvier, février, mars.) le R. P. *Thomas* Soueges

(Mai, juin, juillet.); le P. *J.* Charles de Saint-Vincent (Septembre.)

Amiens. 1678-1702. Guislain Le Bel. 7 vol. in-4º.

1179. — L'année Dominicaine ou sentences pour tous les jours de l'année. Tirées des paroles, et des œuvres spirituelles des Saints, des Saintes et des personnes illustres de l'Ordre des FF. Prêcheurs. Avec un abrégé de leurs vies, suivy de Méditations, et de Réflexions, sur leurs principales actions. Par un Prestre du Tiers-Ordre de S. Dominique.

Paris. 1679. Michallet. 4 vol. in-12. Manque le 3º.

1180. — Histoire des hommes illustres de l'Ordre de Saint Dominique; c'est-à-dire des Papes, des Cardinaux, des Prélats éminens en science et en sainteté; des célèbres Docteurs, et des autres grands personnages, qui ont illustré cet Ordre, depuis la mort du saint fondateur, jusqu'au pontificat de Benoit XIII. Par le R. P. *A.* Touron.

Paris. 1743-1749. Babuty. 6 vol. in-4º.

1181. — Sancti Belgii Ordinis Prædicatorum. Collegit et recensuit ejusdem Ord. F. *Hyacinthus* Choquetius.

Duaci. 1618. Bellerus. 1 vol in-8º. Fig.

** — Scriptores Ordinis Prædicatorum.

Voyez : *Histoire littéraire.*

8. — ORDRE DE GRANDMONT.

1182. — Regula Sancti Stephani Confessoris, auctoris et fundatoris Ordinis Grandimontensis.

Divione. 1645. Palliot. 1 vol. in-16.

1183.—Idem opus.

Parisiis. 1648. Paslé. 1 vol. in-12.

A la suite :

—Opusculum regulæ, et sententiarum seu rationum S. Patris Nostri Stephani institutoris Ordinis Grandimontensis, vulgò Bonorum hominum. Studio et operâ R. P. *Alberti* Barny.

Parisiis. 1650. Paslé. in-16.

—Officium S. Stephani confessoris, die viii februarii.

Parisiis. 1649. Paslé. in-16.

9. — ORDRE DE SAINT FRANÇOIS D'ASSISE OU FRÈRES MINEURS.

1184.—Regula et Testamentum S. P. Francisci, et Statuta almæ Provinciæ Turoniæ Fratrum Minorum reformatorum recognita, et emendata in capitulis provincialibus castri-Heraldi 12 julii 1647 et Vindocini 1650, junii 29, atque unanimi omnium consensu, et communibus votis accepta, et approbata.

Turoni. 1600. Thillier. 1 vol. in-8º.

1185.—Espositione sopra la Regola del Serafico Padre S. Francesco di F. *Santi* Thesauro.

Roma. 1614. Eg. Spada. 1 vol. in-4º.

1186.—Lectiones parænecticæ ad Regulam Seraphici Patris S. Francisci, in quibus plurima non vulgaria ad formandos mores religiosorum, vel alias spiritualium personarum documenta suggeruntur. Auctore *Cypriano* Crousers.

Coloniæ Agripp. 1625. Kempens. 1 vol. in-4º.

33. — Lettres-patentes du Roi, qui dispensent les Religieux de la Congrégation des Exempts de l'exécution des articles 5, 7, 10 de l'Édit du mois de mars 1768, concernant les Ordres monastiques. Du 25 mars 1770.
   Paris. 1770. Simon.

34. — Lettres-patentes du Roi, qui approuvent la Bulle du 15 juillet (1772), concernant l'Ordre des Bénédictins. 14 août 1772.
   Paris. 1772. Simon.

35. — Déclaration du Roi, portant réglement pour les Religieux de la Congrégation de S. Maur qui seront chargés de la desserte des Colléges. Donné à Fontainebleau le 31 oct. 1776.
   Paris. 1777. Simon.

36. — Lettres-patentes du Roi, interprétatives de celles du mois de mai 1775, données sur le décret d'agrégation des abbayes de S. Vaast d'Arras, et de S. Bertin de S. Omer à l'Ordre de Cluny, en ce qui concerne les droits et priviléges des habitants de l'Artois, relativement aux lettres de *Committimus*. Données à Versailles le 28 mars 1778.
   Paris. 1778. Simon.

37. — Statuta monasterii Sancti Claudii, edita ab Emin. Cardinali d'Estrées, ejusdem monasterii abbate, et à B. M. Innocentio XII, visitatore apostolico deputato. (Latin et français.)
   Paris. 1704. Guillery.

38. — Confirmation de règlemens pour l'abbaye de S. Claude. Mai 1701.

1078. — Recueil pour l'Histoire des Bénédictins.

1 vol. in-fol., contenant :

1. — Méthode instructive aux Dépositaires, pour bien faire dresser ou rendre les comptes, selon l'usage de la Congr. de S. Maur.

2. — Méthode instructive aux Cellériers....

3. — Briefve Méthode pour rendre compte à la Communauté des bénéfices non unis.

4. — Méthode instructive aux Sous-Cellériers....
   Paris. 1661. Pepingué.

5. — Catalogue alphabétique des monastères de la Congrégation de S. Maur, en France.

6. — Superiores electi in Capitulo generali Congregationis S. Mauri. 1657.... 1778.
   Turonibus. 1657.... 1778.

7. — Catalogus seu matricula Monachorum in Congregatione S. Mauri professorum. 1669....1748.

8. — Nomina Monachorum in Congregatione S. Mauri defunctorum. 1669.... 1754.

9. — Liste des Capitulans du Chapitre général de la Congrégation de S. Maur, suivant l'Ordre des Professions. 1748-1751-1754.

10. — Liste des Définiteurs et Officiers du Chapitre général de la Congr. de S. Maur, tenu en l'abbaye de S. Denis, le 9 sept. 1783.

11. — Dispositions du Chapitre général. France. 1754-57-60-66.

12. — Dispositions de la Diette de 1752....1776.

13. — Mémoire concernant les droits d'amortissement.

14. — Recueil des décisions générales du Conseil royal, au sujet des droits d'amortissement et de nouvel acquest.

15. — Lettres patentes du Roy, obtenues par Mg. le Card. Mazarini, abbé, chef, supérieur, et général administrateur de tout l'Ordre de Cluny, portant confirmation des Priviléges dudit Ordre, et de l'évocation générale au Grand Conseil, du 24 nov. 1654.

16. — Arrest du Grand Conseil, qui juge que les Religieux de la Cong. de S. Maur peuvent posséder des Prieurés conventuels de la commune Observance de l'Ordre de Cluny.... Du 25 janvier 1697.

17. — Verbal du Chapitre général de tout l'Ordre de Cluni, tenu dans l'abbaye de Cluni, le 7 oct. 1708.

18. — Diète, ou Assemblée particulière de l'Etroite Observance de l'Ordre de Cluni, tenue à Cluni le 18 nov. 1708, en conséquence de la dissolution du Chapitre général de l'Ordre.

19. — Requeste civile contre l'arrest du Grand Conseil, du 80 mars 1705. (Juridiction de l'abbé de Cluni.) 29 mars 1709.

20. — Arrest de la Cour de Parlement, pour les Religieux de l'Etroite Observance de l'Ordre de Cluni. 18 mars 1710.

21. — Arrest du Grand Conseil, qui juge deux questions importantes. La première, qu'un prieuré conventuel de sa nature, dans lequel il n'y a plus qu'un religieux, peut estre impétré en Cour de Rome, comme conventuel seulement *habitu*. Le second, que les religieux de la Congr. de S. Maur peuvent, en acceptant des résignations de bénéfices mesme de l'Ordre de Cluny, consentir des pensions en faveur de leurs résignans, qui égalent la totalité des fruits et revenus. (10 juin 1714.)

22. — Arrest du Grand Conseil, qui juge que les Religieux B. de la Congr. de S. Maur ne peuvent accepter de bénéfices ni disposer des revenus ni des titres ;.... sans le consentement des supérieurs de ladite Congr. Du 9 sept. 1712.

23. — Mémoire pour M. le Card. de Bouillon, abbé, et supérieur général de l'abbaye et de tout l'Ordre de Cluny. (Juridiction.) 1709.

24. — Mémoire sur la Provision, pour les supérieurs, religieux et communauté de l'Etroite Observance de l'Ordre de Cluny, contre D. Ch. de Goués et autres, et encore contre M. le Card. de Bouillon. (Ancienne et étroite observance. 1709. Par Sadourny.)

25. — Au Roy, le Card. de Bouillon, supérieur général de tout l'Ordre de Cluny. (Juridiction. 1709.)

4. — ORDRE DE SAINT BERNARD.

a. — Citeaux.

1079. — Statutum primordiale ac fundamentale Ordinis Cisterciensis, quod vulgo *Charta Charitatis* nuncupatur.
S. n. n. l. n. d. Pièce in-4°.

1080. — Opus plurium Summorum Pontificum privilegiorum quibus sacer ordo Cisterciensis amplissime contra omnes injurias et insultus privilegiatus est et munitus.
Divione. 1491. P. Metlinger. 1 vol. in-4°.
— Décrit par Hain. *Rep. Bibl.* n° 13367.

1081. — Liber usuum sacri Cisterciensis Ordinis.
Parisiis. 1643. Seb. Cramoisy. 1 vol. in-8°.

1082. — Nomasticon Cisterciense, seu antiquiores Ordinis Cisterciensis constitutiones à R. P. D. *Juliano* Paris collectæ ac notis et observationibus adornatæ.
Parisiis. 1664. Alliot. 1 vol. in-fol.

1083. — Primera parte de la coronica del Orden de Cister, e instituto de San Bernardo. Por el Padre Fray *Bernabe* DE MONTALVO.
   Madrid. 1602. Sanchez. 1 vol. in-fol.

1084. — Chronicon Cisterciensis Ordinis, a S. Roberto, abbate Molismensi primùm inchoati, posteà à S. Bernardo, abbate Clarevallensi mirificè aucti ac propagati. *Aubertus* MIRÆUS publicabat.
   Col. Agrip. 1614. B. Gualtherus. 1 vol. in-8º.

1085. — Cisterciensium seu verius ecclesiasticorum annalium à condito Cistercio tomi IV. (Ab anno MXCVIII ad annum MCCXXXVI.) Autore F. *Angelo* MANRIQUE.
   Lugduni. 1642-1659. Boissat et Anisson. 4 vol. in-fol.

1086. — Essai de l'Histoire de l'Ordre de Citeaux. Par Dom *Pierre* LE NAIN.
   Paris. 1696-1697. Fr. Muguet. 9 vol. in-12.

1087. — Menologium Cistertiense notationibus illustratum : auctore R. P. *Chrysostomo* HENRIQUEZ... Accedunt scorsim regula, constitutiones, et privilegia ejusdem Ordinis ac Congregationum monasticarum et militarium quæ Cistertiense institutum observant.
   Antuerpiæ. 1630. Moretus. 2 vol. in-fol.

1088. — Fasciculus Sanctorum Ordinis Cisterciensis, complectens Cisterciensium ascetarum præclarissima gesta, hujus Ordinis exordium, incrementum, progressum, præcipuarum abbatiarum per universum orbem fundationes, ordinum militarum origines. Auctore R. P. F. *Chrysostomo* HENRIQUEZ.
   Bruxellæ. 1623-1624. S. Pepermanus. 2 en 1 vol. in-fol.

1089. — Series sanctorum et beatorum ac illustrium virorum sacri Ordinis Cisterciensis. Authore R.P.D. *Claudio* CHALEMOT.
   Parisiis. 1666. Gerv. Alliot. 1 vol. in-4º.

1090.—Divi Bernardi purpura sive elogia Pontificum ac Cardinalium Cistertiensium. Auctore *G.* Jongelino.
>1 vol. in-fol. Manque le titre.

—Origo ac progressus celeberrimi monasterii de Castro-Aquilæ, Ordinis Cistertiensis in Wedderavia et archidiæcesi Moguntina.
>Coloniæ Agripp. 1644. Henri Krafft. in-fol.

1091.—Histoire générale de la réforme l'Ordre de Citeaux en France. (Par Dom *Fr. Ar.* Gervaise.) Tom. Ier.
>Avignon. 1746. 1 vol. in-4º.

1092.—Deo Opt. Max. et Sº Bernardo pro nova Basilicæ Fontanensis instauratione sacrum. 2^d ed.
>Parisiis. 1623. 1 vol. in-8º.

1093.—*Jo.* Caramuel de Lobkowitz motivum juris quod in Curia Romana disceptatur de E. D. D. Card. Ducis de Richelieu, incliti Cistertiensis archi-cœnobii abbatis generalis, erga universum Ordinem authoritate et potestate : itemque de quatuor primorum patrum abbatum de Firmitate, Pontiniaci, Claræ-vallis, et Morimundi, in suas filiationes jurisdictione.... Publicabat D. *Gaspar* Jongelinus.
>Antuerpiæ. 1618. Wolschatius. 1 vol. in-4º.

1094.—J. Caramuelii Lobkowitzii de DD. Cistertiensium et aliorum omnium Benedictinorum respectu DD. Aroasiensium et reliquorum Canonicorum regularium præcedentia libra.
>Lovanii, 1644. Bouvetius. 1 vol. in-4º.

1095.—Pondus sanctuarii, quo explorata, leviora ostenduntur argumenta, quæ continet Libra Joannis Caramuelii Lobkowitzii. Per *Cornelium* Bartholomæi.
>Brugis. 1651. Kerchovius. 1 vol. in-4º.

1096. — Bref de Nostre Sainct Père le Pape à Mgr. le Cardinal de la Roche-Foucault, portant prorogation de temps pour la réformation des monastères des Ordres de Sainct Benoist, et de Cisteaux. Avec les lettres-patentes du Roy pour l'exécution dud. Bref.
Paris. 1633. Pierre de Bresche. Pièce in-8º.

1097. — Defense des reglemens faits par les Cardinaux, Archevesques et Evesques, pour la reformation de l'Ordre de Citeaux ; par commission des Papes ; à l'instance du Roy. Par les Abbez et Religieux de l'Estroite Observance du mesme Ordre.
Paris. 1656. Jean Bessin. 1 vol. in-4º.

1098. — Du premier esprit de l'Ordre de Cisteaux, où sont traitées plusieurs choses nécessaires pour la connoissance et le rétablissement du gouvernement et des mœurs des instituteurs de cet Ordre. Par le R. P. Dom *Julien* PARIS. 2ᵉ édit.
Paris. 1664. Alliot. 1 vol. in-4º.

1099. — Le véritable gouvernement de l'Ordre de Cisteaux, pour servir de réponse à plusieurs libelles et factums qui ont été donnez au public, contre la vérité du régime de cet Ordre, et au préjudice de la jurisdiction de l'Abbé de Cisteaux…. (Par *Louis* MÉCHET.)
Paris. 1678. S. Mabre-Cramoisy. 1 vol. in-4º.

1100. — La manière de tenir le Chapitre général de l'Ordre de Cisteaux. (Par D. *Louis* MÉCHET.)
Paris. 1683. F. Léonard. 1 vol. in-4º.

1101. — Priviléges de l'Ordre de Cisteaux, recueillis et compilez de l'autorité du Chapitre général et par son ordre exprès. (Par D. *Louis* MÉCHET.)
Paris. 1713. Mariette. 1 vol. in-4º.

1102. — Eclaircissement des priviléges de l'Ordre de Cisteaux, sur la compilation imprimée à Paris en 1713 par les soins de Dom Louis Méchet, qui n'a pas esté examinée, approuvée, confirmée, ni autorisée par le Chapitre général.

Liège. 1714. 1 vol. in-4º.

1103.—Traité historique du Chapitre général de l'Ordre de Citeaux, par lequel on fait voir quelle est son autorité et sa véritable discipline. (Par D. *Ant.* Macuson.)

S. n. n. l. 1737. 1 vol. in-4º.

1104.—Mémoire à consulter, et consultations, pour les quatre premiers Pères de l'Ordre de Citeaux. (Par D. *Antoine* Turpin.)

Paris. 1775. Demonville. 1 vol. in-4º.

1105.—Mémoire à consulter et consultation pour M. l'abbé de Citeaux. (Par Gaignant.)

Paris. 1781. Lambert. 2 vol. in-4º.

b. — *Feuillants.*

1106.—Privilegia Congregationis B. Mariæ Fuliensis, Ord. Cisterciensis, per diversos summos Pontifices concessa.

Parisiis. 1628. 1 vol. in-8º.

—Compendium privilegiorum et gratiarum Congregationi B. Mariæ Fuliensis, ex Ordine Cisterciensi, à summis Pontificibus concessorum, à R. F. Marcellino a Sancto Benedicto collectum.

Parisiis. 1628. C. Hulpeau. 1 vol. in-8º.

1107.—Constitutiones Congregationis B. Mariæ Fuliensis, Ordinis Cisterciensis, ad. S. Benedicti regulam ac-

commodatæ in Capitulo generali ejusdem Congregationis Romæ celebrato anno 1595, et ad statum et usum præsentem supradictæ Congregationis adaptatæ, in Capitulo generali dictæ Congregationis Cellis Biturigum celebrato anno 1631.
Parisiis. 1631. 1 vol., in-8º.

1108.—Praxis juris pro Congregatione Beatæ Mariæ Fuliensis, Ordinis Cisterciensis. (A. R. P. D. *Joan. Bap. à* Sancta-Anna.)
Parisiis. 1676. Josse. 1 vol. in-12.

c. — *Trappistes.*

1109.—Constitutions de l'Abbaye de la Trappe.
Paris. 1671. Le Petit et Michallet. 1 vol. in-16.

1110.—Les Réglemens de l'Abbaye de Nostre-Dame de la Trappe, en forme de Constitutions, qui contiennent les exercices et la manière de vivre des Religieux.
Paris. 1698. Delaulne. 1 vol. in-12.

1111.—Réglemens généraux pour l'Abbaye de N.-D. de la Trappe. Par le R. P. Dom *Armand-Jean* Bouthillier de Rancé, abbé régulier et réformateur du monastère de la Trappe, de l'Etroite Observance de Cisteaux.
Paris. 1701. F. Muguet. 2 vol. in-12.

1112.—Réglemens de l'Abbaye de Notre-Dame de la Trappe, en forme de Constitutions. Avec des Réflexions, et la Carte de visite faite à N.-D. des Clairets, par le R. P. abbé de la Trappe (Le Bouthillier de Rancé.)
Paris. 1718. F. Delaulne. 1 vol. in-12.

1113.—Relation contenant la description de l'Abbaye de la Trappe. (Par *André* Félibien. Et Relation d'un Voyage fait à la Trappe, contenant la description de cette maison, par le P. *Toussaint* Desmares.)

Paris. 1703. Fl. Delaulne. 1 vol. in-12.

1114.—Relation de la vie et de la mort de quelques Religieux de l'Abbaye de la Trappe. (Par *Arm.-J.* Le Bouthillier de Rancé.) Nouvelle édition, augmentée de plusieurs Vies qui n'avoient pas encore paru ; avec une description abrégée de cette abbaye, (par *André* Félibien ; et la Relation d'un Voyage fait à la Trappe, par le P. *Toussaint* Desmares.)

Paris. 1755. Desprez. 5 vol. in-12.

1115.—Histoire civile, religieuse et littéraire de l'Abbaye de la Trappe, et des autres monastères de la même observance qui se sont établis tant en France que dans les pays étrangers avant et depuis la révolution de 1789, et notamment de l'Abbaye de Mellerai ; suivi de chartes et d'autres pièces justificatives, la plupart inédites ; Par M*r* L. D. B. (*Louis* Du Bois.)

Paris. 1824. Raynal. 1 vol. in-8°. Portr.

5. — ORDRE DE SAINT BRUNO.

1116.—Nova collectio statutorum Ordinis Cartusiensis, ea quæ in antiquis et novis statutis, ac tertia compilatione dispersa et confusa habebantur, simul ordinatè disposita complectens. Editio secunda.

Correriæ. 1681. Laur. Gilibert. 1 vol. in-8°.

1117.—D. *Petri* Dorlandi. Chronicon Cartusiense : in quo de viris sui Ordinis illustribus, rebusque in eodem præclarè gestis, necnon et admiranda plurimarum Cartusiarum constructione scitè pertractatur. Ante annos quidem centum ab auctore conscriptum, nunc autem primò è latebris erutum, ac selectarum quarundem adjectione notarum illustratum, publicoque bono promulgatum. Studio F. *Theodori* PETRÆI

Col. Agrip. 1608. Pet. Cholinus. 1 vol. in-8°.

1118.—R. P. *Joannis* HAGEN DE INDAGINE de perfectione et exercitiis sacri Cartusiensis Ordinis libri duo.

Lugduni. 1643. Ph. Borde. 1 vol. in-16.

1119.—De vita Cartusiana libri duo, auctore *Petro* SUTORE. Accessit jam primò *Arnoldus* BOSTIUS de illustribus aliquot ejusdem ordinis viris.

Coloniæ Agripp. 1609. Bern. Gualtherus. 1 vol. in-8°.

1120.—Témoignage des Chartreux contre la Constitution *Unigenitus*, ou Relation de ce qui s'est passé en France dans l'Ordre des Chartreux au sujet de la Constitution *Unigenitus*.

S. n. n. l. 1725. 1 vol. in-12.

6. — ORDRE DES CARMES.

1121.—Expositio Parænetica in regulam Carmelitarum. Autore R. P. B. *Joanne* SORETH. Ex vetustissimo codice manuscripto.

Parisiis. 1625. Cottereau. 1 vol. in-4°.

A la suite :

—Typus seu Pictura vestis religiosæ, qua distinctè repræsentatur et antiquorum tam in nova, quam in veteri lege Monachorum multiplex habitus. Et potissimæ rationes ob quas Carmelitæ pullo seu griseo-nigro cólore nativo in vestibus utuntur. Per Fr. Leonem a Sancto Joanne (*Joanne* Macé).

Parisiis. 1625. Cottereau. 1 vol. in-4°.

1122.—Constitutiones Fratrum discalceatorum Congregationis S. Eliæ ordinis B. Virginis Mariæ de Monte Carmelo.

Antuerpiæ. 1632. B. Moretus. 1 vol. in-8°.

1123.—Idem opus.

Parisiis. 1637. And. Chevalier. 1 vol. in-4°.

1124.—Instructiones Fratrum discalceatorum Congregationis S. Eliæ Ordinis beatissimæ Virginis Mariæ de Monte Carmelo.

Antuerpiæ. 1631. Off. Plantiniana. 1 vol. in-8°.

1125.—Idem opus.

Venetiis. 1686. Fr. Valvasensis. 1 vol. in-8°.

1126.—Instructiones Eremi Fratrum discalceatorum Congregationis Sancti Eliæ Ordinis beatissimæ Virginis Mariæ de Monte Carmelo.

Romæ. 1669. Succ. Mascardi. 1 vol. in-8°.

—Instructio spiritualis eorum qui vitam eremiticam profitentur : auctore reverendo admodum patre fratre Thoma a Jesu (*Didaco* Davila.)

Lovanii. 1626. Hastenius. 1 vol. in-8°.

1127.—Introductio in terram Carmeli, et gustatio fructuum illius, seu introductio ad vitam verè Carmeliticam seu mysticam et fruitiva praxis ejusdem per quatuor tractatus distincta operâ P. P. F. Michaelis a S. Augustino (Van Ballaert).

Bruxellis. 1659. Vivien. 1 vol. in-12.

1128.—Exhortations monastiques du R. P. Estienne de S^t

François Xavier (Fr. *Xavier* De Launay Ravilly), sur la règle de l'Ordre de la B. heureuse Vierge Marie du Mont-Carmel. Revues et imprimées par les soins du R. P. Placide de Saint-Joseph.

Rennes. 1687. Le Sainct. 1 vol. in-4°.

1129. — Privilegia Fratrum discalceatorum B. Mariæ Virginis de Monte Carmeli, quæ sparsim hucusque ferebantur, in commune Congregationis bonum collecta per Ferdinandum a S. Maria (*Ferd.* Martinez.)

Romæ. 1617. Camera apostolica. 1 vol. in-4°.

A la suite :

1. — Lettres-patentes données aux Carmes deschaussez pour l'establissement d'un désert en France. Mai. 1656.

2. — Alla sag. Congregazione de riti l'Em. e R. Sig. Card. Tolomei ponente per li Procuratori generali de' Carmelitani scalzi delle Congregazioni di Spagna e d'Italia. Memoriale.

Roma. 1720. Cam. apost.

3. — Rationale ad missam propriam seraphicæ Virginis S. Teresiæ.

4. — Ordonnance de Mg. l'Evêque d'Amiens (*François* Faure), touchant la confrairie du Saint Scapulaire. 4 fév. 1684.

5. — Déclaration de la sacrée Congrégation des Em. Cardinaux de l'Inquisition générale de Rome, par le commandement de N. S. P. le Pape Paul V. Pour la Confrérie de N. D. du Mont-Carmel et son S. Scapulaire. Ensemble la résolution des docteurs de la sacrée Faculté de Paris, du 19 août 1648, pour la mesme Confrairie.

Paris. 1649. Sassier.

6. — Summarium indulgentiarum à diversis Summis Pontificibus concessarum Christi fidelibus visitantibus ecclesias Ordinis B. Virginis Mariæ de Monte Carmelo.

1130. — Instructio seu praxis criminalis pro Carmelitis discalceatis, ad rectè administrandam justitiam, juxta S. Canones, Constitutiones Ordinis, et approbatos authores, Capitulo generali anno 1698. Mandante, et Definitorio generali approbante.

Romæ. 1701. Komareck. 1 vol. in-8°.

1131.—Antiquitatis et sanctimoniæ Eremitarum Montis Carmeli liber in tres parteis digestus. Auctore Paleonydoro. Et nunc denuo in lucem prodiit sumptibus Communitatis Carmeliticæ, ita disponente ejus Patre *Joan. Bap.* Rubeo.

Venetiis. 1570. Dominicus Guerreus. 1 vol. in-4º.

1132.—Ordinis Carmelitani, ab Elia propheta primùm incohati, ab Alberto Patriarcha Ierosolymitano vitæ regulâ temperati, à B. Theresia virgine Hispana ad primævam disciplinam revocati, origo atque incrementa. *Aubertus* Miræus publicabat.

Antuerpiæ. 1610. David Martinius. 1 vol. in-8º.

1133.—De ortu et progressu ac viris illustribus Ordinis gloriosissimæ Dei Genitricis, semper Virginis Mariæ de Monte Carmelo. Tractatus *Joannis* Trithemii, *Auberti* Miræi, et Joannis de Carthagena. Accedit Catalogus illustrium scriptorum ejusdem Ordinis, cum aliis quibusdam opusculis.

Coloniæ Agripp. 1643. Kalckoven. 1 vol. in-8º.

1134.—Paradisus Carmelitici decoris. In quo archetypicæ Religionis magni Patris Heliæ prophetæ origo, et trophæa monstrantur; et Heliades ab ortu suo, ad usque hæc tempora, sapientiâ, et mirabili virtute clarentes, per anacephalæosin perstringuntur. Adversus hujus sæculi novatores hæreticos religiosum statum sugillantes. Cum Apologia pro Joanne xliv, patriarcha Ierosolymitano. Additur in fine *Joannis* Trithemii liber de laudibus Ordinis Carmelitici. Auctore R. P. F. *Marco Antonio* Alegre de Casanate.

Lugduni. 1639. Jac. et Pet. Prost. 1 vol. in-fol.

1135.—Historia general profetica de la orden de Nuestra

Señora del Carmen. Por Frai Francisco de Santa Maria (*Ferdinando* de Pulgar et Sandoval.)

Madrid. 1641. De la Carrera. 1 vol. in-fol.

A la suite :

—Apologia del tomo primero de la historia general profetica de la orden de Nuestra Señora del Carmen. Por Frai Francisco de Santa Maria.

Valencia. 1643. Garriz. 1 vol. in-fol.

1136.—Reforma de los Descalzos de Nuestra Señora del Carmen de la primitiva observancia ; hecha por Santa Teresa de Jesus en la antiquisima Religion fundada por el gran profeta Elias. Escrita por el Padre Fray Francisco de Santa Maria.

Madrid. 1644-1655. De la Carrera. 2 vol. in-fol.

1137.—Histoire générale des Carmes deschaussez, et des Carmélites deschaussées, contenant les miracles que Dieu a faits en la personne de la Séraphique Mère Sainte Terèse de Jesus, pour la réforme de l'ancien Ordre de Notre Dame du Mont-Carmel. Composée en espagnol par le R. P. François de Sainte Marie, et traduite en françois par le R. P. Gabriel de la Croix (*Gabriel* Lecomte.)

Paris. 1655. Huré. 1666. Blaizot. 2 vol. in-fol.

1138.—Annales sacri, prophetici, et Eliani Ordinis Beat. Virginis Mariæ de Monte Carmeli, ab Elia primo ipsius patriarcha usque ad Christum servatorem per prophetas, filios prophetarum, Rechabitas, Essenos et Assideos in Carmelo et Syriæ locis perenniter propagati. Notabiliores quoque orbis eventus compendio recensentes. Per P. M. *Joannem Baptistam* de Lezana.

Romæ. 1645. Mascardi. 1656. Jac. Phæi. 4 vol. in-fol.

1139. — Historia Carmelitani Ordinis, ab Elia sanctissimo propheta instituti, in honorem, et obsequium beatissimæ Virginis ac Dei Genitricis Mariæ, ipsi revelatæ. In quâ ejus fundatio, continua successio, progressus, ac variæ vicissitudines generaliter, et breviter describunṭur. Per R. P. Fr. PHILIPPUM A SANCTISSIMA TRINITATE (*Spiritum* JULIEN.)

Lugduni. 1656. Jullieron et Baret. 1 vol. in-8º.

1140. — Maria Patrona, seu de singulari SS. Virginis Mariæ Patronatu et patrocinio in sibi devotos, specialiter in Carmelitici Ord. Fratres et sodales, qui sub S. Scapularis vexillo ipsi deserviunt. Per R. P. M. *Io. Bapt.* DE LEZANA. Editioni huic secundæ (juxta romanam) adjecit Appendicem ejusd. Ord. Religiosus Provinciæ Belgæ.

Bruxellis. 1661. Mommartius. 1 vol. in-8º.

1141. — Decor Carmeli Religiosi, in splendoribus Sanctorum, ac illustrium Religiosorum et Monialium; quibus Ordo B. V. M. de Monte Carmelo... fulget. Operâ R^{mi} P. PHILIPPI A S^{ma} TRINITATE (*Spiriti* JULIEN.)

Lugduni. 1665. Ant. Jullieron. 3 en 1 vol. in-fol.

1142. — Historia generalis Fratrum discalceatorum, Ordinis B. Virginis Mariæ de Monte Carmelo Congregationis S. Eliæ. A R. P. F. ISIDORO A SANCTO JOSEPH primùm collectus, et inceptus, tùm à R. P. F. PETRO A SANCTO ANDREA (*Ant.* RAMPALLE), nova partitione, novo ordine, nova forma donatus; nec minori ex parte auctus, atque completus...

Romæ. 1668. Mancini. 1 vol. in-fol.

1143. — La fontaine d'Hélie, arrousant le parterre de l'Eglise, et des âmes dévotes, divisée en quatre canaux. Où briefvement est discouru de l'origine, antiquité, grâces, priviléges, et indulgences de l'Ordre de N. Dame des Carmes. Le tout fait et recueilly en faveur des confrères et sœurs de la confraternité d'iceluy, par le R. P. F. *Toussaincts* Foucher.

Lyon. 1619. Gaudion. 2 en 1 vol. in-12.

1144. — Histoire panegyrique de l'Ordre de Nostre Dame du Mont-Carmel, où l'on monstre l'origine et la succession héréditaire de cet Ordre, depuis le grand prophète Saint Elie, son premier auteur, jusques à nos temps. Par le R. P. F. Mathias de S. Jean (*Jean* Eon.)

Paris. 1658. P^{re} et Denis Thierry. 1 vol. in-fol.

1145. — La succession du Saint Prophète Elie en l'Ordre des Carmes, et en la réforme de Sainte Térèse : selon l'Ordre chronologique. Où l'on voit l'origine de l'estat religieux et monastique en la loy de Moïse, son progrès et sa perfection à la loy nouvelle. Composée par le R. P. Louis de Ste Térèse. (*Claude* de Buchamps.)

Paris. 1662. G. Sassier. 1 vol. in-fol.

1146. — Apologie pour l'antiquité des religieux Carmes, tenans légitimement leur origine et succession héréditaire des Saints Prophètes Elie et Elizée ; laquelle doit servir de préface au livre qui portera pour titre : Le Carmel Saint. Par le R. P. F. Grégoire de S. Martin.

Douai. 1685. Michel Mairesse. 1 vol. in-8º.

1147. — Description des déserts des Carmes déchaussez. Par le R. P. Cyprien de la Nativité. (*André* de Campans.)

Paris. 1651. Roger. 1 vol. in-4º.

1148. — Annales des Carmes deschaussez de France. Par le R. P. Louis de Sainte Thérèse. (*Claude* de Buchamps.)

Paris. 1665. Ch. Angot. 1 vol. in-fol.

1187. — Sanctus Franciscus redivivus. Regulæ Minorum, quam Christo dictante condiderat, interpres. Cum quibusdam super eam additis quæstionibus. Scriba interpretationis P. F. *Brunone* Chassaing.

    Parisiis. 1652. Couterot. 1 vol. in-12.

1188. — Medulla S. Evangelii per Christum dictata S. Francisco in sua Seraphica regula, exposita moraliter per R. A. P. F. *Bonaventuram* Dernoye. Opus posthumum, locupletatum studio P. F. *Henrici* Ionghen.

    Antuerpiæ. 1657. Bellerus. 1 vol. in-fol.

1189. — Expositio litteralis in regulam S. Francisci juxta declarationes Summorum Pontificum Nicolai III et Clementis V ac Sanctorum expositorum clarè et distinctè quæstionibus ac dubiis distributa. Auctore F. *Petro* Marchant. Accessit ad calcem Relectio theologica, et litteralis : de legitima institutione, et usu Syndicorum apostolicorum, eodem auctore.

    Parisiis. 1669. Couterot. 1 vol. in-12.

1190. — De vera habitus forma à Seraphico B. P. Francisco instituta demonstrationes, XI figuris æneis expressæ. Auctore R. P. F. *Zacharia* Boverio.

    Coloniæ. 1640. Const. Munich. 1 vol. in-16. Fig.

    A la suite :

— Vera et dilucida explicatio præsentis status totius Seraphicæ Fratrum Minorum Religionis à sancto et magno Francisco, numine divino inspirante, fundatæ. Per R. P. F. *Bonitum* Combasson.

    Coloniæ. Agripp. 1640. Const. Munich. in-16.

1191. — L'iris espanouie. Celeste livrée des espouses de Jesus-Christ florissante aux sacrez parterres seraphiques des Ordres premier, second, et troisiesme du bienheureux Père S. François : et de l'Annonciade. Le tout tiré de divers rituels et ceremoniaux approuvez, tant en Italie, France, qu'en Espagne, et Allemagne, par le R. P. F. *Jacques* La Froigne. Et reduit en ordre, et meilleur usage, de l'ordonnance dudit R. P. par son très humble client et secretaire de la Province, F. *Jacques* Saleur.

Paris. 1624. J. Laquehay. 1 vol. in-12.

1192.—Reglement du R. Père (*Marie* Rhini de Politio) general de l'Ordre de S. François, pour la réformation de tous les Convens et Monastères du Royaume de France, qui sont sous sa jurisdiction. Avec l'arrest de la Cour de Parlement, portant homologation....

Paris. 1672. 1 vol. in-4º.

1193.—Vita minoritica ad pristinum statum restituta. Authore R. Patr. F. Antonio a Sancto Bernardino.

Londini. 1658. 1 vol. in-8º.

1194.—Monumenta Ordinis Minorum. Liber seu opusculum per mandatum R. P. F. *Francisci* de Ledesma compilatum.

Salamanticæ 1506. Joannes de Porras. 1 vol. in-4º.

1195.—Firmamenta trium Ordinum Beatissimi Patris nostri Francisci.

Parisiis. 1512. Petit, Regnault, Frellin. 1 vol. in-4º.

1196.—Ocularia et manipulus Fratrum Minorum.

Parisiis. 1582. Sonnius. 1 vol. in-8º.

1197.—Indiculus bullarii seraphici, ubi litteræ omnes apostolicæ, quæ à principio religionis Minorum, à Summis Ecclesiæ Pontificibus pro tota seraphica S. P. N. Francisci Familia tam in communi, quam in particulari, hucusque expeditæ fuerunt, breviter recensentur...., collectæ, ac dispositæ per ad. R. P. F. *Petrum* de Alva et Astorga.

<small>Romæ. 1655. Typ. Camer. Apost. 1 vol. in-4º.</small>

1198.—Discursus duo elucidatorii privilegiorum specialium almæ Provinciæ Franciæ, et aliarum ei confæderatarum, antiquiorum Galliæ Provinciarum Ordinis Fratrum Minorum; scilicet Turoniæ, divi Bonaventuræ, et Aquitaniæ rec. quorum prior est de Privigio Commissariatus in illarum ministris, posterior de Privilegio possessionis in communi, etc.

<small>Remis. 1646. Bernard. 1 vol. in-8º.</small>

1199.—Factum sive quæstiones elucidatoriæ, pro defensione Privilegiorum seu libertatum, quatuor magnarum Provinciarum, Franciæ, Turoniæ, S. Bonaventuræ, Aquitaniæ recentioris, et magni Conventus et Collegii generalis Parisiensis. Circa reditus annuos, usum bonorum immobilium, et cippos sive truncos in ecclesiis.

<small>Parisiis. 1671. 1 vol. in-8º.</small>

1200.—Veteris Ordinis Seraphici monumenti nova illustratio. Cui altera dissertatione accedunt Vindiciæ Conradi Episcopi, ejusdem Ordinis, contra Centuriatores Magdeburgenses. Cum sinopsi historica, cronologica, et topographica ortus et progressus illius Ordinis apud Lotaringos, eisque finitimos Leucos, Metenses, et Virdunenses.

<small>Tulli Leucorum. 1708. Alex. Laurent. 1 vol. in-8º.</small>

1201.—Apologie de l'histoire de l'Indulgence de Portioncule. (Par le R. P. F. Benoist de Toul.)

<small>Toul. 1714. Louis et Etienne Rolin. 1 vol. in-8º.</small>

A la suite:

—Lettres critiques au Révérend Père Benoist de Toul,

capucin, sur son Apologie de l'histoire de l'Indulgence de Portioncule. 1715.

—Réponse aux Lettres critiques.... (par le R. P. Benoist.) 1716.

1202.—Practica criminalis, ad sanctè administrandam justitiam in Ordine Fratrum Minorum S. Francisci Regul. Observ. juxta præscriptum Statutorum generalium, ex sacris Canonibus, et probatis Auctoribus compendiosè collecta. Generali Capitulo Romano an. MDCXXXIX probante, et mandante. Nunc, per ejusdem authorem P. Fr. Sanctorum *de Melfi*, tertiò revisa, et correcta.

Parisiis. 1669. Couterot. 1 vol. in-12.

1203.—Fundamenta duodecim Ordinis Fratrum Minorum S. Francisci fundamentis duodecim Apostolorum civitatis S. Jerusalem, etc. superædificata, ipso angulari lapide, Christo Jesu... Auctore R. P. F. *Petro* Marchant.

Bruxellis. 1657. Fr. Vivienus. 1 vol. in-fol.

1204.—Status et origo sacratissimi Ordinis S. Francisci Fratrum Minorum patriarchæ, necnon omnium Ordinum, tam mendicantium quam non mendicantium, in quo non solum ea omnia quæ ad dicti Seraphici Ordinis regulæ veram et genuinam intelligentiam conducunt, sed et plurima alia quæ omnes monasticos Ordines concernunt... collegit, et in unum redegit V. P. F. *Joannes* Rousserius.

Parisiis. 1610. Car. Sevestre. 1 vol. in-8º.

1205.—Annales Minorum, in quibus res omnes trium Ordinum à S. Francisco institutorum ex fide ponderosius asseruntur, calumniæ refelluntur, præclara quæque monumenta ab oblivione vindicantur. Authore R. P. F. *Luca* WADDINGO. 2ᵃ edit.

Lugduni et Romæ. 1647-1654. Prost. 8 vol. in-fol.

1206.—Chronique et Institution de l'Ordre du Père S. François, qui contient sa vie, sa mort et ses miracles, et de tous ses saincts disciples et compaignons, composée premièrement en portugais, par le R. P. MARCO *de Lisbonne,* et en espaignol par le R. P. DIEGO *de Navarre;* puis en italien par HORACE *d'Iola.* Maintenant en françois par D. S. (*D.* SANTEUL). —La seconde partie reducte en la langue castillanne, par le P. F. FILIPPO DE SOSA.—La troisième partie, reducte de castillan en italien par le sieur HORACE *d'Iola;* — la quatrième partie, composée par BAREZZO BAREZZI. Et nouvellement traduictes en françois par R. P. F. *Jean* BLANCONE.

Paris. 1609-1623. Chaudière et Fouet. 4 vol. in-4º.

1207.—Histoire générale de l'origine et progrez des Frères Mineurs de S. François, vulgairement apellés en France, Flandre, Italie, et Espagne, Recollects, Reformez ou Deschaux, tant en toutes les Provinces et Royaumes catholiques, comme dans les Indes Orientales et Occidentales, et autres parties des nouveaux mondes. Composée par le R. P. *Charles* RAPINE. Divisée en douze décades d'années depuis l'an 1486 jusques à l'an 1606.

Paris. 1631. Sonnius. 1 vol. in-4º.

1208.—Opus auree et inexplicabilis bonitatis et continentie, conformitatum scilicet vite Beati Francisci ad vitam D. nostri Jesu Christi. (Authore Fr. *Bartholomæo* DE ALBIZIS.)

Mediolani. 1513. Zanotus Castilioneus. 1 vol. in-fol.

1209.—Liber aureus, inscriptus liber conformitatum vitæ Beati, ac Seraphici Patris Francisci ad vitam Jesu Christi Domini nostri. Nunc denuò in lucem editus, atque infinitis propemodum mendis correctus à rev. ac doct. P. F. *Ieremia* Bucchio.... Cui planè addita est perbrevis, et facilis historia omnium virorum ; qui sanctitate, probitate, innocentia vitæ, ac doctrina, ecclesiasticisque dignitatibus, in Franciscana religione usque ad nostra hæc tempora excelluerunt.

Bononiæ. 1590. Alex. Benatius. 1 vol. in-fol.

1210.—L'Alcoran des Cordeliers, tant en latin qu'en françois, c'est-à-dire, Recueil des plus notables bourdes et blasphèmes de ceux qui ont osé comparer Sainct François à Jesus-Christ : tirée (par *Erasme* Albere) du grand livre des Conformitez, jadis composé par frère Barthelemi de Pise, cordelier en son vivant. (Traduit en françois par *Conrad* Badius.) Nouvelle édition ornée de figures dessinées par *B*. Picart.

Amsterdam. 1734. La Compagnie. 2 vol. in-12. Fig.

1211.—Historia seraphica Vitæ B. P. Francisci Assisiatis, illustriumque virorum et feminarum, qui ex tribus ejus Ordinibus relati sunt inter sanctos. Item illustria martyria F. Minorum provinciæ inferioris Germaniæ, ab hæreticis, Christianæ religionis ergo, crudeliter interfectorum. F. *Henricus* Sedulius concinnavit, commentariis et notis illustravit.

Antuerpiæ. 1613 M. Nutius. 1 vol. in-fol.

1212.—Narration historique et topographique des Convens de l'Ordre S. François, et Monastères S. Claire, erigez en la province anciennement appellée Bourgongne, à présent de S. Bonaventure. Enrichie des singularitez plus remarquables des villes et lieux, où lesdicts convens sont situez. Et où premièrement est une compendieuse deduction du progrez dudict Ordre S. François, depuis son origine jusques à l'erection de ladicte Province, sous le tiltre de S. Bonaventure. Le tout autant exactement que fidellement recueilly... par R. P. F. *Jacques* Fodéré.

Lyon. 1619. Rigaud. 1 vol. in-4º.

1213.—Raisons pour la nécessité de la visite annuelle au grand Convent des Cordeliers de Paris, par le P. Provincial de la Province de France.

S. n. n. l. n. d. Pièce in-8º.

1214.—L'abbregé des graces merveilleuses données à S. François. Pour estre une des plus excellentes copies de l'image de Jesus-Christ. Tirée de l'explication des six derniers versets du chap. II de S. Matthieu *Confiteor tibi Pater*. Par D. *Thomas* Bonnet.

Paris. 1646. Louis Boulanger. 1 vol. in-8º.

1215.—Abregé des fruits acquis par l'Ordre des Frères Mineurs es quattres parties de l'univers, nommement la conversion du nouveau monde. Recueillies par un Père Cordelier de Bruxelles.

Bruxelles. 1652. Vivien. 1 vol. in-16. Fig.

1216.—Martyrologium Franciscanum, in quo Sancti, Beati, aliique servi Dei, Martyres, Pontifices, Confessores, ac Virgines, qui tum vitæ sanctitate, tum miraculorum gloriâ, claruere, in universo Ordine FF. Minorum, toto orbe terrarum,... cura ac labore R. P. Arturi a Monasterio. 2ª ed.

Parisiis. 1653. Couterot. 1 vol. in-fol.

1217.—Certamen seraphicum provinciæ Angliæ pro sancta Dei Ecclesia. In quo breviter declaratur, quomodo

Fratres Minores Angli calamo et sanguine pro fide Christi sanctaque ejus Ecclesia certârunt. Opere et labore R. P. F. Angeli a S. Francisco.

Duaci. 1649. Bellerus. 1 vol. in-4º.

1218. — Historiæ Martyrum Gorcomiensium, majori numero Fratrum Minorum; qui pro fide catholica à perduellibus interfecti sunt anno Domini mdlxxii, libri quatuor, authore *Guilielmo* Estio. Quibus pro coronide subjuncta est, eodem authore, appendix de martyrio Guilielmi Gaudani, item Minoritæ : quod contigit anno mdlxxiii. Habes et aliorum quorundam martyria, opportunis locis commemorata : nominatim Cornelii Musii, Delfii, theologi et poetæ.

Duaci. 1603. Balt. Bellerus. 1 vol. in-8º.

b. — *Capucins.*

1219. — Defense de l'humilité seraphique, ou Apologie pour le droit de voix active et passive qu'ont les Religieux laics Frères Mineurs Capucins en toutes les élections de leur Ordre. Par le R. P. Paulin *de Beauvais.*

Lion. 1643. 1 vol. in-8º.

Une seconde partie a pour titre :

** — Autre traité des Droits qu'ont les Religieux laics de l'Ordre de S. François surnommés Capucins, d'avoir voix active et passive en toutes les élections de leur Ordre. Fait et composé par le R. P. François, *de Tréguier.*

Paris. 1643.

1220. — Summula selectarum quæstionum regularium quas in specialem usum FF. Capucinorum Ordinis Minorum S. P. Francisci collegit, emendavit porrò et auxit particularibus Ordinis decisionibus,... ac secundo edidit pæne novam, *F.* BONAGRATIA.

Coloniæ. 1667. Buseus. 1 vol. in-12.

1221.—Annalium, sive Sacrarum Historiarum Ordinis Minorum qui Capucini nuncupantur, tomus primus. Auctore R. P. *Zacharia* BOVERIO.

Lugduni. 1632. Cl. Landry. 1 vol. in-fol. Sans titre.

1222.—Dilucidatio speculi apologetici, sive propugnaculum historiæ annalium Zachariæ Boverii. Authore F. *Antonio Maria* GALITIO.

Antuerpiæ. 1653. Fickaert. 1 vol. in-4º.

1223.—La Guerre séraphique, ou Histoire des périls qu'a courus la barbe des Capucins par les violentes attaques des Cordeliers. On y a joint une Dissertation sur l'inscription du grand portail de l'église des Cordeliers de Reims : *Deo-Homini et Beato Francisco, utrique crucifixo.* (Par *J.-B.* THIERS, sous le nom de le Sʳ DE SAINT-SAUVEUR.)

La Haye. 1740. P. de Hondt. 1 vol. in-12.

c. — *Récollets.*

1224.—Constitutiones generales Recollectorum totius regni Galliæ, in Congregatione nationali Versaliis indictâ die quintâ septembris anni 1770, factæ et approbatæ.

Parisiis. 1773. Lottin. 1 vol. in-12.

d. — *Tiers-Ordre de Saint François.*

1225. — La Règle du troisième Ordre de S. François, appellé l'Ordre de la Penitence, institué par ce grand patriarche pour toutes personnes seculières vivantes dans leurs propres maisons. Ensemble une exposition sur la même règle. Avec un exercice journalier pour les Frères et Sœurs dudit Ordre. Par le P. Léonard *de Paris.* Nouv. édit.

Paris. 1688. Couterot. 1 vol. in-12.

1226. — Réglemens du Tiers-Ordre du séraphique Père Saint François, dit de la Pénitence, établi à Amiens, sous la direction des Révérends Pères Capucins. Nouvelle édition, augmentée de l'Ordre des jours d'indulgences.

Amiens. 1754. V^e. Godart. 1 vol. in-16.

1227. — Tertii Ordinis S^{ti} Francisci Assisiatis Annales perpetui in tres partes tributi. Auctore P. Joanne-Maria.

Parisiis. 1686. Rob. Chevillion. 1 vol. in-fol.

1228. — La gloire du Tiers-Ordre de S. François, ou l'histoire de son établissement, et de son progrez. Divisé en deux parties. Avec des réflexions morales sur chaque chapitre. Ouvrage nécessaire à tout l'Ordre Sérafique, et donné au public en faveur des tierçaires séculiers. Par le R. P. *Hilarion* de Nolay.

Lyon. 1694. J. et N. de Ville. 1 vol. in-4º.

10. — ORDRE DE SAINT FRANÇOIS DE PAULE, OU MINIMES.

1229. — Liber vite Fratrum Ordinis Minimorum Sancti Francisci de Paula. Sequuntur ea que in ipso continentur. In primis. Regula Fratrum Minimorum. Regula sororum ejusd. Ordinis. Regula utriusque sexus fidelium. Correctorium. Ceremonie. Privilegia. Mare magnum. Et canonizatio ejusd. Scti Francisci de Paula, prefati Ordinis institutoris.

Parisiis. 1535. 1 vol. in-16.

1230. — Vita et Regula Fratrum Ordinis Minimorum S. Francisci a Paula. Cum canonizatione ejusdem.

Parisiis. 1596. Corbon. 1 vol. in-16.

— Summa Privilegiorum Ordini Fratrum Minimorum à Pyrrho Episcopo Consentinensi et summis Pontificibus Romanis concessorum in gratiam eorum qui ex eodem ordine confessionibus audiendis præficiuntur. Collecta, et de volumine eorundem anno Domini 1573. R. P. F. *Gasparis* Passarelli, opera Monopoli excusso excerpta : per R. P. F. *Joannem* Cannart.

Parisiis. 1589. Corbon 1 vol. in-16.

1231. — Privilegia Sacri Ordinis Minimorum Sancti Francisci de Paula, per complures summos Pontifices concessa, et communicata. Studio, et opera R. P. F. *Gasparis* Passarelli transumpta, et impressa. Nunc denuo, à Rev. P. F. Nicolao de Christianis accurata locubratione revisa, etc.

Venetiis. 1596. Bon. Ciera. 1 vol. in-8.

1232. — Statuta Fratrum Minimorum Sancti Francisci de

Paula. Studio et opera R. P. F. *Gasparis* Passarelli in unum collecta, etc. Cum aliis....
: Neapoli. 1570. Joan. Boy. 1 vol. in-4°.
: Ce volume est incomplet.

1233.—Digestum Sapientiæ Minimitanæ tripartitum, complectens regulas S. Francisci de Paula, Statuta Capitulorum generalium, necnon bullas Pontificias, decreta Sacrarum Congregationum, ad ipsum Ordinem spectantia. (A FF. *Jacobo* Ladore et *Francisco* à Longobardis collectum.)
: Romæ. 1664. Camera Apost. 1 vol in-4°.

1234.—Manipulus Minimorum ex regulari Summorum Pontificum, Sacrarum Congregationum, et ipsius Ordinis agro collectus, alphabetico triplici funiculo titulorum, divisionum, et additionum constrictus operâ et labore R. P. *Balthazaris* d'Avila.
: Insulis. 1667. De Rache. 1 vol in-8°.

1235.—Manipulus Minimorum canonum omnium regularium ex Summis Pontificibus S. C. Regula, et Capitulis generalibus. Olim per *Balthasarem* d'Avila, modo in hac 7. editione, per R. P. *Gervasium* Pizzurnum collectus,... et auctus.
: Genvæ. S. d. Franchelli. 1 vol. in-4°
: A la suite :

—Digesti sapientiæ Minimitanæ pars 4 continens ea, quæ in capitulis 3 et 4 Massiliensi, Genuensi 9 et 3 intermedio, Mediolanensi, et Valentino 6 condita sunt. Per R. P. *Gervasium* Pizzurnum collecta.
: Genvæ. S. d. 1 vol. in-4

1236.—Dissertatio de Potestate correctorum localium Ordinis Minimorum S. Francisci de Paula in foro contentioso. Autore Fr. *Renato* Thuillier.
: Parisiis. 1697. Giffart. 1 vol. in-12.

1237. — Regulæ Fratrum et Sororum ac Fidelium utriusque sexus Ordinis Minimorum. Item Correctorium et Cæremoniæ ejusdem Ordinis. Autore et Institutore Sancto FRANCISCO DE PAULA.
Parisiis. 1631. F. Dehors. 1 vol. in-16.

1238. — Les Règles des Frères, des Sœurs, et des Fidèles de l'un et de l'autre sexe de l'Ordre des Minimes. Avec le Correctorium et les Ceremonies du mesme Ordre. Par S. FRANÇOIS DE PAULE, instituteur de l'Ordre. Mises en françois avec plusieurs autres pièces, en faveur des FF. Lais, des FF. Oblats, et des Sœurs dudit Ordre.
Paris. 1632. Edme Martin. 1 vol. in-16.

1239. — La Règle du Tiers-Ordre des Minimes établi par S. FRANÇOIS DE PAULE, pour les fidelles de l'un et l'autre sexe qui vivent dans le monde. Nouvellement traduite en nostre langue avec des notes. Par le P. *François* GIRY. 3ᵉ édition.
Paris. 1697. Muguet. 1 vol. in-12.

1240. — Troisième Règle de S. François de Paule, approuvée, et confirmée par nos SS. Pères les Papes, en faveur de tous les fidèles qui désirent suivre les pratiques de la vie religieuse en l'estat seculier, et dans le tracas du monde. Expliquée doctement et pieusement par feu le R. P. *Claude* LE JUGE. 3ᵉ édit.
Paris. 1661. Josset. 1 vol. in-12.

1241. — Saint François de Paule, ou la charité triomphante. Contenant la Règle du Tiers-Ordre des Minimes, étably par ce S. Patriarche, pour les fidelles de l'un et l'autre sexe, qui veulent vivre dans le monde, contre les maximes du monde. Paraphrasée en vers françois par le R. P. *François* TUFFIÈRE.
Au Mans. 1678. Ysambart. 1 vol. in-8º.

1242. — Traduction nouvelle des Règles, du Correctoire, et du Cérémonial de l'Ordre des Minimes. De S. François de Paule. Augmentée de quelques remarques historiques sur ces trois ouvrages, et d'un petit récit de la naissance et du progrès de l'Ordre.

Paris. 1703. Giffart. 1 vol. in-16.

1243. — Décret de la Congrégation des Indulgences, donné à Rome le 5 juillet 1678. Portant que les indulgences du Tiers-Ordre des Minimes de S. François de Paule n'ont point esté revoquées par le décret précédent du 7 mars de la mesme année, quoyqu'il déclare nul un sommaire d'indulgences de ceux qui portent son cordon.

Paris. 1678. Fr. Muguet. Pièce in-8º.

1244. — Histoire générale de l'Ordre Sacré des Minimes, divisée en huict livres. Recueillie et composée par le Père *Louis* Dony-d'Attichy.

Paris. 1624. Seb. Cramoisy. 2 en 1 vol. in-4º.

1245. — Chronicon generale Ordinis Minimorum, in quo Acta per S. Franciscum à Paula et successores generales... perstringuntur. Insertæ sunt tres priores ejusdem S. Francisci Regulæ quæ necdùm prodierant. Accessit Registrum Pontificium, seu Bullarium à Sixto IV ad Urbanum VIII. — F. *Franciscus* Lanovius... concinnavit, et latinè primùm edidit.

Lutetiæ. 1635. Seb. Cramoisy. 1 vol. in-fol.

1246. — Enchyridion, o breve chronica de Varones illustres en santidad de la sagrada Religion de los Padres Minimos fundada por el Bienaventurado y nuevo Serafico S. Francisco de Paula. Compuesta por el dotor *Pedro Jayme* Tristan.

Barcelona. 1609. Estevan Liberos. 1 vol. in-4º.

1247. — Diarium Patrum, Fratrum et Sororum Ordinis Minimorum Provinciæ Franciæ sive Parisiensis qui religiose obierunt ab anno 1506 ad annum 1700. Autore R. Patre *Renato* THUILLIER ejusd. Ord.

Parisiis. 1718. Giffart. 2 vol. in-4º.

11. — COMPAGNIE DE JÉSUS.

1248. — Corpus institutionum Societatis Jesu.

Antuerpiæ. 1635. Meursius. 5 vol. in-8º.

Recueil factice, contenant :

1. — Constitutiones Societatis Jesu et examen cum declarationibus.
2. — Litteræ apostolicæ, quibus institutio, confirmatio, et varia privilegia continentur Societatis Jesu.
3. — Regulæ Societatis Jesu. Auctoritate septimæ Congregationis generalis auctæ.
4. — Decreta Congregationum generalium Societatis Jesu.
5. — Canones Congregationum generalium Societatis Jesu.
6. — Formulæ Congregationum in quartâ generali Congregatione confectæ et approbatæ, in sextâ et septimâ recognitæ et auctæ.
7. — Ratio atque Institutio studiorum Societatis Jesu. Auctoritate septimæ Congregationis generalis aucta.
8. — Ordinationes Præpositorum generalium, communes toti Societati, auctoritate septimæ Congregationis generalis contractæ.
9. — Compendium privilegiorum et gratiarum Societatis Jesu.
10. — Instructiones ad Provinciales et Superiores Societatis. Auctoritate Congregationis VII ut directiones tantùm, seorsim impressæ.
11. — R. P. *Claudii* AQUAVIVÆ Societatis Jesu Præpositi generalis industriæ pro superioribus ejusdem Societatis ad curandos animæ morbos.
12. — R. P. *Claudii* AQUAVIVÆ instructio pro Superioribus ad augendum conservandumque spiritum in Societate.

13. — Exercitia spiritualia S. P. *Ignatii* Loyolæ.

14. — Directorium in exercitia spiritualia S. P. N. Ignatii.

15. — Epistolæ Præpositorum generalium ad Patres et Fratres Societatis Jesu.

16. — Index generalis in omnes libros Instituti Societatis Jesu.

1249. — Corpus institutorum Societatis Jesu in duo volumina distinctum : accedit Catalogus provinciarum, domorum, collegiorum, etc., ejusdem Societatis.
Antuerpiæ. 1702. J. Meursius. 4 vol. in-4º.

1250. — Constitutiones Societatis Jesu. Cum earum declarationibus.
Romæ. 1606. 1 vol. in-8º.

1251. — Institutum Societatis Jesu ex decreto Congregationis generalis decimæ quartæ meliorem in ordinem digestum, auctum, ac denuò recusum. Volumen primum.
Pragæ. 1705. Typis Collegii Societ. Jes. 1 v. in-fº.

1252. — Regulæ communes Societatis Jesu commentariis asceticis illustratæ à *Julio* Nigrono.
Mediolani. 1613. P. Pontius. 1 vol. in-4º.

1253. — Regulæ Societatis Jesu.
Parisiis. 1620. Joan. Fouet. 1 vol. in-12.

1254. — Règles de la Compagnie de Jésus.
Paris. 1620. Jean Fouet. 1 vol. in-12.

1255. — Epitome instituti Societatis Jesu.
Bruxellis. 1690. Van de Velve. 1 vol. in-8º.

1256. — Declaration de l'Institut de la Compagnie de Jesus. En laquelle sont contenues par deduction les responses aux principales objections faites jusques à present contre les Jesuites. (Par le P. *François* Tacon.)
Paris. 1615. Claude Chappelet. 1 vol. in-8º.

1257.—Constitutions des Jésuites, avec les Déclarations, traduites sur l'édition de Prague. (Par *Ch. Fr.* Saboureux de la Bonneterie.)
>En France. 1762. 3 vol. in-8°.

1258.—Même ouvrage.
>En France. 1762. 3 vol. in-12.

1259.—Réglemens pour Messieurs les Pensionnaires des Pères Jésuites, qui peuvent leur servir de règle de conduite pour toute leur vie. Par le R. P. *Jean* Croiset. 4ᵉ édition.
>Lyon. 1729. Bruyset. 2 en 1 vol. in-12.

** — De Societatis Jesu origine libellus. V. n° 564.

1260.—Historiæ Societatis Jesu pars prima, sive Ignatius. Auctore *Nicolao* Orlandino. 1620. — Pars secunda, sive Lainius. 1620.—Pars tertia, sive Borgia. 1649. —Pars quarta, sive Everardus. 1652.—Pars quinta, sive Claudius. Tomus prior. Auctore *Francisco* Sacchino.—Res extra Europam gestas, et alia quædam supplevit *Petrus* Possinus. 1661.—Pars quinta. Tomus posterior, ab anno Christi mdxci ad mdcxvi. Auctore *Josepho* Juvencio. 1710.— Pars sexta complectens res gestas sub Mutio Vitellescho. Tomus prior, ab anno Christi mcxvi, Societatis lxxvii. Auctore *Julio* Cordara. 1750.
>Antuerpiæ. 1620. Mutius.—Romæ. 1649-52. Manelfi.— 1661. Varesi.—1710. Plachi.—1750. Ant. de Rubeis. 6 vol. in-fol.

** — *Rodolphi* Hospiniani Historia Jesuitica, hoc est, de origine, regulis, constitutionibus, privilegiis, incrementis, progressu et propagatione Ordinis Jesuitarum.
>Tiguri 1670. Wolphius. 1 vol. in-fol. N° 241.

1261.—Historia Jesuitica ; de Jesuitarum Ordinis origine, nomine, regulis, officiis, votis, privilegiis, regimine, doctrina, progressu, actibus ac facinoribus tam communiter, quam singulariter (per *Rod.* Hospinianum): in quatuor libros tributa,... nunc etiam latinè edita per *Ludovicum* Lucium.

Basileæ. 1627. Jac. Genathius. 1 vol. in-4⁰.

1262. — Imago primi sæculi Societatis Jesu à Provincia Flandro-Belgica ejusdem Societatis repræsentata.

Antuerpiæ. 1640. Off. Plantiniana. 1 vol. in-fol.

1263. — Synopsis primi sæculi Societatis Jesu. Proponebat *Jacobus* Damianus.

Tornaci Nerviorum. 1641. Ad. Quinqué. 1 vol. in-fol.

1264. — Histoire des Religieux de la Compagnie de Jesus, contenant ce qui s'est passé dans cet Ordre depuis son établissement jusqu'à présent. Pour servir de suite à l'Histoire Ecclesiastique des xvi, xvii et xviii siècles. (Par l'abbé *Pierre* Quesnel.)

Soleure. 1740. Libraires associés. 4 vol. in-12.

1265. — Histoire générale de la naissance et des progrès de la Compagnie de Jésus, et Analyse de ses Constitutions et Priviléges : où il est prouvé, 1° Que les Jésuites ne sont pas reçus de droit, spécialement en France, et que quand même ils le seroient, ils ne sont pas tolérables. 2° Que, par la nature même de leur Institut, ils ne sont pas recevables dans un état policé. (Par l'abbé *Chr.* Coudrette et *L. A.* Lepaige.)

S. n. n. l. 1761-1764. 5 vol. in-12.

1266. — Histoire religieuse, politique et littéraire de la Compagnie de Jésus, composée sur les documents inédits et authentiques par *J.* Crétineau-Joly. 3ᵉ éd.

Paris. 1859. Lecoffre. 6 vol. in-8⁰. Portr.

1267. — Annuæ litteræ Societatis Jesu anni MDXCVII. Patribus Fratribusque Societatis Jesu.

Neapoli. 1607. Tarquinius Longi. 1 vol. in-8°.

1268. — Literæ annuæ Societatis Jesu anni 1606, 1607 et 1608 datæ de more ex Provinciis ad R. P. N. Generalem Præpositum, ejusdemque authoritate typis expressæ.

Moguntiæ 1618. Joan. Albinus. 3 vol. in-8°.

** — Voyez aussi : *Histoire des Missions :* page 132.

1269. — Annus dierum memorabilium Societatis Jesus, sive Commentarius quotidianæ virtutis, notabilem unius, vel plurium in Societate vitâ functorum, virtute quapiam insignium memoriam in menses diesque quibus obiere partitè distributam complexus. Authore *Joanne* NADASI.

Antuerpiæ. 1665. Meursius. 1 vol. in-4°.

1270. — Mortes illustres, et gesta eorum de Societate Jesu qui in odium fidei, pietatis, aut cujuscumque virtutis, occasione Missionum, Sacramentorum administratorum, fidei, aut virtutis propugnatæ; ab Ethnicis, Hæreticis, vel aliis, veneno, igne, ferro, aut morte alia necati, ærumnisve confecti sunt. Autore *Philippo* ALEGAMBE. Extremos aliquot annos, mortesque illustres ad annum MDCLV adjecit *Joannes* NADASI.

Romæ. 1657. Varesius. 1 vol. in-fol.

1271. — Heroes et victimæ charitatis Societatis Jesu, seu Catalogus eorum qui è Societate Jesu charitati animam devoverunt;... Autore *Philippo* ALEGAMBE. Extremum decennium adjecit usque ad exactum annum 1657 *Joannes* NADASI.

Romæ. 1658. Varesius. 1 vol. in-4°.

1272. — Tableaux des personnages signalés de la Compagnie

de Jesus, exposés en la solennité de la canonization des SS. PP. Ignace et François Xavier. Par un Père de la mesme Compagnie. (*Pierre* d'Oultréman.)
Douai. 1623. Bellere. 1 vol. in-8º.

1273. — Histoire de la Vie et de la glorieuse mort de cinq Pères de la Compagnie de Jésus, qui ont souffert dans le Japon, avec trois seculiers, en l'année 1643. Par le R. P. *Alexandre* de Rhodes.
Paris. 1653. Seb. et Gab. Cramoisy. 1 vol. in-8º.

1274. — Les Exercices de la perfection chrétienne et religieuse représentez dans les éloges de 4 venerables Pères de la Compagnie de Jesus, imprimez en latin à Prague en 1678, et traduits par un Père de la Compagnie de Jesus.
Douai. 1680. Serrurier. 1 vol. in-12.

1275. — Les Jésuites modernes, pour faire suite au Mémoire de M. le comte de Montlosier ; par M. l'abbé *Martial* Marcet de la Roche-Arnaud.
Paris. 1826. Amb. Dupont. 1 vol. in-8º.

1276. — *Lucii* Cornelii *Europæi* (*Melchioris* Inchofer, vel *Julii Clementis* Scotti) monarchia Solipsorum. Cui nuperrimè accessit clavis onomastica.
Juxta exemplar Venetum. 1648. 1 vol. in-12.

1277. — La Monarchie des Solipses, traduite de l'original latin de *Melchior* Inchofer (*J. C.* Scotti, par *Pierre* Restaut). Avec des remarques.
Amsterdam. 1721. 1 vol. in-12.

1278. — Même ouvrage. Avec des Remarques et diverses Pièces importantes sur le même sujet.
Amsterdam. 1722. Herm. Uytwerf. 1 vol. in-12.

1279. — Même ouvrage.
Amsterdam. 1754. H. Uytwerf. 1 vol. in-12.

1280. — Sur la destruction des Jésuites en France. Par un auteur désintéressé. (L. d'Alembert.) Nouv. édit.
S. n. n. l. 1767. 1 vol. in-12.

1281. — Recueil chronologique et analytique de tout ce qu'a fait en Portugal la Société dite de Jésus, depuis son entrée dans ce royaume en 1540, jusqu'à son expulsion en 1759. Mis au jour par ordre de Sa Majesté très fidelle; et composé par le docteur *Joseph* de Seabra da Sylva.
Lisbonne. 1769. Da Costa. 3 vol. in-12.

1282. — Recueil des decrets apostoliques et des ordonnances du Roi de Portugal concernant la conduite des Jésuites dans le Paraguai, etc. Le tout traduit conformément à la collection imprimée en 1759 à la secretairerie d'Etat... (Par *P. Ol.* Pineault.)
Amsterdam. 1760-1761. Michel Rey. 3 vol. in-12.

1185. — Reflessioni di un Portoghese... Réflexions d'un Portugais, sur le Mémorial présenté par les PP. Jésuites à N. S. P. le Pape Clément XIII, heureusement régnant, exposées dans une lettre écrite à un ami demeurant à Rome. (Par *P. O.* Pineault.)
Lisbonne. 1758. 1 vol. in-12.

A la suite :

— Observations critiques d'un Romain, sur les Réflexions d'un Portugais, ou nouveau Supplément auxdites Réflexions sur le Mémorial des Jésuites, présenté à notre Saint Père le Pape Clément XIII. (Traduit de l'italien par l'abbé Goujet.)
En Europe. 1760. in-12.

1284. — Supplément aux Réflexions d'un Portugais sur le Mémorial présenté par le P. Général des Jésuites, à notre Saint Père le Pape Clément XIII. Ou Ré-

ponse de l'ami de Rome à son ami de Lisbonne. (Traduit de l'italien par l'abbé Goujet.)
Gênes. 1759. 1 vol. in-12.

A la suite, les pièces manuscrites :
1. — Réflexions sur l'attentat commis le 5 janvier 1757 contre la vie du Roy.
2. — Lettre d'un patriote, où l'on rapporte les faits qui prouvent que l'auteur de l'attentat a des complices....
3. — Mandement de Mg. l'Evêque de Soissons (*Fr.* DE FITZ-JAMES), au sujet de l'attentat.

1285. — Memorial presenté au Roy d'Espagne, pour la deffense de la réputation, de la dignité, et de la personne de l'Illustrissime et Reverendissime Dom Bernardino de Cardenas, Evesque de Paraguay, etc. Contre les Religieux de la Compagnie de Jesus, et pour répondre aux Mémoriaux présentés à sa dite Majesté, par le P. Julien de Pedraça, procureur general des Jesuites dans les Indes. Traduit fidellement sur l'imprimé espagnol. (De *Juan* DE SAN DIEGO VILLALON.)
S. n. n. l. 1662. 1 vol. in-12.

1286. — Recueil de toutes les Pièces et Nouvelles qui ont paru sur les affaires des Jésuites, principalement dans l'Amérique Méridionale, et dans le royaume de Portugal.
S. n. n. l. 1760-1761. 4 vol. in-12.

1287. — La Catechisme des Jesuites : ou Examen de leur doctrine. (Par *Estienne* PASQUIER.)
Villefranche 1602. G. Grenier. 1 vol. in-8°.

1288. — Le Catechisme des Jesuites, ou le mystère d'iniquité, révélé par ses supposts, par l'examen de leur doctrine, mesme selon la croyance de l'Eglise Romaine. (Par *Estienne* PASQUIER.)
Villefranche. 1677. Guil. Grenier. 2 vol. in-12.

** — Recueil de Pièces historiques et curieuses, contenant : I. Le manifeste de *Pierre* DU JARDIN, Sʳ DE LA GARDE, sur la mort d'Henri IV. II. Le Manifeste de la Demoiselle D'ESCOMAN (*Jacqueline* DE VOYER) sur le même sujet. III. L'Apologie pour M. le président de Thou, sur son histoire. IV. Epist. *Jac. Aug.* THUANI P. Janino. V. Le Catéchisme des Jésuites, par *Estienne* PASQUIER.

Delft. 1717. Vorburger. 2 vol, in-12.

Voyez : *Histoire*. N° 2647.

1289. — Plainte apologétique au Roy très-chrestien de France et de Navarre pour la Compagnie de Jesus. Contre le libelle de l'autheur sans nom, intitulé *Le franc et veritable Discours*, etc. Avec quelques Notes sur un autre libelle dit le *Catechisme des Jesuites*. Par *Louis* RICHEOME.

Bourdeaus. 1603. Millanges. 1 vol. in-8º.

A la suite :

— Très-humble Remonstrance et Requeste des Religieux de la Compagnie de Jesus. Présentée au très-chrestien Roy de France et de Navarre, Henri IIII. (Par *Louis* RICHEOME). Avec l'attestation de Messieurs l'Evesque et Magistrats de la ville d'Anvers contre la calomnie du libelle diffamatoire cy devant publié sous le tiltre de *l'Histoire notable du Père Henry, bruslé*, etc. Et un' autre attestation de Poloigne contre quelqu'autre calomnie.

(Bourdeaus.) 1603. in-8º.

1290. — Response à la sentence donnée en Hollande contre Pierre Panne. Faicte premièrement en flamend par le R. P. *François* COSTERE. Et depuis traduict en françois.

Douai. 1599. B. Bellere. 1 vol. in-8º.

A la suite :

—Response de *René* DE LA FON pour les Religieux de la Compagnie de Jesus. Au playdoyé de Simon

Marion en l'arrest donné contre iceux le 16 octobre 1597. Avec quelques notes sur le playdoyé et autres subjects des recherches d'Estienne Pasquier. (Par *Louis* Richeome.)

Villefranche. 1599. Guil. Grenier. in-8º.

—Très humble Remonstrance et Requeste des Religieux de la Compagnie de Jésus. Au très-chrestien Roy de France et de Navarre Henri IIII. (Par *Louis* Richeome.)

Bourdeaus. 1598. S. Millanges. in-8º.

1291.—*Jacobi* Gretseri libri duo ; de modo agendi Jesuitarum cum Pontificibus, Prælatis, Principibus, Populo, juventute, et inter se mutuo. Oppositi ejusdem argumenti libello anonymo et famoso. Accessit vindicatio locorum quorundam Tertullianicorum a perversis Francisci Junii Calvinistæ depravationibus.

Ingolstadii. 1600. Ad. Sartorius. 1 vol. in-4º.

1292.—*Clari* Bonarscii (*Caroli* Scribanii) Amphitheatrum honoris in quo Calvinistarum in Societatem Jesu criminationes jugulatæ. Editio altera ivº libro auctior.

Palæopoli Aduatic. 1606. Al. Verheyden. 1 vol. in 4º.

1293.—Anticoton, ou Réfutation de la Lettre declaratoire du Père Coton. Livre où est prouvé que les Jesuites sont coulpables et autheurs du parricide execrable commis en la personne du Roy très-chrestien Henri IIII d'heureuse mémoire (attribué à *Jean* Du Bois, *Pierre* Dumoulin, *Pierre* du Coignet et à *César* de Plaix sieur de l'Ormoye.)

S. n. n. l. 1611. 1 vol. in-8º.

A la suite :

—Response apologetique à l'Anticoton et à ceux de sa suite. Presentée à la Royne, mère du Roy, Regente en France. Où il est monstré, que les Autheurs anonymes de ces libelles difamatoires sont attaints des crimes d'heresie, leze Majesté, perfidie, sacrilege, et très-enorme imposture. Par un Père de la Compagnie de Jesus. (*F*. Bonald [*Pierre* Coton.])

Paris. 1610. M. Gaillard. in-8°.

1294.—Responsio apologetica adversus Anticotoni, et Sociorum criminationes. Reginæ Ludovici XIII Galliarum Regis parenti per hujus ætatem Regnum administranti dedicata. In qua demonstratur famosorum, qui nunc volitant, libellorum authores anonymos reos esse hæreseos, perduellionis, perfidiæ, sacrilegii, atrocissimæque imposturæ. Scripta primùm Gallicè ab uno è Patribus Societatis Jesu (*P*. Coton), ac postmodum latinè transcripta à *Joanne* Perpezatio.

Lugduni. 1611. Cardon. 1 vol. in-8°.

1295.—*Isaaci* Casauboni ad Frontonem Ducæum S. J. Theologum Epistola; in qua de Apologia disseritur communi Jesuitarum nomine ante aliquot menses Lutetiæ Parisiorum edita.

Londini. 1611. Norton. 1 vol. in-8°.

1296.—Le Contr'Assassin, ou Response à l'Apologie des Jesuites, faite par un Père de la Compagnie de Jesus de Loyola : et refutée par un très-humble serviteur de Jesus Christ, de la Compagnie de tous les vrais Chrestiens, D. H. (*David* Houre.)

S. n. n. l. 1612. 1 vol. in-8°.

1297.—Plaidoyé de M^e. *Jaques* de Montholon, faict en Parlement les 17 et 20 decembre 1611, pour les Pères Jesuites demandeurs, et requerans l'enterinement des lettres patentes à eux octroyées par sa Majesté, de pouvoir enseigner toute sorte de sciences, selon leur institut en l'Université de Paris. Contre les opposans de l'Université. Et pour response au Plaidoyé de Maistre Pierre de la Martelière.

Paris. 1612. Chappelet. 1 vol. in-8°.

1298.—Examen catégorique du libelle *Anticoton*, auquel est corrigé le plaidoyé de Maistre Pierre de la Martelière, et plusieurs calomniateurs des Pères Jesuites, refutez. Et les droicts inviolables de la Majesté et personne des Roys défendus. Par *Louys* Richeome.—Avec une lettre du mesme, respondant à la plainte de quelques-uns de la prétendue Religion reformée, sur la severité de ses escrits, à leur opinion, contre les ministres, et calomniateurs; envoyée à un gentilhomme de Provence.

Pont-à-Mousson. 1613. Melchior Bernard. 1 vol. in-8°.

1299.—Les Canons des Conciles de Tolède, de Meaux, de Mayence, d'Oxfort, et de Constance: advis et censures de la Faculté de Theologie de Paris; Arrests du Parlement de Paris : par lesquels la doctrine de déposer et tuer les Roys et Princes est condamnée. Propositions d'un livre intitulé, *Directorium inquisitorium etc. Romæ in œdibus Populi Romani.* 1585. Et d'autres livres. Par lesquels il est facile de veoir l'origine et le progrez de semblable doctrine de deposer et assassiner les rois et princes, depuis peu renouvellée et remise en lumière. (Par *Simon* Vigor.)

S. n. n. l. 1615. 1 vol. in-8°.

1300.—Disceptatio de Secretis Societatis Jesu, inter D. Joannem, Canonicum Vratislaviensem, D. Ludovicum, Jurisconsultum Brandeburgicum, P. Adamum Contzen, Societ. Jesu habita. (Per *Adamum* Contzen.)

Lugduni. 1617. Cayne. 1 vol. in-8°.

1301. — Le Mercure Jesuite : ou Recueil des pièces concernants le progrès des Jesuites, leurs ecrits, et differents : depuis l'an 1620 jusqu'à l'année 1626. Le tout fidèlement rapporté par pièces publiques et actes authentiques selon l'ordre des temps. (Par *Jacques* Godefroy.) 2e édit., rev. et augm.

Genève. 1630-1631. Aubert. 2 vol. in-12.

A la suite :

— Examen de quatre Actes publiez de la part des Jesuites ès années 1610, 1612 et 1626, contenans la declaration de leur doctrine touchant le temporel des Roys...

Paris. 1633. in-12.

— Arcana Societatis Jesu publico bono vulgata cum appendicibus utilissimis. (A *Gaspare* Scioppio.)

S. n. n. l. 1635. in-12.

1302. — *Alphonsi* de Vargas (*Gasparis* Scioppii) relatio ad reges et principes christianos, de stratagematis et sophismatis politicis Societatis Jesu ad monarchiam orbis terrarum sibi conficiendam....

S. n. n. l. 1641. 1 vol. in-12.

1303. — Apologie pour les Religieux de la Compagnie de Jesus. A la Reyne Régente. Par le P. *Nicolas* Caussin. 2e edit.

Paris. 1644. 1 vol. in-8º.

1304. — Manifeste apologetique pour la doctrine des Religieux de la Compagnie de Jesus. Contre une prétendue theologie morale, et d'autres libelles diffamatoires publiez par leurs ennemis. Par le P. *Pierre* Le Moyne.

Rouen. 1644. J. de Manneville. 1 vol. in-8º.

1305. — Vindicationes Societatis Jesu quibus multorum accusationes in ejus institutum, leges, gymnasia, mores refelluntur. Auctore *Sfortia* Pallavicino.

Romæ. 1649. Manelphi. 1 vol. in-4º.

1306. — Les enluminures du fameux Almanach des PP. Jesuistes, intitulé, *La Déroute et la Confusion des Jansenistes, Ou Triomphe de Molina Jésuite sur S. Augustin*. (Par *L. Is.* Le Maistre de Sacy.)

S. n. n. l. 1654. 1 vol. in-8º.

A la suite :

— Responce à la lettre d'une personne de condition touchant les règles de la conduitte des Saints Pères dans la composition de leurs ouvrages, pour la deffense des veritez combattués, ou de l'innocence calomniée. (Par *Ant.* Arnauld.)

1307. — Onguent pour la brûlure, et plusieurs autres Pièces contenues en ce livre. (Par *J.* Barbier d'Aucour.)

S. n. n. l. 1670. 1 vol. in-8º.

1308. — Les enluminures... Avec l'onguant pour la brûlure, ou le secret d'empescher aux Jesuites de bruler des livres.

Liège. 1683. Le Noir. 1 vol. in-8º. Fig.

1309. — Le Jesuite secularisé. (Signé *Roxelias* Umeau.)

Cologne. 1683. J. Vilebard. 1 vol. in-12.

1310. — La Politique des Jésuites. Imprimée sur l'écrit original fait à Londres en 1688. (Par *Louis* de Monpersan.)

Amsterdam. 1762. 1 vol. in-12.

1311. — Beste à sept testes, ou Beste jesuitique, conferences, entre Théophile et Dorothée. Dans lesquelles on fait voir quelle est la politique, ou l'esprit des Jesuites... (Par l'abbé *Pierre* Billard.)

Cologne. 1693. 1 vol. in-12.

1312. — Jugement canonique des Evêques de France, contre les entreprises des Pères de la Société.
    Cologne. 1700. P^{re} Laverdof. 2 vol. in-12.

1313. — Recueil de Pièces touchant l'histoire de la Compagnie de Jésus, composée par le Père Jouvenci, et supprimée par arrêt du Parlement de Paris du 24 mars 1713. (Publié par *Nicolas* Petit-Pied.) 2e édit.
    Liège. 1716. 1 vol. in-12.

1314. — Tuba altera majorem clangens sonum, ad sanctissimum D. N. Papam Clementem XI, imperatorem, reges, principes, magistratus omnes, orbemque universum. De necessitate longè maxima reformandi Societatem Jesu. Per eruditiss. D. *Liberium* Candidum. (*Henri* de Saint-Ignace.)
    Argentinæ 1714. 1 vol. in-12.

1315. — Tuba magna mirum solum clangens sonum.... Editio tertia correcta, aucta, et priorum editionum adversus Huylenbroucquium Apologetica, in duos tomos divisa.
    Argentinæ. 1717. 2 vol. in-12.

1316. — Les Passe-tems des Jésuites, ou Entretiens des Pères Bouhours et Menetrier, Jésuites, sur les défauts de leur Compagnie.
    Pampelune. 1721. Les frères Ignace. 3 en 2 v. in-12.

1317. — Les mystères les plus secrets des Jésuites contenus en diverses pièces originales.
    Cologne. 1727. Pierre Marteau. 1 vol. in-8º.

1318. — Lettres d'un Théologien à un Evêque, sur cette question importante : S'il est permis d'approuver les Jésuites pour prêcher et pour confesser, dédiées au Clergé de France. (Par *Bernard* Couet.)
    Amsterdam. 1755. 1 vol. in-12.

1319. — Procès contre les Jésuites, pour servir de suite aux causes célèbres. (Par *Nicolas* Jouin.)
Brest. 1750. 1 vol. in-8º.

1320. — Problème historique, qui, des Jésuites, ou de Luther et Calvin, ont le plus nui à l'Eglise chrétienne. (Par l'abbé Mesnier.)
Avignon. 1757. 2 vol. in-12.

1321. — Les Jésuites criminels de lèze Majesté dans la théorie et dans la pratique.
La Haye. 1758. Vaillant. 1 vol. in-12.

1322. — Appel à la raison des Ecrits et Libelles publiées par la passion, contre les Jésuites de France. (Par le P. Balbani.)
Bruxelles. 1762. Vandenberghen. 1 vol. in-12.

A la suite :

— Nouvel appel à la raison, des Ecrits et Libelles publiés par la passion contre les Jésuites de France. (Par l'abbé de Caveirac.)
Bruxelles. 1762. Vandenbergben. 1 vol. in-12.

1323. — Dénonciation des crimes et attentats des soi-disans Jésuites, dans toutes les parties du monde, adressée aux Empereurs, Rois, Princes, Républiques, Pontifes romains, Patriarches, etc.; ou Abrégé chronologique des stratagèmes, friponneries, conjurations, etc., commis par les Ignaciens, depuis 1540, époque de leur établissement, jusqu'en 1760.
S n n. l. 1762. 1 vol. in-12.

1324. — La Morale pratique des Jesuites.
1682-1718. 8 vol. in-12.

** — Les différents volumes de cet ouvrage, dont les deux premiers sont de *Sébastien-Joseph* de Cambout de Pontchateau, les autres d'*Antoine* Arnauld, ont les titres suivants, le titre principal devenant le faux-titre à partir du quatrième :

Tome Ier.

— La morale pratique des Jésuites, premier volume, où elle est représentée en plusieurs histoires, arrivées dans toutes les parties du monde. Extrait, ou de livres très-autorisez et fidèlement traduits, ou de mémoires très-seurs et indubitables.

S. n. n. l. 1683.

Tome II.

— Second volume, divisé en sept parties. Où l'on représente leur conduite dans la Chine, dans le Japon, dans l'Amérique, et dans l'Ethyopie.

S. n. n. l. 1682.

Tome III.

— Troisième volume. Contenant la justification des deux premiers volumes de cette morale. Contre le livre faussement intitulé, *Défense des nouveaux Chrétiens et des Missionnaires de la Chine, du Japon et des Indes*. Avec la Réponse à la II. partie de cette défense qui vient de paroître. Nouv. édit.

Nancy. 1734. J. Nicolaï.

Tome IV.

— Histoire de Dom Jean de Palafox, Evêque d'Angelopolis, et depuis d'Osme, et des différens qu'il a eus avec les PP. Jésuites. 2e édit.

S. n. n. l. 1718.

Tome V.

— Histoire de la persécution de deux saints Evêques par les Jésuites : l'un Dom Bernardin de Cardenas, Evêque du Paraguai dans l'Amérique méridionale ; l'autre Dom Philippe Pardo, Archevêque de l'Eglise de Manile métropolitaine des isles Philippines dans les Indes Orientales. 2e édit.

S. n. n. l. 1717.

Tome VI.

— Histoire des différens entre les Missionnaires Jésuites d'une part, et ceux des Ordres de St Dominique et de St François de l'autre, touchant les cultes que les Chinois rendent à leur maître Confucius, à leurs ancestres et à l'idole Chin-Hoan.

S. n. n. l. 1692.

Tome VII.

— Suite de l'histoire des différens entre les Jésuites de la Chine et les Missionnaires des Ordres de St Dominique et de S. François, ce qui comprend la seconde et la troisième partie de ces différens. 2e édit.

S. n. n. l. 1716.

Tome VIII.

— De la calomnie, ou instruction du procès entre les Jésuites et leurs adversaires, sur la matière de la calomnie. 2e édit.
S. n. n. l. 1716.

1325. — Extraits des assertions dangereuses et pernicieuses en tout genre, que les soi-disans Jésuites ont, dans tous les temps et persévéramment, soutenues, enseignées et publiées dans leurs livres, avec l'approbation de leurs Supérieurs et Généraux... (Par Roussel de la Tour, *L. G.* Minard et *Cl. P.* Goujet.)
Paris. 1762. Simon. 4 vol. in-12.

1326. — Même ouvrage.
Paris. 1762. Simon. 1 vol. 4º.

1327. — Résumé de la Doctrine des Jésuites, ou extraits des Assertions dangereuses et pernicieuses soutenues par les Jésuites dans leurs ouvrages dogmatiques ; recueillies et imprimées par ordre du Parlement, en 1762.
Paris. 1826. Bourgeois. 1 vol. in-18.

1328. — Réponse au livre intitulé : *Extrait des Assertions dangereuses*, etc. (Par les PP. Sauvage et Grou.)
Paris. 1763-64. 3 vol. in-4º.

1329. — Lettres à M*r* *** conseiller au Parlement de Paris, où on lui rend compte de quelques entretiens, dans lesquels un Docteur en théologie découvre par quels moyens le livre des *Assertions* a surpris la sagesse des magistrats.
S. n. n. l. 1763. 1 vol in-12.

1330. — Apologie générale de l'Institut et de la Doctrine des Jésuites. 2e édition. (Par le P. Cérutti.)
Soleure. 1763. Schærer. 1 vol. in-8º.

1331. — Il est temps de parler, ou compte rendu au public des OEuvres légales de M. Ripert de Montclar, et des évènemens passés en Provence, à Paris, etc., à l'occasion des Jésuites. (Par l'abbé Dazès.) Nouvelle édit., corrigée et augmentée.
Arles. 1764. P. Le Franc. 2 vol. in-8°.

1332. — Dénonciation de la doctrine des ci-devant soi-disans Jésuites, tant sur le dogme que sur la morale, à Nosseigneurs les Archevêques et Evêques de l'Eglise de France.
S. n. n. l. 1767. 1 vol. in-12.

1333. — OEuvres posthumes de Mgr. le duc de Fitz-James, Evesque de Soissons, concernant les Jésuites, les iv articles de l'Assemblée du Clergé de 1682, le décret de l'Inquisition de Rome contre son ordonnance et instruction pastorale au sujet des Assertions des Jésuites, dénoncées par le Parlement, etc. (Publiée par *P. Séb.* Gourlin.)
Avignon. 1769. 2 vol. in-12.

1334. — Les Jésuites marchands, usuriers, usurpateurs, et leurs cruautés dans l'ancien et le nouveau continent.
La Haye. 1759. Vaillant. 1 vol. in-12.

1335. — Affaire du Père de la Valette.
2 vol. in-12, contenant :

1. — Lettres sur les opérations du Père de Lavalette, Jésuite, et Supérieur général des Missions des isles françoises du vent de l'Amérique, nécessaires aux négocians.
En Europe. 1760.

2. — Mémoire à consulter, et consultation pour Jean Lioncy, créancier et syndic de la masse de la raison de commerce établie à Marseille, sous le nom de Lioncy frères, et Gouffre. Contre le Corps et Société des PP. Jésuites. (Par *J.-C.* Lalourcé.)
Paris. 1761. Le Prieur.

3. — Mémoire à consulter et Consultation pour les Jésuites de France. 10 mars 1761.

4. — Mémoire sur les demandes formées contre le général et la Société des Jésuites, au sujet des engagemens qu'elle a contractés par le ministère du Père de la Valette. (Mémoire pour le Sieur Cazotte, et pour la Demoiselle Fouque par ROUHETTE et TARGET.)
Paris. 1761

5. — Second Mémoire pour le sieur Cazotte, et la Demoiselle Fouque; contre le Général et la Société des Jésuites. (Par les mêmes.)

6. — Mémoire pour les Jésuites des provinces de Champagne, Guyenne, Toulouse et Lyon. Contre le syndic des créanciers Lioncy et Gouffre.... En présence des Jésuites de la province de France.
Paris. 1761. Chardon.

7. — Plaidoyer pour les Jésuites de France. Contre le Syndic des créanciers des sieurs Lioncy et Gouffre. (Par THEVENOT D'ESSAULE.)
Paris. 1761. Cellot.

8. — Plaidoyer pour le Syndic des créanciers des sieurs Lioncy et Gouffre. Contre le Général et la Société des Jésuites. (Par LEGOUVÉ.)
Paris. 1761. d'Houry.

9. — Arrêt de la Cour du Parlement contre le Général et la Société des Jésuites, au proffit des sieurs Lioncy frères et Gouffre.... Du 8 mai 1761.

1336. — Arrest du Grand Conseil, donné le 19 de septembre 1625, pour l'Université de Paris contre les Jésuites, et autres Pièces, la pluspart non encore imprimées, et les autres reveues et augmentées. Par lesquelles il se veoit que les Jésuites n'entreprennent pas seulement sur les Universités, mais aussi sur Messieurs les Archevesques et Evesques, et tous autres Prestres et Clercs seculiers. Imprimé par le Mandement de M. le Recteur.
Paris. 1625. P. Durand. 1 vol. in-8°.

A la suite :

—Pour les Universitez de France, jointes en cause. Contre les Jesuites demandeurs en cassation d'arrest du Parlement de Thoulouse, par lequel défences

leur sont faictes de prendre le nom, tiltre et qualité d'Université, et de bailler aulcun degrez en aulcune Faculté, ny nomination aux benefices. — Bulles de N. S. P. Paul III, Pie IV et Grégoire XIII. — Lettres-patentes de nos Rois.—Arrests et remonstrances des Parlements.— Résolution du Clergé de France assemblé à Poissy en MDLXI.— Advis de M. *Eustache* DU BELLAY, Evesque de Paris. — Conclusions de la Sorbonne.— Raisons de l'Université de Louvain.— Decret pour l'Université de Padoue. Et aultres actes touchant l'origine et progrés des Jesuites, la plupart non encore imprimez.
Paris. 1625. Durand. in-8º.

1337.—Traictez pour la deffence de l'Université de Paris, contre les Jesuites. (Par *Godefroy* HERMANT.)
Paris. 1643. 1 vol. in-8º.

1338.—Response au livre intitulé, Apologie pour l'Université de Paris contre le discours d'un Jesuite. (Par le P. *Jacques* DE LA HAYE.)
Paris. 1643. 1 vol. in-8º.

1339.—Seconde apologie pour l'Université de Paris : imprimée par le Mandement de Monsieur le Recteur, donné en Sorbonne le sixiesme octobre 1643. Contre le livre fait par les Jesuites, pour response à la première Apologie. (Par *Godefroy* HERMANT.)
Paris. 1643. 1 vol. in-8º.

1340.—Requeste, Procès verbaux et Advertissemens faits à la diligence de Monsieur le Recteur, et par l'ordre de l'Université, pour faire condamner une doctrine pernicieuse et préjudiciable à la Société humaine, et particulièrement à la vie des Rois, enseignée au collége de Clairmont detenu par les Jesuites à Paris.
Paris. 1644. Julien Jacquin. 1 vol. in-8º.

1341. — III⁰ Requeste de l'Université de Paris, présentée à la Cour de Parlement, le 7 décembre 1644. Contre les Libelles que les Jesuites ont publiez sous les tiltres, d'*Apologie* par le P. Caussin, et de *Manifeste apologetique* par le P. Le Moyne, et autres semblables. Avec les Répliques qu'icelle Université employe pour luy servir, tant au jugement de cette Requeste que des deux précédentes. Imprimées par l'ordre de l'Université. (Signé DU MONSTIER.)

Paris. 1644. 1 vol. in-8°.

A la suite :

— Response de l'Université de Paris, à l'Apologie pour les Jesuites, qu'ils ont mise au jour sous le nom du Père Caussin. Imprimée par ordre de l'Université, pour servir au jugement tant de la Requeste presentée à la Cour le 7 decembre 1644 que des deux precedentes. (Par *Godefroy* HERMANT.)

Paris. 1644.

1342. — Mémoires pour servir à l'histoire des RR. PP. Jésuites. Contenant le précis raisonné des tentatives qu'ils ont faites pour s'établir à Troyes. Avec les pièces justificatives. (Par *P. J.* GROSLEY.)

S. n. n. l. 1757. 1 vol. in-12.

1343. — Requêtes au Roi, Mémoires, et Décrets des Universités de Paris et de Reims contre les Jesuites, où, à l'occasion des entreprises de ces Pères contre les Universités, on développe les vices de leur Institut...

S. n. n. l. 1761. 2 en 1 vol. in-12.

1344. — Premier Mémoire contenant les raisons pour lesquelles il est très-important de ne pas retirer le Séminaire de Liège des mains des Théologiens séculiers, et de n'en pas donner la conduite aux Pères Jésuites.

—Second Mémoire pour l'Université de Louvain, au sujet du Séminaire ou Collége ecclésiastique de la ville de Liège, où les Jésuites prétendent s'établir au préjudice des priviléges de l'Université.
S. n. n. l. n. d. 1 vol. in-12.

1345.—Les Jésuites et l'Université, par *F.* Génin. (1)
Paris. 1844. Paulin. 1 vol. in-8°.

1346.—Pièces concernant les Jésuites.
12 vol. in-12, contenant :

Tome Ier.

1. — Playdoyé de M. *Louys* Dollé, pour les Curez de Paris demandeurs contre les Jesuites defendeurs, des 13 et 16 juillet 1594.
Lyon. 1594. Ancelin.

2. — Plaidoyé par lequel a esté donné contre les Jesuites, l'arrest du 16 octobre 1597, inséré à la fin d'iceluy. (Par Marion.)
Poictiers. 1597. Jean de Marnef.

3. — Playdoyé de M. *Antoine* Arnauld, pour l'Université de Paris, contre les Jesuites, des 12 et 13 juillet 1594.
Lyon. 1594. Th. Ancelin.

4. — Procedure faite contre Jean Chastel, escholier estudiant au Collége des Jesuites, pour le parricide par luy attenté sur la personne du Roy très-chrestien Henry IIII, Roy de France et de Navarre. Et les Arrests donnez contre le parricide et contre les Jesuites.
Paris. 1595. Jamet Mettayer.

5. — Le franc et veritable Discours au Roy? sur le restablissement qui luy est demandé pour les Jesuites. (Par *Ant.* Arnauld.)
S. n. n. l. 1602.

6. — Physiognomonia Jesuitica variis opusculis, discursibus, characteribus, epigrammatibus expressa studio et opera *Petri* de Wangen.
Lugduni. 1610.

---

(1) Génin (*François*), né à Amiens le 27 pluviose an XI (16 février 1803), est mort à Paris le 20 mai 1856.

7. — Paraleipomena ad amphitheatrum honoris Jesuitarum. Ex recensione *Petri* DE WANGEN.
   Lugduni. 1611.

TOME II.

1. — Varia tam Facultatis theologicæ, et Curiæ Parisiensis, quam aliorum Theologorum, et Jureconsultorum opuscula, decreta, et censuræ, etc. quibus primarium Jesuiticæ fidei caput.... evertitur.
   Francofurti ad Mœnum. 1612. Rulandii.

2. — Censura sacræ Facultatis Theologiæ Parisiensis, contra doctrinam de Regum parricidiis, quæ continetur in libro cui titulus : *Responsio ad Anticotonum*. Item analysis sive tractatus super præcedentem censuram, à quibusdam ejusdem sacræ Facultatis Theologiæ Parisiensis.
   S. n. n. l. 1612.

2. — Tractatus de delicto communi et casu privilegiato, vel de legitima judicum secularium potestate in personas ecclesiasticas. Per *Benignum* MILLETOTUM. Opus nunc primùm latinitate donatum.
   S. n. n. l. 1612.

3. — Jus Regum contra Cardinalem Bellarminum et alios Jesuitas. Autore M. I. BEDÆO, DE LA GORMANDIÈRE.
   S. n. n. l. 1612.

4. — Exemplar Epistolæ scriptæ ad Dominum Paulinum, quondam datarium sub Clementis VIII beatæ memoriæ Pontificatu.
   Anno 1612.

5. — Ad Curiam Parlamenti super Henrici Magni parricidali nece, oratio è gallico in latinum sermonem reddita.
   S. n. n. l. 1612.

6. — Commonefactio et postulationes regiorum cognitorum, necnon arrestum curiæ Parlamenti Parisiensis die 26 nov. 1610 latum adversus librum inscriptum *Tractatus de Potestate summi Pontificis in rebus temporalibus adversus Guilielmum Barclaium, autore Roberto S. R. E. Card. Bellarmino*, excusum Romæ, anno 1610. Accessit edictum Philippi III, Hispaniarum Regis, adversus Tractatum de monarchia Siciliæ Cæsaris S. R. E. Cardinalis Baronii.
   S. n. n. l. 1611.

7. — Protocatastasis ceu prima Societatis Jesu institutio restauranda summo Pontifici, latino gallica expostulatione proponitur. — *Theophili* EUGENII (*Guill.* PASQUELINI) zelo. — Patrum Societatis voto.
   S. n. n. l. 1614.

8. — *Eugenii* LAVANDA Ninevensis notæ astrum inextinctum Fr. Romani Hay suis radiis interstinguentes.
   S. n. n. l. Anno MDCLI.

9. — Discours veritable de ce qui s'est passé en la ville de Troyes, sur les poursuites faictes par les Jésuites pour s'y établir, depuis l'an 1603 jusques à 1622.
   S. n. n. l. L'an MDCXXII.

10. — La Legende des Jesuistes, ou sommaire recueil des raisons pour lesquelles le peuple de Troyes refuse de recevoir la Société des Jesuistes, extraictes des decretz de la Sorbonne, des remonstrances faictes au Roy par son Parlement de Paris, des edicts et arrests, des histoires de divers royaumes, et de plusieurs bons autheurs.
    S. n. n. l. 1622.

11. — Jesuitica prima.
    S. n. n. l. n. d.

Tome III.

1. — Arrest de bannissement donné contre les Jesuites de Prague, et de tout le royaume de Boême. Prononcé par les trois Ordres des Estats d'Allemagne, et à eux signifié le 2 juin 1618. Traduict d'allemand en françois.
   Jouxte la coppie imprimée à Prague, l'an de grâce 1618.

2. — Arrest de la Cour de Parlement donné les Grand'Chambre, Tournelle et de l'Edict assemblées, le 22 decembre 1611, en la cause d'entre les Prestres et Escholiers du College de Clermont, soy-disans Jesuites ; et les Recteur, Doyens et Supposts de l'Université de Paris. Auquel est inséré le sommaire du plaidoyé de M. *Louys* SERVIN.
   Paris. 1618. Morel et Mettayer.

3. — Arrest de la Cour de Parlement, contre Jean Chastel....
   Orléans. 1595. Hotot.

4. — Le Manifeste du scindic de l'Université de Cahors. Contre les Pères Jesuites. Pour être veu devant Messieurs du Conseil privé du Roy.
   S. n. n. l. 1624.

5. — Censura sacræ Facultatis Theologiæ Parisiensis, adversus quatuor Propositiones excerptas ex libro ita inscripto : *Trois excellentes Predications prononcées au jour et fête de la beatification du glorieux Patriarche le bien-heureux Ignace fondateur de la Compagnie de Jésus*. 3ª editio. (Latin et français.)
   Paris. 1611.

6. — Lettre justificative du P. *François* SOLIER, respondant à sien amy touchant la censure de quelques Sermons faits en Espagne à

l'honneur du Bienheureux Père Ignace de Loyola, fondateur de la Compagnie de Jesus.

Poictiers. 1611. Antoine Meśnier.

7. — Coppie d'une Lettre escrite à Monseigneur Paulino autres fois dataire, soubs le pontificat de Clément VIII d'heureuse mémoire. Traduit de latin en françois.

S. n. n. l. 1611.

8. — Plaidoyé de Mᵉ *Pierre* DE LA MARTELIÈRE, fait en Parlement, assisté de Mᵉˢ Antoine Loisel, Denis Boutillier, Omer Tallon, anciens advocats, les Grand Chambre, Tournelle, et de l'Edict assemblées les 17 et 19 decembre 1611. Pour le Recteur et Université de Paris. Contre les Jesuites requerans l'enterinement des lettres patentes par eux obtenues, afin de pouvoir lire et enseigner en ladite Université.

Paris. 1612.

9. — Le Procès de Henri Garnet, Provincial des Jesuites d'Angleterre, exécuté à mort en la ville de Londres, le 28ᵉ jour de mars 1606. Tourné mot à mot de l'Anglois, en gardant les noms propres et les termes du langage : pour mieux en représenter la verité. Plus, le bannissement des Moines, Prestres, Jesuites, Seminaires, et leurs semblables hors du royaume de la Grande Bretagne.

L'an 1607.

10. — L'Avarice des Jesuites, opposée au mépris qu'ont fait des richesses Jésus-Christ, les Apostres et les premiers religieux. (Par DE Sᵗᵉ MARTHE.)

1621.

11. — Complainte au Roy sur le Pyramide.

12. — Lettre mistique touchant la conspiration dernière, avec l'ouverture de la Caballe mysterielle des Jesuites, revelée par un songe, à un gentilhomme des trouppes du Conte Maurice, escrite à Frère Jean Boucher. — Cum examine indicis expurgatorii. — Le tout dédié à l'Excellence du Conte Maurice, par M. *D. L. F.*

Leiden. 1602.

13. — Les Jesuistes mis sur l'echafaut pour plusieurs crimes capitaux par eux commis dans la province de Guiene. Avec la Response aux calomnies de Jacques Beaufès. Par le sieur *Pierre* JARRIGE.

Leide. 1649. Jean Nicolas.

TOME IV.

1. — Fundatio et Statuta Collegii et Capellaniæ Cœnomanensis pro pauperibus Diœceseos Cœnomanicæ, ut studeant in alma Universitate Parisiensi, et secundum decreta ipsius vitam degant.

Parisiis. 1649.

2. — Cenomanica. Ex Harcuriano xvi kal. nov.
MDCXXXII.

3. — Jesuitica prima. — Jesuitica secunda. Universitas studii Parisiensis sociis et amicis universitatibus studiorum. (Auctore *Mich.* GIRARD.)
S. n. v. l. 1632.

4. — Defences de l'Université de Paris et du Collége du Mans. Contre l'usurpation que les Jesuites veulent faire de ce Collége et de la Chapelle y fondée.

5. — Visite faite par le Recteur de l'Université de Paris, assisté de Me Michel Charles, commissaire au Chastelet, le 8 d'avril 1643. Par laquelle se voyent les profanations et ruptures d'autels faites en l'eglise du College de Mair-Montier, ainsi que les desordres qui sont en iceluy College, depuis qu'il a été usurpé par les soy disants Pères Jesuites.
Paris. 1643. in-8°.

6. — Response d'un estudiant en l'Université de Paris, à un sien amy qui se plaignoit du dereglement qu'il disoit estre dans les Colléges d'icelle Université. Cette Lettre contient une partie des grands avantages qu'ont les Jesuites en France, sur les Regens de Paris et ce qui en peut avenir. 1616.

7. — Cenomanica....

TOME V.

1. — Dénonciation d'une Thèse des Jésuites de Tours, où il est parlé de la nature et des priviléges de l'ancienne Loy et de la Synagogue. Faite dans l'Assemblée du Chapitre de l'Eglise métropolitaine de S. Gatien de Tours. Avec l'avis doctrinal des Docteurs de la Faculté de Théologie de Paris sur ladite Thèse. 1717.

2. — L'union désunie, ou les Jésuites dépouillez de la prevoté de Pignans qu'ils avoient usurpée. On montre aussi en plusieurs endroits de cet ouvrage, la nécessité qu'il y a de mettre ces Religieux dans la subordination de leur état, et surtout de modérer leur ardeur excessive pour les bénéfices. 1717.

3. — Mémoire concernant la Déclaration du seizième juillet 1715, rendue en faveur des Jésuites congediez. 1717.

4. — Mémoire touchant l'établissement des Pères Jésuites dans les Indes d'Espagne. 1716.

5. — Lettre à M. le Procureur général du Roi : où l'on dénonce l'Histoire des Jésuites, composée par le P. Jouvenci, qui entreprend d'y justifier leur P. Guignard, exécuté à mort comme convaincu

d'avoir fait des écrits parricides contre la vie des Rois et contre la tranquilité des Etats. 1713. (Avec la suite...)

6. — Bibliothèque jésuitique, ou Catalogue des ouvrages nouvellement composez par les Jésuites à l'usage de l'église, ou par quelques personnes pieuses, à l'usage de la Société.
S. n. n. l. 1716.

7. — Troisième Dénonciation de la nouvelle hérésie du péché philosophique, où l'on examine l'abjuration frauduleuse qu'en ont fait les Jésuites de Paris, au nom de leur Compagnie....

8. — Récrimination des Jésuites contenue dans leur retractation de la nouvelle hérésie du péché philosophique. Convaincue de calomnie par la nouvelle déclaration des disciples de S. Augustin. Traduite en françois.
Cologne. 1690. C. d'Egmont. 1 vol. in-12.

Tome VI.

1. — Recueil de l'Ordre des Jesuites, tiré des bons et asseurés autheurs, et des accidens notoires. Par *Jean* PETIT. 1620.

2. — Plaidoyé de Me *Pierre* DE LA MARTELIÈRE.... Tome III. 8.
Paris. 1612.

3. — L'Alcoran des Molinistes et de l'Antechrist, ou les cinq Propositions heretiques, impies, détestables de la nouvelle secte de la probabilité, contraires à la Foy, à l'Espérance, à la Charité de l'Eglise, à la toute-puissance de Dieu et de la grâce de Jesus Christ, et à la vie des Roys.

4. — Theologie morale des Jesuites, extraitte fidellement de leurs livres. Contre la morale chrestienne en general.

5. — Protocatastasis.... 1615. Tome II. 7.

6. — Recueil des Articles qui sont proposez par *Theophile* EUGÈNE (*Guillaume* PASQUELIN) au Roy tres-chrestien, pour la reformation des Jesuites, en France. 1615.

7. — Explication familière, et toutesfois mysterique, de l'excellente lettre qui porte pour tiltre, à nostre très-cher fils en Christ, Louys de France, très-chrestien, Gregoire Pape XV, etc. Par Père A. de la vraye Société de Jesus. 1622.

8. — Lettre au Roi par trois Gentils-hommes vieillis au service du Roi Henri le Grand.

9. — Poemata *Fr.* HERINGII med. Londinatis ab authore recognita.— (Pietas pontificia... Accessit venatio catholica.)
Amstelreodami. 1608. C. Nicolai.

10. — Traicté de la souveraineté du Roy, et de son royaume. A Messieurs les Deputez de la Noblesse. Par M. *Jean* SAVARON. — Prins sur la coppie imprimée à Paris, et depuis imprimée à Lyon, pour Claude Chastellard. 1615.

TOME VII.

1. — Arcana Societatis Jesu publico bono vulgata cum appendicibus utilissimis. 1635. N° 1301.

2. — Lettre justificative du P. F. SOLIER. Tome III, 6.

3. — Censura.... Tome II, 2.

4. — Requeste présentée au Conseil des Païs-Bas, par le neveu de feu Mgr. l'Evesque d'Ipres, touchant son livre intitulé *Augustinus*...... 1642.

5. — Deffence de la Doctrine de M° *Fr.* HALLIER, par luy-mesme : contre les impostures et calomnies du supposé abbé de Boisic. 1644.

6. — Difficultez sur la Bulle qui porte deffense de lire le livre de Cornelius Jansenius, Evesque d'Ipre, les Thèses des Jesuites, et autres ouvrages sur la matière de la grâce.
Paris. 1644.

7. — Considération sur une censure pretendue de la Faculté de Théologie de Paris, contre quelques propositions touchant la matière de la grâce et du franc-arbitre. L'année 1560. 1644.

8. — Veritatis amatoribus salutem. D. I. C. P. L. Theses apologeticæ atque dogmaticæ ad tuendas ubique catholicas veritates..... necnon Molinistarum tumultus coercendos.

TOME VIII.

1. — Les intrigues secrettes des Jésuites, traduites du Monita secreta (de *Jérôme* ZAOROWSKY); où l'on a joint l'Extrait de la Faculté de Théologie de Paris de l'an 1554, et la Prophétie de Sainte Hildegarde, morte en 1181.
Turin. 1718. Daniel.

2. — Instruction aux Princes, sur la manière dont se gouvernent les Jésuites. Par un Religieux désintéressé. Traduite de l'Italien.

3. — Arrest de la Cour de Parlement de Bretagne,... qui condamne... plusieurs propositions enseignées en 1716 par les Jésuites du Collége de Rennes.
Rennes. 1718. Vatar.

4. — Les Amours du chevalier de Tel, et de Dona Clementina. Histoire nouvelle et véritable. 1716.

5. — 2º Lettre de M. l'abbé de.... au P. Tournemine, par laquelle il désavoue une fausse édition qui a paru de sa première Lettre : et donne une idée de la politique et des intrigues des Jésuites. 1716.

6. — La Vie du Père Tellier, Jésuite. Son origine, ses progrès, sa chute ; et la déroute de sa Société.
La Haye. 1716. Fristch.

7. — Dialogue entre le R. P. Le Tellier, confesseur du Roi, le P. De la Rue, et le P. de la Ferté, Jésuites. Avec quelques autres vers. 8 juillet 1712.

8. — Lettre au P. Tellier, touchant un Libelle séditieux, intitulé, Mémoire pour le corps des Evêques qui ont reçu la Constitution *Unigenitvs*, et auquel le public a donné le nom de *Tocsin*. Avec une addition..... 1716.

Tome IX.

1. — Les Plaidoyers de M. *Antoine* Arnauld contre les Jésuites ; et de M. Chevalier, pour les chanoines de Reims. Avec la Relation de ce qui s'est passé au Rétablissement des Jesuites en 1604, et la conclusion de la Faculté de Théologie de Reims, faite le 26 juin, et confirmée le 1 juillet 1716. — 1716.

2. — Relation de ce qui s'est passé en MDCIV au rétablissement des Jésuites, tirée de l'Histoire de M. le président de Thou, livre 132.

3. — Requête présentée au Roy, par les habitans de la ville de Brest. Contre les Pères Jésuites de la même ville. 1717.

4. — Bibliothèque jésuitique.... (Tome V, 6.)

5. — Mandement de M. de Mailly, Archevêque de Reims, aux fidèles de son diocèse. (En vers.)

6. — Histoire du différent entre M. l'Archevêque de Reims, et six de ses Prêtres, au sujet de la Constitution.
Rotterdam. 1716. Boohm.

7. — Plaidoyé de M. Chevalier, pour trois Chanoines de l'Eglise de Reims, appellans comme d'abus de la sentence d'excommunication prononcée contre eux par l'Official métropolitain de la même ville, les 30 avril, 7 et 14 mai 1716.
Saulur. 1716.

Tome X.

1. — Recueil de Pièces, contenant les Brefs, au Roi de France, aux Cardinaux, aux Evêques, et celui à l'Evêque de Nole, la Lettre du Général des Jésuites, en leur envoyant la Bulle *Apostolicum*, des Observations sur cette Bulle et les Brefs, six autres Pièces

traduites de l'espagnol, où il est prouvé que les trois martyrs dont parle la Bulle n'étoient point Jésuites ; une Lettre du Ministre de France à Trèves, à l'Ambassadeur de la même Cour à Rome, au sujet de la thèse du P. Kreins, Jésuite.

En France. 1765.

2. — Parallèle de la conduite du Clergé avec celle du Parlement, à l'égard des Jésuites. 1762.

3. — Lettres d'un célèbre Canoniste d'Italie, sur la Bulle *Apostolicum*; dans laquelle il est démontré que cette Bulle est subreptice et nulle de toute nullité.... Traduites de l'italien par L. D. D. N. J. 1765.

4. — Lettre d'un Théologien de Rome à un Evêque de France, sur la Bulle *Apostolicum*. 30 janvier 1765.

5. — Lettre à un Docteur en théologie, par un de ses amis, au sujet de l'emprisonnement de M. Blache. (Par l'abbé BLACHE.)

TOME XI.

1. — S'ensuivent les principales requestes de celles, qui ont esté cy devant alléguées. Les autres, comme celles de Bourges, Eu, Billom et villes d'Auvergne ont esté omises pour briefveté. 1594.

2. — Lettre declaratoire de la doctrine des Pères Jésuites conforme aux décrets du Concile de Constance, adressée à la Royne Mère du Roy Regente en France. Par le P. P. COTON.

Paris. 1610. Chappelet.

3. — Arrest notable de la Cour de Parlement; sur cette question, sçavoir, si celuy est capable de succeder, qui a esté en la Compagnie des Jesuites.... (signé LEVESQUE).

Paris. 1631. Brunet.

4. — Deux Declarations solennelles données par les Jesuites à Mess. les Prélats. L'une, sur le sujet des livres d'Angleterre, contre la hierarchie, et le sacrement de Confirmation. Et l'autre, touchant la nécessité que les Religieux ont d'estre approuvez par les Evesques, pour confesser et pour prescher. Avec les contraventions publiques qu'ils y ont faites. 1633.

5. — Theologie morale des Jesuites. (Tome VI, 4.)

6. — Impromptu à Mg. de Harouys de la Seilleraye, sur les actes qu'il a soutenus chez les RR. PP. Jesuites, les 29 février et 25 juillet 1676.

7. — La bonne foy de M. Arnaud, et la mauvaise foy des Jesuites touchant le fait de Rouen contre leur écrit intitulé : *Preuves*

— 558 —

autentiques de la nouvelle calomnie que M. Arnauld *a faite aux Jesuites ;* et contre d'autres semblables libelles. 1692.

8. — Histoire du différent entre les Jesuites et M. de Santeul, au sujet de l'Epigramme de ce poète pour M. Arnauld; contenant des Lettres de plusieurs Jesuites, et des vers faits de part et d'autre ; avec quelques Lettres de M. DE SANTEUL à M. Arnauld.
 Liège. 1697.

9. — Lettre (1re et 2e) du Doge de la République des Apistes au general des Solipses, pour lui demander du secours dans une guerre qui intéresse les deux nations. (Par Dom CLEMENCET.)

10. — Copie d'une lettre écrite au Roy par le R. P. GONTHERY, sur la conversion d'une dame de la Religion pretendue reformée à la foy catholique. En ceste lettre se voit la veritable relation d'une conference qu'a eu le dit R. Père avec le sieur Du Moulin....
 Paris. 1609. Cl. Chappellet.

11. — Philotanus. (Par l'abbé WILLART DE GRÉCOURT.) En vers.

12. — Bibliothèque jésuitique. (Tome v, 6.)

13. — Lettre justificative d'un Père Jesuite, professeur dans l'Université de Caen, calomnié d'avoir enseigné l'anarchie dans l'église, et que la jurisdiction du Pape estoit de droit humain. (Par le P. *Erard* BILLE.) 1645.

TOME XII.

1. — Les Advis secrets de la Société de Jesus. 1668.

2. — Médecine à la Janseniste, ou nouveau remède contre le Jansénisme.
 La Haye. 1699. P. B.

3. — Déclaration du Père Provincial des Jésuites, et des Supérieurs de leurs Maisons de Paris; touchant une nouvelle édition de quelques ouvrages du P. J. Hardouin.... 1708.

4. — Lettre à Mg. l'Arch. de Besançon par les Ecclésiastiques de son Diocèse, au sujet des poursuites que les PP. Jésuites ont faites pour avoir la direction de son Séminaire.

5. — Requeste des RR. PP. Jesuites au Roy. — Réponse de M. l'Archevesque de Rouen (*J.-Nic.* COLBERT) à la dite requeste.

6. — Nouvelle hérésie des Molinistes devenus Nestoriens, ou éclaircissement historique et dogmatique sur le fait et le droit d'une thèse soutenue chez les Jésuites de Reims, le premier aoust de la présente année 1698.
 Liège. 1698. G. Le Niais.

7. — Lettre de M. Louis de Cicé. (N° 591, VIII.)

8. — Lettre écrite de la province de Fo-Kien, dans la Chine, sur la fin de l'année 1700. Où l'on rapporte le cruel traitement que les chrétiens des Jésuites ont fait à Mgr. Maigrot, Evêque de Conon et Vicaire apostolique, et au R. P. Croquet, de l'Ordre de S. Dominique; et où l'on voit un échantillon du respect qu'ont les Jésuites pour les Evêques et pour le S. Siège.

9. — Ad virum nobilem. De cultu Confucii philosophi, et progenitorum apud Sinas. (Auctore P. DAIZ.)
   Leodii. 1700.

10. — Notes sur la lettre circulaire des Jésuites, écrite sous le nom du R. P. de la Chaize aux Evêques de France, le 12 sept. 1702.

11. — Lettre du R. P. *Paul* DE VANDOME, Capucin Missionnaire des Indes Orientales, au R. P. François-Marie de Tours, religieux Capucin et Missionnaire des Indes, touchant le différent qui est entre les Jésuites et les Capucins établis à Pondichéri sur la côte de Malabar. Blois, 30 oct. 1702.

12. — A Louvain, le 27 octobre 1702, est passé des travaux de cette vie au repos de la vie éternelle nostre très venerable et très digne maître Messire Germain Huyghens, natif de Lyre, prêtre, chanoine de l'église de S. Pierre, président du Collége du Pape Adrien VI, etc.

13. — Lettres des Ursulines d'Amiens aux RR. PP. Jésuites qui s'étoient emparés de leur chaire à l'exclusion d'un R. P. de l'Oratoire. 6 oct. 1709. *Manuscrit.*

1347.—Recueil de Pièces pour l'Histoire des Jésuites.
   12 vol. in-12, contenant :

   TOME Ier.

1. — Mémoire des Pères Jésuites. 1759. (Affaire du P. Ambroise Guis.)

2. — Desseins pernicieux des Jésuites, où on prouve que ces Pères ont trompé le Roi, le Pape et les Evêques, dans les affaires présentes. (Par ARNAULD.)
   En Europe. 1756. Chez les véritables Amis de la Société.

3. — Addition au Problème historique, qui des Jésuites, ou de Luther et Calvin, ont le plus nui à l'Eglise chrétienne.

   TOME II.

1. — Lettre de Monseigneur l'Evêque de *** à Monseigneur l'Archevêque de ***, du 8 septembre 1761.
   Avignon. 1762. L. Chambeau.

2. — Secret du Gouvernement jésuitique, ou abrégé des Constitutions de la Société de Jésus. Lettre à M. le duc de.... 1761.

Tome III.

1. — Tout le monde a tort, ou jugement impartial d'une Dame philosophe, sur l'affaire présente des Jésuites. (Par le P. Abrassevin.)
En France. 1762.

2. — Toinette Le Vasseur, chambrière de Jean-Jacques, à la femme philosophe ; ou Réflexions sur Tout le monde a tort. (Par le P. Isidore Mirasson.)
A l'Hermitage de Jean-Jacques Rousseau. 1762.

A la suite : Quelques Chansons contre les Jésuites :
Or écoutez, petits et grands, etc.
Par un miracle du Très-Haut, etc.
Qui l'auroit dit, etc.
Chantons en ce jour solemnel, etc.

3. — Constitution de Notre Très-Saint Père Clément, par la Providence divine Pape XIII du nom.
Rome. 1762. Imp. de la Sacrée Congrégation.

4. — Le franc et véritable discours au Roi, sur le rétablissement qui lui est demandé pour les Jésuites. (Par *Ant.* Arnauld.)
1762. S. l. n. d.

Tome IV.

1. — Mes doutes sur la mort des Jésuites.
S. p. n. l. n. d.

2. — Les Jésuites condamnés, malgré l'appel à la raison.
Bruxelles. 1762.

3. — Le Réveil des Jésuites. 1762.

Tome V.

1. — Lettre à M. ***, conseiller au Parlement de ***, pour servir de supplément à l'ouvrage qui est dédié à ce Magistrat, et qui a pour titre : *Sur la Destruction des Jésuites en France*. Par un auteur désintéressé. (D'Alembert.) 1767.

2. — Seconde Lettre à M. ***, conseiller au Parlement de ***, sur l'Edit du Roi d'Espagne pour l'expulsion des Jésuites. (Par d'Alembert.) 15 juillet 1767.

3. — Raisons invincibles qui doivent empescher le Pape d'accorder, et les Souverains de poursuivre l'abolition de la Compagnie de Jésus, tant que cette cause sera dans l'état où elle est. 1773.

4. — Bref de N. S. P. le Pape Clément XIV, en date du xxi juillet 1773, portant suppression de l'Ordre régulier dit Société de Jésus.

Tome VI.

1. — Abrégé chronologique de l'Histoire de la Société de Jésus ; sa naissance, ses progrès, sa décadence et autres principaux événemens qui affectent la Société, avec des Notes et des Anecdotes. Pour servir d'instruction au procès que le public fait aux Jésuites, et à la justification des édits du Roi de Portugal contre ces Pères. (Par *Jacques* Tailhé.)

En France. 1760.

2. — Réquisitoire présenté à Sa Majesté très-fidèle, dans une audience publique, par le docteur *Joseph* de Seabra da Sylva, conseiller de la Chambre des Supplications, et Procureur général de la Couronne. Sur les circonstances critiques où se trouve cette monarchie, depuis que la Société dite de Jésus a été bannie et expulsée des domaines de France et d'Espagne. Traduit du portugais. 1768.

3. — Lettres-patentes du Roi de Portugal (et requisitoires du Procureur général de la Couronne, sur lesquels elles ont été données), qui déclare nul et de nul effet, pour ses royaumes, le Bref *Apostolicum*....

Lisbonne. 1765. M. Rodrigues.

Tome VII.

1. — Réflexions sur l'histoire des Maccabées, comparée à celle des défenseurs de la vérité dans le dernier siècle : où l'on fait voir les grands maux que les Jésuites et leurs adhérans ont fait dans l'Eglise et les services signalés que MM. de Port-Royal ont rendu à la Religion.

S. n. n. l. 1760.

2. — Lettre écrite au Roi, par M. l'Evêque D. P., sur l'affaire des Jésuites.

S. n. n. l. 1762.

3. — Extrait du procès-verbal de l'Assemblée générale du Clergé de France, tenue à Paris en mdcclx.

4. — Lettre à un Ami, sur un écrit intitulé : *Sur la Destruction des Jésuites en France, par un auteur désintéressé.*

S. l. n. d. in-12.

5. — Le Médiateur d'une grande querelle.

A Genève. 1762.

Tome VIII.

1. — Arrest du Parlement de Rouen, du 12 fév. — du 27 mars. — du 6 mai. — du 20 juillet 1762. — du 21 fév. — du 2, du 5, du 24 mars 1763. — du 23 nov. 1765. — des 14 et 19 mai 1767.
Rouen. 1762 - 67. Lallemant.

2. — Arrest de la Cour du Parlement de Provence, du 2 mai 1768.
Aix. 1768. Esprit David.

Tome IX.

1. — L'Avocat du Diable, ou les Jésuites condamnés, malgré l'Appel à la Raison.
Au Tartare. 1762.

2. — Sentence du Chastelet, qui condamne deux écrits imprimés ayant pour titre, l'un, *Appel à la Raison*, l'autre, *Nouvel Appel à la Raison...*, à être lacérés et brûlés en place de Grève, par l'exécuteur de la haute-justice, etc.. Du 18 novembre 1782.
Paris. 1762. Simon.

Tome X.

— IVe, Ve, VIe, VIIe, VIIIe suite du Recueil des Pièces concernant les Jésuites d'Espagne.
Madrid. Paris. 1767-68. Boudet.

Tome XI.

1. — IXe suite du Recueil.
Madrid. Paris. 1768. Boudet.

2. — Sanction pragmatique de Sa Majesté catholique, ayant force de loi, qui enjoint à tous les religieux de la Compagnie de Jésus, de sortir de ses royaumes; leur fait défense de jamais s'y établir; et ordonne la confiscation de tous leurs biens. A Madrid, 2 avril 1767.

3. — Rapport judiciaire du procès criminel instruit à la poursuite et diligence d'Illustrissime Seigneur D. Pedro Rodriguez de Campomanes, Procureur général du Conseil de Castille, en exécution de l'arrêt du 21 décembre 1766. Par D. *Augustin* DE LEYZA, conseiller du Roi.
Madrid. 1767. — Paris. 1768. Simon.

4. — Recueil des ordres donnés pour le bannissement des Religieux de la Compagnie de Jésus, d'Espagne, des isles adjacentes, etc., etc.
A Madrid. 1767. — Paris. Ant. Boudet.

Tome XII.

1. — Arrest de la Cour du Parlement de Provence, du 9 juin, — du 30 juin, — du 2 oct. 1768.
Aix. 1768. Es. David. In-12.

2. — Lettres d'un célèbre Canoniste d'Italie, sur la Bulle *Apostolicum*. Traduites de l'italien. Par L. D. D. N. J.
   S. n. n. l. 1765.

1348. — **Recueil pour l'histoire des Jésuites.**
   32 vol. in-12, contenant :

   Tome Ier.

1. — Idée générale des vices principaux de l'Institut des Jésuites, tirée de leurs Constitutions et des autres titres de leur Société. (Par l'abbé *Chr.* Coudrette.)

2. — Motifs pressants et déterminants, qui obligent en conscience les deux puissances, ecclésiastique et séculière, à anéantir la Société des Jésuites.

3. — Réfutation d'un écrit mal-nommé Addition aux motifs pressants et déterminants d'anéantir la Société des Jésuites.

4. — Autenticité des Pièces du procès-criminel, de religion et d'état, qui s'instruit contre les Jésuites depuis deux cens ans ; démontrée contre un libelle intitulé : *Addition aux motifs pressans et déterminans, qui obligent en conscience les deux puissances, ecclésiatique et séculière, à anéantir la Société des Jésuites.* (Par Dom Clemencet.)
   S. l. n. d. 1760.

5. — Pièces envoyées d'Italie, qui peuvent servir à l'instruction du procès des Jésuites.

6. — Recueil des Pièces secrètes touchant le Livre du P. Jouvenci, Jésuite. Contenant tout ce qui s'est passé entre le Roi, le Parlement et les Jésuites, au sujet de la condamnation de cet ouvrage, qui contient une approbation de la doctrine pratique de la Société sur le meurtre des Rois.
   En France. 1761.

7. — Edit du Roi pour le bannissement des Jesuites. Extrait du Registre du Parlement de Rouen (cotté G), contenant les enregistremens des Edits, Déclarations et Lettres-Patentes, depuis le 6 juillet 1586, jusqu'au 9 juillet 1609.

8. — Vains efforts des benis Pères, pour renouveller la fable de Bourg-Fontaine et les calomnies publiées dans la *Réalité du projet démontré dans l'exécution*. (Par Dom Clémencet.)

   Tome II.

1. — Secreta monita, ou Advis secrets de la Société de Jésus.
   A Paderborne. 1761.

2. — La France au Parlement. Poëme.

3. — Remerciment de la France au Parlement. En vers.

4. — Remontrances au Parlement. Avec des Notes, et ornées de figures. (En vers.)

        Au Paraguay. 1761. Imp. Roy. de Nicolas I.

5. — Jugement porté sur les Jésuites, par les grands hommes de l'Eglise et de l'Etat ; ou Portrait des Jésuites fait d'après nature par les plus illustres catholiques, depuis l'an 1740, époque de leur établissement, jusqu'en l'année 1650 ; c'est-à-dire, avant les disputes qui se sont élevées sur le Livre de Jansénius. (Par P. O. Pineault.)

        Lisbonne. 1761.

Tome III.

1. — Secret du Gouvernement jésuitique, ou Abrégé des Constitutions de la Société de Jésus. Lettres à M. le duc de.... (Par J. L. Jolivet.)

        S. n. n. l. 1761.

2. — Mémoires pour servir à l'Histoire générale des Jésuites, ou Extraits de l'Histoire universelle de M. de Thou. 2 parties. (Par l'abbé Coudrette.)

        Paris. 1761.

Tome IV.

1. — Avis paternels d'un militaire à son fils, Jésuite, ou Lettres dans lesquelles on développe les vices de la Constitution de la Compagnie de Jésus, qui la rendent également pernicieuse à l'Eglise et à l'Etat, et fournissent les motifs et les moyens de la détruire. (Par Jos. Adr. Le Large de Lignac.)

        S. n. n. l. 1760.

2. — Textes des Jésuites, condamnés au feu par arrêt du 6 août 1761, pour leur doctrine meurtrière et régicide ; ou Maximes des Jésuites, attentatoires à l'autorité et à la vie des Rois, recueillies en forme de tradition.

        S. n. n. l. 1761.

Tome V.

1. — Recueil de Lettres sur la Doctrine et l'Institut des Jésuites.

2. — Réponse à un libelle intitulé : Idée générale des vices principaux de l'Institut des Jésuites, tirée de leurs Constitutions et des autres titres de leur Société. (Par le P. Th. Lombard.)

        Avignon. 1761. Chambeau.

3. — Réplique aux Apologies des Jésuites. 1re, 2e, 3e partie.

        1761-1762.

4. — Lettre d'un ami de la vérité à ceux qui ne haïssent pas la lumière, ou Réflexions critiques sur les reproches faits à la Société de Jésus, relativement à la doctrine. (Par le P. C. DE NEUVILLE.)

5. — Extrait d'une Lettre de Tours, du 30 avril 1762.

6. — Lettres aux RR. Pères Jésuites, au sujet de leur Réponse aux objections publiées contre leur Institut, et de deux Lettres apologétiques de la Société, par MM. les Evêques de L. (Lisieux) et de L. (Lodève).
  Paris. 1762. Chez les Externes, aux dépens des nôtres.

TOME VI.

1. — Observations sur l'Institut de la Société des Jésuites. (Par le P. C. DE NEUVILLE.)
  Avignon. 1761. A. Giroud.

2. — Témoins à entendre dans la cause des Jésuites.

3. — Mémoire concernant l'Institut, la Doctrine et l'établissement des Jésuites en France; nouv. éd. (Par le P. GRIFFET.)
  Rennes. 1762. N. P. Vatar.

4. — Lettre d'un Curé de campagne, aux Jésuites de Bordeaux. Pour servir de replique aux Mémoire, Précis et Réflexions qu'ils viennent de distribuer à leurs juges.
  S. n. n. l. 1762.

5. — Copie fidèle de la Déclaration des Jésuites de toutes leurs Maisons de Toulouse, envoyée au Roi, et que les Jésuites de toutes les autres Maisons de leur Province ont également envoyée au Roi.

6. — Manifeste qu'Ignace de Loyola, confesseur, de son vivant instituteur de la Compagnie, soi-disante de Jésus, adresse aux Pontifes, aux Rois, aux Ministres, aux gens d'épée et de robe, aux femmes, aux filles, aux veuves, aux orphelins, aux justes, aux pécheurs, aux chrétiens, aux idolâtres, à tous les états, à toutes les conditions du monde entier; aux Jésuites eux-mêmes, pour désavouer tous les forfaits que cette infâme Société a eu l'impudence de commettre.

TOME VII.

1. — Mémoire sur un projet au sujet des Jésuites.

2. — Le médiateur d'une grande querelle.
  Genève. 1762.

3. — Dialogue des morts.
  A Elizeopolis. 1762.

4. — Histoire particulière des Jésuites en France, ou Actes, Dénonciations, Conclusions et Jugemens de la Faculté de Théologie de Paris, touchant les Jésuites et leur doctrine, avec les Pièces qui y ont rapport. Depuis l'année 1550 jusqu'à ce jour.

A Sorbon. 1762.

Tome VIII.

1. — Discours d'un de Messieurs des enquestes au Parlement, toutes les chambres assemblées, sur les Constitutions des Jésuites. Du 17 avril 1761. — du 8 juillet 1761. — du 2 avril 1762.

2. — Compte-rendu des Constitutions des Jésuites, par MM. les Gens du Roi, M. *Omer* Joly de Fleury, avocat dudit Seigneur Roi, portant la parole, les 3, 4, 6 et 7 juillet 1761, en exécution de l'arrêt de la Cour du 17 avril précédent, et de son arrêté du 2 juin audit an.

3. — Assertions soutenues, enseignées et publiées persévéramment et dans tous les temps par les soi-disans Jésuites, extraites des Auteurs de la Société mentionnés en l'arrêt du six Août dernier et autres, et présentées au Roi le 4 sept. suivant, par M. le Premier Président, en exécution de l'arrêté de la Cour. Du 31 août 1761.

Tome IX.

1. — Lettre de M. l'Evêque de.... A M. l'Evêque de.... au sujet des arrêts rendus par le Parlement, le 6 du mois d'août 1761.

2. — Questions sur lesquelles les Evêques assemblés ont à répondre, avec des réflexions.

3. — Lettre d'un Evêque à un de ses confrères, assemblés à Paris par ordre du Roi, pour donner leur avis à S. M. sur quatre points concernant l'affaire des Jésuites.

4. — Avis aux Evêques assemblés à Paris en décembre 1761, au sujet des Jésuites.

5. — Mémoire dans lequel on prouve, par l'Institut et la conduite des Jésuites, qu'ils ont toujours été les ennemis des Evêques et de l'Episcopat. (Par *Chr.* Coudrette.)

6. — Moyens de récusation contre plusieurs des Evêques assemblés à Paris au mois de décembre 1761, au sujet de l'affaire des Jésuites.

7. — Avis des Evêques de France, sur l'utilité, la doctrine, la conduite et le régime des Jésuites de France.

8. — Réflexions sur l'avis des Evêques au Roi.

9. — Problèmes historiques, proposés à Nosseigneurs les Evêques de France en général, et à plusieurs d'entr'eux en particulier, sur le respect porté par les Jésuites à l'Episcopat. — 1re partie. 1762.

10. — Parallèle de la conduite du Clergé avec celle du Parlement, à l'égard des Jésuites. 1762.

11. — La Religion à l'Assemblée du Clergé de France. Poème.
    En France. 1762. Chez les libraires.

12. — Principe sur la validité des vœux solemnels.

13. — Lettre d'un homme de Province à un ami de Paris, au sujet d'une nouvelle fourberie des soi-disans Jésuites.

Tome X.

1. — L'inutilité des Jésuites démontrée aux Evêques.
   En France. 1752.

2. — 1re, 2e et 3e lettre d'un Théologien françois à un Théologien des Pays-Bas, sur l'état présent des Jésuites. (Par l'abbé d'Ettemare.)
   1762. Sur l'imprimé à Utrecht, chez Wanderveide.

3. — Lettre d'un Théologien, où il est démontré que l'on calomnie grossièrement Saint Thomas, quand on l'accuse d'avoir enseigné qu'il est quelquefois permis de tuer un tyran, et d'avoir posé des principes contraires à l'indépendance des Rois. (Par le P. *Jos. Dufour.*)
   En France. 1761.

4. — La vérité vengée en faveur de Saint Thomas, par Saint Thomas lui-même.

5. — Lettre d'un homme du monde à un Théologien, sur les calomnies qu'on prétend avoir été avancées contre S. Thomas.

6. — Mémoire justificatif des sentimens de S. Thomas, sur l'indépendance absolue des souverains, sur l'indissolubilité du serment de leurs sujets, et sur le régicide.
   Paris. 1762.

7. — Réponse à l'écrit intitulé : *Lettre d'un homme du monde...*

8. — Lettre d'un Dominicain de la Martinique à un de ses supérieurs en France; contenant le récit de la persécution que le Père de Lavalette Jésuite, a excitée aux Missionnaires de cet Ordre, pour avoir refusé de livrer leur église aux Anglois, comme il leur avoit livré celle de la paroisse qu'il desservoit.

9. — Mémoire de l'Université sur les moyens de pourvoir à l'instruction de la jeunesse, et de la perfectionner.

10. — Mémoire sur la nécessité d'établir dans Paris une maison d'institution pour former des maîtres, et quelques colléges pour les basses classes.

Tome XI.

1. — Compte-rendu des Constitutions des Jésuites, pár M. L. R. DE CARADEUC DE LA CHALOTAIS, procureur général du Roi au Parlement de Bretagne, les 1, 3, 4 et 5 décembre 1761, en exécution de l'arrêt de la Cour du 17 août précédent. 1762.

2. — Appel à la raison, des écrits et libelles publiés par la passion, contre les Jésuites de France. Nouvelle édition. (Par le P. BALBANI.)

Bruxelles, 1762. Vandenberghen.

Tome XII.

1. — Questions proposées à l'auteur de l'Appel à la Raison.

2. — Remarques sur un écrit intitulé : Compte-rendu des Constitutions des Jésuites, par M. L. R. de Caradeuc de Chalotais, procureur général du Roi au Parlement de Bretagne. (Par le P. GRIFFET.)

3. — Second Compte-rendu sur l'Appel comme d'abus, des Constitutions des Jésuites, par M. L. R. DE CARADEUC DE LA CHALOTAIS, les 21, 22 et 24 mai 1762. — 1762.

4. — Nouvel Appel à la Raison, des écrits et libelles publiés par la passion, contre les Jésuites de France. (Par l'abbé DE CAVEIRAC.)

Bruxelles. 1762. Vandenberghen.

Tome XIII.

1. — Dénonciation faite à Nosseigneurs du Parlement de Normandie; de la conduite que les Jésuites ont tenue depuis leur entrée dans cette province jusqu'à présent, où ils sont convaincus d'excès en tous genres, d'usurpations, calomnies, persécutions envers leurs bienfaiteurs; de blasphèmes; d'outrages envers les Evêques; d'être corrupteurs de la jeunesse; criminels de lèze-Majesté divine et humaine, etc. avec les pièces justificatives.

En France. 1762.

2. — Recueil de Pièces non imprimées, extraites des Registres du Parlement de Rouen, et de l'Hôtel-de-Ville de Caen, pour prouver que les Jésuites sont coupables de toutes sortes d'excès, notamment du crime de lèze-Majesté, dont ils sont accusés dans la dénonciation faite au Parlement de Normandie.

En France. 1662.

3. — Comptes des Constitutions de la doctrine de la Société, se disant de Jesus, rendus au Parlement de Normandie, toutes les Chambres assemblées, les 16, 18, 19, 21, 22 et 23 janvier 1762. Par M. CHARLES.

S. n. n. l. 1762.

Tome XIV.

1. — Compte de la doctrine de la Société se disant de Jésus. (Extrait des Registres du Parlement de Normandie, du 16 janvier 1762.)

2. — Compte rendu de l'Institut et Constitution des soi-disans Jésuites, par M. DE SALELLES, sous-doyen du Conseil souverain de Roussillon, en conséquence de l'arrêt de la Cour du 20 mars 1762.
   Perpignan. 1762. J. B. Regnier.

3. — Extrait des Registres de la Cour du Conseil souverain de Roussillon, du 12 juin 1762. (Laquelle fait droit aux conclusions du rapport.)

4. — Journal de ce qui s'est passé dans l'affaire des Jésuites, depuis le 15 septembre 1761, jusqu'au 5 juin 1762. — Extrait des Registres du Parlement séant à Toulouse. Du 15 septembre 1761.

5. — Compte rendu des Constitutions des Jésuites, par Monsieur le procureur général du Roi au Parlement de Toulouse (DE CATILHON), les 24, 30 avril et 4 mai 1762, en exécution des arrêtés de la Cour, des 15 septembre et 14 novembre 1761. — Arrêt du 5 juin 1762, faisant droit au réquisitoire, et interdisant la Société.
   Toulouse. 1762. N. de Caranove.

Tome XV.

1. — Comptes rendus au Parlement séant à Toulouse, toutes les chambres assemblées, par deux d'entre MM. les Commissaires, au sujet des Constitutions et de la doctrine des soi-disans Jésuites, les 7, 9, 10 et 11 mai 1762, et déposés au greffe dudit Parlement, en conséquence de l'arrêté du 16 juin de la même année.

2. — Compte rendu des Constitutions des Jésuites, par M. *Pierre-Jules* DUDON, avocat général du Roi, au Parlement de Bordeaux, les 13 et 14 mai 1762, avec l'arrêt rendu sur ledit compte, Chambres assemblées, le 26 dudit mois.

Tome XVI.

1. — Comptes rendus des Constitutions et de la doctrine des soi-disans Jésuites, par les Conseillers-Commissaires au Parlement séant à Metz, chambres assemblées, les 24 et 25 mai 1762.

2. — Compte rendu de la doctrine des soi-disans Jésuites, par M. MICHELET DE VATIMONT, conseiller au Parlement de Metz, aux chambres et sémestres assemblés les 25 et 26 mai 1762.

3. — Arrêt de la Cour du 28 mai 1762.
   Metz. 1762. Collignon.

4. — Compte rendu par un de MM. les commissaires nommés par le Parlement de Besançon, pour l'examen de l'affaire des Jésuites,

sur l'Institut et les Constitutions desdits Jésuites, au Parlement, toutes les chambres assemblées. Des 17 et 18 août 1762.

S. n. n. l. 1762.

TOME XVII.

1. — Arrest du Parlement de Provence, du 6 mars 1762, pour la remise des Constitutions des Jésuites, et requisitoire de M. LE BLANC DE CASTILLON, Avocat général.

2. — Extrait des Registres du Parlement de Provence, et arrêtés des Parlemens de Paris et de Bretagne (15, — 26, — 30 mars 1762.)

3. — Compte rendu des Constitutions des Jésuites, par M. *Jean-Pierre-François* DE RIPERT DE MONCLAR, Procureur général du Roi au Parlement de Provence, les 28 mai, 3 et 4 juin 1762, en exécution de l'arrêt de la Cour du 15 mars précédent. 1763.

4. — Arrêts du Parlement de Provence, du 5 juin 1762.

Aix. 1762-1763. Ve David.

TOME XVIII.

1. — Motifs déduits au Parlement d'Aix, le 2 octobre 1762, par M. de CORIOLIS, conseiller, de l'opposition qu'il a laissée sur le bureau, avec l'adhésion de M. le conseiller DE THORAME, à l'arrêté du 19 juin, qui déclare suspects dans la cause des soi-disans Jésuites, ceux des juges qui sont actuellement Congréganistes, et fréquentans la Congrégation dite des Messieurs.

2. — Très-humbles supplications envoyées au Roi, en faveur des soi-disans Jésuites du Collége de Pau, en conséquence de l'arrêté d'une Assemblée des Etats de la province du Béarn, du 12 mai 1762.

3. — Journal de ce qui s'est passé au Parlement de Besançon, depuis le 17 jusqu'au 23 août 1762, dans l'affaire des soi-disans Jésuites. — Arrêté du Parlement de Besançon, du 1er décembre 1762. — Pièces importantes concernant les Jésuites de Besançon.

4. — Arrest de la Cour du Parlement de Bordeaux, du 23 juillet 1762. — Du 13 août 1762, concernant les colléges, bénéfices, unions et biens possédés par les ci-devant Jésuites. — Du 18 août 1762, concernant le serment que doivent faire les ci-devant Jésuites. — Du 3 septembre 1762.

Bordeaux. 1762. Lacornée.

5. — Sentence de la Sénéchaussée de Brest, rendue sur la plainte de M. le Procureur du Roi (M. BERGEVIN), qui déclare le frère d'Ambrin, prêtre de la ci-devant Société de Jésus, atteint et convaincu d'avoir prêché des discours séditieux.... 26 août 1762.

6. — Arrest du Parlement de Bretagne rendu, chambres assemblées, qui règle les honoraires des principaux, sous-principaux et professeurs des colléges de Rennes, Vannes et Quimper. Du 23 juin 1762. — Du 19 juillet 1762. (Réglement des vacances du Collége de Rennes.) — 21 juillet 1762. (Sommes à payer aux ci-devant Jésuites.) — 19 août 1762. (Administration des colléges de Rennes, Vannes et Quimper.)

7. — Demande au profit de défaut de M. le procureur général du Parlement de Metz, sur l'appel comme d'abus des Constitutions, etc. de la Société se disant de Jésus.

    Metz. 1752. Collignon.

8. — Arrestés du Parlement de Pau, des 15 mars, 23 avril et 4 mai 1762, et arrest du Parlement de Rouen, du 6 mai 1762.

9. — Arrest de la Cour de Parlement de Provence du 14 juin 1762 (qui autorise les commissaires à interroger sur le divertissement des effets des Jésuites.)

10. — Id., du 19 juin 1762 (qui déclare suspects dans l'affaire des Jésuites les conseillers qui fréquentent les Congrégations.) — Arrests, arrestés, et autres pièces concernant l'affaire des Jésuites pendante au Parlement de Provence.

    Aix. 1762. V° David.

11. — Extrait des Registres du Parlement séant à Rouen, du 1er mars 1762. (Dénonciation du libelle: *Idée véridique du R. P. Gabriel de Malagrida*, requisitoire contre ce libelle.) — Arrest de la Cour de Parlement de Rouen, toutes les Chambres assemblées, sur le remplacement des ci-devant soi-disants Jésuites, dans le Collége de Rouen. Du 15 juin 1762. — Du 18 juin 1762. (Sur le remplacement des Jésuites dans le Collége d'Alençon.) — Du 21 juin 1762. (Vente des meubles, et serment à prêter.) — Du 26 juin 1762. (Biens des Jésuites.) — Du 28 juin 1762. (Ouverture du Collége.) — Du 2 juillet 1762. (Qui ordonne que le libelle, *Lettre écrite au Roi par M. l'Évêque D. P. sur l'affaire des Jésuites en* 1762, sera lacéré et brûlé.) — Des 12, 16 et 20 juillet, du 18 août 1762.

    Rouen. 1762. Le Boullanger.

12. — Extrait du Registre secret du Conseil souverain de Roussillon, des 12 juin 1762 et 1er juillet 1762. — Du 16 août 1762. — Du 24 et 28 août 1762. — Du 1er sept. 1762, qui accorde main-levée des biens et revenus du séminaire ci-devant occupé par les soi-disans Jésuites. — Du 9 sept. 1762, portant réglement provisoire pour l'administration des fonds et revenus du collége de Perpignan.

13. — Arrest de la Cour du Parlement de Toulouse, du 16 juin 1762 (qui condamne au feu plusieurs ouvrages des Jésuites.) — Du 19

juin (qui défend de dévoluter les bénéfices unis à des maisons de Jésuites, jusqu'à ce que l'appel comme d'abus, relevé de leur Institut et Constitutions, soit jugé.) — Du 19 juin (qui ordonne au Procureur général d'envoyer le recueil des assertions aux Archevesques et Evesques du ressort.) — Du 10 juillet. (Biens de Jésuites.) — Arrest de la Cour de Parlement de Toulouse, qui pourvoit à l'enseignement dans le collége de Toulouse, ci-devant confié aux soi-disans Jésuites. Du 11 sept. 1762.

Toulouse. 1762. Bernard Pijon.

14. — Pièces concernant la conduite des Jésuites en Pologne.

Tome XIX.

1. — Journal des arrêts et arrêtés du Parlement de Provence, concernant l'affaire des soi-disans Jésuites. — Ire et IIe suite.

2. — Motifs des arrêts et arrêtés du Parlement de Provence, des 5, 19 et 30 juin, des 2, 4, 6 et 7 oct., concernant l'affaire des Jésuites.

3. — Arrêt de la Cour du Parlement de Rouen, du 31 janvier 1763 (qui établit un bureau d'administration dans une des salles du collége royal.) — Du 5 fév. (qui réunit au collége les biens du noviciat.)

Rouen. 1763. Lallemant.

4. — Extrait des Registres du Parlement de Toulouse, du 15 décembre 1762 (concernant le remplacement des colléges.) — Du 17 décembre 1762 (concernant l'administration des biens.) — Du 1er février 1763 (qui supprime un imprimé intitulé, *Brefs du Pape Clément XIII.*)

Toulouse. 1762-1763. Pijon.

5. — Relation de ce qui s'est passé au Parlement d'Aix dans l'affaire des Jésuites depuis le 6 mars 1762, et de ce qui a été statué par le Roi, sur cette affaire, le 23 décembre 1763.

6. — Extrait des Registres du Parlement séant à Besançon, du 12 janv. 1763 (qui condamne le libelle : *Mémoires présentés au Roy par deux magistrats du Parlement d'Aix.*)

7. — Arrest de la Cour du Parlement de Bordeaux, du 22 décembre 1762. — Du 1er fév. 1763 (qui homologue le traité passé par la ville d'Agen avec les Religieux Dominicains pour le remplacement du collége de cette ville.) — Du 1 fév. 1763 (qui remplace les Jésuites dans le collége de la Magdeleine.)

Bordeaux. 1763. Lacornée.

8. — Arrest du Parlement de Bretagne, du 27 nov. 1762, (qui défend de demander le rétablissement des ci-devant se disans Jésuites. — Du 18 décemb. 1762 (concernant la vente des meubles et effets

des Jésuites.) — Du 24 décembre (qui ordonne que deux libelles, *Appel à la Raison, Nouvel Appel à la Raison*, seront lacérés et brûlés.) — Du 17 janv. 1763 (qui assigne un nouveau secours à tous les ci-devant Jésuites du ressort.) — Du 24 janvier (qui condamne les mémoires de M. d'Eguilles.)

Rennes. 1762. Vatar.

9. — Arrest du Parlement de Dauphiné du 12 fév. 1763, (qui condamn l'imprimé : *Mémoires présentés au Roi.*) — Du 21 mars.

Grenoble. 1763. Giroud.

10. — Arrest de la Cour du Parlement de Flandre, du 5 janv., du 14 mars. (Affaire des Jésuites.)

Douay. 1763. Willerval.

11. — Arrest du Parlement de Navarre, du 8 fév. 1763 (qui condamne le libelle : *Mémoires présentés au Roi*...

Pau. 1763. Desbaratz.

TOME XX.

1. — Plaidoyer de M. de RIPERT DE MONCLAR, procureur général du Roi au Parlement de Provence, dans l'affaire des soi-disans Jésuites. (Audience du 4 janvier 1763.) — Arrest du Parlement de Provence, du 28 janvier 1763, qui juge l'appel comme d'abus interjeté par le Procureur général, et dissout la Société. — Du 28 janvier 1763, qui ordonne la continuation de la régie par gardiens et sequestres des biens des Jésuites. — Du 28 janvier 1763, au sujet de l'édit du mois de mai 1762. — Du 26 février 1763, qui cassé un arrêt de la Cour des Aides qui avait condamné la relation de ce qui s'est passé au Parlement d'Aix dans l'affaire des Jésuites, du 6 mars au 23 décemb. 1762.

Aix. 1763. Ve David.

2. — Plaidoyer de M. le Procureur général du Roi au Parlement de Toulouse, dans les audiences des 8, 11 et 17 février 1763, sur l'appel comme d'abus par lui relevé de l'Institut et Constitutions des soi-disans Jésuites. — Arrest de la Cour du Parlement de Toulouse du 26 février 1763, qui juge l'appel comme d'abus relevé par le Procureur général et interdit la Société. — Du 28 février 1763, au sujet de l'édit de mars 1762. — Du 4 mars 1763... Qui règle le vestiaire, itinéraire et pensions viagères, qui seront payées aux ci-devant soi-disans Jésuites.

Toulouse. 1763. Ve Bernard Pijon.

3. — Arrest et arrêté du Parlement séant à Rouen, au sujet d'un libelle intitulé : *Mémoires présentés au Roi par deux magistrats du Parlement d'Aix*, etc., et d'un autre libelle contenant la tra-

duction en langue espagnole des mêmes mémoires, avec des Notes *exécrables et séditieuses* (séances des 2 et 3 mars 1763.)
Rouen. 1763. Lallemand.

4. — Extrait des Registres du Parlement de Dijon (du 8 mars 1763. Pour l'appel des Constitutions des Jésuites.)

Tome XXI.

1. — L'Apologie des Jésuites convaincus d'attentats contre les lois divines et humaines. Ire, IIe partie. (Par l'abbé *Cl. M.* Guyon.)
S. n. n. l. 1763.

Tome XXII.

1. — L'Apologie... IIIe partie.

2. — Histoire du collége de Douay, à laquelle on a joint la politique des Jésuites anglois. Ouvrages traduits de la langue angloise.
Londres. 1762.

Tome XXIII.

1. — Arrests du Parlement de Besançon, du 22 avril 1762.

2. — Arrest de la Cour du Parlement de Bordeaux, du 3 décembre 1762, — du 22 décembre 1762, — du 9 mars, — du 29 mars 1763.
Bordeaux. 1762 - 63. Lacornée.

3. — Arrest du Parlement de Bourgogne, du 18 mars 1763.
Dijon. 1763. Causse.

4. — Arrest de la Cour du Parlement de Bretagne, du 28 février, — du 18 août 1763.
Rennes. 1763. Vatar.

5. — Arrest du Parlement de Dauphiné, du 21 mars, — du 19 avril, — du 2 mai 1763.
Grenoble. 1763. Giroud.

6. — Arrest de la Cour du Parlement de Navarre, du 8 mars, — du 21 mai 1763.
Pau. 1763. Desbaratz.

7. — Arrest de la Cour du Parlement de Provence, concernant la Faculté des Arts, des 10 et 13 mai, — du 17 mai 1763 (qui condamne le Mémoire de M. d'Eguilles.)
Aix. 1763. David.

8. — Arrest de la Cour du Parlement de Rouen, du 12 avril, — du 14 juillet 1763.
Rouen. 1763. Lallemant.

9. — Arrest de la Cour du Conseil souverain du Roussillon, du 8, — du 15 mars 1763. — Comptes, arrest et arrestés du Conseil souverain du Roussillon. Du 18 avril 1763.
1763. S. n. n. l.

10. — Arrêt du Conseil supérieur du Cap-François, Isle Saint Domingue, qui condamne la morale et doctrine des soi-disans Jésuites, etc. Du 13 décembre 1762.

 Paris. 1763. Simon.

11. — Arrest de la Cour du Parlement de Toulouse, du 16 mars, — du 13 avril, — du 3 juin, — du 18 juin 1763.

 Toulouse. 1763. B. Pijon.

12. — Lettres de jussion, pour enregistrer sans délai les lettres patentes du 21 mars. Données à Versailles, le 8 avril 1763.

13. — Compte rendu de l'Institut des ci-devant soi-disans Jésuites, des titres de leur établissement à Pau, et de l'édit du mois de mars 1762; par M. DE BELLOC et DE MOSQUEROS.

 Pau. 1762. Vignancour.

14. — Lettre de M. le Cardinal DE CHOISEUL au Pape, en réponse à son bref.

15. — IVᵉ Lettre d'un Théologien, adressée à M. l'abbé d'Et...., sur ce qu'on doit attendre du grand nombre des Evêques de France, par rapport au Recueil des Assertions qui leur a été envoyé par les Parlemens. 25 avril 1763.

16. — Avis de Mg. l'Evêque de Soissons, duc de FITZ-JAMES, donné dans l'Assemblée des Evêques du mois de déc. 1761, et envoyé par ce prélat au Roi. Au sujet des Jésuites, et pour répondre aux quatre questions sur lesquelles S. M. demandoit l'avis de ces prélats.

 Paris. 1763.

17. — Procès-verbal contre les Jésuites, dans lequel on établit qu'ils n'ont jamais été reçus en France comme Religieux, et que leur réception comme Collége, est nulle de plein droit. 29 déc. 1665.

TOME XXIV.

1. — Arrest de la Cour du Parlement de Metz, concernant les Confrairies, Congrégations, Associations et Fondations non autorisées. Extrait des Registres du Parlement. Du 10 mai 1763.

 Metz. 1763. Collignon.

2. — Comptes rendus des établissemens, de l'institut et de la doctrine des soi-disans Jésuites. Par les Conseillers commissaires, au Parlement séant à Dijon, chambres assemblées, les 4, 5 et 6 juillet 1763. Et arrêt définitif du 11 juillet 1763.

3. — Arrest de la Cour du Parlement de Bourgogne, qui expulse de son ressort les soi-disans Jésuites. Du 11 juillet 1763. — — Avis

dans l'affaire des Jésuites d'un Conseiller du Parlement séant en Bourgogne. Du 11 juillet 1763. — Arrest du 12 août.

Dijon. 1763. Causse.

4. — Arrest de la Cour du Parlement de Toulouse, du 3 juin, — du 23 août, — du 3 septembre, — du 9 avril 1763, — du 9 avril 1764.

Toulouse. 1763-1764. J.-B. Pijon.

5. — Extrait des Registres du Parlement de Bordeaux, du 23 juillet 1763, — du 20 janvier, — du 11 février, — du 4 avril 1764.

Bordeaux. 1763. Labottière. 1764. Chappuis.

6. — Extrait des Registres du Conseil souverain de Roussillon, du 22 août 1763.

Perpignan. 1765. Reynier.

7. — Arrest du Parlement de Dauphiné, du 29 août 1763, qui juge l'appel comme d'abus interjetté par M. le Procureur général des bulles, brefs, etc., constitutions de la Société de Jésus.

Grenoble. 1763. Giroud.

8. — Arrest de la Cour du Parlement de Provence, concernant les ci-devant Jésuites qui se trouvent dans le ressort. Extrait des Registres du Parlement. Du 18 janvier 1764.

Aix. 1764. David.

9. — Discours d'un de Messieurs des Enquestes au Parlement séant à Rouen, toutes chambres assemblées, et arrest du Parlement du jeudi 22 mars 1764.

Rouen. 1764. Le Boullanger.

10. — Arrest de la Cour de Parlement de Navarre, du 24 mars, — du 13 avril 1764.

Pau. 1764. Desbarratz.

Tome XXV.

1. — Lettre d'un Magistrat du Parlement de Bourgogne, à M. ***. Au sujet de l'Edit donné par le Roi Henri IV pour l'expulsion des Jésuites. 1764.

2. — Pièces du procès instruit contradictoirement au Conseil supérieur de la Martinique. Entre le Procureur général d'une part, et la Société des Jésuites, d'autre. Contenant les Plaidoyers du Procureur général, celui des Jésuites, et l'Arrêt intervenu contre eux le 18 octobre 1763, qui dissout ladite Société.

3. — Extrait des Registres du Conseil supérieur de la Martinique, du 18 oct. 1763.

4. — Arrest du Conseil supérieur du Cap-François, isle Saint-Domingue. Du 24 novembre 1763.

5. — Arresté du Parlement de Navarre. Du 5 juin 1764.

6. — Arrest de la Cour du Parlement de Bordeaux, qui ordonne qu'un manuscrit intitulé : *Causa Societatis Jesu contra novum magistratum*, etc., demeurera déposé au greffe. Du 6 juin 1764.
Bordeaux. 1764. Chappuis.

7. — Arrest de la Cour de Parlement, qui ordonne que le nom du sieur de Lurienne, prêtre, sera rayé de l'Etat annexé à l'Arrêt de la Cour du 22 juillet 1763, et l'admet à prêter le serment prescrit par l'Arrêt de la Cour du 6 août 1762....

8. — Arrest de la Cour du Parlement de Toulouse, du 11 septembre 1764, — des 16 et 23 fév. — du 6 mars 1765.
Toulouse. 1765. Pijon.

9. — Arrests des Parlemens de Toulouse et de Provence, des 19 octobre et 22 décembre 1764.
Aix. 1764. David.

10. — Arrest de la Cour du Parlement de Douay, du 13 décembre 1764.
Douay. 1764. Willerval.

11. — Arrest du Conseil souverain d'Alsace, du 15 déc. 1764.
Colmar. 1764. Decker.

12. — Séance du Parlement de Besançon, du 7 mai 1764, au sujet de l'affaire des Jésuites. — Arrest du 26 janvier 1765.
Besançon. 1765. Daclin.

13. — Observations sur ce qui s'est passé dans l'Assemblée du Parlement de Besançon, au sujet de l'affaire des Jésuites.

14. — Arrest du Parlement de Provence, du 26 janvier, — du 5 mars 1765.
Aix. 1765. David.

15. — Arrest de la Cour du Parlement de Rouen, du 7 fév. 1766.
Rouen. 1765. Lallemant.

16. — Edit du Roi, donné à Versailles au mois de novembre 1764, concernant la Société des Jésuites. Arrêts et arrêté de la Cour de Parlement séant à Rouen, sur ledit Edit, sur les Brefs de N. S. P. le Pape à MM. les Evêques d'Angers et d'Alais, du 19 sept. 1764, et sur la constitution *Apostolicum*, du 7 janvier 1765.

TOME XXVI.

1. — Discours d'un de Messieurs des Enquestes, au Parlement, toutes les chambres assemblées, les Princes du sang et Pairs de France y séans, sur *l'Instruction pastorale* de M. l'Archevêque de Paris,

et sur l'imprimé intitulé : *Nouvelles observations*, etc. Du lundi 16 janvier 1764.

2. — Réflexions sur l'Instruction pastorale de M. de Beaumont, Archevêque de Paris. Du 28 octobre 1763.

3. — Nouvelles Réflexions sur l'Instruction pastorale de M. l'Archevêque de Paris, et celles des Prélats, ses adhérans.

4. — Lettres à Monseigneur l'Archevêque de Paris, à la Trappe.

5. — Lettres à un Duc et Pair, où l'on examine ce qui concerne la doctrine dans l'Instruction pastorale de M. l'Archevêque de Paris, du 28 octobre 1763, en faveur des soi-disans Jésuites.

TOME XXVII.

1. — Ode dans laquelle les Jésuites sont peints au naturel, et où l'on prononce leur destruction. (Traduction d'une Ode de *Robert* ETIENNE, sur la mort de Henri IV.)

2. — Lettre de l'Isle de Cayenne, touchant les immenses possessions et la conduite des Jésuites dans cette Isle. 30 décembre 1762.

3. — Lettre d'Alsace, au sujet des Jésuites. 5 avril 1763.

4. — Mémoire pour les Religieux Bénédictins de l'abbaye de la Chaise-Dieu, présenté à MM. les commissaires du Parlement de Toulouse. (Collége des Jésuites.)

5. — Observations sur un ouvrage intitulé : *Lettre pastorale* de M. l'Evêque de Lavaur au sujet de l'envoi qui lui a été fait par M. le Procureur général de la part du Parlement de Toulouse, en vertu de son arrêt du 19 juin 1762, d'un volume in-4°, contenant 542 pages, ayant pour titre : Extrait des assertions pernicieuses et dangereuses en tout genre, etc., etc. 1763.

6. — Lettres accordées par l'Impératrice Reine aux Jésuites anglois qui ont passé de S. Omer à Bruges. 1er décembre 1762.

7. — Lettre de M. le marquis de.... à M. le duc de.... sur l'Avis demandé par le Roi aux quatre Prélats, par rapport à l'ordonnance pastorale de M. l'Evêque de Soissons, portant condamnation de la Doctrine des Extraits des Assertions, etc. 10 juillet 1763.

8. — Sentence du bailliage de Beauvais, qui condamne un écrit ayant pour titre : *Apologie générale de l'Institut et de la Doctrine des Jésuites*, etc. Du 23 décembre 1763.

Beauvais. 1763. Desjardins.

9. — Apologie des jeunes ex-Jésuites qui ont signé le serment prescrit par arrêt du 6 février 1764. (Par *D.* THIÉBAULT.)

10. — Avis de M. le Procureur général du Conseil souverain de Castille (Don *P. Rod.* Campomanès), sur l'azile demandé en Espagne par les Jésuites chassés de France. 11 juillet 1764.

11. — La Doctrine de S. Augustin et de S. Thomas, victorieuse de celle de Molina et des Jésuites, par les armes que présente M. l'Archevêque de Paris, dans son instruction pastorale du 28 octobre 1763, pour la défense de ces derniers.

En France. 1764.

12. — Brefs de N. S. P. le Pape Clément XIII au Roi de Pologne, et à M. l'Archevêque de Paris.

13. — Réflexions sur les deux nouveaux Brefs donnés par la Cour de Rome, sous le nom de Notre Très-Saint Père le Pape Clément XIII.

14. — Recueil de pièces, contenant.... N° 1346.

Tome XXVIII.

1. — Ordonnance et instruction pastorale de Mgr. l'Evêque d'Alais (*Jean-Louis* de Buisson de Beauteville), au sujet des Assertions extraites des livres, thèses et cahiers des soi-disans Jésuites, et dénoncées aux Evêques par le Parlement.

Aix. 1764. David.

2. — Acte d'adhésion de Mgr. l'Evêque de Soissons (*F.* de Fitz-James) à l'*Instruction pastorale* de Mgr. l'Evêque d'Alais, du 16 avril 1764.

3. — Lettres de Mgr. l'Archevêque d'Aix (*J. B. Antoine* de Brancas); et Réponses de Mgr. l'Evêque d'Alais.

Aix. 1764. Adibert.

4. — Lettres de Mgr. l'Evêque d'Alais, en réponse à celles de Mg. l'Archevêque d'Aix, des 6 juin et 27 juillet 1764.

Toulouse. 1764. Dalles.

5. — Acte de protestation de Mgr. l'Evêque d'Alais..., au sujet de son Mandement sur le recueil des Assertions. 29 juillet 1765.

6. — Plainte au Clergé, ou Lettre qui prouve l'indispensable devoir du rapport des actions à Dieu par amour. Contre le théologien de M. l'Archevêque d'Aix, qui a attaqué la doctrine du Clergé de France sur cette matière. 1763.

7. — Recueil de Pièces, contenant la Constitution qui confirme l'Institut des Jésuites, les Brefs à MM. les Evêques de Grenoble, d'Alais et d'Angers, la seconde lettre de M. l'Arch. d'Aix à M. l'Evêque d'Alais, le Précis de ce qui s'est passé à l'Assemblée provinciale de Narbonne contre le Mandement de M. d'Alais, et la Protestation de ce Prélat. 1765.

8. — Lettré d'un Théologien de Rome. N° 1346. x.

9. — Extrait de deux Lettres de Rome, au sujet des nouveaux Brefs envoyés aux Evêques de France. 9 avril 1765.

10. — Sentence du bailliage de Chauny, qui condamne au feu un libelle contre le Roi, l'Etat et la Religion. Du 29 janv. 1765.
   Noyon. 1765. Rocher.

11. — Lettres-patentes du Roi, concernans les colléges des provinces de Flandres, etc. Des 16 et 25 fév. 1765.
   Douay. 1765. Willerval.

12. — Bref de N. S. P. le Pape Clément XIII, à Mg. l'Evêque de Sarlat. 14 nov. 1764.

13. — Arrest de la Cour de Parlement séant à Aix. Du 27 mars 1765.
   Aix. 1765. David.

14. — Extrait des délibérations du Parlement. Du 30 avril 1765.

Tome XXIX.

1. — Plaidoyers contre les Jésuites, Discours de M. l'Avocat général et Arrests de la Cour de Parlement. 1761.

2. — Edit du roi Henri IV pour le bannissement des Jésuites, du 7 janvier 1595. Avec les arrêts d'enregistrement de cet édit dans les classes du Parlement séant à Dijon et à Rennes.

3. — Response de *René* DE LA FON.... N° 1290.

4. — *Théophile* EUGÈNE, au très-chrestien Roy de France et de Navarre Louis XIII, pour la réformation des Jesuites, en France. N° 1346. VI.

5. — Protocatastasis. N° 1346. II.

Tome XXX.

1. — Recueil des Lettres patentes octroyées aux Jésuites par les Roys Henri IV et Louys XIII, concernans leurs establissements. Avec la remonstrance du Parlement, les oppositions de la Faculté de Théologie et de l'Université, les plaidoyez et arrests sur ce intervenus. Ensemble l'Oraison du Recteur, et les actions de grâces faictes au Parlement par l'Université de Paris.
   Paris. 1612. Jean Petit-Pas.

2. — Plaidoyé de M° *Pierre* DE LA MARTELIÈRE. N° 1346. IV.

3. — Actio *Petri* HARDIVILERII, Parisini, Rectoris Academiæ, pro Academia Parisini.

4. — Ill. Senatus Parisiensis Principi, DD. Nicolao Verduno, *Petrus* DE HARDIVILLIER Rector.

5. — Academiæ Parisiensis ad amplissimum ordinem, gratulatio et gratiarum actio.

6. — Examen de quatre Actes.... N° 1301.

Tome XXXI.

1. — Procès pour la succession d'Ambroise Guys; on y a joint les affaires des Jésuites de Liège, de Fontenay-le-Comte, de Châlons, de Muneau, de Brest, de Bruxelles, avec la Prophétie de *Georges* Bronsvel.

Brest. 1736.

2. — Arrest de la Cour de Parlement de Rouen, qui déclare la matière de vers dictée par le Frère Mamachi, aux escoliers de troisième du collége des Jésuites de cette ville, le 3 mars 1759... pernicieuse, séditieuse.... Du 21 avril 1759.

Rouen. 1759. Lallemand.

3. — Sincérité des Jésuites dans leur désaveu sur Busembaum. Avec l'arrêt du Parlement de Bretagne.

4. — Sentence du Siége présidial de Nantes, qui condamne Fr. Ch. J.-J. B. de Dessus-le-Pont, supérieur de la maison des Jésuites, au bannissement perpétuel. 1 août 1759.

5. — Relation circonstanciée de ce qui s'est passé au sujet du refus des sacremens, fait par le Chapitre de la Cathédrale d'Orléans, à M. de Cougniou, chanoine de la même église.

S. n. n. l. 1754.

6. — Plaidoyer prononcé au Parlement, les Chambres assemblées, le 18 mars 1755. Pour les Doyen, Chanoines et Chapitre de l'église cathédrale de Sainte-Croix d'Orléans, contre M. le Procureur général du Roy.

Paris. 1755. Knapen.

7. — Relation de l'affaire de M. l'Evêque de Luçon avec les Jésuites, au sujet de son séminaire. 1758.

Tome XXXII.

1. — Nouveau complot des Jésuites, ou les mandemens de 1756.

2. — Lettre du Clergé séculier et régulier du diocèse de Saint-Pons, à Mgr. l'Evêque de Saint-Pons, au sujet de son Mandement par lequel il adopte l'instruction pastorale de Mgr. l'Arch. de Paris.

3. — Paradoxes, sophismes, déguisemens.... qui sont contenus dans une instruction pastorale que Mgr. l'Archevêque de Paris a signée et adoptée....

4. — Recueil de Pièces authentiques contre l'instruction pastorale de Mgr. l'Evêque de Troyes.

En France. 1756. Aux dépens des Amis de la Paix.

5. — Mémoires pour servir à l'histoire de la morale des Jésuites.

6. — Discours aux grands de Pologne, sur la nécessité de bannir les Jésuites hors du Royaume, avec des Pièces relatives au même sujet, et des Notes qui confirment et éclaircissent les faits. 1759.

7. — Forfaits des Jésuites au Paraguay, extrait du Mémorial présenté au Roi d'Espagne, etc.

Au Paraguay. 1759.

8. — Lettre à M. l'abbé Prévôt, auteur de l'Histoire des voyages, pour servir d'addition aux relations et autres pièces concernant les missions du Paraguay.

9. — Abrégé chronologique de l'histoire de la Société de Jésus. N° 1347.

10. — Relation d'une conspiration tramée par les nègres, dans l'isle de S. Domingue; défense que fait le Jésuite confesseur aux nègres qu'on supplicie, de révéler leurs fauteurs et complices. 1758.

1349. — Recueil de Pièces pour l'Histoire des Jésuites.

2 vol. in-4°, contenant :

— Compte rendu aux Chambres assemblées, (par MM. ROLLAND, DE L'AVERDY et ROUSSEL DE LA TOUR), de ce qui a été fait par MM. les Commissaires nommés par les arrêts des 6 août et 7 sept. 1762 (relativement à la répartition des établissements des Jésuites.)

1763-1764.

— Le second volume est incomplet et contient seulement les parties IV, V, IX, X, XIII et XIV. (Abbeville, Bourges, St Omer, Béthune, Reims, Poitiers, et le collége Louis-le-Grand).

On y trouve en plus les pièces qui suivent :

1. — Arrest du Conseil d'Etat du Roi, du 30 mars 1759.

Amiens. 1759. Vᵉ Godart.

2. — Lettres patentes du Roi, portant confirmation et réglement pour le collége de Clermont-Ferrand. Du 25 janvier 1764.

Paris. 1764. Simon.

3. — Arrest de la cour de Parlement, portant règlement pour les Colléges qui ne dépendent pas des Universités. 29 janvier 1765.

4. — Edit du Roi, concernant les Ordres religieux. Du 26 mars 1768.

Paris. 1768. Simon.

5. — Arrest de la Cour de Parlement, portant envoi en possession du collége d'Arras des biens qui lui appartiennent, en exécution de l'édit du mois de septembre 1768. Du 16 mars 1769.

6. — Edit du Roi, portant confirmation du collége Wallon de Saint-Omer, et suppression de ceux d'Aire et d'Hesdin. De sept. 1768.

7. — Edit du Roi, portant confirmation du collége d'Arras, et suppression de celui de Béthune. De sept. 1768.
Paris. 1768. Simon.

8. — Mémoire sur l'administration du collége de Louis-le-Grand, et colléges y réunis, depuis le moment de sa réunion, jusqu'au premier janvier 1771.
Paris. 1778. Simon.

9. — Très-humbles et très-respectueuses représentations de l'Archevêque de Paris (*Chr.* DE BEAUMONT), au Roi.
Paris. 1769. Ve Simon.

10. — Edit du Roi, concernant la Société des Jésuites. Nov. 1764.
Paris. 1764. Simon.

1350. —**Pièces pour l'histoire des Jésuites.**
3 vol. in-4°, contenant :
TOME Ier.

1. — Arrest de la Cour de Parlement, concernant les Associations, Congrégations et Confrairies. Du 18 avril 1760.
Paris. 1760. Simon.

2. — Déclaration du Roi, qui ordonne que, dans six mois pour tout délai, les supérieurs de chacune des maisons de la Société des Jésuites seront tenus de remettre au greffe du Conseil les titres de leurs établissemens en France. 2 août 1761.
Paris. 1761. Simon.

3. — Arrest de la Cour du Parlement. Du 6 août 1761.

4. — Lettres patentes du Roi, pour suspendre l'exécution des arrêts du Parlement du 6 de ce mois. (Août 1761.)

5. — Arrest de la Cour du Parlement. Du 3 sept. 1761.
Paris. 1761. Simon.

6. — Extraits des Assertions dangereuses et pernicieuses en tout genre, que les soi-disans Jésuites ont, dans tous les temps et persévéramment, soutenues, enseignées et publiées dans leurs livres....
Paris. 1762. Simon.

7. — Maximes de la morale des Jésuites, prouvées par les extraits de leurs livres déposés au greffe du Parlement; ou table analytique des Assertions dangereuses, etc.

8. — Extrait des Registres du Parlement, du 23, — du 30 avril — du 27 mai 1762. (Colléges des Jésuites.)

9. — Arrest de la Cour de Parlement, qui juge l'appel comme d'abus interjetté par M. le Procureur général, des bulles, brefs, constitutions et autres réglemens de la Société se disant de Jésus... Du 6 août 1762.

10. — Arrest de la Cour de Parlement, du 6 août, — du 11 août, — du 13 août, — du 3 septembre, — du 7 sept., — du 24 nov. 1762.

11. — Mémoires présentés au Roi par M. d'Eguilles, Président du Parlement d'Aix, contre les arrêts et arrêtés de sa Compagnie dans l'affaire des Jésuites.

12. — Arrest de la Cour du Parlement, qui condamne un imprimé ayant pour titre : *Mémoires présentés au Roi, par deux Magistrats du Parlement d'Aix, contre des arrêts et arrêtés de leur Compagnie*, à être lacéré et brûlé par l'exécuteur de la haute justice. Du 17 décembre 1762.

Paris. 1762. Simon.

Tome II.

1. — Jugement de la Sénéchaussée de Lyon, qui supprime une brochure ayant pour titre : *Réponse aux objections publiées contre l'Institut des Jésuites*. 1761... Du 17 déc. 1761.

Lyon. 1761. Valfray.

2. — Arrest du Parlement de Bretagne. Du 23 décembre 1761.

Rennes. 1761. Vatar.

3. — Arrest du Parlement de Rouen. Du 12 février, — du 27 mars 1762.

Rouen. 1762. Le Boullenger.

4. — Extrait des Registres du Parlement, du 18 janvier 1763.

5. — Lettres patentes du Roi, pour l'abréviation des procédures et la diminution des frais dans la discussion des biens des Jésuites. 2 février 1763.

6. — .... concernant l'administration d'une portion des biens de la Compagnie et Société des Jésuites. 2 février 1763.

7. — Arrest de la Cour du Parlement, qui statue sur les Requêtes présentées par plusieurs des ci-devant soi-disans Jésuites, aux Chambres assemblées, afin de pensions annuelles et alimentaires.

8. — Edit du Roi, portant règlement pour les Colléges qui ne dépendent pas des Universités. Février 1763.

9. — Extrait des Registres du Parlement, du 25 février 1763.

10. — Lettres patentes du Roi, en interprétation de celles du 2 février 1763, concernant l'abréviation des procédures et la diminution des frais dans la discussion des biens des Jésuites. 5 mars 1763.

11. — .... portant règlement pour l'administration des Colléges de la ville de Lyon. 29 avril 1762.
    Paris. 1763. Simon.

12. — Ordonnance et instruction pastorale de M. l'Evêque de Soissons (*Fr.* DE FITZ-JAMES) au sujet des Assertions extraites par le Parlement, des livres, thèses, cahiers, composés, publiés et dictés par les Jésuites.
    Soissons. 1762. Courtois.

13. — Arrest de la Cour du Parlement, qui ordonne la suppression d'un décret de l'inquisition de Rome, du 13 avril 1763, portant condamnation d'une ordonnance et instruction pastorale de Mgr. l'Evêque de Soissons. Du 19 mai 1763.
    Paris. 1763. Simon.

14. — Ordonnance et instruction pastorale de Mgr. l'Evêque d'Angers (*Jacques* DE GRASSE) portant condamnation de la doctrine contenue dans les Extraits des Assertions, etc.
    Angers. 1763. Dubé.

15. — Lettres patentes du Roi, portant confirmation et règlement pour le Collège de la ville d'Amiens. 21 mai 1763.

16. — .... concernant la poursuite des biens de la Société et Compagnie des Jésuites, qui sont dans les colonies françoises. Du 3 juin 1763.

17. — .... concernant la poursuite des biens vacans de la Société et Compagnie des Jésuites. 14 juin 1763.

18. — Arrest de la Cour de Parlement, qui supprime un imprimé portant pour titre : *Très-humbles et très-respectueuses représentations faites à Mgr. le chancelier,* etc.
    Paris. 1763. Simon.

19. — Lettre pastorale de Mgr. l'Archevêque de Lyon (*Ant.* DE MALVIN DE MONTAZET, au Clergé séculier et régulier, et à tous les fidèles de la ville de Lyon.
    Paris. 1763. Lemercier.

20. — Lettres patentes du Roi, portant confirmation et règlement pour le collège de la ville de Moulins. 20 juillet 1763.

21. — Arrest de la Cour de Parlement, qui ordonne qu'il sera dressé un état alphabétique de tous ceux des ci-devant soi-disans Jésuites des maisons du ressort... qui n'ont point présenté leurs requêtes à la Cour.... En suit l'état.

22. — Lettres patentes du Roi, en faveur du collége de la ville de Nevers. 11 août 1763.

23. — Arrest de la Cour du Parlement, qui ordonne l'exécution de l'arrêt du 22 juillet concernant les missions, et de celui du 5 août, concernant la liquidation des créanciers personnels des colléges qui étoient occupés par les Jésuites.... Du 19 août 1763.

24. — .... qui règle la forme de procéder à la liquidation des biens des colléges qui étoient occupés par les Jésuites. 19 août 1763.

25. — Lettres patentes du Roi, confirmatives du collége de la ville de Macon. 28 août 1763.

26. — .... pour le collége de la ville de Roanne. 9 oct. 1763.

27. — .... qui confirment le collége de la Rochelle, et l'union qui y a été faite du prieuré de Dieuhdon. 21 oct. 1763.

28. — .... en faveur du collége de Saint-Flour. 26 oct. 1763.

29. — .... qui confirment le collége de Fontenay-le-Comte, et l'union qui y a été faite du prieuré de Rohan-Rohan. 26 oct. 1763.

30. — .... en faveur du collége d'Angoulesme. 27 oct. 1763.

31. — .... confirmatives du collége de la ville d'Orléans. 8 nov. 1763.

32. — .... portant confirmation du séminaire de la Rochelle. 8 nov. 1763.

33. — .... En faveur du collége d'Auxerre. 10 nov. 1763.

Paris. 1763. Simon.

34. — Compte rendu aux Chambres assemblées, par M. DE L'AVERDY, concernant la réunion des boursiers fondés dans les colléges de non-plein exercice sis en la ville de Paris. Du 12 nov. 1763.

35. — 1, 2e, 3e, 4e et 5e Lettre à un provincial sur l'établissement d'un chef-lieu pour l'Université de Paris, et d'un collége commun pour ses boursiers.

36. — Pièces servant à la cause, concernant la propriété du collége dit de Clermont, situé dans la rue St Jacques. Entre M. le Procureur général et les syndics et directeurs des créanciers des ci-devant soi-disans Jésuites.

37. — Lettres patentes du Roi, portant translation des écoles de la Faculté des droits de l'Université de Paris, sur la place de la nouvelle église de Sainte Geneviève-du-Mont. 16 nov. 1763.

38. — .... pour la translation et établissement, dans le collége de Louis-le-Grand, du collége de Lisieux, etc. 21 nov. 1763.

39. — .... portant réglement au sujet des prétentions respectives entre les administrateurs des colléges ci-devant desservis par la Compagnie et Société des Jésuites, et les syndics des créanciers de ladite Société. Le 21 nov. 1763.

40. — .... portant réglement sur les réparations des bâtimens et lieux dépendans des bénéfices unis aux colléges ou autres établissemens qui étoient desservis par la Compagnie et Société des Jésuites. 21 nov. 1763.
Paris. 1763. Simon.

TOME III.

1. — Sentence du Chastelet, qui condamne deux écrits imprimés ayant pour titre, l'un, *Appel à la Raison*, l'autre, *Nouvel Appel à la Raison...*, à être lacérés et brûlés.... 18 nov. 1762.
Paris. 1762. Simon.

2. — Ordonnance du bailliage et siége présidial de Langres, du 11 décembre 1762.

3. — Sentence du Chastelet, qui condamne deux écrits ayant pour titre, l'un, *R. P. Nicolai Mazotta è Soc. Jesu Theologia moralis...*; l'autre, *Lettre pastorale de Mgr. l'Evêque de Lavaur, au sujet de l'envoi qui lui a été fait par M. le Procureur général du Parlement de Toulouse, d'un volume ayant pour titre : Extraits des assertions pernicieuses....* 29 déc. 1762.
Paris. 1763. Simon.

4. — Sentence de la Sénéchaussée de Lyon, qui condamne une brochure imprimée, ayant pour titre : *L'Observateur françois, sur le livre intitulé : Extraits des Assertions....* 12 mars 1763.
Lyon. 1763. Valfray.

5. — Arrest de la Cour du Parlement, qui condamne deux imprimés ayans pour titre : le premier, *Nouvelles observations*, etc.; le second, *Instruction pastorale de Mgr. l'Archevêque de Paris, sur les atteintes données à l'autorité de l'Eglise par les jugements des tribunaux séculiers dans l'affaire des Jésuites*, à Paris, 1763, à être lacérés et brulés..... 21 janvier 1764.

6. — Lettres patentes du Roi, contenant confirmation et réglement pour le collége de Clermont-Ferrand. 25 janvier 1764.

7. — .... pour le collége de Bar-le-Duc. 25 janvier 1764.

8. — .... concernant le recouvrement des revenus des bénéfices unis aux établissemens de la Compagnie des Jésuites. 8 fév. 1764.

9. — Arrest de la Cour de Parlement, qui condamne quatre imprimés, intitulés, le premier : *Lettre d'un docteur de Sorbonne ;* le second, *Il est temps de parler ;* le troisième, *Tout se dira ;* le quatrième et dernier, *Examen du mandement portant condamnation de trois parties de l'histoire du peuple de Dieu....* 22 fév. 1764.

10. — Extrait des Registres du Parlement. Du 22 fév. 1764.

11. — Remontrances du Parlement, la Cour suffisamment garnie de Pairs, au sujet de la Réponse du Roi au Parlement, concernant la convocation des Princes et des Pairs, ordonnée à l'occasion de l'Instruction pastorale de Mgr. l'Archevêque de Paris, du 28 oct. 1763. Réponse du Roi à ces remontrances et arrêtés du Parlement.

12. — Arrest du Parlement, la Cour suffisamment garnie de Pairs, du 3 mars 1764, et procès-verbal de vérification des textes des assertions cités dans l'Instruction pastorale de Mgr. l'Arch. de Paris, du 28 oct. 1763 dressé en exécution de l'arrest du 23 janv. 1764.

Paris. 1764. Simon.

13. — Lettre de M. de.... à M...., contenant quelques réflexions sur l'Instruction pastorale de Mgr. l'Archevêque de Paris.

14. — Lettre de M.... à M. de...., où l'on discute ce qui est avancé dans l'Instruction pastorale de M. l'Archevêque de Paris, au sujet des censures visées dans l'arrêt du 6 août 1762.

15. — Lettres patentes du Roi, contenant confirmation et réglement pour le collége d'Aurillac. 3 mars 1764.

16. — Arrest de la Cour de Parlement. Du 9 mars 1764.

17. — .... qui homologue une délibération du bureau d'administration du collége de Louis-le-Grand, du 16 février 1764, portant rétablissement des bourses fondées dans ledit collége.... 10 mars 1764.

18. — Lettres patentes du Roi, interprétatives de celles des 14 juin et 21 novembre 1763, concernant les biens dépendans des colléges et établissemens qui étoient desservis par la Compagnie et Société des Jésuites. 30 mars 1764.

19. — Déclaration du Roi, concernant la subsistance des Jésuites. 2 avril 1764.

20. — Lettres patentes du Roi, pour la translation du collége de Beauvais dans celui de Louis-le-Grand. 7 avril 1764.

21. — .... portant confirmation du collége royal de la Flèche, et qui y établissent un pensionnat de 250 gentilshommes.... 7 avril 1764.

Paris. 1764. Simon.

22. — Lettre pastorale de Mgr. l'Evêque de Langres (*Gilbert* DE MONT-MORIN DE SAINT-HÉREM) au Clergé séculier et régulier de son diocèse. Du 1 août 1763.

23. — Lettre pastorale de Mgr. l'Evêque de Langres. 12 sept. 1763.

24. — Discours d'un de Messieurs des Requestes au Parlement, toutes les Chambres assemblées, les Princes du sang et Pairs de France y séans, sur la seconde lettre pastorale de Mgr. l'Evêque de Langres. 29 fév. 1764.

25. — Arrest de la Cour du Parlement, qui condamne un imprimé ayant pour titre: *Lettre pastorale de Mgr. l'Evêque de Langres, du 12 sept. 1763*. Du 3 mars 1764.

26. — .... qui condamne un imprimé ayant pour titre: *Adhésion de Mgr. l'Evêque d'Amiens, à l'Instruction pastorale de Mgr. l'Archevêque de Paris, sur les atteintes données à l'autorité de l'Eglise...* Du 9 mars 1764.

27. — Lettres patentes du Roi, qui permettent aux syndics généraux des créanciers de la Compagnie et Société des Jésuites, de disposer par transport ou reconstitution de toutes les rentes appartenantes à la dite Société. 29 mai 1764.

28. — Discours d'un de Messieurs des Enquêtes au Parlement, toutes les Chambres assemblées, sur deux brefs du Pape, des 24 août 1763 et 15 février 1764.

29. — Arrest de la Cour de Parlement, qui supprime un imprimé, ayant pour titre, *Brefs*, etc. Du 1er juin 1764.

30. — Lettres patentes du Roi, portant confirmation et réglement pour le collége de la ville d'Eu. 21 juillet 1764.

31. — Déclaration du Roi, concernant le collége d'Auxerre. 10 août 1764.

32. — Lettres patentes du Roi, qui confirment les unions des bénéfices faites au collége de Louis-le-Grand.... 16 août 1764.

33. — Arrest de la Cour de Parlement, portant envoi en possession du collége de la Flèche des biens qui lui appartiennent, en exécution des lettres patentes du 14 juin, 21 mai 1763, et 30 mars 1764. Du 21 août 1764.

34. — .... Lettres patentes du Roi, concernant le collége de Moulins. 31 avril 1764.

35. — ..... concernant la vente des biens des Jésuites à S. Domingue, le recouvrement et la distribution des deniers en provenans. 27 oct. 1764.

36. — Edit du Roi, concernant la Société des Jésuites. Nov. 1764.

37. — Extrait des Registres du Parlement. Du 1er décembre 1764.

38. — Arrest de la Cour du Parlement, portant envoi en possession du collége de Sens des biens qui lui appartiennent.... 15 janv. 1765.

39. — .... envoi en possession du collége de S. Flour. 15 janv. 1765.

40. — .... portant réglement pour les colléges qui ne dépendent pas des Universités. Du 29 janvier 1765.

41. — .... portant envoi en possession du collége d'Aurillac des biens qui lui appartiennent.... 29 janv. 1765.

42 — .... du collége d'Angoulême.

43. — .... du collége de Blois.

44. — .... du collége d'Auxerre.

45. — .... du collége de Moulins.

46. — .... du collége de Clermont-Ferrand.

47. — .... du collége de Tours.

Paris. 1765. Simon

1351. — Mémoires pour l'histoire des Jésuites.

1 vol. in-4°, contenant :

1. — Arrest du Parlement de Rouen, contre une Table chronologique, imprimée soubs le nom d'un nommé Tanquerel, demeurant près le collége des Jésuites. Lequel après serment, a dit que le P. Bertrix, recteur des Jésuites, luy avoit mise entre les mains. 27 sept. 1630.

2. — Examen du véritable récit du sieur Bugnet, ministre, touchant ce qui s'est passé entre le R. P. *Sébastien* GOUZIAN, de la Compagnie de Jésus, et luy, en quatre conférences qu'ils ont eu à Calais, pendant la mission de Mgr. le Cardinal. (Publié par *H* DE MAUCONT.)

Calais. 1642.

3. — Doctrine hérétique, schismatique, et contraire aux loix du royaume, touchant la primauté du Pape, enseignée par les Jésuites dans leur collége de Caen, l'an 1644. Avec les escrits qu'ils ont dictez sur cette matière, dont on a plusieurs originaux. 1645.

4. — Response à une censure faite par la Faculté de Théologie de l'Université de Poictiers, contre une thèse de philosophie d'un des professeurs du collége royal de la Compagnie de Jésus, de la mesme ville.

5. — Dissertation de la probabilité, à l'occasion de la censure d'une thèse d'un professeur du collége royal de Poictiers de la Compagnie

de Jésus, d'une Lettre d'un Ecclésiastique à M. Maret, et de la Réponse chrestienne que les docteurs de la Faculté de Théologie de Poictiers y ont faite.

6. — Extrait des Registres du Conseil d'Estat (le Recteur de l'Université de Paris et les Jésuites.) 4 janv. 1645.

7. — Ordonnance de Mgr. l'Archevêque de Sens (L. H. DE GONDRIN), portant deffences à tous les Jésuistes de confesser dans son diocèse.

Sens. 1650. Prusserot.

8. — Lettre du R. P. *Jacques* LE FAURE, de la Compagnie de Jésus, au P. Procureur de la province de France, et des missions d'Orient de la mesme Compagnie, sur son arrivée à la Chine, et l'estat présent de ce royaume. 8 sept. 1657.

9. — Arrest de réglement pour l'église de Pomponne. 17 décemb. 1669.

10. — Récit de ce qui s'est fait à la solemnité de la canonization de S. François de Borgia, au collége des PP. Jésuites de la Flèche.

La Flèche. 1761. Ve Griveau.

11. — Histoire de la solennité de la canonisation de S. François de Borgia, célébrée par les soins des R. P. de la Compagnie de Jésus, au collége royal du Mont, de l'Université de Caen. Recueillie par *Guillaume* MARCEL.

Caen. 1672. Cavelier.

12. — Extraict des Actes et Sentences données pour la condemnation de la doctrine des biens ecclésiastiques enseignées par le F. Jean Garnier, et pour la suspension du F. Charles Guyet. Ensemble les actes, lettres patentes et arrest de l'établissement des Jésuites en France et dans le collége de Bourges pour prouver sur eux la jurisdiction de Mgr. l'Archevêque.

13. — Quæstio facti. Utrum theologorum Societatis Jesu propriæ sint istæ sententiæ duæ : prima : ex duabus opinionibus probabilibus possumus sequi minus tutam. Secunda : ex duabus opinionibus probabilibus licitum est amplecti minus probabilem. Auctore *Stephano* DE CHAMPS.

Paris. 1659. Cramoisy.

14. — Défense des libertés de l'Eglise gallicane, contre les thèses des Jésuites soutenues à Paris dans le collége de Clermont, le XII déc. MDCLXI. Adressée à tous les Parlemens de France.

15. — Acte de réception et d'approbation de la Compagnie de Jésus en France, par l'Assemblée générale du Clergé, tenue à Poissy en l'année 1651....

16. — Arrest de la Cour de Parlement, sur une copie d'un bref du Pape du 1er janvier 1681, et sur des ordres envoyez par le général des Jésuites aux Provinciaux de Toulouse et de Paris. Des 18 et 20 juin 1681.
Paris. 1631. Muguet.

17. — Factum pour les P. Jésuites du collége de la Flèche (contre l'abbaye de Bellebranche.) 1684.

18. — Lettres du P. Nau. (Mission de Syrie.) 1682.

19. — Animadversio super appellatione Professorum quatuor è Societate Jesu, ac justitiæ diplomate à sanctissimo D. N. Innocentio X, illis concesso.

20. — Rationes juris et facti ex titulis trium collegiorum Societatis Jesu Friburgi Brisgoiæ, Selestadii et Insishemii contra falsas expositiones et invasiones violentas D. Pauli Vuillaume Bened. in causa trium Prioratuum in Alsacia, S. Morandi prope Altkirchium, S. Valentini in Ruffach, S. Jacobi in Veldach.

21. — Extraict du second Avertissement fait par l'Université de Paris en 1643.... contre une doctrine préjudiciable à la vie des hommes, enseignée par le P. Airault, dans le collége de Clermont.

22. — Réponse à l'onziesme Lettre des Jansenistes.

23. — Relation de ce qui s'est passé sur le différend entre Mgr. l'Evêque de Pamiés, et les jésuites du collége de la même ville. (Avec la lettre circulaire de l'Evêque (*Fr. Et.* DE CAULET) et l'arrêt du Conseil d'Etat sur ce différend.)

24. — Réponse à un écrit intitulé, *Nullitez de la Sentence d'excommunication fulminée par Mgr. l'Evêque de Pamiez contre trois Jésuites...*

25. — Pour les Universités de France, jointes en cause pendante au Conseil, contre les Jésuites demandeurs en cassation d'arrest du Parlement de Tholouse, par lequel défences leur sont faictes de prendre le nom, tiltre et qualité d'Université....

26. — Sentence d'excommunication contre trois Jésuites du collége de Pamiés. 5 fév. 1668.

27. — Lettre circulaire de Mgr. l'Evesque de Pamiés sur l'affaire des Jésuites de son diocèse qu'il a excommuniez. 21 fév. 1668.

28. — Examen des Ordonnances (contre les Jésuites) du prétendu Synode tenu à Reims, en l'absence de Mgr. Antoine Barberin, Archevesque.

29. — Acte de protestation signifié aux sieurs Syndic, Doyen, et Doc-

teurs de la Faculté de Théologie de Paris, le 18 oct. 1700. Par le P. Le Gobien, de la Compagnie de Jésus (Mémoires de la Chine.)

30. — Mémoire pour montrer que les Jésuites congédiez ne peuvent succéder dans leurs familles. (Par Cuvelier.)
Paris. 1702. Fournet.

31. — Arrest de la Cour de Parlement, du 21 mars 1713, qui ordonne que les assemblées de prières qui se font dans tous les colléges et maisons des P. Jésuites du diocèse de Rheims, sous le nom de Congrégations, finiront avant qu'on commence aucune des messes de paroisses.

32. — Arrest de la Cour de Parlement, portant condamnation et suppression d'un livre qui a pour titre, *Historiæ Societatis Jesu pars quinta*, authore J. Juvencio. 24 mars 1713.

33. — Arrest de la Grande-Chambre du Parlement de Paris, qui maintient les PP. Jésuites directeurs du séminaire de Commenges en possession du prieuré de Bérat. 14 juillet 1713.

34. — Déclaration du Roy, concernant les Jésuites. 16 juillet 1715.

35. — Conclusion du procès de M. l'abbé Gastant, pour l'affaire de Pignans. Au sujet de quelques bénéfices que les Jésuites ont fait unir à leur maison.

36. — Arrest de la Cour de Parlement, pour l'enregistrement de la déclaration concernant les Jésuites. 2 août 1715.

37. — Second Mémoire pour le sieur Claude Chancey, contre les Jésuites de la province de Lyon.

38. — Mémoire touchant l'établissement des Pères Jésuites dans les Indes d'Espagne. 1716.

39. — Les intrigues secrettes des Jésuites, traduites du *Monita secreta*, où l'on a joint l'extrait de la Faculté de Théologie de Paris de l'an 1554, et la prophétie de Sainte Hildegarde, morte en 1181.
S. n. n. l. 1729.

40. — Ordonnance des grands-vicaires de l'Archevêché de Tours, contre le P. Hervieux, Jésuite.

41. — Mémoire signifié par Messire Pierre Tullier, et dame Françoise Leveillé Desfosses, contre les Jésuites du collége d'Autun.
Paris. 1736. Loitin.

42. — Extrait des Registres du Parlement, du 4 sept. 1752 (qui supprime l'écrit : *Lettres aux R. P. Jésuites*).

43. — Mémoire pour Dom Malitourne, contre les P. Jésuites du collége de Louis-le-Grand, (Prieuré de Davron.) 1759.

44. — Etat de la cause, pour les syndics des créanciers des sieurs Lioncy et Gouffre. Contre le Général et la Société des Jésuites.
Paris. 1761. D'Houry.

45. — Plaidoyer pour les Jésuites de France. Contre le syndic des créanciers des sieurs Lioncy et Gouffre, et les sieurs Lioncy et Gouffre.
Paris. 1761. Cellot.

46. — Lettres patentes du Roy, qui confirment le collége royal de la ville de Compiègne, et l'union qui y a été faite de la chapelle de N.-D. de Bonne-Nouvelle. 28 août 1763.

47. — .... confirmatives du collége de Tours. 7 déc. 1763.

48. — ...... du collége de Blois. 8 déc. 1763.

49. — Arrest de la Cour de Parlement, concernant la propriété des biens du collége de Louis-le-Grand. 24 janvier 1764.

50. — .... envoi en possession du collége de Lisieux de partie du collége de Louis-le-Grand.... 12 mars 1764.

51. — Lettres patentes du Roi, portant confirmation et réglement pour le collége anglois de Saint Omer. 14 mars 1764.

52. — .... portant suppression du collége ci-devant desservi par les Jésuites en la ville de Reims.... 4 sept. 1764.

53. — Arrest de la Cour de Parlement, portant envoi en possession du collége d'Orléans, des biens qui lui appartiennent.... 4 sept. 1764.

54. — Lettres patentes du Roi, portant réglement pour l'administration des colléges dépendans des Universités, et notamment de celui de Louis-le-Grand. 1 fév. 1769.

55. — Arrest de la Cour du Parlement, portant réglement pour le collége de Mauriac. 9 mai 1769.

56. — Lettres patentes du Roi, concernant les translations des collégiales et de l'hôpital des Orphelines de la ville d'Hesdin dans les églises et bâtimens du collége.... Août. 1770.

57. — Arrest de la Cour de Parlement, portant réglement pour le collége d'Etampes.... 27 août 1770.

58. — Lettres patentes du Roi, concernant le collége de Mâcon. 5 août 1771.

59. — .... portant nomination par provision d'administrateurs du collége de Louis-le-Grand. 25 sept. 1771.

60. — .... concernant l'administration des colléges dans le ressort du Conseil supérieur de Lyon. 13 janvier 1772.

61. — .... portant réglement pour le collége de la Flèche. 20 fév. 1772.

62. — Edit du Roi, concernant les sujets du Roi qui étoient engagés dans la Société et Compagnie des Jésuites. Mai 1777.

63. — Déclaration du Roi, concernant les ecclésiastiques qui ont été ci-devant dans la Société des Jésuites. 7 juin 1777.

64. — .... portant réglement pour le collége d'Auxerre. 31 oct. 1776.

65. — Lettres patentes du Roi, concernant les colléges de Saint-Omer, Aire et Hesdin. Juin 1777.

66. — .... concernant les colléges d'Arras et de Béthune. Juin 1777.

67. — Déclaration du Roi, concernant le collége de Maître-Gervais, réuni à celui de Louis-le-Grand. 3 sept. 1778.

— Morale des Jésuites.
　　Voyez : *Théologie.*

— Affaire de Mlle Cadière et du P. Girard.
　　Voyez : *Jurisprudence.*

— Voyez aussi les histoires locales; pour Amiens : *Histoire*, n° 3816.

12. — CONGRÉGATION DE LA MISSION DE SAINT VINCENT DE PAUL, OU LAZARISTES.

1352. — Regulæ seu Constitutiones communes Congregationis Missionis.
　Parisiis. 1658. 1 vol. in-16.

13. — MISSIONNAIRES DU TRÈS SAINT-CŒUR DE MARIE.

1353. — Règle provisoire des Missionnaires du très Saint-Cœur de Marie.
　Amiens. 1845. Duval et Herment. 1 vol. in-18.

14. — CONGRÉGATION DE L'ORATOIRE.

1354. — Mémorial de quelques points servans à la direction des Supérieurs en la Congrégation de l'Oratoire de Jésus. Dressé par Monseign. l'Illustris. et Rév. Cardinal DE BERULLE, leur fondateur.
Paris. 1691. Coutelier. 1 vol. in-16.

A la suite :

— Lettre aux religieuses de l'Ordre de Nostre-Dame du Mont-Carmel, erigée en France selon la première observance. Par Mgr. le Card. DE BERULLE.
Paris. 1691. Coutelier. in-16.

1355. — Direction pour les Missions qui se font par la Congrégation de l'Oratoire de Jésus-Christ N.-S. Contenant les advis nécessaires, afin de les rendre fructueuses. (Par *Fr.* BOURGOING.)
Paris. 1646. A. Vitré. 1 vol. in-8°.

1356. — Articles concernans la Congrégation de l'Oratoire en France. Aux illustrissimes et reverendissimes Cardinaux, Archevesques, Evesques, de l'Assemblée du Clergé. (Signé : *Phil.* MOREL et *Jacques* LE FEBVRE.)
S. n. n. l. 1626. Pièce in-8°.

15. — HERMITES DE SAINT PAUL OU FRÈRES DE LA BONNE MORT.

1357. — Il faut mourir. Reigles et Constitutions des Religieux de la Congregation de S. Paul premier Hermite, vulgairement appellez les Frères de la Mort :

reçeues par nostre S. Père le Pape Paul V, et approuvées par le sacré Collége des Cardinaux.

Paris. 1622. Daumalle. 1 vol. in-16.

16. — ORDRE DU SAUVEUR DIT DE SAINTE BIRGITTE.

1358. — L'établissement solide des monastères simples de l'Ordre du Sauveur vulgairement dit de S. Birgitte, déclaré par les Papes, recognu par les docteurs, et confirmé par arrest rendu en jugement contradictoire par nosseigneurs les présidens et gens tenans le Conseil souverain du Roy étably à Tournay. L'advocat De le Vigne, plaidant pour les Pères.

Douai. 1677. Serrurier. 1 vol. in-4°.

17. — HERMITES DU MONT VALÉRIEN.

1359. — Règle et Constitutions des Frères Hermites du Mont-Valérien près Paris, sur le modèle des anciens solitaires.

Paris. 1776. Simon. 1 vol. in-12. Portrait.

§ II. — CONGRÉGATIONS DE FEMMES.

1360. — L'image de la Religieuse réformée, tirée au modèle des SS. Dames fondatrices des Ordres réformées. Avec les Règles et Constitutions des Claristes, Brigittines, Annonciades, Carmélines, Cappucines. Par feu M. *Guillaume* GAZET.

Arras. 1616. De la Rivière. 1 vol. in-8º.

1361.—Ordinis B. Mariæ Annuntiatarum Virginum origo. Accessit ordinis Carmelitani, Virginum præsertim Teresanarum, origo. *Aubertus* MIRÆUS exscribebat.

Antuerpiæ. 1618. Martinius. 1 vol. in-4º.

A la suite :

—Equitum Redemptoris Jesu-Christi ordo. A ser^{mo} Principe Vincentio Gonzaga Mantuæ IV et Montis-Ferrati II duce MDCVIII institutus. *Aub.* MIRÆUS publicabat.

Antuerpiæ. 1608. Verdussius. in-4º.

1. — ORDRE DE L'ANNONCIADE.

1362.—Règle des religieuses de l'Ordre de la Vierge Marie, dittes de l'Annonciade.

Paris. 1624. Séb. Cramoisy. 1 vol. in-12.

1363.—La Règle des religieuses de l'Ordre de la B. V. Marie, autrement appellé de l'Annonciade, ou des dix Vertus de Nostre-Dame. Avec les déclarations sur la règle, les statuts, et les cérémoines du mesme Ordre.

Paris. 1681. Martin. 1 vol. in-12.

A la suite :

—Considérations sur la Règle des religieuses de l'Ordre de la B. Vierge Marie, et sur la vie de la B. Jeanne de France, fondatrice de la Religion de la Vierge

Marie, et sur celle du B. P. Gabriel Maria. Pour le temps d'une retraite.

Paris. 1681. G. Martin. in-12.

2. — BÉGUINES.

1364.—Disquisitio historica de origine Beghinarum et Beghinagiorum Belgii, cum adjunctis notis, quibus declaratio veridica, quod Begginæ nomen, institutum et originem habeant à Sancta Begga Brabantiæ Ducissa, illustratur. (Opus) *Petri* Coens.

Leodii. 1629. Christ. Ouwerx. 1 vol in-8º.

3. — BÉNÉDICTINES.

1365.—Miroir benedictin, ou le règle de S. Benoist; proposé pour miroir, en forme de dialogue entre une communauté de Religieuses Benedictines, et un Prélat du mesme ordre. (Par *Robert* Estrix).

Bruxelles. 1668. F. Foppens. 1 vol. in-8º.

1366.—La Règle du Bien-heureux Père S. Benoist, patriarche des Religieux de l'Occident. Avec les Constitutions qui y ont esté accommodées pour la reforme de l'Abbaye royale de Nostre-Dame du Val de Grâce.

Paris. 1676. Billaine. 1 vol. in-12.

A la suite :

—Exercice journalier pour les Religieuses Benedictines de Nostre-Dame du Val-de-Grâce. Par la révérende Mère *Marguerite* de Veni d'Arbouze, abbesse et reformatrice de l'abbaye de Nostre-Dame du Val-de-Grâce. Avec un traité de l'Oraison mentale. Par la mesme.

Paris. 1676. L. Billaine. 1 vol. in-12.

1367. — Le Portrait sacré des filles illustres de Saint Benoist : avec les entretiens curieux, sur la conduite de leur vie. Composée par Messire F. BACHELARD.

Lyon. 1670. J. Girin et Bart. Rivière. 1 vol. in-4º.

** — Voyez ordre de Fontevrault. Nº 1054 et suiv.

4. — BIRGITTINES.

1368. — Constitutions ou Règles de Sainte Birgitte, très-grande servante de Dieu.

Douai. 1635. Vº Wion. 1 vol. in-12.

5. — CARMÉLITES.

1369. — Règle et Constitutions des religieuses de l'Ordre de N. Dame du Mont-Carmel, selon la réformation de saincte Thérèse. Pour les monastères de son Ordre en France.

1643. Imp. A. R. P. L. M. 1 vol. in-16.

1370. — La Règle, le Cérémonial et le Directoire des Sœurs du Tiers-Ordre de Notre-Dame du Mont-Carmel, et de Sainte Térèse, établi dans plusieurs villes de France, d'Italie, d'Espagne, d'Allemagne et de Flandre, et nouvellement érigé à Marseille par les RR. PP. Carmes Déchaussez. Disposez avec la permission des Supérieurs, par un religieux du même Ordre. Avec un Recueil fidelle des Indulgences que les souverains Pontifes ont accordées à l'Ordre des Carmes.

Marseille. 1708. Henry Martel. 1 vol. in-8º.

1371.—Discours sommaire de l'establissement de l'Ordre des religieuses de Nostre-Dame du Mont-Carmel, selon la réformation de Sainte Terèse en France. Des différends meuz devant le sainct Siége apostolique, pour raison de la conduite, visite et supériorité de cet Ordre. Des jugements donnez sur ces differends par nos SS. Pères les Papes Paul V et Gregoire XV....

Paris. 1623. E. Martin. 1 vol. in-8º.

1372.—Histoire des fondations des Sœurs Carmélines déchaussées, escritte par leur bienheureuse Mère fondatrisse Térèse de Jésus. Contenant les choses les plus mémorables que l'esprit de Dieu luy a révélées, pour servir de guide et d'instruction aux âmes dévotes et religieuses. Traduitte d'espagnol en françois par le R. Père Denys de la Mère de Dieu. (G. de Machanan.)

Paris. 1616. Huré. 1 vol. in-12.

1373.—Lettres apologétiques pour les Carmélites du fauxbourg S. Jacques de Paris. (Par J.-B. Gaultier.)

S. n. n. l. 1748. 1 vol. in-12.

—Apologie sommaire des Carmélites du fauxbourg S. Jacques.

S. n. n. l. 1749. in-12.

6. — CISTERCIENNES.

a. — *Bernardines.*

1574.—Lilia Cistercii sive sacrarum Virginum Cisterciensium origo, instituta, et res gestæ. Auctore *Chrysostomo* Henriquez.
Duaci. 1633. Balt. Bellerus. 2 en 1 vol. in-fol.

b. — *Religieuses de Port-Royal.*

1575.—Les Constitutions du monastère de Port-Royal du Saint-Sacrement. (Par la Mère *Agnès de S. Paul* Arnauld.)
Paris. 1721. G. Desprez. 1 vol. in-12.

1576.—Histoire abrégée de l'abbaye de Port-Royal, depuis sa fondation en 1204 jusqu'à l'enlèvement des religieuses en 1709. (Par *Michel* Tronchay.)
Paris. 1710. 1 vol. in-12.

A la suite, on trouve :
— Prière ou effusion de cœur sur l'enlèvement des religieuses de Port-Royal des Champs. 1710.
— Lettre que M. Grenet, curé de S. Benoît et supérieur du monastère de Port-Royal des Champs écrivit avant que de mourir, à M. de Harlay Archevêque de Paris.
**— Arégé de l'histoire de Port-Royal par *Jean* Racine.
Voyez : Œuvre de *Jean* Racine. Tom. vi. Belles-Lettres. N° 2096.

1577.—Histoire de l'abbaye de Port-Royal. (Par *Jerôme* Besoigne.)
Cologne. 1752. La Compagnie. 6 vol. in-12.

Les trois premiers volumes comprennent l'histoire des Religieuses; les trois autres, l'histoire de Messieurs.

1378. — Histoire générale de Port-Roïal. Depuis la réforme de l'abbaïe jusqu'à son entière destruction. (Par Dom *Charles* CLEMENCET.)

Amsterdam. 1755-1757. Vanduren. 10 vol. in-12.

1379. — Mémoires pour servir à l'histoire de Port-Royal. Par M. FONTAINE.

Cologne. 1738. La Compagnie. 2 vol. in-12.

1380. — Même ouvrage.

Cologne. 1753. La Compagnie. 4 vol. in-12.

1381. — Mémoires pour servir à l'histoire de Port-Royal. Par M. DU FOSSÉ.

Utrecht. 1739. La Compagnie. 1 vol. in-12.

1382. — Mémoires pour servir à l'histoire de Port-Royal, et à la vie de la Révérende Mère Marie Angélique de Sainte-Magdeleine Arnauld, réformatrice de ce monastère. (Par *Angélique de S. Jean* ARNAULD, publiés par BARBEAU DE LA BRUYÈRE.)

Utrecht. 1742. 3 vol. in-12.

1383. — Mémoires historiques et chronologiques, sur l'abbaye de Port-Royal des Champs. (Depuis la paix de l'Eglise en 1668, jusqu'à la mort des dernières religieuses et amis de ce monastère. Par *Pierre* GUILBERT.)

Utrecht. 1755-56. 7 vol. in-12.

1384. — Mémoires pour servir à l'histoire de Port-Royal. (Publiés par l'abbé GOUJET.)

S. n. n. l. 1733-1734. 2 vol. in-12.

1385. — Recueil de plusieurs pièces pour servir à l'histoire de Port-Royal; ou supplément aux Mémoires de Messieurs Fontaine, Lancelot et Du Fossé.

Utrecht. 1740. La Compagnie. 1 vol. in-12.

1386. — Mémoires sur la destruction de l'abbaye de Port-Royal des Champs. (Publiés par *J.* Fouillou.)
S. n n. l. 1711. 1 vol. in-12.

1387. — Mémoires et relations sur ce qui s'est passé à Port-Royal des Champs depuis le commencement de la réforme de cette abbaye. (Par *Marie-Angélique* Arnauld, Le Maistre, etc.)
S. n. n. l. 1716. 1 vol. in-12.

1388. — Abrégé chronologique de l'histoire de Port-Royal des Champs. Office et pélerinage en l'honneur des Saints et Saintes qui ont habité ce saint désert...
S. n. n l. 1760. 1 vol. in-8º.

1389. — Manuel des Pélerins de Port-Royal des Champs. (Par M. l'abbé *J.-A.* Gazaignes dit Philibert.)
Au désert. L'an 1767. 1 vol. in-12.

1390. — Recueil de pièces concernant les religieuses de Port-Royal des Champs, qui se sont soumises à l'Eglise. (Par le P. Lallemant.)
Paris. 1710. Imprimerie Royale. 1 vol. in-12.

1391. — Nécrologe de l'abbaïe de Notre-Dame de Port-Royal des Champs, Ordre de Citeaux, Institut du Saint-Sacrement, qui contient les éloges historiques avec les épitaphes des fondateurs et bienfaiteurs de ce monastère, et des autres personnes de distinction, qui l'ont obligé par leurs services, honoré d'une affection particulière, illustré par la profession monastique, édifié par leur pénitence et leur piété, sanctifié par leur mort, ou par leur sépulture. (Publié par Dom *Antoine* Rivet.)
Amsterdam. 1723. Nic. Potgieter. 1 vol. in-4º. Fig.

1392. — Supplément au Nécrologe de l'abbaïe de Notre-Dame de Port-Royal des Champs, Ordre de Citeaux, Institut du Saint-Sacrement. Première partie. (Par *Ch. H.* Le Fevre de Saint-Marc.)

S. n. n. l. 1735. 1 vol. in-4°. *Seul paru.*

1393. — Recueil.

3 volumes in-12, contenant :

1. — Relations sur la Vie de la Révérende Mère Marie des Anges (Marie *Suyreau*), morte en 1658 abbesse de Port-Royal. Et sur la conduite qu'elle a gardée dans la réforme de Maubuisson, étant abbesse de ce monastère. (Par la sœur *Sainte Eustochie* de Brégy, sur les Mémoires de la sœur *Sainte Candide* Le Cerf.)
   S. n. n. l. 1737. in-12.

2. — Réflexions de la R. Mère *Angélique* de S. Jean Arnauld, abbesse de P. R. des Champs, pour préparer ses Sœurs à la persécution, conformément aux avis que la R. Mère Agnès avoit laissés sur cette matière aux Religieuses de ce monastère.
   S. n. n. l. 1737. in-12.

3. — Recueil de la vie et des vertus de la Sœur Marie de Sainte-Claire Arnauld. (Par la Mère *Angélique* de S. Jean Arnauld d'Andilly.)

4. — Discours de la R. M. *Angélique* de S. Jean (Arnauld d'Andilly), abbesse de P. R. des Champs, appelés miséricordes, ou recommandations faites en Chapitre, de plusieurs personnes unies à la maison de Port-Royal des Champs.
   Utrecht. 1735. Corn. Le Fèvre. in-12.

5. — Relations sur la Vie de la Révérende Mère Angélique de Sainte-Magdelaine Arnauld, ou Recueil de la Mère *Angélique* de Saint-Jean Arnauld d'Andilly, sur la vie de sa tante la Mère Marie-Angélique de Sainte Magdelaine Arnauld, et sur la réforme des abbayes de Port-Royal, Maubuisson et autres, faite par cette sainte abbesse.
   S. n. n. l. 1737. in-12.

6. — Mémoires pour servir à la Vie de la R. Mère Marie Angélique de Sainte Magdelaine Arnauld, réformatrice de Port-Royal. (Par la Mère *Angélique* de Saint-Jean Arnauld d'Andilly.)
   S. n. n. l. 1737. in-12.

7. — Remarques sur la vie et la vertu de feue la Révérende Mère Madelène de Ste Agnès de Ligni.
   S. n. n. l. n. d. in-12.

1394. — Vies intéressantes et édifiantes des religieuses de Port-Royal, et de plusieurs personnes qui leur étoient attachées. Précédées de plusieurs Lettres et petits Traités, qui ont été écrits pour consoler, soutenir et encourager ces Religieuses dans le tems de leur oppression, afin de servir à tous les fidèles qui se trouvent dans les tems de trouble. (Par *P.* Le Clerc.)

Utrecht. 1750-1752. 4 vol. in-12.

1395.—Vies intéressantes et édifiantes des amis de Port-Royal, pour servir de suite aux vies intéressantes et édifiantes des Religieuses de cette maison.

Utrecht. 1751. La Compagnie. 1 vol. in-12.

1396.—Vies des quatre Evesques engagés dans la cause de Port-Royal, M. d'Alet, M. d'Angers, M. de Beauvais, M. de Pamiers, pour servir de supplément à l'histoire de Port-Royal en six volumes. (Par *Jérôme* Besoigne.)

Cologne. 1756. La Compagnie. 2 vol. in-12.

1397.—Mémoires touchant la vie de Monsieur de S. Cyran. Par M. Lancelot. Pour servir d'éclaircissement à l'histoire de Port-Royal.

Cologne. 1738. La Compagnie. 2 vol. in-12.

1398.—Divers actes, lettres et relations des Religieuses de Port-Royal du Saint-Sacrement, touchant la persécution et les violences qui leur ont été faites au sujet de la signature du Formulaire.

S. n. n. l. n. d. 1723-1724. 2 vol. in-4o.

Ce recueil se compose de onze parties, ayant toutes un titre et une pagination particulière.

1399.—Histoire abrégée de la dernière persécution de Port-Royal, suivie de la vie édifiante des domestiques de cette sainte maison. (Par l'abbé Pinault.)

S. n. n. l. 1750. 3 vol. in-12.

1400.—Modèle de foi, et de patience dans toutes les traverses

de la vie, et dans les grandes persécutions ; ou vie de la Mère Marie des Anges (Suireau), abbesse de Maubuisson et de Port-Royal. (Par la sœur *Sainte Eustochie* DE BRÉGY sur les mémoires de la sœur *Sainte Candide* LE CERF.)
1754. 2 en 1 vol. in-12.

1401.—Notice sur quatre religieuses de Port-Royal-des-Champs exilées dans divers monastères d'Amiens, par M. l'abbé J. CORBLET.
Amiens. 1861. Lemer. Pièce in-8º.

1402.—Lettres de la Révérende Mère *Marie-Angélique* ARNAULD, abbesse et réformatrice de Port-Royal.
Utrecht. 1742-1744. La Compagnie. 3 vol. in-12.

1403.—Response aux raisons que les Religieuses de Port-Royal proposent contre la signature du Formulaire. Avec leurs maximes, et leur esprit. Par M. CHAMILLARD.
Paris. 1665. Muguet. 1 vol. in-4º.

—Response à la neuvieme Lettre de Port-Royal, intitulée *Hérésie imaginaire*.
Paris. 1666. Muguet. in-4º.

—Lettre à un Seigneur de la Cour sur la requeste presentée au Roy, par les Ecclesiastiques qui ont esté à Port-Royal. (Par le P. *Dom.* BOUHOURS.)
Paris. 1668. Seb. Mabre-Cramoisy. in-4º.

1404.—Apologie pour les Religieuses de Port-Royal du Saint-Sacrement, contre les injustices et les violences du procédé dont on a usé envers ce monastère. (Par *Cl.* DE SAINTE-MARTHE, *Ant.* ARNAULD et *Pierre* NICOLE.)
S. n. n. l. 1665. 4 parties en 1 vol. in-4º.

1405.—Response à l'insolente apologie des Religieuses de Port-Royal, avec la découverte de la fausse Eglise des Jansénistes, et de leur fausse éloquence. Par le Sʳ ᴅᴇ S. Sorlin (*Jean* Dᴇs Mᴀʀᴇsᴛs).

Paris. 1666. Nic. Le Gras. 1 vol. in-8º.

1406.—Deffense des Religieuses de Port-Royal et de leurs directeurs, sur tous les faits alléguez par M. Chamillard dans ses deux libelles contre ces religieuses. Addressée au mesme M. Chamillard. (Par *Claude* ᴅᴇ Sᴀɪɴᴛᴇ-Mᴀʀᴛʜᴇ.)

S. n. n. l. 1667. 1 vol. in-4º

—Lettre à la Rév. Mère Marie de Sᵗᵉ Dorothée, éleüe par M. l'Archev. de Paris, abbesse de Port-Royal du faubourg S. Jacques, après le renversement de cette maison. Ecrite par une personne affectionnée particulièrement au salut de cette Mère, et au bien spirituel de toute la communauté de Port-Royal. Le 4 avril 1667. (Par *Ant.* Bᴀᴜʟᴅʀɪ.)

S. n. n. l. 1667. in-4º.

1407.—Lettre aux Religieuses de la Visitation du monastère de Paris, pour la justification des Religieuses de Port-Royal. Contre l'auteur de la vie de la R. Mère Eugénie de Fontaine, etc. 5ᵉ édit., augmentée de quelques lettres nouvelles de S. Fʀᴀɴçᴏɪs ᴅᴇ Sᴀʟᴇs et de la V. Mère de Cʜᴀɴᴛᴀʟ, de l'Image abrégée de la conduite et de l'esprit des filles de Port-Royal (par Aʀɴᴀᴜʟᴅ); et de plusieurs autres Pièces. Le tout addressé aux monastères de la Visitation des provinces Wallones. (Par le P. *Pasquier* Qᴜᴇsɴᴇʟ.)

S. n. n. l. 1697. 1 vol. in-12.

1408.—Gémissement d'une âme vivement touchée de la destruction du Saint Monastère de Port-Royal des Champs. 1710.—Second gémissement.... 1710.—Troisième gémissement...2ᵉ édit. 1713.—Quatrième gémissement d'une âme vivement touchée de la Constitution de N. S. P. le Pape Clément XI, du 8 septembre 1713. 1714. (Par *J. B.* Le Sesne d'Etemare et *P.* Boyer.)

S. n. n. l. 1710-1713-1714. 2 vol. in-12.

On trouve en tête du premier volume :

** — Histoire abrégée de Port-Royal.... N° 1376.

— Réflexions de la Mère *Angélique de Saint-Jean* Arnauld, pendant sa captivité au monastère des Religieuses Annonciades de Paris en l'année 1664, sur la conformité de l'état ou étoient alors les Religieuses de Port-Royal, avec celui de Jésus-Christ dans l'Eucharistie.

S. n. n. l. 1710.

A la suite du second :

— Relations écrites par la Mère *Marie-Angélique* Arnauld, de ce qui est arrivé de plus considérable dans Port-Royal.

S. n. n. l. (1714.)

1409. — Premier gémissement... 2ᵉ édit. 1714. — Second gémissement... 3ᵉ édit. 1719. — Troisième gémissement... 3ᵉ édit. 1717. — Quatrième gémissement... 2ᵉ édit. 1724.

S. n. n. l. 1714-1717-1719-1724. 1 vol. in-12.

A la suite :

— Mandement de Mgr. l'Ill. et Rev. Evêque de Marseille (*H. Fr. Xav.* de Belsunce de Castelmoron), portant condamnation d'un écrit imprimé sous le titre d'*Explications de N. S. P. le Pape Benoît XIII, envoiées en France au mois de mars* 1725 *sur la bulle Unigenitus.* Avec des Remarques.

S. n. n. l. 1726. in-12.

1410. — Premier gémissement... 3ᵉ édit. 1739. — Second gémissement... — Troisième gémissement... 4ᵉ édit. 1734. — Quatrième gémissement... 2ᵉ édit. 1724.

S. n. n. l. 1724-1734-1739. 1 vol. in-12.

1411. — Recueil de Pièces.

1 vol. in-12, contenant :

1. — Mandement de S. E. Mg. le Cardinal de Noailles, Archevesque de Paris, portant permission d'imprimer une lettre de feu M.

l'Evêque de Meaux, aux Religieuses de Port-Royal. (Avec la lettre de J.-B. BOSSUET.) 2e édit.

Paris. 1710. Jossc.

2. — Relation de la captivité de la Mre Madeleine de Sainte Christine, religieuse de Port-Royal, au 19 de décembre 1664. 1re partie.

S. n. n. l. 1718.

3. — Relation de la captivité de la Sr Marguerite de Sainte Gertrude, religieuse de Port-Royal ; et la rétractation qu'elle a faite de ses deux signatures. 2e partie.

S. n. n. l. 1718.

4. — Relation de la vie et de la mort de la Révérende Mère de Ste Anastasie, dernière Prieure de P. R. des Champs.

5. — Lettre de M. DE HAUTTERIVE, conseiller au Parlement de Toulouse, à Mgr. l'Evêque de Mirepoix, en juin 1716.

6. — Décision de quelques cas de conscience touchant la lecture des ouvrages de Port-Royal.

Ypres. S. d. J. Guidéers.

7. — Recueil de Pièces concernant les religieuses de Port-Royal des Champs, qui se sont soumises à l'Eglise.

Paris. 1710. Imprimerie Royale. Aussi n° 1390.

8. — Lettre circulaire des religieuses de la Visitation Sainte Marie de la ville de Castellane, diocèse de Senés, à tous les monastères de leur institut. 28 déc. 1730.

On a joint à ce volume, des lettres manuscrites de *Jeanne* DE BOISCERVOISE, POLLET, l'abbé DE LA ROQUETTE, card. DE NOAILLES, Sœur *Sainte Marie* LAYMÉ, Sœur *Cécile* BERNARD, DE St FLORENTIN, l'abbé MILANGE, DE FÉNELON, Evêque de Cambray, DE PONT-CHARTRAIN ; concernant les Religieuses de Port-Royal exilées à Amiens. Elles se trouvent reproduites en tout ou en parties dans la pièce n° 1401. Ce volume provient de la bibliothèque de J. B. Pingré, chanoine de la cathédrale d'Amiens à cette époque.

1412. — Recueil de Pièces.

1 volume in-12, contenant :

1. — Histoire de l'origine des Pénitens et Solitaires de Port-Royal des Champs.

Mons. 1733. Migeot.

2. — Relation de la retraite de M. Arnauld dans les Pays-Bas en 1679. Avec quelques anecdotes qui ont précédé son départ de France.

Mons. 1733. Migeot.

3. — Histoire du différent de M. Santeuil avec les Jésuites, pour l'épigramme qu'il a fait sur M. Arnauld.

4. — Relation d'un voyage d'Aleth, contenant des Mémoires pour servir à l'histoire de la vie de Messire Nicolas Pavillon, évêque d'Aleth, par M. Lancelot. Dédiée à M. l'Evêque de Senez, exilé à la Chaise-Dieu.

En France. S. d. Chez Théophile Imprimeur, à la Vérité.

1413. — Recueil de Pièces.

1 volume in-12, contenant :

1. — Recueil des Pièces dont il est fait mention dans la Réponse que les Religieuses de P. R. des Champs ont faite aux Religieuses de P. R. de Paris, avec les cartes de visites qui ont été faites dans ces deux monastères, depuis l'année 1657, jusqu'en 1696.

2. — Lettre que M. GRENET.... N° 1376.

3. — Ordonnance de Mgr. le Cardinal DE NOAILLES, Archevêque de Paris, du 18 novembre 1707, qui interdit les sacremens aux Religieuses de Port-Royal des Champs.

4. — Réponse des Religieuses de P. R. des Champs aux requestes que les Religieuses de P. R. de Paris ont présentées contre elles au Roy et à S. E. Mgr. le Cardinal de Noailles. 13 mars 1707.

5. — Réponse des Religieuses de P. R. des Champs à la requête que les Religieuses de Port-Roial de Paris ont présentée à Sa Majesté, et sur laquelle elles ont obtenu l'arrest du Conseil d'Etat du 12 mai de la présente année 1707, qui déboute les Religieuses de P. R. des Champs de leur opposition aux arrêts du Conseil.

6. — Requeste présentée au Roi par les Religieuses de Port-Royal des Champs en mars 1707.

7. — Pièces concernant les Religieuses de Port-Royal des Champs. I. Lettre à M. Pollet.... II. Lettre de M. GRENET.... III. Requete des Religieuses de Port-Royal des Champs au Roi. IV. Lettre des Religieuses de P. R. des Champs aux Religieuses de P. R. de Paris.

XVII Janvier MDCCVIII.

8. — Les deux Testamens de feu M. ARNAULD. 7 déc. 1695.

9. — Discours prononcé par M. GUELPHE, le 9 novembre 1694 à Madame l'abbesse de Port-Royal des Champs, assistée de toutes les Religieuses de sa communauté, en lui apportant, des païs étrangers, le cœur de M. Arnauld. (A la suite diverses épitaphes pour ce savant docteur de Sorbonne.)

10. — Bulle de N. S. P. le Pape Clément XI à M. l'official de Paris, sur l'affaire des religieuses de Port-Royal des Champs. Du 27 mars 1708.

7. — CLARISSES.

1414. — La première reigle des religieuses de S¹ᵉ Claire, laquelle leur fut donnée par le Père S. FRANÇOIS, et confirmée par le Pape Innocent IIII. Ensemble la manière de recevoir les novices à l'ordre et à la profession. Reveue et corrigée par le R. Père Procureur de Cour des F. Mineurs Capucins.
Paris. 1605. Fouquault. 1 vol. in-16.

8. — CORDELIÈRES.

1415. — Plaidoyé de M. *Louis* CHEVALIER. Pour la Mère Denise-Elisabeth de Sallo, abbesse perpétuelle du Monastère des Cordelières de la Nativité de Jésus du faux-bourg S. Germain de Paris, appellante comme d'abus de la sentence du P. Le Jeune, Provincial des Cordeliers, du 24 de may 1745.... Avec des notes historiques et de droit....
Soleure. 1717 B. Maintient. 1 vol in-12.

9. — DOMINICAINES.

1416. — Règles de S. Augustin, avec les Constitutions pour les Sœurs religieuses de l'Ordre des Frères Prescheurs. Ensemble trois documens donnez par nostre Seigneur à saincte Catherine de Sienne.
Paris. 1634 Seb. Huré. 1 vol. in-16.

1417. — Règles de la Congrégation des Seurs de Sainte Catherine de Sienne, dittes du Tiers-Ordre de Sainte Dominique. Recueillies par le R. P. JEAN DE SAINT MARIE (DE GIFFRE DE RECHAC).

Paris. 1666. Léonard. 1 vol. in-16.

1418. — La Règle des Frères et des Sœurs du Tiers-Ordre de la Pénitence de S. Dominique, fondateur de l'Ordre sacré des FF. Prêcheurs. Avec les devoirs de ceux qui en font profession, tirez de l'esprit de la Règle. Par le R. P. *Jean-Baptiste* FEUILLET.

Paris. 1685. Léonard. 1 vol. in-16.

10. — FILLES DE L'ENFANCE DE N.-S. JÉSUS-CHRIST.

1419. — L'innocence opprimée par la calomnie, ou Histoire de la Congrégation des Filles de l'Enfance de N.-S. J. C.; et de quelle manière on a surpris la religion du Roy très-chrétien, pour porter Sa Majesté à la détruire par un arrest du Conseil; violences et inhumanitez exercées contre ces Filles dans l'exécution de cet arrest : et l'injure faite au S. Siége par les mauvais traitemens dont on les a punies, pour avoir appellé au Pape des ordonnances de M^r. l'Archevêque de Toulouse et du vicaire général du Chapitre d'Aix, le siége vacant. (Par *Am.* DE TOURREIL.)

Toulouse. 1688. De la Noue. 1 vol. in-8º.

1420. — Recueil de Pièces concernant la Congrégation des Filles de l'Enfance de N. S. J. C., contenant un Mémoire présenté pour demander au Roi leur rétablissement. Avec leurs Constitutions, le bref de N. S. P. le Pape Alexandre VII. Lettres-patentes de Louis XIV de 1665 et 1678. Les aprobations des Archevêques, Evêques, etc., et la Relation de l'établissement et destruction de l'Institut. — L'Innocence opprimée... Suite de l'Innocence opprimée... Où l'on voit aussi ce qui s'est passé à l'égard de Mʳ. l'Evêque de Vaison. Par une des Filles de la dite Congrégation. (Par *P.* DE PORRADE.)

Amsterdam. 1718. Brunel. 2 vol. in-12.

** — Histoire de la Congrégation des Filles de l'Enfance de Notre-Seigneur J.-C., établie à Toulouse en 1662, et supprimée par ordre de la Cour en 1686. Par M. REBOULET.

Amsterdam. 1734. Girardi. 2 vol. in-12.

Voyez : *Histoire*, Nᵒ 3440.

1421. — Histoire de la Congrégation des Filles de l'Enfance, contenue dans un mémoire présenté au Parlement de Toulouse par M. *Guillaume* DE JULIARD. Sur la plainte par lui portée au sujet d'un libelle diffamatoire, publié contre la mémoire de feue Madame de Mondonville sa tante, sous le titre d'*Histoire de la Congrégation des Filles de l'Enfance....*

Toulouse. 1735. Guillemette. 1 vol. in-12.

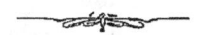

11. — SŒURS DU SAINT ENFANT JÉSUS.

1422. — Statuts et Règlemens des Escoles chrestiennes et charitables du S. Enfant Jésus, establies dans les villes, les bourgs et les villages, pour estre observez sous le bon plaisir et l'autorité de Nosseigneurs les Archevêques et Evêques, et de Messieurs les Curez, par les maîtres et les maistresses dans les parroisses où ils seront employez, sous la conduite du R. P. BARRÉ.

Paris. 1685. F. Le Cointe 1 vol. in-8ᵒ.

A la suite :

—Mémoire instructif pour faire connaître l'utilité des écoles charitables du Saint Enfant Jésus, etc.

1423.—Statuts et Règlemens des Ecoles chrétiennes et charitables du S. Enfant Jésus, établies sous la conduite du R. Père Barré, etc.

Paris. (1687.) F. Le Cointe. 1 vol. in-12.

A la suite :

—Méditations pour les Sœurs maîtresses des écoles charitables du S. Enfant Jésus, de l'Institut de feu le R. Père Barré, Minime. Principalement au temps de leurs retraites et de leurs exercices spirituels.... Lesquelles pourront aussi servir à tous les autres maîtres et maîtresses d'école.... Par le R. P. F. Giry.

Paris. 1767. Le Cointe. in-12.

12. — CONGRÉGATION DE NOTRE-DAME.

1424.—Réglemens ou éclaircissemens sur les Constitutions des Religieuses de la Congrégation de N. Dame, tirez de tous les livres et les écrits du R. P. *Pierre* Fourier curé de Mataincour leur instituteur. Avec la Règle de S. Augustin et les Constitutions de cette Congrégation.

Paris. 1674. Coignard. 1 vol. in-12.

13. — FILLES DE LA PROVIDENCE DE DIEU.

1425.—Réglemens de la maison et hospital des Filles de la Providence de Dieu.

Paris. 1657. Jacquin. 1 vol. in-12.

14. — FILLES DES SACRÉS CŒURS DE JÉSUS ET DE MARIE.

1426. — Règles et Constitutions des Filles des Sacrés-Cœurs de Jésus et de Marie, dites de Louvencourt.
Amiens. 1846. Duval et Herment. 1 vol. in-18.

15. — FILLES DE SAINTE GENEVIÈVE.

1427. — Constitutions de la Communauté des Filles de Sainte Geneviève.
Paris. 1683. El. Hélie. 1 vol. in-12. Fig.

1428. — Directoire spirituel des Exercices de piété, emplois et actions marquées dans les Constitutions de la Communauté des Filles de Sainte Geneviève. Utile aux autres Communautés séculières et régulières; et même aux personnes qui vivent dans leur famille. Par M. Marquot.
Paris. 1696. Coustelier. 1 vol. in-12.

16. — SŒURS DE SAINT JOSEPH.

1429. — La famille chrestienne, sous la conduite de S. Joseph. Fondée à Paris par le Roy et la Reyne régente. Pour nourrir charitablement, et eslever chrestiennement, et civilement les enfans des Nobles, et honnestes maisons incommodées; et pour retirer les ecclésiastiques, précepteurs, escoliers, escrivains, et autres de toutes sortes de professions et qualitez qui

cherchent condition, et mettre les uns et les autres en estat de servir dignement l'Eglise et le public. (Par *Alex.* COLAS DE PORT-MORANT.)
Paris. 1644. Targa, 1 vol. in-8º.

17. — FILLES DE SAINTE ULPHE.

1430.—Projet de Règles pour les filles de Sainte Ulphe.
Amiens. 1698. N. Caron-Hubault. 1 vol. in-12.

18. — URSULINES.

1431.—Règle de nostre Père S. Augustin (et Constitutions du monastère de Saincte Ursule de Paris.)
Paris. 1623. Fr. Jacquin. 1 vol. in-16.

1432.—Réflexions sur la Règle de S. Augustin. Par le sieur B*** prestre, directeur des religieuses Urselines de T***.
Paris. 1675. Coignard. 1 vol. in-12.

1433.—Les Chroniques de l'Ordre des Ursulines, recueillies pour l'usage des Religieuses du mesme Ordre. Par M. D. P. V. (*Marie* DE POMMEREUSE, ursuline.)
Paris. 1676. Eloy Hélie. 2 vol. in-4º.

19. — VISITANDINES.

1434.—Vive Jésus. — Règles de S. Augustin, Constitutions et Directoire pour les Sœurs religieuses de la Visi-

tation. (Avec la préface de S. François de Sales, aux Sœurs du monastère de la Visitation d'Annessy.)
Paris. 1740. Vᵉ Mazières. 1 vol. in-16.

1435.—Vive Jésus. — Réponses de notre très-honorée et digne Mère *Jeanne-Françoise* Fremiot, sur les Règles, Constitutions et Coûtumier de notre Ordre de la Visitation Sᵗᵉ Marie. 2ᵉ édit.
Paris. 1665. 1 vol. in-12.

§. III. CONFRÉRIES ET ASSOCIATIONS RELIGIEUSES.

1436.—Dictionnaire des Confréries et Corporations d'arts et métiers, ouvrage entièrement neuf, dans lequel on trouve par ordre alphabétique : 1° l'histoire des Confréries des premiers âges du christianisme ; 2° des Confréries du moyen-âge, et de celles de nos jours ; 3° l'histoire des Corporations d'arts et métiers, avec leurs statuts ; par M. *Toussaint* Gautier (de Dol) ; revu par M. l'abbé *J.-M.* Lecarlatte.
Paris. 1854. Migne. 1 vol. gr. in-8°.

1437.—Traité des Confrairies en général, et de quelques-unes en particulier ; par le R. P. *Nicolas* Collin.
Paris. 1784. Demonville. 1 vol. in-12.

1438.—Annales Congregationum Beatissimæ Virginis Mariæ. Collecti ex Annalibus Societatis Jesu. Opera unius è Societate eâdem. (*Jos. Hier.* Baioli.)
Burdigalæ. 1624. De la Court. 1 vol. in-8°.

1439.—Manuale Sodalitatis B. Mariæ Virginis, ac Juventutis universæ selectæ Gymnasiorum Societatis Jesu, miraculis dictæ Sodalitatis illustratum. A.P.F.V.S.J.
Flexiæ. 1610. J. Rezé. 1 vol. in-12.

1440. — Des Congrégations de Notre-Dame, érigées dans les maisons des Pères de la Compagnie de Jésus. Par l'autorité du S. Siége. Avec l'approbation de nosseigneurs les Prélats. (Par le P. Crasset. 2ᵉ édit.)
Paris. 1694. Coutelier. 1 vol. in-12.

1441. — Règles et Prières de la Congrégation de la Sainte Vierge, établie en la ville de Noyon, pour les marchands et artisans. Avec l'approbation et par l'autorité de Monseigneur l'Evêque, comte de Noyon.
Paris. 1731. G. Ch. Berton. 1 vol. in-8º.

1442. — B. Alanus de Rupe redivivus de Psalterio seu Rosario Christi ac Mariæ; ejusdemque Fraternitate Rosaria. Auctore R. P. F. *Joanne Andrea* Coppenstein.
Coloniæ Agripp. 1624. Pet. Henningius. 1 vol. in-8º.
A la suite :
— Quodlibetum Coloniense de Fraternitate S. Rosarii B. V. Mariæ. Autore R. P. F. *Michaele* ab Insulis. Reproductum ab R. P. F. *J Andrea* Coppenstein.
Coloniæ. 1624. Pet. Henningius. in-8º.

1443. — Triumphus Rosarii à Sede Apostolica decretus Sodalitati B. Virginis Mariæ ob victoriam ipsius precibus partam de potentissima Turcarum classe sub Pio V. Pont. Max. Adsertus à R. P. *Francisco Hyacintho* Choquetio.
Antuerpiæ. 1641. G. Lesteenius. 1 vol. in-8º.

1444. — Les justes et glorieux titres du Rosaire perpétuel. Avec l'idée d'un parfait confrère, tirée sur la vie de feu Monseig. Noel Deslandes, évesque-comte de Tréguier.... Par le R. P. F. *Louys* Doublet.
S. Brieuc. 1647. G. Doublet. 1 vol. in-8º.

1445. — Le Bullaire autentique des Confrairies de l'Ordre des Prédicateurs, où sont contenues les bulles de nos

Saints Pères les Papes en faveur des trois Archiconfrairies, du Sacré Rosaire, du Très-Saint Nom de Jésus, et du Très-auguste Sacrement de l'autel. Par un religieux du même ordre. (Le R. P. Chenois.)
Rouen 1678. Maurry. 1 vol. in-4º.

A la suite :

—Bullarium Confraternitatum Ordinis Prædicatorum.
Romæ. 1668. Typ. Cameræ. Apost. in 4º.

— Pour la Confrérie du Scapulaire, voyez les nºs 1154 à 1160.

1446.—Exercices de piété en faveur des Confrères du Saint Scapulaire de Notre-Dame de Mont-Carmel. Précédés d'un discours qui établit la solidité et la sainteté de cette Confrérie, autorisée par les bulles des souverains Pontifes.
Paris. 1752. Cl. Herissant. 1 vol. in-12.

1447.—Réglemens du Séminaire paroissial de S. Nicolas du Chardonnet.
Paris. 1614. J. Estienne. 1 vol. in-12.

1448.—Histoire de l'institution, regles, exercices, et priviileges de l'ancienne et miraculeuse Confrerie des Charitables de Saint Eloy, apostre des Pays-Bas, évesque de Tournay et de Noyon, patron tutélaire de Béthune, et de Beuvry. Par le R. P. *Antoine* Deslions. 7º édit.
Lille. 1669. Le Francq. 1 vol. in-16.

— Institution de la Confrairie de la Charité, érigée en l'église S. Georges à Abbeville, etc. Par M. *A.* Pottier.
Paris. 1640. E. Martin. 1 vol. in-12.

Voyez : *Histoire*, Nº 3861.

1449.—Indulgence accordée par N. S. P. le Pape Alexandre VII. Avec les Statuts et Règlemens de la Confrérie du Très-Saint-Sacrement, érigée en l'église paroissiale de S. Leu de cette ville d'Amiens, sous le titre de la mission ou division des Saints Apôtres. Et un entretien pour les heures d'adoration.

Amiens. 1736. Ch. Caron-Hubault. 1 vol. in-12.

— Instruction pour les Confraires de la Confrairie du S. Sacrement de l'autel, establie à Bourdeaux.

Bourdeaux. 1577. Millanges. 1 vol. in-12.

Voyez : *Histoire*, N° 3349.

1450. — Etablissement de la Confrairie de la Charité dans plusieurs paroisses de Paris et ailleurs, avec son Règlement et un formulaire de l'instruction que l'on peut faire en visitant les malades, dressez par le Bienheureux VINCENT DE PAUL, instituteur de cette Confrairie.... 3ᵉ édit.

Paris. 1732. Bart. Alix. 1 vol in-12.

— Pour ce qui concerne les Ordres militaires religieux, voyez : *Histoire*. Nᵒˢ 4245 à 4270.

— Nous n'avons placé dans ce chapitre que les ouvrages relatifs à l'histoire générale des Ordres religieux et aux maisons chefs d'ordres. Les histoires particulières des monastères se trouveront à l'histoire des pays et des provinces où ils sont situés.

— Il conviendra de consulter aussi les nᵒˢ 250 à 256 ; car ces collections renferment une foule de pièces pour servir à l'histoire des Ordres religieux.

CHAPITRE IX.

HAGIOGRAPHIE.

1. — INTRODUCTION. — GÉNÉRALITÉS.

1451. — L'année saincte des Catholiques, et le Journal historique ; où sont représentez fidèlement les Saincts et Sainctes plus remarquables dans l'Eglise, etc. Par le R. P. *Philippe* LABBE.

Paris. 1650. Seb. et Gabr. Cramoisy. 1 vol. in-8°.

— Vocabulaire hagiologique, ou recueil de noms de Saints, par *Cl.* Chastelain.

Voyez : *Dict. étym.* de Ménage. *Belles-Lettres*, n° 588.

— Liste générale des Saints de *Cl.* Chastelain, revue par *Ed.* Dupont.

Voyez : *Annuaires de la Société de l'Histoire de France*, pour les années 1857-58-60. *Histoire*, n° 2358.

1452. — Chronologie des Saints : où les points principaux de la vie et de la mort de ceux que l'Eglise honore d'un culte public, se trouvent rangez selon l'ordre des temps, avec les évènemens les plus considérables de la Religion avant ou après Jésus-Christ. (Par *Adrien* Baillet.)

Paris. 1703. L. Roulland. 1 vol. in-8°.

1453. — Topographie des Saints, où l'on rapporte les lieux devenus célèbres par la naissance, la demeure, la mort, la sépulture et le culte des Saints. (Par *Adrien* Baillet.)

Paris. 1703. J. de Nully. 1 vol. in-8°.

1454. — Dictionnaire iconographique des figures, légendes et actes des Saints, tant de l'ancienne que de la nouvelle loi, et répertoire alphabétique des attributs qui sont donnés le plus ordinairement aux Saints par les artistes, peintres, sculpteurs, graveurs, etc., du moyen-âge et des temps postérieurs, avec l'indication des ouvrages et des collections où sont conservées et publiées les représentations de ces divers attributs;... par M. *L.-J.* Guénebault.

Paris. 1850. Migne. 1 vol. gr. in-8°.

1455. — *Joannis* Launoii de controversia super exscribendo Parisiensis Ecclesiæ Martyrologio exorta judicium.

Lauduni. 1670. A. Rennesson. 1 vol. in-8°.

1456. — De prosecutione operis Bollandiani quod Acta Sanc-

torum inscribitur. (Dabant *J.-B.* Boone, *J.* Vandermoere, *P.* Coppens, *J.* Van Hecke, Soc. J.)
Namurci. 1838. Douxfils. 1 vol. in-8º.

1457.—Etudes sur la collection des Actes des Saints par les RR. PP. Jésuites Bollandistes; précédées d'une dissertation sur les anciennes collections hagiographiques, et suivies d'un recueil de pièces inédites, par le R. P. Dom Pitra.
Paris. 1850. J. Lecoffre. 1 vol. in-8º.

1458.—Projet d'une hagiographie diocésaine (du diocèse d'Amiens). Par M. l'abbé *J.* Corblet.
Amiens. 1856. Duval et Herment. Pièce in-8º.

2. — HAGIOGRAPHES GÉNÉRAUX.

** — S. Damasi carmina de sanctis.
Vide : S. Damasi *opera*.

1459.—In hoc volumine continentur :
Sulpitii Severi de vita divi Martini Turonensis archipresulis liber primus.
Ejusdem de eodem sanctissimo Martino dialogi duo.
Ejusdem Severi de vita divi Martini liber secundus.
Tractatus beati Odonis abbatis Cluniacensis et reversione beatiss. Martini Turonensis ex Burgundia.
Alter tractatus ejusdem quo Martinum apostolis parem esse demonstrat.
Beatissimi Martini de individue deitatis personarum trinitate religiosa confessio.
P. Fortunati presbyteri carmen scti Martini vitam quattuor libris complectens.
Vita sancti Gregorij Turonensis archiepiscopi.

Ejusdem Gregorii Turonensis de miraculis S. Martini libri quattuor certis capitibus distincti cum tabula.

Ejusdem opus in gloriam plurimorum martyrum c et vj capitibus distinctum, adjuncta tabula.

Ejusdem opus in gloriam Juliani Martyris Turonensium patroni, cum capitum indice.

Ejusdem epistola ad beatum Sulpitium Bituricensem archiepiscopum in vitam Sanctorum septem dormientium.

Apud Parrhisios. 1511. J. Marchant. 1 vol. in-4°.

1460. — Divi *Georgii Florentis* Gregorii, Episcopi Turonici, de gloria Martyrum et Confessorum, libri III. — De miraculis S. Martini, Archiepiscopi Turonensis, libri quatuor. — De vitis Patrum, liber unus. — De septem Dormientibus in majori Monasterio propè Turonum, liber unus. Labore et industria I. B. (*Joan.* Balesdens.)

Paris. 1640. Dugast. 2 vol. in-12.

** — Isidori *Hispalensis* de vita vel obitu Sanctorum, qui Deo placuerunt.

Vide : Isidori *opera*.

1461. — Legende Sanctorum per anni circuitum venientium, quas compilavit frater Jacobus de Voragine.

In sancta Colonia. 1482. 1 vol. in-4°.

1462. — Legende Sanctorum quas collegit in unum frater Jacobus de Voragine.

Lugduni. 1486. Mathias Husz. 1 vol. in-4°. Fig.

1463. — Aurea legenda Sanctorum que lombardica historia nominatur, compilata per fratrem Jacobum de Voragine. Necnon cum quibusdam aliis legendis noviter superadditis.

S. n. n. l. 1493. 1 vol. in-4°.

1464. — Legenda hec aurea nitidis excutitur formis claretque plurima censoria castigatione : usque adeo ut nihil perperam adhibitum semotumve quod ad rem potissimum pertinere non videatur offendi possit.

Lugduni. 1509. Claud. Davost alias de Troys. 1 v. in-4º.

1465.—(La Légende dorée des Sainctz. Translateur Frère JEHAN DE VIGNAY.)

Paris. 1498. Anthoine Verard. 1 vol. in-fol. Fig.

Il y manque le Prologue et les vingt-quatre premiers feuillets.

1466.—Catalogus Sanctorum, vitas, passiones, et miracula commodissimè annectens, ex variis voluminibus selectus. Quem ædidit R. P. D. *Petrus* DE NATALIBUS.

Lugduni. 1542. Huguetan fr. 1 vol. in-fol. Fig.

1467.—Historiæ *Aloysii* LIPOMANI de vitis Sanctorum, cum scholiis ejusdem....

Lovanii. 1568. J. Bogardus. 2 en 1 vol. in-fol.

1468.—De vitis Sanctorum ab *Aloysio* LIPOMANO olim conscriptis : nunc primùm à F. *Laurentio* SURIO emendatis, et auctis, tomi VI.

Venetiis. 1573-1581. L. Avantius. 6 en 3 vol. in-fol.

1469.—De probatis Sanctorum historiis, partim ex tomis *Aloysii* LIPOMANI, partim etiam ex egregiis Mss. codicibus, quarum permultæ antehàc nunquam in lucem prodière, optima fide collectis, et nunc recèns recognitis, atque aliquot vitarum accessione auctis per F. *Laurentium* SURIUM et *Jacobum* MOSANDRUM. Quibus subjunctum deindè est valdè desideratum hactenùs Rev. D. ADONIS martyrologium, nunc primùm integrè editum.

Coloniæ Agripp. 1576-81. Her. Quentelii. 7 v. in-fol.

1470.—De probatis Sanctorum vitis quas tam ex Mss. codicibus, quam ex editis autboribus R. P. F. *Laurentius*

Surius primum edidit, et in duodecim menses distribuit. Postrema editio.

Coloniæ Agripp. 1617-18. Kreps et Mylius. 6 v. in-f°.

1471.—Vitæ Sanctorum, ex probatissimis authoribus et potissimum ex R. D. Aloysio Lipomano, et R. P. Laurentio Surio, brevi compendio summa fide collectæ, per Rev. D. *Franciscum* HARÆUM. His accesserunt cùm ex Joanne Maldonato, tum ex Georgio Vicellio et aliis, Sanctorum vitæ quam plurimæ.... 3ª edit.

Lugduni. 1594. Th. Soubron. 1 vol. in-8°.

1472.—Vitæ Sanctorum, sive res gestæ Martyrum, Confessorum atque sanctarum Virginum, etc., in quatuor tomos distributæ, studio et labore F. *Zachariæ* LIPPELOO. — Accessit historia SS. Ursulæ et Sociarum Virginum, cum annotationibus, in quibus veritas ejusdem investigatur : per R. D. *Hermannum* FLEIEN.

Coloniæ Agripp. 1596. Falckenburg. 4 vol. in-8°.

1473.—Viridarium Sanctorum ex Menæis Græcorum lectum, translatum, et annotationibus, similibusque passim historiis latinis, græcis, editis, ineditis illustratum à *Matthæo* RADERO. 2ª edit.

Augustæ Vindelic. 1607. Chr. Mangus. 1 vol. in-8°.

A la suite :

—Syntagma de statu morientium. Ex Mss. codd. depromptum. Latinè factum notisque illustratum, per *Mat.* RADERUM. 2ª edit.

Augustæ Vindel. 1607. Chr. Mangus. in-8°.

1474.—Fasti Mariani cum Divorum elogiis in singulos anni dies distributis. Ser^mo Electori Maximiliano utriusque Boiariæ Duci nuper consecrati. 3ª edit.

Antuerpiæ. 1637. Cnobbarus. 1 vol. in-12.

1475.—Vitis florigera de palmitibus electis odorem spirans suavitatis; ac cœli vinum suis propinans cultoribus,

Hoc est, dissertatio et doctrina moralis, de festis, vita, gestis Sanctorum qui in Ecclesia coluntur annua solennitate. In gratiam Pastorum, et Verbi divini Præconum, in lectionum areolos divisa. Auctore R. D. *Jacobo* Marchantio.
    Parisiis. 1640. Gerv. Alliot et Soly. 2 vol. in-8°.

1476.—Elogia Sanctorum illustrium, cum aliis nonnullis. Authore Domno *Simpliciano* Gody.
    Parisiis. 1647. Pet. de Bresche. 1 vol. in-12.

1477.—Annus Christianus, ad Sanctorum, qui singulis diebus in Ecclesia celebrantur, imitationem cultumque descriptus. Gallicè primum opera P. *Amabilis* Bonnefons, latinè postmodum studio P. G. V.
    Parisiis. 1659. P. de Bresche. 2 vol. in-12.

1478.—Acta Sanctorum quotquot toto orbe coluntur, vel à catholicis scriptoribus celebrantur, quæ ex latinis et græcis, aliarumque gentium antiquis monumentis collegerunt, digesserunt, notisque illustraverunt *J.* Bollandus. *God.* Henschenius. *Dan.* Papebrochius, *Fr.* Baertius, *Conr.* Janningus...
    Antuerpiæ. 1643-1685. Mursius et alii 19 v. in-fol.
    Notre collection s'arrête au premier volume de juin.

1479.—Exhibitio errorum quos P. Daniel Papebrochius suis in notis ad Acta Sanctorum commisit contra Christi Domini paupertatem, ætatem, etc. Summorum Pontificum acta et gesta, bullas.... Per Sebastianum a S. Paulo (*Seb.* Petyt.)
    Coloniæ Agripp. 1693. S. Noethen. 1 vol. in-4°.

—Motivum juris pro libro, cui titulus: *Exhibitio errorum, quos P. Daniel Papebrochius...* Per *F.* Sebastianum a S. Paulo.
    Antuerpiæ. 1693. F. Muller. 1 vol. in-4°.

—Appendix ad Motivum juris...

Antuerpiæ. 1694. F. Muller. in-4º.

1480.—Apologia pro Actis Sanctorum contra adm. R. P. Sebastianum à S. Paulo. Auctore *Conrado* Janningo.

Antuerpiæ. 1695. H. Thieullier. 1 vol. in-8º.

1481.—Responsio *Danielis* Papebrochii ad exhibitionem errorum per adm. R. P. Sebastianum à S. Paulo evulgatam anno MDCXCIII Coloniæ.

Antuerpiæ. 1696-97. Vid. H. Thieullier. 2 en 1 v. in-4º.

1482.—Elucidatio historica Actorum in controversia super origine, antiquitate, et historiis Sacri Ord. B. M. de Monte Carmeli inter quosdam illius et Societatis Jesu Scriptores, Acta Sanctorum illustrare professos. Quæ est pars III et ultima Responsionum *Danielis* Papebrochii ad exhibitionem errorum, ipsi perperam imputatorum ab adm. R. P. Sebastiano à S. Paulo. Accedit Synopsis quæstionum curiosarum, tractatarum in utraque parte priorum Responsionum.

Antuerpiæ. 1698. Vid. et Her. H. Thieullier. 1 v. in-4º.

A la suite :

—Examen juridico-theologicum præambulorum adm. R.P. Sebastiani à S. Paulo ad exhibitionem errorum, Danieli Papebrochio ab illo imputatorum, tribus Responsionum partibus præponendum. Auctore *Nicolao* Rayæo.

Antuerpiæ. 1698. Vid. et Her. H. Thieullier. in-4º.

—Apologia pro veritate contra varias imposturas et accusationes publicas, Hispanice vulgatas adversus personam et libros P. Danielis Papebrochii ipsumque Societatis Jesu Institutum. Auctore P. *Antonio* Xaramilio ; latinè autem reddita à P. *Petro* Cant.

Antuerpiæ. 1698. Vid. et Her. H Thieullier. in-4º.

—Vera origo et continuata physicè nec unquam interrupta successio sacri Ordinis Carmelitani, historicè demonstrata per *Danielem* Papebrochium.

—Examen divinitatis quam in Carmelo Vespasianus consuluit. Sive C. Suetonii Tranquilli locus de Deo Carmelo hispanicè explicatus per Exc. DD. *Gasparem* de Mendoza. Interprete *Daniele* Papebrochio eadem ex causa calumniam passo.

Antuerpiæ. 1698. Vid. et Her. Thieullier. in-4º.

1483.—Non vera origo atque successio Sacri Ordinis Carmelitani, in confirmationem veræ originis atque successionis ejusdem historico-chronologicc demonstrata, per *Dan.* Papebrochium. Ejusdem protestatio iterata de silencio, circa primævam sacri Ordinis Carmelitani institutionem et antiquitatem....

Antuerpiæ. 1698. Thieullier. 1 vol. in-4º.

A la suite :

—*Nicolai* Rayæi responsio ad memoriale in quo F. Sebastianus à S. Paulo Ordinis veterum Carmelitarum adversus Acta Sanctorum et personam R. P. Danielis Papebrochii accusationes suas reiterat.

Antuerpiæ. 1699. Vid. H. Thieullier. 1 vol. in-4º.

1484.—Les fleurs des vies des Saints et des festes de toute l'année, suivant le Calendrier et Martyrologe romain. Composées en espagnol par le R. P. Ribadeneira. Ausquelles ont esté adjoustées les vies de plusieurs Saints de France, par M. *André* du Val. Avec les vies des Saints de la Compagnie de Jésus, de Ste Thérèse, de S. Isidore, S. Thomas de Villeneufve, de S. François de Sales, César de Bus, S. Pierre Nolasque, S. Honoré, et autres nouvellement canonizez et beatifiez. Traduites en françois par

M. *René* Gaultier. Nouvellement revues, corrigées... par M. Baudouin.

Paris. 1667. Loyson. 2 vol. in-fol.

1485. — The lives of Saints written in spanishe by the R. F. *Alfonso* Villegas and faithfully translated into englishe, wherunto are added the lives of sundrie other Saints out of F. Ribadeneira, Surius and other approved authors. With the lives of S. Patrick, S. Brigid and S. Columba Patrons of Ireland. All newly corrected and adorned with many brasen picteurs.

1636. Cousturier. 1 vol. in-4º.

1486. — Les Saintes métamorphoses, ou les changemens miraculeux de quelques grands Saints. Tirez de leurs vies, par *J.* Baudoin.

Paris. 1644. Moreau. 1 vol. in-4º.

1487. — Les éloges sacrez, ou la Vie des Saints. Par M. de Ceriziers.

Paris. 1661. Ch. Angot. 12 vol. in-12.
Les tomes huit et dix manquent.

1488. — Vies de plusieurs Saints illustres de divers siècles. Choisies et traduites par M. Arnauld d'Andilly.

Paris. 1664. P. Le Petit. 1 vol. in-fol.

1489. — Même ouvrage. 2ᵉ édit.

Paris. 1665. P. Le Petit. 2 vol. in-8º.

1490. — Recueil de vies de quelques Saints nouvellement traduites.

Paris. 1667. L. Billaine. 1 vol. in-12.

1491. — Vies des Saints pour tous les jours de l'année : recueillies des SS. Pères, des auteurs ecclésiastiques, de plusieurs martyrologes, et du Bréviaire romain. (Par *J.-B.* du Mesnil, [*Claude* de la Rose, sieur de Rozimon,] comédien.)

Rouen. Paris. 1680. Desprez. 2 en 1 vol. in-4º.

1492. — Les vies des Saints dont on fait l'office dans le cours de l'année, et de plusieurs autres dont la mémoire est plus célèbre parmi les fidelles. Composées après Lipoman, Surius, Ribadeneira, et quelques autres auteurs, par le R. P. *Simon* MARTIN. Avec des discours sur les mystères de Notre-Seigneur et de la sacrée Vierge... Le Martyrologe romain traduit en françois..., et un martyrologe des Saints de France... Par le R. P. *François* GIRY.

Paris. 1683. Leonard. 2 vol. in-fol.

1493. — Les vies des Saints et des Saintes. Tirées des Pères de l'Eglise et des auteurs ecclésiastiques. (Janvier-février.) (Par DE LA MOTTHE, [*Pierre* THOMAS, S^r DU FOSSÉ].)

Paris. 1685. P. Le Petit. 2 vol. in-4º. *Seuls parus.*

1494. — La vie des Saints pour tous les jours de l'année, augmentée de tous les Saints nouvellement canonizez ; l'éloge de leur vertu principale, etc. Par M. G. D. M. (*G.* DE MELLO.)

Paris. 1688. Robert Pépie. 4 vol. in-8º.

1495. — Martyrologe ou idée générale de la vie des Saints, de leurs vertus, et de leurs principales actions. (Par l'abbé *Fr.* PARIS.)

Paris. 1691. Hortemels. 1 vol. in-8º.

1496. — La vie des Saints pour tous les jours de l'année, tirée des meilleurs et des plus fidelles auteurs. Avec des Réflexions chrestiennes sur la vie de Jésus-Christ, tirées de S. Augustin, et disposées pour tous les dimanches et pour toutes les festes de l'année. Nouvelle édition, augmentée de la vie des Saints de l'Ancien Testament. (Par *Nicolas* FONTAINE.)

Paris. 1695. Robustel. 1 vol. in-fol.

1497. — Même ouvrage. Nouv. édit.
Paris. 1697. Robustel. 4 vol. in-8º.

1498. — Les vies des Saints, dont on fait l'office dans le cours de l'année, avec des discours sur les mystères de Nostre-Seigneur et de la Sainte Vierge. Le Martyrologe romain traduit en françois... Par le R. P. *François* GIRY. Nouv. édit.
Paris. 1703. Imbert Debats. 2 vol. in-fol.

1499. — Les vies des Saints, composées sur ce qui nous est resté de plus authentique et de plus assuré dans leur histoire, disposées selon l'ordre des Calendriers et des Martyrologes. Avec l'histoire de leur culte, selon qu'il est établi dans l'Eglise catholique. Et l'histoire des autres festes de l'année. (Par *Ad.* BAILLET.) 2ᵉ éd.
Paris. 1704. J. de Nully. 12 vol. in-8º.

1500. — Même ouvrage.
Paris. 1724. Genneau 4 vol. in-fol. Portr.

1501. — Même ouvrage. Nouv. édit.
Paris. 1739. Rollin. 10 vol. in-4º.

** — On trouve à la suite de ces deux éditions: *la Chronologie et la Topographie des Saints* du même auteur.

1502. — Les nouvelles vies des Saints, pour tous les jours de l'année. Composées sur les mémoires les plus véritables et les plus autentiques de chaque siècle, exactement rev. et corrig. dans cette seconde édition. Par M. l'abbé DE COMMANVILLE.
Rouen. 1714. Besongne. 4 vol. in-12.

1503. — Les vies des Saints pour chaque jour de l'année, tirées des auteurs originaux : avec une prière à la fin de chaque vie et un martyrologe. (Par *Laurent* BLONDEL.)
Paris. 1722. Desprez 2 parties en 1 vol. in-fol.

1504. — Les vies des Saints pour tous les jours de l'année. Avec de courtes réflexions morales à la fin de chaque vie. Par le R. P. *Jean* Croiset.
   Lyon. 1723. Boudet. 2 vol. in-fol.

1505. — Les vies des Saints pour tous les jours de l'année, tirées des auteurs les plus célèbres. Avec des réflexions chrétiennes sur chacune d'icelles, et sur les mystères de Notre-Seigneur et de la Sainte Vierge. Par le R. P. Proust.
   Bordeaux. 1724. De Lacourt. 2 vol. in-fol.

1506. — Vies des Pères, des Martyrs, et des autres principaux Saints, tirées des actes originaux, et des monuments les plus authentiques; avec des notes historiques et critiques. Ouvrage traduit de l'anglois (de *Alban* Butler par *J. Fr.* Godescard et Marie.)
   Paris. 1763 à 1782. Barbou. 12 vol. in-8º.

1507. — Vies des Pères, des Martyrs, et des autres principaux Saints. Traduction libre de l'anglois d'*Alban* Butler par l'abbé Godescard.
   Lyon. 1834-1835. Perisse fr. 14 vol. in-12.

   Les tomes 13 et 14 ont pour titre :
   — *Traité historique et dogmatique des fêtes principales et mobiles, et des temps de pénitence...*, par A. F.
   Lyon. 1835. Périsse. 2 vol. in-12.

1508. — Les vies des Saints pour tous les jours de l'année, avec l'histoire des mystères de N.-S. Nouv. édit. (Par Goujet, Mesenguy, Roussel et *Laur.* Blondel.)
   Paris. 1734. Lottin, Desaint, Dehansy. 2 vol. in-4º.

1509. — Les Vies des Saints pour tous les jours de l'année, avec une prière et des pratiques à la fin de chaque vie. (Abrégé de l'ouvrage précédent.)
   Paris. 1737. Lottin. 2 vol. in-12.

1510. — Les vies des Saints, recueillies des auteurs les plus

fidèles. Avec des réflexions sur la vie de chaque Saint. Nouv. édit. (Par l'abbé REBEYROLIS.)
Lyon. 1740. Duplain. 4 vol. in-12.

1511.—Abrégé de la vie des Saints pour tous les jours de l'année ; accompagnée de réflexions, et d'une courte aspiration pour obtenir la grâce de les imiter. Par M. J.
Rouen. 1749. Oursel. 2 en 1 vol. in-12.

1512.—Journal des Saints, avec une méditation tirée de la vie du Saint, ou d'une maxime de l'Evangile. Par le R. P. *Jean-Etienne* GROSEZ. Nouv. édit.
Lyon. 1765. Jacquenod et Rusand. 3 vol. in-12. Fig.

1513.—Tres Thomæ, seu res gestæ S. Thomæ Apostoli. S. Thomæ Archiepiscopi Cantuariensis et martyris. Thomæ Mori Angliæ quondam Cancellarii. Authore *Thoma* STAPLETONO.
Coloniæ Agripp. 1612. B. Gualterus. 1 vol. in-8°.

1514.—Trinitas Patriarcharum : S. Bruno Stylita mysticus; Franciscus Paulanus Oromasdes religiosus, ex luce et veritate compactus ; Ignatius Loyola, anima mundi. Dictio triplex R P. *Theophili* RAYNAUDI.
Lugduni. 1647. Hær. Prost. 1 vol. in-8°.

** — Consultez les nos 250 à 256; la collection de MURATORI, *Histoire*, n° 1282, et celle de dom BOUQUET, *Histoire*, n° 2343.

3. — HAGIOGRAPHES SPÉCIAUX.

a. — *Vies des Saints de l'Ancien Testament.*

1515.—Les vies des Saints de l'Ancien Testament, disposées selon l'ordre des Martyrologes et des Calendriers. Avec l'histoire de leur culte, selon qu'il a été établi ou permis dans l'Eglise catholique. Par *Adrien* BAILLET.)

Paris. 1707. L. Roulland. 1 vol. in-8°.

1516. — Vies des Saints de l'Ancien Testament, tirées de l'Ecriture Sainte. Avec des réflexions des SS. Pères. Divisées en quatre tomes. (Par *Nicolas* FONTAINE.)

Paris. 1709. Robustel. 4 vol. in-8°.

1517. — Discours sur les vies des Saints de l'Ancien Testament. (Par *Nicolas* CABRISSEAU.)

Paris. 1732. Osmont et Henry. 6 vol. in-12.

1518. — L'histoire des Dames illustres de l'Ancien Testament, qui sont toutes figures expresses de la très-Sainte Vierge Mère de Dieu. Par le P. *Simon* MARTIN.

Paris. 1645. Boulanger. 1 vol. in-4°.

1519. — *Joh. Henrici* HEIDEGGERI de Historia sacra Patriarcharum exercitationes selectæ.

Tiguri. 1729. Off. Byrokliniana. 2 vol. in-4°.

1520. — De laudibus trium antiquorum Patrum : Joseph patriarchæ, David regis, et Tobiæ, trifidum opusculum : per *Judocum* CLICHTOVEUM.

Parisiis. 1533. S. Colinæus. 1 vol. in-4°.

1521. — L'histoire de Moïse, tirée de la Sainte Ecriture, des Saints Pères, des interprètes, et des plus anciens écrivains. (Par *L. C.* HUGO.)

Luxembourg. 1699. Chevalier. 1 vol. in-8°. Fig.

1522. — Histoire du Patriarche Abraham, ou questions curieuses, historiques et morales sur la *Genèse*.... Par le R. P. *Antoine* MASSON.

Paris. 1688. Cl. Thiboust. 1 vol. in-12.

1523. — La vie de Salomon. (Par l'abbé de CHOISY.)

Paris. 1687. Cl. Barbin. 1 vol. in-8°.

— 456 —

1524. — La vérité de l'histoire de Judith. Par Dom *Bernard* DE MONTFAUCON.
Paris. 1690. Simon Langronne. 1 vol. in-12.

1525. — Le triomphe de S. Joachin, et de Saincte Anne. Composé par le R. P. *Charles* VERON. 2e édition.
Tournay. 1633. Ad. Quinqué. 1 vol. in-8º.

1526. — Sainte Anne triomphante de l'oubly et de l'antiquité dans les trois états de sa vie cachée, connue, et glorieuse. Composé par le R. P. MATTHIAS DE S. BERNARD (*Matthieu* DE SERENT.)
Paris. 1651. Denis Thierry. 1 vol. in-4º.

1527. — La vie et les miracles de Ste Anne, mère de la Ste Vierge. Avec un abbrégé des vies des Saints et Saintes qui composent la famille de Jésus. (Par *Simon* DE LA COURT.)
Bordeaux. 1690. S. De la Court. 1 vol. in-8º.

1528. — *Joannis* BONIFACII historia virginalis de beatissimæ Mariæ perpetuæ Virginis matris præpotentis Dei vita et miraculis...
Parisiis. 1605. Sonnius. 1 vol. in-8º.

1529. — Chronicon SS. Deiparæ Virginis Mariæ. In quo omnia vitæ ejus acta, et celeberrima miracula per totum orbem patrata, ad hæc usque tempora, prolixiùs describuntur. Auctore R. P. F. *Benedicto* GONONO.
Lugduni. 1637. Caffin. 1 vol. in-4º.

1530. — La vie et les grandeurs de la très-saincte Vierge Marie, mère de Dieu ; en deux parties. Par le P. *Guillaume* GIBIEUF.
Paris. 1637. Cottereau. 2 vol. in-8º.

1531. — Negotium sæculorum Maria sive rerum ad Matrem Dei spectantium, chronologica Epitome, ab anno mundi primo, ad annum Christi millesimum sexcentesimum sexagesimum. Studio P. *Petri* Courcier.

Divione. 1662. Chavance. 1 vol. in-fol.

1552.—La vie de la Sainte Vierge Marie, mère de Dieu, ou considérations sur ses festes et autres mystères de sa vie. Par le sieur de Granval. 2ᵉ édition.

Paris. 1688. Jombert. 1 vol. in-12.

1553.—Ephemeris seu Kalendarium SS. Virginis genitricis Dei Mariæ. In quo singuli dies aliquid exhibent ad eam spectans, quod eo ipso die qui inscribitur contigit, aut alicujus eximii ejus cultoris eodem die obitum, et adversus eam studium representant. Authore R. P. *Antonio* de Balinghem. 2ᵃ edit.

Duaci. 1633. Bellerus. 1 vol. in-8º.

1554.—Kalendarium sacratissimæ Virginis Mariæ novissimum, ex variis Syrorum, Æthiopum, Græcorum, Latinorum breviariis, menologiis, martyrologiis, et historiis concinnatum, duobus tomis comprehensum. Opus theologicum, historicum et morale... Auctore *Georgio* Colvenerio.

Duaci. 1638. Bellerus. 2 vol. in-8º.

1555.—Calendrier historique, chronologique et moral de la très-sainte et très-glorieuse Vierge Marie, mère de Dieu; contenant les louanges données à la très-sainte Vierge par les Pères de l'Eglise et les écrivains ecclésiastiques; les fêtes établies en son honneur; les églises, oratoires, et chapelles bâties et dédiées sous son invocation, etc. Avec des remarques historiques sur l'antiquité du culte que l'Eglise rend à la sainte Mère de Dieu. Le tout extrait des auteurs les plus anciens et les plus authentiques.

Paris. 1749. Hérissant. 1 vol. in-12.

1536. — Sancti Josephi sanctificatio extra uterum, seu binoctium adversus F. Marchantii inanias à *Claudio* Dausquio. — Item Aplysiarum F. Minorum Audom. Spongia.
Lugduni. 1631. L'Œuillet. 1 vol; in-8°.

1537. — Catéchisme des secrets et des mystères de la naissance, de la vie, et de la mort du glorieux S. Joseph, père de Jésus, et époux de la très-Ste Vierge. Suivi de la méthode d'honorer ce grand Saint le jour de sa feste, et dans son octave. (Par le R. P. *Jean* de Vilers.)
Compiègne. 1680. Blanchet. 1 vol. in-8°.

1538. — Tableaux des qualitez éminentes de S. Joseph. Par le R. P. D. Charles de S. Paul.
Paris. 1629. Buon. 1 vol. in-8°.

1539. — Explication de l'histoire de Joseph, selon les divers sens que les Saints Pères y ont apperçus. Avec une dissertation préliminaire sur les sens figurés de l'Ecriture. (Par *François* Joubert.)
S. n. n. l. 1728. 1 vol. in-12.

1540. — La vie et legende de monsieur Sainct Jean Baptiste. Et aussi celle de tous les Apostres et Evangelistes.
Troyes S. d. Nicolas Oudot. 1 vol. in-8°. Fig.

1541. — Triumphus S. Joannis Baptistæ præcursoris et paranymphi Jesu Christi, in quo describuntur ipsius miracula, ortus, infantia, vita, baptismus, prædicatio, carcer, mors, gloria, reliquiæ, patrocinia. RR. Dominis cœnobiarchæ et cœnobitis S. Joannis Baptistæ in Florinis, dedicabat pro epiniciis R. D. *Jacobus* Marchantius.
Montibus. 1644. Waudræi filii. 1 vol in-8°.

1542. — Primitiæ gentium, seu historia SS. trium Regum

Magorum Evangelicorum, et Encomium quibus prærogativæ eorum, genus, patria, et exspectatio sideris ac Messiæ, profectio, stella duce, Hierosolymam, et adoratio Christi in Bethlehem : commentario in caput S. Matthæi illustrata. Item reditus, res gestæ, martyrium, translationes variæ, et novissima Coloniam Agrippinam cum aliis Sanctorum reliquiis..., eruuntur, authore R. P. *Herm.* CROMBACH.

Coloniæ. 1654. Jo. Kinchius. 1 vol. in-fol.

1543.—Vitæ beatorum Apostolorum Petri et Pauli, descriptæ à *Paullo Æmilio* SANCTORIO.

Romæ. 1597. Zannetti. 1 vol. in-4º.

1544.—Le Prince des Apostres ou réflexions morales sur la vie de S. Pierre. Par le R. P. *Jean* HANART.

—L'Apostre d'Espagne ou réflexions morales sur la vie de S. Jacques le Grand.

—La Victime de la pureté ou réflexions morales sur la vie de S. Mathieu apostre.

—Le Fléau des démons ou réflexions morales sur la vie de S. Barthelemy apostre.

—Le Devot de la Vierge ou réflexions morales sur la vie de S. Luc evangeliste.

Douay. 1661. Bellere. 1 vol. in-4º. Fig.

—Le Prince des martyrs ou réflexions morales sur la vie de S. Etienne.

Douay. 1661. Vᵉ M. Wyon. in-4º.

1545.—La vie de l'apostre S. Paul. Par *Ant.* GODEAU. N. éd.

Paris. 1651. Camusat. 1 vol. in-12.

1546.—Même ouvrage. N. édit.

Anvers. 1653. B. Moret. 1 vol. in-12.

1547. — La vie de Saint Paul, apôtre des Gentils et docteur de l'Eglise. Eclaircie par l'Ecriture sainte, par l'Histoire romaine, et par celle des Juifs. Avec des reflexions tirées des SS. Pères. (Par *F. A.* Gervaise.)

Paris. 1741. Giffart. 3 vol. in-12.

1548. — De Apostolatu beati Nathanaelis, opusculum posthumum R. P. *Fabritii* Pignatellii. Ostenditur B. Nathanael idem esse cum B. Bartholomæo. Ac proinde à duodenario Apostolorum numero non excludi.

Parisiis. 1660. Muguet. 1 vol. in-4°.

Voyez aussi les nos 218 et 219.

1549. — Histoire de la virginité de S. Marie de Betanie, sœur de S. Lazare, et de S. Marie Magdelaine martyre. Avec leurs hymnes.... Par M. *Pierre* Louvet.

Liège. 1636. Ab. Dubois. 1 vol in-8°.

1550. — De Maria Magdalena, triduo Christi, et una ex tribus Maria, disceptatio (*Jacobi* Fabri *Stapulensis*). Tertia emissio.

Parisiis. 1519. Henricus Stephanus. 1 vol. in-4°.

— Disceptationis de Magdalena, defensio : Apologiæ Marci Grandivallis illam improbare nitentis, ex adverso respondens. (Per *Judocum* Clichtoveum.)

Parisiis. 1519. Henricus Stephanus. in-4°.

— De tribus et unica Magdalena disceptatio secunda (*Jacobi* Fabri *Stapulensis.*)

Parisiis. 1519. H. Stephanus. in-4°.

— Reverendi Patris *Joannis* Fisscher de unica Magdalena, libri tres.

Parisiis. 1519. J. Badius Ascensius. in-4°.

1551. — Magdalena Massiliensis advena, seu de adventu Magdalenæ in Gallias, et Massiliam appulsu. Disquisitio theologica-historica. Autore R. P. *Joan. Bapt.* GUESNAY.

Lugduni. 1643. De la Garde. 1 vol. in-4º.

** — Le triomphe de la Magdeleine par *Denys* DE LA SAINTE BAUME (*J.-B.* GUESNAY.)

Voyez : *Histoire.* Nº 3986.

1552. — Disquisitio disquisitionis de Magdalena Massiliensi advena. Auctore *Joanne* DELAUNOY.

Parisiis. 1643. 1 vol. in-8º.

1553. — Auctarium historicum de Magdalena Massiliensi advena : sive decretum supremi Senatus Aquensis et almæ Universitatis censura : in libellum qui inscribitur : *Disquisitio disquisitionis*.... Cum scholiis et observationibus adversus libelli autorem Joannem Launoyum... Operà et studio *Petri* HENRY.

Lugduni. 1644. Chancel. 1 vol. in-4º.

** — *Joannis* LAUNOII varia de commentitio Lazari et Maximini, Magdalenæ et Marthæ in Provinciam appulsu opuscula....

Voyez : Nº 239.

1554. — Vindicia fidei et pietatis Provinciæ pro cœlitibus illius tutelaribus restituendis. Adversus quosdam libellos, quibus titulus est : *Dissertatio de commentitio...* et *Disquisitio disquisitionis*.... Auctore *Honorato* BOUCHER.

Aquis-Sextiis. 1644. Roize. 1 vol. in-8º.

1555. — Dissertation pour la défense des deux saintes Marie Madeleine et Marie de Béthanie, sœur de S. Lazare. Contre l'opinion de ceux qui les confondent, et les font une seule personne, et la même que la femme pécheresse. (Par MAUCONDUIT.)

Paris. 1685. Nego. 1 vol. in-12.

1556. — Dissertation sur sainte Marie Magdeleine. Pour prouver que Marie Magdeleine, Marie sœur de Marthe,

et la femme pécheresse, sont trois femmes différentes. Par le Sieur Anquetin.
Rouen. 1699. Maurry. 1 vol. in-12.

1557. —Dissertation sur Ste Madeleine. Par le P. *Bernard Lamy.* Suite de sa dissertation latine sur le même sujet, imprimée dans son Commentaire sur l'Evangile.
Paris. 1699. Anisson. 1 vol. in-12.

1558. —Justification de la femme pécheresse de l'Evangile; son unité avec Marie Madeleine, et Marie de Béthanie, sœur de Lazare. Par M. Le Masson.
Paris. 1713. Le Breton. 1 vol. in-12.

b. — *Vies collectives de Saints Anachorètes.*

1559. —Vitæ Patrum sanctorum Egiptiorum etiam eorum qui in Scithya, Thebayda atque Mesopothamia morati sunt....
(Argentorati). 1483. 1 vol. in-4º.
Voyez: Hain *Répert. bibliog.*, nº 3597.

1560. —*Divi* Hieronymi in vitas Patrum percelebre opus.
Lugduni. 1520. J. Mareschal. 1 vol. in-4º. Fig.

1561. —*Divi* Hieronymi.. in vitas Patrum opus pium...
Lugduni. 1536. 1 vol. in-4º. Fig.
A la suite :
—Legenda. Opus aureum quod Legenda Sanctorum vulgò inscribitur, ad vetustorum exemplarium fidem diligenter emendatum, et non mediocri cura F. *Claudii* a Rota... (adjectis aliquot sanctorum sanctarumque historiis) auctius redditum; cum historia Lombardica, et duobus repertoriis.
Lugduni. 1540. P. Luceius. 1 vol. in-4º. Fig.

1562. — PALLADII divi Evagrii discipuli Lausiaca quæ dicitur historia, et THEODORETI episcopi Cyri Θεοφιλὴς, id est, religiosa historia. Quorum uterque continet instituta, res gestas, et miracula piorum virorum sui temporis, *Gentiano* HERVETO interprete. Quibus accessit S. Platonis, patris spiritualis vita, per THEODORUM STUDITEM. Omnia F. T. B. D. Th. annotationibus illustrata.

Parisiis. 1570. G. Chaudière. 1 vol. in-4º.

1563. — Historia christiana veterum Patrum... R. *Laurentii* DE LA BARRE labore et industria castigata, atque per ordinem digesta.

Parisiis. 1583. M. Sonnius. 1 vol. in-fol.

1564. — Vitæ Patrum. De vita et verbis Seniorum libri x, historiam eremiticam complectentes: auctoribus suis et nitori pristino restituti, ac notationibus illustrati, operâ et studio *Heriberti* Ros-WEYDI.

Antuerpiæ. 1615. Off. Plantiniana. 1 vol. in-fol.

1565. — Idem opus. Editio secunda, variè aucta et illustrata.

Antuerpiæ. 1628. Off. Plantiniana. 1 vol. in-fol.

1566. — Vitæ et sententiæ Patrum Occidentis, libri VII digestæ.... Opera et studio *Benedicti* GONONI. Accesserunt insuper ad calcem insignium quorumdam Eremitarum Orientis vitæ.

Lugduni. 1625. L. Durand. 1 vol. in-fol.

1567. — Illustrium anachoretarum elogia sive religiosi viri musæum. Auctore D. *Jacobo* CAVACIO.

Romæ. 1661. Dragondelli. 1 vol. in-4º. Fig.

1568. — Les vies des Saints Pères des déserts, et de quelques Saintes, escrites par des Pères de l'Eglise, et autres anciens auteurs ecclésiastiques. Traduites en françois par M. ARNAULD D'ANDILLY. 4e édit.

Paris. 1653-57. P. Le Petit. 2 vol. in-4º.

1569. — Même ouvrage.
Paris. 1737. Josse. 5 vol. in-12.

1570. — Les fleurs de la solitude, cueillies des plus belles vies des Saints, qui ont habité les déserts, et qui ont chéry plus expressément la vie solitaire, tant en l'Orient qu'en l'Occident, et particulièrement en France.... Par le R. P. F. *Simon* MARTIN.
Paris. 1652. Gervais Alliot. 2 en 1 vol. in-fol.

1571. — Les sacrées reliques du désert. Composées des vies de plusieurs saints solitaires, qui ont esté fort peu connus jusques à présent. Découverts par l'estude, et la diligence du feu R. P. *Simon* MARTIN.
Paris. 1655. Josse. 1 vol. in-fol.

1572. — Les vies des SS. Pères des Déserts d'Orient (et des Saintes Solitaires d'Orient et d'Occident). Avec des figures (par MARIETTE) qui représentent l'austérité de leur vie, et leurs principales occupations. (Par *Jos. Fr.* BOURGOING DE VILLEFORE). Nouv. édit.
Paris. 1722. Mariette. 3 vol. in-12.

1573. — Les vies des SS. Pères des déserts d'Occident. Avec des figures (par MARIETTE)... (Par le même.)
Paris. 1736-1708. Mariette. 2 vol. in-12. Rassortis.

1574. — Les vies des Pères des déserts d'Orient, avec leur doctrine spirituelle et leur discipline monastique. Par le R. P. *Michel-Ange* MARIN.
Avignon. 1761-64. Vᵉ Niel et fils. 9 vol. in-12.

1575. — Abrégé des vies des Pères des déserts d'Orient. Par A. CAILLOT.
Paris. 1829. Dufour. 2 vol. in-12.

c. — *Vies collectives de Saints d'un certain ordre.*

1576. — Abrégé des vies des principaux fondateurs des religions de l'Eglise, représentez dans le chœur de l'abbaie de S. Lambert de Liessies en Haynaut : avec les Maximes spirituelles de chaque fondateur. Par le R. P. *Estienne* Binet.
Anvers. 1634. M. Nutius. 1 vol. in-4º. Fig.

1577. — Eloges des Evesques, qui dans tous les siècles de l'Eglise ont fleury en doctrine et en sainteté. Par Messire *Antoine* Godeau.
Paris. 1665. Muguet. 1 vol. in-4º.

1578. — Eloges historiques des Empereurs, des Roys, des Princes, des Impératrices, des Reynes, et des Princesses, qui dans tous les siècles ont excellé en piété. Par Messire *Antoine* Godeau.
Paris. 1667. Muguet. 1 vol. in-4º.

1579. — De sanctis Franciæ Cancellariis syntagma historicum. F. *Franciscus* Lanovius recensuit et notis substrinxit.
Parisiis. 1634. Seb. Cramoisy. 1 vol. in-4º.

1580. — Historia monogramma, sive pictura linearis Sanctorum Medicorum et Medicarum, in expeditum redacta breviarium, etc. Authore *Guillelmo* du Val.
Parisiis. 1643. H. Blageart. 1 vol. in-4º.

A la suite :

— Ὑγιαίνειν sive præsentatio licentiandorum quatuor Facultatis medicinæ Parisiensis, solemni oratione celebrata, die xxix julii, divo Petro sacrà, An. Dom. 1642. Præsentante ac perorante *Guil.* du Val.
Parisiis. 1640. H. Blageart. in-4º.

** — Sacra elogia SS. ord. S. Benedicti... Auctore *Gabriele* Bugnotio.

Vide : *Belles-Lettres*, n° 1365.

** — Pour l'histoire de Saints appartenant aux ordres religieux, voyez l'histoire de ces ordres, et principalement les n°s 958, 992, 1040 à 1043, 1088, 1089, 1141, 1172 à 1180, 1201, 1216 à 1218, 1246, 1269 à 1273.

---

d. — *Vies collectives de Saints d'un même pays.*

1581. — Lilia seu flores Galliæ Sanctæ, vitas aliquot complexa SS. Gallorum, aut eorum qui sanctitate suâ Galliam illustrarunt, ex omnibus fermè ordinibus, tam ecclesiasticis quam laicis. Auctore R. P. *Jacobo* Rinaldo.

Divione. 1643. P. Palliot. 1 vol. in-8°.

1582. — La monarchie sainte, historique, chronologique, et généalogique de France, ou les vies des Saints et Bienheureux, qui sont sortis de la tyge royale de France. Composées en latin par le R. P. Dominique de Jésus (*Gérard* Vigier). Traduites et enrichies par le R. P. Modeste de S. Amable.

Clermont. 1670-1677. Jacquard. 2 vol. in-fol.

1583. — Indiculus Sanctorum Lugdunensium ; concinnatus à *Theophilo* Raynaudo. Addita Mantissa de piis quibusdam Lugdunensibus, non vindicatis.

Lugduni. 1629. Cl. Landry. 1 vol. in-12.

1584. — Sidera illustrium et sanctorum virorum qui Germaniam præsertim magnam olim gestis rebus ornarunt : à nocte sua relucentes vindicavit veterum Mss. beneficio *Christophorus* Browerus.

Moguntiæ. 1616. Albinus. 1 vol. in-4°.

** ―― Imagines Sanctorum Augustanorum Vindelicorum æreis tabellis expressæ. (*Frid.* Sustris et *Th.* Maurer delineaverunt.)
>> Aug. Vindelic. 1620. 1 vol. in-fol.
>> Voyez : *Sciences et Arts.* No 3264.

1585. —Natales Sanctorum Belgii, et eorundem chronica recapitulatio, auctore *Joanne* Molano.
>> Duaci. 1616. Borremans. 1 vol. in-8º.

** —Indiculus Sanctorum Belgii, auctore *Joanne* Molano.
>> Lovanii. 1573. Hier. Wellæus. In-8°. Voyez nº 1596.

1586. —Ad natales Sanctorum Belgii Joannis Molani auctarium, in quo tam Martyres, quam alii Sancti, Beati, aut Venerabiles ac pietatis famâ celebres homines recensentur, auctore *Arnoldo* de Raisse.
>> Duaci. 1626. Petr. Auroy. 1 vol. in-8º.

1587.—*Bartholomœi* Fisen flores Ecclesiæ Leodiensis sive vitæ vel elogia Sanctorum et aliorum qui illustriori virtute hanc diœcesim exornarunt.
>> Insulis. 1647. Nic. De Rache. 1 vol. in-fol.

1588.—Ανάμνισις sive commemoratio omnium Sanctorum Hispaniæ per dies anni digesta, et concinnata, ac notis apodicticis illustrata, ad metodum Martyrologii Rom. opera et studio *Joannis* Tamayo Salazar.
>> Lugduni. 1651-52. Borde, Arnaud, Rigaud. 2 v. in-fol.

1589.—Triumphus Christianus Romanos cunctos obscurans, ex D. Ægidii Lusitani Magi olim Theurgici et Doctoris Parisiensis, aliorumque Patrum ord. præd. ex eadem Lusitania stupendis gestis conflatus, necnon et multa alia scitu dignissima. Per R. P. F. *Stephanum* de Sampayo.
>> Parisiis. 1586. Th. Perier. 1 vol. in-8º.

1590.—Florilegium Insulæ Sanctorum seu vitæ et acta Sanctorum Hiberniæ. Quibus accesserunt non vulgaria monumenta, hoc est S. Patricii Purgatorium, S. Malachiæ Prophetia de summis Pontificibus, aliaque nonnulla. Omnia nunc primum partim ex Ms. codicibus, partim typis editis collegit, et publicabat *Thomas* Messinghamus.

Parisiis. 1624. Seb. Cramoisy. 1 vol. in-4º.

1591. — Acta Sanctorum veteris et majoris Scotiæ, seu Hiberniæ Sanctorum Insulæ, partim ex variis per Europam MS. codd. exscripta, partim ex antiquis monumentis et probatis authoribus eruta et congesta; omnia notis et appendicibus illustrata, per R. P. F. *Joannem* Colganum.

Lovanii. 1645. Ever. de Witte. 1 vol. in-fol.

1592. — Triadis thaumaturgæ seu divorum Patricii, Columbæ et Brigidæ, trium veteris et majoris Scotiæ, seu Hiberniæ Sanctorum Insulæ, communium patronorum acta, à variis, iisque pervetustis, ac sanctis authoribus scripta, ac studio R. P. F. *Joannis* Colgani collecta.

Lovanii. 1647. Cornel. Coenestenius. 1 vol. in-fol.

e. — *Martyrologes.* — *Vies collectives de Martyrs.*

1593. — De Sanctorum Martyrum cruciatibus *Antonii* Gallonii liber. Quo potissimum instrumenta et modi quibus iidem Christi Martyres olim torquebantur, accuratissimè tabellis æneis expressa describuntur. Nunc primùm in Germania auctoris concessione editus.

Coloniæ. 1602. Joan. Gymnicus. 1 vol. in-8º. Fig.

1594. — De Sanctorum Martyrum cruciatibus *Antonii* Gallonii liber, cum figuris Romæ in ære incisis per

Ant. Tempestam, et aliis ejusdem argumenti libellis. Ex. musæo Raph. Tricheti du Fresne.

Parisiis. 1660. Cl. Cramoisy. 1 vol. in-4º. Fig.

1595.—Martyrologium accurratissime emendatum per magistrum Belinum de Padua, cum additionibus Patrum copiosum effectum.

Venetiis. 1517. L. Ant. de Giunta. 1 vol. in-4º.

1596.—Usuardi Martyrologium, quo Romana Ecclesia, ac permultæ aliæ utuntur : jussu Caroli Magni conscriptum. Cum additionibus ex Martyrologiis Romanæ Ecclesiæ, et aliarum, potissimum Belgii. Et annotatione auctorum, qui de Sanctorum vita, confessione, vel martyrio, fusè, aut aliquando obiter, nonnulla scripserunt. Operà *Joannis* Molani. Eodem auctore, de Martyrologiis, et indiculus Sanctorum Belgii.

Lovaniis. 1573. Wellæus. 1 vol. in-8º.

1597.—Usuardi Martyrologium sincerum, ad autographi in San-Germanensi Abbatia servati fidem editum, et ab observationibus R. P. Sollerii vindicatum. Opera et studio D... Mon. Ben. (*Jacobi* Bouillart.)

Parisiis. 1718. Giffart. 1 vol. in-4º.

1598.—Martyrologium Romanum ad novam kalendarii rationem et ecclesiasticæ historiæ veritatem restitutum. Gregorii XIII Pont. Max. jussu editum. Accesserunt notationes atque tractatio de Martyrologio Romano. Auctore *Cæsare* Baronio. 2ª edit.

Antuerpiæ. 1589. Off. Plantiniana. 1 vol. in-fol.

1599.—Idem opus.

Venetiis. 1597. Ant. Zalterius. 1 vol. in-4º.

1600.—Martyrologium Romanum.... *Cæsaris* Baronii notationibus illustratum. Novissimæ et correctissimæ huic editioni seorsim accedit Vetus Romanum Martyrologium, hactenus à Card. Baronio desideratum, unâ cum martyrologio Adonis, ad Mss. exemplaria recensito, opera et studio *Heriberti* Rosweydi.

Antuerpiæ. 1613. Off. Plantiniana. 1 vol. in-fol.

1601.—Martyrologium Romanum, Gregorii XIII, P.M. jussu editum : et Urbani VIII auctoritate recognitum : auctore *Cæsare* Baronio; nunc ante mortem auctoris, ab ipso, (insertis quæ addenda vel mutanda notaverat) revisum, auctum, et ex singulari decreto Pont. Max. (ne alia editio nisi hæc juxta Vaticanum exemplar usurpetur) publici juris factum, cum figuris æneis. Huic noviss. edit. accesserunt et additæ sunt notæ, loca Annalium Baronii, etc. Non prætermisso Adonis Martyrologio ad Ms. exemplaria recensito, operâ et studio *Heriberti* Rosweydi.

Parisiis. 1645. Laur. Cottereau 1 vol. in-fol.

1602.—Martyrologium Romanum Gregorii XIII Pont. Max. jussu editum, et Urbani VIII authoritate recognitum; illustratum : sive Tabulæ ecclesiasticæ geographicis tabulis et notis historicis explicatæ, quibus Sanctorum sive mortis sive depositionis tempus et locus exactissimè exprimuntur. Authore R. P. *Augustino* Lubin.

Lutetiæ Paris. 1679. Ren. Guignard. 1 v. in-4º. Cart.

1603.—Martyrologium Romanum Gregorii XIII Pont. Max. jussu editum, et Clementis X auctoritate recognitum. Accessit huic editioni eorum memoria, qui à summis Pontificibus, usque ad Clementem XI Pont. Max. in Sanctorum numerum relati sunt.

Parisiis. 1716. Vidua Chippier. 1 vol. in-8º.

1604.—Sacrum Gynæceum seu martyrologium amplissimum, in quo sanctæ ac beatæ, aliæque Christi ancillæ; martyres, virgines, lactentes, infantes, parvulæ, juvenculæ, adolescentulæ, nuptæ, viduæ, senes recensentur. Annotationibus illustratum, ex plurimis Mss. codd., ac probatis authoribus... cura et labore R. P. *Arturi* du Monstier.

Parisiis. 1656. Couterot. 1 vol. in-fol.

1605. — Martyrologe universel : contenant le texte du Martyrologe Romain, traduit en françois; et deux additions à chaque jour des Saints qui ne s'y trouvent point; l'une, des Saints de France; l'autre, des Saints des autres nations; avec un Catalogue des Saints dont on ne trouve point le jour. (Par l'abbé *Claude* Chastelain.)

Paris. 1709. F. Leonard. 1 vol. in-4º.

1606. — Martyrologium Gallicanum, in quo sanctorum, beatorumque ac piorum plus quam octoginta millium, ortu, vita, factis, doctrina; agonibus, trophæis, opitulationumque gloriâ, ac cæteris quibusque sacræ venerationis titulis, in Gallia illustrium. Auctore *Andrea* du Saussay.

Lutetiæ. 1637. Steph. Richer. 2 vol. in-fol.

1607. — Illustrium Christi Martyrum lecti triumphi, vetustis Græcorum monumentis consignati. Ex tribus antiquissimis Regiæ Lutetiæ bibliothecis, *F. Franc.* Combefis produxit, latinè reddidit, strictim notis illustravit.

Parisiis. 1660. A. Bertier. 1 vol. in-8º.

1608. — Les vies de plusieurs SS. Martyrs, Evesques et Religieux des premiers siècles. Escrites en grec par des anciens auteurs ecclésiastiques. Traduites en françois par le R. P. *Nicolas* Le Sueur.

Paris. 1660. Ant. Bertier. 1 vol. in 8º.

1609. — Acta primorum Martyrum sincera et selecta ex libris cùm editis, tum manuscriptis collecta, eruta vel emendata, notisque et observationibus illustrata. Opera et studio Domni *Theoderici* Ruinart. His præmittitur Præfatio generalis, in qua refellitur Dissertatio XI Cyprianica Henrici Dodwelli de paucitate Martyrum.
Parisiis. 1689. Muguet. 1 vol. in-4'.

1610. — Les véritables Actes des Martyrs, recueillis, revus et corrigez sur plusieurs anciens manuscrits, sous le titre de : *Acta primorum Martyrum sincera et selecta*. Par le R. P. D. *Thierry* Ruinart, et traduits en françois par M. Drouet de Maupertuy.
Paris. 1708. Guerin. 2 vol. in-8°.

1611. — Même ouvrage. N° édit.
Paris. 1739. Guerin. 2 vol. in-12.

1612. — Acta Sanctorum Martyrum Orientalium et Occidentalium in duas partes distributa. Accedunt acta S. Simeonis Stylitæ. Omnia nunc primum sub auspiciis Johannis V, Lusitanorum Regis, è Bibliotheca apostolica Vaticana prodeunt. *Stephanus Evodius* Assemanus chaldaicum texum recensuit, notis vocalibus animavit, latine vertit, admonitionibus, perpetuisque adnotationibus illustravit.
Romæ. 1748. Josephus Collinus. 1 vol. in-fol

1613. — Fasti Sanctorum quorum vitæ in Belgicis Bibliothecis manuscriptæ. Item Acta præsidalia SS. Martyrum Tharaci, Probi, et Andronici : nunc primùm integrè edita. Collectore *Heriberto* Ros-weydo.
Antuerpiæ. 1607. Officina Plantiniana. 1 vol. in-8°.

1614. — Passio SS. Perpetuæ et Felicitatis, cum notis *Lucæ* Holstenii. Item Passio Bonifacii Romani martyris.

Ejusdem *Lucæ* Holstenii animadversa ad Martyrologium Romanum Baronii. His accedunt Acta Sanctorum Martyrum Tarachi, Probi, et Andronici. Ex codice Ms. S. Victoris Parisiensis.

<small>Parisiis. 1664. Ch. Savreux. 1 vol. in-8°.</small>

1615. — Christi Martyrum lecta trias, Hyacinthus Amastrensis, Bacchus et Elias novi-martyres, Agarenico pridem mucrone sublati. F. *Franciscus* Combefis è vetustis græcis codd. eruit, latinè reddidit, notis illustravit.

<small>Parisiis. 1666. F. Leonard. 1 vol. in-8°.</small>

1616. — L'histoire renouvelée de la vie et martyre glorieux de Saincte Cecile vierge, de Valerian, Tiburce, et Maximus, sur leurs corps saincts martyrisez en l'an de Salut 224 et 25, et reveuz tous entiers à Rome, puis remis en leurs lieux, en l'an 1599 dernier soubs Clément VIII, Pape. Avec la vie d'Urbain et Lucius pontifes et martyrs, et les Lettres de Paschal I, sus l'invention et translation d'iceux corps saincts en la ville de Rome. Le tout depuis naguères augmenté et fidellement recueilly et recherché des exemplaires manuscripts de la Vaticane et autres nobles bibliotecques de la ville de Rome, illustré d'annotations et mis en lumière par *A.* Bozius D. Traduit par C. D. C., escuier Sr de Welles.

<small>Arras. 1611. Maudhuy. 1 vol. in-8°.</small>

1617. — La chasteté victorieuse en l'admirable conversion de S. Valerian espoux de Saincte Cecile, de Tiburce, Maximus et autres. Ensemble l'histoire de la constance et martyre de ceste saincte Vierge, de S. Urbain Pape, et des susnommez l'an 224 et 225, de l'invention de leurs corps l'an 821, et la dernière et plus solemnelle relation d'iceux soubz Cle-

ment VIII, l'an MDIC. Le tout fidellement et curieusement recherché ès archives et bibliothecques de la ville, de Rome, et illustré de très-riches annotations par le docte *Antoine* Boziusa. De la traduction de C. D. C., S^r DE WELLES.
 Arras. 1617. Maudhuy. 1 vol. in-8º.
 Cet ouvrage est le même que le précédent.

1618. — Innocence martyre, histoire remarquable tirée, tant des Martyrologes, que des SS. Pères, et de l'histoire de France, sous le règne de Charles le Chauve. Représentée en la vie, mort et martyre de Sainct Cyre et de Saincte Julitte sa mère, reverez en plus de deux cens églises parroissiales de ce Royaume. Recueillie par Fr. *P.* BORRÉE.
 Paris. 1645. Thom. Lozet. 1 vol. in-8º.

1619. — La vie de Ste Julle, vierge et martyre, et de S. Claudien, martyr. Tirée des anciens Mss. et bréviaires de l'Abbaye de Jouare, et du livre de la vie des SS. de Troye, faite par M. DESGUERROIS.
 Paris. 1679. P. Le Petit. 1 vol. in-12.

1620. — La vie des Bienheureux frères et glorieux martyrs Saint Lugle archevesque, et Saint Luglien roy d'Hibernie, patrons de la ville de Montdidier en Picardie, et de celle de Lillers en Artois. Par un religieux Bénédictin réformé de l'Ordre de Cluny (Dom *Jean* PAGNON.) Avec permission des supérieurs.
 S. n. n. l. 1718. 1 vol. in-8º.

1621. — L'histoire du martyre de trois Saincts gemeaux Lengrois. Par Me *Pierre* CLEMENT.
 Langres. (1647). Ve Chauvetet. Pièce in-8º.

 ** — Historia panegyrica de tribus martyribus ex Societate Jesu, in Vrugaï pro fide occisis. Voyez : *Sciences et Arts.* Nº 409.

 Voyez aussi les nºs 530, 533, 557, 581, 1216 à 1218, 1270 à 1273.

f. — *Vies particulières de Saints, par ordre alphabétique.*

1622. — De la saincte hiérarchie de l'Eglise, et la vie de Sainct Aderald, archidiacre et chanoine de Troyes, restaurateur de la Communauté des Chanoines. Et pourquoy S. Joseph est le propre advocat des Chanoines. Par le R. P. *Estienne* BINET.

Paris. 1633. Seb. Cramoisy. 1 vol. in-12.

1623. — Le pourtraict du vray Pasteur, ou histoire mémorable de S. Albert, évesque de Liége. Par G. D. R. (*Georges* DE REBREVIETTES) sieur D'ESCOEUVRES.

Paris. 1613. Huby. 1 vol. in-8º.

1624. — La vie de S. Amable, prestre et curé de la ville de Riom en Auvergne, sous l'épiscopat de S. Sidoine Apollinaire, écrite en latin, sur des mémoires très-autentiques, par un ancien auteur nommé JUSTE, archiprêtre. Traduite en françois sur un manuscrit qui n'a jamais été imprimé, avec des notes et des éclaircissemens sur l'histoire ecclésiastique et civile d'Auvergne, tirés des auteurs originaux et contemporains. Par M. l'abbé FAYDIT.

Paris. 1702. Moreau. 1 vol. in-12.

1625. — La vie de S. Ambroise, archevesque de Milan, docteur de l'Eglise et confesseur. Par M. *Godefroy* HERMANT.

Paris. 1678. J. Du Puis. 1 vol. in-4º. Portr.

1626. — S. Andreæ Corsini, ordinis Carmelitani, Episcopi Fæsulani, vita. Authore *Francisco* VENTURIO.

Romæ. 1629. Hæres Barth. Zannetti. 1 vol. in-8º.

A la suite :

—Suffragia in canonizatione S. Andreæ Corsini, Carmelitani, Episcopi Fesulani.
>Romæ. 1629. Hæres Barth. Zannetti. in-8°.

1627.—Abrégé de la vie de S. André Avellin, prestre de la Congrégation des clercs réguliers Théatins, Canonisé par Notre Saint Père le Pape Clément XI. (Par le R. P. *Olympe* Du Marché.)
>Paris. 1713. Jollet. 1 vol. in-12. Port.

1628.—La vie de S. Anthelme confesseur, et evesque de Belley. (Par N. L. D. L. C.)
>Lyon. 1648. P. Compagnon. 1 vol. in-8°.

1629.—Symbola et chronotaxis Antoniniana. (Auctore *Ant. Maria* Camers.)
>Sans titre. 1 vol. in-8°.

** — S. Athanasii vita S. Antonii, *Davide* Hœschelio interprete.
Vide : S. Athanasii *Opera*. I.

1630.—La vie du vénérable P. Antoine du S. Sacrement, religieux de l'Ordre des Frères Prêcheurs, instituteur de la Congrégation du S. Sacrement du même Ordre, fondateur du nouvel Institut des religieuses du Saint-Sacrement à Marseille, et missionnaire apostolique. Composée par le R. P. F. Arcange Gabriel de l'Annonciation.
>Avignon. 1682. Ant. Duperier. 2 vol. in-8°.

1631.—La vie de S. Athanase, patriarche d'Alexandrie. Qui comprend encore l'histoire de S. Eustathe d'Antioche, de S. Paul de Constantinople, de S. Hilaire de Poitiers, de S. Eusèbe de Verceil, des Papes Jules et Libère, et de plusieurs autres Saints; avec la naissance et le progrès de l'Arianisme. Par M. *Godefroy* Hermant.
>Paris. 1671. J. Du Puis. 2 vol. in-4°. Port.

1632.—Même ouvrage. 2ᵉ édit.
> Paris. 1672. J. Du Puis. 2 vol. in-8°. Port.

1633.—S. Aurelii Augustini, Hipponensis episcopi, vita, auctore S. Possidio, ad Mss. codd. recensita, notisque illustrata, opera et studio D. *Joannis* Salinas.
> Romæ. 1731. Zempel. 1 vol. in-8°.

 A la suite :

—De vita et rebus gestis S. Possidii, Calamensis Episcopi, dissertatio, ex B. Augustini scriptis ecclesiasticisque monumentis cincinnata, opera et studio D. *Joannis* Salinas.
> Romæ. 1731. J. Zempel. 1 vol. in-8°.

1634.—S. Aurelii Augustini Hipponensis Episcopi et S. R. E. Doctoris vita. Auctore R. P. F. *Cornelio* Lancilotto.
> Antuerpiæ. 1616. Off. Plantiniana. 1 vol. in-8°.

1635.—Vitæ divi Aurelii Augustini, Hipponensis Episcopi et Ecclesiæ doctoris eximii, ex operibus ejus concinnatæ, rerumque ab eo gestarum et scriptarum libri quatuor. In quibus historiæ Ecclesiasticæ Africanæ, Manichæorum item, Donatistarum, Arianorum, Pelagianorum, aliarumque hæreseon synopsis. Studio et industriâ R. P. *Joannis* Rivii.
> Antuerpiæ. 1646. Hieron. Verdussius. 1 vol. in-4°.

1636.—Enchiridion de actis S. Patris Augustini, Hipponensis Episcopi, ex voluminibus ejus collectis, nudè propositis, et epitomicè chronologicè ordinatis. A R. P. *Willibrordo* Boschaerts compositum. Atque à *Norbeto* Caillieu ex Belgio allatum, ac studiosæ Canonicorum Præmonstratensium juventuti oblatum dicatumque.
> Parisiis. 1667. Alliot. 1 vol. in-12.

1637.—Histoire du glorieux Père Sainct Aurèle Augustin,

Docteur de l'Eglise, et Evesque d'Hiponne, et de plusieurs Saincts et Sainctes de son Ordre des Ermites. Par F. *Simplician* DE SAINCT MARTIN.

Tolose. 1641. Colomies. 1 vol. in-fol. Sans titre.

1638. — La vie de S. Augustin, Evesque d'Hyponne. Par Mre *Antoine* GODEAU.

Paris. 1652. P. Le Petit. 1 vol. in-4º.

1639. — Même ouvrage. 3e édit.

Lyon. 1685. Cl. De la Roche. 1 vol. in-8º.

** — Iconographia magni Patris Aurelii Augustini, ab hon. P. F. *Hieronymo* PETRI, studio ac cura F. *Eugenii* WAMELII edita.

Voyez : *Sciences et Arts.* Nº 3265.

1640. — La vie de Dom Barthelemy des Martyrs, religieux de l'Ordre de S. Dominique, Archevesque de Brague en Portugal. Tirée de son histoire écrite en espagnole et en portugais par cinq Autheurs, dont le premier est le P. *Louis* DE GRENADE. Avec son esprit et ses sentimens pris de ses propres écrits. (Traduite en françois par *Pierre* THOMAS DU FOSSÉ et L. *Isaac* LE MAISTRE DE SACY.)

Paris. 1663. P. Le Petit 1 vol. in-4º. Port.

1641. — Même ouvrage. Nº édit.

Paris. 1678. Roulland. 1 vol. in-8º. Port.

1642. — Vie de Dom Barthélemy des Martyrs, traduite de l'espagnol et du portugais, par *Isaac* LE MAISTRE DE SACY, et abrégée par *Ant.* CAILLOT.

Paris 1828. Méquignon Havard. 1 vol. in-12. Fig.

1643. — La vie de S. Basile le Grand, Archevesque de Césarée en Cappadoce, et celle de S. Grégoire de Nazianze, Archevesque de Constantinople. Par M. *Godefroy* HERMANT.

Paris. 1674. Du Puis. 2 vol. in-4º.

1644. — La vie de Saint Benoist par S. Grégoire le Grand. Avec une explication des endroits les plus importans, et un abrégé de l'histoire de son Ordre. Par le R. P. Dom *Joseph* Mege.

Paris. 1690. Robustel. 1 vol. in-4º.

1645. — La vie du grand S. Benoist, patriarche des Moines de l'Occident. Ses vertus, ses maximes, les excellences de sa règle, et un abbrégé des grands hommes de son Ordre. Par le P. Dom. *Bernard* Planchette.

Paris. 1652. Billaine. 1 vol. in-4º.

1646. — Abrégé sacré et historial de S. Benoist, de ses Saints, et des grandeurs de son Ordre; presché par le R. P. M. *Jaques* de Almeyda. Traduit d'espagnol en françois par le R. P. Nicolas de la Conception.

Bruxelles. 1656. Mommart. 1 vol in-4º.

** — S. Benedicti vita et regula versibus expressæ à R. P. *Gab.* Bugnotio.

Vide : *Belles lettres.* Nº 1364.

1647. — De vera existentia Corporis S. P. Benedicti in Cassinensi Ecclesia : deque ejusdem translatione. Auctore R. A. P. *Matthæo* Laureto.

Neapoli. 1607. Subtilis. 1 vol. in-4º.

1648. — La vie de S. Benoist, fondateur du pont d'Avignon, vulgairement dit S. Benezet, où l'esprit de ce Saint est représenté par des instructions chrétiennes, tirées de la sainte Ecriture, des Pères, et des Conciles. Par le sieur E. S. Despréaux, D. B. A. (*Etienne* Seystre, célestin.)

Avignon. 1675. Duperier. 1 vol. in-12.

1649. — La vie de St Bernard, premier abbé de Clairvaux, et Père de l'Eglise. Divisée en six livres, dont les trois premiers sont traduits du latin de trois célèbres abbez de son temps (Guillaume, abbé de S. Thierry, Bernard, abbé de Bonnevaux, Geoffroy, religieux de Clairvaux), et contiennent l'histoire de sa vie, et les trois derniers sont tirez de ses ouvrages, et représentent son esprit et sa conduitte. (Par le sieur Lamy (*Antoine* Le Maistre.)

Paris. 1648. A. Vitré et Durand. 1 vol. in-4º.

1650. — Même ouvrage. 4ᵉ édit.

Paris. 1663. P. Le Petit. 1 vol. in-8º.

1651. — La vie de S. Bernard, premier abbé de Clairvaux. Par M. de Villefore.

Paris. 1704. De Nully. 1 vol. in-4º. Portr.

1652. — S. Bernardi Clarevallensis abbatis genus illustre assertum. Accedunt Odonis de Diogilo, Johannis Eremitæ, Herberti Turrium Sardiniæ archiepiscopi, aliorumque aliquot Scriptorum opuscula, duodecimi post Christum sæculi historiam spectantia. Curâ et studio *Petri Francisci* Chifletii.

Divione. 1660. Chavance. 1 vol. in-4º.

1653. — Le Capucin de Sicile, ou l'histoire de F. Bernard de Corléon, religieux de la Province de Palerme. (Par le F. Sixte de Paris.)

Paris. 1690. Thierry. 1 vol. in-12.

1654. — Miroir de toute saincteté, en la vie du Sainct merveilleux Bernard de Menton, fondateur des monastères, et hospitaux de Mont-joux et Colomne-joux, situés ès Alpes Pénines, et Graïes, dittes de luy, grand et petit S. Bernard. Par *Roland* Viot. Avec les cours de la vie spirituelle, sous le nom de Theopneste, ou l'Inspiré. Par Alexis de Jésus.

Lyon. 1627. F. De la Bottière. 1 vol. in-8º.

1655. — Beati Bernardi fundatoris, et 1. abbatis SS. Trinitatis de Tironio, Ordinis S. Benedicti, vita, auctore coætaneo Gaufrido Grosso, nunc primùm prodit in lucem, opera et studio Joan. Bap. Souchetl, qui et observationes ac notas adjecit.

Lutetiæ Par. 1649. Billaine. 1 vol. in-4º.

1656. — La vie de S. Bernard, Archevêque de Vienne. Par le P. *Charles* Fleury-Ternal.

Paris. 1722. Cailleau. 1 vol. in-12.

1657. — Vita S. Brunonis, Cartusiensium institutoris primi, commentario illustrata.

Bruxellæ. 1639. Schowartius. 1 vol. in-8º.

1658. — Vie de S. Bruno, fondateur des Chartreux; avec diverses remarques sur le même Ordre. Par le P. (*Bernard* Destutt) de Tracy.

Paris. 1785. Berton. 1 vol. in-12.

1659. — De causa conversionis S. Brunonis, Carthusianorum Patriarchæ, epistola didascalica plurimum reverendi Domini *Andreæ* Du Saussay. Juxta exemplar Coloniæ editum.

S. n. n. l. n. d. (1646?) 1 vol. in-8º.

Dans le même volume :

— Defensa Romani Breviarii correctio circa historiam Sancti Brunonis, seu de vera causa secessus S. Brunonis in eremum dissertatio. Auctore *Joanne* Delaunoy.

Parisiis. 1646. Seb. et Gab. Cramoisy. 1 vol. in-8º.

** — *Joannis* Launoii de vera causa secessus S. Brunonis.
Voyez : Nº 239.

1660. — La vie et les éloges de Sainct Catalde, vulgairement appellé St Cartault, Archevesque de Tarente, honnoré et réclamé ès villes de Sens et Auxerre. Par le R. P. *Nicolas* Desnos.

Auxerre. 1649. Billiard. 1 vol. in-8º.

** — Vie de St Charles Borromée.
Voyez : Nos 829 à 834.

1661. — Vie de St Charles Borromée, Archevêque de Milan, traduite et abrégé du latin du P. Basilicapetri, par *A.* Caillot.

Paris. 1828. Méquignon-Havard. 1 vol. in-12. Fig.

1662. — Vita S. Caroli Comitis Flandriæ, martyris. Ab auctore coætaneo Fr. Gualtero, Tarvanensis Ecclesiæ canonico, ante annos propè quingentos scripta.

Lutetiæ Paris. 1615. Seb. Cramoisy. 1 vol. in-8º.

1663. — La vie du Père Charles Spinola, de la Compagnie de Jésus. Par le P. *Pierre-Joseph* d'Orléans.

Paris. 1681. Michallet. 1 vol. in-12.

1664. — La vie du R. Père César de Bus, fondateur de la Congrégation de la doctrine chrestienne, érigée en Avignon, nouvellement unie à celle des Clercs réguliers de Somaque. Par le P. *I.* Marcel.

Lyon. 1619. Cl. Morillon. 1 vol. in-8º.

1665. — La vie du vénérable César de Bus, fondateur de la Congrégation de la Doctrine chrétienne. Par le R. P. *Pierre* Du Mas.

Paris. 1703. Louis Guérin. 1 vol. in-4º. Port.

1666. — Eloge de piété, à la bénite mémoire de Mr Claude Bernard, appellé le Pauvre Prestre. Par *J.-P.* Camus.

Paris. 1641. G. Alliot. 1 vol. in-8º.

1667. — La vie du P. Bernard, ou la Charité dans son trône. Par M. (Pujet) de la Serre.

Paris. 1642. Robinot. 1 vol. in-8º.

A la suite :

—Les funerailles meditées, et amour de la mort, par *J.-B.* Du Val.

Paris. 1641. Robinot. in-8°. Fig. Sans titre.

1668.—La vie du vénérable Père Bernard, natif de Bourgogne, prestre du diocèse de Paris, enterré à l'Hôpital de la Charité, au fauxbourg S. Germain. Composée par le P. Lempereur.

Paris. 1708. N. Pepie. 1 vol. in-12. Port.

1669.—La vie du vénérable Père Dom Claude Martin, religieux bénédictin de la Congrégation de S. Maur, décédé en odeur de sainteté au monastère de Mairmontier, le 9 du mois d'août 1696. Ecrite par un de ses disciples. (Dom *Ed.* Martène.)

Tours. 1697. Masson. 1 vol. in-8°.

1670.—La vie de S. Cloud, prestre, petit-fils de Clovis. (Par *Pierre* Périer.)

Paris. 1696. Langlois. 1 vol. in-12.

Dans ce volume :

—Proprium insignis ecclesiæ sancti Clodoaldi, diœcesis Parisiensis.

Parisiis. 1702. in-12.

1671.—La vie de S. Cyprien, docteur de l'Eglise, evêque de Carthage, et Martyr. (Par *Fr. Arm.* Gervaise.)

Paris. 1717. J. Estienne. 1 vol. in-4°.

1672.—Vita, passio, sepultura Christi martyris Ariopagitæ Dionysii sociorumque ejus : corporum eorundem inventio ac translatio, per pium regem Dagobertum. Quibus juncta est Dominicæ precationis quædam brevis explanatio, ad juvenes Dionysiani monasterii cœnobitas, *Joanne* Docæo authore.

S. n. n. l. n. d. 1 vol. in-8°.

** — Areopagitica....
>Vide : N° 218.

1673. — De Areopagiticis Hildvini judicium. Auctore *Joanne* DE LAUNOY.
>**Lutetiæ Paris. 1641. 1 vol. in-8º.**

1674. — Vindicata Ecclesiæ Gallicanæ de suo Areopagita Dionysio gloria. Auctore Domno *Germano* MILLET.
>**Parisiis. 1638. Den. Bechet. 1 vol. in-8º.**

>A la suite :

>—*Jacobi* SIRMONDI dissertatio in qua Dionysii Parisiensis et Dionysii Areopagitæ discrimen ostenditur.
>>**Parisiis. 1641. Seb. Cramoisy. in-8º.**

** — *Joannis* LAUNOII varia de duobus Dionysiis Atheniensi et Parisiensi opuscula.
>Voyez : N° 239.

1675. — La vie apostolique de Sainct Denis Areopagite, patron et apostre de la France. Par le R. P. *Estienne* BINET. 2ᵉ édition.
>**Paris. 1629. Chappelet. 1 vol. in-12.**

1676. — La vie, le martyre, et les miracles du grand Saint Denys Areopagyte, apostre de la France : avec la miraculeuse dédicace de son Eglise, faite par Nostre Seigneur Jésus-Christ... Ensemble les prières pour gagner les indulgences, et pour guarir des morsures des chiens enragez. Tirez des vies des Saints, de Ribaden, Surius, Chronique de Doublet, et autres autheurs.
>**Paris. 16... Es. Pepingué. Pièce in-8º.**

1677. — S. Denis l'Areopagite, Evesque de Paris. Par Mᵉ *Gabriel* DE GAUMONT, sieur DE CHEVANNES.
>**Paris. 1673. Fl. Lambert. 1 vol. in-8º.**

1678.—Additions au livre de S. Denis l'Areopagite, Evesque de Paris. Par M° *Gabriel* DE GAUMONT....
  Paris. 1674. Fl. Lambert et Est. Michalet. 1 vol. in-8°.

1679.—Saint Domice et Ste Ulphe, deux merveilles des siècles passez, découvertes au monde. Par le R. P. PIERRE DE St QUENTIN.
  Amiens. 1664. Musnier. 1 vol. in-8°.

1680.—Vita S. P. Dominici Ordinis Prædicatorum fundatoris. Auctore R. P. F. *Nicolao* JANSSENIO.
  Antuerpiæ. 1622. Hen. Aertssius. 1 vol. in-8°.

** — Vie de S. Dominique.
  Voyez : N° 1170-1171.

1681.—La vie, et les éminentes vertus de Sainct Elzéar de Sabran, et de la bienheureuse comtesse Dauphine, vierges et mariez, deux phenix de la France. Par le R. P. *Estienne* BINET. 7e édit.
  Rouen. 1633. L'Oyselet. 1 vol. in-12.

1682.—L'histoire et la vie de St Epiphane, Archevêque de Salamine, et docteur de l'Eglise. Où l'on voit ce qui s'est passé de plus curieux et de plus intéressant dans l'Eglise, depuis l'an 310 jusqu'en 403. Avec l'analyse des ouvrages de ce Saint, son apologie contre les Protestans, et des notes critiques et historiques. (Par Dom. *Fr. Arm.* GERVAISE.)
  Paris. 1738. Giffart. 1 vol. in-4°.

1683.—Histoire sacrée du glorieux protomartyr S. Estienne, Grand-Archidiacre de Sion.... Par le R. P. Fr. *Jacques* DOUBLET.
  Paris. 1648. De Bresche. 1 vol. in-8°.

1684.—Acta S. Ferdinandi, regis Castellæ et Legionis, etc. (Ex tomo septimo *Danielis* PAPEBROCHII de Actis Sanctorum Maii die trigesima.
  Antuerpiæ. 1688. M. Knobarus. 1 vol. in-fol.

Dans le même volume :

—Acta Sanctæ Principis Joannæ, filiæ Alfonsi V Lusitaniæ Regis, ab ejus ministra sor. *Mag.* Pineria lusitanice scripta, et inter Acta Sanctorum Maii à *Dan.* Papebrochio latine reddita ac notis illustrata.
Antuerpiæ. 1688. Knobarus. in-fol.

1685. —La vie de St Ferdinand, Roi de Castille et de Léon. (Par le P. *Fr.* de Ligny.) (1).
Paris 1759. Butard et Chenault. 1 vol. in-12.

1686. —La vie du bienheureux Fidèle de Sygmaringue, capucin et martyr. Par le R. P. J. F. D. L. R. C. (*Jean-François* de la Roche, capucin.)
Avignon. 1729. Offray. 1 vol. in-12.

1687. —Abrégé de la vie du B. P. Fidel de Sigmaringa, capucin, missionnaire et premier martyr de la mission apostolique, établie par la sacrée Congrégation de *Propaganda fide*, chez les Grisons. Avec des réflexions morales sur chacune des vertus du Saint, très-utiles aux prédicateurs et aux âmes pieuses. Par le Père Daniel de Paris.
Paris. 1731. Coignard. 1 vol. in-12. Fig.

1688. —La vie de Saint Fidel de Sigmarengen, de l'Ordre des Capucins, premier martyr de la Congrégation de la Propagation de la foi chez les Grisons. Par le Père Théodore de Paris.
Paris. 1745. H. L. Guérin. 1 vol. in-12.

1689. —Histoire de Saint Firmin, martyr, premier Evêque d'Amiens, patron de la Navarre et des diocèses d'Amiens et de Pampelune. Par *Charles* Salmon. (2)
Arras. 1861. Rousseau-Leroy. 1 vol. gr. in-8°. Fig.

---

(1) De Ligny (*François*), né à Amiens le 4 mai 1709, mourut à Avignon en 1788.

(2) Salmon (*Charles*), né à Amiens le 3 avril 1832.

1690. — Sancti Bonaventuræ de vita S. Patris Francisci, liber i. Ad veteres libros F. *Henricus* Sedulius recensuit, et commentario illustravit.

Antuerpiæ. 1597. Off. Plantiniana. 1 vol. in-8º.

1691. — La vie de Saint François, instituteur de l'Ordre des Frères Mineurs, de celui de Sainte Claire, et du tiers Ordre de la Pénitence. Avec l'histoire particulière des stigmates, des éclaircissemens sur l'indulgence de la *Portiuncule*, des réflexions, et des notes; et une préface sur le merveilleux de la vie des Saints. Par le P. *Candide* Chalippe.

Paris. 1728. P. Prault. 1 vol. in-4º. Port.

** — Liber conformitatum B. Francisci ad vitam D. N. Jesu Christi.
   Vide : Nos 1208, 1209, 1210.
   Voyez aussi le nº 1211.

1692. — La vie du Père François de Borja, qui fut duc de Gandia, et depuis religieux, et troisiesme général de la Compagnie de Jésus. Escrite en espagnol par le P. *Pierre* de Ribadeneyra, et tournée en nostre langue vulgaire par le Seigneur de Betencourt (*Michel* d'Esne.)

Douai. 1603. Bellère. 1 vol. in-8º.

1693. — La vie du R. Père François de Borgia... Par le R. P. *Pierre* de Ribadeneira. Avec un petit Traicté de la manière de bien prescher, composé par ledict P. F. de Borgia. 3ᵉ édition.

Lyon. 1609. P. Rigaud. 1 vol. in-8º.

1694. — Abrégé de la vie de S. François de Borgia... canonisé par le Pape Clément X, le 21 d'avril de l'année 1671. (Par *Jean* Adam.)

Paris. 1671. Mich. Le Petit. 1 vol. in-12.

1695.—La vie de S. François de Borgia. (Par le P. *Antoine* Verjus.)
Paris. 1672. Villery. 1 vol. in-4°.

1696.—Même ouvrage.
Lyon. 1691. A. et H. Molin. 2 vol. in-12.

A la suite du second volume :
— Mes doutes sur l'affaire présente des Jésuites.
En France. 1762.

— Déclaration authentique des sentimens de la Compagnie de Jésus, par un Prédicateur de la dite Compagnie, à la fin de sa station, en 1762.

— Témoins à entendre dans la cause des Jésuites.

— Monitoire à publier dans la capitale de la Provence. 1765.

** — Vita et miracula de S. Francisci de Paula in conventu Sanctissimæ Trinitatis Romæ depicta. Opera et expensis D. *Petri* de Nobilibus æneis typis expressa.
Romæ. 1584. Brambilla. 1 vol. in-fol.

Voyez : *Sciences et Arts.* N° 3266.
Voyez aussi N° 1351.

1697.—Vie et miracles de Sainct François de Paule, instituteur de l'Ordre des Frères Minimes, recueillie et composée par V. P. F. *Claude* du Vivier.
Paris. 1609. Seb. Cramoisy. 1 vol. in-8°.

1698.—Vie et miracles du Bienheureux S. François de Paule, composée par V. P. F. *Jean* Chappot.
Nancy. 1621. S. Philippe. 1 vol. in-8°.

1699.—Vita, et miracula S. P. Francisci à Paula sui sæculi Thaumaturgi, Ordinis Minimorum institutoris. Ad fidem veterum, eorumque authenticorum manuscriptorum, et monimentorum primùm conciliata, et descripta. A R. P. *Francisco* Victon.
Lutetiæ Parisior. 1627. Mich. Sonnius. 1 vol. in-12.

1700.—Les triomphes de St François de Paule, instituteur et fondateur de l'Ordre des Minimes, faits en la ville de Naples. Composé en italien par le Cavalier *César* Capaccio, et traduit en françois par F. A. G. minime. (F. *Ambroise* Granjon.)

Paris. 1634. Villery. 1 vol. in-4º.

1701. — Vita et miracoli di S. Francesco di Paola, descritta da Monsignor *Paolo* Regio. Nuovamente ristampata e ricorretta, et di bellissime figure adornata. (Da Fr. *Bartolomeo* Frigerio.)

Venetiis. 1640. Ghirardo Imberti. 1 vol. in-8º. Fig.

1702. — Le portrait en petit de S. François de Paule, ou l'histoire abrégée de sa vie, de sa mort, et de ses miracles. Avec plusieurs bulles des Papes, patentes des Rois, titres et autres pièces non encore imprimées, pour servir de preuves. Par F. *Hilarion* de Coste.

Paris. 1655. Seb. et Gab. Cramoisy. 1 vol. in-4º.

1703. — La vie de Saint François de Paule, fondateur de l'Ordre des Minimes. Avec un office et des litanies en son honneur. Par le P. *François* Giry. 5ᵉ édit.

Paris. 1699. Muguet. 1 vol. in-12.

1704. — Epistola apologetica R. P. *Claudii* du Vivier. Quod S. Franciscus de Paula... sit unicus parentibus suis nec habuerit fratrem nec sororem.

Duaci. 1626. Antonius d'Oby. 1 vol. in-8º.

1705. — Dissertatio chronologica quâ communis et antiqua sententia de anno natali, et ætate Sancti Francisci de Paula deffenditur et confirmatur; et nova, quam Daniel Papebrochius proposuit, refellitur et evertitur. Autore F. *Francisco* Giry.

Parisiis. 1680. F. Muguet. 1 vol. in-8º.

1706. — La canonization de S. François de Paule, faite par nostre saint père le Pape Léon X à la requeste et

supplication du très-chrestien Roy de France François premier... Traduite de latin en françois....
Paris. 1581. Th. Brumen. Pièce in-8°.

1707. — Decretum Rev. P. *Simonis* Bachelier, totius Ordinis Minimorum Sancti Francisci de Paula, correctoris generalis, et delegati apostolici. In favorem nepotum ejusdem B. Patris Francisci de Paula. Adversus libellos et apologeticum Patris Claudii du Vivier.
Lutetiæ Paris. 1628. Rob. Stephanus. Pièce in-8°.

1708. — La vie de l'Illustrissime et Révérendissime François de Sales, de très-heureuse et glorieuse mémoire, Evesque et Prince de Genève, et fondateur de l'Ordre des Dames de la Visitation. Où sont contenues ses principales actions, vertus et miracles. Par le R. P. *Louys* de la Rivière.
Lyon. 1625. Rigaud. 2 vol. in-8°. Fig.

1709. — La vie du Bienheureus Mre François de Sales. Par le R. P. Dom Jean de S. François. 2e édit.
Paris. 1625. Soly. 1 vol. in-8°.

1710. — Histoire du Bienheureux François de Sales, composée premièrement en latin, par son nepveu *Charles-Auguste* de Sales, seigneur de la Thuille, et mise en françois par le mesme autheur.
Lyon. 1634. Fr. La Bottière et J. Juillard. 1 vol. in-4°.

1711. — La vie du Bienheureux François de Sales. Par le P. *Nicolas* Talon. 2e édit.
Paris. 1640. Lozet. 1 vol. in-8°.

1712. — La vie du vénérable serviteur de Dieu François de Sales. Par Messire *Henry* de Maupas du Tour.
Paris. 1657. Huré. 1 vol. in-4°. Fig.

1713. — La vie symbolique du Bienheureux François de Sales. Comprise sous le voile de 52 emblêmes, qui marquent le caractère de ses principales vertus, avec autant de méditations, ou réflexions pieuses.... Par M. *Adrien* GAMBART.

    Paris. 1664. L'Auteur. 1 vol. in-8º. Fig.

1714. — La vie de S. François de Sales. (Par *Ch*. COTOLENDI.)

    Paris. 1687. Barbin. 1 vol. in-4º.

1715. — La vie de S. François de Sales. Par M. DE MARSOLLIER. 4ᵉ édit.

    Paris. 1731. Du Puis. 2 vol. in-12. Port.

1716. — Même ouvrage. 6ᵉ édition.

    Paris. 1757. Rabuty. 2 vol. in-12.

1717. — Même ouvrage.

    Paris. 1826. Boiste fils. 2 vol. in-12. Fig.

1718. — Totius Cleri Gallicani, Lutetiæ congregati, ad sanctissimum DD. nostrum Urbanum VIII Pont. Maximum, epistola ; de rev. in Christo P. Francisco de Sales, Gebennensi Episcopo, inter beatos collocando.

    Lutetiæ Paris. 1625. Ant. Stephanus. Pièce in-8º.

    A la suite :

— Bulle de N. S. P. le Pape Alexandre VII. Pour la canonization de Saint François de Sales, Evesque de Genève.

    Paris. 1666. Fr. Muguet. in-8º.

** — Horatii Christiani tripartitus in B. Francisci Salesii canonizationis inauguratione triumphus. Authore *Jac.* LADOREO.

    Vide : *Belles Lettres*. Nº 1400.

1719. — La vie du Bienheureux Père François Solano, religieux de l'Ordre de S. François, patron du Pérou, composée sur les mémoires présentez au S. Siège pour sa béatification, et le récit du martyre d'onze religieux du mesme Ordre, qui souffrirent la mort à

Gorkom pour la défense de la foy, l'an 1572. Par le R. P. *François* Courtot.

Paris. 1677. Michallet. 1 vol. in-12.

1720.—Même ouvrage. 2ᵉ édit. rev. et aug. par le P. *François* Lachère.

Dijon. 1727. Sirot. 1 vol. in-12. Port.

Dans ce volume :

—La vie de S. Jacques de la Marche, religieux-prêtre de la reguliere Observance de S. François, canonisé par N. S. P. le Pape Benoît XIII le 10 déc. 1726. Recueillie par le P. *François* Lachère.

Dijon. 1728. J. Sirot. in-12. Port.

1721.—De vita Francisci Xaverii, qui primus è Societate Jesu in Indiam et Japoniam Evangelium invexit, libri sex *Horatii* Tursellini, ab eodem aucti, etc.

Leodii. 1597. H. Hovius. 1 vol. in-8º.

1722.—De vita, et gestis S. Francisci Xaverii è Societate Jesu, Indiarum apostoli, libri quatuor. Ex R. P. *Danielis* Bartoli italico Romæ approbato et edito, latinè redditi à P. *Ludovico* Janino.

Lugduni. 1666. Ad. Demen. 1 vol. in-4º.

1723.—Les miracles de S. François-Xavier, apostre des Indes. Traduits de l'italien du P. Bartoli. Avec un discours sur la créance des miracles. (Par le P. *Ignace-Gaston* Pardies.)

Paris. 1673. Mich. Le Petit. 1 vol. in-12.

1724.—La vie de S. François-Xavier. (Par le P. Bouhours.)

Paris. 1682. S. Mabre-Cramoisy. 1 vol. in-4º.

1725.—Même ouvrage. Nouv. édit.

Paris. 1754. Durand. 2 vol. in-12.

1726.—Même ouvrage. Nouv. édit.

Paris. 1828. Méquignon-Havard. 2 vol. in-12. Fig.

1727.—Pièces pour l'histoire de S. Ignace et de S. François-Xavier.

1 vol. in-8°, contenant :

1. — Célébrité solemnisée des SS. Ignace de Loyola et François-Xavier.

2. — Solemnité de la canonization de S. Ignace de Loiola, fondateur de la Compagnie de Jésus, et de S. François-Xavier, apostre des Indes, faicte à Limoges au Collége de la Compagnie de Jesus, despuis le 7 d'aoust jusques au 15 du mesme.
Limoges. 1622. A. Barbou.

3. — Le triomphe des Saincts Ignace et François-Xavier, au Collége royal de la Flèche. Contenant le sommaire de ce qui s'y est faict, en la solemnité de leur canonization. Depuis le dimanche 24 de juillet 1622 jusques au dernier jour dudit mois.
La Flèche. 1622. L. Hebert.

4. — Solemnité de la canonization de S. Ignace.... et de S. François-Xavier.... faicte à Paris au Collége de Clermont, de la Compagnie de Jésus, le 28 jour de juillet.
Paris. 1622. Seb. Cramoisy.

5. — Relatio facta in consistorio secreto coram S. D. N. Gregorio Papa XV à *Francesco Maria* Episcopo Portuensi S. R. E. Card. à Monte, die XIX januarii MDCXXII super vita, sanctitate, actis canonizationis, et miraculis B. Ignatii.
Parisiis. 1622. Chappelet.

6. — Relatio.... super vita.... B. Francisci Xavier è Soc. Jesu.
Parisiis. 1622. Chappelet.

7. — Oratio *Nicolai* ZAMBECCARI coram S. D. N. Gregorio XV in publico consistorio supplicantis pro beatis Ignatio Loiola ejusque socio Francisco Xaverio in Sanctorum numerum referendis, habita die XXVII januarii anno Domini MDCXXII.

8. — La beatification des trois premiers martyrs de la Compagnie de Jésus au Jappon, Paul, Jean et Jacques, Japponnois. Par N. S. P. le Pape Urbain VIII, et l'Indult de Sa Saincteté, leurs images, et la relation de leur martyre.
Paris. 1628. Chappelet.

9. — Discours des choses mémorables qui se sont passées au trespas et aux funérailles du feu cardinal de Bellarmin.... Avec la copie de son testament....
Paris. 1622. S. Cramoisy.

10. — Eucharisticon magno Indiarum ac Japoniarum Apostolo S. Francisco Xaverio Societatis Jesu, sæculi hujus thaumaturgo, Mechliniæ in templo Societatis Jesu miraculis ac quotidianis beneficiis claro.

Antuerpiæ. 1622. C. Woons.

11. — Neuf nouvelles faveurs obtenues par l'intercession de S. François-Xavier, à ses reliques miraculeuses qui sont gardées en l'église de la Compagnie de Jésus à Malines. Partie quatrième.

Malines. 1664. Jaye.

12. — Force de marcher obtenue à l'intercession de S. François-Xavier l'xi décembre MDCLXVI à Malines (en latin et en françois.)

(Malines.) 1669. Jaye.

13. — Nouveaux miracles et faveurs reçeus par l'entremise de S. François Xavier à ses reliques miraculeuses qui reposent dans l'église de la Compagnie de Jésus à Malines. Partie cinquième.

Malines. 1665. Jaye.

1728. — La vie miraculeuse de S. Fursy, religieux de l'Ordre de S. Benoist, co-évesque en France, et les révélations à luy faictes sur la vie humaine. Recueillie de plusieurs anciens autheurs. Par *Jacq.* DESMAY. 2ᵉ éd.

Paris. 1623. Foucault. 1 vol. in-12.

1729. — La vie de S. Fursy, patron de la ville de Péronne, recueillie de plusieurs anciens auteurs, par M. *Jacques* DESMAY. Nᵉ édit. rev. corr. augm. et mise en meilleur françois par M. ***

Péronne. 1715. H. Le Beau. 1 vol. in-8º.

A la suite :

— Histoire de la vie de S. Fursy, patron de Péronne, avec les vies de S. Foillain et S. Ultain, ses frères. Par M. MIGNON.

Péronne. 1715. Le Beau. 1 vol. in-8º.

1730. — La vie de S. Gaëtan de Thienne, instituteur de la Congrégation des Clercs réguliers, ou Théatins. (Par Dom *Bernard* DESTUTT DE TRACY.)

Paris. 1698. Guignard. 1 vol. in-12.

1731. — Vies de S. Gaëtan de Thienne, du Bienheureux Jean Marinon, de S. André Avellin, et du B. Cardinal Paul Burali d'Arezzo; avec les panégyriques de S. Gaëtan et de S. André Avellin : par le R. P. DE TRACY.
Paris. 1774. Lottin et Onfroy. 1 vol. in-12.

1732. — La vie de S. Gaucher, natif de la ville de Meulent, fondateur et premier prieur de S. Jean d'Aurel. Recueilliée de divers anciens manuscrits par M. *François* DE BLOIS.
Paris. 1652. Billaine. 1 vol. in-12.

" — Divi Gerlaci vita. Opera R. D. *Erasmi* GHOYÉE.
Vide : N° 994.

1733. — La vie, les vertus et les miracles du grand S. Germain, Evesque d'Aucerre. Avec un catalogue des autres personnes illustres de la mesme ville et diocèse d'Aucerre. Par Dom *Georges* VIOLE.
Paris. 1656. Billaine. 1 vol. in-4°.

1734. — Vita Sancti Germani Scoti, Episcopi et Martyris, Patroni ecclesiæ parochialis S. Germani Ambianensis, cum annotationibus et officio ecclesiastico illius diei festi et octavæ. Cum approbatione illustrissimi DD. Antistitis Ambianensis. (Auctore *Jo.* CAUCHIE.)
Ambiani. 1646. R. Hubault. 1 vol. in-16.

1735. — Idem opus. 2ᵃ editio emendata et aucta.
San-Quintini. 1665. Cl. Le Queux. 1 vol. in-16.

1736. — La vie et les éminentes vertus de S. Gombert, yssu de la royale maison de France : et de Saincte Berthe sa femme, fondatrice du Val-dor d'Avenay. Par le R. P. *Estienne* BINET.
Pont-à-Mousson. 1625. Seb. Cramoisy. 1 vol. in-12.

1737 — Beati Gosvini vita, celeberrimi Aquicinctensis monasterii abbatis septimi, à duobus diversis ejusdem cœnobii monachis separatim exarata, è vet. Mss. nunc primum edita, cura R. P. *Richardi* Gibboni.

Duaci. 1620. M. Wyon. 1 vol. in-8º.

1738.—La vie du Bienheureux Grégoire Lopez, écrite par *François* Losa. De la traduction de Mʳ Arnauld d'Andilly. Sur l'exemplaire imprimé à Madrid en 1658.

Paris. 1674. Le Petit. 1 vol. in-12. Port.

1739.—Histoire de la vie de Sᵗ Guillaume, duc de Guyenne, comte de Poictou et d'Auvergne, puis hermite Augustin. Composée en italien par le sieur *Guillaume* Cavalcantini, et mise en françois par le R. P. F. *Roger* Gyrard.

Paris. 1606. Huby. 1 vol. in-12.

1740.—La vie et les vertus de feu M. Henry-Marie Boudon, docteur en théologie et grand archidiacre d'Evreux, avec des réflexions chrétiennes, l'idée d'un bon prêtre, les maximes de la vie religieuse et les préparations à une bonne mort.

Anvers. 1705. Vᵉ B. Foppens. 1 vol. in-12. Port.

1741.—La vie de M. Henri-Marie Boudon, grand-archidiacre d'Evreux. Par M. *** (*Pierre* Collet.)

Paris. 1753. Hérissant. 2 vol. in-12. Port.

1742.—Même ouvrage. Nouv. édit.

Paris. 1762. Hérissant. 1 vol. in-12. Port.

** — B. Hermanni Joseph vita metrica. Authore *Petr.* de Waghenaer.
Voyez : *Bell. Lettr.* Nº 1534.

1743.—De vita S. Honorati confessoris libri ii.

Parisiis. 1525. J. Petit. 1 vol. in-4º incomplet.

** — *Guilielmi* Blanci Hyacinthus, sive de beato Hyacintho Polono, in Sanctorum numerum relato, libri duo.
Voyez : *Belles Lettres.* Nº 1357.

1744.—Historia S. Huberti, Principis Aquitani, ultimi Tun-

grensis, primi Leodiensis episcopi, ejusdemque urbis conditoris, Arduennæ Apostoli, magni thaumaturgi. Conscripta à *Johanne* ROBERTI.
Luxemburgi. 1621. H. Reulandt. 1 vol. in-4º.

1745. — La vie de Sainct Hydulphe, confesseur, archevesque de Trèves et fondateur du monastère de Moyenmonstier en Vosge.
Toul. 1623. 1 vol. in-8º.

1746. — L'histoire de la vie et du ministère du B. abbé Idesbalde, sous Thierry d'Alsace comte de Flandre, qui contient les plus beaux évènemens du XIIe siècle. Avec une dissertation sur l'orthodoxie du culte des Saints, des reliques, et des images. Par M*** (l'abbé D'HERMANVILLE.)
Bruxelles. 1715. Leonard. 1 vol. in-12.

1747. — De vita et morte P. Ignatii Azevedii et sociorum ejus è Soc. Jesu, libri quatuor. Autore *Petro* POSSINO.
Romæ. 1679. Varesius. 1 vol. in-4º.

1748. — La vie du vénérable Père Ignace Azevedo, de la Compagnie de Jésus. L'histoire de son martyre, et de celui de 39 autres de la même compagnie. Le tout tiré des procès-verbaux dressés pour leur canonization. Par le P. (*Gilles-Fr.*) DE BEAUVAIS.
Paris. 1744. Guérin. 1 vol. in-12.

1749. — Vita P. Ignatii Loiolæ, qui religionem Clericorum Societatis Jesus instituit; autore R. P. *Petro* RIBADENEIRA, nunc denuo recognita et locupletata.
Coloniæ Agrippinæ. 1602. Birckmann. 1 vol. in-12.

1750. — La vie du R. P. Ignace de Loyola, fondateur de la Compagnie de Jesus, nouvellement traduicte du latin du R. P. *Pierre* RIBADENERA, et enrichie de plusieurs choses tirées du R. P. *Pierre* MAFFÉE.
Avignon. 1599. Bramereau. 1 vol. in-8º.

1751.—Vita Sancti Ignatii, Societatis Jesu fundatoris, auctore *Joanne Petro* MAFFEIO.
Lugduni. 1658. Ant. Molin. 1 vol. in-12.

1752.—De vita et instituto S. Ignatii libri quinque. Ex italico R. P. *Danielis* BARTOLI Romæ edito, latinè redditi à P. *Ludovico* JANINO.
Lugduni. 1665. Anisson. 1 vol. in-4º.

1753.—La vie de Saint Ignace. (Par le P. BOUHOURS.)
Paris. 1679. Seb. Mabre-Cramoisy. 1 vol. in-4º.

1754.—Même ouvrage.
Paris. 1758. Bordelet. 1 vol. in-12.

** — Ignatiados libri XII. Authore P. *Laurentio* LE BRUN.
Vide : *Bell. Lettr.* Nº 1401.

1755.—La vie et miracles de Sainct Isidore, laboureur, patron et protecteur de la ville de Madrid, canonizé à Rome le 12 mars 1622 par N. S. P. le Pape Grégoire XV. Ensemble les informations, enquestes, congregations, consistoires, préparatifs, ornemens, théâtres, processions, cérémonies et autres actes qui se sont faits pour la canonization. Le tout extraict fidellement des procez-verbaux, par le docteur Don *Melchior* RAMIREZ DE LÉON, et traduit d'italien en françois, par le Sʳ DE HARDEVILLE.
Paris. 1622. Rocolet. 1 vol. in-12.

** — Vie de S. Jean de La Marche. — Voyez nº 1720.

** — Vita et res gestæ B. Jacobi Piceni, à *Joan. Baptista* PETRUCCIO, carmine heroico olim conscripta. Edidit, recensuit, notis et commentaris illustravit Fr. *Lucas* WADDINGUS.
Lugduni. 1641. L. Durand. 1 v. in-8º. Voyez : *Bell. Lett.* nº 1339.

1756.—S. Joannes Cassianus illustratus, sive chronologia vitæ S. Joannis Cassiani abbatis et monasterii S. Victoris ab eodem Massiliæ conditi, primariæ inter occidentalia cœnobia antiquitatis ab anno Christi ccccxx. Opera et studio P. *Joannis Baptistæ* Guesnay.

Lugduni. 1652. Ant. Cellier. 1 vol. in-4°.

1757.—La vie de S. Jean-Chrysostome, patriarche de Constantinople, et docteur de l'Eglise. (Par M. *Godefroy* Hermant.)

Paris. 1664. Savreux. 1 vol. in-4°. Portr.

1758.—Même ouvrage. 2ᵉ édit.

Paris. 1665. Savreux. 2 vol. in-8°. Port.

1759.—La vie du vénérable Père Jean de Britto, de la Compagnie de Jésus, mis à mort aux Indes dans le Maduré.... Composée par le P. de Beauvais.

Paris. 1746. Gissey et Bordelet. 1 vol. in-12. Port.

1760.—Abrégé de la vie de S. Jean de Capistran, et de Saint Paschal Baylon, religieux de l'Ordre de S. François, canonizés par le Pape Alexandre VIII.

Paris. 1693. L. Guerin. 1 vol. in-16.

1761.—La vie de St Jean de Dieu, instituteur et patriarche de l'Ordre des religieux de la Charité. (Par *Jean* Girard de Villethierry.)

Paris. 1691. Horthemels. 1 vol. in-4°. Port.

1762.—Le triomphe de la charité en la vie du Bienheureux Jean de Dieu. Institution et progrez de son Ordre religieux. Avec les cérémonies de sa beatification, et de la translation solemnelle de sa relique, envoyée à la Reyne mère par le Roy d'Espagne. Composé par Messire *Jean* de Loyac.

Paris. 1661. Ant. Chrestien. 1 vol. in-4°.

1763.—Historia del venerable Padre Fr. Juan de la Cruz, primer Descalzo Carmelita, companero, y coadjutor de santa Teresa de Jesus en la fundacion de su reforma. Por Fr. Geronimo de San Joseph. (G. Esguerra de Rozas.)

Madrid. 1641. De la Carrera. 1 vol. in-4º. Fig.

1764. — La vie du Bienheureux Père Jean de la Croix, premier Carme déchaussé, confesseur de S. Térèse, et son coadjuteur en la réforme. Avec vingt-quatre réflexions tirées de sa vie et de ses maximes, et réduites en forme de méditations.

Paris. 1675. Blaizot. 1 vol. in-12.

1765. — Abrégé de la vie, vertus et miracles de S. Jean de la Croix. Traduit de l'italien, par le R. P. Amable de Saint Joseph (*Joseph* Fournier.)

Paris. 1725. La Mesle et Gonichon. 1 vol. in-12. Port.

1766. — La vie de St Jean de la Croix...; avec une histoire abrégée de ce qui s'est passé de plus considérable dans la réforme du Carmel. Par le R. P. Dosithée de Saint Alexis (*Guillaume* Briard).

Paris. 1727. David. 2 vol. in-4º.

1767. — La vie de S. Jean-de-la-Croix... Par M. Collet.

Turin. 1769. Les frères Reycends. 1 vol. in-12.

1768. — La vive flamme d'amour, dans le Bienheureux Jean de la Croix... Par feu M. *Henry-Marie* Boudon.

Paris. 1749. Hérissant. 1 vol. in-12.

1769. — Même ouvrage.

Paris. 1778. Vᵉ Hérissant. 1 vol. in-12.

1770. — Vita R. P. Joannis-Francisci Regis, è Societate Jesu. Autore P. *Antonio* Boneto.

Tolosæ. 1692. Typ. Pechiana. 1 vol. in-8º.

1771. — La vie du R. Père Jean-François Régis, de la Compagnie de Jésus. Par le R. P. *Claude* de la Broue.

Au Puy. 1650. De la Garde. 1 vol. in-8º.

1772. — La vie du Bienheureux Jean-François Régis. Par le R. P. Daubenton.

    Paris. 1716. Nicolas Le Clerc. 1 vol. in-4º.

1773. — Même ouvrage. 3ᵉ édit.

    Lyon. 1717. Lions et Bruyset. 1 vol. in-12. Port.

1774. — La vie Saint Jean-François Régis. Avec une neuvaine en son honneur. Par le P. A. J. D. L. N. (*Anne-Joseph* de la Neuville.)

    Paris. 1737. Guérin. 1 vol. in-12. Fig.

1775. — La vie de S. Jean Gonçalez de Sahagun, ou de Saint Facond, religieux de l'Ordre de S. Augustin, divisée en deux livres. Par F. *Nicolas* Robine.

    Paris. 1692. P. Aubouyn. 1 vol. in-12.

1776. — La vie de Saint Jérôme, prêtre solitaire et docteur de l'Eglise. Par Dom *Jean* Martianay.

    Paris. 1706. Ant. Lambin. 1 vol. in-4º.

1777. — De vita Hieronymi Æmiliani, Congregationis Somaschæ fundatoris, libri iv. *Augustino* Turtura auctore.

    Mediolani. 1620. Piccaltus. 1 vol. in-8º.

1778. — La vie miraculeuse du P. Joseph Anchieta, de la Compagnie de Jésus, escrite en portugais par le P. *Pierre* Roderiges, puis latin augmentée de beaucoup par le P. *Sébastien* Beretaire, finalement traduite du latin en françois par un religieux de la mesme Compagnie (*Pierre* d'Oultreman.)

    Douai. 1619. M. Wyon. 1 vol. in-12.

1779. — La vie du B. Père Joseph de Léonissa, Capucin, missionnaire apostolique, tirée des Annales de Boverius, de divers auteurs italiens, et des actes de sa béatification. Par le Père Daniel de Paris.

    Paris. 1738. Witte. 1 vol. in-12. Fig.

1780. — Lilium inter spinas. Vita B. Joseph presbyteri et canonici Steinveldensis, Ordinis Præmonstratensis, ex vetusto Steinveldensi archetypo fideliter descripta, ac notationibus illustrata per R. P. F. *Jo. Chrysostomum* Van der Sterre.

Antuerpiæ. 1627. Off. Plantianiana. 1 vol. in-8°.

A la suite :

—Rosa in hieme. Vita Wilhelmi Rothensis, sanctæ et immortalis memoriæ, in Suevia canonici ordinis Præmonstratensis. Conscribebat R. P. *Martinus* Mertz. Publicabat et elogio illustrabat R. P. F. *Jo. Chrysostomus* Van der Sterre.

Antuerpiæ. 1627. Off. Plantiniana. in-8°.

1781. — Vita et documenta S. Justini, philosophi et martyris, scriptoris secundo sæculo nobilissimi, à R. P. *Petro* Halloix scripta et concinnata. Accesserunt è Menæo Græcorum Justini elogia cum vitæ epitome nunc primùm è græco latinè reddita. Censura de S. Justini libris, eorumque ordine et inscriptione. Notæ ad ejusdem Justini vitam.

Duaci. 1622. B. Bellerus. 1 vol. in-8°.

1782. — Vie et tableau des vertus de Benoit-Joseph Labre, mort à Rome le 16 avril 1783, en odeur de sainteté. Ouvrage composé en italien par l'abbé Marconi. Traduction nouvelle et complète (par *J. M.* Roubaud).

Paris. 1785. Berton. 1 vol. in-12.

1783. — Relation très-intéressante concernant le serviteur de Dieu Benoît-Joseph Labre, de la paroisse d'Amette, diocèse de Boulogne en Picardie, mort à Rome, en odeur de sainteté, le 16 avril dernier.

Amiens. 1783. F. Caron-Berquier. Pièce in-4°.

1784. — Preuves sensibles de la protection de Dieu sur

l'Eglise de France, dans les miracles qu'il y opère tous les jours par l'intercession du vénérable Benoit-Joseph Labre.

Avignon. 1784. 1 vol. in-12.

1785. — Histoire de la vie et du culte de Saint Leonard du Limosin. Par M. l'abbé Oroux.

Paris. 1760. Barbou. 1 vol. in-12.

1786. — Vita et martyrium S. Liberti Malinatis et Mechliniensium principum Adonis et Elysæ filii, historica face et peomatis variis aucta, illustrata studio et opera R. P. *Joannis Antonii* A GURNEZ.

Mechliniæ. 1639. H. Jaye. 1 vol. in-4°.

1787. — Vita S. Liborii, Episcopi, calculo laborantium patroni, è veteribus Mss. eruta, et commentario historico illustrata à *Joanne* BOLLANDO.

Antuerpiæ 1648. Jo. et Ja. Meursius. 1 v. in-8°.

1788. — La vie de S. Louis Bertrand, de l'Ordre des Frères Prêcheurs, missionnaire apostolique aux Indes Occidentales, canonizé par N. S. P. le Pape Clément X, le 12 avril 1671. Tiré des meilleurs autheurs de sa vie, et des procès de sa canonization, et enrichie de figures. Par le R. P. *Jean-Bapt.* FEUILLET.

Paris. 1671. André Cramoisy. 1 vol in-12.

1789. — Vita B. Aloysii Gonzagæ, religiosi Societatis Jesu. A R. P. *Virgilio* CEPARIO tribus libris comprehensa. Hac secunda editione accuratiùs in capita et paragraphos distincta.

Valencenis. 1609. Vervliet. 1 vol. in-8°.

1790. — La vie de Saint Louis de Gonzague, de la Compagnie de Jésus. Composée en italien par le R. P. CEPARI; et traduite en françois, par M. GALPIN.

Paris. 1788. Prevost. 1 vol. in-12 Port.

1791. — La vie du Bienheureux Louis de Gonzague. Par le P. *Pierre-Joseph* d'Orléans.

Paris. 1712. J. Mongé. 1 vol. in-12.

A la suite :

— La vie du Bienheureux Stanislas Kostka, novice de la Compagnie de Jésus. (Par le même.)

Paris. 1712. Mongé. in-12.

1792. — Le parfait modèle de la jeunesse chrétienne dans la vie de Saint Louis de Gonzague. Par le R. Père *Jean* Croiset.

Avignon. 1735. Giroud et Delorme. 1 vol. in-12.

** — Acta B. Lucæ primi Abbatis B. Mariæ Cuissiacensis.
Voyez : N° 994.

1793. — La vie de St Martin, par Sévère Sulpice. Mise en françois par P. Du Ryer.

Paris. 1650. Aug. Courbé. 1 vol. in-12.

** — Sulpicii Severi vita B. Martini. Traduit par M. Herbert.
Voyez : *Bibl. lat. franç.*

** — S. Paulini de vita S. Martini libri vi. Traduit par *E. F.* Corpet.
Voyez : *Bibl. lat. franç.*

** — Fortunati de vita S. Martini libri iv. Traduit par *E. F.* Corpet.
Voyez : *Bibl. lat. franç.*

1794. — La vie de Saint Martin, Evêque de Tours, avec l'histoire de la fondation de son Eglise, et ce qui s'y est passé de plus considérable jusqu'à présent. (Par *Fr. Arm.* Gervaise.)

Tours. 1699. J. Barthe et Duval. 1 vol. in-4°.

1795. — La vie de Monsieur Sainct Maur. (Par *Jacques* du Bois.

Sans titre. Pièce in-8°.

1796. — La vie et les éminentes vertus de St Maur abbé, où il est traité de plusieurs antiquitez de l'Ordre de S. Benoist... Par le Père Ignace de Jésus Maria. (1)

Paris. 1640. De Bresche. 1 vol. in-8°.

1797. — Histoire de Saint Maur, abbé de Glanfeuil. Par Dom *A. J.* Ansart.

Paris. 1772. Edme. 1 vol. in-12.

1798. — Apologie de la mission de S. Maur, apostre des Bénédictins de France. Avec une addition touchant Saint Placide, premier martyr de l'Ordre de S. Benoist. Par Dom *Thierry* Ruinart.

Paris. 1702. Pre De Bats. 1 vol. in-8°. Fig.

1799. — S. Maximi confessoris vita et acta, aliaque prolegomena, ac alterâ linguâ, ad ejus operum utrâque plenissimæ editionis indicium aliquod, gustumque. R. P. *Fr.* Combefis interprete, notisque illustrante.

Parisiis. 1670. Typ. Cramoisiana. 1 vol. in-8°.

1800. — L'Austriche saincte, ou l'idée du vray prélat, tirée de la vie parfaite et innocente de Sainct Maximilian, apostre et patron de l'Austriche. Par le R. P. *Jean-Jacques* Courvoisier.

Bruxelles. 1638. God. Schoevarts. 1 vol. in-4°.

1801. — Notice historique sur le culte de Saint Médard. Par M. l'abbé *Jules* Corblet.

Amiens. 1856. Duval et Herment. Pièce in-8°.

1802. — Discours de la vie, mort et miracles de S. Memje, premier Evesque et Apostre de Chaalons en Champagne. Avec un Catalogue des Evesques qui lui ont

---

(1) Sanson (*Jacques*), en religion le P. Ignace de Jésus Maria, né à Abbeville le 10 février 1596, mourut à Charenton le 19 août 1665.

succédé en sa chaire jusques à ceste année 1625. Par le Père *Charles* Rapine, Recollect.

Chaalons. 1625. Nobily. 1 vol. in-12.

1803. — Histoire de la vie et de la mort de S. Montain, confesseur, patron et protecteur de la ville de La Fère en Picardie. Par *J.* Joseph.

S. Quentin. 1659. Cl. Le Queux. 1 vol. in-12.

1804. — La vie et les miracles de St Morand, confesseur, religieux de l'Ordre de S. Benoist en l'abbaye de Cluny. Recueillies par *Jean* Morand.

Paris. 1662. G. Sassier. 1 vol. in-8°. Port.

1805. — La vie admirable de S. Nicolas, surnommé le Grand, Archevesque de Myre. Avec un discours sur la liqueur miraculeuse qui sort continuellement de ses sacrées reliques, appellée communément *Manne de Saint Nicolas*. Par le P. *Nicolas* de Bralion.

Paris. 1646. Danguy. 1 vol. in-8° Fig.

** — *F. Corn.* Curtii S. Nicolaus Tolentinus.
Vide : N° 957.

1806. — Leven des H. Nicolai de Tolentino, ende van sommighe andere Eremijten van S. Augustiin, beschreven int'Latijn door den Eerw. P. *Cornelium* Curtium : ende in t'Neder-Duytsch overgheset door *F. Petr.* de Waghemaker der selver Ordre.

Antuerpiæ. 1638. Cnobbaert. 1 vol. in-16.

1807. — L'homme apostolique, en la vie de S. Norbert, Archevesque de Magdebourg, primat d'Allemagne, fondateur de l'Ordre de Prémonstré. Avec des observations touchant les prérogatives de l'Institut clérical et canonical des chanoines de Prémonstré. Par J. P. C. E. (*Jean-Pierre* Camus, Evèque) de Belley et A. (abbé) d'Aulnet.

Caen. 1640. P° Poisson. 1 vol. in-8°.

** — Les observations forment un ouvrage distinct sous le titre :

Observations sur la vie de S. Norbert, touchant les prérogatives de l'Institut clérical des chanoines de l'Ordre de Prémonstré. Par J. P. C. E. de Belley et A. d'Aulnet.

Caen. 1640. Poisson. in-8°.

1808. — La vie de S. Norbert. Avec des Notes pour l'éclaircissement de son histoire, et de celle du douzième siècle. (Par *Louis-Charles* Hugo.)

Luxembourg. 1704. Chevalier. 1 vol. in-4°.

** — S. Norberti vita lyrica. Pangebat *Pet.* de Waghenare.
Vide : *Bell. Lettr.* N°s 1532-1533.

** — La vie apostolique du glorieux patriarche S. Norbert.
Voyez : N° 994.

1809. — Histoire de la vie et du Purgatoire de S. Patrice, Archevesque d'Ybernie. Mise en françois par le R. P. *François* Bouillon. Nouv. édit.

Rouen. 1699. Jean-B. Besongne. 1 vol. in-12.

1810. — La vie de Saint Paulin, sénateur et consul romain, depuis humble serviteur de Jésus-Christ, et enfin évêque de Nole, recueillie des ouvrages de ce saint, des Pères de l'Eglise, et des auteurs ecclésiastiques. Ensemble quantité de belles sentences, et les vies de Saint Victrice et de S. Apre, tirées des écrits de S. Paulin : avec des dissertations, des éclaircissemens et des remarques sur plusieurs endroits de ces vies, qui regardent ou l'histoire ou la discipline ecclésiastique. (Par Le Brun Des Marettes et le P. Frassen.)

Paris. 1703. Guerin. 1 vol. in-8°. Port.

1811. — La vie du Bienheureux Père Philippe Nerio, Florentin, fondateur de la Congrégation de l'Oratoire, célèbre et renommé, pour les insignes miracles qu'il a faicts en ce dernier siècle. Traduite du latin du R. P. *Anthoine* Gallonius, conféré sur l'italien. (Par De Rosset.)

Paris. 1606. Saugrain. 1 vol. in-8º.

1812.—Vita di S. Filippo Neri, Fiorentino, fondatore della Congregatione dell' Oratorio. Raccolta da' processi fatti per la sua canonizatione. Da *Pietro Jacomo* Bacci Aretino. Di nuovo dall' autore riveduta, etc.

Roma. 1646. Mascardus. 1 vol. in-4º.

1813.—La vie de S. Philippe Neri.... Traduite de l'italien de *Pierre-Jâques* Bacci Aretin.

Chartres. 1635. Massot. Paris. G. Desprez. 1 vol. in-8º.

1814.—La perle des prestres, ou Réflexions sur la vie de S. Philippe Néri, ou la vocation, les emplois, et les vertus des prestres. Par le R. P. *Jean* Hanart.

Douai. 1662. Bellère. 1 vol. in-4º.

—S. Philippe Neri fondateur de l'Oratoire, dévot du S. Sacrement de Jésus crucifié et de la Mère de Dieu. Par le R. P. *Jean* Hanard.

Douai. 1662. Bellère. in-4º.

—Le directeur charitable ou la sainte conduite de Philippe Nery en la direction des âmes. Par le R. P. *Jean* Hanard.

Douai. 1662. Bellère. in-4º.

—Recueil de plusieurs personnes éminentes en vertu, et sainteté, qui ont vescu sous la direction de S. Philippe Néri. Par le R. P. *Jean* Hanard.

Douai. 1662. Bellère. in-4º.

1815.—Sommaire de la vie et mort du Bienheureux Père Pierre d'Alcantara, religieux Recollect, de l'Ordre S. François, beatifié le 18 avril 1622 ; et ensemble, les méditations et advis très-salutaires de l'oraison,

pour les âmes dévotes, et désireuses de tendre à la perfection. (Par F. *Alexandre* Pocquelin.)
Paris. 1622. Moreau. 1 vol. in-12. Port.

1816. — La vie de Saint Pierre d'Alcantara, religieux de l'Ordre de Saint François, tirée de différens auteurs. Par le R. P. *François* Courtot.
Paris. 1670. Ant. Bertier. 1 vol. in-12.

1817. — La vie et les œuvres spirituelles de Saint Pierre d'Alcantara, de l'Ordre de l'estroite Observance de Saint François. Traduites d'espagnol par le R. P. *Jacques* Talon.
Paris. 1670. Bertier. 1 vol. in-12.

1818. — La vie de S. Pierre d'Alcantara... Ecrite en italien par le P. Marchèse, et nouvellement traduite en françois.
Lyon. 1670. Bourgeat. 1 vol. in-4º.

1819. — La vie du vénérable Père Pierre Claver, de la Compagnie de Jésus, apôtre de Cartagène et des Indes Occidentales. Par le P. *Bertrand-Gabriel* Fleuriau.
Paris. 1751. Bordelet. 1 vol. in-12.

1820. — La vie du Révérend Père Pierre Fourier, dit vulgairement le Père de Mataincour, réformateur et général des Chanoines réguliers de la Congrégation de nostre Sauveur, et instituteur des Religieuses de la Congrégation de N.-Dame. Composée par le R. P. *Jean* Bedel. Rev. et corr. par un ecclésiastique.
Paris. 1666. Fl. Lambert. 1 vol. in-12. Port.

1821. — La vie du R. P. Pierre Fourrier.... (Par sœur I. D. B. R. I. [*Jacqueline* Bouette de Blemur.])
Paris. 1678. Billaine. 1 vol. in-12.

1822. — Abrégé de la vie de S. Pierre Nolasque, fondateur et religieux de l'Ordre de Nostre Dame de la Mercy, et de la Rédemption des captifs; avec l'Indult de nostre S. Père le Pape Urbain VIII, pour réciter l'office et célébrer la messe sous l'invocation dudit Sainct. Par le R. P. *François* DATHIA.

Paris. 1631. Feugé. 1 vol. in-12.

1823. — La vie de Saint Pierre Paschal de Valence, docteur en théologie de la Faculté de Paris, Evêque titulaire de Grenade, suffragant de l'Archevêché de Tolède, depuis Evêque de Jaën en Castille, et martyr, de l'Ordre de Notre-Dame de la Mercy, Rédemption des captifs. Composée par les religieux du mesme ordre.

Paris. 1674. Couterot. 1 vol. in-12.

1824. — Histoire de S. Quentin, apostre, martyr, et patron du Vermandois, enrichie des recherches de ses compagnons, des roys, evesques, comtes et seigneurs devots vers luy, des lieux marqués de son nom : et de plusieurs raretez de sa ville et Eglise, et du pays. Avec divers autres observations convenables de l'antiquité ecclesiastique et profane. En quatre livres, par *Claude* DE LA FONS.

S. Quentin. 1627. Ch. Le Queux. 1 vol. in-8º.

1825. — Abbrégé de la vie et histoire du Bienheureux St Racho, dix septième évêque d'Autun.

Autun. 1699. Perdrix. Pièce in-8º.

1826. — De gloria sancti Remigii proprii Francorum apostoli et prophetæ, libri quatuor. Quibus subnectitur assertio veritatis sacræ ampullæ Remensis. Auctore *Andrea* DU SAUSSAY.

Tulli Leucorum. 1661. Belgrand. 1 vol. in-fol.

1827. — Histoire de la vie de S. Remy, Archevêque de Reims, Apôtre des François, et des differentes translations de son corps; avec des notes et des dissertations qui ont raport à cette histoire. Par le Père *Jean* DORIGNY.

Paris. 1714. Cailleau. 1 vol. in-12.

1828.—Dissertatio duplex : Una continens judicium de auctore vitæ Sancti Maurilii Andegavensis episcopi, ex Ms. Andegavensi erutæ. Altera Renati Andegavensis episcopi historiam attingens. Auctore *Joanne* DE LAUNOY.

Parisiis. 1649. Ed. Martinus. Pièce in-8º.

1829.—*Joannis* LAUNOII duplex dissertatio.... In qua etiam cuidam pro eodem Renato Apologiæ passim respondetur. Subjicitur Apologia pro Nefingo hujus nominis primo Andegavensi episcopo, adversus eum, qui apologiam pro sancto Renato scripsit. Item *Ægidii* MENAGII ad Guillelmum fratrem epistola. 3ª edit.

Lutetiæ Paris. 1663. E. Martinus. 1 vol. in-8º.

1830.—Apologia Capituli Ecclesiæ Andegavensis, pro Sancto Renato Episcopo suo. Adversus dissertationem duplicem Joannis de Launoy. (Auctore *Jacobo* EVEILLON.)

Andegavi. 1650. P. Avril. 1 vol. in-8º.

1831.—Le parfait prélat, ou la vie et les miracles de S. Rieule, second évesque d'Arles, depuis second évesque de Paris; et ensuite premier évesque, apostre et patron de la ville et diocèse de Senlis. Avec une histoire des choses plus remarquables arrivées depuis plus de 1500 ans en diverses parties du monde, tant au faict ecclésiastique que séculier, sous l'épiscopat de chacun évesque de Senlis, au nombre de 88. Par Mᵉ *Charles* JAULNAY. Seconde édition.

Paris. 1648. J. Paslé. 1 vol. in-8º.

1832. — Vita S. Romani episcopi Rotomagensis è vetere martyrologio nunc primum edita, cura *Nic.* RIGALTII.

Lutetiæ. 1609. Rolinus Thierri. 1 vol. in-8°.

    Dans ce volume :

1. — Bulle de N. S. P. le Pape contenant le pouvoir de Legat baillé à M. le cardinal de Joyeuse pour celebrer au nom de Sa Sainteté les ceremonies et solennitez du baptesme de M. le Daulphin, avec autres facultez publiées en Parlement suivant l'arrest du jeudy 17 d'aoust 1606 donné sur les lettres patentes du Roy.

    Paris. 1606. L'Huillier et Mettayer. In-8°.

2. — Plaidoyé pour la fierte de Rouen. (Par *Jean* DE MONTEREUL.)

    Paris. 1608. Seb. Cramoisy. In-8°.

3. — Apologia pro S. Romano. Per *Adrianum* BEHOTIUM. Contra Nic. Rigaltium.

    Parisiis. 1609. B. Macœus. In-8°.

4. — Réfutation de la response et escrit de M. Denys Bouthiller, contre la defense du privilége S. Romain Archevesque de Rouen. Avec une brefve response aux mensonges du sieur Bonase. Par les Doyen, Chanoines et Chapitre de l'Eglise de Rouen. (*A.* BEHOTTE.)

    Rouen. 1609. Raphaël Du Petit Val. In-8°.

5. — Défense pour le privilége de la fierte Saint Romain, jadis Archevesque de Rouen. Contre le plaidoyé de Me Denis Bouthiller, maistre Jehan Bodin et autres. Par les Doyen, Chanoines et Chapitre de l'Eglise cathédrale de Rouen. (Par *Ad.* BEHOTTE.)

    Rouen. 1609. Raphaël Du Petit Val. in-8°.

1833. — Récit historique de la vie de Saint Rombaud, en prose et en vers, suivi d'une description de la cavalcade et fêtes publiques qui auront lieu à l'occasion du jubilé.

Malines. (1825.) Hanicq. 1 vol. in-12.

1834. — La vie de Rufin, prestre de l'église d'Aquilée. (Par Dom *Fr. Arm.* GERVAISE.)

Paris. 1724. Barois. 2 vol. in-12.

1835. — La Vie de Saint Samson, Archevesque d'Yorc, et Evesque de Dol en Bretagne. Par le R. P. F. *Louis* CHARDON.

Paris. 1647. Lesselin. 1 vol. in-8°.

1836. — L'idée des bons prélats, et la vie de S. Savinian, Primat, et premier Archevesque de Sens, et de ses saints compagnons. Par le R. P. *Estienne* Binet.
    Paris. 1629. Seb. Chappelet. 1 vol. in-12.

1837. — La vie de S. Stanislas Kostka, novice de la Compagnie de Jésus. Par le P. *Pierre-Joseph* d'Orléans. Nouv. édit.
    Paris. 1727. Bordelet. 1 vol. in-12.
    Voyez aussi n° 1791.

1838. — Histoire de Tertullien et d'Origènes. Qui contient d'excellentes apologies de la foy contre les payens et les hérétiques, avec les principales circonstances de l'histoire ecclésiastique et prophane de leur temps. Par le sieur de la Motte. (*Thomas* Dufossé.)
    Paris. 1676. Josset. 1 vol. in-8°.

1839. — Même ouvrage.
    Lyon. 1691. J. Certé. 1 vol. in-8°.

1840. — Du salut d'Origène. Question I. A scavoir si Origène est sauvé ou damné. Question II. Sçavoir s'il est vray que les plus grands esprits soient les plus meschans bien souvent, et damnez. Par le R. P. *Estienne* Binet.
    Paris. 1629. Cramoisy. 1 vol. in-12.

** — Vie du Cardinal Pierre de Bérulle.
    Voyez : N°s 826-827-828.

1841. — Tableau de la vie et miracles de S. Thierry, premier abbé et patron de l'abbaye royale du Mont-d'Or lez Reims, dict S. Thierry, ensemble de S. Theodulphe, troisiesme abbé du mesme lieu. Par le sieur Bailly.
    Paris. 1632. 1 vol. in-8°.

1842. — La vie de S. Thomas d'Aquin, de l'Ordre des Frères

Prêcheurs, docteur de l'Eglise, avec un exposé de sa doctrine et de ses ouvrages. Par le P. *A.* Touron.

Paris. 1740. Gissey. 1 vol. in-4º.

** — D. Thomas Aquinas, Salomoni par, et supra. Oratio. ab R. D. D. *Antonio* Le Waitte.

Voyez : *Bell. Lettr.* Nº 886.

1843. — Epistolæ et vita divi Thomæ, martyris et archi-episcopi Cantuariensis. Necnon epistolæ Alexandri III Pontificis, Galliæ regis Ludovici VII, Angliæ regis Henrici II, aliarumque plurium sublimium ex utroque foro personarum : concernentes Sacerdotii et Imperii concordiam. In lucem productæ ex Ms. Vaticano : operâ et studio F. *Christiani* Lupi.

Bruxellis. 1682. Fricx. 1 vol. in-4º.

1844. — La vie de St Thómas, Archevesque de Cantorbéry et martyr. Tirée des quatre auteurs contemporains qui l'ont écrite, et des historiens d'Angleterre... (Par le sieur de Beaulieu [*S.J.* du Cambout de Pontchateau.])

Paris. 1674. P. Le Petit. 1 vol. in-4º.

1845. — Même ouvrage.

Paris. 1674. P. Le Petit. 1 vol. in-12.

1846. — Vita et martyrium Magistri Thomæ, prioris regalis abbatiæ S. Victoris Parisiensis ; necnon vicarii generalis Stephani ejusdem civitatis episcopi. Auctore F. *Philippo* Gourreau.

Parisiis. 1665. Savreux. 1 vol. in-12.

1847. — La vie de Saint Thomas de Villeneuve, religieux de l'Ordre de S. Augustin, Archevesque de Valence. Par le P. *Claude* Maimbourg.

Paris. 1659. Pas de Loup. 1 vol. in-8º. Port.

1848. — Eloge historique, ou la vie de S. Thomas de Villeneuve,.... surnommé *l'Aumosnier*. Les éloges prononcez.à sa louange en forme de suffrages, devant le Pape Alexandre VII, par les cardinaux, et autres prélats de l'Eglise : avec la Bulle de la canonization. Traduits en françois par le P. *Claude* MAIMBOURG.

Paris. 1666. Ant. Warin. 1 vol. in-12.

1849.—La vie et miracles, de Sainct Ursmer, et de sept autres Saincts, avec la Chronique de Lobbes, recueillie par Maistre *Gilles* VVAULDE.

Mons. 1628. Havart. 1 vol. in-4º.

1850.—La vie de St Vaneng, confesseur, fondateur de l'abbaye de Fécan, et patron de la ville de Ham en Picardie. (Par le R. P. *Christophle* LABBÉ.)

Paris. 1700. Fl. et P. Delaulne. 1 vol. in-12.

** — De Victorino episcopo et martyre dissertatio *J.* DE LAUNOY.

Voyez : Nº 239.

1851.—La vie du vénérable serviteur de Dieu Vincent de Paul, instituteur et premier supérieur général de la Congrégation de la mission. Divisée en trois livres. Par Messire *Louis* ABELLY.

Paris. 1664. Flor. Lambert. 1 vol. in-4º.

1852.—Défense de feu Mr Vincent de Paul..., contre les faux discours du livre de sa vie publiée par Mr Abelly, et contre les impostures de quelques autres écrits sur ce sujet. (Par l'abbé DE BARCOS.)

S. n. n. l. 1668. 1 vol. in-4º.

A la suite :

—Replique à l'écrit que M^r. Abelly a publié pour deffendre son livre de la vie de M. Vincent.

S. n. n. l. 1669. in-4º.

1853.—Abrégé de la vie et des vertus du bienheureux Vincent de Paul, instituteur de la Congrégation de la

Mission, et des Filles de la Charité. (Par *Jean* BONNET.)

Paris. 1729. E. Billiot. 1 vol. in-12.

1854.—Même ouvrage. 3ᵉ édit.

Paris. 1733. P. Simon. 1 vol. in-12.

A la suite :

—L'Office de St Vincent de Paul. Le xix juillet.

Paris. 1742. Vᵉ Mazières et Garnier. in-12.

1855.—La vie de S. Vincent de Paul... (Par *Pierre* COLLET.)

Nancy. 1748. Leseure. 2 vol. in-4º.

1856.—La vie de S. Vincent de Paul, instituteur et fondateur des Prêtres de la Mission, et des Filles de la Charité. (Par l'abbé BÉGART.)

Paris. 1787. Vº Hérissant. 2 vol. in-12.

1857.—Canonisatio B. Vincentii à Paulo, fundatoris Presbyterorum secularium Congregationis Missionis, et Societatis Puellarum, quæ Charitatis nuncupantur.

Parisiis. 1738. P. Simon. 1 vol. in-4º.

1858.—L'avocat du diable, ou mémoires historiques et critiques sur la vie et sur la légende du Pape Grégoire VII, avec des Mémoires du même goût sur la bulle de canonization de Vincent de Paul, instituteur des Pères de la Mission et des Filles de la Charité. (Par l'abbé ADAM.)

Saint Pourcain. 1743. Tansin Pas Saint. 3 vol. in-12.

1859.—L'esprit de S. Vincent de Paul, ou modèle de conduite proposé à tous les ecclésiastiques, dans ses vertus, ses actions et ses paroles. Par M. *André-Joseph* ANSART. Avec le portrait du saint, et celui de Madame Le Gras, fondatrice et première supérieure des Sœurs de la Charité.

Paris. 1780. Nyon. 1 vol. in-12.

1860. — La vie de Sainct Wlphly, confesseur, patron, prestre et curé de la ville de Rue en Ponthieu, au diocèse d'Amiens. Avec l'histoire du Crucifix miraculeux de la mesme ville. Par le P. *Simon* Martin.
  Paris. 1636. Fiacre Dehors. 1 vol. in-12.

1861. — La vie de Saint Yves, écrite sur le procès-verbal de sa canonisation, par M. de L'Œuvre.
  Paris. 1695. Guignard et Delaulne. 1 vol. in-12.

g. — *Vies particulières de Saintes, par ordre alphabétique.*

1862. — La vie de la vénérable Mère Agnez de Jésus, religieuse de l'Ordre de S. Dominique au dévot monastère de Ste Catherine de Langeac. Par un prestre du clergé (*Ch.-Louis* de Lantage). Avec l'abrégé de la vie de la Mère Françoise des Séraphins, prieure du monastère de S. Thomas d'Aquin à Paris.
  Au Puy. 1665. A. et P. Delagarde. 1 vol. in-4º.

1863. — La vie parfaicte et immaculée de Saincte Austreberte, princesse du sang de la première race des Roys de France, et première abbesse du célèbre monastère de Pavilly. Composée par le R. P. *S.* Martin.
  Paris. 1635. Seb. Huré. 1 vol. in-8º.

1864. — Vita S. Beggæ, ducissæ Brabantiæ Andetennensium, Begginarum, et Beggardorum fundatricis : vetus, hactenus non edita, et commentario illustrata. Adjuncta est historia Begginasiorum Belgii. Auctore *Josepho Geldolpho* a Ryckel ab Oorbeeck.
  Lovanii. 1631. Corn. Coenestenius. 1 vol. in-4º. Fig.

 Dans ce volume :

— Vitæ S. Gertrudis, abbatissæ Nivellensis, Brabantiæ tutelaris, historicæ narrationes tres, nunc primùm in lucem erutæ, cura et studio *Josephi Geldolphi* A RYCKEL AB OORBEECK.

  Lovanii 1632. Corn. Coenestenius in-4º.

1865.—Le miroir d'Origny, dans lequel on voit la vie, la mort et les miracles de l'illustre Sainte Benoite, vierge et martyre... Et en suitte l'origine, le progrez, les priviléges et divers accidens de l'abbaye royalle dudit Origny. Sur l'histoire manuscrite de feu M. *Quentin* DE LA FONS. Par le R. P. PIERRE DE S. QUENTIN.

  Saint-Quentin 1660. Cl. Le Queux. 1 vol. in-4º.

1866.—Brigida thaumaturga, sive dissertatio partim encomiastica in laudem ipsius sanctæ; partim archaica ex sacra et antiqua historia ecclesiastica; partim etiam parenœtica ad alumnos Collegiorum. In qua elucidatur prodigium ligni aridi revirescentis ex attractu B. Brigidæ virginis....

  Parisiis. 1620. S. Cramoisy. 1 vol. in-8º.

** — Fratris *Baptistæ* MANTUANI opus insigne : vitam et martyrium S. Catharine virginis martyrisque complectens.

  Parisiis. 1496 Alemanus. 1 vol. in-4º.

  Voyez : *Belles Lettres.* Nº 1478.

1867.—La vie et les œuvres de Sainte CATHERINE DE GÊNES. Par *Jean* DESMARETS. 3ᵉ édit.

  Paris. 1697. Michallet. 1 vol. in-12.

1868.—Vita di S. Caterina da Siena, raccolta nuovamente dalle opere della Santa, e da ciò, che di lei scrissero i suoi Confessori, et altri, da *Paolo* FRIGERIO.

  Roma. 1656. Mascardi. 1 vol. in-4º.

1869.—La vie miraculeuse de la séraphique et dévote Sainte Catherine de Sienne, avec ses divines médi-

tations sur la Passion de nostre Seigneur, pour chacun jour de la sepmaine. Traduict d'italien (d'*Ambrosio* Catharino) en françois par le R. P. F. *Jean* Blancone.
Paris. 1632. Gasse. 1 vol. in-12.

1870. — La vie de Saincte Colete, vierge de très-digne mémoire, et réformatrice de l'Ordre de Sainct François, et de Saincte Clare, tirée et traduicte nouvellement de *Laurent* Surius par D. *Michel* Notel.
Mons. 1594. Charles Michel. 1 vol. in-8°.

1871. — Histoire abrégée de la Bienheureuse Colette Boellet, réformatrice de l'Ordre de Sainte Claire; avec l'abrégé de l'histoire de la vertueuse Philippe, duchesse de Gueldres; décédée dans l'Ordre de St Claire. Ouvrage posthume de M*** (Collet), revu, corrigé et mis au jour par M. l'abbé de Montis.
Paris. 1771. Lottin. 1 vol in-12.

1872. — Vie de Sainte Colette, réformatrice des trois Ordres de Saint François, en particulier des pauvres Filles de Ste Claire. Rédigée d'après des mémoires authentiques et les historiens les plus dignes de foi, Pierre de Vaux, Surius, le P. Séraphin d'Abbeville, et les Bollandistes, par le R. P. Sellier. (1)
Amiens. 1853-55. Alfred Caron. 2 vol. in-12. Fig.

1873. — Les miracles de la grace victorieuse de la nature, en la vie de Sainte Dauphine, vierge, et mariée à Saint Elzear, comte d'Arian. Par le R. P. Fr. *Elzéar* Borely.
Lyon. 1690. J. B. Deville. 1 vol. in-8°.

1874. — La vie de Sainte Elizabeth, fille d'André, roy de Hongrie; et du prince Louis, landgrave de Thuringe

---

(1) Sellier (*Louis-Antoine-Fabien*), né à Hangest-sur-Somme le 20 juillet 1772, mourut à Saint-Acheul-lès-Amiens le 14 mars 1854.

et de Hesse, son espoux. Avec un abbrégé de l'histoire des landgraves de Thuringe, et les méditations sur la vie de Ste Elizabeth. Recueillie de plusieurs autheurs contemporains. (Par le R. P. ROBIN.)

Paris. 1661. Rob. Le Fillatre. 1 vol. in-8º.

1875. — Méditations sur la vie de Saincte Elizabeth, princesse de Thuringe, religieuse du Tiers-Ordre de Saint François.

Rouen. 1659. Jean Le Boullenger. 1 vol. in-12.

1876. — Vie de Saincte Elisabeth, Royne de Portugal. Canonisée par nostre S. Père le Père Urbain VIII, le 25e may, de l'an du jubilé 1625. Recueillie et publiée en latin, par le R. Père *Hilarion* DE COSTE, et mise en françois, par M. *Jacques* DE COUGNÉE.

Paris. 1628. Ch. Hulpeau. 1 vol. in-12.

1877. — La vie et miracles de Saincte Fare, fondatrice et première abbesse de Fare-Monstier en Brie. Par F. *Robert* REGNAULT.

Paris. 1626. Seb. Cramoisy. 1 vol. in-8º.

1878. — Speculum sapientiæ matronalis, ex vita Sanctæ Franciscæ Romanæ fundatricis Sororum Turris speculorum. Panegyricus. Authore *Andrea* VALLADERIO.

Parisiis. 1609. Richer. 1 vol. in-4º.

1879. — La vie de Saincte Geneviève. Par le P. *Paul* BEURRIER.

Paris. 1642. Seb. Cramoisy. 1 vol. in-8º.

1880. — Eloge ou abrégé de la vie de Sainte Geneviefve patrone de Paris, et de toute la France. Extrait du livre de l'Office propre de cette sainte. (Par le P. *Pierre* LALLEMANT.)

Paris. 1660. Seb. Huré. Pièce in-12.

1881. — La vie de Sainte Geneviève, écrite en latin dix-huit ans après sa mort (par Salvius), et traduite par le R. P. *Pierre* Lallemant,

  Paris. 1683. Ant. Dezallier. 1 vol. in-12.

1882. — La vie de Sainte Geneviève, avec l'éloge de Madame de Miramion. (Par Des Coustures.)

  Paris. 1697. N^{as} Pepie. 1 vol. in-12.

1883. — Histoire de ce qui est arrivé au tombeau de sainte Geneviève depuis sa mort jusqu'à présent ; et de toutes les processions de sa châsse. Sa vie traduite sur l'original latin (de Genesius), écrit 18 ans après sa mort. Avec le même original revu sur plusieurs anciens manuscrits (par le P. Charpentier.)

  Paris. 1697. Urb. Coustelier. 1 vol. in-8°.

  " — Vita S. Gertrudis, n° 1864.

1884. — Insinuationes divinæ pietatis, seu vita et revelationes S. Gertrudis, virginis et abbatissæ Ordinis S. Benedicti. A mendis quibus scatebant expurgatæ studio et labore D. N. C. B. (*Nicolai* Canteleu.) (1)

  Parisiis. 1662. Fred. Leonard. 1 vol. in-8°.

1885. — La vie et les révélations de Sainte Gertrude, vierge, et abbesse de l'Ordre de S. Benoist, nouvellement traduites de latin en françois par Dom *Joseph* Mège. Avec l'office particulier de la mesme sainte en latin et en françois.

  Paris. 1671. L. Billaine. 1 vol. in-8°.

  " — Isabellæ Sanctæ, Elisabetha Joan. Bapt. mater, Elisabetha And. Regis Hung. filia, Isabella Regina Portugalliæ, Isabella S. Lud. Galliæ regis soror. *Aubertus* Miræus publicabat.

  Voyez : *Bell. Lettr.* N° 890.

---

(1) Canteleu (*Nicolas*), né à Saint-Valery-sur-Somme en 1629, mourut à Paris le 29 juin 1662.

1886. — Tableau sacré de la saincte vie et mort, vertus et miracles de la très-illustre et très-pieuse reine Madame Jeanne de France de Valois, duchesse de Berry, fille de Louis XI, sœur de Charles VIII, et espouse de Louis XII, roys de France, fondatrice de l'Ordre sacré de l'Annuntiade, surnommé des dix vertus ou plaisirs de la Vierge Marie. Tiré par le Père *Louys* Dony d'Attichy.
   Paris. 1625. Seb. Cramoisy. 1 vol. in-12.

1887. — La vie de la vénérable servante de Dieu, l'illustrissime et sérénissime princesse Jeanne de Valois, reine de France.... Par le Père *Pierre* de Mareuil.
   Paris. 1741. Vᵉ Mazières. 1 vol. in-12.

1888. — La vie de la vénérable Mère Jeanne-Françoise Frémiot, fondatrice, première Mère et Religieuse de l'Ordre de la Visitation de saincte Marie. Par Méssire *Henri* de Maupas du Tour.
   Paris. 1644. S. Piget. 1 vol. in-4º.

1889. — Même ouvrage. Dernière édition.
   Paris. 1672. J. de la Caille. 1 vol. in-8º.

1890. — La fille spirituelle du B. François de Sales. Par M. de Fortia, Sieur de Piderzay.
   Paris. 1665. Hénault. 1 vol. in-12.

1891. — La vie de la vénérable Mère de Chantal, fondatrice, première religieuse et première supérieure de l'Ordre de la Visitation de Sainte Marie. Par M. l'abbé Marsollier.
   Paris. 1717. Babuty. 2 vol. in-12.

1892. — Même ouvrage. Nouv. édit. rev. et augm. des brefs de la béatification et de la canonization de la vénérable Mère, par les Papes Benoit XIV et Clément XIII.
   Paris. 1752. Babuty. 2 vol. in-12.

1893. — Vié abrégée de la Bienheureuse Mère de Chantal... Extraite de celle de M. l'abé MARSOLIER. (Par le P. JANNART.)
Paris. 1752. Babuty. 1 vol. in-12.

1894. — Beatæ Margaritæ Arbouziæ à S^a Gertrude-Vallis gratiæ, et aliarum cœnobiticarum familiarum restauratricis, Panegyricus... Authore *Ludov.* BONNET.
Parisiis. 1628. J. Moreau. 1 vol. in-12.

1895. — La vie admirable, et digne d'une fidèle imitation, de la B. Mère Marguerite d'Arbouze, ditte de Saincte Gertrude. Composée par M. *Jacques* FERRAIGE.
Paris. 1628. Fiacre Dehors et Jean Moreau. 1 vol. in-8º.

1896. — La vie de la vénérable Mère Marguerite d'Arbouze, abbesse et réformatrice de l'abbaye royale du Val-de-Grâce. Par Me *Claude* FLEURY.
Paris. 1684. Vº Clouzier. 1 vol. in-8º.

1897. — La vie admirable de Sœur Marie de l'Incarnation (Barbe Avrillot de Champlastreux), religieuse converse en l'Ordre de Nostre-Dame du Mont-Carmel, et fondatrice d'iceluy en France, appellée au monde la Demoiselle Acarie. Par M. *André* DU VAL. 6º édit.
Paris. 1623. Taupinart. 1 vol. in-8º.

1898. — La vie chrétienne de la vénérable sœur Marie de l'Incarnation, fondatrice des Carmélites en France. Par le R. P. *Daniel* HERVÉ.
Paris. 1666. G. Méturas. 1 vol. in-8º. Port.

1899. — La lumière cachée sous le muid mise au jour, la lampe mesprisée dans la pensée des riches, préparée pour le temps ordonné, et pour le jour de feste. Ou l'esprit de défunte D. M. Lumague, institutrice et fondatrice de la maison et hospital de la Providence des Filles de Dieu. Veufve de feu Messire François Polaillon, vivant conseiller du Roy, et résident pour Sa Majesté à Raguse. (Par *V.* Faydeau.)

Paris. 1659. J. Quesnel. 1 vol. in-8°.

1900. — Histoire de la vie, et miracles de Saincte Marie d'Ognies. Escrite en latin passé 386 ans, par Jaques de Vitriac, et nouvellement traduite en françois (par *François* Buisseret.)

Louvain. 1599. Ger. Du Rieu. 1 vol. in-8°.

1901. — Abrégé de la vie de Sainte Marie-Madelene de Pazzi, religieuse de l'Observance de Nostre-Dame du Mont-Carmel à Florence. Composé par le R. P. *Marc* de Guadalaivra et Xavière. Traduit en françois par le P. *Jacques* Talon.

Paris. 1671. Seb. Cramoisy. 1 vol. in-12.

1902. — La vie de Sainte Marie-Magdelene de Pazzi, religieuse Carmélite de l'ancienne Observance. Nouvellement traduite (abrégée de Puccini) par le R. P. Lezin de Sainte Scolastique (*Pierre* Virdou.)

Paris. 1670. Seb. Cramoisy. 1 vol. in-12.

A la suite :

— Relation des ceremonies faites en l'église de Saint Pierre de Rome, avec les preparatifs, en la canonization de S. Pierre d'Alcantara..., et de sainte Marie Magdelene de Pazzi..., le 28 avril 1669. Traduit d'italien en françois sur l'imprimé à Rome.

Paris. 1670. Seb. Cramoisy. in-12.

1903. — La vie de Sainte Marie-Magdelene de Pazzi. Escrite en italien par M. *Vincent* Puccini. Et traduite en nostre langue par M. *Louis* Brochand.

Paris. 1670. Seb. Cramoisy. 1 vol. in-4°.

A la suite :

— La Divine Providence, cachée et manifeste en la vie de la v. mère sœur Marie Marguerite des Anges (Marie Valchenisse) fondatrice et première supérieure du convent des Carmelites d'Oirschot. Composée par M. *Jean-Joseph* DE LOYAC.

Paris. 1661. Pepingué. in-4°.

1904. — Abbrégé de la vie admirable de S. Marie-Magdaleine de Pazzi,.... par le R. P. LÉON (*Jean* MACÉ). 6ᵉ éd.

Bruxelles. 1669. P. de Dobbeleer. 1 vol. in-12.

1905. — La vie admirable de la B. Marie-Magdelaine de Pazzi, laquelle a esté béatifiée par N. S. P. le Pape Urbain VIII, le 23 avril de l'an 1626. Composée par le R. P. DOMINIQUE DE JÉSUS (*Girard* VIGIER). 2ᵉ édit.

Paris. 1631. Claude Sonnius. 1 vol. in-8°.

1906. — Vîta B. Mariæ Raggiæ sanctitate et miraculis inclytæ, ex insula Chio oriundæ : quæ tertii ord. Sᵗⁱ Dominici regulam amplexa, obiit in Urbe anno 1600. Hispanicè quidem scripta auctore Ex. D. R. P. JOAN. PETRO *à Cæsar-Augustà* (*Petrus Johannes* ZARAGOÇA DE HEREDIA). Deinde verò in gallicum conversa ; et novissimè latinitate donata, brevibusque adnotationibus marginalibus illustrata, ab *Arnoldo* DE RAISSE.

Duaci. 1621. P. Auroy. 1 vol. in-8°.

1907. — Les œuvres excellentes et la vie admirable de saincte MECHTILDE, religieuse de l'Ordre de S. Benoist. Mise de latin en françois, par Mᵉ *Jacques* FERRAIGE.

Paris. 1623. M. Soly. 1 vol. in-8°.

1908. — La vie de Sainte Odile, première abbesse du monastère d'Hohembourg, diocèse de Strasbourg, divisée en 20 chapitres ; dont les douze premiers contiennent l'histoire de sa vie, et les huit derniers représentent ce qui s'est passé sur la montagne, devant et après la fondation du monastère. Par le P. *Hugues* PELTRE.

Strasbourg. 1699 M. Storck. 1 vol. in-12.

1909. — La vie et miracles de S¹ᵉ Opportune, abbesse. Les translations de ses reliques et fondation de son église à Paris, et de son abbaye d'Almeneches. Tirée du cartulaire et archives de ladite Eglise. Par Mᵉ *Nicolas* GOSSET. (Avec l'Office.)

Paris. 1659. Ant. Chrestien. 1 vol. in-8°. Grav.

1910. — La vie de Saincte Radegonde, jadis royne de France, et fondatrice du royal monastère de S¹ᵉ Croix de Poictiers. (Par le P. *E. Louis* PIQUOT.)

Poictiers. 1621. A. Mesnier. 1 vol. in-12.

1911. — La vie de Sainte Reine, vierge et martyre, avec une apologie pour prouver que l'abbaye de Flavigny, Ordre de S. Benoist, au diocèse d'Autun, est en possession du sacré corps de cette Sainte. Par Dom *Georges* VIOLE.

Paris. 1649. Huot. 1 vol. in-8°.

1912. — La vefve consolée, ou la vie de la B. Rite, (ou Henriette), religieuse de l'Ordre des Filles Ermites de S. Augustin, dans le convent de Saincte Marie-Magdeleine de Cassie. OEuvre historique et morale du R. P. ATHANASE DE SAINCTE AGNÈS.

Lyon. 1643. Vᵉ Cl. Rigaud. 1 vol. in-8°.

1913. — La vie de Saincte Térèse de Jésus, fondatrice des religieuses et religieux Carmes deschaussez, et de la première règle, nouvellement traduite d'espagnol en françois de (saincte TERÈSE.) Par I. D. B. P.; et L. P. C. D. B. Rev. et corr.

Paris 1632. Cl. Calleville. 1 vol. in-8°.

1914. — La vie de la Mère Térèse de Jésus... Composée par

-le R. P. *François* Ribera. Traduit d'espagnol en françois par I. D. B. P. et le P. G. D. C. C.

  Paris. 1645. J. Jost. 1 vol. in-8º.

1915. — La vie de la sainte Mère Térèse de Jésus, fondatrice de la réforme des Carmes et Carmélites déchaussez. Composée par l'Evesque de Tarassonne (*Jaques* d'Yepes); et nouvellement traduite d'espagnol en françois, par le R. P. Cyprien de la Nativité de la Vierge (*André* de Compans).

  Paris. 1643. Richer. 1 vol in-4º.

1916. — La vie de Sainte Therese, écrite par elle-mesme. Traduction nouvelle, exactement conforme à l'original espagnol. Par M. l'abbé Chanut.

  Paris. 1691. Ant. Dezallier. 1 vol. in-8º.

1917. — Compendium vitæ seraphicæ Virginis, et S. Matris Theresiæ, et B. Joannis à Cruce ad Elogii formam enarratæ. Authore P. F. Agapito ab Annunciatione.

  Romæ. 1723. Michaelis ad Ripam. 1 vol. in-8º.

1918. — Acta publica canonizationis S. Teresiæ à Jesu, fundatricis Carmelitarum excalceatorum. Hoc est bulla et relationes duæ, in quibus præclara gesta, virtutes, et miracula ejusdem Sanctæ compendio describuntur, et probantur. P. D. A. I. (Dominicus a Jesu [*Geraldus* Vigier.]) edidit...

  Parisiis. 1625. Sonnius. 1 vol. in-12.

1919. — L'invention ou descouverte de Saincte Theodechilde, fille de Clovis, premier Roy chrestien, et de Saincte Clotilde. Le corps de laquelle a esté n'aguères trouvé en l'abbaye des PP. Bénédictins de St-Pierre-le-Vif, à Sens.

  Rouen. 1644. J. Le Boullenger. Pièce in-8º.

1920. — Sainte Theudosie. (Par M. l'abbé Ph. Gerbet.)
Amiens, 1853. Lenoel-Hérouart. Pièce in-8°.

1921. — Note sur S¹ᵉ Theudosie. (Par Mg. A. de Salinis.)
Amiens. 1853. Duval et Herment. Pièce in-8°.

1922. — Petite notice sur Sainte Theudosie. (Par l'abbé C. de Ladoue.)
Amiens. 1853. Lenoel-Hérouart. Pièce in-8°.

" — Le livre de Sainte Theudosie.
Amiens. 1854. A. Caron. 1 vol. in-4°. Pl.
Voyez : *Histoire*, N° 3747.

" — Translation des reliques de Sainte Theudosie dans la ville d'Amiens. Par *Ch.* Salmon.
Amiens. 1852. Yvert. Pièce in-8°.
Voyez : *Histoire*, N° 3746.

1923. — Album de Sainte Theudosie, recueil complet des documents publiés sur cette sainte. Avec une introduction et un épilogue par Mgr. Gerbet, évêque de Perpignan. Publié sous la direction de M. Violet-Leduc, et dédié à Sa Majesté l'Impératrice.
Paris. 1854. A. Vaton. 1 vol. in-4°.

1924. — La vie de Sainte Ulphe, patrone de l'abbaye de Nostre-Dame du Paraclit, dans le diocèse d'Amiens. (Par le R. P. Dobeilh.)
Amiens. 1672. Vᵉ Rob. Hubault. 1 vol. in-12.

1925. — Sainte Ursule triomphante des cœurs, de l'enfer, de l'empirée, et patrone du célèbre collége de Sorbonne. Par le R. P. Damase de S. Louys.
Paris. 1666. Vᵉ Denys Thierry. 1 vol. in-4°.

1926. — Etude archéologique et iconographique sur Sainte Ursule, par M. l'abbé J.-B. Pardiac.
Paris. 1860. Blériot. (Arras. Rousseau-Leroy.) P. in-8°.

1927. — Compendium vitæ venerabilis matris Ursulæ de

Benincasá, virginis Neapolitanæ, ex familia S. Catharinæ Senensis oriundæ, Congregationis Theatinarum fundatricis; quæ ab Immaculata Conceptione nuncupatur; ex elogiis clarorum virorum concinnatum, à R. P. *Francisco Maria* MAGGIO. — Editio tertia, post Panormitanam et Romanam auctior, et emendatior; brevibus etiam advertentiis illustrata. Operâ P. F. PLACIDI A S. TERESIA.

<small>Bruxellis. 1658. M. de Bossuyt. 1 vol. in-8°.</small>

1928. — Histoire de la vie et miracles de Saincte Vaubourg, vierge abbesse, suivie et illustrée d'amples annotations et divers discours, utiles tant pour la conversion des mœurs, que pour l'eversion des erreurs. Par *Jean* LESPAIGNOL.

<small>Reims. 1612. Simon de Foigny. 1 vol. in-8°.</small>

1929. — La vie de la vénérable Mère Victoire Fornari, fondatrice de l'Ordre des Annonciades célestes; avec l'abrégé de la vie de la vénérable Mère Marie-Magdeleine Lomellini Centurion, religieuse du même Ordre; et d'Etienne Centurion, décédé prêtre religieux de la Congrégation des Clercs réguliers, dits Barnabites; ouvrage posthume de M. COLLET; revu, corrigé et mis au jour par M. l'abbé DE MONTIS.

<small>Paris. 1771. Lottin. 1 vol. in-12.</small>

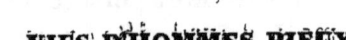

4. — VIES D'HOMMES PIEUX.

1930. — Histoire catholique, où sont descrites les vies, faicts, et actions héroïques et signalées des hommes et dames illustres qui, par leur piété ou sainteté de vie, se sont rendus recommandables dans les XVIe et

xvii⁰ siècles. Divisée en quatre livres. Par le P. *Hilarion* DE COSTE.
.Paris. 1625. Chevalier. 1 vol. in-fol.

** — Nécrologe des plus célèbres défenseurs et confesseurs de la vérité.
Voyez : Nᵒˢ 303 à 306.

1951. — Recueil des bons prêtres. Par le R. P. *Jean* HANART.
Douai. 1665. B. Bellere. 1 vol. in-4⁰.

1952. — Recueil de plusieurs ecclésiastiques, religieux et séculiers, qui ont été dévots aux âmes du Purgatoire. Par le R. P. *Jean* HANART. 4ᵉ édition.
Douai. 1673 Bellere. 1 vol. in-4⁰.

** — Relation de la vie et de la mort de quelques religieux de l'Abbaye de la Trappe.
Voyez : Nᵒ 1114.

1953. — Modèles du clergé, ou vies édifiantes de Messieurs Jean-Augustin Frétat de Sarra, évêque de Nantes; Joseph-Augustin Boursoul, prêtre... de S.-Yves de Rennes; Vincent-Toussaint Beurier, prêtre... Eudiste; Gabriel-Charles-Joseph Morel de la Motte, chanoine de Rennes. (Par l'abbé *G. T. J.* CARRON.)
Paris. 1787. Morin. 2 vol. in-12.

** — Les martyrs de la foi pendant la Révolution française. Par l'abbé A. GUILLON.
Voyez : *Histoire*. Nᵒ 2918.

1954. — Souvenirs de Saint-Acheul et d'autres établissements français dirigés par les Pères de la Compagnie de Jésus, depuis le mois d'octobre 1814 jusqu'au mois d'avril 1857 ; ou vies de plusieurs jeunes étudiants élevés dans ces maisons d'éducation, recueillies et mises en ordre par le R. P. GUIDÉE. 4ᵉ édit. (1)
Paris. 1859. Douniol. 1 vol. in-12.

---

(1) GUIDÉE (*Achille-Paul-Étienne*), né à Amiens le 18 août 1792.

1935. — Le capucin escossois. Histoire merveilleuse et très-véritable, arrivée de nostre temps. Traduite de l'italien de Mgr. l'archevesque et prince de Ferme.... (*Ch.* Rinuccini, par le R. R. *Fr.* Barrault.)
   Rouen. 1660. Berthelin 1 vol. in-12.

1936. — La vie d'un solitaire inconnu, mort en Anjou, en odeur de sainteté, le 24 décembre 1691. (Par *Joseph* Grandet.)
   Paris. 1699. Urb. Coustelier. 1 vol. in-12. Port.

1937. — Alter Alexius natione Scotus, nobili familia oriundus, nuper in Belgium felici S. Spiritus afflatu delatus, et in familiam Seraphici Patris S. Francisci Capuccinorum adscriptus, sub nomine F. Archangeli. Opera V. P. F. Faustini.
   Coloniæ Agrip. 1620. Joan. Christophorus. 1 v. in-12.

1938. — La vie du Père Baltasar Alvares, de la Compagnie de Jésus. Où se trouvent plusieurs beaux enseignements, très-utiles à la vie spirituelle. Traduitte de l'espagnol du Père *Louys* Du Pont; par maistre *René* Gaultier.
   Paris. 1628. Jean Germont. 1 vol. in-8°.

1939. — Baltasaris Alvarez è Societate Jesu vita à *Ludovico* de Ponte hispanicè edita; et à *Carolo* Bovio latinè reddita. Editio altera ab auctore recognita.
   Romæ. 1670. Tinassius. 1 vol. in-4°.

1940. — La vie de Messire *Jean* d'Aranthon d'Alex, évêque et prince de Genève. Avec son directoire de mort, son testament, le réglement de sa maison, la société des bons amis, les lettres-patentes de l'établissement de la maison de la propagation; l'établissement d'une mission pastorale, et sa lettre pastorale à

Messieurs les curez, sur le Quiétisme. (Par Dom *Innocent* LE MASSON.)
   Lyon. 1697. Fr. Comba. 1 vol. in-8º.

** — Histoire de la vie et des ouvrages de M. Arnauld.
   Voyez : *Histoire.* Nº 4547.

1941. — La vie du Révérend Père maistre Jean Avila, prestre séculier. Composée en espagnol par le R. P. F. *Louis* DE GRENADE, et traduite en françois par un Père de la Compagnie de Jésus. (*J.-B.* SAINT-JURE.)
   Paris. 1641. Vᵉ Camusat. 1 vol. in-16.

1942. — Lettres de M***, chanoine de Saint Pierre de Bar, à Mʳ Willemin, sur les circonstances édifiantes qui ont précédé et accompagné la mort de M. Jean-Baptiste-Etienne-Aimé Bailly, son petit-fils, sous-diacre du diocèse de Toul, décédé à Bar le 19 nov. 1781, à l'âge de près de 24 ans, chez Mademoiselle Bailly, sa tante, qui l'avait élevé.
   Verdun. 1782. Christophe. 1 vol. in-12.

** — On retrouve ce même ouvrage à la suite du nº 1696. Tome Iᵉʳ.

1943. — La vie admirable et exemplaire de Monsieur Bardon de Brun, prestre natif de Limoges. Par le Père *Estienne* PETIOT.
   Bourdeaux. 1636. Millanges. 1 vol. in-8º.

1944. — Abrégé de la vie de Messire *Henry* DE BARILLON, évêque de Luçon, avec des résolutions pour bien vivre, des pensées chrétiennes sur les maladies, des réflexions sur la mort, la manière de s'y préparer, et des consolations contre ses frayeurs. Par le même prélat. (Par *Ch. Fr.* DUBOS.)
   Delft. 1700. Van-Rih. 1 vol. in-12.

1945. — Vita Gasparis Barzæi, Belgæ, è Societate Jesu, B. Xaverii in India Socii. Auctore P. *Nicolao* TRIGAULT.
   Antuerpiæ. 1610. Joach. Trognæsius. 1 vol. in-8º.

1946. — La vie du P. Gaspar Barzée .. Traduict du latin du R. P. *Nicolas* Trigault. Par D. F. D. R. T.
   Douay. 1615. Wardavoir. 1 vol. in-8º.

1947. — La vie du R. P. Anne-François de Beauvau, de la Compagnie de Jésus. (Par le P. *Louis* Nyel.) 2ᵉ édit.
   Paris. 1683. Séb. Cramoisy. 1 vol. in-12.

1948. — Le martyre du Révér. Père François Bel, religieux cordelier. Par le R. P. du Bosc.
   Paris. 1644. Camusat et Le Petit. 1 vol. in-12.

1949. — Vita Joannis Berchmanni Flandro-Belgæ, religiosi Societatis Jesu, italicè scripta à P. *Virgilio* Cepario, latinè reddita à P. *Hermanno* Hugone.
   Antuerpiæ. 1630. Off. Plantiniana. 1 vol. in-8º.

1950. — La vie de Jean Berchmans..., composée en italien par le R. P. *Virgilio* Cepari, et mise en françois par le P. *Jean* Cachet.
   Paris. 1630. Séb. Cramoisy. 1 vol. in-8º.

1951. — Le parfait modèle, ou la vie de Berchmans. (Par M. l'abbé *Louis* de Sambucy.)
   Amiens. 1804. Caron l'aîné. 1 vol. in-16.

1952. — La vie d'Alexandre Bercius, congréganiste.
   Tours. 1701. Masson. 1 vol. in-16.

1953. — Abrégé de la vie de M. *Laurent-Dominique* Bertet, fondateur et premier supérieur de la Congrégation des prêtres missionnaires de N.-D. de Sᵗᵉ Garde. Sa conduite spirituelle et le recueil de ses lettres. Par un prêtre de la même Congrégation.
   Avignon. 1758. Chambeau. 1 vol. in-12.

1954. — Vita Ludovici Bitosti fratris conversi Congregationis clericorum regularium Sancti Pauli. Per R. P. D. *Fortunatum* Columbum *Palensem*.
   Lascari. 1630. Jo. de Saride. 1 vol. in-8º.

** — Vie et ouvrages de M. Lazare-André Bocquillot. Par H. H. LETOUS.
Voyez : *Histoire.* N° 4565.

1955. — Florida Corona boni militis seu Encomia venerabilis servi Dei P. Gasparis Boni, Ordinis Minimorum. (Authore R. P. *Joanne Nicolao* FAGIO.)
Monachii. 1652. Lucas Straubius. 1 vol. in-8°.

1956. — Vie, mort et miracles du B. P. Gaspard de Bono, religieux et provincial de l'Ordre des Minimes, en la province de Valence. Par F. *François* VICTON.
Paris. 1621. Séb. Cramoisy. 1 vol. in-12.

1957. — La vie du B. Gaspard Bon, de l'Ordre des Minimes.
Marseille. 1788. Favet. 1 vol. in-12. Port.

** — Vie de Bossuet.
Voyez : *Histoire.* N°s 4553-4554-4555.

1958. — Relation de la conversion et de la mort de M. Bouguer, membre de l'Académie Royale des Sciences. Par le R. P. LA BERTHONIE.
Paris. 1784. 1 vol. in-12.

1959. — La vie de M. Bourdoise, premier prestre de la Communauté de S. Nicolas du Chardonnet. (Par *Philibert* DESCOURVEAUX.)
Paris. 1714. Fournier. 1 vol. in-4°.

A la suite on trouve :

— Sentences chrétiennes et ecclesiastiques de Messire *Adrien* BOURDOISE. Rev. et augm.
S. n. n. l. n. d. (Paris. 1714. Fournier.) in-4°.

1960. — La vie de Mr Bourdoise... (Par *A. D.* BOUCHARD.) 2° éd.
Paris. 1784. Morin. 1 vol. in-12. Port.

1961. — Vita del P. Zaccaria Boverio da Saluzzo, diffinitore generale de Capuccini. Descritta da F. *Francesco* DA SESTRI.
Genova. 1664. Calenzani. 1 vol. in-4°.

1962.—La vie de Monsieur de Bretigny, prestre, fondateur des Carmélites de Sainte Thérèse en France et aux Pays-bas. Par le P. DE BEAUVAIS.
Paris. 1747. Durand. 1 vol. in-12. Port.

1963.—Brevis Synopsis vitæ, ac virtutum P. Antonii Julii Brignole è Societate Jesu, qui prius fuit Marchio Gropoli in Hetruria, filius Ducis, et senator serenissimæ Reipublicæ Genuensis... Collecta idiomate italico à P. *Joanne Maria* VISCONTE, ac deinde latio data à P. *Francisco* L'HERMITE.
Antuerpiæ. 1671. Corn. Woons. 1 vol. in-8°.

1964.—Vita et martyrium Edmundi Campiani, martyris Angli, è Societate Jesu. Auctore R. P. *Paulo* BOMBINO.
Antuerpiæ. 1618. Hæredes Nutii. 1 vol. in-16.

1965.—De vita Petri Canisii de Societate Jesu, sociorum e Germania primi..., libri tres à *Matthæo* RADERO conscripti. — Appendix de P. Theodorico Canisio Petri fratre.
Antuerpiæ. 1615. H. Verdussen. 1 vol. in-12.

1966.—La vie du Révérend Père Pierre Canisius, de la Compagnie de Jésus. (Par le P. *Jean* D'ORIGNY.)
Paris. 1707. Giffart. 1 vol. in-12. Port.

1967.—La vie du R. P. Vincent Carafe, septième général de la Compagnie de Jésus. Avec l'abrégé des vertus de D. Marie Carafe sa mère. Escrite en italien par le P. *Daniel* BARTOLI, et traduite en françois par le P. *Thomas* LE BLANC.
Lyon. 1653. Mich. Du Han. 1 vol. in-8°. Port.

1968.—Histoire abrégée de la conversion de Monsieur Chanteau. Ecrite par feu M. FEUILLET. Nouvelle édition.
Paris. 1706. N^{as} Simart. 1 vol. in-12.

1969. — La vie de Monsieur de Chasteuil, solitaire du Mont-Liban. Par Mr MARCHETY.
Paris. 1666. Le Petit. 1 vol. in-12.

1970. — Idée de la vie et de l'esprit de Messire Nicolas Choart de Buzanval, évêque et comte de Beauvais, vidame de Gerberoy... (Par *Fr. Ph.* MESENGUY.)
Paris. 1717. Barrois. 1 vol. in-12.

A la suite :

— La vie de Godefroy Hermant, docteur de la maison et société de Sorbonne, chanoine de l'église de Beauvais. Par feu *Adrien* BAILLET.
Amsterdam. 1717. P. Mortier. in-12.

1971. — La vie du R. Père Bernard Colnago, de la Compagnie de Jésus, composée en latin par le Père *Jean* PAULLIN, et traduite en françois par le Père TURIEN LE FÈVRE.
Douai. 1665. Bellère. 1 vol. in-8º.

1972. — Relation de la vie et de la mort du F. Colomban, religieux profès de l'abbaïe de Buonsollazzo près Florence : de l'étroite Observance de l'Ordre de Citeaux, appellé dans le monde Adrien Demiannay (d'Abbeville), mort le 16 may 1714.
Paris 1718. Delaulne. 1 vol. in-12.

1973. — La vie du Père Charles de Condren, second supérieur général de la Congrégation de l'Oratoire de Jésus. Divisée en deux parties. Composée par un prestre. (*Denis* AMELOTTE.)
Paris. 1643. H. Sara et J. Paslé. 1 vol. in-4º.

1974. — Même ouvrage. Nouv. édit.
Paris. 1657. Huré. 1 vol. in-8º.

1975. — La vie du R. P. de Condren. Par l'auteur de la vie du cardinal de Bérulle (*L. Ant.* DE CARACCIOLI.)
Paris. 1764. Nyon. 1 vol. in-12.

1976. — L'idée du bon magistrat, en la vie et en la mort de Mr de Cordes, conseiller au Chastelet de Paris. Par A. G. E. D. G. (*Antoine* GODEAU, évêque de Grasse.)
Paris. 1645. Ant. Vitré. 1 vol. in-12.

1977. — Le prélat accomply, représenté en la personne d'illustrissime seigneur Philippe Cospéan, évesque et comte de Lizieux. (Par le P. *René* LE MÉE.)
Saumur. 1647. Jean Lesnier. 1 vol. in-4º.

1978. — La vie du Père Pierre Coton, de la Compagnie de Jésus; confesseur des Roys Henry IV et Louis XIII. Par le Père *Pierre-Joseph* d'ORLÉANS.
Paris. 1688. Est. Michallet. 1 vol. in-4º.

1979. — Histoire du vénérable Dom Didier de la Cour, réformateur des Bénédictins de Lorraine et de France, tirée d'un manuscrit original de l'abbaye de Saint Vanne; avec une apologie de l'état monastique. Par un religieux Bénéd. de la Congrégation de S. Maur. (Dom *Charles-Michel* HAUDIQUER.)
Paris. 1772. Quillau. 1 vol. in-8º.

1980. — Vie de M. Delalande, curé de Grigny, dans le diocèse de Paris, et ancien professeur de philosophie dans l'Université de Caen, mort en odeur de sainteté, le 25 janvier 1772. Par M. AMELINE.
Paris. 1773. Valleyre. 1 vol. in-12.

1981. — Historia V. P. Dominici à Jesu Maria, discalceatorum Ordinis Beatissimæ Virginis Mariæ de Monte Carmelo: Congregationis S. Eliæ Præpositi generalis. In qua mirabilis ejus vita, virtutes heroicæ, eximia miracula, et communicationes divinæ describuntur. Per R. P. Fr. PHILIPPUM A SANCTISSIMA TRINITATE.
Lugduni. 1659. Ant. Jullieron. 1 vol. in-8º.

1982. — La vie du vénérable Père Dominique de Jésus Maria,

général des Carmes deschaussez. Célèbre par l'opinion universelle de Sa Sainteté, et fameux par la mémorable victoire, remportée à Prague sur les hérétiques. Composée en latin par le R. P. PHILIPPE DE LA TRÈS-SAINTE TRINITÉ (*Esprit* JULIEN), et traduite en françois par un religieux du même Ordre.

Lyon. 1669. Fr. Comba. 1 vol. in-8°.

1983. — Notice sur M. Henri-Joseph Dubois-Fournier par le P. *A.* GUIDEÉ.

Amiens. 1860. Caron et Lambert. 1 vol. in-8°.

1984. — Histoire de Mr Duhamel, docteur de Sorbonne et curé de Saint Merry. (Par *Simon* TREUVÉ.)

S. n. n. l. n. d. 1 vol. in-12.

1985. — La vie du vénérable Père Louis Dupont, de la Compagnie de Jésus, grand-maistre de la vie spirituelle. Composée en espagnol par le R. P. *François* CACHUPIN, et mise en françois par le R. P. *Nicolas* ROGER.

Paris. 1663. Cl. Cramoisy. 1 vol. in-12.

1986. — La vie de M. l'abbé du Val-Richer (Dominique-George), restaurateur de la discipline régulière de ce monastère. Par le Père BUFFIER.

Paris. 1696. Boudot. 1 vol. in-12.

1987. — La vie de Fr. Elzear de Vire, clerc capucin, fondateur du convent des Capucins de la ville de Vire. Et de la Mère Elisabeth de Ste Anne son épouse, et depuis religieuse de l'Ordre de Citeaux au monastère de Villers-Canivet-lez-Falaise. (Par Dom *Joseph* LE CHEVALIER.)

Caen. 1696. Vauvrecy. 1 vol. in-8°.

1988. — Notice sur la vie et la mort du P. E. M. F. Estève, prêtre de la Compagnie de Jésus, missionnaire de la Chine, décédé à Zi ka wei, dans la province de Nankin, le 1er juillet 1848. Par le P. *Achille* Guidée.

Paris. 1855. V⁰ Poussielgue Rusand. 1 vol. in-12.

1989. — La vie du Révérend Père Charles Faure, abbé de Ste Geneviève de Paris, où l'on voit l'histoire des chanoines réguliers de la Congrégation de France, dont il a été le premier supérieur général. (Par le P. Lallemant et le P. Chartonnet.)

Paris. 1698. J. Anisson. 1 vol. in-4⁰. Port.

** — Vie de Fenélon.
Voyez : *Histoire.* N⁰ˢ 4561, 4562, 4563, 4564.

1990. — La vie illustre et exemplaire du parfait religieux, dans le cloître et dans la cour, practiquée par le Rév. P. François Fernandez, Cordelier Observantin, confesseur de la Reyne très-chrestienne Anne-Maurice d'Austriche. Par le R. P. F. *Charles* Magnien.

Paris. 1654. Est. Pepingué. 1 vol. in-8⁰.

1991. — La vie de vénérable Frère Fiacre (Denis Antheaume), Augustin déchaussé. Contenant plusieurs traits d'histoire, et faits remarquables arrivez sous les règnes de Louis XIII et Louis XIV. (Par le P. Gabriel de Sainte Clair [G. Wieilh]).

Paris. 1722. Amaulry. 1 vol. in-12.

1992. — Histoire de la vie et vertus du vénérable Frère François de l'Enfant Jésus, religieux de la Congrégation des Carmes deschaussés, de l'Ordre de Nostre-Dame du Mont-Carmel. Composée en espagnol par le R. P. Joseph de Jésus Maria (*François* de Quiroga), et traduite en françois par un religieux du mesme Ordre (le Père Cyprien de la Nativité de la Sainte Vierge [*André* de Compans]).

Paris. 1627. Michel Sonnius. 1 vol. in-8⁰. Port.

— 520 —

** — Religiosissimi doctissimique viri Johanuis Frontonis memoria. Vide : *Histoire.* N° 4540.

1993. — La vie du vénérable prestre de J. C. M. Jacques Gallemant, docteur en théologie de la Faculté de Paris, premier supérieur des Carmélites en France, etc., conduite dans toutes les expressions de la sagesse et perfection chrestienne. Par le R. P. *Placide* GALLEMANT.
Paris. 1653. Couterot. 1 vol. in-4°.

1994. — Abrégé de la vie de M. Gambart, prêtre missionnaire.
Sans titre. Pièce in-12. Port.

1995. — La vie du Révérendissime Jean-Baptiste Gault, de la Congrégation de l'Oratoire de Jésus-Christ nostre Seigneur, évesque de Marseille. Par un prestre de la mesme Congrégation.
Paris. 1647. Camusat et Le Petit. 1 vol. in-12.

1996. — La vie du R. P. François Giry, ancien provincial des religieux Minimes de la Province de France, et directeur général des écoles charitables du S. Enfant Jésus, de l'institution de feu le R. P. Barré. Par le R. P. *Claude* RAFFRON.
Paris. 1691. De Launay. 1 vol. in-12.

1997. — La vie du vénérable Père Simon Gourdan, chanoine régulier de Saint Augustin, en l'abbaye de S. Victor de Paris. (Par *F. Arm.* GERVAISE.)
S. n. n. l. 1755. 1 vol. in-12.

1998. — Vie de Paul-Jean Granger, de la Compagnie de Jésus, mort à 26 ans au collége de Brugelette ; par le P. J. DUFOUR D'ASTAFORT.
Paris. 1751. Ad. Le Clere et C°. 1 vol. in-8°. Port.

1999. — La vie de Messire Louis-Marie Grignion de Montfort,

prêtre missionnaire apostolique. Composée par un prêtre du Clergé.

Nantes. 1724. Verger. 1 vol. in-12.

2000. — La vie de feu Monsieur Robert Guériteau, docteur en théologie, prestre, chanoine en l'église Nostre-Dame de Mante, curé de Saincte-Croix en la mesme église, et fondateur des Ursulines en la mesme ville. Par feu M° *Philippes* Le Cousturier.

Paris. 1651. V° Séb. Huré. 1 vol. in-8°.

2001. — Relation de plusieurs circonstances de la vie de M. Hamon, faite par lui-même, sur le modèle des confessions de S. Augustin.

S. n. n. l. 1734. 1 vol. in-12.

A la suite :

— Principes de conduite dans la défense de la vérité, par M. Hamon. Avec des règles pour les tems d'épreuve et de persécution par M. Nicole.

S. n. n. l. 1734. 1 vol. in-12.

2002. — L'artisan chrestien, ou la vie du bon Henry (Henry-Michel Buche), maistre cordonnier à Paris, instituteur et supérieur des frères cordonniers et tailleurs. Par M. *Jean-Antoine* Vachet.

Paris. 1670. Desprez. 1 vol. in-12.

2003. — Histoire de l'admirable don Inigo de Guipuscoa, chevalier de la Vierge, et fondateur de la monarchie des Inighistes ; avec une description abrégée de l'établissement, et du gouvernement de cette formidable monarchie : par le sieur *Hercule* Rasiel de Selva. Nouvelle édition, augmentée de l'Anti-Cotton et de l'histoire critique de ce fameux ouvrage.

La Haye. 1738. V° Charles Le Vier. 2 vol. in-8°.

Cette seconde partie a pour titre :

—Anti-Cotton : nouv. édit. augm. de quelques remarques, et précédée d'une dissertation historique et critique sur ce fameux ouvrage.
La Haye. 1738. Ve Charles Le Vier. in-12.

2004.—L'homme intérieur, ou la vie du vénérable Père Jean Chrysostome, religieux pénitent du troisième Ordre de S. François. Par *Henry-Marie* Boudon.
Paris. 1684. Est. Michallet. 1 vol. in-8º.

2005.—Vita virtutesque R. P. F. Joannis à Jesu Maria Præpositi generalis Fratrum discalceatorum Congregat. S. Æliæ Ord. Beatiss. Virg. Mariæ de Monte Carmelo. Ex fide dignis relationibus colligebat F. Isidorus a S. Joseph.
Romæ. 1649. Mascardi. 1 vol in-16.

A la suite :

—Epistolæ spirituales, ac mysticæ... per R. P. F. Joannem a Jesu Maria.
Romæ. 1649. Mascardi. in-16.

2006.—La vie, les maximes et partie des œuvres du très-excellent contemplatif, le vénérable Fr. Jan de S. Samson (*Jean* Dumoulin), aveugle dès le berceau, et religieux laïc de l'Ordre des Carmes réformez. Par le R. P. Donatien de S. Nicolas (*D.* Bastard.) 2e éd.
Paris. 1656. Denis Thierry. 1 vol. in-4º.

2007.—Vita, theoremata et opuscula, insignis mystæ, venerabilis Fratris Joannis à S. Samsone, cœci ab incunabulis, laici Ordinis Carmelitarum reformatorum, Provinciæ Turoniæ. Per R. P. Mathurinum a S. Anna.
Lugduni. 1654. Huguetan et Ravaud. 1 vol. in-4º.

2008.—Histoire de l'abbé Joachim, surnommé le prophète,

religieux de l'Ordre de Citeaux, fondateur de la Congrégation de Flore en Italie, avec l'annalise de ses ouvrages. Où l'on voit l'accomplissement de ses prophéties sur les Papes, sur les empereurs, sur les rois, sur les Etats, et sur tous les Ordres religieux. (Par Dom *F. A.* Gervaise.)

Paris. 1745. Giffart. 2 vol. in-12.

2009.—La vie de Messire Benigne Joly, prestre, docteur de la Faculté de Paris, de la Maison et Société de Navarre, chanoine de l'église abbatiale et collégiale de S. Estienne de Dijon..., où l'on le nommoit : le Père des Pauvres. Par un religieux Bénédictin de la Congrégation de S. Maur. (*Antoine* Beaugendre.)

Paris. 1700. Guérin. 1 vol. in-8°. Port.

2010.—La vie du Révérend P. Ange de Joyeuse, prédicateur Capucin, autrefois duc, pair et mareschal de France, et gouverneur pour le Roy en Languedoc. — Ensemble les vies des RR. PP. Benoist anglois, et P. Archange escossois, du mesme Ordre. Par M. *Jacques* Brousse.

Paris. 1621. Louis Boulenger. 1 vol. in-8°.

Ces deux derniers ouvrages ont pour titre :

—La conversion, et conversation miraculeuse du R. P. P. Benoist, Anglois, prédicateur capucin. Ensemble celle du R. P. Archange, escossois, issu de sang royal, composée en latin par le R. P. *Faustin* de Diest... traduite en nostre langue... Le tout par M. *Jacques* Brousse.

Paris. 1621. L. Boulenger. in-8°. Port.

2011.—Le courtisan prédestiné, ou le duc de Joyeuse capucin. Par M. de Caillière. Nouvelle édition.

Paris. 1682. Ch. Fosset. 1 vol. in-12. Port.

2012. — La vie et la doctrine spirituelle du Père L. Lallemant, de la Compagnie de Jésus. (Par le P. Champion.)

Lyon. 1735. Valfray. 1 vol. in-12.

2013. — Eloge de M. d'Orléans de Lamotte, évêque d'Amiens ; suivi de notes historiques. Par M. *N. S.* Guillon. Discours qui a remporté le prix à l'Académie des sciences et des lettres d'Amiens, en 1809.

Paris. 1809. Arthur Bertrand. 1 vol. in-8º.

2014. — Vie de Monsieur de Lanoë-Ménard, prestre du diocèse de Nantes, directeur du séminaire et premier directeur de la communauté ecclésiastique de S. Clément, auteur du cathéchisme de Nantes, mort en odeur de sainteté le 15 avril 1717. Avec l'histoire de son culte, et les relations des miracles opérez à son tombeau. (Par l'abbé *Jean* Gourmeau.)

Bruxelles. 1734. Van der-Agen. 1 vol. in-12.

2015. — La vie de Monsieur De la Salle, prêtre, docteur en théologie, ancien chanoine de l'église métropolitaine de Rheims, et instituteur des Frères des écoles chrétiennes. Par le P. *J. C. L.* Garreau.

Rouen. 1760. Laurent Dumesnil. 1 vol. in-12. Port.

2016. — La vie du P. M. Jacques Laynez, lequel a esté l'un des premiers compagnons du P. Maistre Ignace de Loyola, et l'ayda à fonder la Compagnie de Jésus, et fut second général d'icelle. Escritte en langue espagnole par le Père *Pierre* de Ribadeneyra, et tournée en nostre langue vulgaire par *Michel* d'Esne, seigneur de Betencourt.

Douai. 1597. B. Bellere. 1 vol. in-8º.

** — Vie de M. Lenain de Tillemont. (Par l'abbé *M.* Tronchay.)

Voyez : *Histoire.* Nos 4550-4551.

2017. — La vie de Monsieur Le Nobletz, prestre et missionnaire. (Par Antoine de S. André [*Antoine* Verjus]).
Paris. 1666. F. Muguet. 1 vol. in-8º.

2018. — Le parfait ecclésiastique, ou l'histoire de la vie et de la mort de François Le Picart, seigneur d'Atilly et de Villeron, docteur en théologie de la Faculté de Paris, et doyen de S. Germain-l'Auxerrois. Avec les annotations et les preuves tirées de plusieurs bons auteurs, histoires, titres, arrests de la Cour du Parlement, et épitaphes. Et les éloges de quarante docteurs de la mesme sacrée Faculté. Par F. *Hilarion* de Coste.
Paris. 1658. Séb. et Gab. Cramoisy. 1 vol. in-8º.

2019. — De vita et moribus R. P. Leonardi Lessii è Societate Jesu theologi liber (à *Leonardo* Scoots concinnatus). Una cum divinarum perfectionum opusculo. (Editus cura et sumptibus *Thomæ* Curtois.)
Paris. 1644. M. et J. Henault. 1 vol. in-16.

A la suite :

— Quinquaginta nomina Dei, seu divinarum perfectionum compendiaria expeditio. Auctore R. P. *Leonardo* Lessio.
Parisis. 1644. M. et J. Henault. in-16.

2020. — La vie de Messire Jean Antoine Le Vachet, prêtre, instituteur des sœurs de l'Union chrétienne. Par M. Richard, prêtre.
Paris. 1692. Warin. 1 vol. in-12.

2021. — La vie de M. Litaud, prêtre, modèle des ecclésiastiques, et père des pauvres. (Par le Père *J.* Maillard.)
S. n. n. l. n. d. (Paris. 1687.) 1 vol. in-12.

2022. — Recueil des vertus de Louis de France, Duc de Bourgogne et ensuite Dauphin. Par le R. P. Martineau.
Paris. 1712. Mariette. 1 vol. in-12.

2023. — Même ouvrage, 4ᵉ édit., augm. du portrait de ce prince par M. l'abbé Fleury.
   Paris. 1714. Mariette. 1 vol. in-12. Port.

2024. — La vie et le martyre du Docteur illuminé, le Bienheureux Raymond Lulle. Avec une apologie de sa sainteté, et de ses œuvres contre le mensonge, l'envie et la médisance. Par M. Perroquet.
   Vendosme. 1667. Seb. Hyp. 1 vol. in-8°.

2025. — La vie du Bienheureux Alexandre Luzage, gentilhomme italien, autant admirable qu'imitable à toute sorte de personnes. Par *Octave* Herman, son familier, et traduite par le R. P. *Antoine* de Balinghem.
   Douai. 1625. B. Bellere. 1 vol. in-8°.

2026. — Notice sur le R. P. Alexandre Mallet, de la Compagnie de Jésus. Par le P. *Achille* Guidée.
   Paris. 1856. De Soye et Bouchet. 1 vol. in-8°.

2027. — La vie du P. Marcel-François Mastrilli, de la Compagnie de Jésus, guéry miraculeusement par sainct François Xavier, et mort depuis au Japon, pour la defense de la foy le 17 octobre 1637. Composée en espagnol, par le Père *Eusèbe* Nieremberg. Et traduite nouvellement en françois, par le P. *Louys* Conart.
   Paris. 1646. M. et J. Henault. 1 vol. in-12.

2028. — La vie, l'esprit, les sentimens de piété, du vray serviteur de Dieu M. François Mathon, prestre, chapelain des RR. Mères Carmélites de la ville d'Amiens. Recueillis par le Père Postel.
   Amiens. 1710. Guislain. Le Bel. 1 vol. in-12.

2029. — Le parfait missionnaire, ou la vie du R. P. Julien Maunoir, de la Compagnie de Jésus, missionnaire en Bretagne. Par le R. P. Boschet.
   Paris. 1697. Anisson. 1 vol. in-12. Port.

2030.—La vie du R. P. Marin Mersenne, théologien, philosophe et mathématicien, de l'Ordre des Pères Minimes. Par F. H. D. C. (*Hilarion* DE COSTE.)
Paris. 1649. Séb. et Gab. Cramoisy. 1 vol. in-8°.

2051.—Brevis et extemporanea panegyrica narratio beatæ memoriæ R. A. P. F. Sebastiani Michaelis Massiliensis, Ordinis Prædicatorum :... vitam sanctissimam, beatissimumque transitum complectens. Parentante Patri suo optimo R. P. F. *Petro* COLIARD.
Parisiis. 1621. Sonnius. Pièce in-8°.

2052.—Le triomphe de la croix, sur les attraits de la souveraineté, ou la vie du duc de Modène, capucin. Par le P. CASIMIR de Toulouze, capucin.
Paris. 1674. Pierre De Bats. 1 vol. in-8°. Port.

2053.—La vie du vénérable serviteur de Dieu le R. P. Pierre Moreau, de l'Ordre des Minimes, fondateur du convent de Soissons, par un Religieux du mesme Ordre. (F. M. M.)
Paris 1639. Séb. Huré. 1 vol. in-8°.

2034.—Vie de M. Morel, curé de Villiers Vineux, proche Tonnerre, diocèze de Langres.
Troyes 1702. Jacques Febvre. 1 vol. in-12.

Dans le même volume :

—Vie de Mr Roy, curé de Persé proche Tonnerre diocèze de Langres. 2e édit. (Par *J. B.* MOREL.)
Troyes. 1702. Jacques Febvre. in-12.

2035.—Continuation des essais de morale. Tome XIV. Première partie, contenant la vie de M. Nicole et l'histoire de ses ouvrages. (Par *Cl. P.* GOUJET.)
Luxembourg. 1732. Chevalier. 1 vol. in-12.

** — La vie de Monseigneur l'illustrissime et révérendissime Nouel des Landes, évesque et comte de Tréguier. Par F. *Louis* DOUBLET.
Voyez : N° 1444.

2036. — La vie de M. Jean-Jaques Olier, prêtre, curé du fauxbourg de S. Germain à Paris, instituteur, fondateur et premier supérieur du Séminaire de S. Sulpice. (Par le P. *François* GIRY.)
S. n. n. l. 1687. 1 vol. in-12.

2037. — Histoire de Dom Jean de Palafox, évêque d'Angelopolis, et depuis d'Osme, et des différens qu'il a eus avec les PP. Jésuites. (Par *Antoine* ARNAULD.)
S. n. n. l. 1690. 1 vol. in-12.
Voyez aussi : N° 1324.

2038. — Vie du vénérable Dom Jean de Palafox.... (Par *Jos. Ant.* DINOUART.) (1)
Cologne. 1767. — Paris. Nyon. 1 vol. in-8°. Port.

2039. — Même ouvrage.
Cologne. 1772. — Paris. Nyon. 1 vol. in-12. Port.

2040. — Décret rendu dans la cause de l'Eglise d'Osma, pour la béatification et la canonisation du vénérable serviteur de Dieu, Jean de Palafox et Mendoza, évêque, d'abord d'Angelopolis, ensuite d'Osma.
Rome. 1760. Imp. de la Chambre apostol. Pièce in-12.

2041. — Vie de M. de Paris, diacre du diocèse de Paris. (Par *Barthélemy* DOYEN.) Nouvelle édition, augmentée de plusieurs faits qui ne se trouvent dans aucune des précédentes. (Par l'abbé GOUJET.)
En France. 1733. 1 vol. in-12.

2042. — Même ouvrage.
En France. 1738. 1 vol. in-12.

** — Vie du Père Paul (Paolo Sarpi.)
Voyez : *Histoire.* N°s 4483, 4484, 4485.

---

(1) DINOUART (*Joseph-Antoine-Toussaint*), né à Amiens le 1er novemb. 1716, mourut a Paris le 23 avril 1786.

2043. — Vie de Monsieur Pavillon, évêque d'Alet. Nouvelle édition, revue, corrigée et augmentée, avec la carte du diocèse. (Par LE FÈVRE DE SAINT MARC, DE LA CHASSAGNE et DU VAUCEL.)
   Utrecht. 1739. La Compagnie. 3 vol. in-12. Port.

2044. — Relation d'un voyage d'Aleth, contenant des mémoires pour servir à l'histoire de la vie de Messire Nicolas Pavillon, évêque d'Aleth, par M. LANCELOT.
   En France. Théophile, imprim., à la Vérité, 1 v. in-12.

** — La vie du P. Antoine Possevin, de la Compagnie de Jésus. (Par le P. Jean D'ORIGNY.)
   Paris. 1712. Ganeau. 1 vol. in-12.
   Voyez : *Histoire*, n° 4482.

2045. — Relation du martyre du R. P. Philippe Pouvel, autrement dict le Père Morgan, religieux Bénédictin, de la Congrégation d'Angleterre arrivé à Londres le 30 juin, selon l'ancien stile, et suivant le nouveau, le 10 de juillet 1646.
   Paris. 1647. Rouillard. Pièce in-8°.

2046. — Le grand pécheur converti, représenté dans les deux états de la vie de Monsieur de Queriolet, prestre, conseiller au Parlement de Rennes. Par le P. DOMINIQUE DE SAINTE CATHERINE. — Et les entretiens qu'il a eus avec M. de Bernières.
   Paris. 1688. G. et L. Josse. 1 vol. in-12. Port.

2047. — La vie religieuse du R. Père Estienne Rabache, docteur en la Faculté de Paris, et réformateur des Augustins en France.
   S. n. n. l. 1616. 1 vol. in-12. Port.

2048. — La vie de Monsieur Ragot, prestre, curé du Crucifix au Mans, décédé en odeur de sainteté, le jeudy 13 may 1683.
   Au Mans. (1685.) Olivier. 1 vol. in-12. Port.

2049. — La vie du très-révérend Père Dom Armand Jean Le Bouthillier de Rancé, abbé et réformateur du monastère de la Trappe. Par M. DE MAUPEOU.
Paris. 1703. L. d'Houry. 2 vol. in-12. Port.

2050. — La vie du révérend Père Dom Armand-Jean Le Boutillier de Rancé, composée par Dom *Pierre* LE NAIN.
S. n. n. l. 1715. 3 vol. in-12.

2051. — La vie de Dom Armand-Jean Le Bouthillier de Rancé. Par M. l'abbé DE MARSOLLIER.
Paris. 1703. De Nully. 1 vol. in-4º.

2052. — Même ouvrage. Nouv. édit.
Paris. 1758. Babuty. 2 vol. in-12. Port.

2053. — Vita P. Bernardini Realini, è Societate Jesu. Ex manuscriptis italicis. Auctore L. N. Societatis ejusdem.
Lugduni. 1645. Pet. Prost. 1 vol. in-8º.

2054. — La vie du P. Bernardin Realin. Composée en italien, par le P. *Jaques* FULIGATTI, et traduitte en françois par le P. *François* LAHIER.
Tournay. 1645. Adrien Quinqué. 1 vol. in-8º.

2055. — L'idée d'un véritable prestre de l'Eglise de Jésus-Christ, et d'un fidèle directeur des âmes, exprimée en la vie de Mʳ Renar, directeur des religieuses du mónastère de S. Thomas. Par Mᵉ *Louis* ABELLY.
Paris. (1658.) Lambert. 1 vol. in-12.

2056. — La vie de Monsieur de Renty. Par le P. *Jean-Baptiste* SAINT-JVRE.
Paris. 1651. Pierre Le Petit. 1 vol. in-4º. Port.

2057. — Même ouvrage. 7ᵉ édit.
Paris. 1664. P. Le Petit. 1 vol. in-12. Port.

2058. — La vie du Père Matthieu Ricci, de la Compagnie de Jésus. Par le Père D'ORLÉANS.
Paris. 1693. Georges et Louis Josse. 1 vol. in-12.

2059. — La vie du Père *Jean* Rigoleu, de la Compagnie de Jésus. Avec ses traitez de dévotion et ses lettres spirituelles. (Par le P. *Pierre* Champion.) 4ᵉ édition.
Lyon. 1739. Valfray. 1 vol. in-12.

2060. — La vie du vénérable frère *Alphonse* Rodriguez, de la Compagnie de Jésus. Avec un Traité de dévotion des maximes spirituelles recueillies de ses écrits. Par le Père *Antoine* Boissieu.
Lyon. 1688. Ant. Molin. 1 vol. in-12.

2061. — La vie du P. Romillion, prestre de l'Oratoire de Jésus, et fondateur de la Congrégation des Ursulines en France. Par M. Bourguignon.
Marseille. 1669. Garcin. 1 vol. in-4°.

2062. — La vie de Messire Antoine Roussier, prestre, catéchiste missionnaire ès provinces de Lionnois, Forests et Auvergne. Par *Gabriel* Palerne.
Paris. 1645. Louis Boulanger. 1 vol. in-12.

" — Vie de Mʳ Roy.
Voyez : n° 2034.

2063. — La vie de Guillaume Ruffin, congréganiste. Tirée des Annales de la Congrégation de la Flèche.
Tours. 1701. Mathon. 1 vol. in-16.

2064. — Les dernières paroles de M. de Saint-Chamond, décédé en son hostel à Paris, le 10 septembre 1649 aagé de 63 années. Avec un fidel récit des belles actions de sa vie. Par le sieur de Figuire.
Paris. 1649. Cardin Besongne. Pièce in-4°.

2065. — La vie du R. P. Dom Eustache de S. Paul Asseline, docteur de Sorbonne et religieux de la congrégation de Notre-Dame des Fueillens. Ensemble quelques opuscules spirituels utils aux âmes pieuses et religieuses. Le tout recueilly par un Religieux de la mesme congrégation (Dom ANTOINE DE SAINT-PIERRE.)

Paris. 1646. G. Josse. 1 vol. in-8º.

2066. — La vie du Père François de Saintpé, prêtre de l'Oratoire. Avec des aspirations pour les agonisans, tirées de l'Ecriture Sainte, par le même P. DE SAINTPÉ. Par le R. P. *Charles* CLOYSAULT.

Paris. 1696. And. Pralard 1 vol. in-12.

2067. — La vie du comte Louis de Sales, frère de S. François de Sales, modèle de piété dans la vie civile. Par le P. BUFFIER.

Paris. 1737. Le Clerc. 1 vol. in-12.

— La vie de l'hermite de Compiègne (René Va), modèle de piété dans la vie solitaire. Par le P. BUFFIER.

Paris. 1737. Le Clerc. 1 vol. in-12.

2068. — L'homme inconnu, ou discours de la vie du vénérable Père Pierre de Sancichan, premier supérieur réformé de l'Ordre de Sainct Antoine de Viennois. Par *Jean* DE LOYAC.

Paris. 1643. Paslé. 1 vol. in-8º.

2069. — La vie de Messire Charles de Saveuses, prestre, conseiller du Roy en la Grand'Chambre de Paris, supérieur et restaurateur des Ursulines de Magny. Par le R. P. *Jean-Marie* DE VERNON.

Paris. 1678. Gasp. Meturas. 1 vol. in-8º. Port.

** — Vita R. P. Fr. Hieronymi Savonarolæ, Ord. Præoic., authore D. Joan. Fr. PICO MIRANDULÆ.

Parisiis. 1674. Billaine. 3 vol. in-12.

Voyez : *Histoire*, nº 4476.

2070. — Abrégé de la vie de Messire *Jean-Charles* DE SÉGUR, ancien évêque de S. Papoul, mort en odeur d'une éminente piété. Avec son mandement d'abdication, un recueil de lettres, et d'autres pièces.

Utrecht. 1749. La Compagnie. 1 vol. in-12.

2071. — Vie du R. P. Louis Sellier, de la Compagnie de Jésus, par le R. P. *A.* Guidée.

Paris. 1858. Ve Poussielgue-Rusand. 1 vol. in-12.

2072. — Le modèle des pasteurs, ou précis de la vie de M. de Sernin, curé d'un village dans le diocèse de T. On y a joint des lettres sur différens sujets intéressans, et quelques fragmens, qu'on a trouvés dans ses papiers après sa mort. Recueillis et publiés par M. P***. (*P. J.* Picot de Clorivière.)

Paris. 1779. Valade et Laporte. 1 vol. in-12.

2073. — La vie du vénérable frère Sébastien Sicler, hermite de l'Arbroye, diocèse de Noyon. Divisée en 2 parties.

Lyon, 1698. Comba. 1 vol. in-12.

2074. — La vie de Mgr. Alain de Solminihac, évesque, baron et comte de Caors, et abbé régulier de Chancellade. Composée par le R. Père *Léonard* Chastenet.

Caors. 1662. J. Bonnet. 1 vol. in-8°.

2075. — Abrégé de la vie de Louis Stefanelli, domestique du cardinal Cibo, mort à Rome, en odeur de sainteté, le 8 septembre 1757. Traduit de l'italien (du P. *J. V. Ant.* Ganganelli.)

Rome. Paris. 1779. Ve Desaint. 1 vol. in-12.

2076. — Vita Patris Gonzali Sylveriæ, Societatis Jesu Sacerdotis, in urbe Monomotapa martyrium passi. A R. P. *Nicolao* Godigno latinè composita.

Coloniæ Agripp. 1616. Kinckius. 1 vol. in-8°.

2077. — Idea togatæ constantiæ sive Francisci Tailleri Dubliniensis prætoris in persecutione congressus, et

Religionis Catholicæ defensione interitus. Authore *Johanne* MOLANO.

Parisiis. 1629. Vª Chevalier. 1 vol. in-12.

—Epitome tripartita martyrum fere omnium qui in Britannicis insulis nostrà patrumque memorià de hæresi gloriosè triumpharunt. (Auctore *J.* MOLANO.)

Parisiis. 1629. Vª P. Chevalier. in-12.

2078.—*Jacobi* BIDERMANI è Soc. Jes. Ubaldinus sive de vita et indole Antonii Mariæ Ubaldini Urbinatis, Monteæ Comitis, breviarium.

Rothomagi. 1635. Le Boullenger. 1 vol. in-16.

2079.—La vie d'Antoine-Marie Ubaldin, comte de Montée. Par un Père de la Compagnie de Jésus.

Tours. 1701. Masson. 1 vol. in-16.

2080.—Vie du R. P. Joseph Varin, religieux de la Compagnie de Jésus, ancien supérieur général des Pères du Sacré-Cœur en Allemagne, et des Pères de la foi en France, suivie de notices sur quelques-uns de ses confrères, par le P. *Achille* GUIDÉE.

Paris. 1854. Vᵉ Poussielgue-Rusand. 1 vol. in-12.

2081.—La vie de Messire Félix Vialart de Herse, évêque et comte de Châlons en Champagne, pair de France. (Par l'abbé GOUJET.) Nouv. édit.

Utrecht. 1739. La Société. 1 vol. in-12. Port.

2082.—L'idée d'un parfait chanoine et véritable ecclésiastique, en la personne de feu M. Jean Violart, prêtre, chanoine et vidame en l'église cathédrale de Notre-Dame de Reims. Composée par M. P. ANGIER.

Reims. 1649. Bernard. 1 vol. in-12.

5. — VIES DE FEMMES PIEUSES.

** — Les éloges et les vies des reynes, des princesses et des dames illustres en piété.... Par F. *Hilarion* DE COSTE.
Paris. 1647. Cramoisy. 1 vol. in-4°.

Voyez : *Histoire*, n° 4697.

2083. — Modèle de la perfection religieuse, en la vie de la vénérable Mère Jeanne Absolu, dite de Saint-Sauveur, religieuse de Hautes-Bruyères, de l'Ordre de Fontevrault. Par M. *Jean* AUVRAY. 2° édit.
Paris. 1655. V° Séb. Huré. 1 vol. in-4°.

2084. — La vie de la très-illustre et Bienheureuse duchesse Françoise d'Amboise, fondatrice des anciennes religieuses Carmélites en Bretagne. Par le très-R. P. Fr. LÉON. (*Jean* MACÉ.)
Paris. 1669. J. Henault. 1 vol. in-12.

2085. — La vie de Bienheureuse Mère Angèle (Merici), première fondatrice de la Compagnie de Ste Ursule; enrichie de plusieurs remarques et pratiques de piété très-utiles pour la conduite de toutes sortes de personnes à la vertu. Par le R. P. *Jean-Hugues* QUARRÉ.
Paris. 1648. Séb. Huré. 1 vol. in-12.

2086. — Abbrégé de la vie et des rares vertus de Sœur Anne de Beauvais, religieuse de Saincte-Ursule, décédée l'an 1620. Par M. *Pierre* VILLEBOIS.
Paris. 1622. Libert. 1 vol. in-8°.

2087. — Le portraict des ames amantes de Jésus, représenté dans la personne d'Anne de Beauvais, religieuse de Sainte Ursule. Par le R. P. *Jacques* CORET.
Lille. 1667. N^{as} de Rache. 1 vol. in-4°. Fig.

2088. — La vie de la vénérable mère Anne de Jésus (Anne

de Lobéra), disciple et compagne de la mère Saincte Térèse de Jésus, principale augmentatrice de son Ordre et fondatrice d'iceluy en France et en Flandre. Rev. augm. et traduite en françois de l'espagnol du R. P. Fr. *Ange* Manrique. Par le R. P. F. B. D. S. T.

Bruxelles. 1639. Godefroy Schoevaerts. 1 vol. in-4º.

2089. — La vie de la vénérable Mère Anne de Jésus, compagne et coadjutrice de Sainte Thérèse, dans la réforme du Carmel. Par M. l'abbé de Montis.

Paris. 1788. Gueffier. 1 vol. in-12.

2090. — Les opuscules de la vénérable Mère Anne de S. Barthelémy (*Anne* Garcia), compagne inséparable de la Sᵗᵉ Mère Térèse de Jésus. Traduite d'espagnol en françois par le R. P. Cyprien de la Nativité de la Vierge (*André* de Compans). — Ensemble un Traitté des excellentes vertus et perfections de cette V. Mère, composé par le P. Thomas d'Aquin (de Saint-Joseph [*Christophe* Pasturel]).

Paris. 1646. Séb. Huré. 1 vol. in-12.

2091. — La vie et les instructions de la vénérable Mère Anne de S. Barthélemy, compagne et coadjutrice infatigable de la sainte et séraphique Mère Thérèse de Jésus, et fondatrice des Carmélites deschaussées en France, et du couvent d'Anvers, etc. Par un solitaire du saint désert de Marlaigne.

Bruxelles. 1708. J. de Smedt. 1 vol. in-8º.

2092. — La vie de la vénérable Mère Anne des Anges (Anne Garault), religieuse Carmélite du Monastère dédié à la sainte Mère de Dieu de Paris. Par M. Cordier.

Paris. 1694. Christophe Remy. 1 vol. in-8º.

2093. — L'illustre pénitente de Béziers, ou l'histoire admirable de Mademoiselle Bachelier, du Tiers-Ordre S. François. (Par le P. Casimir *de Tolose*.)

Rouen. 1672. Du Mesnil. 1 vol. in-16.

2094. — La vie de Madame de Bellefont, supérieure et fondatrice du monastère des religieuses Bénédictines de Nostre-Dame des Anges établi à Rouen. (Par le P. *Dom*. Bouhours.)

Paris. 1686. Séb. Mabre-Cramoisy. 1 vol. in-8°.

2095. — Le triomphe de la pauvreté et des humiliations, ou la vie de Mademoiselle de Bellère du Tronchay, appellée communément Sœur Louise : avec ses lettres. (Par le P. *Jean* Maillard.)

Paris. 1732. Martin. 1 vol. in-12.

2096. — La vie de la Mère Marie-Aymée de Blonay, dixième religieuse de l'Ordre de la Visitation saincte Marie, et troisième supérieure du premier monastère du mesme Ordre. Par Messire *Charles-Auguste* de Sales.

Paris. 1655. Séb. Huré. 1 vol. in-8°.

2097. — La vie de la Mère Marie Bon, de l'Incarnation, religieuse Ursuline de Saint-Marcellin, en Dauphiné. Par le P. *Jean* Maillard.

Paris. 1686. Couterot et Guérin. 1 vol. in-12.

2098. — La vie de Mademoiselle de Buhy, de la maison de Mornay. Par Messire *René* de Mornay de la Villetertre, prêtre, seigneur de Baschaumont.

Paris. 1685. Roulland. 1 vol. in-12.

2099. — La vie de la vénérable Mère Catherine de Christ (Catherine de Balmasède), Carmélite deschaussée, et fondatrice des convents du mesme Ordre, à Sorie, Pampelune et Barcelone. Traduite d'espagnol en françois, par une Religieuse du mesme Ordre.

Paris. 1666. Muguet. 1 vol. in-8°.

2100. — La vie de Sœur CATHERINE DE JÉSUS, religieuse de l'Ordre de Nostre-Dame du Mont-Carmel, establycy en France, selon la réformation de Saincte Térèse de Jésus, décédée au convent du mesme Ordre, dit de la Mère de Dieu, en la ville de Paris, le 19 février 1620 (1623). Avec un recueil de ses lettres et pieux escrits. (Par le Cardinal *Pierre* DE BERULLE.)
Paris. 1628. Dehors. 1 vol. in-8º.

2101. — Même ouvrage. 3ᵉ édit.
Paris. 1631. Dehors. 1 vol. in-12.

2102. — La vie de Madame MAGDELENE DE CLERMONT-TONNERRE, abbesse de l'abbaye royale de Notre-Dame de Saint-Paul près Beauvais. Avec quelques discours sur la vie religieuse, composez par cette abbesse. (Par le P. MALINGHEN.)
Paris. 1704. Jean de Nully. 1 vol. in-12.

2103. — Relation abrégée de la vie de Madame de Combé (Marie de Cyz), institutrice de la maison du Bon-Pasteur. Avec les réglemens de la communauté. (Par l'abbé *Jacques* BOILEAU.)
Paris. 1700. Delaulne. 1 vol. in-12. Port.

2104. — La vie de la vénérable Mère Marie-Agnès Dauvaine, l'une des premières fondatrices du monastère de l'Annonciade céleste de Paris. Recueillie sur les mémoires des Religieuses du mesme monastère, et composée par un Père de la Compagnie de Jésus, amy de l'Ordre (le R. P. DE LA BARRE.)
Paris. 1675. Est. Michallet. 1 vol. in-4º. Port.

2105. — L'idée d'une vierge chrestienne consacrée aux œuvres de charité, dans la vie de Mademoiselle Marie-Anne Du Val de Dampierre. (Par *Guill.* LE ROY.)
Bruxelles. 1684. Marchant. 1 vol. in-12.

2106. — La parfaite héroïne, ou l'histoire de la vie et de la mort d'Elizabet, ou Isabelle de Castille, reine d'Espagne, surnommée la Généreuse et la Catholique. Tirée de plusieurs illustres auteurs et historiens. Par F. *Hilarion* DE COSTE.
Paris. 1661. Ed. Martin. 1 vol. in-8º.

2107. — La vie de la vénérable Mère Elizabeth de l'Enfant-Jésus (E. de Baillou), religieuse de l'Ordre de Saint Dominique, au monastère de S. Thomas d'Aquin à Paris. (Par *Marie-Magdeleine* DE MAUROY.)
Paris. 1680. Séb. Mabre-Cramoisy. 1 vol. in-8º.

2108. — La vie de la vénérable Mère Louise-Eugénie de Fontaine, religieuse et quatrième supérieure du premier monastère de la Visitation sainte Marie de Paris, rue Saint Antoine, décédée le 29 septembre 1694. Composée par une dame de qualité. (*Marie-Jacqueline* DU PLESSIS.) 2º édit.
Paris. 1696. Muguet. 1 vol. in-12.

2109. — La vie de la vénérable Mère Françoise de S. Bernard, religieuse de Ste Claire à Verdun, nommée dans le monde Madame de Maisons. Par un religieux du Tiers-Ordre de S. François. (F. I. M.)
Paris. 1657. Colombel. 1 vol. in-4º.

2110. — La vie de la Révérende Mère Madelaine Gautron, prieure du monastère de la Fidélité de Saumur, Ordre de S. Benoist, morte en odeur de sainteté, après 42 ans de supériorité. (Par *Jean* PASSAVANT.)
Saumur. 1689. Ernou. 1 vol. in-12.

2111. — La vie de Madame Hélyot. (Par le P. CRASSET.) 2º éd.
Paris. 1683. Est. Michallet. 1 vol. in-8º. Port.

2112. — La vie de la Mère Jeanne de Jésus (J. Rampalle), religieuse Ursuline, fondatrice des monastères de

— 540 —

Saincte Ursule de l'Ordre réformé de S. Augustin, aux villes d'Arles, Avignon, Tarascon, Vaulreas, Bolène, et S. Remy. Par le P. *Henry* ALBI.

Lyon. 1640. Rigaud. 1 vol. in-12.

2113. — La vie de Madame *Jeanne-Marie* BOUVIÈRES DE LA MOTHE GUION. Ecrite par elle-même.

Cologne. 1720. Jean de la Pierre. 3 vol. in-12.

** — Vie de la reine de France Marie-Lecksinska, princesse de Pologne. Par M. l'abbé PROYART.

Paris. 1820. Boiste. 2 vol. in-12.

Voyez : *Histoire*, n° 4705.

2114. — La vie de Mademoiselle LE GRAS, fondatrice et première supérieure de la Compagnie des Filles de la Charité, servantes des pauvres malades. Par M. GOBILLON. (Avec ses pensées).

Paris. 1676. Pralard. 1 vol. in-12. Port.

2115. — La vie de la vénérable Louise de Marillac, veuve de M. Le Gras, fondatrice etc..., Par M. GOBILLON. Rev., corr. et augm. par M. COLLET.

Paris. 1769. De Hansy. 1 vol. in-12. Port.

2116. — La vie de la séraphique espouse de Jésus-Christ, Marie-Lorence Le Long, napolitaine, première fondatrice des religieuses Capucines...; selon le témoignage de tous les escrivains, tant latins, qu'italiens, qui l'ont donnée au public. Et de nouveau composée en françois par le P. PAUL DE LAGNY.

Paris. 1667. Jean Couterot. 1 vol. in-8°. Port.

2117. — Abrégé de la vie de la vénérable Mère Charlotte Le Sergent, dite de S. Jean l'Evangéliste, religieuse de l'abbaye royale de Montmartre. (Par *J.* DE BLÉMUR.)

Paris. 1685. Lambert. 1 vol. in-12.

2118. — Vie de la vénérable Mère de S. Jean l'Evangéliste

(Charlotte Le Sergent)... Par la Mère *Jacqueline* Bouette de Blémur.

Paris. 1689. Nicolas Le Clerc. 1 vol. in-12.

Même ouvrage que le N° 2117. Le titre seul a été changé.

2119. — Abrégé de la vie de Madame de Lestonnac, fondatrice de l'Ordre des religieuses de Nostre-Dame. (Par *D.* de Saincte-Marie.)

S. n. n. l. n. d. 1 vol. in-4°.

2120. — La vie de Marguerite de Lorraine, duchesse d'Alenlençon, grande ayeule du Roy Louys le Juste. (Par le P. *Pierre* du Hameau.)

Paris 1628. Séb. Cramoisy. 1 vol. in-8°.

2121. — Vie de Madame Louise de France, religieuse Carmélite, fille de Louis XV. Par M. l'abbé Proyart.

Paris. 1828. Méquignon-Havard. 1 vol. in-12. Fig.

2122. — La vie de Mademoiselle de Louvencourt, décédée à Amiens, en odeur de sainteté, le 14 octobre 1778, âgée de 51 ans. Dans laquelle se trouvent toutes les lettres qu'elle a reçut de Mgr. d'Orléans de la Motte, évêque d'Amiens, et où l'on a soigneusement ménagé tous ses précieux rapports avec ce St Prélat... Par M. l'abbé *** (*Nic.* Dargnies) chanoine de... (1)

Amiens. 1788. Caron-Berquier. 1 vol. in-12.

2123. — La vie de la Mère Magdelaine de S. Joseph (Mag. du Bois), religieuse Carmélite deschaussée, de la première règle selon la réforme de Ste Thérèse. Par un Prestre de l'Oratoire de J. C. (*J.-Fr.* Senault.)

Paris. 1645. Camusat. 1 vol. in-4°.

2124. — La vie de Sœur Magdeleine (Magdeleine Lucat) du S. Sacrement, religieuse Carmélite du voile blanc.

---

(1) Dargnies (*Nicolas*), né à Abbeville le 3 mai 1735, mourut en émigration le 17 avril 1796.

Avec des réflexions sur l'excellence de ses vertus. (Par Dom *Jean* MARTIANAY.)

Paris. 1711. Lambin. 1 vol. in-12.

2125. — La vie de la vénérable Mère Marguerite de S. Xavier (Marg. Coutier), religieuse Ursuline du monastère de Dijon. Avec un recueil des pratiques de sa dévotion particulière envers la sacrée Vierge. Par le R. P. JEAN-MARIE (DE VERNON).

Paris. 1665. Josse. 1 vol. in-4º.

2126. — L'Enfance de Jésus, et sa famille, honorées en la vie de Sʳ Marguerite du S. Sacrement (Marg. Parigot), religieuse Carmélite du monastère de Beaune. (Par *Joseph* PARISOT.)

Paris. 1654. Imprimerie Royale. 1 vol. in-8º.

2127. — La vie de la vénérable Mère Marguerite-Marie (Marguerite Alacoque), religieuse de la Visitation Sainte-Marie du monastère du Paray-le-Monial en Charolois, morte en odeur de sainteté en 1690. Par Monseigneur *Jean-Joseph* LANGUET.

Paris. 1729. Garnier et Vᵉ Mazières. 1 vol. in-4º.

2128. — Vie de Marie-Angélique de la Providence (Marie Simon), ou l'amour de Dieu seul, par BOUDON.

Paris. 1828. Méquignon-Havard. 1 vol. in-12. Fig.

2129. — La vie de la vénérable Mère Marie de l'Incarnation (*Marie* GUYART), première supérieure des Ursulines de la Nouvelle France. Tirée de ses lettres et de ses écrits. (Par Dom *Claude* MARTIN.)

Paris. 1677. L. Billaine. 1 vol. in-4º.

2130. — La vie de la Mère Marie de l'incarnation (Marie Guyard),... (Par le P. *P. Fr. X.* DE CHARLEVOIX.)

Paris. 1724. Thomelin. 1 vol. in-8º. Port.

2131. — La vie de la vénérable Mère Marie de S. Charles, religieuse de Sainte Elizabeth, dite au siècle, Madame la baronne de Veuilly. Par *Fr.* Léon (*J.* Macé).
Paris. 1671. F. Muguet. 1 vol. in-8°.

2132. — La vie de la très-sublime contemplative Sœur Marie de Sainte-Thérèse (Marie de la Rose), Carmélite de Bordeaux. Composée par M. l'abbé de Brion.
Paris. 1720. Le Clerc et Estienne. 1 vol. in-12.

2133. — La vie de la vierge Sœur Marie-Hyacinthe (Froydevauls de Noirmont), religieuse du sacré Ordre de l'Annontiade de Gennes. Composée par le R. P. *Estienne* Parisot de Villars.
Paris. 1637. Billaine. 1 vol. in-8°.

2134. — La vie de la Mère Marie-Madeleine de la Trinité (Madeleine Martin), fondatrice des Religieuses de N. Dame de Miséricorde. Par le R. P. Grozez.
Lyon. 1696. Ant. Boudet. 1 vol. in-8°.

2135. — La vie de Mademoiselle de Meleun, fille de Guillaume de Meleun, prince d'Epinoy, fondatrice des religieuses hospitalières de Baugé en Anjou. Pour servir de modèle aux personnes de qualité, et aux Hospitalières. (Par *Jos.* Grandet.)
Paris. 1687. G. et L. Josse. 1 vol. in-8°.

2136. — La vie de Madame de Miramion. (Par Fr. *Th.* de Choisy.)
Paris. 1706. Ant. Dezallier. 1 vol. in-4°. Port.

2137. — La vie de Madame Catherine de Montholon, veuve de Monsieur de Sanzelles, et fondatrice des Ursulines de Dijon. Par le P. *I. François* Senault.
Paris. 1653. P. Le Petit et J. Camusat. 1 vol. in-4°.

2138. — La vie de Madame la duchesse de Montmorency,

supérieure de la Visitation de Ste Marie de Moulins. (Par *Ch.* Cotolendi.)

Paris. 1684. Barbin. 1 vol. in-8º. Port.

2139.—La vie de Madame la duchesse de Montmorency, supérieure de la Visitation Sainte-Marie de Moulins, tirée des manuscrits conservés dans ce monastère. (Par *Jean-Claude* Garreau.)

Clermont-Ferrand. 1769. Viallanes. 2 vol. in-12. Port

2140.—La vie de Mademoiselle de Neuvillars, miroir de perfection pour les femmes mariées, et pour les âmes dévotes. Par le P. *Nicolas* du Sault.

Paris. 1649. Séb. et Gab. Cramoisy. 1 vol. in-8º.

2141.—Recueil des vertus et des écrits de Madame la baronne de Neuvillette (Magd. Robincau), décédée depuis peu dans la ville de Paris. Par le R. P. Cyprien de la Nativité de la Vierge (*André* de Compans.)

Paris. 1660. Béchet et Billaine. 1 vol. in-8º.

2142.—Même ouvrage.

Paris. 1666. Béchet. 1 vol. in-12. Port.

2143.—Le triomphe de l'amour divin dans la vie d'une grande servante de Dieu nommée Armelle Nicolas, décédée l'an de notre Seigneur 1671. Fidellement écrite par une religieuse du monastère de Sainte Ursule de Vennes. (Jeanne de la Nativité.) 5e éd.

Paris. 1692. Michallet. 1 vol. in-12.

2144.—La vie de la Mère de Ponçonas, institutrice de la Congrégation des Bernardines réformées en Dauphiné, Provence, etc.

Paris. 1675. J. Poysuel. 1 vol. in-8º.

2145.—La vie de Damoiselle Elizabeth Ranquet. (Par *Thomas* Fortin.)

Paris. 1655. Savreux. 1 vol. in-16. Port.

2146. — Traité des vertus de la très-dévote servante de Jésus Marguerite de Rousselé, Damoiselle de Saché, désignée religieuse de l'Ordre des Carmélites, issue de la maison de Montmorancy.
Poictiers. 1630. J. Thoreau. 1 vol. in-12.

2147. — Le trône de Dieu dans une âme juste, ou l'idée d'une parfaite religieuse, et d'une sainte abbesse, dans la vertueuse vie et les grandes actions de Madame Magdeleine de Sourdis, abbesse du monastère de Notre-Dame de Saint Paul lès Beauvais. (Par le P. *Pacifique* POSTEL et le P. *Joseph* DE DREUX.)
Paris. 1672. Denys Thierry. 1 vol. in-8°.

2148. — Histoire de la vie et mœurs de Marie Tessonnière, native de Valence en Dauphiné. Composée et divisée en quatre livres. Par le R. P. *Louys* DE LA RIVIÈRE.
Lyon. 1655. Cl. Prost. 1 vol. in-4°.

2149. — La Muger fuerte, por otro titulo la vida de D. Maria Vela, monja de S. Bernardo, en el Convento de Santa Ana de Avila. Escrita por el dotor *Miguel* GONÇALEZ VAQUERO.
Barcelona. 1640. Pedro Lacavalleria. 1 vol. in-8°.

2150. — La vie et la conduite spirituelle de Mademoiselle *Madelene* VIGNERON. Suivant les mémoires qu'elle en a laissez par l'ordre de son directeur. (Par le P. *Matthieu* BOURDIN.)
Paris. 1689. Pierre De Launay. 1 vol. in-8°.

2151. — La vie de la vénérable Mère Catherine de Vis, une des premières religieuses de l'Ordre des Minimes en France. Par F. *Simon* MARTIN.
Paris. 1650. Huré. 1 vol. in-12.

2152. — Histoire de la vertueuse portugaise; ou le modèle

des femmes chrétiennes. Dédié aux Rosières de Salency. Par M. l'abbé Maydieu.
Paris. 1779. Berton. 1 vol. in-12.

CHAPITRE X.

HISTOIRE DES LIEUX, DES OBJETS CONSACRÉS, DES PÈLERINAGES, DES RELIQUES, DES MIRACLES ET DES FÊTES.

a. — *Des Eglises et des Cimetières.*

2153.—Antica basilicografia di *Pompeio* Sarnelli.
Napoli. 1686. Ant. Bulifon. 1 vol. in-4°.

** — *Rod.* Hospiniani de templis, hoc est, de origine, progressu, usu et abusu templorum et rerum ad templa pertinentium libri quinque.
Genevæ. 1672. A. et S. de Tournes. 1 vol. in-fol.
Voyez : N° 241.

** — *Hadriani* Valesii disceptationis de Basilicis defensio...
Voyez : N° 285.

** — *Joannis* de Launoy judicium de Basilicis.
Voyez : N° 239.

** — *Leo* Allatius, de Templis Græcorum.
Voyez : N° 540.

2154.—Dissertation sur les porches des églises, dans laquelle on fait voir les divers usages ausquels ils sont destinez; que ce sont des lieux saints et dignes de la vénération des fidèles ; et qu'il n'est pas permis d'y vendre aucunes marchandises, non pas mesme celles qui peuvent servir à la piété. Par M. *Jean-Baptiste* Thiers.
Orléans. 1679. Hotot. 1 vol. in-12.

2155. — Dissertations ecclésiastiques sur les principaux autels des églises, les jubés des églises, la clôture du chœur des églises. Par M. *Jean-Baptiste* Thiers.
Paris. 1688. Dezallier. 1 vol. in-12.

2156. — Cœmeteria sacra *Henrici* Spondani.
Parisiis. 1638. D. de la Noue. 1 vol. in-4º.

** — Roma subterranea.
Voyez : *Histoire* Nos 4774, 4775, 4776.

** — Les Catacombes de Rome. Par *L.* Perret.
Voyez : *Histoire* Nº 4777.

b. — *Des Fêtes.*

** — *Rodolphi* Hospiniani de festis Christianorum, hoc est, de origine, progressu, ceremoniis et ritibus festorum dierum apud Christianos tractatus.
Genevæ. 1674. S. De Tournes. 1 vol. in-fol.
Voyez : Nº 241.

2157. — Traité des festes de l'Eglise. Divisé en trois parties : des festes en général, des festes en particulier, et de la manière de les célébrer saintement. Par le R. P. *Louis* Thomassin.
Paris. 1693. Roulland. 1 vol. in-8º.

2158. — Histoire des festes mobiles dans l'Eglise, suivant l'ordre des dimanches et des féries de la semaine. (Par *Adrien* Baillet.)
Paris. 1707. L. Roulland. 2 vol. in-8º.

2159. — Traité des fêtes mobiles, jeûnes et autres observances annuelles de l'Eglise, d'après l'ouvrage posthume d'*Alban* Butler.
Paris. 1835. Gauthier fʳˢ et Cⁱᵉ. 1 vol. in-12.
Voyez aussi le Nº 1507.

2160. — Histoire de l'institution de la Fête-Dieu. Avec la vie des Bienheureuses Julienne et Eve, toutes deux originaires de Liège. Par le R. P. Jean BERTHOLET.

Liège. 1746. Berchon et Jacob. 1 vol. in-4º. Fig.

2161. — Apologie du banquet sanctifié de la veille des Rois. Par Maistre *Nicolas* BARTHELEMY.

Paris. 1664. G. Tompère. 1 vol. in-16.

2162. — Traitez singuliers et nouveaux contre le paganisme du Roy-boit. Le I. Du jeusne ancien de l'Eglise catholique la veille des Roys. Le II. De la royauté des Saturnales remise et contrefaite par les chrestiens charnels en cette feste. Le III. De la superstition du Phœbé, ou de la sottise du Febué. Par *Jean* DESLYONS.

Paris. 1670. Savreux. 1 vol. in-12.

---

c. — *Des Images.*

2163. — *D. Joannis* MOLANI de historia SS. imaginum et picturarum, pro vero earum usu contra abusus. Libri IIII.

Lugduni. 1619. L. Durand. 1 vol. in-8º.

2164. — De imaginibus sacris veterum Christianorum Principum : imprimis KAROLI MAGNI imperatoris ; et LUDOVICI PII F. aliorumque statuta. Nunc denuò recensita, et in usum Catholicæ Ecclesiæ edita studio *Philippi* PAREI.

Francofurti. 1628. M. Merian. 1 vol. in-8º.

2165. — De la créance des Pères, sur le fait des images. Par *Jean* DAILLÉ.

Genève. 1641. J. de Tournes. 1 vol. in-8º.

2166. — Titulus S. Crucis, seu historia et mysterium tituli sanctæ Crucis Domini nostri Jesu Christi. Libri duo. Authore *Honorato* Nicqueto.
Parisiis. 1648. Bertier. 1 vol. in-8º.

---

d. — *Des Pèlerinages et des Lieux de dévotion.*

2167. — Dictionnaire géographique, historique, descriptif, archéologique des pèlerinages anciens et modernes et des lieux de dévotion les plus célèbres de l'univers. Par M. *Louis* de Sivry et M. Champagnac.
Paris. 1851. Migne. 2 vol. gr. in-8º.

2168. — Fidèle recueil et récit véritable des vœux faits et rendus pour les faveurs et grâces admirables obtenues à l'invocation de Nostre-Dame de Foy, servie et honorée en l'église du convent des Pères Augustins d'Amiens. Dressé et mis en ordre par *F.-A.* Bourdon.
Amiens. 1633. J. Hubault. 1 vol. in-12.

2169. — Abbrégé des merveilles que Dieu a opérées par l'invocation de Notre-Dame de Foy, dont l'image miraculeuse est honorée dans l'église des Augustins d'Amiens, depuis le mois de may 1629 qu'elles commencèrent à paroître. (Par F. Charault.)
Amiens. 1678. Vᵉ Robert-Hubault. 1 vol. in-12.

A la suite :

— La foy de la Sainte Vierge couronnée. (Par le R. P. *François* Charault.)
Amiens. 1678 Vᵉ Robert Hubault. in-12.

2170. — Histoire de l'ancienne image de N. Dame de Boulongne, où sont déduites les trois persécutions, qu'elle

a souffertes de la part de ses ennemis : ses trois victoires : ses trois advencemens en ladite ville : et les hommages qui luy ont esté rendus par plusieurs roys de France. (Par le P. *Alphonce* DE MONTFORT.)
Paris. 1634. Pierre Lamy. 1 vol. in-8°.

A la suite :

—Notre-Dame de Boulogne-sur-Mer. Fête du 30 août.
—Pélerinages. — Crypte. (Par *Louis* DE BAECKER.)
Amiens. 1857. Caron et Lambert. Pièce in-8°.

** — Histoire de Nostre-Dame de Boulogne, par M. *Antoine* LE ROY.
Paris. 1682. J. Couterot. 1 vol. in-8°.

Voyez : *Histoire* N° 3972.

2171. —L'ancienne fondation de la chapelle de Notre-Dame de la Délivrande. Et l'histoire miraculeuse d'une image de Notre-Dame, trouvée audit lieu, auquel Dieu a fait aparoître plusieurs miracles.... Par F. *G.* FOSSARD. Nouv. édit.
Caen. (1642.) Chalopin. 1 vol. in-12.

2172. —Histoire de la sainte chapelle de Notre-Dame des Hermites, contenant son origine, sa propagation, et l'état présent de ce saint lieu; avec les règnes des abbés, et l'histoire de près de mille grâces miraculeuses qui y ont été obtenues par les fidèles. N° éd.
Einsidlen. 1775. X. Kalin. 1 vol. in-8°.

Voyez le n° 1075.

2173. —Chronique d'Einsidlen; ou histoire de l'abbaye princière, de la sainte Chapelle, et du pèlerinage de Notre-Dame des Hermites, avec un récit des principaux miracles que Dieu y a faits, et des grâces singulières qu'il y a accordées par l'intercession de la Sainte Vierge. Dédiée à Madame Louise de France, par un Religieux capitulaire. (Première partie.)
Einsidlen. 1787. Fr. de Sales Benziger. 1 vol. in-8°.

2174.—I. Lipsi diva virgo Hallensis. Beneficia ejus et miracula fide atque ordine descripta.
Antuerpiæ. 1605. Off. Plantiniana. 1 vol. in-8º.

A la suite :

—I. Lipsi diva Sichemensis sive Aspricollis, nova ejus beneficia et admiranda.
Antuerpiæ. 1605. Off. Plantiniana. 1 vol. in-8º.

2175.—Histoire de Nostre-Dame de Hale, par *Juste* Lipse. Traduite du latin par le F. M. R., (*Martin* Remy) Recollect, et augm. de plusieurs merveilles, venus en lumières depuis la mort de l'autheur.
Bruxelles. 1680. Vᵉ Scheybels. 1 vol. in-8º.

2176.—Image de Nostre-Dame de Liesse, ou son histoire authentique, par un Religieux de la Compagnie de Jésus. (Le P. *Réné* de Ceriziers.)
Reims. 1632. Nic. Constant. 1 vol. in-8º.

** — Histoire de Notre-Dame de Liesse.
Voyez : *Histoire*, nᵒˢ 3966-3967-3968.

2177.—Le vray trésor de l'histoire saincte, sur le transport miraculeux de l'image de Nostre-Dame de Liesse. Nouvellement composé par quatre Pelerins, faisans ce sainct voyage, en l'année 1644. Ensemble une instruction très-salutaire aux voyageurs, une description particulière de tous les lieux de leur voyage. (Par de Saint Pérès. En vers.)
Paris. 1647. Ant. Estienne. 1 vol. in-4º. Fig.

2178.—*Jo.* Vincartii B. Virgo cancellata in insigni ecclesia collegiata D. Petri Insulæ cultu et miraculis celebris.
Insulæ Flandrorum. 1636. P. de Rache. 1 vol. in-4º.

2179.—Histoire de Nostre-Dame de la Treille, auguste et miraculeuse dans l'église collégiale de S. Pierre, patrone de la ville de Lille. Composée en latin par

le P. *Jean* Vincart, traduite et augmentée en françois par luy-mesme.
> Tournay. 1671. V° Adrien Quinqué. 1 vol. in-8°.

2180. — *Horatii* Tursellini Lauretanæ historiæ libri quinque.
> Moguntiæ. 1590. B. Lippius. 1 vol. in-8°.

2181. — Idem opus.
> Lugduni. 1615. Rigaud. 1 vol. in-12.

2182. — L'histoire mémorable de Nostre-Dame de Lorette, composée en latin et divisée en cinq livres par le P. *Horatio* Tursellino, et traduicte en françois par N. D. S. (le F.)
> Douai. 1600. Jean Bogart. 1 vol. in-8°.

2183. — F. *Henrici* Seduli Diva Virgo Mosæ-Trajectensis. De civitate Mosæ-Trajectensi, et divæ Virginis imagine. De sacrarum imaginum antiquitate, usu et fructu, ad sensum Ecclesiæ. De supplicationibus sive processionibus ecclesiasticis, et nonnullis aliis ritibus priscis ac novis. Admiranda à Divæ Virginis imaginibus superioris ætatis. A Divâ Trajectensi miracula ævi nostri, ex fide scripta.
> Antuerpiæ. 1609. Officina Plantiniana. 1 vol. in-8°.

2184. — Histoire des miracles advenus à l'intercession de la glorieuse Vierge Marie, au lieu dict Mont-Aigu, près la ville de Sichen, au duché de Brabant. Mise en lumière..., par M. *Philippe* Numan. 4° édit.
> Bruxelles. 1613. Velpius. 1 vol. in-8°.

> A la suite :

— Miracles de Nostre-Dame, advenuz au Mont-Aigu, partie aprez la dernière édition, partie venuz n'aguères à cognoissance. Recueilliz par *Ph.* Numan.
> Bruxelles. 1613. Velpius. in-8°.

— Autres miracles de Nostre-Dame au Mont-Aigu, advenuz pour une partie après la dernière impression de l'an 1613. Recueilliz par *Philippe* Numan, et traduictz en langue françoise par *P.* Varroy.

Bruxelles. 1618. H. Antoine. in-8°.

—Deux dialogues traitans de la doctrine et matière des miracles : ausquelz sont expliquez et esclaircyz doctement plusieurs doubtes et curieuses demandes sur ce subject. Par R. P. F. *Andreas* de Soto. Et n'agueres translatez d'espaignol en françois par *Philippe* Numan.

Bruxelles. 1613. H. Antoine. in-8°.

2185. —Histoire de Notre-Dame du Mont-Serrat, avec la description de l'abbaye et des hermitages. Par le R. P. Dom *Louis* Montégut.

Toulouse. 1747. Robert. 1 vol. in-12.

2186. —Diva Virgo Mediopontana miraculis hominum concursu, votis ac votivis jamdudum increbrescens. Apud Markam sive Markæsiam agri Peronensis. Adumbrata primùm rudi penicillo, vivis coloribus mox imbuenda : pio labore, studio ac voto *Jacobi* Le Vasseur, doct. theol. (1)

Parisiis. 1622. Julianus Jacquin. 1 vol. in-8°.

2187. —Nouveau jardin à fleurs de la très-sacrée Vierge au terroir de Bretagne, dans la dévotion florissante de sa sainte chapelle de Nazareth près Plancoet, en l'Evesché de S. Malo. Par le P. *Richard* Guillouzou.

Rennes. 1655. Durand. 1 vol. in-8°.

2188. —La grande et miraculeuse dévotion de Sainte Anne d'Auray en Bretagne. Par un religieux Carme réformé, de la province de Touraine.

Paris. 1638. Guillemot. 1 vol. in-12.

---

(1) Le Vasseur (*Jacques*), né à Vismes le 21 décembre 1571, mourut à Noyon le 6 février 1638.

e. — *Des Reliques.*

2189. — Hierogazophylacium Belgicum, sive Thesaurus sacrarum reliquiarum Belgii. Authore *Arnoldo* Rayssio.
Duaci. 1628. G. Pinchon. 1 vol. in-8º.

" — Sacrarium Agrippinæ.
Voyez : Nº 486.

" — Sacrarium sive Reliquiarium Benedictinum.
Voyez : Nº 1039.

2190. — De pretiosissimo sanguine Salvatoris nostri Jesu Christi, qui Brugæ Flandriæ servatur : tractatus theologicus et historicus : cum relatione prodigiosæ probationis Ligni sanctissimæ Crucis nostri Redemptoris, in ecclesia collegiata D. Virgini sacra civitatis ejusdem asservati : authore Rev. P. F. *Petro* Dufay.
Brugis. 1633. Nic. Breyghelius. 1 vol. in-4º

2191. — Iconologia Salvatoris, et Karilogia Præcursoris, sive de imagine Salvatoris ad Regem Abagarum missa ; et de capite S. Jo. Baptistæ Præcursoris Romæ in ecclesia monialium S. Silvestri dicta (de capite) mirifica omnium devotione asservatis, et cultis. Tractatus *Joannis* Giacchetti.
Romæ. 1628. Mascardus 1 vol. in-8º.

2192. — Dissertation sur la Sainte Larme de Vendôme. Par M. *J.-B.* Thiers.
Paris. 1699. Vᵉ Thiboust et Esclassan. 1 vol. in-12.

2193. — Lettre d'un Bénédictin (Dom. *J.* Mabillon) à Mgr. l'Evesque de Blois, touchant le discernement des anciennes reliques, au sujet d'une dissertation de M. Thiers, contre la Sainte Larme de Vendôme.
Paris. 1790. De Bats. 1 vol. in-8º. Planches.

2194. — Réponse à la lettre du P. Mabillon, touchant la prétendue Sainte Larme de Vendôme, par M. *Jean-Batiste* Thiers.
   Cologne. 1700. D'Egmond. 1 vol. in-12.

2195. — Dissertation sur la Sainte Larme de Vendôme. Par M. *J.-B.* Thiers. — Avec la réponse à la lettre du P. Mabillon touchant la prétendue Sainte Larme. Par le même auteur.
   Amsterdam. 1750. 1 vol. in-12.

2196. — Historia admiranda de Jesu Christi crucifixi stigmatibus sacræ sindoni impressis, ab *Alphonso* Paleoto explicata, figuris æneis, quæstionibus, contemplationibus, et meditationibus piissimis à R. P. F. *Daniele* Malonio illustrata. — Accessit tomus II. de incarnati Verbi mysteriis, deque instrumentis dominicæ passionis M. Vigerii. Adjectis plerisque per R. P. *Richardum* Gibbonum.
   Duaci. 1616. Bellerus. 1 vol. in-4º. Fig.

2197. — Tableau de mortification tiré sur l'histoire miraculeuse des stigmates de Jésus-Christ, marquez au S. Suaire, descrite par *Alphonse* Paleot, et depuis enrichie par F. D. Maillon de belles explications des mystères plus remarquables de la passion de nostre Seigneur crucifié, et de la Vierge navrée du glaive de douleur, et finalement traduicte et amplifiée de plusieurs conceptions prises de l'Escriture saincte par *N. I. S.* Destiolles.
   Paris. 1609. Foucault. 1 vol. in-12. Fig.

2198. — *Jo. Jac.* Chiffletii de linteis sepulchralibus Christi servatoris crisis historica.
   Antuerpiæ. 1624. Off. Plantiniana 1 vol. in-4º. Fig.

2199. — Hierothonie de Jesus-Christ, ou discours des Saincts

Suaires de Nostre Seigneur. Extrait et traduit du latin de *Jacques* CHIFFLET, par A. D. C. P.

Paris. 1631. Séb. Cramoisy. 1 vol. in-8º.

2200. — *Marci Antonii* DOMINICY de Sudario capitis Christi liber singularis.

Cadurci. 1640. A. Roussœus. 1 vol. in-4º. Fig.

2201. — L'histoire de la robe sans couture de N. S. Jésus-Christ, qui est révérée dans l'église du monastère des Religieux Bénédictins d'Argenteuil. Avec un abrégé de l'histoire de ce monastère. Par un Religieux de la Cong. de S. Maur. (*Gab.* GERBERON.) Nº éd.

Paris. 1731. Samson et Gonichon. 1 vol. in-12.

2202. — Response à un escrit intitulé : Observations sur ce qui s'est passé au Port-Royal, au sujet de la sainte Espine.

S. n. n. l. n. d. Pièce in-4º.

2203. — Défense de la vérité catholique touchant les miracles, contre les déguisemens et artifices de la response faite par Messieurs de Port-Royal, à un escrit intitulé : Observations nécessaires sur ce qu'on dit estre arrivé à Port-Royal, au sujet de la saincte Espine. Par le sieur DE SAINTE FOY.

Paris. 1657. Fl. Lambert. Pièce in-4º.

2204. — De annulo pronubo Deiparæ Virginis qui Perusiæ religiosissimè adservatur, *Jo. Baptistæ* LAURI commentarius.

Romæ. 1621. And. Phæus. 1 vol. in-8º.

2205. — Recueil de la vie, mort, invention et miracles de S. Jean-Baptiste, précurseur de nostre Sauveur Jésus-Christ, où il est monstré que le reliquaire d'Amiens est son vray chef : avec une lettre de M. le cardinal

Baronius sur ce subject. Reveu et augmenté, et de nouveau réduit par chapitres. Par M. *R.* Viseur. (1)

Amiens. 1649. Rob. Hubault. 1 vol. in-8º.

2206. — Traité historique du chef de S. Jean-Baptiste, contenant une discussion exacte de ce que les auteurs anciens et modernes en ont écrit, et particulièrement de ses trois inventions. Il y est aussi parlé par occasion des autres reliques du mesme saint. Et à la fin sont insérez quelques traitez grecs, tirez de la Bibliothèque du Roy, et de celle de M. le Cardinal Mazarin avec leurs versions latines servans de fondement et de preuve à toute cette dissertation. Par *Charles* du Fresne Sieur du Cange. (2)

Paris. 1665. Seb. Mabre-Cramoisy. 1 vol. in-4º.

2207. — Histoire véritable de la guérison admirable, advenue et faicte par la bonté et miséricorde de Dieu tout puissant, tout à l'heure, à l'endroict d'une femme nommée Nicole Obry, femme de Loys Pierret marchand demeurant à Vrevin, de long temps privée de l'usage de la veuë, et abandonnée des médecins et chirurgiens (comme estant incurable), à l'attouchement de la vénérable relique du chef de monsieur S. Jean Baptiste en la grande Eglise d'Amiens le dimenche dixneufiesme jour de May 1577.

Paris. 1578. Nic. Chesneau. 1 vol. in-4º.

2208. — Dissertation sur le lieu où repose le corps de S. Firmin le Confés III. évêque d'Amiens. Par M. *J. B.* Thiers.

Paris. 1699. Thiboust et Esclassan. 1 vol. in-12.

---

(1) Viseur (*Robert*), né à Amiens en 1555, y mourut le 6 septembre 1618.

(2) Du Fresne, Sieur du Cange (*Charles*), né à Amiens le 18 décembre 1616, mourut à Paris le 23 octobre 1686.

A la suite :

—Dissertation sur le lieu où repose présentement le corps de S. Firmin le Confés troisième évêque d'Amiens. Dans laquelle on fait voir, que c'est dans l'église des Chanoines réguliers de Saint Acheul lez Amiens qu'il repose, et non dans l'église cathédrale d'Amiens. Par M. *Jean-Baptiste* THIERS. 2ᵉ édit. Jouxte la coppie imprimée à Paris.

Liège. 1699. R. Foppens. 1 vol. in-12.

2209. —Lettre à un curieux sur des anciens tombeaux qu'on a découverts le 10 janvier 1697, sous le grand-autel d'une église qui étoit autrefois l'église cathédrale d'Amiens. (Par *Pierre* DE PONSSEMOTHE DE LESTOILLE.)

S. n. n. l. n. d. 1 vol. in-4º. Fig.

Dans ce volume :

—Journal des Sçavans de France, 8 avril 1715. Nouvelles littéraires d'Amiens. — Réflexions sur un acte de 1279, trouvé dans la chasse de S. Firmin le Confesseur,....

—Mémoire pour Messire Pierre de Ponssemothe de Lestoille... abbé de l'abbaye de S. Acheul lès Amiens : et les Prestres, Religieux, Chanoines réguliers de la dite abbaye, appellans comme d'abus. Contre Messire Pierre Sabathier, évesque d'Amiens, et Maistre Maximilien Filleux, prestre, chanoine de l'église d'Amiens et promoteur. (Par M. CHEVALLIER, avocat.)

Paris. 1716. Ch Huguier. in-4º.

2210. —Dissertation sur la translation du corps de S. Firmin le Confesseur, troisième évêque d'Amiens, où l'on fait voir qu'il est dans l'église cathédrale d'Amiens, contre ce qu'ont écrit l'Auteur de la Lettre à un Curieux, et feu M. Thiers. On y prouve aussi que le corps de S. Firmin le Martyr, premier évêque d'Amiens, est dans la même église, et non pas dans celle de l'abbaye de Saint Denis en France. Par M. DE LESTOCQ. (1)

Amiens. 1711. Ch. Caron-Hubault. 1 vol. in-12.

A la suite :

—Justification de la translation de S. Firmin le Confesseur, troisième évêque d'Amiens, par Monsieur DE LESTOCQ.

Amiens. 1714. Ch. Caron-Hubault. 1 vol. in-12.

—Lettre à M***, sur les remarques critiques faites contre la justification de la translation de S. Firmin le Confesseur, troisième évêque d'Amiens.

30 nov. 1740. S. n. n. l.

2211. — Remarques critiques sur le livre de M. de Lestocq, chanoine et théologal de l'église d'Amiens, qui a pour titre : Justification de la translation de Saint Firmin le Confesseur, troisième évêque d'Amiens.

S. n. n. l. 1714. Pièce in-12.

2212. — L'ombre de M. Thiers, ou réponse à la dissertation de M. Lestocq sur la translation de Saint Firmin le Confesseur, 3ᵉ évêque d'Amiens, avec une critique de la vie de Saint Salve, aussi évêque de la même ville. (Par *P.* DE PONSSEMOTHE DE LESTOILLE.)

Liège. 1712. Bronckart. 1 vol. in-12.

f. — *Des Miracles.*

2215. — PETRI VENERABILIS, abbatis Cluniacensis, illustrium miraculorum libri II. Accesserunt selectiora quædam

---

(1) DE LESTOCQ (*Nicolas*), né à Amiens en 1686, mourut à Paris le 4 décembre 1753.

ex chronicis fratrum ordinis Prædicatorum editis à R. P. M. Antonio *Senensi*. Nonnulla præterea plena admirationis, desumpta ex antiquissimis ecclesiæ scriptoribus, lectu dignissima.

Duaci. 1595. Bellerus. 1 vol. in-16.

2214. —Sacrarum collationum libri viii *Tilmanni* Bredenbachii, primo hac editione aliquot illustribus miraculis in S. Eucharistia, et S. hostia editis, aucti. Quibus ad omnem vitæ humanæ usum, familiaresque congressus, sacra, jucunda et utili selectissimarum historiarum varietate lector piè instruitur.

Col. Agripp. 1599. Gosv. Cholinus. 1 vol. in-8º.

2215. —Thomæ Cantipratani miraculorum et exemplorum memorabilium sui temporis libri duo. In quibus præterea, ex mirifica Apum repub. universa vitæ bene et christiane instituendæ ratio (quò vetus, *Boni universalis*, alludit inscriptio) traditur, et artificiosè pertractatur. Ad exemplaria complura cum mss. tum excusa, collati,... et notis illustrati. Opera et studio *Georgii* Colvenerii.

Duaci. 1605. Bellerus. 1 vol. in-8º.

2216. —Illustrium miraculorum, et historiarum memorabilium lib. xii ante annos ferè cccc à Cæsario *Heisterbachcensi,* ordinis Cisterciensis, de iis, quæ sua ætate memoratu digna contigerunt, accuratè conscripti.

Colon. Agripp. 1599. Birckmann. 1 vol. in-8º.

2217. —Histoire des tromperies des prêtres et des moines, décrite dans un voyage d'Italie; ou l'on découvre les artifices dont ils se servent pour tenir les peuples dans l'erreur, et l'abus qu'ils font des choses de la religion. Par M. *G.* d'Emiliane (*Ant.* Gavin). 5ᵉ éd.

Rotterdam. 1712. Ab. Acher. 2 vol. in-8º.

2218. — Le passe-par-tout de l'Eglise romaine, ou histoire des tromperies des prêtres et des moines en Espagne. Par *Antoine* Gavin. Traduit de l'anglois par M. Janiçon.
   Londres. 1726-1727. Stephens. 3 vol. in-12.

2219. — Le sacrifice de la Croix, représenté en l'Eucharistie, par l'hostie miraculeuse de Paris. (Par P. Milon.)
   Paris. 1634. P. Billaine. 1 vol. in-8º.

2220. — Rapports sur l'apparition d'une croix dans la paroisse de Migné, présentés à Monseigneur l'Evêque de Poitiers, et imprimés par son ordre.
   Poitiers. 1827. Barbier. 1 vol. in-8º. Fig.

2221. — Discours sur les prodiges du S. Cierge apporté par la très-auguste et très-miséricordieuse Mère de Dieu, comme remède souverain contre le feu ardant, dans l'église cathédrale de la ville d'Arras, la capitale de l'Artois, le 27 jour de may de l'an 1105, selon ce rare chronographe CereVM. Composé par le R. Père *Nicolas* Fatou.
   Arras. 1696. Vᵉ Anselme Hudsebaut. 1 vol. in-8º.

** — De Ampulla Remensi nova et accurata disquisitio. Auctore J. Jacobo Chifletio.
   Antuerpiæ. 1651. Off. Plantiniana. 1 vol. in-4º.
   Voyez : *Histoire*, Nº 3169.

2222. — Miracoli e gratie oprate dalla imagine del padre S. Domenico in Soriano. (Raccolti da *Antonio* Lembo). Terza impressione.
   Messina. 1650. Pietro Brea. 1 vol. in 8º. Fig.

2223. — Recueil des miracles faits par l'intercession de S. Dominique, fondateur de l'Ordre des FF. Prescheurs, et à la vénération d'une sienne image apportée du ciel par la Mère de Dieu au bourg de Soriano en Calabre. Descrits et divisez en deux

parties par *Silvestre* Frangipane, et traduits d'italien en nostre vulgaire par le R. P. F. *Jean* Doye. Avec une addition tant de quelques autres miracles du mesme Sainct de Soriano advenus ès Pays-Bas, que d'autres en la cité de Palerme, l'an 1606....
Valencienne. 1637. S. Vervliet. 1 vol. in-4º.

g. — *Miracles du diacre Paris.*

2224.—Recueil des miracles opérés au tombeau de M. de Paris, diacre. Avec les Requetes presentées à M. de Ventimille Archevêque de Paris, par Messieurs les Curés de cette ville; et un discours préliminaire sur les miracles.
Utrecht. 1733-1736. La Compagnie. 3 vol. in-12.

2225.—Histoire des miracles et du culte de M. Paris, diacre, qui contient les persécutions suscitées à sa mémoire et aux malades qui ont eu recours à son intercession.... (Par M. Carré de Montgeron.) Nᵉ édit.
En France. 1734. 4 vol. in-12.

2226.—Eclaircissemens sur les miracles opérez par l'intercession de M. Paris, où l'on répond par des exemples tirez de la tradition, aux difficultez formées par Mgr. l'Archevêque de Paris dans ses mandemens du 15 juillet 1731 et 30 janvier 1732, contre les miracles et les convulsions.
Paris. 1733. 1 vol. in-12.

A la suite :

—Lettres dogmatiques adressées à M. J. Alph. Turrettin, ministre et professeur à Genève, au sujet de son livre intitulé : *Nubes testium.* Lettres où l'on

montre invinciblement la vérité de la religion catholique, et la fausseté de toutes les autres. 2ᵉ édit.
Lyon. 1729. Plaignard. 1 vol. in-12.

2227. — Le naturalisme des convulsions dans les maladies de l'épidémie convulsionnaire (par *Ph.* Hecquet). (1)
Soleure. 1733. A. Gymnicus. 1 vol. in-12.

A la suite :

— Réponse à la lettre à un confesseur touchant le devoir des médecins et des chirurgiens, au sujet des miracles et des convulsions. (15 may 1733.)

2228. — La vérité des miracles opérés par l'intercession de M. de Pâris et autres appelans, démontrée contre M. l'Archevêque de Sens. Avec des observations sur le phénomène des convulsions. Par M. Carré de Montgeron.
Ut echt. 1737-1747. La Compagnie. 3 vol. in-4º.

2229. — Traité dogmatique sur les faux miracles du temps, en réponse aux différens écrits faits en leur faveur.
S. n. n. l. 1737. 1 vol. in-4º.

2230. — Lettres théologiques aux écrivains défenseurs des convulsions du tems. Par Dom La Taste.
S. n. n. l. 1741. 2 vol. in-4º.

2231. — Réflexions sur le miracle arrivé à Moisy en Beauce, par l'intercession de M. de Pâris; avec les pièces qui y ont rapport. 2ᵉ édit.
Utrecht. 1742. 1 vol. in-12.

2232. — Suffrages en faveur des deux derniers T. de M. de Montgeron, Vie du P. de Gennes, prêtre de l'Oratoire. Circonstances notables de la vie de Dom. Rivet, Bénédictin. Relations et preuves de quelques-unes

---

(1) Hecquet (*Philippe*), né à Abbeville le 11 février 1661, mourut à Paris le 11 avril 1737.

des nouvelles merveilles que Dieu opère journellement depuis 1748 dans l'œuvre des convulsions et des secours.
S. n. n. l. 1749. 1 vol. in-12.

2233. — Préservatif contre les faux principes et les maximes dangereuses établies par M. de Montgeron, pour justifier les secours violens qu'on donne aux convulsionnaires. (Par Hervieux de la Boissière ?)
S. n. n. l. 1750. 1 vol. in-12.

2234. — Défense de l'autorité, et des décisions des merveilles que Dieu ne cesse point de faire en France depuis un grand nombre d'années. Seconde partie. — Réfutation des propositions les plus erronées, forgées par les auteurs du Préservatif, pour tâcher d'anéantir l'autorité des miracles qui condamnent leurs préventions.
S. n. n. l. 1752. 1 vol. in-12.

2235. — Lettres à l'auteur du traité des miracles.
En France. 1767. 2 vol. in-12.

2236. — Notion de l'œuvre des convulsions et des secours, surtout par rapport à ce qu'elle est dans nos provinces du Lyonnois, Forez, Mâconnois, etc., à l'occasion du crucifiement public de Fareins. (Par P. Crêpe.)
(Lyon. 1788.) 1 vol. in-12.

Une note manuscrite attribue cet ouvrage à Joly Clerc, grand vicaire de Lyon.

2237. — Recueil de pièces pour l'histoire des miracles du diacre Paris.
8 vol. in-4º, contenant :
Tome Iᵉʳ.
1. — Dissertation sur les miracles et en particulier sur ceux qui ont été opérés au tombeau de Mʳ de Pâris, en l'église de S. Médard

de Paris, avec la relation et les preuves de celui qui s'est fait le 3e novembre 1730, en la personne d'Anne Le Franc de la parroisse de S. Barthelemy.

S. n. n. l. 1731.

2. — Lettre de l'auteur de la dissertation sur les miracles à un de ses amis, au sujet de l'objection de M. l'Archevêque de Sens contre les miracles des Appellans, tirée du concert prétendu des Evêques Acceptans que ce prélat regarde comme faisant partie du miracle toujours subsistant de l'Eglise. 1731.

3. — Lettre à M***, au sujet du concours qui se fait à S. Médard, et d'un écrit intitulé, *Dissertation sur les miracles*, etc.

4. — Mandement de S. E. Mg. le Cardinal DE NOAILLES, Archev. de Paris, à l'occasion du miracle opéré dans la paroisse de Sainte Marguerite, le 31 may, jour du Saint-Sacrement.

Paris. 1725. Delespine.

5. — Lettre de M*** à un de ses amis, touchant les informations qui se font à l'Officialité de Paris, au sujet du miracle arrivé le 3 nov. 1730, en la personne d'Anne Le Franc.

6. — Requeste présentée au Parlement par Anne Le Franc, appellante comme d'abus du mandement de M. l'Archevêque de Paris, en date du 15 juillet 1731, et répondue le 3 sept. suivant.

Paris. 1731. Lottin.

7. — Lettre d'un chirurgien de S. Cosme à un autre chirurgien de ses amis, au sujet du certificat des sieurs Petit, Guérin et Morand, jointe au mandement de M. l'Archevêque de Paris, sur le miracle opéré à S. Médard en la personne d'Anne Le Franc. 8 sep. 1731.

8. — Lettres au sujet des choses singulières et surprenantes qui arrivent en la personne de M. l'abbé Bescherant, à St Médard, des 18, 28 oct. et 9 nov. 1731. — 1731.

9. — Dissertation physique sur les miracles de M. Paris. Dans laquelle on prouve que les guérisons qui se font à son tombeau, ne sont que les effets des causes purement naturelles, et qu'elles n'ont aucun caractère des vrais miracles.

10. — Essais de physique, où l'on démontre par les règles de la nature, comment se font les convulsions qui attaquent les malades au tombeau de M. Paris et sur le chemin qui y conduit.

11. — Lettre de M. l'abbé de BESCHERAND à M. l'abbé d'Asfeld. 1733.

12. — Réponse à tous les écrits qui ont paru contre M. l'abbé de Bescherant, et les miracles qui s'operent à S. Médard. (2 lettres.) 1732.

13. — Procès-verbaux de plusieurs médecins et chirurgiens, dressés par ordre de Sa Majesté, au sujet de quelques personnes soi-disantes agitées de convulsions.
Paris. 1732. Vᶜ Mazières.

14. — Déclaration de M. Tessier, président au présidial de Blois, au sujet de la maladie et guérison miraculeuse de... son fils.

15. — Lettre de M. Texier, président au présidial de Blois, à Mademoiselle ***, au sujet de la guérison miraculeuse de son fils, opérée par l'intercession de M. de Paris. 23 fév. 1733. 1733.

16. — Relation du miracle opéré sur un jeune savoyard âgé de 16 ans, extraite de la lettre de M. le duc de Chatillon à Madame ***. 1731.

17. — Relation de la manière dont Gabrielle Gantier, veuve Delorme, a été frapée d'une paralysie subite au tombeau de M. de Pâris, le 4 d'aoust 1731. Avec un détail des circonstances les plus singulieres qui ont précédé et suivi cet évènement, recueillies par M. Chaulin, confesseur de la malade. 1732.

18. — Acte passé par devant notaire, au sujet de Gabrielle Gautier, veuve de Pierre de Lorme, frappée de paralysie au tombeau de M. l'abbé de Pâris.

19. — Déclaration faite par *Gabrielle* Gautier... des dispositions dans lesquelles elle est allée au tombeau de M. de Pâris.

20. — Acte passé par devant notaires, contenant plusieurs pièces au sujet du miracle opéré en la personne de Mademoiselle Hardouin.

21. — Déclaration de *Guillaume* Bourdonnay, au sujet de sa guérison miraculeuse opérée au tombeau et par l'intercession de M. de Pâris, le 16 sept. 1731; avec les certificats des chirurgiens et autres personnes qui ont eu connoissance de sa maladie. 1732.

22. — Déclaration de Madame Lemoine, religieuse de Haute-Bruière, Ordre de Fontevraud, au sujet de sa guérison... le 20 sept. 1731.

23. — Lettre écrite au sujet de la mort surprenante du garçon chirurgien de M. Lombard, nommé Jean de la Croix. 1732.

24. — Déclaration de Madame de Mégrigny, religieuse Bénédictine de l'abbaye de N.-D. de Troyes; au sujet de sa guérison miraculeuse... le 23 mars 1732.

25. — Lettre au sujet du miracle opéré en faveur d'une religieuse Bénédictine de la ville de Troyes... le 2 avril 1732.

26. — Lettre de Mg. l'Evêque de Troyes (*Jacques-Benigne* Bossuet) à Mg. l'Evêque d'Auxerre, au sujet de la guérison miraculeuse de Madame de Mégrigny.

27. — La vérité du miracle opéré en la personne de Marguerite Hutin, fille native de la ville de Reims, connue sous le nom de sœur Marguerite, estropiée du bras droit pendant 30 ans, par une mauvaise saignée, et guérie par l'intercession du B. François de Pâris, au mois de juin 1732, justifiée contre les calomnies du libelle intitulé : *Démonstration de la fausseté*... et prouvée.... 1734.

28. — Démonstration de la fausseté d'un miracle qu'on a publié s'être fait par l'intercession du sieur François de Pâris, dans la personne de Marguerite Hutin.

29. — Extrait d'une lettre du R. P. Le Sueur, curé de S. Euverte, à Orléans, à un de ses amis, dattée du 7 février 1733, au sujet du miracle opéré le 28 avril 1733 sur Mademoiselle Richome.

30. — Relation faite par M. Texier... de la maladie et de la guérison miraculeuse de son fils... Avec les certificats des médecins... 1733.

31. — Déclaration de *Charlotte* Regnault, faite par devant notaires, tant au sujet de sa maladie que des convulsions qu'elle a eues au tombeau de M. de Pâris, et de sa guérison miraculeuse... le 8 février 1732. Avec les certificats des médecins... 1733.

32. — Réponse à un mémoire en forme de plainte ; fait au nom de la convulsionnaire nommée Charlote. 1735.

33. — Requeste de Charlotte de la Porte, au Parlement....
    Paris. 1735. Lottin.

34. — Déclaration de *Pierre* Gautier, habitant de Pezenas, au sujet de sa guérison miraculeuse... le 22 avril 1733.

35. — Lettre à M. F., au sujet de ses réflexions sur la requeste de Charlote de la Porte. 1735.

36. — Réflexions sur la requeste de Denize ou Nizette, avec de nouvelles remarques sur celle de Charlote. 1735.

37. — Requeste présentée au Parlement pour Denise Regné, guérie subitement dans les prisons de Vincennes, d'un dragon dans l'œil et d'un cancer au sein, le 13 février 1734, à la fin de la dernière de ses convulsions ; accusée d'imposture, décrétée de prise de corps, et détenue au secret à la Salpêtrière....
    Paris. 1735. Lottin.

38. — Requeste présentée au Parlement pour Marguerite-Catherine Turpin, dont les os se sont reformés après l'âge de 27 ans... accusée d'imposture....
    Paris. 1735. Lottin.

39. — Requeste présentée au Parlement pour Charlotte de la Porte, dont

les jambes et les pieds ont grandi et se sont formés après l'âge de 50 ans, dans le cours de ses convulsions ; accusée d'imposture.....
Paris. 1735. Loitin.

40. — Réflexions sur la requeste de la nommée Charlote, et la consultation des avocats qui y est jointe. Où l'on examine cette curieuse question : S'il est vraisemblable que Dieu ait donné à cette convulsionnaire le don miraculeux des guérisons, comme elle le prétend dans sa requeste. 1735.

41. — Défense et justification des requestes de Charlotte de la Porte, Denise Regné et Marguerite-Catherine Turpin, contre les réflexions de M. F. 1re, 2e et 3e partie. 1736.

42. — Acte passé par devant notaires au sujet de la guérison miraculeuse de dame Marguerite Loysel, dite de Sainte-Clotilde, religieuse du Calvaire, rue de Vaugirard, opérée le 8 janv. 1733.

43. — Relation du miracle opéré en la personne de Pierre Douesnelle, habitant de Chaillot... 1734.

44. — Relation de la maladie et de la guérison miraculeuse de Mlle Dumoulin... Avec les pièces justificatives... 1735.

45. — Relation du miracle opéré le 10 juin 1735... sur Jacques Violette...

46. — Relation de la maladie de Mademoiselle Le Juge..., et de sa guérison miraculeuse, arrivée le 9 mars 1737.

47. — Certificat de M. Le Juge..., par lequel il reconnoît la vérité de tous les faits contenus dans la relation de la guérison miraculeuse de Mademoiselle sa fille. 1737.

48. — Déclaration faite devant notaire, le 12 mai 1737, par *Joseph Massy*, ci-devant luthérien, de la guérison miraculeuse d'une espèce de lèpre...

49. — Réflexions importantes sur le miracle arrivé au mois d'octobre dernier au bourg de Moisy en Beauce... en la personne de Louise Tremasse, veuve Mercier, par l'intercession de M. de Paris... 1738.

50. — Troisièmes et dernières réflexions sur le miracle opéré à Moisy, en réponse à la xxie et dernière lettre de Mg. l'Evêque de Bethléem. 1741.

51. — Seconde requête présentée à Mg. l'Evêque de Blois, à la fin de février, par quarante-deux curés et autres ecclésiastiques de son diocèse, au sujet de la guérison miraculeuse opérée à Moisy... en la personne de Louise Trémasse, veuve de Jean Mercier.... Avec une addition aux pièces justificatives... et de nouvelles réflexions importantes.... 1739.

52. — Lettre de Mademoiselle Mossaron à Mg. l'Archevêque de Paris, au sujet de ce qui est dit dans son ordonnance du 8 nov. 1735,

contre le miracle de sa guérison subite... Avec le mémoire présenté à mondit Seign. Archevêque, contre la requête de M. Nigon de Berty, et contre les lettres des sieurs Le Thieullier, médecin, Le Vasseur, chirurgien, et Clérambourg, apotiquaire. 1737.

53. — Relation de la maladie et de la guérison de Marie-Louise Marie, convulsionnaire; arrivée le dimanche 3 juin 1742.

Tome II.

1. — Mandement de Mg. l'Evêque d'Amiens (*Pierre* Sabatier), pour défendre des assemblées qui se font à Abbeville, sous prétexte de rendre un culte à la mémoire du sieur Paris, diacre, et de luy attribuer des opérations miraculeuses. 25 janvier 1732.

2. — Mandement et instruction pastorale de Mg. l'Archevêque duc de Cambray (*Charles* de S. Albin), portant condamnation de trois écrits, dont le premier a pour titre : Vie de M. de Pàris, diacre; à Bruxelles, chez Foppens. 1731; le second : Vie de M. de Pàris; en France, 1731; le troisième : Vie de M. de Pàris, 1731.

Paris. 1732. Bordelet.

3. — Instruction pastorale de Mg. J. *Joseph* Languet, Archev. de Sens, au sujet des prétendus miracles du diacre de S. Médard, et des convulsions arrivées à son tombeau.

Paris. 1734. Ve Mazières.

4. — Requeste présentée au Parlement par 23 curés de la ville, fauxbourgs et banlieue de Paris, contre l'instruction pastorale de Mg. Languet....

Paris. 1735. Lottin.

5. — Les sophismes de M. l'Archevesque de Sens dans les deux premières parties de son instruction pastorale sur les miracles et les convulsions. 1735.

6. — Remarques sur la consultation des trente, et sur les écrits composés pour les combattre. Pour servir d'addition à la seconde partie de l'instruction pastorale de M. l'Arch. de Sens sur les miracles prétendus et les convulsions... 1735.

7. — Courte réfutation des remarques de M. l'Archev. de Sens, sur la consultation des trente.

8. — Consultation de Messieurs les avocats du Parlement de Paris, au sujet de la Bulle de N. S. P. le Pape en datte du 16 juin 1737, qui a pour titre *Canonisatio B. Vincentii à Paulo*. Avec l'opposition de MM. les curés de Paris qui ont présenté requête au Parlement contre l'instruction de M. l'archev. de Sens, au sujet des miracles. 1738.

9. — Testament de M. J.-B. Goy, curé de la paroisse de Ste Marguerite, au fauxbourg S. Antoine à Paris, du 26 nov. 1736.
Paris. 1738. Prault.

10. — Instruction pastorale de Mg. l'Evêque de Montpellier (*Ch.-Joachim* COLBERT DE CROISSY) adressée au Clergé et aux fidèles de son diocese, au sujet des miracles que Dieu fait en faveur des appellans de la bulle *Unigenitus*. 1er février 1733.

11. — Lettre de Mg. l'Evêque de Montpellier au Roy, au sujet de l'arrest du Conseil d'Etat du 25 avril 1733, qui supprime l'instruction de ce prélat. du 1er fév. 1733.... — 26 juillet 1733.

12. — Instruction pastorale de Mg. l'Evêque de Montpellier, adressée au clergé et aux fidèles de son diocèse, pour servir de réponse à l'instruction pastorale de M. l'Archevêque de Sens, contre les miracles de M. Pâris. 1736.

13. — Lettre pastorale de Mg. l'Evêque de Montpellier.... pour notifier un miracle opéré dans son diocèse par l'intercession de M. François de Pâris.... 1734.

14. — Lettre à un ami de province au sujet de la 3e partie de l'instruction pastorale de Mg. l'Evêque de Montpellier. 1737.

15. — Mandement de Mg. l'Evêque d'Arras (*François* DE BAGLION DE LA SALLE) au sujet d'un miracle opéré dans l'église des RR. PP. Jésuites de cette ville, le 19 mars 1738.
Paris. 1738. Simon.

TOME III.

1, 2, 3, 4, 5, 6, 7, 8, 9, 10e. Recueil des miracles opérés sur le tombeau et par l'intercession de M. l'abbé de Paris. 1732-35.

11. — Relation des maladies et des guérisons miraculeuses de Marie Gault, et surtout de la dernière, opérée par l'intercession de M. Desangins, prêtre mort à Paris en 1731, et enterré à S. Séverin. 1735.

12. — Ordonnance du Roy, qui ordonne que la porte du petit cimetière de la paroisse de S. Médard sera et demeurera fermée, etc. Du 27 janvier 1732.

13. — Réflexions sur l'ordonnance du Roy, en date du 27 janvier 1732, qui ordonne que la porte du petit cimetière de la paroisse de S. Médard sera et demeurera fermée, etc., sur les procès-verbaux de plusieurs médecins et chirurgiens, qui sont le fondement de cette ordonnance, et sur les évenemens dont l'exécution de l'ordonnance a été suivie. 1732.

14. — Réflexions sur l'ordonnance du Roy, du 17 fév. 1733.

15. — Premier discours sur les miracles de M. de Pâris, où l'on répond à tous les prétextes qu'on allègue pour les rejetter.

16. — Mandement de Mg. l'Archevêque de Paris (*Charles-Gaspard-Guillaume* DE VINTIMILLE) qui condamne trois écrits dont le premier a pour titre : *Vie de M. de Paris, diacre*. Bruxelles. Foppens. 1731. Le second, *Vie de M. de Paris diacre*. En France. 1731. Et le troisième, *Vie de M. de Paris diacre*. 1731. Et nouvelles défenses portées par le mandement du 15 juillet.

17. — Lettre au sujet des miracles qui se font en l'église de S. Médard, sur le tombeau de M. de Paris.

18. — Lettre apologétique au sujet des miracles que Dieu opère sur le tombeau de M. de Paris, pour servir de réponse aux difficultés que l'on objecte contre ces miracles.

19. — 1. 2. 3. Lettre de M. (l'abbé DE LISLE), à un ami de Paris, pour lui faire part de ses réflexions sur les miracles opérés au tombeau de M. de Paris.

20. — Arrest du Conseil d'Estat du Roy, qui ordonne que deux libelles intitulez, *Seconde et troisième lettre de M. l'abbé de Lisle sur les miracles de M. de Paris,* seront lacérez et brûlez. 24 avril 1732.

21. — Extrait d'une lettre d'un Chartreux de Hollande (Dom ASPAIS), à un de ses plus proches parens ; au sujet des miracles qui s'opèrent journellement au tombeau de M. de Paris. 3 sept. 1731.

22. — Lettre d'un nouveau converti à son frère encore protestant, résident en Angleterre, au sujet des miracles de M. de Paris. 1732.

23. — Discours sur les miracles, par un Théologien.

24. — Réflexions sur les miracles que Dieu opère au tombeau de M. de Pâris, et en particulier sur la manière étonnante et extraordinaire dont il les opère depuis six mois ou environ.

25. — Déclaration du R. P. COLINET, prêtre de l'Oratoire, supérieur du collége de Troyes, au sujet de la guérison miraculeuse de M⁰ de Mégrigny, religieuse Bénéd. de l'abbaye de N.-D. de Troyes....

26. — Premier discours. (N⁰ 15.) 2ᵉ partie.

27. — Second discours....

28. — Mandement de Mg. l'Archev. de Paris (*Ch.-G.-G.* DE VINTIMILLE), au sujet d'un écrit qui a pour titre : *Dissertation sur les miracles et en particulier....*
Paris. 1731. Simon.

29. — Lettre d'un théologien à son ami, au sujet du dernier mandement de Mg. l'Archevêque (de Paris). 26 juillet 1731.

30. — Seconde lettre d'un ecclésiastique à un ami, au sujet du mandement de Mg. l'archevêque de Paris du 15 juillet 1731.

31. — I. et IIe requeste présentée à Mg. l'Archevêque, par les curés de Paris, au sujet des miracles qui s'opèrent au tombeau de M. l'abbé de Paris. 1731.

32. — Remontrances des fidèles du diocèse de Paris à Mg. leur Archevêque, au sujet de son ordonnance du 29 sept. 1729.

33. — Requête d'un grand nombre de curez de la ville, faubourgs et banlieue de Paris à Mg. l'Archevêque. 1729.

34. — Lettre de Messieurs les curés de Paris à Mg. l'Archevêque au sujet de son mandement du 27 avril 1732.

35. — Ordonnance de Mg. l'Archevêque de Paris, rendue sur la requeste du promoteur général de l'Archevêché de Paris, au sujet des prétendus miracles attribuez à l'intercession du sieur Pâris...
Paris. 1735. Simon.

36. — Lettre de M. Chaulin à Mg. l'Archevêque de Paris. (Miracle en la personne de la veuve Delorme.)

** — On trouve en tête de ce volume : un portrait du diacre Paris entouré de palmes sur les feuilles desquelles sont inscrits ses miracles; son testament, et une hymne en son honneur en latin et en français.

Tome IV.

1. — Examen critique, physique et théologique des convulsions et des caractères divins qu'on croit voir dans les accidens des convulsionnaires. 1733.

2. — Lettre de M. A M... sur l'examen critique, physique et théologique des convulsions.

3. — Observations apologétiques de l'auteur des examens critique, physique et théologique des convulsions, 4 parties. 1733.

4. — Jugement équitable sur les convulsions. 1733.

5. — Lettre de M*** à un de ses amis de province, au sujet de l'écrit sur les convulsions, intitulé : *Coup d'œil*. 1733.

6. — Consultation sur les convulsions. 1735. (Signée Du Sault, Courcier, Menedrieux et Laigneau.)

7. — Nouveau plan de réflexions sur la consultation des docteurs contre les convulsions.

8. — Examen de la consultation, au sujet des convulsions. 1735.

9. — Réponse succincte à un écrit intitulé : *Examen de la consultation sur les convulsions.*

10. — Apologie de l'auteur des Problèmes contre le vain triomphe de l'auteur de l'Examen de la consultation. 1736.

11. — Réfutation de l'étrange paradoxe avancé par l'auteur de l'examen de la consultation : qu'il y a des prophètes du vrai Dieu, sujets à l'erreur, au tems de l'inspiration et de l'énonciation prophétique. 1736. — Suite de la réfutation.... 1736.

12. — Inscription en faux de l'auteur de l'Examen de la consultation des xxx docteurs, au sujet de l'écrit intitulé : *Réfutation de l'étrange paradoxe...*

13. — Réflexions de l'auteur de l'Examen de la consultation des xxx docteurs, au sujets d'un écrit intitulé : *Vains efforts des Mélangistes.*

14. — Plan de diverses questions sur un bruit répandu dans le public qu'actuellement on fait signer une consultation contre les convulsions. 1735.

15. — Apologie de Saint Paul, contre l'apologiste de Charlote, où l'on montre que cet apôtre n'a fait ni une fausse prophétie, ni une fausse prédiction, en disant à ceux de Milet : *Je sçais que vous ne verrez plus mon visage.* 1736.

16. — Lettre I, II, III, à l'auteur des examens sur le pouvoir des démons, où l'on fait voir que son système est sans fondement.... 1757.

Tome V.

1. — Plan général de l'œuvre des convulsions, avec des réflexions d'un laïc, en réfutation des réponses que M. l'abbé de L.... a fait à ce plan. 1733.

2. — Réponse à l'écrit intitulé : *Plan général de l'œuvre des convulsions.* 1733.

3. — Dissertation théologique contre les convulsions, adressées au laïc auteur des Réflexions sur la réponse au *Plan général.* Dans laquelle on démontre : 1° qu'il n'y a rien dans les convulsions dont on puisse conclure avec certitude que Dieu en soit l'auteur; 2° qu'il y a dans les convulsions plusieurs choses dont on doit conclure avec certitude que Dieu n'en est pas l'auteur. 1733.

4. — Remarque sur la Dissertation théologique contre les convulsions.

5. — Réponse générale au R. P. Dom. Louis Lataste, auteur des Lettres théologiques adressées aux écrivains défenseurs des convulsions et autres miracles du tems. 1733.

6. — Lettre de M. l'abbé de F..., au sujet des calomnies répandues contre lui dans le libelle intitulé : *Journal historique des convulsions du tems. Première partie.*

7. — Lettre du P. D. G., au sujet des convulsions.

8. — Lettre de M. l'abbé D., A M. au sujet de ce qui est dit de lui dans le *Journal historique des convulsions du temps.* Première partie.

9. — Lettre de Dom *Antoine* LEAUTÉ à M. F., au sujet de l'écrit intitulé : *Nouvelles observations.*

10. — L'esprit en convulsions, ou réponse aux lettres théologiques du R. P. P. D. B. M.

11. — Lettres sceptiques, ou considérations proposées à l'auteur des quatre dissertations sur les miracles contre les lettres théologiques de Dom La Taste. 1733.

12. — Examen de la troisième lettre contre les convulsions, et de la théologie de son auteur sur les guérisons miraculeuses.

13. — Examen de la quatrième lettre théologique.

14. — Réponse à la quatrième lettre attribuée à un religieux Bénédictin, concernant la démarche de la veuve Delorme au tombeau de M. de Pâris. 1733.

15. — Recherche de la vérité, ou lettres (six) sur l'œuvre des convulsions. 1733.

16. — Iᵉ, IIᵉ, IIIᵉ lettre théologique avec écrivains défenseurs des convulsions du tems.

17. — Lettre de M. A*** (ALBERT) à M. de Montgeron, au sujet de ses observations sur l'œuvre des convulsions.

18. — Lettre sur le 2ᵉ tome de M. de Montgeron, censuré dans les Nouvelles ecclésiastiques du 21 janvier 1742.

19. — Iᵉ, IIᵉ, IIIᵉ lettre de M. A., docteur en théologie, à un curé de ses amis, pour servir de réponse à la seconde lettre d'un anonime défenseur du livre de M. de Montgeron sur les secours meurtriers.

20. — Réfutation du second écrit contre la consultation intitulé : *Exposition du sentiment de plusieurs théologiens défenseurs légitimes de l'œuvre des convulsions et des miracles.*

21. — Dissertation où l'on montre que des miracles opérez par degrez, ou accompagnez de douleurs, n'en sont pas moins de vrays miracles, et ont été regardez comme tels dans l'antiquité. 1731.

22. — Observations sur l'origine et le progrès des convulsions qui ont commencé au cimetière de S. Médard. 1732.

Tome VI.

1. — Nouveau problème sur l'œuvre des convulsions. Quel est le parti qui mérite la préférence dans la cause présente : ou de répondre et de répliquer sans fin aux écrits respectifs, ou d'en laisser plusieurs sans réponse? 1734.

2. — Deux problèmes à résoudre sur l'œuvre des convulsions ; l'un pour la spéculation, l'autre pour la pratique ; avec un recueil des autoritez des Pères et des théologiens, qui réprouvent toute œuvre de genre merveilleux, qui porte quelque caractère indigne de Dieu ou contraire aux bonnes règles. 1734.

3. — Réflexions sur l'écrit intitulé : *Deux Problèmes à résoudre*, etc...

4. — La possibilité du mélange dans les œuvres surnaturelles du genre merveilleux, prouvée par l'Ecriture, reconnue par les Saints Pères et autres auteurs ecclésiastiques ; avec l'examen de l'écrit intitulé : *Deux problèmes*... et du recueil d'autoritez qui se trouvent à la fin de cet écrit.

5. — Dissertation sur les effets physiques, les possibilités et les conjectures dont parle M. P. dans sa XIII lettre, et dans celles contre l'auteur des vains efforts. 1739.

6. — Suite de la dissertation sur les effets physiques.... 1741.

7. — Lettres (XII) adressées à un défenseur du mélange dans l'œuvre des convulsions. 1739.

8. — Anatomie de l'essai de tradition donné par M. P... à la suite de son traité sur la possibilité du mélange dans les œuvres surnaturelles du genre merveilleux.

9. — L'appel et les miracles du tems, foudroyez par la consultation sur les convulsions, et par le parjure des Jansénistes. 1735.

10. — Le système du mélange dans l'œuvre des convulsions, confondu par ses ressemblances avec le système des Augustinistes, et par les erreurs et les défauts qu'il renferme. 1735.

11. — Exposé de la manière de penser de M. l'abbé d'E (LE SCÈNE D'ETTEMARE)... touchant l'évènement des convulsions. Où il propose des difficultés sur la consultation des trente docteurs, et rejette les imputations de l'écrit qui vient de paroître, sous le titre de *Sistème du mélange*, etc...

12. — Examen de l'écrit intitulé : *Exposé de la manière de penser de M. l'abbé d'E. touchant l'évènement des convulsions*. 1736.

13. — Mémoire de M. B. (*Laurent-François* BOURSIER) D. de la M. et S. de S. Dans lequel il expose ses pensées sur la consultation des XXX docteurs, et sur l'évènement des convulsions.

14. — Examen du mémoire de M. B.... sur la consultation des XXX docteurs.... Pour servir de suite à l'examen de l'écrit intitulé : *Exposé de la manière de penser de M. l'abbé d'E...*

15. — Consultation sur les convulsions. 1735.

16. — I, II, III, IV avis aux fidèles sur le mélange.

17. — Préjugés légitimes pour les convulsions. En faveur des simples, et pour servir de supplément à l'écrit qui a pour titre : *Avis aux fidèles*. 1738.

18. — Le système des discernans dans l'œuvre des convulsions, confondu par la doctrine des Saints Pères, suite de l'écrit intitulé : *Le système du mélange*, etc. 1736.

19. — Examen du mémoire sur le terme d'œuvre des convulsions.

20. — Lettre aux auteurs des nouveaux écrits qui rejettent le pouvoir du démon sur les corps. 1737.

21. — Mandement de Mg. l'Evêque d'Amiens (*Pierre* SABATIER), à l'occasion du sieur Devesque et de son épouse, qui avoient des convulsions à Abbeville.

22. — Lettre D'AMOLON, Archevesque de Lyon, à Theutbalde, Evesque de Langres, au sujet des faux miracles à Dijon vers l'an 844.

23. — Avertissement de Mg. l'Evêque de Marseille (*H. F. X.* DE BELSUNCE DE CASTELMORON.)

Marseille. 1732 Bréblon.

24. — Lettres de l'auteur du Discours sur les Nouvelles ecclésiastiques à l'auteur de l'écrit intitulé : *Sistème du Mélange... confondu.*

25. — I, II, III, IV, V lettre à un ami de province. 1742.

26. — Relations de deux apparitions du prophète Elie au Frère Alexandre Ottin. La première en 1730; la seconde en 1740. 1740.

TOME VII.

1. — L'autorité des miracles des appellans dans l'Eglise, ou traité dogmatique, dans lequel en examinant la nature des miracles en elle-même, et montrant que S. Augustin est l'interprète de l'Eglise sur ce point, on fait voir l'abus que les Constitutionnaires font du témoignage de ce Père.... 1734.

2. — Démonstration de la vérité et de l'autorité des miracles des appellans, suivant les principes de M. Pascal. 1737.

3. — Dialogue sur les affaires du temps, entre un ancien marguillier de la paroisse de S. Médard de Paris, et un prêtre de la communauté de S. Sulpice, dans une voiture publique.

4. — Mandement de Mg. l'Evêque d'Auxerre (*Charles* DE CAYLUS), à l'occasion des miracles opérés dans la ville de Seignelay, de ce diocèse, le 6 janvier 1733, jour de l'Epiphanie. 1734.

5. — Lettre d'Auxerre du 20 avril 1734, où l'on réfute celle du 18 mars, au sujet du miracle de Seignelay.

6. — Lettre de Mg. l'Evêque d'Auxerre à M. Chaulin. 4 mai 1732.

7. — Lettre de Mg. l'Evêque de Senez (*Jean* Soanen) à M. Chaulin. 12 mai 1732.

8. — Instruction pastorale de Mg. l'Evêque d'Auxerre, au sujet de quelques écrits et libelles répandus dans le public contre son mandement du 2 décembre 1733, à l'occasion du miracle opéré dans la ville de Seignelay. 1735.

9. — Relation du miracle arrivé le 31 may 1725, jour de la fête du Saint-Sacrement, à la procession de la paroisse de Sainte-Marguerite, au faubourg de S. Antoine, à Paris, en la personne d'Anne Charlier, femme de François de la Fosse, maître ébéniste, dressée sur les procès-verbaux de l'officialité de Paris....
    Paris. 1726. Babuty.

10. — Lettre à un abbé sur le miracle dit le miracle de Sainte-Marguerite; avec une oraison catholique pour en détourner l'abus, et obtenir la fin du schisme des Jansénistes.

11. — Procès-verbal dressé par les Commissaires nommés par Mg. l'Archevêque d'Utrecht, à l'occasion du miracle opéré à Amsterdam, le 6 janvier 1727, dans l'église de M. Théodore Doncker, élu Evêque d'Harlem; sur Agathe Leenders-Stouthandel, fille, âgée de 45 ans.

12. — Lettre de Mg. l'Evêque de Senez (*Jean* Soanen), sur les erreurs avancées dans quelques nouveaux écrits. 1736.

13. — Réponse à la lettre de Mg. l'Evêque de Senez.... 1726.

14. — La cause de Dieu reconnue par les miracles chez les appellans, suivant les principes établis par le P. Lallemand dans ses Réflexions morales avec des notes sur le nouveau Testament. 1737.

15. — Juste milieu qu'il faut tenir dans les disputes de religion : ou règles de conduite dans les tems de contestation, soit pour les théologiens qui disputent, soit pour les fideles qui en sont spectateurs.

16. — Lettre qui contient des réflexions sur un écrit qui a pour titre : *Le juste milieu....*

17. — Réponse pour l'auteur des trois examens à l'écrit intitulé : *Juste milieu....*

18. — Lettre de M. l'abbé Du Guet à un professeur d'un collége de l'Oratoire. 9 fév. 1732.

19. — Lettre de M. Dumont à M. l'abbé ***. 2 janv. 1733.

20. — Réponse à la lettre de M. Dumont, par M. l'abbé ***. 20 janv. 1733.

21. — Lettre apologétique.... Tome III. 18.

22. — Lettre d'un théologien à son ami.... Tome III. 29.

23. — Entretiens sur les miracles des derniers temps, ou les lettres de M. le chevalier *** 1732.

24. — Lettre d'un ecclésiastique (*L.* D'ETEMARE) à un évêque.

25. — Lettre à un confesseur touchant le devoir des médecins et chirurgiens: au sujet des miracles et des convulsions. 25 mars 1733.

26. — I, II, III lettre de M. A.... Tome v. 19.

27. — Dissertations sur les miracles. Sans titre.

28. — Lettre de l'auteur de la dissertation sur les miracles à un de ses amis, au sujet de l'objection de M. l'Arch. de Sens, contre les miracles des appellans... 1731

29. — Relation du miracle arrivé à Avenay, diocèse de Reims, le 8 juillet 1727, sur le tombeau de M. Gérard Rousse, prêtre et chanoine d'Avenay, décédé le 9 may 1727, en la personne d'Anne Augier, fille native et habitante de Mareuil, paralitique depuis 22 ans. 1727.

30. — Mémoire et pièces justificatives touchant le miracle arrivé à Avenay, diocèse de Reims, le 8 juillet 1727... 1728.

31. — Sentence de M. le vicaire-général de Mg. le Cardinal de Retz (*Alex.* DE HODENCQ), portant approbation du miracle arrivé en l'église du monastere de Port-Royal, le vendredi 24 mars 1656,... en la personne de Demoiselle Marguerite Périer ensuite de l'attouchement du reliquaire d'une sainte Espine de la couronne de N. S. J. C....
Paris. 1656. Targa.

32. — Response à un écrit publié sur le sujet des miracles qu'il a pleu à Dieu de faire à Port-Royal depuis quelque temps, par une sainte Espine de la couronne de Nostre-Seigneur.
Paris. 1656.

33. — Response à un écrit intitulé : *Observations sur ce qui s'est passé au Port-Royal, au sujet de la sainte Espine.*

34. — Seconde lettre de M. l'Arch. de ***, en réponse à la lettre d'un conseiller du Parlement. 1752.

TOME VIII.

1. — Vains efforts des mélangistes ou discernans dans l'œuvre des convulsions, pour défendre le système du mélange... (par *Jos.-Vincent* BIDAL D'ASFELD). 1738.

2. — Lettre de M. d'E. à M. P. P. (de M. D'ETEMARE à M. Petit-Pied, et de M. PETIT-PIED à M. d'Etemare.) 1737.

3. — Question nouvelle et intéressante : Si l'auteur anonyme de l'écrit intitulé : *Les vains efforts*, mérite quelque créance ; mémoire pour servir à décider cette question.

4. — Lettre de M. P. (Poncet), au sujet de l'écrit intitulé : *Vains efforts des mélangistes*, etc.

5. — vii lettre de M. P. (Poncet), contre l'auteur des vains efforts.

6. — viii lettre ou mémoire, où l'on continue de relever les calomnies, les falsifications et les erreurs de l'auteur des vains efforts. 1740.

7. — Réponses de l'auteur des trois examens (Debonnaire) aux lettres d'un ami.

8. — Suite des réponses...

9. — Réclamation des défenseurs légitimes des convulsions et des secours, contre les Feuilles des Nouvelles ecclésiastiques du 21 janvier, 1er juillet, 30 septembre et 21 octobre 1742. — 1re et 2e partie.

10. — Réflexions sur divers points de l'écrit intitulé : *Réclamation des défenseurs légitimes des convulsions et des secours*. 1743.

11. — Réponse à l'écrit intitulé : *Réclamation des défenseurs légitimes des convulsions et des secours*; et à la partie du ii volume de M. de Montgeron, qui a pour titre : *Observation sur les convulsions*. 1743.

12. — Mémoire théologique sur ce qu'on appelle les secours violens dans les convulsions. 1743.

QUATRIÈME DIVISION.

HISTOIRE DE LA RELIGION MAHOMÉTANE.

** — *Georgii* Elmacini *historia Sarracenica.*
   Voyez : *Histoire* Nos 4023 - 4024.

** — *G.* Sionitæ et *J.* Hefronitæ *Arabia.*
   Ibid. No 4025.

** — Précis historique de la religion musulmane. Par l'abbé Bertrand.
   Voyez : No 2167, tome ii.

2238. — Histoire de l'Alcoran, où l'on découvre le système politique et religieux du Faux-Prophète, et les sources où il a puisé sa législation. Par M. Turpin.
   Londres. Paris. 1775. De Hansy. 2 vol. in-12.

2239. — Histoire du Mahométisme, contenant la vie et les traits du caractère du prophète arabe, avec un aperçu des divers empires fondés par les armes mahométanes, et des recherches sur la théologie, la morale, les lois, la littérature et les usages des musulmans ; suivie d'une description rapide de l'étendue et de l'état présent de la religion mahométane. Par *Charles* MILLS, traduite de l'anglais sur la 2ᵉ édition, par M. P. (*Paul* TIBY.)

Paris. 1825. Boulland et Cᵉ. 1 vol. in-8º.

2240. — L'état présent de la religion mahométane. Par le R. P. *Michel* NAU.

Paris. 1684. Bouillerot. 2 vol. in-12.

2241. — Dissertations historiques sur divers sujets. (Par *Math.* VEYSSIÈRE DE LA CROZE.) Tome premier.

Amsterdam. 1707. R. Leers. 1 vol. in-12.

Cet ouvrage contient : 1º Réflexions historiques et critiques sur le Mahométisme et sur le Socinianisme ; 2º Examen abrégé du nouveau système du Pere Hardouin, sur sa Critique des anciens auteurs ; 3º Recherches historiques sur l'état ancien et moderne de la religion chrétienne dans les Indes.

2242. — Recueil des rits et cérémonies du pèlerinage de la Mecque, auquel on a joint divers écrits relatifs à la religion, aux sciences et aux mœurs des Turcs. Par M. GALLAND (1).

Paris. 1754. Desaint et Saillant. 1 vol. in-12.

---

(1) GALLAND (*Antoine*), né à Rollot en 1646, mourut à Paris le 17 fév. 1715.

TABLE ALPHABÉTIQUE

DES NOMS DES AUTEURS.

(Les chiffres indiquent les numéros d'ordre du Catalogue.)

A.

Abbeville, Claude d', 614.
Abdias, 218-219.
Abelly, L., 624-1851-2055.
Ablon, Cl. d', 610.
Abra de Raconis, 692.
Abraham Ecchellensis, 538.
Abrassevin, 1347.
Achery, L. d', 250-251-1042-1077.
Acosta, Em., 563.
Adam, Calliste, 1077.
Adam, J., 1694.
Adam, l'abbé, 1858.
Adam, M., 487.
Adon, 1469-1600.
Ægidius à Præsentatione, 948.
Ægius, Ben., 27.
Affo, Ir., 259.
Affre, 792.
Africanus, Julius, 218-219.
Agapit de l'Annonciation, 1917.

Agnès de S. Paul Arnauld, 1375.
Ailly, Pierre d', 805.
Alanus de Rupe, 1442.
Albere, Er., 1210.
Albert, 2237.
Albi, H., 819-2112.
Albizzi, Barth. de, 1208-1209-1210.
Albricus, 30-31.
Alcantara, P. d', 1815-1817.
Alegambe, Ph., 1270-1271.
Alègre de Casanate, 1134.
Aleman, L.-A., 528.
Alemanni, N., 258.
Alembert, L. d', 1280-1347.
Alexandre, H., 768.
Alexandre, Noël, 171-172-173-591-592.
Alexandre de Rhodes, 581-585-1273.
Alexandre III, P., 1843.

Alexis de Jésus, 1654.
Aliaco, P. ab., 805.
Allatius, L., 249-537-538-539-540.
Alletz, P.-A., 49-50-780.
Almeyda, J. de, 1646.
Alphonce de Montfort, 2170.
Alphonse de Castro, 619.
Alteserra, A. D., 903.
Alva e Astorga, P. de, 1197.
Amable de S. Joseph, 1765.
Ameline, 1980.
Amelot de la Houssaye, 846-881-882.
Amelotte, D., 1973-1974.
Amolon, 2237.
Anastase, Bibl., 136.
Ancillon, Ch., 698.
Andrade, Ant., 605-606.
Angélique de S. Jean Arnauld, 1382-1393-1408.
Angelus à S. Francisco, 1217.
Angelus de Nuce, 1045.
Angely, 1077.
Angennes, L. d', 1077.
Angier, 2082.
Anly, Cl. d', 944.
Anne de S. Barthélemy, 2090-2091.
Anquetin, 1556.
Ansart, A. J., 920-921-1797-1859.
Antecourt, J.-B. d', 696-981.
Antoine, J. Dag., 271-272.
Antoine de Dominis. 877.
Antoine de Yepes, 1031-1032-1033.
Antoine de S. André, 2017.
Antoine de S. Bernard, 1193.

Antoine de S. Pierre, 2065.
Antoine de Sienne. — Antonius Senensis, 1172-2213.
Apollodore, 27-28-31.
Aquaviva, Cl., 1248.
Aquepontanus, J., 529.
Aquilinus, Cæs., 886.
Aranthon, J. d', 1940.
Aratus, 30-31.
Arbouze, Marguerite d', 1366.
Arcange Gabriel de l'Annonciation, 1630.
Aretino, Bacci, 1812-1813.
Arkworth, 524.
Arnauld, Agnès de S. Paul, 1375.
Arnauld, Angélique de S. Jean, 1382-1393-1408.
Arnauld, Ant., 291-293-437-695-1306-1324-1346-1347-1404-1407-1413-2037.
Arnauld, Marie-Angélique, 1387-1402.
Arnauld d'Andilly, R., 1488-1489-1568-1569-1738.
Artaud de Montor, 782.
Artauld, Th., 1016.
Arturus à Monasterio, 1216-1341-1604.
Asfeld, Bidal d', 2237.
Aspais, 2237.
Assemani, S. E., 1612.
Assigny, Troia d', 192-193-301.
Astorga, P. de, 1197.
Athanase de Sᵗᵉ Agnès, 1912.
Attichy, Dony d', 820-827-1244-1886.
Aubert de Versé, 212.
Aubery, Ant., 818.

Aucourt, Barbier d', 1307-1308.
Audainel, 477-478.
Audebert, B., 1077.
Auguis, P. R., 16.
Augustin (Saint), 973-974-975-976-1161.

Aurèle, L., 167-168.
Auvray, J., 2083.
Avila, Balth. d', 1234-1235.
Avrigny, H. R. d', 235.
Aymon, 893.

B.

Bacci Aretino, 1812-1813.
Bachelard, F., 1367.
Bachelier, S., 1707.
Bacon, Fr., 34.
Badiche, M. L., 908.
Badius, C., 1210.
Baecker, L. de, 2170.
Baertius, Fr., 1478.
Baglion de la Salle, 2237.
Baillet, Ad., 1452-1453-1499-1500-1501-1515-1970-2158.
Bailly, 1841.
Baioli, J.-A., 1438.
Baius, Mich., 485.
Balbani, 1322-1348.
Baldini, V., 778.
Balduinus, Fr., 633.
Balesdens, J., 1460.
Baleus, J., 763.
Balinghen, Ant. de, 1533-2025.
Balthus, J. F., 80.
Baluze, St., 251-253.
Banier, Ant., 8-47.
Baraiio, M., 605.
Barbeau de la Bruyère, 1382.
Barberini, card., 538.
Barbier d'Aucourt, 1307-1308.
Barcos, l'abbé de, 1852.
Barezzo Barezzi, 1206.

Barillon, H. de, 1944.
Barnabe de Montalvo, 1083.
Barny, Alb., 1183.
Baronius, Cæs., 144-145-146-152-153-156-164-165-166-167-168-1598-1599-1600-1601.
Baronius, V., 1169.
Barral, P., 316.
Barral, C. M. J. de, 406.
Barrali, V., 1047.
Barrault, Fr., 1935.
Barré, 1422-1423.
Barretto, Fr., 582.
Barros, Th., 605.
Barruel, Aug., 323-428.
Barthélemy, Corn., 1095.
Barthélemy Albizzi, 1208-1209-1210.
Barthélemy de Pise, 1208-1209-1210.
Barthélemy, Nic. 2161.
Bartholomæus, Corn., 1095.
Bartholomæus de Albizzis, 1208-1209-1210.
Bartoli, D., 1722-1723-1752-1967.
Baschaumont, M. de, 2098.
Basilicapetri, 1661.
Basnage, S., 206.

Bastard, D., 2006.
Bastide, Ph., 942-1071.
Baudoin, J., 34-1486.
Baudouin, J., 1484.
Baudoun, Fr., 633.
Bauldri, Ant., 1406.
Bausset, L. F. de, 370.
Bayle, P., 666-667-668-708.
Bazin de Bezons, 346-347.
Beaugendre, Ant., 2009.
Beaujeu, Quiqueran de, 898.
Beaulieu, le Sʳ de, 1844-1845.
Beaunier, 269.
Beausobre, Is. de, 631.
Beauteville, J. L. de Buisson de, 1348.
Beauvais, G. F. de, 1748-1759-1962.
Beauxamis, Th., 218.
Bécatel, 721.
Bedæus, 1346.
Bède, 521.
Bedel, J., 1820.
Bedellus, G., 877.
Begart, 1856.
Behotte, Ad., 693-1832.
Beka, J. de, 506.
Belga, Marius, 222-857.
Belinus de Padua, 1595.
Bellegarde, J. B. de, 42.
Bellegarde, Du Pac de, 507-518.
Bellere du Tronchay, Mˡˡᵉ de, 2095.
Belling, R., 725.
Belsunze, H. F. X. de, 1409-2237.
Benard, L., 1018.
Benavente, Al., 591.

Benoît (Saint), 1005-1006-1007-1059-1060.
Benoît d'Aniane, 933-934.
Benoist, R., 660.
Benoist de S. Jean, 1037.
Benoist de Toul, 1201.
Bérardier, 428-482.
Berault Bercastel, 200.
Beretaire, Séb., 1778.
Bergevin, 1348.
Bergier, N. S., 58.
Berkley, G., 855.
Bernard, Cécile, 1411.
Bernard, J. F., 8-9-10.
Bernard de Bonnevaux, 1649-1650.
Bernard de Brindelles, 908-924.
Bernard, Dom B. de Tracy, 1658-1730-1731.
Berlet, L. D., 1953.
Berthaldus, P., 69-692.
Bertheau, P., 69-692.
Berthier, Fr., 278.
Berthius, Ab., 1149.
Bertholet, J., 2160.
Berti, J. L., 174-223.
Bérulle, le card. de, 1354-2100-2101.
Bescherand, 2237.
Besoigne, Jér., 1377-1396.
Bessin, Guill., 100.
Betencourt, Mich. de, 1692-2016.
Beugnot, A., 64.
Beurrier, L., 978-980-1049.
Beurrier, P., 1879.
Bèze, Th. de, 689.
Bezons, Bazin de, 346-347.
Bidal d'Asfeld, 2237.

Biderman, J., 2078.
Bignon, Hier., 840.
Billard, P., 1311.
Billard de Lorière, 459.
Bille, Er., 1346.
Binet, Est., 1576-1622-1675-1681-1736-1836-1840.
Binius, Sev., 122.
Bisciola, Gab., 164.
Bissy, le card. de, 898.
Blache, 1346.
Blanc de Castillon, 1348.
Blanchart, Fr., 978-980.
Blancone, J., 1174-1206-1832.
Blandin, 428 482.
Blémur, J. Bouette de, 1040-1041-1821-2117-2118.
Blois, Fr. de, 1732.
Blondel, Dav., 77-664-801.
Blondel, L., 1503-1508.
Blondel, l'abbé, 428-483.
Bochart, 313.
Bochius, J., 681.
Boileau, J., 648-649-788-789-2103.
Boiscervoise, Jeanne de, 1411.
Boisgelin de Cicé, J. R. de, 371-375-388 390-428.
Boissieu, A., 2060.
Boistuau, P., 224.
Bollandus, J., 1478-1787.
Bombinus, P., 1964.
Bonagratia, 1220.
Bonald, F., 1293-1294.
Bonarscius, C., 1292.
Bonaventure (Saint), 1690.
Bondonnet, J., 281.
Bonet, Ant., 1770.

Bongars, J., 118.
Boniface, J., 1528.
Bonnaud, 713.
Bonnefons, A., 1477.
Bonnefoy de Bonyon, 908-924.
Bonnet, J., 1853-1854.
Bonnet, L., 1894.
Bonnet, Th., 1214.
Boone, J. B., 1456.
Bordinus, Fr., 764.
Borely, E., 1873.
Borgia, Fr. de, 1693.
Borjon, 332.
Born, Ign. de, 929.
Borrée, P., 1618.
Borri, Ch., 580.
Borsone, L., 1154.
Boschet, 2029.
Bosquet, Fr., 276-785.
Bossard, 428.
Bosschaerts, W., 491-1636.
Bossuet, J. B., 420-421-422-675 676-742-1411-2237.
Bost, A., 246.
Bostius, Arn., 1119.
Bouchard, A. P., 1960.
Boucher, H., 1554.
Boucher, Ph., 300-301.
Boudier, Fr., 1077.
Boudon, H. M., 1768-1769-2004-2128.
Bouette de Blémur, J., 1040-1041-1821-2117-2118.
Bougis, S., 1077.
Bouhours, Dom., 1403-1724-1725-1726-1753-1754-2094.
Bouillart, J., 1597.
Bouillon, Fr., 1809.

Boulart, 978-979-980.
Boulduc, J., 93-94.
Bourbon, Henry de, 692.
Bourdeilles, J. Cl. de, 428.
Bourdillon, J., 536.
Bourdin, M., 2150.
Bourdoise, Ad., 1959.
Bourdon, F. A., 2168.
Bourdonnay, G., 2237.
Bourgeois du Chastenet, 871.
Bourges, M. de, 588.
Bourgoing, Fr., 1355.
Bourgoing de Villefore, 312 · 1572-1573-1651.
Bourguignon, 2061.
Boursier, L. Fr., 735-2237.
Bouthillier de Rancé, 1021-1022-1111-1112-1114.
Boutigny, Le Vayer de, 394-395.
Boutreux, sieur d'Estiau, 393.
Bouvet de Cressé, 781.
Bouvières de la Mothe Guion, 2113.
Boverius, Z., 1190-1221.
Bovius, C., 1939.
Bower, 783.
Boym, M., 586.
Bozius, A., 1616-1617.
Bralion, Nic. de, 1805.
Brancas, Ant. de, 353-380-1348.
Brandi, G. A., 766.
Bredenbach, J., 2214.
Bregy, Eustochie de, 1393-1400.
Breteuil, L. A. de, 364.
Briard, G., 1766.
Briegerus, J., 679.
Brindelles, Bern. de, 908-924.

Brion, l'abbé de, 2132.
Briot, F., 87.
Brissac, de Cossé de, 359-382.
Brochand, L., 1903.
Broglie, J. M. de, 353-354-369-387.
Bronsvel, G., 1348.
Brottier, 428.
Brousse, J., 2010.
Browerus, Ch., 1584.
Brueys, A. de, 697-707-895.
Brulius, Joac., 761.
Brumoy, P., 278.
Brunet, Fr. Fl., 13.
Bruschius, G., 492.
Bruzen de la Martinière, 8.
Bruys, Fr., 779.
Bucelin, G., 1034-1038-1039.
Bucchius, J., 1209.
Buchamps, Cl. de, 1145-1148.
Bucherius, Æg., 503-504.
Bucholcerus, Ab., 121.
Buée, 406.
Buffier, 1986-2067.
Buisseret, Fr., 1900.
Buisson de Beauteville, J. L. de, 1348.
Bullet, J. B., 228.
Bullot, M., 906-907-908.
Bulteau, L., 945-946-1036.
Burigny, L. de, 837.
Burnet, 672-723-724.
Buschius, J., 995.
Bussy Rabutin, R. de, 898.
Butler, Alb., 1506-1507-2159.
Buxtorf, J., 538.
Buy, F., 864.
Bzovius, Ab., 147-149.

C.

Cabral, Fr., 571-572.
Cabrera Moralis, 768.
Cabrisseau, Nic., 1517.
Cachet, Jean, 1950.
Cachupin, Fr., 1985.
Cadry, J. B., 310-311.
Cæsar, Germ., 30-31.
Cæsarius, Heist., 2216.
Caillière, de, 2011.
Caillieu, N., 989-1636.
Caillot, A., 1575-1642-1661.
Cajot, J. J., 1028.
Calmet, Aug., 1026.
Calvius, And., 848.
Camerarius, Joach., 103-119-120-121-136.
Camers, A. M., 1629.
Campianus, Ed., 522.
Campomanès, 1348.
Camus, J. P., 1666-1807.
Candidus, Liberius, 1314-1515.
Canisius, H. 247.
Cannart, J., 1230.
Cant, P., 1482.
Canteleu, Nic., 1884.
Cantelius, J., 115.
Cantipré, Thomas de, 2215.
Capaccio, C., 1700.
Cappellus, J., 220.
Caraccioli, L. A. de, 815-816-828-931-1975.
Caradeuc de la Chalotais, 1348.
Caramuel Lobkowitz, 937-1013-1093-1094.
Carbon, 342.

Cardim, Fr., 582.
Carolus Magnus, 2164.
Carré, 1077.
Carré de Montgeron, 2225-2228.
Carrière, Fr., 776.
Carrion, Fr., 572.
Carron, G. T. J., 1933.
Cartari, Vinc., 32-33.
Carthagène, J. de, 1133.
Casalas, J., 1168.
Casanate, Alègre de, 1134.
Casaubon, H., 159-1295.
Casimir de Toulouse, 2032-2093.
Cassiodore, 119.
Castel, J., 1077.
Castelmoron, de Belsunce de, 1409-2237.
Castillon, B. de, 1348.
Castries, D. de, 385.
Castro, Alp. de, 619.
Catharino, Amb., 1869.
Catherine de Gênes, 1867.
Catherine de Jesus, 2100-2101.
Catrou, Fr., 727 729.
Caubère, J. B., 1077.
Cauchie, J., 1734-1735.
Cauchy, Aug., 908.
Caulet, F. Et. de, 356-1351.
Caussin, Nic, 1303.
Cavacio, J., 1567.
Cavalcantini, G., 1739.
Caveirac, N. de, 709-710-1322-1348.

Caylus, Ch. de, 2237.
Cellot, L., 731.
Cepario, Virg., 1789-1790-1949-1950.
Cériziers, R. de, 1487-2176.
Cerutti, 1330.
Cerveau, R., 303-304-305-306.
Chabannes, R. de, 360.
Chalemot, Cl., 1089.
Chalippe, C., 1691.
Chamillard, 1403.
Champagnac, 2167.
Champion, P., 2012-2059.
Champollion, J. F., 84.
Champs, Steph. de, 1351.
Chantal, M^e de, 1407-1435.
Chanut, 1916.
Chapeauville, J., 503-504.
Chapmartin de Chaupy, 466.
Chappot, J., 1698.
Chapt de Rastignac, 363-384-428-898.
Charault, F., 2269.
Chardon, L., 1835.
Charlas, Antoine, 413.
Charlemagne, 2164.
Charles, 1348.
Charles de S. Paul, 1538.
Charles de S. Vincent, 1178.
Charlevoix, F. X. de, 2130.
Charpentier, 1883.
Charrier de la Roche, 428.
Chartonnet, le P., 1989.
Chassaing, B., 1187.
Chastelain, Cl., 1605.
Chastenest, L., 2074.
Chatillon, le duc de, 2237.
Chaudon, L. M., 196.

Chaulin, 2237.
Chaulmer, Ch., 168.
Chaupy, Ch. de, 466.
Chauvelin, Ph., 397.
Chenois, 1445.
Chenu, J., 261.
Cheron, J., 1155.
Chesnel, A. de, 2.
Chevalier, L., 1346-1415.
Chevallier, 2209.
Chevannes, Gaumont de, 1677-1678.
Chevillard, J., 270.
Chevreux, 1077.
Chifflet, J. J., 2198-2199.
Chifflet, P. Fr., 1652.
Chiniac de la Bastide, 918.
Chludovvicus Pius, 218.
Choiseul du Plessy Praslain, 750.
Choiseul, le card. de, 1348.
Choisy, F. T. de, 183-1523-2136.
Cholinus Wirthius, 829.
Choquet, Hy., 1167-1181-1443.
Christianis, Nicolaus de, 1231.
Christopherson, 118-121-122.
Chypre, Etienne de, 911.
Ciaconius, Alp., 759-768-769.
Cicarella, 755-756-759.
Cicé, J. R. de Boisgelin de, 371-375-388-390-428.
Cicé, L. de, 591.
Cisnerus, Nic., 488.
Claris, J. Jb., 622.
Claude d'Abbeville, 614.
Claustre, l'abbé de, 23.
Clémencet, Ch., 189 288-918-1346-1348-1378.

Clément XI, 591.
Clément, P., 1621.
Clericus, J., 140.
Clermont-Tonnerre, J. de, 428.
Clermont-Tonnerre, Magd. de, 2102.
Clichtoveus, J., 1520 1550.
Cloppenburg, J., 95.
Clorivière, Picot de, 2072.
Cloysault, Ch., 2066.
Cloyseault, E. 831.
Cochin, 1077.
Cochlæus, J., 657.
Coens, Pet., 1364.
Colas de Portmorant, 1429.
Colbert, Ch. J., 318-319.
Colbert, J. Nic., 1346.
Colbert de Croissy, J., 898-2237.
Colganus, J., 1591-1592.
Coliard, P., 2031.
Colinet, 2237.
Collet, P., 1741-1742-1767-1835-1871-1929-2115.
Collin, Nic., 1437.
Colongue, F. de, 447.
Columbus, F., 1954.
Colvenerius, G., 1534-2215.
Combasson, B., 1190.
Combefis, Fr., 149-641-642-1607-1615-1799.
Comberus, Th., 538.
Comes, Nat., 35-36-37-38.
Commanville, l'abbé de, 116-1502.
Compans, And. de, 1147-1915-1992-2090-2141-2142.
Conart, L., 2027.
Conringius, H., 813.

Constantin-le-Grand, 118-123.
Constant, Benj., 20-65.
Contius, Ant., 136.
Contzen, Ad., 1300.
Coppens, P., 1456.
Coppenstein, J. A., 1442.
Coppin, P., 156-157.
Coquille, Guy, 408.
Corblet, J., 56-678-1401-1458-1801.
Cordara, J., 1260.
Cordier, 2092.
Coret, J., 2087.
Corgne, P., 793-895.
Coriolis, A. de, 366-385-1348.
Cornelius, Lucius, 1276-1277-1278-1279.
Coronez, G. N., 743.
Cosnac, l'abbé de, 350.
Cossé de Brissac, C. de, 359-382.
Coste, Hilarion de, 1702-1876-1930-2018-2030-2106.
Costère, Fr., 1290.
Cotolendi, Ch., 1714-2138.
Coton, P., 692-1293-1294-1346.
Couché, 16.
Coudrette, Ch., 735-1265-1348.
Couet, B., 1318.
Cougnée, J. de, 1876.
Coulanges, Fustel de, 75.
Coulon, L., 759-773-774-775.
Courcier, P., 1531-2237.
Courtin, 1077.
Courtot, Fr., 1719-1720-1816.
Courvoisier, J. J., 1800.
Cousin, Le Prés., 129.
Craesbeeck, 1011.

Crasset, J., 78-556-1440-2111.
Crêpe, P., 2236.
Crespin, J., 654-655.
Cressé, Bouvet de, 781.
Crétineau-Joly, 1266.
Creuzer, Fr., 66.
Creyghton, R., 874.
Crimibella, J., 884.
Croiset, J., 1259-1504-1792.
Croisille, Le S^r de, 694.
Croissy, Colbert de, 898-2237.
Crombach, H, 1342.
Crousers, Cyp., 1186.

Cubjac de Jumilhac, 367-368-386.
Cujacius, J., 118.
Cumberworth, A., 526.
Cuper, 7.
Curtius, Corn., 956-957-1806.
Curtois, Th., 2019.
Cuvelier, 1351.
Cypre, Etienne de, 911.
Cypræus, J. A., 534.
Cyprien de la Nativité, 1147-1915-1992-2090-2141-2142.

D.

Dachery, L., 250-251-1042-1077.
Daillé, J., 2165.
Daiz, 1346.
Damase de S. Louis, 1925.
Damianus, J., 1263.
Dampierre, le S^r de, 953.
Daniel de Paris, 1687-1779.
Darde, J., 605.
Dargnies, 2122.
Dathia, Fr., 1822.
Daubenton, Le P., 1772-1773.
Dausquius, Cl., 1536.
David, 866.
Davila, Did., 932-1126.
Dazès, 1331.
Debonnaire, 2337.
Dechamps, Et., 1351.
Deforis, 913.
Delacroix, J. F., 1.
Delannes, J., 804.
Delaroche, A. L., 53.
Delarue, 1004.

Delaunay, 428.
Delestocq, Nic., 2210.
Deleville, Nic., 1050.
Delisle, l'abbé, 2237.
Delle, Cl., 904.
Delpech de Mérinville, 396.
Delrue, J., 1077.
Delville, Fr., 1077.
Demetrius Cydonius, 641.
Demoustier, C. A., 51-52.
Denys de la Mère de Dieu, 1372.
Dernoye, Bon., 1188.
Des Aresnes, 685.
Deschamps, L., 1077.
Descourvaux, Ph. 1959.
Des Coutures, 1882.
Desguerrois, 1619.
Deslions, Ant., 1448.
Deslyons, J., 2162.
Desmares, T., 1113-1114.
Desmarets, l'abbé J., 346-349-1867.

Des Marests de S. Sorlin, J., 39-1405.
Desmay, J., 1728-1729.
Desnos, Nic., 1660.
Despence, Cl., 130.
Despréaux, E. S., 1648.
Destiolles, 2197.
Destutt de Tracy, Bern., 1658-1730-1731.
De Suze, 345.
Des Vaux de Sernay, 354.
Diaconus, Petrus, 1045.
Diderot, 454.
Dièche, 428.
Diego de Navarre, 1206.
Diest, Faustin de, 2010.
Dillon, R. de, 1077.
Dinouart, J. A. T., 195-427-2038-2039.
Diodati, J., 878-879-880.
Dobeilh, 1924.
Docæus, J, 1672.
Dominicy, M. A., 2200.
Dominique (Saint), 1161.
Dominique de Jésus, 1582-1905-1918.
Dominique de Sᵗᵉ Catherine, 2046.
Dominis, Ant. de, 877.
Donatien de S. Nicolas, 2006.
Dony d'Attichy, 820-827-1244-1886.
Dorigny, J., 460-1827-1966.
Dorlandus, P., 1117.
Dorothée, 120 121.
Dorsanne, 321-322.
Dosithée de S. Alexis, 1766.
Doublet, J., 1683.

Doublet, L., 1444.
Doucin, L., 632.
Doujat, J., 267.
Doye, J., 2223.
Doyen, Barth., 2041-2042.
Dreux, J. de, 2147.
Drouet de Maupertuis, 1610-1611.
Du Bellay, Eust., 1336.
Du Bois, Jacq., 1795.
Du Bois, L., 1115.
Du Bois, Nic., 411.
Dubois, L. J. J., 84.
Dubois, P. Quesnel, 508.
Dubois Fontanelle, 76.
Dubos, Ch. Fr., 1944.
Du Bosc, 1948.
Ducæus, Fr., 133.
Du Cambout de Pontchateau, J. J., 352-379-1324-1844-1845.
Du Cange, Ch., 2206.
Du Chastenet, Bourgeois, 871.
Du Chesne, And., 771-772-1052.
Du Chesne, Fr., 772.
Du Chesne, J. B., 733-734.
Duchesne, Gab., 273-274.
Du Coignet, 1293.
Dudemaine, 428.
Dudon, P. J., 1348.
Dufay, P., 2190.
Du Fossé, P. Thomas, 1381-1493-1640-1641-1838-1839.
Du Four, J., 1348.
Du Four d'Astafort, 1998.
Dufraisse, J., 283.
Du Guet, 2237.
Du Hameau, 2120.
Du Lau, 373.

Dulaure, J. A., 61-62.
Du Marché, Ol., 1627.
Du Marsais, Ch., 426.
Dumas, H., 296.
Du Mas, P., 1665.
Du Mesnil, J. B., 1491.
Du Molinet, 966-972 980.
DuMonstier, A., 1216-1341-1604.
Dumont, 2237.
Dumoulin, Jean, 2006-2007.
Dumoulin, P., 1293.
Du Pac de Bellegarde, 507-518.
Duperche, J., 692.
Du Pin, L. Ell., 184-185-234-418-427-593.
Du Pin, Rich., 483.
Duplessis, 1077.
Du Plessis, Marie Jac., 2108.
Du Plessis Praslin, 750.
Du Pont, L., 1938-1939.
Du Pré, Gab., 618.
Dupuis, H. Fr., 15-16-17-18.
Dupuy Demportes, 855.
Du Puy, J., 892.
Du Puy, P., 405-406-407-409-410-892.

Durand, Cl., 165.
Durand, N., 608.
Durand, Urs., 255-256.
Duranthon, Ant., 328.
Du Ryer, P., 1793.
Du Sault, Nic., 2140-2237.
Du Saulzet, 335-336.
Du Saussay, And., 623-1606-1659-1826.
Du Sellier, Osmont, 191.
Du Tems, H., 275.
Du Tour, H. de Maupas, 1712-1888-1889.
Du Tremblay, J. F., 889.
Du Tronchay, Mlle Bellère, 2095.
Du Tronchet, 1024.
Du Val, André, 1484-1897.
Du Val, G., 1580.
Du Val, J.-B., 1667.
Du Val, P., 538.
Du Vaucel, 2043.
Du Verdier, Sr de Vauprivas, 33-179-821.
Du Vivier, Cl., 1697-1704.
Du Vivier de Lansac, 361-383.

E.

Ecchellensis, Abr., 538.
Eguilles, le Prés. d', 1350.
Eleutherius, Th., 748.
Elssius, Ph., 958.
Emanuel à Schelstrate, 216-549-860.
Embry, Thomas d', 165.
Emeric David, 71-72-73.
Emiliane, G. d', 2217-2218.

Entraigues, le Cte d', 477-478.
Eon, J., 1144-1160.
Epiphane, 119.
Eremita, Johannes, 1652.
Escœuvres, G. d', 1623.
Esguerra de Rosas, 1763.
Esne, M. d', 1692-2016.
Estiau, Boutreux d', 393.
Estienne, Rob., 1348.

Estius, G., 1218.
Estrix, Rob., 1365.
Etemare, Le Sesne d'., 1348-1408-1409-1410-2237.
Etienne de Cypre, 911.
Etienne de Lusignan, 911.
Etienne de S. François-Xavier, 1028.
Eugène Théophile, 1346-1348.

Eusèbe Pamphile, 117 à 130.
Eusèbe de Nieremberg, 2027.0
Eustochie de Brégy, 1393-1400.
Eutrope, 218-219.
Eutychius, 545.
Evagre, 117-118-120-121-122-124-129-132.
Eveillon, J., 1830.
Eysengreineus, G., 204.

F.

Faber, Dion., 805.
Faber Stapulensis, 1550.
Fabre, J. C., 186-187.
Faget, l'abbé de, 344.
Fagius, J. N., 1955.
Fatou, Nic., 2221.
Faure, Ch., 978-979-980.
Faure, Franç., 1129.
Faustin de Diest, 2010.
Faustinus, 1937.
Favre, P. Fr., 599-600.
Faydeau, V., 1899.
Faydit, P., 226-1624.
Félibien, And., 1113-1114.
Fénélon, 1411.
Ferdinand de Ste Marie, 1129.
Fernandez, Ant., 605.
Féroux, Ch. L., 925.
Ferraige, J., 1895-1907.
Ferrand, L., 954.
Feuillet, J. B., 809-1178-1418-1788.
Feuillet, 1968.
Fezayus, Ph., 1158.
Figuire, 2064.
Filippo de Sosa, 1206.
Fisen, Barth., 505-1587.

Fisscher, J., 1550.
Fitz-James, F. de, 1333-1348-1350.
Flaccus, 203.
Flachslanden, le Bailly de, 944.
Flacius, 203.
Fléchier, 835-836.
Fleien, H., 1472.
Fleuriau, B. G., 1819.
Fleuriau, Ch., 561.
Fleury, Cl., 186-187-190-245-423-425-604-1896-2023.
Fleury, Joly de, 1348.
Fleury Ternal, Ch., 1656.
Floriot, 978-980.
Fodéré, J., 1212.
Fogasses de la Bastie, 362-384.
Fonseca, L., 571.
Fontaine, Nic., 1379-1380-1496-1497-1516
Fontaine, Simon, 232.
Fontaines, L., 737.
Fontallard, J. F. de, 816.
Fontanès, F., 229.
Fontenay, Cl., 278.
Fontenay, J. de, 591.
Fontenelle, L. B. de, 79.

Foresta de Colongue, 447.
Forestier, 699.
Formey, 215.
Fortia, M. de, 1890.
Fortin, Th., 2145.
Fortunat, 1459.
Fossard, 2171.
Foucher, T., 1143.
Fouillou, J., 309 739-898-1386.
Foullon, 614.
Fouqueré, 642.
Fourier, Pierre, 1424.
Fournier, J., 1765.
Frain du Tremblay, 889.
Francæus, 959.
Franciscus à Longobardis, 1233.
François, l'abbe, 428.
François, Ph., 1019.
François d'Assises, 1414.
François de Blois, 1732.

François de Borgia, 1693.
François de Paule, 1229-1230-1237-1238-1239-1242.
François de Sales, 1407-1434.
François de Ste Marie, 1135 1136-1137.
François Marie de Tours, 591.
Frangipane, 2223.
Frassen, 1810.
Frédegaire, 280.
Frémiot, Jeanne Fr., 1407-1435.
Freschot, Cas., 690.
Frigerio, B., 1701.
Frigerio, P., 1868.
Frizon, P., 822-825.
Froes, L., 571-573.
Fulgentius, 29-30-31.
Fuligati, J., 824-2054.
Furmerius, B., 506.
Fustel de Coulanges, 75.

G.

Gabriel de la Croix, 1137.
Gabriel de l'Annonciation, 1630.
Gabriel de Sainte-Claire, 1991.
Gabutius, A. 808.
Gaignant, 1105.
Gail, J. F., 70.
Galenus, M. 218.
Galesinius, P., 137.
Galitius, Ant., 1222.
Galland, Ant., 2242.
Gallois, Léon., 853-854.
Gallonius, Ant., 1593 1594-1811.
Gallemant, P., 1993.
Galpin, 1790.
Gambart, Ad., 1713.
Ganganelli, J. V. A., 2075.

Garcia, Anne, 2090-2091.
Garnefelt, 955.
Garreau, J. C. L., 2015-2139.
Gaudence de Lucques, 855.
Gaufridus Grossus, 1655.
Gaulthier, J., 105-106-107.
Gaulthier, P., 107.
Gaultier, J. B, 597-1373.
Gaultier, René, 1484-1938.
Gaumont de Chevannes, G., 1677-1687.
Gaussart, G., 130.
Gautier, Gab., 2237.
Gautier, P., 2237.
Gautier, Toussaint, 1436.
Gautruche, P., 41-42-182.

Gavin, Ant., 2217-2218.
Gayan, Cl. de, 96.
Gazaignes, J. A., 1389.
Gazet, G., 496 497-1360.
Genebrard, G., 429.
Genesius, 1883.
Génin, F., 1345.
Geoffroy de Clairvaux, 1649-1650.
Gerberon, Gab., 290-293-438-439-740-2201.
Gerbet, Ph., 1920-1923.
Germon, B., 750-752.
Geronimo de San Joseph, 1763.
Gertrude (Sainte), 1884-1885.
Gervaise, F. A., 1091-1547-1671-1682-1794-1834-1997-2008.
Geslin, P., 113.
Gesselius, T., 205.
Gewoldus, Ch., 490.
Ghoyée, 994.
Giacchetti, J, 2191.
Giannone, 231.
Giattini, J. B., 885.
Gibieuf, G., 1530.
Gibbon, R., 522-1737-2196.
Giffre de Rechac, J. de, 1170-1176-1177-1417.
Gilbert, Jac., 625.
Gilles de la Présentation, 948.
Gillot, J., 135-403-891-892.
Girano, J. R., 575.
Girard, M., 1346.
Girard de Villethierry, 1761.
Giry, Fr., 1239-1423-1492-1498-1703-1705-2036.
Giry, L., 142-434.
Giselinus, V., 137.

Giuseppe Maria di Jesu, 1150.
Giussano, J. P., 830.
Glade, P. V. 21.
Glen, J. B. de, 550-765.
Glen, J. de, 765.
Gobillon, 2114-2115.
Godeau, Ant. 176-177-178-832-833-1545-1546-1577-1578-1638-1639-1976.
Godefroy, J., 1301.
Godescard, J. F., 1506-1507.
Godignus, Nic., 2076.
Godwinus, Fr., 527.
Gody, S., 1030 1476.
Gondrin, L. H, de, 1351.
Gononus, B., 1529-1566.
Gonthery, 1346.
Gonzales Vaquero, 2149.
Gordon, Alex., 806.
Gorgeu, Mich., 784.
Gosselin, C. R., 63.
Gosset, Nic., 1909.
Goujet, l'abbé, 190-1283-1284-1325-1326-1384-1508-2035-2041-2042-2081.
Goulart, S., 655.
Gourlin, Seb., 1333.
Gourmeau, J., 2014.
Gourreau, Ph., 1846.
Gouttes, 483.
Govea, Ant., 550.
Goy, J. B., 2237.
Grandet, J., 1936-2135.
Granet, Fr., 649.
Granjon, Ant., 1700.
Granval, le Sr de, 1532.
Grasse, Jacques de, 1350.
Gratiani, A. M., 835 836.

Gratius, Or., 872.
Gravina, Dom., 902.
Grécourt, W. de, 1346.
Grégoire de Tours, 280-1459-1460.
Grégoire-le-Grand, 1014.
Grégoire, Henri, 392-629-853-854.
Grégoire de S. Martin, 1146.
Grégoire Nazienzène de S. Basile, 1154.
Grenade, Louis de, 1640-1941.
Grenet, 1376-1413.
Gretser, J., 1291.
Griffet, 1348.
Grisius, P., 900.
Grosez, J. E., 1512.
Grosley, P. J., 1342.
Grou, 1328.
Grozez, 2134.
Gruterus, J., 118.
Grynæus, J., 121.
Guadalaivra, M. de, 1901.
Gualterus, Fr., 1662.
Guelphe, 1413.
Guénebault, L. J., 1454.
Guéret, L. G., 457.
Guérin de Tencin, P. de, 898.

Guerson, 692.
Guesnay, J. B., 1551-1756.
Guettée, 279.
Gueudeville, Nic. de, 893.
Gueullette, S., 180-777.
Guichard, L. A. 730.
Guidée, A., 1934-1983-1988-2026-2071-2081.
Guidy, 301.
Guigniaut, J. D., 26-66.
Guilbert, Pierre, 1383.
Guillaume de S. Thierry, 1649-1650.
Guillon, A., 428.
Guillon, N. S., 238-428-479-2013.
Guillouzou, 2187.
Guinet, Nic., 994.
Guion, Mad. B. de la Mothe, 2113.
Guiran la Brillanne, 944.
Gurnez, J. Ant. à, 1786.
Guyard, ou Guyart, M., 2129-2130.
Guyon, Cl. M., 1348.
Gyraldus, 31.
Gyrard, R., 1739.

H.

Habert, G., 826.
Habert, Is., 433-434.
Haeftenus, B., 1014.
Hagen de Indagine, 1118.
Haitze, Jos. de, 927-928.
Hallier, Fr., 1346.
Halloix, P., 1781.

Hammer, J. de, 90.
Hamon, 2001.
Hanart, J., 1544-1814-1931-1932.
Hangart, D., 135.
Haræus, Fr., 1471.
Hardeville, le S^r de, 1755.
Hardivillier, P. de, 1348.

Harel, M., 520.
Harpsfeld, N., 522.
Hartmann, Ch, 1075.
Haudiquer, Ch. M., 1979.
Hautterive, M. de, 1411.
Haymo, 130.
Hayus, J., 565.
Hecquet, Ph., 2227-2237.
Heidegger, H., 212-241-1519.
Helyot, P., 906-907-908.
Hennequin, 347.
Henriau, J. M., 898.
Henricus, Scip., 886.
Henriquez, Chr., 1087-1088-1374.
Henri II, d'Angleterre, 1843.
Henri de Bourbon, 692.
Henry, P., 1553.
Henschenius, G., 1478.
Herbertus, arch., 1652.
Heredia, P. J. ab., 1906.
Hergott, M., 939.
Heringius, Fr., 1346.
Herman, Oct., 2025.
Hermant, God., 1337-1339-1341-1625-1631-1632-1643-1757-1758.
Hermant, J., 619-858-859-905.
Hermanville, l'abbé d', 1746.

Hermès, l'abbé 428.
Hersent, Ch., 431.
Hertfelder, B., 494.
Hertoghe, Pol. de, 984.
Hervé, D., 1898.
Hervet, G., 1562.
Hervieux de la Boissière, 2233.
Hilarion de Nolay, 1228.
Hildivvinus, 218.
Himselrath, Michael ab, 994.
Hodencq, Al. de, 2237.
Holbach, P. Th. d', 14.
Holstein, L., 538-934-1614.
Honoré de Sainte-Marie, 102-188.
Horace d'Iola, 1206.
Hornius, G., 138.
Hospinianus, R., 241-1261.
Hottinger, H., 538.
Houze, D., 1296.
Hugo, C. L., 987-991-1521-1808.
Hugo, Herm., 1949.
Hugues de S. Victor, 962.
Hugues, G. d', 341.
Huisseau, J. d', 691.
Humbertus, 964.
Hund a Sultzenmos, 489-490.
Hyginus, 30-31.

I.

Ignace de Jésus Maria, 1796.
Ildefonse de la Présentation, 1153.
Inchofer, M., 495-1276-1277-1278-1279.

Indagine, H. de, 1118.
Insulis, Michael ab, 1442.
Iola, Horace d', 1206.
Irenæus, Ph., 725.
Isidore de S. Joseph, 1142-2005.

J.

Jablonski, P. E., 83-244.
Jacob, P. D., 1165.
Jacques d'Almeyda, 1646.
Jacques de Vitry, 1900.
Jacques de Voragine, 1461-1462-1463-1464-1465-1561.
Janiçon, 2218.
Janinus, L., 1722-1752.
Jannart, 1893.
Janningus, C., 1478-1480.
Janssenius, Nic., 1680.
Jarente, l'abbé de, 389.
Jarrige, P., 684-1346.
Jarry, P. Fr. Th., 428.
Jaulnay, J., 1831.
Jean de Carthagène, 1133.
Jean de Jesu Maria, 2005.
Jean de S. François, 1709.
Jean de St Samson, 2006-2007.
Jean de Ste Marie, 1170-1176-1177-1417.
Jean-Baptiste de Sainte Anne, 1108.
Jean Marie de Vernon, 2069-2125.
Jeanne de la Nativité, 2143.
Jérôme (Saint), 1559-1560-1561.
Jérôme de S. Joseph, 1763.
Joannes Maria, 1227.
Joannes ab Heredia, 1906.
Joannes Petrus à Cæsar Aug., 1906.

Joannes Eremita, 1652.
Jolivet, J. L., 1348.
Joly, J. R., 13.
Joly de Fleury, 1348.
Joncoux, F. M. de, 309.
Jongelinus, G., 1090-1093.
Jonghen, H., 1188.
Jordan, Camille, 428.
Joseph, J., 1803.
Joseph de Haitze, P., 927-928.
Joseph de Dreux, 2147.
Joseph de Jesu Maria, 1992.
Joseph Marie de Jésus, 1150.
Josephe, 119.
Joubert, Fr., 227-1539.
Jouin, Nic., 1319.
Jousselin, J., 524.
Jouvency, Jos., 47-1260.
Jove, Paul, 807.
Jovet, 6.
Juissano, J.-B., 831.
Juliard, G. de, 1421.
Julien, Esprit, 1139-1141-1981-1982.
Julius Africanus, 218-219.
Jumilhac de Cubjac, 367-368-386.
Jurieu, P., 7-308-669-890.
Justinus, S. 1781.
Juvenal, Guido, 1006.
Juvigny, R. de, 336.

K.

Karolus Magnus, 2164.

Krantzius, Alb., 488.

L.

La Barre, Jos. de, 251.
La Barre, L. de, 1563.
La Barre, Le P. de, 2104.
La Bastide, Chiniac de, 918.
La Bastie, F. de, 362-384.
Labbe, Ph., 114-266-1451.
Labbé, Ch., 1850.
Labbé, Marin, 591.
La Berthonie, 1958.
Labiche de Regnefort, 428.
La Boissière, H. de, 2233.
La Bonnetterie, S. de, 1257-1258.
La Borde, le P. de, 397
La Brillanne, 944.
La Broue, Cl. de, 1771.
La Bruyère, Barbeau de, 1382.
Le Chalotais, C. de, 1348.
La Chassagne, 2013.
La Chère, Fr., 1720.
La Court, S. de, 1527.
La Croix, Ant. de, 580.
La Croix, Gab. de, 1137.
La Croix, J. F. de, 1.
La Croix, Ph. de, 544.
La Croze, V. de, 551, 552-553-2241.
Ladoré, J., 1233.
Ladoue, C. de, 1922.
La Fare, A. L. H., de, 428.
Lafiteau, P. Fr., 313-314.
La Fon, René de, 1290-1348.
La Fons, Cl. de, 1823.
La Fons, Quentin de, 1865.
La Froigne, J., 1191.

La Galissonnière, le marquis de, 428.
Lagny, Paul de, 2116.
La Gormandière, B. de, 1346.
La Grange, Ch. de, 962.
La Grue, Thomas, 3-4-89.
La Haye, J. de, 1338.
Lahier, F., 2054.
La Hoguette, l'abbé de, 345.
La Houssaye, Amelot de, 846-881-882.
Laigneau, 2237.
Lairuelz, Servatius de, 963.
Lajard, F., 74-91.
Lalemant, H., 610.
Lallemant, J., Ph. 235-591-1390.
Lallemant, le P. P., 1880-1881-1989.
Lalourcé, 1335.
Lalun, l'abbé de, 291.
La Luzerne, C. G. de, 388-428.
La Mainferme, J. de, 1056-1057.
La Martelière, P. de, 1346-1348.
La Martinière, Bruzen de, 8.
Lambert, B., 921,
La Mennais, F. de, 237-324-325-402.
La Meschinière, Od. de, 329.
Lamoignon de Malsherbes, 712.
La Morandière, T. de, 711.
La Morinière, M. de, 839.
La Morlière, l'abbé de, 446.
La Mothe, l'abbé de, 898.
La Mothe Guyon, Mad. de, 2113.

La Motte ou La Motthe, Th. de, 1493-1838-1839.
Lamy, Ant. Le Maistre, 1649-1650.
Lamy, Bern., 98-99-1557.
Lancelot, 1397-2044.
Lancilottus, Cor., 1634.
La Neuville, A. J. de, 1774.
Languet, J. Jos., 898-2127-2237.
Langus, J., 133-134.
Lanovius, F., 1245-1579.
Lansac, Du Vivier de, 361-383.
Lantage, Ch. L. de, 1862.
La Planche, de, 165.
La Porte, Etienne de, 898.
La Rivière, L. de, 1708-2148.
La Roche, Alain de, 1442.
La Roche, Charrier de, 428.
La Roche, J. F. de, 1686.
La Roche, J, de, 301.
La Rochefoucault, de, 374-389-428.
La Roque, l'abbé de, 233.
La Roquette, l'abbé de, 351-1411.
La Rose, Cl. de, 1491.
Larrière, 301.
La Salle, Baglion de, 2237.
La Serre, Puget de, 1667.
La Taste, 461-459-467-2230.
La Thuille, Aug. de, 1710.
Latomy, J., 1001.
La Tour, Roussel de, 1325-1326-1349.
La Treille, le S^r de, 43.
Launay, Boistuau, 224.
Launay, A. de, comte d'Entraigues, 477-478.

Launay Ravilly, X. de, 1128.
Launoy, J. de, 239-240-865-867-988-1156-1455-1552-1659-1673-1828-1829.
Lauretus, Math., 1044-1045-1647.
Laurus, J. B., 2204.
Lauzières, de Themines de, 428.
Laval, J. de, 611-612.
Lavallée, J., 851.
Lavanda, Eug., 1346.
Laverdy, C. Fr. de, 1349-1350.
Lavigne, E., 199.
La Ville-Tertre, Mornay de, 2098.
Laymé, Sainte-Marie, 1411.
Léauté, Ant., 2237.
Le Berger, Th., 965.
Le Blanc, Aug., 744-745-746-750-751-753.
Le Blanc, Th., 1967.
Le Blanc, Th. P., 22.
Le Bouthillier de Rancé, 1021-1022-1111-1112-1114.
Le Breton, J., 481.
Le Brun des Marettes, 1810.
Lecarlatte, J. M., 1436.
Le Cerf, Sainte Candide, 1393-1400.
Le Chevalier, Jos., 1987.
Le Clerc, J., 140.
Le Clerc, P., 1394.
Le Cointe, Ch., 277.
Lecomte, Gab., 1137.
Le Comte, Noël, 35-36-37-38.
Le Comte, le P., 591.
Le Conte, Ant., 136.

Lecorney, 428.
Le Courayer, P. Fr., 883.
Le Cousturier, Ph., 2000.
Lecoz, 392.
Ledesma, F. de, 1194.
Le Faure, J., 587-1351.
Le Febvre, F. N., 169.
Le Febvre, Jacques, 1356.
Le Fèvre, Jacq., 635-703.
Le Fèvre d'Etaples, 1550.
Le Fèvre de S. Marc, 1392-2043.
Lefèvre, Turien, 1971.
Le Franc de Pompignan, 398.
Le Gentil, 330.
Léger, J., 647.
Le Gobien, le P., 1351.
Legouvé, 1335.
Le Grand, Ant. 628.
Le Gras, M^e, 2114.
Le Gros, Nic., 419.
Le Jeune, P., 610.
Le Juge, Cl., 1240.
Le Juge, 2237.
Le Large de Lignac, 1348.
Le Maire de Belges, J., 222-857.
Le Maistre, Ant., 1649-1650.
Le Maistre de Sacy, Is., 1306-1308-1387-1640-1641.
Le Mascrier, 8.
Le Masson, J., 1558-1940.
Lembo, Ant., 2222.
Le Mée, R., 1977.
Le Mercier, Fr., 610.
Le Merre, 333.
Le Mire, Aub., 110-111-498-499-899-935-936-967-968-986-1029-1072-1084-1132-1133-1361.

Lemoine, 2237.
Lemos, Th. de, 747.
Le Moyne, P., 1304.
Lempereur, le P., 1668.
Le Nain, P., 1023-1086-1050.
Lenain de Tillemont, 225.
L'Enfant, Dav., 109.
Lenfant, Jac., 802-868-869-870-873.
Le Noble, Eust., 414-415-416.
Le Nobletz, 2017.
Lenoir, 953.
Le Normant, J., 898.
Leo, card. Ostiensis, 1044-1045.
Léon de S. Jean, 1121-1904-2084-2131.
Léonard de Paris, 1225.
Le Paige, Adr., 459-407-1265.
Le Paige, J., 985.
Le Pelletier, J., 268.
Le Pelletier, L. A., 811-812.
Le Prevost, A., 143.
Le Prévot, R., 716.
Leroy, Ch. Fr., 422.
Le Roy, Fr., 97.
Le Roy, G., 2105.
Le Scellier, A., 994.
Le Sesne d'Etemare, 1348-1408-1409-1410-2237.
Lespaignol, J., 1928.
Lessius, Leo., 2019.
Lestocq, N. de, 2210.
Lestoille, Ponssemothe de, 2209-2212.
Lesueur, J., 213.
Le Sueur, Nic., 1608.
Le Sueur, le P., 2237.

Leti, Greg., 810-811-812-814-823.
Le Vaillant, Ant., 1053.
Le Vasseur J., 2186.
Le Vassor, M., 888.
Le Vayer de Boutigny, 394-395.
Lévesque de Burigny, 837.
Lévesque, 1346.
Leydecker, 738.
Leyssin, P. L. de, 428.
Leyza, Aug. de, 1347.
Lezana, J. B. de, 1138-1140.
Lezin de Ste Scolastique, 1902.
L'Hermite, Fr., 1963.
Lhomond, Ch. F., 197-198.
Liberius Candidus, 1314-1315.
Lignac, Le Large de, 1348.
Ligny, Fr. de, 1685.
Lille, Michel de, 1142.
Limborch, Ph. à, 849.
Linacer, Thom., 30-31.
Lindan, G., 660.
Lindenbruch, Er., 487.
Lingard, J., 526.
Linguet, N. S. H., 922.
Linocerius, G., 35-36-37.
Lipoman, Al. 1467-1468-1469.
Lippeloo, Z., 1472.
Lipse, Juste, 2174-2175.
Lisle, l'abbé de, 2237.
Llorente, J. A., 852
Lobkowiz, Caramuel. 937-1013-1093-1094.

L'OEuvre, M. de, 1861.
Lombard, Th., 1348.
Lomenie, le card. de, 483.
Longi à Coriolano, 767.
Longobardis, Fr. à, 1233.
Longuet, 344.
Longueval, J., 278.
Lord, H., 87.
Lorière, B. de, 459.
Losa, Fr., 1738.
Louail, J., 309-310-311.
Louis de Grenade, 1640-1641.
Louis VII, 1843.
Louis Le Pieux, 218-2164.
Louis de Ste Thérèse, 1145-1148.
Lourmel, F. E. de, 613.
Louvel, G., 1077.
Louvet, P., 1549.
L'Ouvreleuil, 707.
Louys, G., 605.
Loyac, J., de, 1762-1903-2068.
Loyola, Ig., 1248.
Lubin, Aug., 267-949-1602.
Luchinus, P., 914.
Lucius, Lud., 203-1261.
Ludovicus Pius, 2164.
Lumina, Poullin de, 910.
Lundorpius, C., 717.
Lupus, Chr, 951-1843.
Lusignan, Et. de, 911.
Luther, 656.
Lutzenburgus, B., 617.

M.

Mabillon, J., 252-981-1035-1042-1077-2193.

Macé, J., 1121-1904-2084-2131.
Machanan, G. de, 1372.

Machaud, Jacq. de, 608.
Machault, J. B. de, 577-583-584-585.
Machault, L. Ch. de, 428.
Macheco de Prémeaux, 354-356.
Macquer, Ph., 195.
Macuson, Ant., 1103.
Maffée, P., 563-1750-1751.
Maggius, F. M., 1927.
Magnien, Ch., 1990.
Magnus, J., 533.
Magnus, Ol., 533.
Maigrot, 589-591-595.
Maillard, J., 2021-2095-2097.
Maillon, D., 2196-2197.
Maimbourg, 626-634-643-644-645-658-665-786-787-794-795-1847-1848.
Maimonida, 5.
Majel, Ch., 597.
Majorica, J., 605.
Malachias, S., 1590.
Malinghem, le P., 2102.
Malingre, Cl., 662.
Mallet, Ant., 1175.
Malonius, D., 2196-2197.
Malpæus, P., 1173.
Malsherbes, L. de, 712.
Malvin de Montazet, Ant. de, 1350.
Malvenda, P. de, 888.
Manrique, Aug., 1085-2088.
Maracci, J., 584.
Marandé, le Sr de, 435.
Marbœuf, Y. A. de, 428.
Marcel, G., 108-1351.
Marcel, I., 1664,

Marcellin de S. Benoît, 1106.
Marcet de la Roche Arnaud, 1275.
Marchant, J., 1475-1541.
Marchant, P., 1189-1203.
Marchèse, Fr., 797-1818.
Marchety, 1969.
Marco de Lisbonne, 1206.
Marconi, 1782.
Mareuil, P. de, 1887.
Margarinus, Corn., 1046.
Marie, Fr., 1506.
Marie-Angélique Arnauld, 1387-1402.
Marie de Tours, Fr., 591.
Mariette, 1572-1573.
Marin, M. A., 1574.
Marion, 1346.
Marius Belga, 222-857.
Marquot, 1428.
Marrier, M., 1052.
Marsollier, J. de, 850-1715-1716-1717-1891-1892-1893-2051-2052.
Marsys, le Sr de, 530.
Marlène, Ed., 251-254-255-256-1015-1035-1669.
Martiannay, J., 1776-2124.
Martin de Tours (Saint), 1459.
Martin, Arn., 692.
Martin, Cl., 1008-1009-2129.
Martin, Jos., 1077.
Martin Rethelois, 1033.
Martin, Sim., 1492-1518-1570-1571-1860-1863-2151.
Martineau, 2022-2023.
Martinez, F., 1129.
Martius, Al., 929.

Massannes, X. de, 1077.
Massillon, J., 472.
Masson, Ant., 1522.
Masson, Pap., 260-761.
Mathias de S. Bernard, 1526.
Mathias de S. Jean, 1144-1160.
Mathieu, Ol., 1032.
Mathurin de Ste Anne, 2007.
Matter, J., 65.
Matzell, S. 816.
Mauconduit, 1555.
Maucort, H. de, 1351.
Maucroix, 721.
Mauger, l'abbé, 483.
Maugiron, l'abbé de, 357-381.
Maultrot, 455-459-471-480.
Maupas du Tour, H. de, 1712-1888-1889.
Maupeou, P. de, 2049.
Maupertuis, Drouet de, 1610-1611.
Maurepas, le Cte, de, 898.
Mauroy, M. de, 2107.
Maury, Alf., 67.
Maury, l'abbé, 428.
Maydieu, 2152.
Maynaud de Pancemont, 428.
Méchet, L., 1099-1100.
Mechtilde, 1907.
Mège, J., 1020-1644-1885.
Mégrigny, Mad. de, 2237.
Melfi, Sanctorus de, 1202.
Mello, G. de, 1494.
Ménage, Gilles, 1829.
Menard, Cl., 393.
Menard, H., 933.
Mendoza, G. de, 1482.
Mendoza, H. de, 893.

Ménédrieux, 2237.
Mérinville, D. de, 396.
Merlin, 798.
Mertz, Mart., 1780.
Mesenguy, Fr. Ph., 1970.
Mesnier, 1320.
Messingham, 1590.
Methodius, 428.
Mey, Cl., 453-455-1051.
Meyer, Liv. de, 748-749.
Michael ab Himselrath, 994.
Michael ab Insulis, 1442.
Michael di san Agostino, 1127.
Michel, l'abbé de, 898.
Michel de S. Augustin, 1127.
Michel de Lille, 1442.
Michelet, J., 656.
Michelet de Vatimont, 1348.
Midotius, J., 990.
Migne, 622-856.
Mignon, 1729.
Mignot, Et., 424-887.
Milange, l'abbé, 1411.
Mille, 1077.
Millet, G., 1674.
Milletot, B., 1346.
Mills, Ch., 2239.
Milon, 2219.
Miltz, 855.
Minard, 1325-1326.
Minorelli, 595.
Miræus, Aub., 110-111-498-499-899-935-936-967-968-986-1029-1072-1084-1132-1133-1361.
Mirasson, 1347.
Modeste de S. Amable, 1582.
Mognot, 979.

Molanus, J., 1585-1596-2077-2163.
Monasteriis, Art. à, 1216-1341-1604.
Monclar, Ripert de, 1348.
Moni, S. de, 548.
Montalvo, B. de, 1083.
Montauzan, Fr. de, 896-897.
Montazet, Ant. de, 1350.
Montégut, l'abbé de, 709.
Montégut, L., 2185.
Montenay, 978-980.
Montereul, J. de, 1832.
Montezon, le P. de, 615.
Montfaucon, B. de, 1524.
Montfort, Alph. de, 2170.
Montgeron, Carré de, 2225-2228.
Montholon, J. de, 1297.
Montis, l'abbé de, 1871-1929-2089.
Montlyard, J. de, 38.
Montmorin de S. Hérem, G. de, 1350.
Montpersan, L. de, 1310.
Moralis, Cabrera, 768.
Morand, J., 1804.
Moreau, Ch., 950.
Morel, J. B., 2034.
Morel, Ph., 1356.
Morel, Rob., 1025.
Morin, J., 221-538.
Morin, P., 557-824.
Morin, le P., 978-980.
Mornay de la Ville-Tertre, R. de, 2098.
Mosander, J., 1469.
Moshemius, J. L., 207-208-243-554.
Mossaron, 2237.
Mundelheim, Nebr. à, 941.
Munk, S., 101.
Munoz, Fr., 550.
Musculus, W., 120-121.
Mussard, Pierre, 12.
Musson, 909.

N.

Nadasi, J., 1269-1270-1271.
Natalibus, Pet. de, 1466.
Nau, le P., 838-1351-2240.
Néander, 229.
Nebridius à Mundelheim, 941.
Neuville, Ch. de, 1348.
Neuvillette, Mad. de, 2141-2142.
Newton, Ad., 877.
Nicéphore, 103-119-133-134-135-136.
Nicolas, 428.
Nicolas de la Conception, 1646.
Nicolaus de Christianis, 1231.
Nicolay, l'abbé de, 365.
Nicole, P., 1404.
Nicquet, H., 1058-2166.
Niem, Theod. de, 222.
Nieremberg, Eus. de, 2027.
Nigronus, J., 1252.
Noailles, le card. de, 1411-1413-2237.
Nobilibus, P. de, 1696.
Noël, Fr., 24.
Nolay, Hilarion de, 1228.

Norbert, le P., 598-601.
Noris, H. de, 638-639.
Notel, M., 1870.
Novi de Caveirac, 709-710-1322-1348.

Nouel, J. F., 54.
Nuce, Angelus de, 1045.
Numan, Ph., 2184.
Nyel, L., 1947.

O.

Odespunc de la Meschinière, 329.
Odolant-Desnos, 25.
Odo de Diogilo, 1652.
Odon, 1459.
Oldoinus, A., 769.
Olivier, Math., 1032.
Oorbeeck, R. ab, 1864.
Orderić Vital, 143.
Orgibet, F. E. A. A. d', 483.

Origny, J. d', 460-1827-1966.
Orlandino, Fr., 1260.
Orléans, P. J. d', 1663-1791-1837-1978-2058.
Oroux, 1785.
Osmont du Sellier, 191.
Ottius, J. H., 160.
Oultreman, P., 1272-1778.
Ouvrard, R., 282.

P.

Paez, J., 606.
Pagi, Ant., 161-162-163.
Pagi, Fr., 162-163.
Pagnon, J., 1620.
Palaephatus. 30-31.
Paléologue, Man., 641.
Paleonydorus, 1131.
Paleot, Al., 2199-2197.
Palerne, Gab., 2062.
Palladius, 1562.
Pallavicini, Sf., 885-1305.
Pallu, F., 588.
Pancemont, M. de, 428.
Panigarole, 166.
Pamphile, Eusèbe, 117 à 130.
Pantaléon, H., 103.
Pantaléon, V., 606.
Panvinius, Onuph., 755-756-759-760.

Papebrochius, D., 1478-1481-1482-1483-1684.
Pardiac, J. B., 1926.
Pardies, G., 1723.
Pareus, Ph., 2164.
Paris, Fr., 1495.
Paris, Jul., 1082-1098.
Parisot, J., 2126.
Parisot, P., 598-601.
Parisot de Villars, 2133.
Parker, Th., 524.
Pasquelin, G., 1346.
Pasquier, Et., 1287-1288.
Passarelli, G., 1230-1231-1232.
Passavant, J., 2110.
Passerat, J., 28.
Pasturel, Ch., 1157-2090.
Patornay, L., 692.
Patouillet, L., 461-640.

Patricius, S., 1590.
Paul de Lagny, 2116.
Paulin de Beauvais, 1219.
Paullin, J., 1971.
Paulus, P., 848.
Payva, J., 564.
Pelleprat, P., 609.
Pellevé, Ph. de, 166.
Pellier, Al , 852.
Peltre, H., 1908.
Penia, Fr., 829.
Pennot, Gab., 969-970.
Pereria, J., 605.
Perez, Ant., 1012.
Périer, P., 1670.
Périgord, l'abbé de, 390.
Perpezat, J., 1294.
Perroquet, 2024.
Pétau, Den., 636.
Petiot, E., 1943.
Petit, Jean, 1346.
Petit, Sam., 248.
Petit-Pied, Nic., 309-514-944-1313-2237.
Petræus, Th., 1117.
Petrarcha, Fr., 762.
Petri, Suffridus, 118-122-506.
Petrus Diaconus, 1045.
Petrus de Natalibus, 1466.
Petrus Johannes Zaragoça, 1906.
Petyt, Séb., 1479.
Pey, 401.
Peyresc, N., 538.
Peyrissac, P., 326.
Phasianinus, 29.
Phélipeaux, 307.
Phélypeaux, 348-351.
Philadelphus, T. N., 531.

Philibert, J. A., 1389.
Philippe de la très Sainte Trinité, 1139-1141-1981-1982.
Philippe de Sosa, 1206.
Philostorgius, 124-129-132.
Phornutus, 30-31.
Phurnutus, 30-31.
Physiophilus, 929.
Picart, Bernard, 8-10-1210.
Picot, 236.
Picot de Clorivière, 2072.
Pictet, Ben., 214.
Piderzay, de Fortia, S^r de, 1890.
Pie II, 872
Pierre d'Alcantara, 1815-1817.
Pierre de S. André, 1142.
Pierre de la Mere de Dieu,1149.
Pierre de S. Quentin, 1679-1865.
Pierre de S. Trudon, 952.
Pierre le Vénérable, 2213.
Pignatelli, 1548.
Pimenta, Nic., 573.
Pinault, l'abbé, 1399.
Pinchinat, 620.
Pineault, P. O., 1282-1283.
Pinthereau, F., 736.
Piquot, L., 1910.
Pithou, P., 285-409-410.
Pitra, 1457.
Pizzurnus, G., 1235.
Placentius, J., 502.
Placide de S. Joseph, 1128.
Placide de Ste Térèse, 1927.
Plaix, Cés. de, 1293.
Planchette, B., 1645.
Platina, J. B., 754-755-756-757-758-759.
Plenevaulx, 948.

Plessis Praslin, Ch. du, 750.
Pluche, A. N., 57.
Pluquet, F., A. A., 621-622.
Poiret, le R. P., 428.
Poitevin, Fr., 438-439.
Polanus, P. Soave, 875-876-877-878-879-880-881-882-883.
Politio, R. de, 1192.
Pollet, 1411.
Pomey, Fr., 44-45.
Pommereuse, Marie de, 1433.
Poncet, 2237.
Ponssemothe de Lestoille, 2209-2212.
Pontanus, J., 653.
Pontchartrain, L. de, 1411.
Pontchâteau, du Cambout de, 352-379-1324-1844-1845.
Pope, L. de, 993.
Porrade, P. de, 1420.
Port-Morant, Colas de, 1429.

Possevin, Ant., 535.
Possin, P., 1260-1747.
Postel, 2028-2147.
Potter, L. A. de, 2011.
Pottier, l'abbé, 428-483.
Poubeau, Th., 971.
Poudenx, l'abbé de, 351.
Poullin de Lumina, 910.
Praslin, Du Plessis, 750.
Prateolus, Gab., 618.
Prémeaux, M. de, 354-356.
Préville, le S^r de, 736.
Proclus, 30-31.
Proust, 1505.
Proyart, 2101.
Psellus, Mich., 249.
Puccini, 1902-1903.
Puget de la Serre, 1667.
Pulgar el Sandoval, F. de, 1135-1136-1137.
Pure, Michel de, 807.

Q.

Quarré, J. H., 2085.
Quatremaire, R., 894.
Querbeuf, Y. M., de, 428-566.
Queriolet, 2046.
Quercetanus, And., 771-772-1052.

Quesnel, P., 293-295-297-298-309-443-444-508-510-511-512-743-1264-1407.
Quiqueran de Beaujeu, 898.
Quiroga, Fr. de, 1992.
Quorlius, Ph., 884.

R.

Rabardeus, M., 431-432.
Rabus, J. J. 705.
Rabutin, Roger de Bussy, 898.
Racine, Bon., 192-193-194-317.
Raconis, Abra de, 692.
Rader, M. 1473-1965.

Ræmond ou Ræmound, Fl. de, 661-799-800.
Raffron, Cl., 1996.
Raguenau, P. 610.
Raisse, Arn. de, 500-1586-1906-2189.

Ramirez de Léon, 1755.
Rampalle, Ant., 1142.
Rancé, Le Bouthillier de, 1021-1022-1111-1112-1114.
Rapine, Ch., 1207-1802.
Rasiel de Selva, 2003.
Rastignac, Chapt de, 363-384-428-898.
Rayæus, Nic., 1482-1483.
Raynaldus, Od., 148-150-151.
Raynaud, Th., 1159-1514-1583.
Razzi, Ser., 1174.
Rebeyrolis, 1510.
Rebreviettes, G. de, 1623.
Rechac, J. de, 1170-1176-1177-1417.
Regio, P., 1701.
Regnault, Ch., 2237.
Regnault, Rob., 1877.
Reguefort, L. de, 428.
Regnoult, Th., 331.
Remy, Martin, 2175.
Renatus, Eq. G., 950.
Renaudot, Eus., 547.
Restaut, P., 1277-1278-1279.
Rethelois, Martin, 1033.
Révérend, Dom., 81-82.
Revius, J., 770.
Reynerus, Cl., 1073.
Rhedi, 855.
Rhenanus, B., 119.
Rhini de Politio, 1192.
Rhodes, Alex. de, 581-585-1273.
Ribadeneira, P., 719-722-1484-1692-1693-1694-1750-2016.
Riballier, A., 918.
Ribeira, Fr., 1914.

Riboti, Aug., 170.
Ricaut, 543.
Ricci, Math., 568-569-570-574.
Richard, Ch. L., 910-918.
Richard, l'abbé, 2020.
Richeome, L., 1289-1290-1298.
Richer, Edm., 412-861.
Richer, Fr., 399-400.
Rigault, Nic., 431-1832.
Rigoleu, J., 2059.
Rigoley de Juvigny, 336.
Rigord, le P., 48.
Rinaldi, J., 1581.
Rinaldi, Od., 148-150-151.
Ring, Max. de, 92.
Rinuccini, 1935.
Rioche, J., 104.
Ripert de Monclar, 1348.
Riquebourg-Trigault, F. de, 569.
Rishtonus, Ed., 718-719-720-721.
Rivaz, P. de, 284.
Rivet, Ant., 1391.
Rivius, J., 1635.
Robert, Cl., 262.
Robert, J., 1744.
Robin, 1874.
Robine, Nic., 1775.
Robineau, Magd., 2141-2142.
Roderiges, P., 1778.
Rodriguez, A., 2060.
Rodriguez, J., 574.
Roger, Abr., 89.
Roger, Nic., 1985.
Roger, le P., 567.
Rogeri, G., 810.
Rohrbacher, 202.
Rolland, 1349.

Rondet, L. E., 187-193-194-301-316.
Roquelaure, J. A. de, 428.
Rosas, Esguerra de, 1763.
Rosemond, le S^r de, 543-723-724.
Ross, Alex., 3-4.
Rossel, Fr. de, 1811.
Rosweydus, H., 995-1564-1565-1601-1613.
Rota, Cl. à, 1361.
Roubaud, J. M., 1782.
Rouhette, 1335.
Rousseau, Fr., 915.
Roussel, Fr., 1508.
Roussel de la Tour, 1325-1326-1349.
Rousserius, J., 1204.
Roverius, P., 838.
Rowland, 681.
Roye, Fr. de, 646.
Rozimon, Cl. de, 1491.
Rubæus, J. B., 1131.
Ruffin, 119-120-121-125-126-130.
Ruinart, Th., 280-1042-1609-1610-1611-1798.
Rulhière, C. de, 704.
Ruteus, Ant., 940.
Ryckel ab Oorbeck, 1864.

S.

Sabatier, P., 2237.
Saboureux de la Bonnetterie, 1257-1258.
Saccano, M., 583.
Sacchini, Fr., 1260.
Sacy, Le Maistre de, 1640-1641-1642.
Sadourny, 1077-1078.
Sainctes, Cl. de, 705.
Saint-Albin, Ch. de, 2237.
Saint-Amour, G. de, 289.
Saint-Florentin, L. Ph. de, 1077-1411.
Saint-Germain, le chevalier de, 855.
Saint-Herem, G. de, 1350.
Saint-Ignace, H. de, 1314-1315.
Saint-Jure, J. B., 1941-2056-2057.
Saint-Marc, Lefèvre de, 1392.
Saint-Marcel, L. de, 737.
Saint-Mars, l'abbé de, 301.
Saint-Martin, S. de, 1637.
Saint-Pè, F. de, 2066.
Saint-Pérès, 2177.
Saint-Sauveur, le S^r de, 1223.
Saint-Sorlin, Des Marests de, 39-1405.
Sainte-Croix, le b^{on} de, 59-60.
Sainte-Foix, de, 2203.
Sainte-Garde, le S^r de, 627.
Sainte-Marie, Ant. de, 591.
Sainte-Marie, D. de, 2119.
Sainte-Marie, J. de, 1170-1176-1177.
Sainte-Marthe, A. de, 263.
Sainte-Marthe, Cl. de, 1404-1406.
Sainte-Marthe, Den. de, 264-295-700-726-796-1346.

— 614 —

Sainte-Marthe, Louis de, 263.
Sainte-Marthe, Nic. de, 263.
Sainte-Marthe, Scev. de, 263.
Salazar, Tamayo, 1588.
Salelles, M. de, 1348.
Sales, Aug. de, 1710-2096.
Saleur, J., 1191.
Salinas, J., 1633.
Salinis, Ant. de, 1921.
Salmon, Ch., 1689.
Salvius, 1881.
Sambucy, L. de, 1951.
Sammarthanus, A., 263.
Sammarthanus, Dion., 264-293.
Sammarthanus, Lud., 263.
Sammarthanus, Nic., 263.
Sammarthanus, Sc., 263.
Sampayo, St. de, 1589.
Sancta Anna, J. B à, 1108.
Sanctorius, P. E., 1543.
Sanctorus de Melfi, 1202.
Sanderus, Nic., 718-719-720-721.
Sandoval, F. de, 1135-1136-1137.
Sanson, J., 1796.
Santeul, D., 1206-1346.
Sarnelli, P., 2153.
Sarpi, Pietro, 848-875-876-877-878-879-880-881-882-883.
Saulnier, P., 999.
Sauvage, le P., 287-1328.
Sauvé, Bruno, 960.
Savaron, J., 1346.
Scaliger, J., 118.
Schardius, Sim., 222.
Schedius, 85.
Schelstrate, Em. à, 216-549-860.

Scioppius, G., 1301-1302.
Sconin, 978.
Scoots, L., 2019.
Scotti, J. C., 1276-1277-1278-1279.
Scribanus, C., 1292.
Seabra da Sylva, 1281-1347.
Sébastien de S. Paul, 1479.
Seckendorf, V. L., 659.
Sedulius, H., 1211-2183.
Segur, J. Ch. de, 2070.
Seldenus, J., 88-545.
Sellier, L. A. F., 1872.
Selva, Rasiel de, 2003.
Senancourt, E. P. de, 19.
Senault, J. Fr., 2123-2137.
Sépher, P. J., 425.
Serent, M. de, 1526.
Serry, J. H., 744-745-746-750-751-753.
Servatius de Lairuelz, 963.
Servin, L., 1346.
Sestri, Fr. da, 1961.
Sévère Sulpice, 137-138-139-140-141-142-118-1456-1793.
Severt, J., 682.
Seyssel, Cl. de 127-128.
Seystre, Et., 1648.
Sguropulus, S., 874.
Sigonius, Car., 141-721.
Simon, Rich., 538-548.
Sirmond, J., 239-732-1674.
Sivry, L. de, 2167.
Sixte de Paris, le P., 1653.
Sleidan, J., 714-715-716.
Smitheus, N., 523.
Smithus, Th., 542.
Soanen, J., 320-898-2237.

Soave Polano, 875 à 883.
Socrate, 117-118-119-120-121-122-124-129-131.
Solier, Fr., 535-701-702-1346.
Sollerius, 1597.
Sorbin, Am., 705.
Soreth, J. B., 1121.
Sosa, Ph. de, 1206.
Soto, And. de, 2184.
Souchet, J., 1655.
Souèges, Th., 1178.
Soulfour, N. de, 830.
Sozomène, 117-118-119-120-121-122-124-129-131.
Spangenberg, C., 630.
Spanheim, Fr., 209-802.
Spencer Smith, 90.
Spondanus, H., 152-153-154-155-156-157-2156.
Sponde, H. de, *ibid.*

Stapleton, Th., 1513.
Staubius, J. P. Ch., 86.
Stellartius, P., 901-930.
Stengel, Car., 493.
Stuckius, J. G., 68.
Studites, Theodorus, 1562.
Suffridus Petri, 118-122-506.
Sulpice Sévère, 137-138-139-140-141-142-218-1459-1793.
Sultzenmos, Hund à, 489-490.
Supin, 428.
Surius, Laur., 1468-1469-1470-1870.
Sutor, P., 1119,
Suze, l'abbé de, 345.
Sylva, J. de, 603.
Sylvius, Æn., 872.
Symoneta, B., 217.
Symson, P., 210.

T.

Tacon, Fr., 1256.
Tailhé, 1347.
Taix, G. de, 327.
Talon, l'abbé, 341.
Talon, J., 1817-1901.
Talon, Nic., 1711.
Talon (Le Vayer), 394-395.
Tamagnini, 642.
Tamayo Salazar, 1588.
Target, 1335.
Tellier, Mich., 292.
Tempesta, Ant., 1594.
Tenand, 44-45.
Tencin, Guérin de, 893.
Térèse, (S^{te}), 1913-1916.

Tessier, 2237.
Tetti, Sc., 27.
Te Water, 244.
Texier, 2237.
Thayer, J., 688.
Themines de Lauzières, 428.
Theobaldus, Zac., 653.
Theodore, 117-118-120-121-124-129-132.
Theodore de Nicm, 222.
Théodore de Paris, 1688.
Théodore Studites, 1562.
Theodoret, 117-118-119-120-121-122-124-129-132-1562.
Theodotus, 642.

Théophile, Eugène, 1346.
Thérèse (S^te), 1913-1916.
Thesaurus, S., 1185.
Thévenot, L., 663.
Thevenot d'Essaule, 1335.
Thibault, 1077.
Thiers, J. B., 650-1223-2154-2155-2192-2194-2195-2208.
Thiébault, D., 1348.
Thomas, Arth. S^r d'Embry, 165.
Thomas à Kempis, 995.
Thomas d'Aquin de S. Joseph, 1157-2090.
Thomas de Cantipré, 2215.
Thomas de Cantorbéry, 1843.
Thomas de Jesus, 932-1126.
Thomas du Fossé, P., 1381-1493-1640-1641-1838-1839.
Thomassin, L., 2157.
Thorame, M. de, 1348.
Thoreau, 343.
Thuillier, R., 1236-1247.
Thuillier, V., 1077.
Tiby, P., 2239.
Tillemont, Lenain de, 225.
Tissanier, J., 587.

Tochou, 908.
Tornielli, C., 829.
Tournet, J., 112.
Tournon, Ant., 834.
Touron, A., 1171-1180-1842.
Tourreil, Arm. de, 1419-1420.
Toustain, Ch. Fr., 230.
Tracy, B. de, 1658-1730-1731.
Trapezuntius, G., 125.
Treuvé, S., 1984.
Trigaut, Nic., 557-568-569-570-576-1945-1946.
Tristan, P. J., 1246.
Trithème, J., 1074-1133-1134.
Tritonius, 36.
Troia d'Assigny, 192-193-301.
Tronchay, Mich., 1376-1408.
Tuffière, Fr., 1241.
Turgot, 352.
Turien Le Fevre, 1971.
Turmeau de la Morandière, 711.
Turpin, Ant., 1104.
Turpin, F. R., 2238.
Turre Cremata, J., de, 1010.
Tursellinus, H., 1721-2180-2181-2182.
Turtura, Aug., 1777.

U.

Ughello, F., 257-768.
Umeau, Rox., 1309.

Usserius, J., 532.
Usuard, 1596-1597.

V.

Vachet, J., Ant., 2002.
Valesius, Had., 123-124-131-132-285.

Valladerius, And., 1878.
Valle, Petrus à, 538.
Vallier, Jacques, 40.

— 614 —

Valmeron, l'abbé de, 428.
Valois, Hadr. de, 123-124-131-132-285.
Valras, l'abbé de, 358-381.
Van Ballaert, 1127.
Vandermoere, J., 1456.
Van der Sterre, 992-1780.
Vandeuvre, M. de, 428.
Vandome, P. de, 1346.
Vanel, 842.
Van Hecke, J., 1456.
Van Heussen, H. F., 501.
Vansleb, J. M., 546.
Vanzelles, Bl., 102.
Vaquero, M. G., 2149.
Varet, Alex, 298.
Vargas, Alp. de, 1302.
Vargas, Fr. de, 888.
Varillas, Ant., 417-651-670-671-673.
Varroy, P., 2184.
Vatimont, M. de, 1348.
Vauprivas, du Verdier, S^r de, 33-179-821.
Vauvilliers, J. Fr., 428-474-475-476.
Veielius, E., 242.
Velareus, 30.
Veni d'Arbouze, Marguerite de, 1366.
Venturius, Fr., 1626.
Verguet, L., 616.
Verjus, Ant., 1695-1696-2017.
Vernet, J., 231.
Vernon, Jean Marie de, 2069-2125.
Véron, Ch., 1525.
Véron, Fr., 692.

Versé, Aubert de, 212.
Verstegan, R., 681.
Vertot, R. A. de, 791.
Veyssière de la Croze, 551-552-553-2241.
Victon, Fr., 1699-1956.
Victor, Episcopus, 119.
Victorellus, A., 768.
Vigerius, 2196.
Vigier, G., 1582-1905-1918.
Vigneron, Magd., 2150.
Vignier, Nic., 211.
Vigor, S., 1299.
Vilers, J. de, 1537.
Villalon, 1285.
Villars, l'abbé de, 342.
Villars, Parisot de, 2133.
Villebois, P., 2086.
Villefore, Bourgoing de, 312-1572-1573-1651.
Villegas, Al., 1485.
Villepreux, Math., 971.
Villermaules, 596.
Villers, Ch., 677.
Villethierry, G. de, 1761.
Villette, Cl., 175.
Villotte, J., 562.
Vimont, B., 610.
Vincart, J., 2178-2179.
Vincent de Paul, 1450
Vintimille, G. de, 2237.
Viole, G., 1733-1911.
Violet-Leduc, 1923.
Viot, R., 1654.
Virdou, P., 1902.
Visconte, J. M., 1963.
Viseur, R., 2205.
Vital, Orderic, 143.

Vitry, Jacques de, 1900.
Voguë, l'abbé de, 372.
Voragine, Jacques de, 1461-1462-1463-1464-1465-1561.
Vorstius, J., 140.

Vossius, G. J., 5-637.
Voysin, 942.
Vvaulde, G., 1849.
Vulson, Marc de, 401.

W.

Wadding, L., 1205.
Waghemaker, P. de, 1806.
Wangen, P. de, 1346.
Waterloop, Cl., 515.
Weiss, Mat., 1043.
Weiss, Th., 1031.
Welles, le Sr de, 1616-1617.
Wibert, 803.

Wieilh, G., 1991.
Willart, Vincent, 964.
Willart de Grécourt, 1346.
Winheim, Er., 486.
Wirthius, Ch., 829.
Witasse, 446.
Wolfius, J., 488.

X.

Xaramilius, Ant., 1482.

Xavière, M. de, 1901.

Y.

Yepes, Ant. de, 1031-1032-1033.

Yvon, 454.

Z.

Zacharie de Lisieux, 737.
Zambeccari, N., 1727.
Zaorowsky, 1346.

Zaragoça de Heredia, 1906.
Zialowski, E. J., 541.

TABLE DES MATIÈRES.

HISTOIRE DES RELIGIONS.

Introduction. — Origine, histoire et critique des différents cultes. — 1-22.

PREMIÈRE DIVISION.

RELIGIONS DE L'ANTIQUITÉ PAYENNE.

a. — *Dictionnaires. — Traités généraux.* — 23-25.
b. — *Religion des Grecs et des Romains.* — 26-80.
c. — *Religion des Egyptiens.* — 81-84.
d. — *Religion des Germains et des Gaulois.* — 85-86.
e. — *Religion des peuples de l'Orient.* — 87-92.

DEUXIÈME DIVISION.

HISTOIRE DU JUDAISME. — 93-101.

TROISIÈME DIVISION.

HISTOIRE DE L'ÉGLISE CHRÉTIENNE.

Introduction. — Chronologie. — Chorographie. 102-116.

CHAPITRE PREMIER.

HISTOIRE GÉNÉRALE

PAR DES ÉCRIVAINS CATHOLIQUES. — 117-202.

CHAPITRE II.

HISTOIRE GÉNÉRALE

PAR DES ÉCRIVAINS PROTESTANTS. — 203-215.

CHAPITRE III.

HISTOIRE DE L'ÉGLISE

LIMITÉE A CERTAINES ÉPOQUES. — 216-238.

CHAPITRE IV.

MÉLANGES ET DISSERTATIONS. 239-256.

CHAPITRE V.

HISTOIRES SPÉCIALES A CERTAINS PAYS.

1. — Histoire de l'Eglise en Italie. — 257-259.
2. — Histoire de l'Eglise en France.
    a. — *Géographie et statistique ecclésiastique.* — 260-275.
    b. — *Histoire générale de l'Eglise de France.* — 276-279.
    c. — *Histoire par époques.* — 280-325.
    d. — *Actes et mémoires de l'Eglise de France.* — 326-392.
    e. — *Rapports de l'Eglise avec l'Etat.* — 393-428.
    f. — *Détails de l'histoire de l'Eglise de France.* — 429-483.

3. — Histoire de l'Eglise en Allemagne. — 484-495.
4. —   —   en Belgique et en Hollande. — 496-520.
5. —   —   en Angleterre. — 521-532.
6. —   —   dans les pays du nord de l'Europe. — 533-536.
7. —   —   en Orient. — 537-548.
8. —   —   en Asie, en Afrique et en Amérique. — 549-557.
9. — Missions en différentes parties du monde. — 558-616.

CHAPITRE VI.

HISTOIRE DES RÉVOLUTIONS DANS LE CHRISTIANISME
OU HISTOIRE DES HÉRÉSIES, DES SCHISMES, DES ERREURS, ETC.

1. — Histoire générale. — 617-629.
2. — Schismes antérieurs a Luther. — 630-645.
3. — Vaudois, Albigeois, Flagellants. — 646-650.
4. — Wiclefianisme et Hussitisme. — 651-655.
5. — Protestantisme. — 656-688.
   a. — *Réforme en France.* — 689-713.
   b. — *Réforme en Allemagne.* — 714-717.
   c. — *Réforme en Angleterre.* — 718-726.
6. — Anabaptistes, Trembleurs, etc. — 727-730.
7. — Predestinianisme. — 731-733.
8. — Baïanisme. — 734-735.
9. — Jansénisme. — 736-741.
10. — Quiétisme. — 742.
11. — Congrégation de Auxiliis. — 743-753.

CHAPITRE VII.

HISTOIRE DES INSTITUTIONS.

PREMIÈRE SECTION.

1. — Histoire des Papes. — 754-817.

2. — Histoire des Cardinaux. — 818-839
3. — Histoire des Conclaves. — 840-847.
4. — Histoire de l'Inquisition. — 848-855.

DEUXIÈME SECTION.

HISTOIRE DES CONCILES. — 856-898.

CHAPITRE VIII.

HISTOIRE DES ORDRES RELIGIEUX.

Introduction. — Traités généraux. — Mélanges. — 899-944.

§. I. Congrégations d'hommes.

1. — Moines d'Orient. — 945-946.
2. — Ordre de S. Augustin.
    a. — *Ermites Augustins.* — 947-961.
    b. — *Chanoines réguliers.* — 962-972.
    c. — *Chanoines de la Congrégation de France.* — 973-981.
    d. — *Chanoines réguliers de la Congr. de Prémontré.* — 982-994.
    e. — *Chanoines de Windesem.* — 995.
    f. — *Chanoines de S. Sauveur.* — 996.
    g. — *Chanoines de Sainte Croix.* — 997.
    h. — *Frères de la Charité du Saint-Esprit.* — 998.
    i. — *Chanoines de Sainte Marie.* 999.
    k. — *Frères de la Charité ou de S. Jean de Dieu.* — 1000.
    l. — *Ordre de la Merci.* — 1001.
    m. — *Ordre de la Sainte Trinité.* — 1002-1004.
3. — Règle de Saint Benoit.
    a. — *Histoire générale.* — 1005-1047.
    b. — *Célestins.* — 1048-1050.

c. — *Chezal Benoît.* — 1051.
d. — *Cluny.* — 1052-1053.
e. — *Fontevrault.* — 1054-1058.
f. — *Congrégation de S. Maur.* — 1059-1078.

4. — ORDRE DE S. BERNARD
    a. — *Citeaux.* — 1079-1105.
    b. — *Feuillants.* — 1106-1108.
    c. — *Trappistes.* — 1109-1115.

5. — ORDRE DE S. BRUNO. — 1116-1120.

6. — ORDRE DES CARMES. — 1121-1160.

7. — ORDRE DE S. DOMINIQUE. — 1161-1181.

8. — ORDRE DE GRANDMONT. — 1182-1183.

9. — ORDRE DE S. FRANÇOIS D'ASSISE OU DES FRÈRES MINEURS.
    a. — *Histoire générale.* — 1184-1218.
    b. — *Capucins.* — 1219-1223.
    c. — *Récollets.* — 1224.
    d. — *Tiers-Ordre de S. François.* — 1225-1228.

10. — ORDRE DE S. FRANÇOIS DE PAULE, OU MINIMES. — 1229-1247.

11. — COMPAGNIE DE JÉSUS. — 1248-1351.

12. — CONGRÉGATION DE LA MISSION DE S. VINCENT DE PAUL, OU LAZARISTES. — 1352.

13. — MISSIONNAIRES DU TRÈS-SAINT-CŒUR DE MARIE. — 1353.

14. — CONGRÉGATION DE L'ORATOIRE. — 1354-1356.

15. — HERMITES DE S. PAUL OU FRÈRES DE LA BONNE MORT. — 1357.

16. — ORDRE DU SAUVEUR DIT DE SAINTE BIRGITTE. — 1358.

17. — HERMITES DU MONT-VALÉRIEN. — 1359.

§. II. Congrégations de femmes. — 1360-1361.

1. — ORDRE DE L'ANNONCIADE. — 1362-1363.

2. — BÉGUINES. — 1364.

3. — BÉNÉDICTINES. — 1365-1367.

4. — Birgittines. — 1368.
5. — Carmélites. — 1369-1373.
6. — Cisterciennes.
    a. — *Bernardines.* — 1374.
    b. — *Religieuses de Port-Royal.* — 1375-1413.
7. — Clarisses. — 1414.
8. — Cordelières. — 1415.
9. — Dominicaines. — 1416-1418.
10. — Filles de l'Enfance de J.-C. — 1419-1421.
11. — Sœurs du Saint Enfant Jésus. — 1422-1423.
12. — Congrégation de N.-D. — 1424.
13. — Filles de la Providence de Dieu. — 1425.
14. — Filles des Sacrés-Cœurs de Jésus et de Marie. — 1426.
15. — Filles de Sainte Geneviève. — 1427-1428.
16. — Sœurs de S. Joseph. — 1429.
17. — Filles de Sainte Ulphe. — 1430.
18. — Ursulines. — 1431-1433.
19. — Visitandines. — 1434-1435.

§. III. Confréries et Associations religieuses. — 1436-1450.

CHAPITRE IX.

HAGIOGRAPHIE.

1. — Introduction. — Généralités. — 1451-1458.
2. — Hagiographes généraux. — 1459-1514.
3. — Hagiographes spéciaux.
    a. — *Vies des Saints de l'Ancien Testament.* — 1515-1558.
    b. — *Vies collectives de Saints Anachorètes.* — 1559-1575.
    c. — *Vies collectives de Saints d'un certain ordre.* — 1576-1580.

— 623 —

    d. — *Vies collectives de Saints d'un même pays.* — 1581-1592.
    e. — *Martyrologes. Vies collectives de Martyrs.* — 1593-1621.
    f. — *Vies particulières de Saints, par ordre alphabétique.* 1622-1861.
    g. — *Vies particulières de Saintes, par ordre alphabétique.* 1862-1929.

4. — VIES D'HOMMES PIEUX. — 1930-2082.
5. — VIES DE FEMMES PIEUSES. — 2083-2152.

CHAPITRE X.

HISTOIRE DES LIEUX, DES OBJETS CONSACRÉS, DES PÈLERINAGES, DES RELIQUES, DES MIRACLES ET DES FÊTES.

    a. — *Des Églises et des Cimetières.* — 2153-2156.
    b. — *Des Fêtes.* — 2157-2162.
    c. — *Des Images.* — 2163-2166.
    d. — *Des Pèlerinages et des Lieux de dévotion.* — 2167-2188.
    e. — *Des Reliques.* — 2189-2212.
    f. — *Des Miracles.* — 2213-2223.
    g. — *Miracles du diacre Paris.* — 2224-2237.

QUATRIÈME DIVISION.

HISTOIRE DU MAHOMÉTISME. — 2238-2242.

Table par ordre alphabétique des noms d'auteurs. Page 581.
Table des matières. Page 617.

FIN.

Amiens. Typ. de CARON et LAMBERT, place du Grand-Marché, 1.

www.ingramcontent.com/pod-product-compliance
Lightning Source LLC
Chambersburg PA
CBHW071150230426
43668CB00009B/903